Emmanuel Macron

Président de la République française

Liste alphabétique par département de Mesdames et Messieurs

les députés à l'Assemblée nationale*

© Assemblée nationale

* Liste établie en juin 2021

AIN

Damien Abad
Les Républicains
Ain

Xavier Breton
Les Républicains
Ain

Olga Givernet
La République en Marche
Ain

Stéphane Trompille
La République en Marche
Ain

Charles de la Verpillière
Les Républicains
Ain

AISNE

Aude Bono-Vandorme
La République en Marche
Aisne

Jean-Louis Bricout
Socialistes et apparentés
Aisne

Marc Delatte
La République en Marche
Aisne

Julien Dive
Les Républicains
Aisne

Jacques Krabal
La République en Marche
Aisne

ALLIER

Jean-Paul Dufrègne
Gauche démocrate et républicaine
Allier

Bénédicte Peyrol
La République en Marche
Allier

Laurence Vanceunebrock
La République en Marche
Allier

ALPES-DE-HAUTE-PROVENCE

Delphine Bagarry
Non inscrit
Alpes-de-Haute-Provence

Christophe Castaner
Président du groupe
La République en Marche
Alpes-de-Haute-Provence

ALPES-MARITIMES

Marine Brenier
Les Républicains
Alpes-Maritimes

Bernard Brochand
Les Républicains
Alpes-Maritimes

Éric Ciotti
Les Républicains
Alpes-Maritimes

Loïc Dombreval
La République en Marche
Alpes-Maritimes

Éric Pauget
Les Républicains
Alpes-Maritimes

Cédric Roussel
La République en Marche
Alpes-Maritimes

Michèle Tabarot
Les Républicains
Alpes-Maritimes

Laurence Trastour-Isnart
Les Républicains
Alpes-Maritimes

Alexandra Valetta Ardisson
La République en Marche
Alpes-Maritimes

ARDÈCHE

Fabrice Brun
Les Républicains
Ardèche

Hervé Saulignac
Socialistes et apparentés
Ardèche

Michèle Victory
Socialistes et apparentés
Ardèche

ARDENNES

Pierre Cordier
Apparenté au groupe Les Républicains
Ardennes

Berengère Poletti
Les Républicains
Ardennes

Jean-Luc Warsmann
UDI et Indépendants
Ardennes

ARIÈGE

Michel Larive
La France insoumise
Ariège

Bénédicte Taurine
La France insoumise
Ariège

AUBE

Valérie Bazin-Malgras
Les Républicains
Aube

Grégory Besson-Moreau
La République en Marche
Aube

Gérard Menuel
Les Républicains
Aube

AUDE

Danièle Hérin
La République en Marche
Aude

Alain Perea
La République en Marche
Aude

Mireille Robert
La République en Marche
Aude

AVEYRON

Anne Blanc
La République en Marche
Aveyron

Stéphane Mazars
La République en Marche
Aveyron

Arnaud Viala
Les Républicains
Aveyron

BAS-RHIN

Antoine Herth
Agir ensemble
Bas-Rhin

Patrick Hetzel
Les Républicains
Bas-Rhin

Philippe Meyer
Les Républicains
Bas-Rhin

Thierry Michels
La République en Marche
Bas-Rhin

Frédéric Reiss
Les Républicains
Bas-Rhin

Bruno Studer
La République en Marche
Bas-Rhin

Vincent Thiébaut
La République en Marche
Bas-Rhin

Sylvain Waserman
Mouvement Démocrate et apparentés *Bas-Rhin*

Martine Wonner
Libertés et Territoires
Bas-Rhin

BOUCHES-DU-RHÔNE

Saïd Ahamada
La République en Marche
Bouches-du-Rhône

Bernard Deflesselles
Les Républicains
Bouches-du-Rhône

Pierre Dharréville
Gauche démocrate et républicaine
Bouches-du-Rhône

Éric Diard
Les Républicains
Bouches-du-Rhône

DÉPUTÉS DE L'ASSEMBLÉE NATIONALE

Bouches-du-Rhône, Calvados, Cantal, Charente, Charente-Maritime, Cher, Corrèze, Corse-du-Sud

François-Michel Lambert
Libertés et Territoires
Bouches-du-Rhône

Mohamed Laqhila
Mouvement Démocrate et apparentés
Bouches-du-Rhône

Alexandra Louis
La République en Marche
Bouches-du-Rhône

Jean-Luc Mélenchon
Président du groupe La France insoumise
Bouches-du-Rhône

Monica Michel
La République en Marche
Bouches-du-Rhône

Anne-Laurence Petel
La République en Marche
Bouches-du-Rhône

Claire Pitollat
La République en Marche
Bouches-du-Rhône

Cathy Racon-Bouzon
La République en Marche
Bouches-du-Rhône

Julien Ravier
Les Républicains
Bouches-du-Rhône

Bernard Reynès
Les Républicains
Bouches-du-Rhône

Guy Teissier
Les Républicains
Bouches-du-Rhône

Jean-Marc Zulesi
La République en Marche
Bouches-du-Rhône

CALVADOS

Christophe Blanchet
La République en Marche
Calvados

Bertrand Bouyx
La République en Marche
Calvados

Laurence Dumont
Socialistes et apparentés
Calvados

Fabrice Le Vigoureux
La République en Marche
Calvados

Nathalie Porte
Les Républicains
Calvados

Alain Tourret
La République en Marche
Calvados

CANTAL

Jean-Yves Bony
Les Républicains
Cantal

Vincent Descoeur
Les Républicains
Cantal

CHARENTE

Jérôme Lambert
Socialistes et apparentés
Charente

Sandra Marsaud
La République en Marche
Charente

Thomas Mesnier
La République en Marche
Charente

Sur les 577 députés de l'Assemblée nationale, la classe d'âge la plus représentée est celle des 50-60 ans avec 182 représentants. Elle devance les 40-50 ans (140).

CHARENTE-MARITIME

Jean-Philippe Ardouin
La République en Marche
Charente-Maritime

Olivier Falorni
Libertés et Territoires
Charente-Maritime

Raphaël Gérard
La République en Marche
Charente-Maritime

Didier Quentin
Les Républicains
Charente-Maritime

Frédérique Tuffnell
Écologie Démocratie Solidarité
Charente-Maritime

CHER

François Cormier-Bouligeon
La République en Marche
Cher

Nadia Essayan
Mouvement Démocrate et apparentés *Cher*

Loïc Kervran
La République en Marche
Cher

CORRÈZE

Christophe Jerretie
Mouvement Démocrate et apparentés
Corrèze

Frédérique Meunier
Les Républicains
Corrèze

CORSE-DU-SUD

Paul-André Colombani
Libertés et Territoires
Corse-du-Sud

Jean-Jacques Ferrara
Les Républicains
Corse-du-Sud (2A)

CÔTE-D'OR

Yolaine de Courson
Mouvement Démocrate et apparentés *Côte-d'Or*

Rémi Delatte
Les Républicains
Côte-d'Or

Fadila Khattabi
La République en Marche
Côte-d'Or

Didier Martin
La République en Marche
Côte-d'Or

Didier Paris
La République en Marche
Côte-d'Or

Le Bureau composé de 22 membres (le président de l'Assemblée nationale, 6 vice-présidents, 3 questeurs et 12 secrétaires), exerce une compétence générale sur l'organisation et le fonctionnement de l'Assemblée.

CÔTES-D'ARMOR

Hervé Berville
La République en Marche
Côtes-d'Armor

Éric Bothorel
La République en Marche
Côtes-d'Armor

Bruno Joncour
Mouvement Démocrate et apparentés
Côtes-d'Armor

Yannick Kerlogot
La République en Marche
Côtes-d'Armor

Marc Le Fur
Les Republicains
Côtes-d'Armor

CREUSE

Jean-Baptiste Moreau
La République en Marche
Creuse

DEUX-SÈVRES

Delphine Batho
Non inscrit
Deux-Sèvres

Guillaume Chiche
Non inscrit
Deux-Sèvres

Jean-Marie Fiévet
La République en Marche
Deux-Sèvres

DORDOGNE

Philippe Chassaing
La République en Marche
Dordogne

Jean-Pierre Cubertafon
Mouvement Démocrate et apparentés
Dordogne

Michel Delpon
La République en Marche
Dordogne

Jacqueline Dubois
La République en Marche
Dordogne

DOUBS

Éric Alauzet
La République en Marche
Doubs

Frédéric Barbier
La République en Marche
Doubs

Fannette Charvier
La République en Marche
Doubs

Annie Genevard
Les Républicains
Doubs

Denis Sommer
La République en Marche
Doubs

DRÔME

Emmanuelle Anthoine
Les Républicains
Drôme

Mireille Clapot
La République en Marche
Drôme

Célia de Lavergne
La République en Marche
Drôme

Alice Thourot
La République en Marche
Drôme

ESSONNE

Stéphanie Atger
La République en Marche
Essonne

Bernard Bouley
Les Républicains
Essonne

Francis Chouat
Apparenté au groupe La République en Marche
Essonne

Nicolas Dupont-Aignan
Non inscrit
Essonne

Marie Guévenoux
La République en Marche
Essonne

Pierre-Alain Raphan
La République en Marche
Essonne

Robin Reda
Les Républicains
Essonne

Marie-Pierre Rixain
La République en Marche
Essonne

DÉPUTÉS DE L'ASSEMBLÉE NATIONALE

Essonne, Eure, Eure-et-Loir, Finistère, Gard, Gers, Gironde

Laëtitia Romeiro Dias
La République en Marche
Essonne

Cédric Villani
Non inscrit
Essonne

EURE

Séverine Gipson
La République en Marche
Eure

Fabien Gouttefarde
La République en Marche
Eure

Claire O'Petit
La République en Marche
Eure

Bruno Questel
La République en Marche
Eure

Marie Tamarelle-Verhaeghe
La République en Marche
Eure

EURE-ET-LOIR

Guillaume Kasbarian
La République en Marche
Eure-et-Loir

Olivier Marleix
Les Républicains
Eure-et-Loir

Laure de La Raudière
Agir ensemble
Eure-et-Loir

Philippe Vigier
Mouvement Démocrate et apparentés
Eure-et-Loir

FINISTÈRE

Erwan Balanant
Mouvement Démocrate et apparentés
Finistère

Richard Ferrand
La République en Marche
Président de l'Assemblée nationale *Finistère*

Jean-Charles Larsonneur Agir ensemble
Finistère

Sandrine Le Feur
La République en Marche
Finistère

Didier Le Gac
La République en Marche
Finistère

Annaïg Le Meur
La République en Marche
Finistère

Graziella Melchior
La République en Marche
Finistère

Liliana Tanguy
La République en Marche
Finistère

GARD

Philippe Berta
Mouvement Démocrate et apparentés *Gard*

Anthony Cellier
La République en Marche
Gard

Annie Chapelier
Agir ensemble
Gard

Françoise Dumas
La République en Marche
Gard

Olivier Gaillard
Non inscrit
Gard

Nicolas Meizonnet
Non inscrit
Gard

GERS

Gisèle Biémouret
Socialistes et apparentés
Gers

Jean-René Cazeneuve
La République en Marche
Gers

GIRONDE

Florent Boudié
La République en Marche
Gironde

Bérangère Couillard
La République en Marche
Gironde

Alain David
Socialistes et apparentés
Gironde

Dominique David
La République en Marche
Gironde

Christelle Dubos
La République en Marche
Gironde

Catherine Fabre
La République en Marche
Gironde

Véronique Hammerer
La République en Marche
Gironde

Sophie Mette
Mouvement Démocrate et apparentés *Gironde*

Sophie Panonacle
La République en Marche
Gironde

Éric Poulliat
La République en Marche
Gironde

Loïc Prud'homme
La France insoumise
Gironde

Benoit Simian
Libertés et Territoires
Gironde

HAUT-RHIN

Olivier Becht
Président du groupe Agir ensemble Haut-Rhin

Jacques Cattin
Les Républicains
Haut-Rhin

Bruno Fuchs
Mouvement Démocrate et apparentés *Haut-Rhin*

Yves Hemedinger
Les Républicains
Haut-Rhin

Jean-Luc Reitzer
Les Républicains
Haut-Rhin

Raphaël Schellenberger
Les Républicains
Haut-Rhin

HAUTE-CORSE

Jean-Félix Acquaviva
Libertés et Territoires
Haute-Corse (2B)

Michel Castellani
Libertés et Territoires
Haute-Corse (2B)

HAUTE-GARONNE

Joël Aviragnet
Socialistes et apparentés
Haute-Garonne

Pierre Cabaré
La République en Marche
Haute-Garonne

Monique Iborra
La République en Marche
Haute-Garonne

Jean-Luc Lagleize
Mouvement Démocrate et apparentés
Haute-Garonne

Sandrine Mörch
La République en Marche
Haute-Garonne

Sébastien Nadot
Libertés et Territoires
Haute-Garonne

Mickaël Nogal
La République en Marche
Haute-Garonne

Jean-François Portarrieu
La République en Marche
Haute-Garonne

Élisabeth Toutut-Picard
La République en Marche
Haute-Garonne

Corinne Vignon
La République en Marche
Haute-Garonne

HAUTE-LOIRE

Isabelle Valentin
Les Républicains
Haute-Loire

Jean-Pierre Vigier
Les Républicains
Haute-Loire

HAUTE-MARNE

François Cornut-Gentille
Les Républicains
Haute-Marne

Sylvain Templier
La République en Marche
Haute-Marne

HAUTE-SAVOIE

Virginie Duby-Muller
Les Républicains
Haute-Savoie

Frédérique Lardet
La République en Marche
Haute-Savoie

Marion Lenne
La République en Marche
Haute-Savoie

Véronique Riotton
La République en Marche
Haute-Savoie

Xavier Roseren
La République en Marche
Haute-Savoie

Martial Saddier
Les Républicains
Haute-Savoie

HAUTE-SAÔNE

Barbara Bessot Ballot
La République en Marche
Haute-Saône

Christophe Lejeune
La République en Marche
Haute-Saône

HAUTE-VIENNE

Sophie Beaudouin-Hubiere
La République en Marche
Haute-Vienne

Marie-Ange Magne
La République en Marche
Haute-Vienne

Pierre Venteau
La République en Marche
Haute-Vienne

DÉPUTÉS DE L'ASSEMBLÉE NATIONALE

Hautes-Alpes, Hautes-Pyrénées, Hauts-de-Seine, Hérault, Ille-et-Vilaine, Indre

HAUTES-ALPES

Claire Bouchet
La République en Marche
Hautes-Alpes

Pascale Boyer
La République en Marche
Hautes-Alpes

HAUTES-PYRÉNÉES

Jeanine Dubié
Libertés et Territoires
Hautes-Pyrénées

Jean-Bernard Sempastous
La République en Marche
Hautes-Pyrénées

HAUTS-DE-SEINE

Jean-Louis Bourlanges
Mouvement Démocrate et apparentés
Hauts-de-Seine

Céline Calvez
La République en Marche
Hauts-de-Seine

Frédérique Dumas
Libertés et Territoires
Hauts-de-Seine

Elsa Faucillon
Gauche démocrate et républicaine
Hauts-de-Seine

Isabelle Florennes
Mouvement Démocrate et apparentés
Hauts-de-Seine

Christine Hennion
La République en Marche
Hauts-de-Seine

Constance Le Grip
Les Républicains
Hauts-de-Seine

Jacques Maire
La République en Marche
Hauts-de-Seine

Jacques Marilossian
La République en Marche
Hauts-de-Seine

Bénédicte Pételle
La République en Marche
Hauts-de-Seine

Florence Provendier
La République en Marche
Hauts-de-Seine

Laurianne Rossi
La République en Marche
Hauts-de-Seine

Thierry Solère
La République en Marche
Hauts-de-Seine

HÉRAULT

Nicolas Démoulin
La République en Marche
Hérault

Coralie Dubost
La République en Marche
Hérault

Jean-François Eliaou
La République en Marche
Hérault

Christophe Euzet
Agir ensemble
Hérault

Philippe Huppé
Agir ensemble
Hérault

Emmanuelle Ménard
Non inscrit
Hérault

Patricia Mirallès
La République en Marche
Hérault

Muriel Ressiguier
La France insoumise
Hérault

Patrick Vignal
La République en Marche
Hérault

ILLE-ET-VILAINE

Florian Bachelier
La République en Marche
Ille-et-Vilaine

Thierry Benoit
UDI et Indépendants
Ille-et-Vilaine

Jean-Luc Bourgeaux
Apparenté au groupe
Les Républicains *Ille-et-Vilaine*

Christine Cloarec-Le Nabour
La République en Marche
Ille-et-Vilaine

Mustapha Laabid
La République en Marche
Ille-et-Vilaine

Gaël Le Bohec
La République en Marche
Ille-et-Vilaine

Laurence Maillart-Méhaignerie
La République en Marche
Ille-et-Vilaine

Claudia Rouaux
Socialistes et apparentés
Ille-et-Vilaine

INDRE

Nicolas Forissier
Les Républicains
Indre

François Jolivet
La République en Marche
Indre

INDRE-ET-LOIRE

Philippe Chalumeau
La République en Marche
Indre-et-Loire

Fabienne Colboc
La République en Marche
Indre-et-Loire

Daniel Labaronne
La République en Marche
Indre-et-Loire

Sabine Thillaye
Mouvement Démocrate
et apparentés
Indre-et-Loire

Les séances de l'Assemblée nationale sont majoritairement consacrées aux déclarations et aux débats, représentés à 41,6 % du temps. Suivent les questions législatives et budgétaires, avec, respectivement, 36,5 % et 14,7 %.

ISÈRE

Caroline Abadie
La République en Marche
Isère

Marie-Noëlle Battistel
Socialistes et apparentés
Isère

Émilie Chalas
La République en Marche
Isère

Jean-Charles Colas-Roy
La République en Marche
Isère

Camille Gaillard-Minier
La République en Marche
Isère

Élodie Jacquier-Laforge
Mouvement Démocrate
et apparentés *Isère*

Catherine Kamowski
La République en Marche
Isère

Monique Limon
La République en Marche
Isère

Marjolaine Meynier-Millefert
La République en Marche
Isère

Cendra Motin
La République en Marche
Isère

JURA

Danielle Brulebois
La République en Marche
Jura

Marie-Christine Dalloz
Les Républicains
Jura

Jean-Marie Sermier
Les Républicains
Jura

LANDES

Lionel Causse
La République en Marche
Landes

Fabien Lainé
Mouvement Démocrate
et apparentés
Landes

Boris Vallaud
Socialistes et apparentés
Landes

LOIR-ET-CHER

Stéphane Baudu
Mouvement Démocrate
et apparentés
Loir-et-Cher

Pascal Brindeau
UDI et Indépendants
Loir-et-Cher

Guillaume Peltier
Les Républicains
Loir-et-Cher

LOIRE

Julien Borowczyk
La République en Marche
Loire

Dino Cinieri
Les Républicains
Loire

Valéria Faure-Muntian
La République en Marche
Loire

Régis Juanico
Apparenté au groupe
Socialistes et apparentés
Loire

Jean-Michel Mis
La République en Marche
Loire

Nathalie Sarles
La République en Marche
Loire

LOIRE-ATLANTIQUE

Aude Amadou
La République en Marche
Loire-Atlantique

Anne-France Brunet
La République en Marche
Loire-Atlantique

Yves Daniel
La République en Marche
Loire-Atlantique

Audrey Dufeu
La République en Marche
Loire-Atlantique

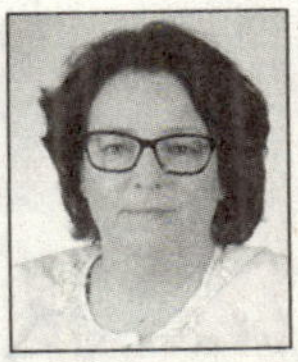

Sophie Errante
La République en Marche
Loire-Atlantique

Luc Geismar
Mouvement Démocrate
et apparentés
Loire-Atlantique

DÉPUTÉS DE L'ASSEMBLÉE NATIONALE

Loire-Atlantique, Loiret, Lot, Lot-et-Garonne, Lozère, Maine-et-Loire, Manche, Marne, Mayenne

Yannick Haury
La République en Marche
Loire-Atlantique

Sandrine Josso
Libertés et Territoires
Loire-Atlantique

Valérie Oppelt
La République en Marche
Loire-Atlantique

François de Rugy
La République en Marche
Loire-Atlantique

LOIRET

Jean-Pierre Door
Les Républicains
Loiret

Marianne Dubois
Les Républicains
Loiret

Claude de Ganay
Les Républicains
Loiret

Caroline Janvier
La République en Marche
Loiret

Richard Ramos
Mouvement Démocrate et apparentés
Loiret

Stéphanie Rist
La République en Marche
Loiret

LOT

Aurélien Pradié
Les Républicains
Lot

Huguette Tiegna
La République en Marche
Lot

LOT-ET-GARONNE

Olivier Damaisin
La République en Marche
Lot-et-Garonne

Alexandre Freschi
La République en Marche
Lot-et-Garonne

Michel Lauzzana
La République en Marche
Lot-et-Garonne

LOZÈRE

Pierre Morel-À-L'Huissier
UDI et Indépendants
Lozère

MAINE-ET-LOIRE

Anne-Laure Blin
Les Républicains
Maine-et-Loire

Philippe Bolo
Mouvement Démocrate et apparentés
Maine-et-Loire

Nicole Dubré-Chirat
La République en Marche
Maine-et-Loire

Stella Dupont
La République en Marche
Maine-et-Loire

Denis Masséglia
La République en Marche
Maine-et-Loire

Matthieu Orphelin
Non inscrit
Maine-et-Loire

Laetitia Saint-Paul
La République en Marche
Maine-et-Loire

MANCHE

Philippe Gosselin
Les Républicains
Manche

Sonia Krimi
La République en Marche
Manche

Bertrand Sorre
La République en Marche
Manche

Stéphane Travert
La République en Marche
Manche

MARNE

Valérie Beauvais
Les Républicains
Marne

Charles de Courson
Libertés et Territoires
Marne

Éric Girardin
La République en Marche
Marne

Aina Kuric
Agir ensemble
Marne

Lise Magnier
Agir ensemble
Marne

MAYENNE

Géraldine Bannier
Mouvement Démocrate et apparentés
Mayenne

Yannick Favennec-Bécot
UDI et Indépendants
Mayenne

Guillaume Garot
Socialistes et apparentés
Mayenne

Sur les 577 députés de l'Assemblée nationale, 228 sont des femmes.

MEURTHE-ET-MOSELLE

Thibault Bazin
Les Républicains
Meurthe-et-Moselle

Caroline Fiat
La France insoumise
Meurthe-et-Moselle

Laurent Garcia
Apparenté au groupe Mouvement Démocrate et apparentés *Meurthe-et-Moselle*

Carole Grandjean
La République en Marche
Meurthe-et-Moselle

Xavier Paluszkiewicz
La République en Marche
Meurthe-et-Moselle

Dominique Potier
Socialistes et apparentés
Meurthe-et-Moselle

MEUSE

Émilie Cariou
Non inscrit
Meuse

Bertrand Pancher
Président du groupe Libertés et Territoires
Meuse

MORBIHAN

Jean-Michel Jacques
La République en Marche
Morbihan

Nicole Le Peih
La République en Marche
Morbihan

Paul Molac
Libertés et Territoires
Morbihan

Jimmy Pahun
Mouvement Démocrate et apparentés
Morbihan

Hervé Pellois
La République en Marche
Morbihan

Gwendal Rouillard
La République en Marche
Morbihan

MOSELLE

Christophe Arend
La République en Marche
Moselle

Belkhir Belhaddad
La République en Marche
Moselle

Fabien Di Filippo
Les Républicains
Moselle

Brahim Hammouche
Mouvement Démocrate et apparentés *Moselle*

Richard Lioger
La République en Marche
Moselle

Ludovic Mendes
La République en Marche
Moselle

Isabelle Rauch
La République en Marche
Moselle

Nicole Trisse
La République en Marche
Moselle

Hélène Zannier
La République en Marche
Moselle

NIÈVRE

Perrine Goulet
Apparentée au groupe Mouvement Démocrate et apparentés *Nièvre*

Patrice Perrot
La République en Marche
Nièvre

NORD

Ugo Bernalicis
La France insoumise
Nord

Guy Bricout
UDI et Indépendants
Nord

Alain Bruneel
Gauche démocrate et républicaine
Nord

Anne-Laure Cattelot
La République en Marche
Nord

Sébastien Chenu
Non inscrit
Nord

Paul Christophe
Agir ensemble
Nord

Béatrice Descamps
UDI et Indépendants
Nord

Jennifer De Temmerman
Libertés et Territoires
Nord

Christophe Di Pompeo
La République en Marche
Nord

Dimitri Houbron
Agir ensemble
Nord

Christian Hutin
Apparenté au groupe Socialistes et apparentés
Nord

DÉPUTÉS DE L'ASSEMBLÉE NATIONALE

Nord, Oise, Orne, Paris

Sébastien Huyghe
Les Républicains
Nord

Vincent Ledoux
Agir ensemble
Nord

Brigitte Liso
La République en Marche
Nord

Florence Morlighem
Apparentée au groupe La République en Marche
Nord

Catherine Osson
La République en Marche
Nord

Charlotte Parmentier-Lecocq
La République en Marche
Nord

Valérie Petit
Agir ensemble
Nord

Adrien Quatennens
La France insoumise
Nord

Fabien Roussel
Gauche démocrate et républicaine
Nord

Valérie Six
UDI et Indépendants
Nord

OISE

Pascal Bois
La République en Marche
Oise

Carole Bureau-Bonnard
La République en Marche
Oise

Maxime Minot
Les Républicains
Oise

Agnès Thill
UDI et Indépendants
Oise

Pierre Vatin
Les Républicains
Oise

Éric Woerth
Les Républicains
Oise

ORNE

Jérôme Nury
Les Républicains
Orne

Véronique Louwagie
Les Républicains
Orne

Chantal Jourdan
Socialistes et apparentés
Orne

PARIS

Laetitia Avia
La République en Marche
Paris

Sandra Boëlle
Les Républicains
Paris

Pierre-Yves Bournazel
Agir ensemble
Paris

Maud Gatel
Mouvement Démocrate et apparentés
Paris

Stanislas Guerini
La République en Marche
Paris

Brigitte Kuster
Les Républicains
Paris

Anne-Christine Lang
La République en Marche
Paris

Gilles Le Gendre
La République en Marche
Paris

Mounir Mahjoubi
La République en Marche
Paris

Sylvain Maillard
La République en Marche
Paris

Danièle Obono
La France insoumise
Paris

Pierre Person
La République en Marche
Paris

Hugues Renson
La République en Marche
Paris

Pacôme Rupin
La République en Marche
Paris

Marie Silin
La République en Marche
Paris

Buon Tan
La République en Marche
Paris

Les Républicains sont le parti ayant déposé le plus de propositions (160), devant LREM et UDI et Indépendants.

PAS-DE-CALAIS

Bruno Bilde
Non inscrit
Pas-de-Calais

Marguerite Deprez-Audebert
Mouvement Démocrate et apparentés *Pas-de-Calais*

Pierre-Henri Dumont
Les Républicains
Pas-de-Calais

Bruno Duvergé
Mouvement Démocrate et apparentés
Pas-de-Calais

José Evrard
Non inscrit
Pas-de-Calais

Myriane Houplain
Non inscrit
Pas-de-Calais

Marine Le Pen
Non inscrit
Pas-de-Calais

Jacqueline Maquet
La République en Marche
Pas-de-Calais

Jean-Pierre Pont
La République en Marche
Pas-de-Calais

Benoit Potterie
Agir ensemble
Pas-de-Calais

Robert Therry
Les Républicains
Pas-de-Calais

PUY-DE-DÔME

André Chassaigne
Président du groupe Gauche démocrate et républicaine
Puy-de-Dôme

Michel Fanget
Mouvement Démocrate et apparentés
Puy-de-Dôme

Christine Pires Beaune
Socialistes et apparentés
Puy-de-Dôme

Valérie Thomas
La République en Marche
Puy-de-Dôme

Laurence Vichnievsky
Mouvement Démocrate et apparentés
Puy-de-Dôme

PYRÉNÉES-ATLANTIQUES

Vincent Bru Apparenté au groupe Mouvement Démocrate et apparentés
Pyrénées-Atlantiques

David Habib
Socialistes et apparentés
Pyrénées-Atlantiques

Jean Lassalle
Libertés et Territoires
Pyrénées-Atlantiques

Florence Lasserre
Mouvement Démocrate et apparentés
Pyrénées-Atlantiques

Jean-Paul Mattei
Mouvement Démocrate et apparentés *Pyrénées-Atlantiques*

Josy Poueyto
Mouvement Démocrate et apparentés
Pyrénées-Atlantiques

PYRÉNÉES-ORIENTALES

Sébastien Cazenove
La République en Marche
Pyrénées-Orientales

Laurence Gayte
La République en Marche
Pyrénées-Orientales

Romain Grau
La République en Marche
Pyrénées-Orientales

Catherine Pujol
Non inscrit
Pyrénées-Orientales

RHÔNE

Yves Blein
La République en Marche
Rhône

Bruno Bonnell
La République en Marche
Rhône

Blandine Brocard
Apparentée au groupe Mouvement Démocrate et apparentés *Rhône*

Anne Brugnera
La République en Marche
Rhône

Danièle Cazarian
La République en Marche
Rhône

Jean-Luc Fugit
La République en Marche
Rhône

Thomas Gassilloud
Agir ensemble
Rhône

Cyrille Isaac-Sibille
Mouvement Démocrate et apparentés
Rhône

Hubert Julien-Laferriere
Non inscrit
Rhône

Anissa Khedher
La République en Marche
Rhône

DÉPUTÉS DE L'ASSEMBLÉE NATIONALE

Rhône, Sarthe, Savoie, Saône-et-Loire, Seine-et-Marne, Seine-Maritime

Bernard Perrut
Les Républicains
Rhône

Thomas Rudigoz
La République en Marche
Rhône

Nathalie Serre
Apparentée au groupe
Les Républicains
Rhône

Jean-Louis Touraine
La République en Marche
Rhône

SARTHE

Pascale Fontenel-Personne
Apparentée au groupe
Mouvement Démocrate
et apparentés *Sarthe*

Jean-Carles Grelier
Apparenté au groupe
Les Républicains
Sarthe

Marietta Karamanli
Socialistes et apparentés
Sarthe

Sylvie Tolmont
Socialistes et apparentés
Sarthe

Damien Pichereau
La République en Marche
Sarthe

SAVOIE

Émilie Bonnivard
Les Républicains
Savoie

Typhanie Degois
La République en Marche
Savoie

Patrick Mignola
Président du groupe
Mouvement Démocrate
et apparentés
Savoie

Vincent Rolland
Les Républicains
Savoie

SAÔNE-ET-LOIRE

Josiane Corneloup
Les Républicains
Saône-et-Loire

Benjamin Dirx
La République en Marche
Saône-et-Loire

Raphaël Gauvain
La République en Marche
Saône-et-Loire

Rémy Rebeyrotte
La République en Marche
Saône-et-Loire

Cécile Untermaier
Socialistes et apparentés
Saône-et-Loire

SEINE-ET-MARNE

Sylvie Bouchet Bellecourt
Les Républicains
Seine-et-Marne

Stéphanie Do
La République en Marche
Seine-et-Marne

Olivier Faure
Socialistes et apparentés
Seine-et-Marne

Jean-Michel Fauvergue
La République en Marche
Seine-et-Marne

Christian Jacob
Les Républicains
Seine-et-Marne

Rodrigue Kokouendo
La République en Marche
Seine-et-Marne

Patricia Lemoine
Agir ensemble
Seine-et-Marne

Aude Luquet
Mouvement Démocrate
et apparentés
Seine-et-Marne

Jean-François Parigi
Les Républicains
Seine-et-Marne

Michèle Peyron
La République en Marche
Seine-et-Marne

Jean-Louis Thiériot
Les Républicains
Seine-et-Marne

L'Assemblée nationale compte 39,5% de femmes, ce qui la place au quatrième rang à l'échelle européenne.

SEINE-MARITIME

Damien Adam
La République en Marche
Seine-Maritime

Xavier Batut
La République en Marche
Seine-Maritime

Agnès Firmin Le Bodo
Agir ensemble
Seine-Maritime

Sébastien Jumel
Gauche démocrate
et républicaine
Seine-Maritime

Stéphanie Kerbarh
La République en Marche
Seine-Maritime

Jean-Paul Lecoq
Gauche démocrate
et républicaine
Seine-Maritime

Gérard Leseul
Socialistes et apparentés
Seine-Maritime

Sira Sylla
La République en Marche
Seine-Maritime

Annie Vidal
La République en Marche
Seine-Maritime

Hubert Wulfranc
Gauche démocrate
et républicaine
Seine-Maritime

SEINE-SAINT-DENIS

Patrice Anato
La République en Marche
Seine-Saint-Denis

Clémentine Autain
La France insoumise
Seine-Saint-Denis

Marie-George Buffet
Gauche démocrate
et républicaine
Seine-Saint-Denis

Sylvie Charrière
La République en Marche
Seine-Saint-Denis

Éric Coquerel
La France insoumise
Seine-Saint-Denis

Alexis Corbière
La France insoumise
Seine-Saint-Denis

Bastien Lachaud
La France insoumise
Seine-Saint-Denis

Jean-Christophe Lagarde
Président du groupe
UDI et Indépendants
Seine-Saint-Denis

Stéphane Peu
Gauche démocrate
et républicaine
Seine-Saint-Denis

Alain Ramadier
Les Républicains
Seine-Saint-Denis

Sabine Rubin
La France insoumise
Seine-Saint-Denis

Stéphane Testé
La République en Marche
Seine-Saint-Denis

SOMME

Cécile Delpirou
La République en Marche
Somme

Grégory Labille
UDI et Indépendants
Somme

Jean-Claude Leclabart
La République en Marche
Somme

Emmanuel Maquet
Les Républicains
Somme

François Ruffin
La France insoumise
Somme

TARN

Muriel Roques-Etienne
La République en Marche
Tarn

Jean Terlier
La République en Marche
Tarn

Marie-Christine Verdier-Jouclas
La République en Marche
Tarn

TARN-ET-GARONNE

Sylvia Pinel
Libertés et Territoires
Tarn-et-Garonne

Valérie Rabault
Présidente du groupe
Socialistes et apparentés
Tarn-et-Garonne

TERRITOIRE DE BELFORT

Ian Boucard
Les Républicains
Territoire de Belfort

Michel Zumkeller
UDI et Indépendants
Territoire de Belfort

VAL-DE-MARNE

Jean-Jacques Bridey
La République en Marche
Val-de-Marne

Gilles Carrez
Les Républicains
Val-de-Marne

Frédéric Descrozaille
La République en Marche
Val-de-Marne

Albane Gaillot
Non inscrit
Val-de-Marne

Guillaume Gouffier-Cha
La République en Marche
Val-de-Marne

Michel Herbillon
Les Républicains
Val-de-Marne

Jean François Mbaye
La République en Marche
Val-de-Marne

Mathilde Panot
La France insoumise
Val-de-Marne

DÉPUTÉS DE L'ASSEMBLÉE NATIONALE

Val-de-Marne, Val-d'Oise, Var, Vaucluse, Vendée, Vienne, Vosges

Maud Petit
Mouvement Démocrate et apparentés
Val-de-Marne

Laurent Saint-Martin
La République en Marche
Val-de-Marne

Isabelle Santiago
Socialistes et apparentés
Val-de-Marne

VAL-D'OISE

David Corceiro
Mouvement Démocrate et apparentés
Val-d'Oise

Dominique Da Silva
La République en Marche
Val-d'Oise

Fiona Lazaar
Non inscrit
Val-d'Oise

Naïma Moutchou
La République en Marche
Val-d'Oise

Zivka Park
La République en Marche
Val-d'Oise

François Pupponi
Mouvement Démocrate et apparentés
Val-d'Oise

Cécile Rilhac
La République en Marche
Val-d'Oise

Antoine Savignat
Les Républicains
Val-d'Oise

Aurélien Taché
Non inscrit
Val-d'Oise

Guillaume Vuilletet
La République en Marche
Val-d'Oise

VAR

Edith Audibert
Les Républicains
Var

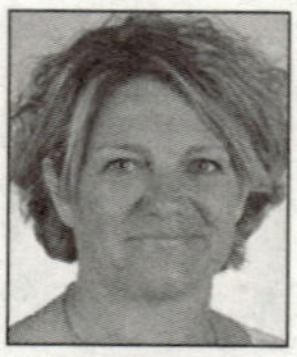

Valérie Gomez-Bassac
La République en Marche
Var

Émilie Guerel
La République en Marche
Var

Geneviève Levy
Les Républicains
Var

Fabien Matras
La République en Marche
Var

Sereine Mauborgne
La République en Marche
Var

Philippe Michel-Kleisbauer
Mouvement Démocrate et apparentés
Var

Cécile Muschotti
La République en Marche
Var

VAUCLUSE

Julien Aubert
Les Républicains
Vaucluse

Jean-Claude Bouchet
Les Républicains
Vaucluse

Marie-France Lorho
Non inscrit
Vaucluse

Adrien Morenas
La République en Marche
Vaucluse

Souad Zitouni
La République en Marche
Vaucluse

VENDÉE

Stéphane Buchou
La République en Marche
Vendée

Pierre Henriet
La République en Marche
Vendée

Philippe Latombe
Mouvement Démocrate et apparentés
Vendée

Martine Leguille-Balloy
La République en Marche
Vendée

Patrick Loiseau
Mouvement Démocrate et apparentés
Vendée

VIENNE

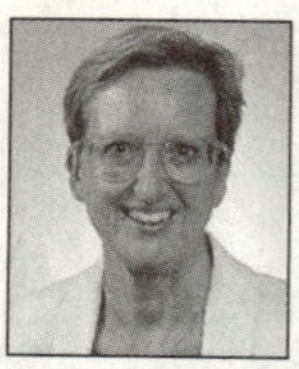

Françoise Ballet-Blu
La République en Marche
Vienne

Jean-Michel Clément
Libertés et Territoires
Vienne

Sacha Houlié
La République en Marche
Vienne

Nicolas Turquois
Mouvement Démocrate et apparentés
Vienne

VOSGES

Gérard Cherpion
Les Républicains
Vosges

Jean-Jacques Gaultier
Les Républicains
Vosges

Christophe Naegelen
UDI et Indépendants
Vosges

Stéphane Viry
Les Républicains
Vosges

YONNE

Michèle Crouzet
Mouvement Démocrate et apparentés
Yonne

Guillaume Larrivé
Les Républicains
Yonne

André Villiers
UDI et Indépendants
Yonne

YVELINES

Didier Baichère
La République en Marche
Yvelines

Jean-Noël Barrot
Mouvement Démocrate et apparentés
Yvelines

Philippe Benassaya
Les Républicains
Yvelines

Aurore Bergé
La République en Marche
Yvelines

Yaël Braun-Pivet
La République en Marche
Yvelines

Florence Granjus
La République en Marche
Yvelines

Marie Lebec
La République en Marche
Yvelines

Bruno Millienne
Mouvement Démocrate et apparentés
Yvelines

Béatrice Piron
La République en Marche
Yvelines

Natalia Pouzyreff
La République en Marche
Yvelines

Michèle de Vaucouleurs
Mouvement Démocrate et apparentés *Yvelines*

Michel Vialay
Les Républicains
Yvelines

Quinzième législature

Les groupes politiques sont constitués au minimum de 15 députés et jouent un rôle majeur dans le fonctionnement de l'Assemblée nationale. Ainsi :
- les présidents de groupe siègent à la Conférence des présidents ;
- les commissions sont composées en proportion de l'importance numérique des groupes ;
- le temps de parole est distribué en fonction de l'effectif des groupes.

Groupe	Membres	Membres apparentés	Total
La République en Marche	267	2	269
Les Républicains	97	8	105
Mouvement Démocrate et apparentés	50	8	58
Socialistes et apparentés	26	4	30
Agir ensemble	21	0	21
UDI et Indépendants	19	0	19
Libertés et Territoires	18	0	18
La France insoumise	17	0	17
Gauche démocrate et républicaine	16	0	16
Total groupes	543	22	553
Non inscrits (NI)	23	0	23
Total des sièges pourvus		576	
Sièges vacants		1	
Total des sièges		577	

DÉPARTEMENTS D'OUTRE-MER

GUADELOUPE

Justine Benin
Apparentée au groupe Mouvement Démocrate et apparentés *Guadeloupe*

Max Mathiasin
Apparenté au groupe Mouvement Démocrate et apparentés *Guadeloupe*

Olivier Serva
La République en Marche
Guadeloupe

Hélène Vainqueur-Christophe
Socialistes et apparentés
Guadeloupe

GUYANE

Lénaïck Adam
La République en Marche
Guyane

Gabriel Serville
Gauche démocrate et républicaine *Guyane*

DÉPUTÉS DE L'ASSEMBLÉE NATIONALE

Martinique, Mayotte, Réunion, Nouvelle-Calédonie, Polynésie française, St-Barthélemy et St-Martin, St-Pierre-et-Miquelon, Wallis-et-Futuna et les Français établis hors de France

MARTINIQUE

Manuéla Kéclard-Mondésir
Gauche démocrate et républicaine *Martinique*

Serge Letchimy
Apparenté au groupe Socialistes et apparentés
Martinique

Josette Manin
Apparentée au groupe Socialistes et apparentés
Martinique

Jean-Philippe Nilor
Gauche démocrate et républicaine
Martinique

MAYOTTE

Ramlati Ali
La République en Marche
Mayotte

Mansour Kamardine
Les Républicains
Mayotte

RÉUNION

Ericka Bareigts
Socialistes et apparentés
Réunion

Nathalie Bassire
Apparentée au groupe Les Républicains
Réunion

Huguette Bello
Gauche démocrate et républicaine
Réunion

Jean-Luc Pourdroux
Les Républicains
Réunion

David Lorion
Les Républicains
Réunion

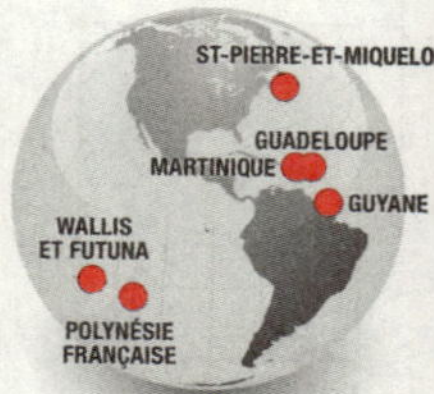

Nadia Ramassamy
Apparentée au groupe Les Républicains
Réunion

Jean-Hugues Ratenon
La France insoumise
Réunion

Jean-Luc Poudroux
Apparenté au groupe Les Républicains
Réunion

NOUVELLE-CALÉDONIE

Philippe Dunoyer
UDI, Agir et Indépendants
Nouvelle-Calédonie

Jean-Luc Pourdroux
Les Républicains
Nouvelle-Calédonie

POLYNÉSIE FRANÇAISE

Moetai Brotherson
Gauche démocrate et républicaine
Polynésie française

Maina Sage
UDI, Agir et Indépendants
Polynésie française

Nicole Sanquer
UDI, Agir et Indépendants
Polynésie française

ST-BARTHÉLEMY ET ST-MARTIN

Claire Guion-Firmin
Apparentée au groupe Les Républicains
St-Barthélemy et St-Martin

ST-PIERRE-ET-MIQUELON

Stéphane Claireaux
La République en Marche
St-Pierre-et-Miquelon

WALLIS-ET-FUTUNA

Sylvain Brial
Libertés et Territoires
Wallis-et-Futuna

FRANÇAIS ÉTABLIS HORS DE FRANCE

Pieyre-Alexandre Anglade
La République en Marche
Hors de France

Samantha Cazebonne
La République en Marche
Hors de France

Paula Forteza
Écologie Démocratie Solidarité
Hors de France

Anne Genetet
La République en Marche
Hors de France

M'jid El Guerrab
Agir ensemble
Hors de France

Meyer Habib
UDI, Agir et Indépendants
Hors de France

Alexandre Holroyd
La République en Marche
Hors de France

Amal-Amélia Lakrafi
La République en Marche
Hors de France

Roland Lescure
La République en Marche
Hors de France

Frédéric Petit
Mouvement Démocrate et apparentés
Hors de France

Joachim Son-Forget
Non inscrit
Hors de France

Soleil
lever : **8 h 44**
coucher : **17 h 04**

Samedi 1er janvier

Jour de l'An – On fête aussi les Fulgence

Année nouvelle, t'es la plus belle ! **1,20 €**

Le Vermot

1er janvier 2022

Minuit dans le monde !

La plupart des pays ont adopté le 1er janvier comme jour officiel d'une nouvelle année. C'est le pape Grégoire XIII qui a généralisé l'usage de cette date dans l'Europe catholique dès 1582 (d'où le nom de calendrier grégorien). Quant au Nouvel An orthodoxe (célébré notamment en Ukraine ou en Serbie), il suit le calendrier julien et tombe le 14 janvier tandis que le Nouvel An chinois, déterminé en fonction de la position de la lune, peut tomber n'importe quel jour entre le 21 janvier et le 20 février. Les Iraniens, eux, suivent le calendrier perse et célèbrent la nouvelle année avec le printemps.
Ce qui reste universel, c'est de marquer l'entrée dans l'an nouveau avec des rites. Chacun a ses codes, mais tous invitent à faire des vœux de bonheur et cette sélection de traditions devraient vous inspirer.

- En France, une coutume héritée des Celtes veut qu'on s'embrasse sous le gui pour se souhaiter longue vie et prospérité.
- En Espagne, il est d'usage de manger douze grains de raisin, au rythme des douze coups de minuit.
- En Russie, quand sonnent les carillons du Kremlin, une minute avant minuit, il est l'heure d'écrire un vœu sur un bout de papier, de le brûler pour mettre les cendres dans un verre rempli du vin mousseux local et de le boire. Le tout en une minute chrono !
- En Australie, minuit se passe en tapant sur des casseroles pour créer un vacarme assourdissant exprimant la joie et l'espoir placé en l'année à venir.
- Au Pérou, on fabrique des poupées avec de vieux vêtements de l'année écoulée, du bois ou du papier journal. À minuit, les Péruviens les brûlent pour symboliser la destruction de toute énergie négative de l'année précédente.
- À Cuba, selon la croyance populaire, l'eau emporte tous les soucis et c'est pourquoi on jette des seaux d'eau devant sa porte.

Dimanche **2 janvier**

Saint Basile – On fête aussi les Adélard, Macaire, Stéphanie

Soleil
lever : **8 h 44**
coucher : **17 h 05**

À la Saint-Basile, fais pas l'imbécile.

INJURES ANIMALIÈRES

Tu n'es qu'un âne !

« Ce pelé, ce galeux » ! Ce sont là les épithètes attribués au malheureux quadrupède par les animaux malades de la peste, dans la fable de La Fontaine, et qui les font crier « haro sur le baudet ». Car l'âne n'est pas verni. C'est d'abord l'incarnation de l'ignorance, d'où le bonnet d'âne. Et l'âne bâté marque un degré supérieur, s'il est possible, dans la nullité. Mais l'animal a aussi des talents cachés. Ainsi, dans Le Songe d'une nuit d'été, *Bottom est métamorphosé en âne qui, pour Shakespeare, est un symbole de lasciveté, ce qui peut expliquer pourquoi la belle Titania en tombe raide amoureuse.*

Citations

Le mille-pattes, en voilà un qui ne fera jamais de ski, ça lui coûterait trop cher en bottines.

Philippe Geluck

MORALITÉ

11 CONTES, 11 MORALITÉS

Charles Perrault commence en 1691 l'écriture de 11 contes, 3 en vers et 8 en prose, qui deviendront des incontournables de la littérature. Tous sont basés sur des histoires populaires qui préexistaient et Perrault les a remises en forme en leur ajoutant une « moralité ». Certains en ont même plusieurs. Au fil de cette année, nous allons nous pencher sur ces 11 moralités pour les décrypter.

Énigmes

Après le braquage spectaculaire d'un fourgon blindé, la police interroge trois suspects : Nicolas, Maxime et Alex. La police note :

1. Personne d'autre que ces trois malfrats était impliqué.
2. Nicolas n'opère jamais seul, il prend toujours un complice.
3. Alex est innocent.

Maxime est-il innocent ou coupable ?

Solution : Si Alex est innocent, Nicolas ou/et Maxime est/sont coupable/s. Si Nicolas est innocent, Maxime est coupable. Si Nicolas est coupable, Maxime aussi car Nicolas l'aura pris comme complice. Donc, Maxime est coupable dans les deux cas.

Bon anniversaire

Thierry Hermès

C'est à Krefeld, près de Düsseldorf, que naît Thierry Hermès le 10 janvier 1801, d'un père français et d'une mère allemande. L'année de ses 20 ans, le jeune homme est placé en apprentissage chez un artisan sellier-harnacheur de Pont-Audemer, dans l'Eure. Il y apprend le travail du cuir et, en 1837, fonde à Paris une manufacture de harnais et de selles. Au fil des années, Thierry Hermès diversifie ses ventes avec des articles d'équitation en soie, puis se lance dans la maroquinerie et la parfumerie. Il sera honoré de la médaille première classe à l'Exposition universelle de 1867 et continuera d'innover, bâtissant le socle d'un empire du luxe devenu aujourd'hui un fleuron du « made in France ». Thierry Hermès meurt au soir de son 77e anniversaire, le 10 janvier 1878, à Neuilly-sur-Seine.

Soleil
lever : **8 h 43**
coucher : **17 h 06**

Lundi **3 janvier**

Sainte Geneviève – On fête aussi les Girette, Gordius

Au royaume de l'espoir, il n'y a pas d'hiver.

Ça s'est passé

Le 3 janvier 1322

Charles IV, qui deviendra Charles le Bel, monte sur le trône de France à la mort de son frère Philippe V le Long. C'est le dernier souverain français de la dynastie dite des Capétiens directs.

L'ACTU

Une longue erreur de transcription

Depuis la fin des années 1950, sans que personne ne sache exactement ni comment ni pourquoi, la commune de Villossanges est devenue « Villosanges » dans le répertoire national de l'Insee. Et malgré les protestations des édiles successifs, l'erreur orthographique a été assimilée par les différents services de l'État. Si les habitants ont continué à s'appeler les Villossangeois et si les panneaux de signalisation à l'entrée de la commune ont toujours affiché leurs deux « s », le Trésor public, les services du département, La Poste, Pôle emploi ou les services de l'assurance maladie indiquaient Villosanges comme nom officiel. Après soixante ans de protestation, la municipalité a fini par obtenir gain de cause. En épluchant les archives locales et départementales, des experts ont en effet retrouvé le premier document officiel ayant escamoté un « s » : lors du recensement de 1954, un arrêté préfectoral avait écorché le nom du village. Un décret du Premier ministre a donc corrigé la coquille plus de six décennies plus tard.

Vélo

Avant les Champs

Une arrivée du Tour de France ne peut se concevoir aujourd'hui que sur les Champs-Élysées. Et pourtant, jusqu'en 1967, la Grande Boucle prenait fin au Parc des Princes avant de migrer vers le vélodrome de la Cipale, rebaptisé Jacques-Anquetil, là où Eddy Merckx a triomphé à cinq reprises. Ce n'est qu'en 1975, sur une idée du journaliste Yves Mourousi, que le final du Tour de France a déménagé aux Champs-Élysées, qui ont vu cette année-là le Français Bernard Thévenet remporter la victoire.

Pour les intimes...

« Tu aimes que je m'embrase, que je me consume à toi vers la fin des beaux jours, quand je suis le soir auprès de toi ; moi aussi j'aime cela. » C'est en ces termes qu'à la fin du mois d'août 1808, Bettina Brentano déclare sa flamme à Goethe. Il a 58 ans, elle en a 22. Le grand homme et la jeune femme se sont rencontrés pour la première fois un an plus tôt. Bettina aimait déjà l'illustre écrivain d'un amour idéal, pour sa poésie, ses livres, sa renommée aussi. Mais sa flamme et sa fougue épistolaires ne bouleversent pas vraiment Goethe. Ses lettres à lui sont purement formelles. De toute façon, sa versatilité sentimentale l'empêche de se donner à une seule femme. En 1811, Bettina se marie et se brouille définitivement avec Goethe. Rien, ou presque, ne s'est jamais « passé » entre eux.

Mardi **4 janvier**

Saint Odilon – On fête aussi les Fata, Oringa

Soleil
lever : **8 h 43**
coucher : **17 h 07**

À la Saint-Odilon, finis les flonflons !

Expressions imagées

Avaler un champ de coquelicots

Qu'elle est poétique cette expression qui signifie tout simplement « rougir » ! En réaction à un compliment ou un propos embarrassant, un afflux soudain de sang vient colorer le visage d'un rouge vif qui n'est pas sans rappeler les pétales de cette fleur délicate. Certains préfèrent « piquer un fard », d'autres « avoir un incendie au-dessus du menton ».

Rétro Vermot

– Écoute mon enfant, dit la maman à Robert, si tu continues à être méchant comme cela, je t'enfermerai dans la cage à poules.
– Ça m'est égal ! Je ne pondrai pas !

Étymologie

Barème

François Barrême (1638-1703), mathématicien français, devient expert pour tous les comptes de la Chambre des comptes de Paris et donne alors un nouvel essor à la comptabilité. En 1669, il publie *Le Livre nécessaire pour les comptables, avocats, notaires, procureurs, négociants et généralement à toute sorte de conditions*. Réédité de très nombreuses fois sous le titre de *Barême universel*, son ouvrage est à l'origine du nom commun que l'on emploie aujourd'hui. Mais attention à l'accent : *barème* !

La bonne blague

Fatigué par le comportement de son garnement de fils, un père décide sur les conseils d'un ami d'acheter un détecteur de mensonges. L'appareil ultraprécis analyse la voix et émet un long bip à chaque fois que quelqu'un ment. Rentré chez lui, le père montre la machine à sa femme et tous les deux s'installent dans le salon en attendant leur fils. Celui-ci ne tarde pas à arriver à la maison et, à peine a-t-il franchi le seuil que son père lui demande de s'asseoir près d'eux. Un peu étonné, le fiston s'exécute :
« Alors, tu étais au collège aujourd'hui ? demande le père.
– Bah ouais, répond le gamin.
Immédiatement, le détecteur émet un « biiiiiip ».
– Cette machine nous dit que tu mens ! lance le père.
– OK, OK ! En fait, j'étais au cinéma ! corrige le gamin.
Nouveau « biiiiiip » du détecteur.
– D'accord, j'avoue : je suis allé boire une bière chez un ami, reconnaît l'ado.
– Quoi ? réagit immédiatement le père. À ton âge, moi je ne touchais pas à l'alcool !
Aussitôt, le détecteur émet un « biiiiip », ce qui provoque l'hilarité de la mère qui s'exclame :
– Ha ha, alors là, c'est vraiment le fils de son père ! »
« Biiiiip »

Mercredi **5 janvier**

Saint Édouard – On fête aussi les Eddy, Eddie

À la Saint-Édouard, ne sois pas poire !

Dis papy c'est quoi ?? et ça c'est quoi ?

Pourquoi le ciel est bleu ?

Le bleu du ciel est le résultat de la diffusion de la lumière solaire à travers l'atmosphère. Au-delà de l'atmosphère, depuis la station spatiale par exemple, ou bien la nuit en l'absence de lumière solaire, la voûte céleste apparaît toute noire. Le bleu du ciel varie en fonction de l'humidité et des poussières présentes dans l'air, ce qui explique l'azur profond du ciel montagnard.

mamie c'est quoi ??

Galette à la frangipane...

La dictée du mois — Un oncle bien nanti

[Mon père] épousa une petite bourjoise qui n'était plus de sa première jeunesse, et je vins au monde dix mois après leur mariage. […] Comme ils n'avaient pour tous bien que leurs gages, j'aurais couru risque d'être assez mal élevé, si je n'eusse pas eu dans la ville un oncle channoine. Il se nommait Gil Perez. Il était frère aîné de ma mère et mon parain. Représentez-vous un petit homme haut de trois pieds et demis, extraordinairement gros, avec une tête enfoncée entre les deux épaules : voilà mon oncle. Au reste, c'était un éclésiastique qui ne songeait qu'à bien vivre, c'est-à-dire qu'à faire bonne chair ; et sa prébande, qui n'était pas mauvaise, lui en fournissait les moyens.

Alain-René LESAGE, Histoire de Gil Blas de Santillane, *1735, édition 1920.*

bourgeoise, tout, chanoine, parrain, demi, ecclésiastique, chère, prébende

Brèves régions

Ain/La langue de chez nous

Dans son ouvrage *La France pittoresque* paru en 1835, Abel Hugo, frère de Victor, évoque ainsi les parlers de l'Ain : « On parle français dans toutes les villes du département. Le peuple des campagnes sait aussi parler français mais, généralement, il parle patois. Le patois bressan est un mélange de celte, de latin et d'italien. Il ne connaît pas les métaphores et se contente de dire tout simplement sa pensée. Sa prononciation est d'ailleurs languissante, monotone et rarement accentuée par une passion vive. »

PROUESSES D'OISEAUX

LE MARTINET NOIR

On le confond souvent avec l'hirondelle. Pourtant, il s'en distingue nettement, avec ses ailes en faucille et son plumage plus sombre, marqué d'une seule tache blanche à la gorge. Et surtout, ses capacités aériennes sont bien supérieures. Le martinet passe toute sa vie dans les airs. Il monte très haut (à plus de 2 000 m) et se laisse porter par les courants, ce qui lui permet de dormir en volant. Il détient ainsi le record absolu du vol ininterrompu le plus long, de l'ordre de six mois. Il ne se pose en fait que pour nidifier, au printemps. Et pour pouvoir repartir, il faut qu'il soit perché, sur un bâtiment ou une falaise. S'il se retrouve au sol par accident, il n'arrive pas à s'envoler, ses pattes étant trop faibles. Si vous en trouvez un dans cette situation, saisissez-le et jetez-le en l'air !

Jeudi 6 janvier

Sainte Mélaine – On fête aussi les Gaspard, Balthazar, Melchior

Soleil
lever : **8 h 43**
coucher : **17 h 09**

À la fête des rois, ma galette, c'est toi !

Rétro Vermot

La touriste : Alors c'est vous, le centenaire ? Comme c'est curieux.
Le vieux villageois : C'est-à-dire, ma bonne dame, que je n'ai encore que 97 ans. Mais s'ils n'avaient pas inventé leur histoire de retarder les pendules tous les ans, j'aurais sûrement mes 100 ans bien sonnés.

M. Mamoto
Concessionaire moto
a le plaisir de vous annoncer
la naissance de ses jumelles

ELLE ET BELLE

Solution : Elle est belle ma moto

Meilleurs Ouvriers de France

Groupe I, sommelier/sommelière

Adepte des vins bio et naturels, Pascaline Lepeltier s'est d'abord intéressée à la philosophie avant de s'orienter vers la sommellerie. Première femme élue au concours Un des Meilleurs Ouvriers de France en sommellerie et meilleure sommelière de France, elle travaille actuellement à New York, au restaurant *Racines NY*, qui est doté d'une cave de 2 500 vins différents dont 80 % sont issus de la biodynamie. Elle a également été désignée « personnalité de l'année » par *La Revue du vin de France*.

Les idées reçues

BRUGNON : ENTRE PÊCHE ET PRUNE ?

Non, ni le brugnon ni la nectarine ne sont le résultat d'un croisement de pêche et de prune. Même si ces fruits ont l'aspect et la chair proches de la pêche et la peau lisse comme un prune, ils poussent sur un arbre bien à eux, connu depuis le XVIe siècle : *Prunus Persica* qui, comme son nom ne l'indique pas, vient de Chine. Car oui, c'est bien le même arbre qui produit brugnons et nectarines. La différence entre les deux est subtile, portant surtout sur la fermeté de la chair et l'adhérence de celle-ci à son noyau. La chair du brugnon, plus molle, adhère au noyau comme la pêche. Celle de la nectarine, plus ferme, se détache du noyau… comme la prune, mais là s'arrête la comparaison.

FOOTBALL

PRÉCOCITÉ

17 ans, 9 mois et 29 jours. L'âge d'Eduardo Camavinga le jour de son premier but inscrit sous le maillot de l'équipe de France face à la Croatie, en octobre 2020. Une performance qui fait du jeune international le plus jeune buteur en Bleu de l'après-guerre. Un seul joueur a fait mieux dans l'histoire : Maurice Gastiger qui avait 17 ans, 5 mois et 5 jours lorsqu'il avait marqué face à la Suisse en mars 1914. Le Français fait tout de même mieux qu'un de ses contemporains, Ansu Fati, buteur avec l'Espagne à l'âge de 17 ans et 314 jours. Tous deux se retrouvent ainsi entre Pelé, buteur à 16 ans et 259 jours, et Diego Maradona, recordman pour l'Argentine avec son but inscrit à 18 ans 7 mois et 4 jours. Le record absolu ? Aung Kyaw Tun, international Birman et buteur à 14 ans et 93 jours.

Vendredi **7 janvier**

Saint Raymond – On fête aussi les Aymone, Ramsès

À la Saint-Raymond, par vaux et par monts !

Mots oubliés
Aboucher

Aujourd'hui, il n'y a plus que les plombiers qui abouchent deux tuyaux pour les raccorder. À l'origine, le verbe signifiait plus subtilement « mettre en relation ». Dans *L'Étourdi*, Molière écrit par exemple (acte IV, scène 1) : « Et comme pour résoudre avec votre maîtresse / Des biais qu'on doit prendre à terminer vos vœux, / Je voulais en secret vous aboucher tous deux. »

FOLLES RUMEURS
Sheila est un homme

En avril 1964, le journal people France Dimanche *titre en Une : « Sheila est-elle un homme ? » Malgré son énormité, cette rumeur entretenue par un impresario en quête de buzz a pourri la vie de la chanteuse. Cette folle histoire a débuté à la suite d'un malaise que la chanteuse a fait sur scène. L'information a ensuite circulé que, pour se rétablir, Sheila avait dû prendre un traitement à base d'hormones masculines. Il n'en fallut pas plus à Gérard de Villiers, journaliste à* France Dimanche*, pour créer un ragot si tenace que, dix ans plus tard, on doutait encore que Sheila puisse être enceinte. À l'époque, la chanteuse a même décidé de filmer son accouchement pour prouver qu'elle était bel et bien une femme !*

DICO NOTTO

ABEILLE, n. f.
Insecte qui produit du miel. Ruche idée, n'est-ce pas ?

ADULTE, n.
Enfant qui s'est perdu en grandissant.

AFFAMÉ, adj. et n.
Qui souffre de la faim. À ne pas confondre avec AFFEMMÉ : qui souffre de la femme.

ALERTE ROUGE, loc.
Bulletin invitant à une vigilance absolue dans les bistrots quand la bouteille est presque vide.

ANNIVERSAIRE, n. m.
1. Jour où l'on souhaite un « joyeux anniversaire ». Les anglophones disent « apibeursdé ». Et les morts-vivants « zombi-birthday ».
2. Journée perdue à répondre aux messages de ses proches qui nous souhaitent une bonne journée.

L'ACTU — Une banale affaire de traduction

Depuis deux ans, une brasserie située dans la province d'Alberta (Canada) commercialise une bière baptisée « Huruhuru ». Son directeur explique avoir choisi ce mot signifiant « plume » en maori car cette bière est brassée avec des houblons originaires de Nouvelle-Zélande. Cependant, des internautes néozélandais ont contacté le brasseur pour lui dire qu'il y avait un petit souci dans le choix du mot, « huruhuru » ne signifiant pas seulement « plume », mais aussi « poil pubien » en maori. L'affaire a viré à la controverse linguistique sur les réseaux sociaux, jusqu'à ce que plusieurs spécialistes des langues polynésiennes confirment que le second usage est effectivement très fréquent. Pour se dédouaner, le directeur de la brasserie a fini par expliquer qu'il s'était limité à un site de traduction en ligne et qu'il ne connaissait pas du tout l'autre sens de « huruhuru ». Son établissement se prénommant Hells's Basement, soit « le sous-sol de l'enfer », et ses autres boissons ayant pour nom « Cidre d'amour » ou encore « Fruit défendu », on peut avoir quelques doutes…

Saint Lucien – On fête aussi les Gudule, Lucienne, Luciana

Soleil
lever : **8 h 42**
coucher : **17 h 12**

À la Saint-Lucien, chacun le sien !

Musique

Mauvais gag
En 1944, Charles Trenet a eu maille à partir avec les autorités de Vichy qui le prenaient pour un juif. Qu'avait donc fait l'auteur de *Douce France* pour éveiller ces soupçons ? Rien, si ce n'est que le journal antisémite *Je suis partout* lui avait trouvé une douteuse ressemblance avec Harpo Marx ! Une histoire pas du tout burlesque, plutôt grotesque, qui s'est bien terminée, si ce n'est qu'en fuyant la Gestapo, le chanteur prit tout de même une balle dans la jambe, petit souvenir d'une fâcheuse méprise.

HEUREUX MARIAGES

René Fénéant n'aimait pas trop qu'on se moque de son patronyme, lui qui travaillait dur comme cultivateur, mais il ne pouvait pas en changer. Jeanne Potet, cuisinière, subissait, elle aussi, les quolibets sur son nom. Dans leur solitude, ils se rencontrèrent et se marièrent le 25 juin 1839 à Châtellerault, formant ainsi le couple Fénéant-Potet qui finit de forger leur réputation.

PROBLÈMES DE MATHS DU CERTIFICAT D'ÉTUDES

Dans un village isolé des commerçants ambulants passent à un rythme différent : le boulanger tous les deux jours, l'épicier tous les trois jours, le boucher tous les cinq jours et le charcutier tous les six jours. Ils passent ensemble le 30 septembre.

Quand repasseront-ils ensemble ?

Solution : Le plus petit commun multiple de 2, 3, 5 et 6 est 30. Les livraisons du boulanger, de l'épicier, du boucher et du charcutier coïncideront donc à nouveau dans 30 jours, c'est-à-dire le 30 octobre.

Pêche

La perche aux leurres souples

En janvier, par eaux froides, hautes et souvent sales, les perches se regroupent dans et à proximité des obstacles d'où elles partent à la chasse des petits poissons, gardons et ablettes, et des vers transportés par le courant. Les petits leurres souples (3 cm) aux couleurs vives et à la nage aléatoire attirent l'attention de ces carnassiers. Dans les grosses rivières, à proximité des branches tombées ou le long des berges, vous dandinez verticalement le leurre souple avec une canne longue, en partant du fond, alternant récupérations et descentes. En l'absence de touche, n'hésitez pas à changer de leurre. Si les postes ne sont pas marqués, lancez vers le large et récupérez en alternant accélérations et ralentissements. La touche intervient souvent à la reprise de l'animation. Ferrez au moindre doute.

Dimanche **9 janvier**

Sainte Alix – On fête aussi les Alice

Grande Sainte-Alix, protège-nous du fisc !

5 GRANDES INSTITUTIONS FRANÇAISES MÉCONNUES

BEA – Bureau d'enquêtes et d'analyses

Le 25 juillet 2000, le Concorde à destination de New York s'écrase peu de temps après son décollage, tuant 113 personnes. Neuf ans plus tard, en juin 2009, l'Airbus A330-203 à destination de Rio disparaît dans l'océan Atlantique avec 228 personnes à bord. Afin de comprendre les causes de ces drames aériens, le Bureau d'enquêtes et d'analyses pour la sécurité de l'aviation civile (BEA) retrace les événements et dresse des rapports exhaustifs et publics. Cette autorité française, dépendante du ministère chargé des Transports, est créée en 1946. L'objectif principal des enquêtes du BEA n'est pas de déterminer les responsabilités en cas d'accident aérien, mais bien de comprendre les causes afin d'en tirer des enseignements. Le rôle du BEA est donc de prévenir de futurs accidents aéronautiques. Cette institution indépendante – elle ne reçoit aucune instruction du gouvernement français – travaille principalement sur les événements ayant lieu sur le territoire français et impliquant un aéronef français, ainsi que dans les eaux internationales. Les enquêteurs du BEA interviennent parfois sur d'autres accidents, en tant que conseil, comme dans le cas du crash du MH370 en 2014 (un Boeing ayant disparu avec 239 personnes à son bord au-dessus de l'océan Indien).

Jamel Debbouze

La gaffe de l'Histoire
Appelez-moi Anne

Le journal Le Parisien, qui se décline aussi sous le titre Aujourd'hui en France, a consacré en janvier 2020 un dossier à Anne-Claire Coudray, présentatrice vedette des journaux de week-end de TF1. L'article, qui se voulait élogieux, a été promu à la Une du journal sans que personne ne s'aperçoive que la journaliste y était appelée Anne-Laure au lieu de Anne-Claire...

Cultures fruitières

Pommier = porte-greffe

Si vous achetez un pommier, il faut vous préoccuper du porte-greffe, c'est-à-dire du système racinaire et du collet sur lesquels est implantée la variété. On choisit le porte-greffe en fonction du développement souhaité pour l'arbre (haute-tige, demi-tige, basse-tige, forme palissée). Mais il doit également être adapté au type de sol de votre terrain. Les bonnes pépinières offrent un choix relativement vaste. Les porte-greffes les plus utilisés sont le pommier Franc (issu d'un semis de pépin) pour les arbres de plein vent, les pommiers Doucin (MM106 et MM111) pour les demi-tiges ou le pommier Paradis (M9) pour les basse-tiges et les espaliers. Le M7 (demi-tige) tolère les sols calcaires, contrairement au franc. Demandez conseil à un pépiniériste renommé de votre région.

Lundi **10 janvier**

Saint Guillaume – On fête aussi les Billy

Soleil
lever : **8 h 41**
coucher : **17 h 15**

À la Saint-Guillaume, sois mon gentil homme.

Charade classique

Mon premier est l'ensemble des végétaux d'un pays,

Mon second est une petite baie peu profonde,

Mon troisième est l'habileté à réaliser quelque chose,

Mon quatrième est le montant d'un prix réglementé,

Mon tout est une navigatrice française, première femme victorieuse de la Route du Rhum.

FLORENCE ARTHAUD (FLORE – ANSE – ART – TAUX)

Brèves régions

Hautes-Alpes/Charles-François de Ladoucette

Charles-François de Ladoucette fut le deuxième préfet des Hautes-Alpes. De 1802 à 1809, il contribua activement à l'essor du département en créant de nombreuses routes dans cette zone montagneuse où les communications étaient difficiles. Fait remarquable, il avança même 25 000 francs de sa fortune personnelle pour accélérer les travaux de la route qui relie Briançon à l'Italie en passant par le col de Montgenèvre. En guise de remerciement, Ladoucette fut honoré d'une statue à son effigie que l'on peut toujours admirer au centre de la ville de Gap.

LE CHIFFRE **125 000**

C'est le nombre de meules de parmesan exigées par la Deutsche Bank pour garantir un prêt de 27,5 millions d'euros à la société italienne Ambrosi. Pour la banque allemande, cette contrepartie ne présente aucun risque : en cas de non-remboursement du prêt, les meules gagées ont une valeur marchande d'environ 650 euros/pièce, soit 75 millions d'euros au total. En outre, le parmesan est un fromage de longue conservation et son commerce ne connaît pas la crise. Si cette garantie fromagère est plutôt inédite pour un établissement financier d'outre-Rhin, le mécanisme existe depuis belle lurette en Italie : le Credito Emiliano, une banque de la région de Bologne, a instauré les premiers crédits garantis sur les stocks de parmesan il y a déjà soixante-dix ans ! Pour obtenir ce crédit, l'entreprise fromagère s'est évidemment engagée à construire une nouvelle cave de fermentation pour augmenter sa production et donc pouvoir rembourser en nature si nécessaire.

Question d'hygiène

Étymologie

Le mot « hygiène » vient d'Hygie, fille d'Esculape (ou Asclépios), dieu guérisseur chez les Grecs anciens, et d'Épione, déesse de la Santé et de la Propreté. Comment raisonnablement se soustraire à une telle ascendance ? En bonne fille, Hygie enseignait donc aux dieux, aux hommes et même aux animaux la façon de vivre sainement, autrement dit la prévention de la maladie par l'hygiène. On la représente habituellement avec un sceptre et une couronne de laurier ; un serpent descend sur sa poitrine et boit dans la coupe qu'elle tient de sa main. Sa sœur était Panacée (de *pan* « tout », et *akos* « remède »)...

Rien ne sert de penser, il faut réfléchir avant. Pierre Dac

L'humanité en chiffres

65,7 millions

La plus grande agglomération du monde compte 65,7 millions d'habitants. C'est presque autant que la population française ! La mégapole du delta de la Rivière des Perles, qui englobe notamment Canton, Shenzhen, Hong Kong et Foshan, se trouve en Chine, bien sûr. Elle est suivie de Tokyo, qui compte 42,7 millions d'habitants, et de São Paolo, 36,3 millions.

CHANSONS VOYAGEUSES

Père Noël rockeur

Avec *Petit Papa Noël*, Tino Rossi est devenu en 1949 le premier chanteur à obtenir un disque d'or. La chanson est restée le plus grand tube du chanteur corse, rééditée pendant des années et vendue à plus de 30 millions d'exemplaires. Mais le succès de la chanson tient aussi au nombre de ses reprises : Henri Dès, Chantal Goya, Dorothée, Mireille Mathieu et Michèle Torr l'ont interprétée, mais également Trust, un groupe de hard rock — tout à fait insolite pour une chanson enfantine !

RECETTE

Galette des Rois à la pomme

Pour 8 pers. 25 min de préparation 30 min de cuisson

- 2 rouleaux de pâte feuilletée
- 1 œuf entier + 1 jaune d'œuf pour dorer
- 75 g de sucre en poudre
- 50 g de beurre
- 100 g de poudre de noisettes
- 1 à 2 cl de rhum
- 1 fève

Pour les pommes :

- 3 à 4 pommes
- 20 g de beurre
- 10 g de sucre

Pelez, épépinez et coupez les pommes en lamelles. Faites-les revenir dans le beurre avec un peu de sucre afin qu'elles dorent légèrement.

Préchauffez le four à 200 °C (th. 6-7). Déroulez le premier rouleau de pâte feuilletée sur la plaque du four. Piquez à la fourchette.

Préparez la garniture : dans un saladier, mélangez le sucre et l'œuf entier puis ajoutez le beurre fondu et la poudre de noisettes. Versez le rhum et remuez bien jusqu'à obtenir un mélange homogène.

Répartissez la préparation sur la pâte, en laissant 2 cm de bord libre. Répartissez les pommes dessus, puis déposez la fève. Déroulez la seconde pâte et déposez-la par-dessus. Soudez bien les bords puis tracez des dessins à l'aide d'un couteau.

Dans un bol, diluez le jaune d'œuf dans un peu d'eau et badigeonnez la galette afin que la pâte dore à la cuisson. Enfournez pour 30 min.

Faits divers biologiques

Plantes intelligentes

Et si chaque plante était une cellule neuronale ? Tel est le postulat de Stefano Mancuso, fondateur d'un laboratoire de neurobiologie végétale. Selon le chercheur italien, les plantes possèdent la capacité de s'adapter à un environnement et, surtout, à d'envoyer à distance l'information d'un changement extérieur et les moyens d'y répondre. Une capacité à transmettre l'information similaire à nos neurones qui permet désormais de décrire la flore comme un « cerveau diffus » qui peut analyser les conditions et le stress du milieu pour fournir une réponse coordonnée, comme le ferait un organisme intelligent. Lors de vos prochaines promenades en forêt, gardez bien à l'esprit que tous vos faits et gestes seront observés et analysés !

Mercredi **12 janvier**

Sainte Tatiana – On fête aussi les Tania, Tanagra, Césarine

Soleil
lever : **8 h 40**
coucher : **17 h 17**

L'ombre du zèbre n'a pas de rayures. Proverbe africain

Ça s'est passé

Le 12 janvier 1822

La Grèce se proclame indépendante de l'Empire ottoman. Le pays vivait sous domination turque depuis le XVe siècle. Cette proclamation est suivie de huit années de guerre.

BIBLIOTHÈQUES
MYTHIQUES

BIBLIOTHÈQUE DE L'ABBAYE D'ADMONT (AUTRICHE)

Depuis mille ans, les moines de l'abbaye d'Admont, dans les Alpes autrichiennes, copient et collectionnent des manuscrits religieux, ainsi que des ouvrages scientifiques et historiques importants. Aujourd'hui, ce lieu de prière abrite la plus grande bibliothèque monastique du monde. Achevé en 1776 et rénové en 2006, cet édifice somptueux, de style rococo, rassemble près de 200 000 livres

anciens, 1 500 manuscrits et plus de 500 incunables. Parmi ses trésors, la Bible de Martin Luther et l'édition originale de *l'Encyclopédie* de Diderot et d'Alembert (1758). Bâtiment aux dimensions gigantesques (13 m de haut et 79 m de long !), cette bibliothèque est surmontée de coupoles décorées de fresques en trompe-l'œil réalisées par Bartolomeo Altomonte (1701-1783). Au sol, quatre sculptures monumentales de Josef Stammel, figurant la Mort, le Jugement dernier, le Paradis et l'Enfer magnifient l'éclat singulier d'un lieu « miraculeusement » épargné par un incendie qui ravagea le reste du monastère en 1865.

Anecdotes de sportifs

Titré sans jouer

En tennis, Christian Boussus est un homme de records. Il fait partie des cinq joueurs français les plus titrés en Coupe Davis, ayant décroché le célèbre saladier d'argent à quatre reprises entre 1929 et 1932, à l'époque des quatre mousquetaires : René Lacoste, Jean Borotra, Henri Cochet et Jacques Brugnon. Surnommé le cinquième mousquetaire, Boussus était leur remplaçant et n'a pris part à aucune de ces rencontres victorieuses. Il a dû attendre 1938 pour disputer son premier match de Coupe Davis.

Brèves régions

Doubs/Le musée des Beaux-Arts de Besançon

Le musée des Beaux-Arts et d'Archéologie de Besançon est l'un des plus anciens musées publics de France. Il a été créé en 1694, soit près d'un siècle avant le musée du Louvre, grâce au legs de l'abbé Boisot à la ville de Besançon. En 1860 il a, en partie, accueilli l'exposition internationale destinée à promouvoir l'industrie horlogère, très présente dans la région, ainsi que les arts locaux. Rénové une première fois en 1970 par Louis Miquel, élève de Le Corbusier, le musée des Beaux-Arts de Besançon a bénéficié de nouveaux et importants travaux de 2015 à 2018 pour renaître sous un jour encore plus éclatant.

Soleil
lever : **8 h 40**
coucher : **17 h 19**

Jeudi **13 janvier**

Sainte Yvette – On fête aussi les Hilaire, Ivette

À la Sainte-Yvette, viens sous ma couette !

MOTS FLÉCHÉS

- Présence d'eau / Ville de Maurice
- Dort comme un loir / Aromate méditerranéen
- Longueur impériale / Cheval ailé
- Point de départ / Emprunt
- Peut être simple
- Étoffe de soie / Louis
- Met son grain de sel
- Suit l'ordre de production
- D'un noir foncé / Congédia
- Prendra connaissance / Instruisai
- Parfait / Tracas
- Donna le jour / Apéritif
- Mâchoire / Agent immobilier
- Voyant / Daube
- Bête
- Amènerait / Entrava
- Situé / Coup de sifflet
- Sucrais / Se prend par bolée
- Article de couture / Danse
- On attend beaucoup d'eux
- Cavalier ottoman
- Chef-lieu des Hautes-Alpes / Inviter
- Perçu / Imite le marbre
- On peut l'avoir sous le pied
- Bloc de glace / Faisait des réserves
- Vives démangeaisons / Ne peut pas sentir
- Ré / Revient au gagnant
- Hors-la-loi / Ameublir
- Gonfler
- Hélium / Sorties
- Allonge
- Bien / Peine
- Renvoi / Hâlé
- Petit carat
- Brome / Décora
- Exister
- Impôt indirect
- D'ail, par exemple
- Chariot / Pied de vigne
- Lisière / Demi-mal
- À pic / Plutonium
- Change d'air / Coup monté
- Prendre beaucoup de pièces
- Construction en hauteur

SOLUTION PAGE 39

Vendredi **14 janvier**

Sainte Nina – On fête aussi les Odoric

Soleil
lever : **8 h 39**
coucher : **17 h 20**

Janvier sec et et sage est un bon présage.

Animaux de BD
Milou

C'est le roi des animaux (pour la B.D. européenne) et, dans son genre, c'est un lion – il en a même dompté un vrai dans *Tintin en Afrique*. Compagnon ou alter ego de Tintin, c'est aussi un chien cent pour cent, au flair exceptionnel, qui déteste les chats. Il aime sa tranquillité mais il s'engage dans les aventures, tout en gardant de la hauteur de vue : il donne ses commentaires moraux et fait des clins d'œil au lecteur. Et il a ses faiblesses : un penchant pour le whisky et la peur des araignées !

Citations

Quand on est plus de quatre, on est une bande de cons. A fortiori, moins de deux, c'est l'idéal.

Pierre Desproges

La gaffe de l'Histoire
Assemblée XO

Lorsqu'elle était ministre des Solidarités et de la Santé, Agnès Buzyn devait comme tous ses collègues rendre des comptes aux députés lors des séances de questions au Gouvernement. En mars 2018, un de ses lapsus a fait rire l'Assemblée quand elle a voulu prendre la parole. Pour saluer les personnes présentes, elle avait déclaré : « Monsieur le président, mesdames et messieurs les retraités... »

Pierres précieuses
Le trésor le plus cher du monde...

...serait celui de San Gennaro (saint Janvier en français), abrité dans la chapelle qui jouxte le Duomo de Naples. Papes, souverains et habitants se sont si bien cotisés pour honorer le saint patron de la ville que les experts sont formels : sa valeur dépasse celle des joyaux de la couronne d'Angleterre et des tsars de Russie. Constitué de 21 160 pièces, cet ensemble précieux est également une collection pacifique, qui n'a jamais servi à financer des guerres. La mitre, souvent désignée comme la pièce maîtresse, est incrustée de 3 694 pierres précieuses, dont 198 émeraudes, 168 rubis et 3 328 diamants... soit 8 kg de bijoux !

L'ACTU Tout petit animal de micro-compagnie

Une boutique de Singapour vous propose d'adopter des fourmis comme animal de compagnie. Ouvert il y a un an, Just Ants est le premier magasin au monde consacré à la vente des petits hyménoptères. John Ye, son fondateur, a eu cette idée après avoir reçu des fourmis en cadeau pour son anniversaire. Séduit et fasciné par ces insectes à six pattes, il a décidé d'abandonner son emploi de vendeur de matériel électronique pour se consacrer à leur élevage et à leur promotion. Dans son magasin, il présente une trentaine d'espèces, tout l'équipement nécessaire pour les élever, des tubes pour les attraper et des vers pour les nourrir. Les spécimens proposés à l'adoption sont récupérés auprès d'autres myrmécologues (spécialistes des fourmis) ou capturés par John Ye lui-même. D'après lui, les fourmis sont des animaux de compagnie formidables, car elles sont « altruistes et douées de compassion ». Toutefois, il reconnaît que les candidats à l'adoption sont encore peu nombreux...

Samedi **15 janvier**

Saint Rémi – On fête aussi les Rachel, Racilia, Mortimer

À la Saint-Rémi, l'amour de ma mie !

Randonnées

LE CAP BLANC-NEZ, CÔTE D'OPALE

Au nord-ouest de la France, dans le Pas-de-Calais, les 120km de la Côte d'Opale dévoilent un paysage blanchi par le sable calcaire et façonné par les vents de la Manche. Entre dunes et falaises, se dessine un horizon très découpé. Au niveau des Balcons d'Escalles, on découvre l'un des points majeurs de cette côte, le cap Blanc-Nez. Du haut de cette falaise de craie de 135 m, on aperçoit le détroit du Pas-de-Calais et les côtes anglaises. Et on respire! Le monument de la Dover Patrol rend hommage aux soldats français et britanniques qui ont défendu le détroit pendant la Première Guerre mondiale.

Ça s'est passé

Le 15 janvier 1622

Baptême de Jean-Baptiste Poquelin dit Molière. Ce grand dramaturge est né en janvier quelques jours plus tôt. On lui doit une trentaine de comédies écrites en vers ou en prose.

Bon anniversaire

Jean-Bertrand Pontalis

De son nom complet Jean-Bertrand Lefèvre-Pontalis, ce philosophe français est issu d'une illustre famille où l'on trouve un arrière-grand-père, Antonin Lefèvre-Pontalis, secrétaire général de la Société anti-esclavagiste de France, et un oncle, Louis Renault, l'industriel automobile. Né le 15 janvier 1924 à Paris, il fait des études de philosophie et s'engage dans des mouvements politiques de gauche, auprès de Merleau-Ponty puis de Sartre dont il a été l'élève, et signe, en 1960, la « Déclaration sur le droit à l'insoumission dans la guerre d'Algérie ». Auteur de nombreux ouvrages, Jean-Bertrand Pontalis reçoit en 2011 le Grand Prix de Littérature de l'Académie française pour l'ensemble de son œuvre. Deux ans plus tard, il meurt dans la nuit du 15 janvier 2013, jour de son 89e anniversaire.

NOUVELLES MESURES DE PROTECTION CONTRE LA GRIPPE AVIAIRE

Quand la réalité dépasse la fiction

Arrête-moi si tu peux

Réalisé par Steven Spielberg en 2003, *Arrête-moi si tu peux* (*Catch me if you can* en VO) raconte l'histoire d'un escroc génial, qui parvient pendant près de dix ans à échapper à la police. Incarné par Leonardo DiCaprio, le personnage de Frank Abagnale Jr. a réellement existé. Dès l'âge de 16 ans, il commence à falsifier des chèques et se construit des identités différentes : pilote de ligne d'abord, pédiatre, puis avocat. Le montant de ses escroqueries s'élève à plusieurs de millions de dollars. Il est arrêté en 1969. Après cinq ans passés en prison, il est libéré à condition de travailler pour les autorités fédérales en combattant la fraude. Le scénariste du film, Jeff Nathanson, a découvert cette histoire extraordinaire en visionnant une cassette vidéo d'Abagnale qui évoquait sa vie. L'escroc surdoué sera d'ailleurs ensuite conseiller sur la production du long-métrage.

Dimanche 16 janvier

Saint Marcel – On fête aussi les Bérard, Honorat

Soleil
lever : **8 h 37**
coucher : **17 h 23**

Prépare pour Saint-Marcel tes graines nouvelles.

Citations

Tout le monde sait qu'en cas d'insomnie il suffit d'additionner mouton après mouton pour s'endormir. Mais combien de personnes savent que, pour rester éveillé, il suffit de soustraire les moutons ?

Marx Brothers

SUDOKU

5			6	7			2	4
			8	9	2	1	5	3
		2					8	
	6	5		1	9			7
7	1	9		8				
	3	1		4			7	
						3		
6			3	5	7	2		

Solution page 36

BIÈRES

La Goudale Ambrée de la brasserie Goudale

Robe acajou brillante pour cette bière du Pas-de-Calais aux saveurs torréfiées. Au nez, c'est le caramel qui domine, avec quelques pointes herbacées. La puissance de ses arômes fruités et son amertume soutenue lui confèrent un caractère racé et chaleureux. On devine des notes d'épices, de grains grillés et caramélisés de café, de chocolat à la noisette. Une flaveur bien complexe à décrire ! International bitterness unit : 27. Récompense : médaille d'or au Concours général agricole de Paris 2020. À boire dans verre tulipe entre 6 et 8 °C. Alcool : 7,2 % vol.

ÇA C'EST FAITS DIVERS

Pour ou contre l'arbre qui sent le vomi

Apparu il y a 270 millions d'années, le ginkgo biloba est réputé pour ses vertus médicinales. Lui-même très résistant aux maladies, il s'adapte facilement aux différents sols et peut vivre mille ans. Originaire d'Asie, cet arbre majestueux a depuis longtemps investi parcs et jardins un peu partout dans le monde, et ce, malgré un léger défaut : les fruits provenant des arbres femelles dégagent une odeur de beurre rance, voire… de vomi. Dans le quartier Saint-Roch à Nice, autour d'une petite place où la mairie a fait planter un spécimen, ces effluves pestilentiels empoisonnent la vie des habitants. Des dizaines de riverains se plaignent de ne plus pouvoir ouvrir leurs fenêtres ni s'installer sur leur balcon, tant cette puanteur les indispose. Les plus remontés veulent que l'arbre soit tout bonnement arraché et débité en cure-dents. Moins radicale, la municipalité envisage de transplanter l'arbre pour lui substituer un mâle. Mais les écologistes craignent que le plant femelle soit irrémédiablement endommagé lors de son déménagement. Affaire à suivre…

AU MUSÉE

Musée Yves Saint Laurent, Paris, France

Installé dans l'ancienne maison de couture d'Yves Saint Laurent, ce musée retrace le parcours et l'œuvre de l'un des grands maîtres de la haute couture française. Jusqu'en 2002, cet hôtel particulier du Second Empire abritait le créateur lui-même et ses équipes. La Fondation Pierre Bergé-Yves Saint Laurent a ensuite transformé les lieux en temple de la couture, présentant des expositions temporaires consacrées à divers mouvements et couturiers. Enfin, depuis 2017, le 5 avenue Marceau se consacre entièrement aux collections Yves Saint Laurent, en exposant les centaines d'archives, croquis et dessins préparatoires, ainsi que de nombreuses créations.

Lundi **17 janvier**

Sainte Roseline – On fête aussi les Roselyne, Anthony

À la Sainte-Roseline, l'humeur se fait câline.

CHIFFRES ET EXPRESSIONS

Avoir le trouillomètre à zéro

Cette expression n'a aucun sens ! D'abord parce que le « trouillomètre », censé mesurer le degré de peur d'un individu, n'est qu'un appareil imaginaire. Ensuite, parce que s'il existait, il n'y aurait aucune raison de craindre qu'il soit à « zéro » puisque cela signifierait que la peur serait nulle. Il faudrait donc dire « avoir le trouillomètre au maximum ».

CHIFFRES ET SYMBOLIQUES

LES ÉMISSIONS RADIO MYTHIQUES

Le tribunal des flagrants délires

Un tribunal est aussi un spectacle. C'est en partant de ce constat qu'est née cette émission en septembre 1980, sur France Inter. Pendant trois ans, un inoubliable « procès pour rire » diffusé chaque jour entre 11 h 30 et 12 h 45 a fait s'esclaffer des millions de Français avec Claude Villers dans le rôle du président, Louis Rego dans celui de l'avocat et, bien sûr, Pierre Desproges comme procureur. Sur le « banc des accusés » a défilé la fine fleur du monde artistique, de la télévision, du sport et de la politique. L'émission commençait par la présentation du « prévenu » interrogé par le président Villers. Puis, le procureur Desproges entrait en scène pour délivrer un réquisitoire totalement délirant. Enfin, l'avocat « pourri d'office » se lançait à son tour dans une plaidoirie loufoque. Le « procès » se terminait par la dernière parole du « prévenu » qui, condamné ou acquitté, était invité à interpréter une chanson. En février 1981, les auditeurs ont pu ainsi entendre une version mémorable de la Bécassine de Chantal Goya interprétée par… Juliette Gréco !

Citations

Ce qui est à la mode, c'est ce qu'on porte. Ce qui est démodé, c'est ce que les autres portent.
Oscar Wilde

Le bon mot de l'histoire

« Le gouverneur de Paris ne capitulera pas. »
Général Louis Trochu, 5 janvier 1871

Le 2 septembre 1870 à Sedan, Napoléon III cède à l'armée prussienne. C'est la fin du Second Empire. La République est proclamée deux jours plus tard et le général Trochu est désigné président du gouvernement de la Défense nationale. Mais l'armée française est en pleine déroute et le 17 septembre 1870, Paris est assiégé par les Prussiens. Afin d'entretenir l'ardeur des Parisiens, Trochu fait afficher une proclamation dans laquelle il réaffirme son absolue détermination à défendre la capitale. Le 28 janvier 1871, réfugié à Bordeaux, son gouvernement signe l'armistice : Paris capitule.

DEVINETTES

Créé pour nous guider,
Ou nous inciter à acheter,
Auxiliaire du chasseur,
Ou revêtement intérieur.

Qu'est-ce que c'est ?

Réponse : UN PANNEAU

Mardi **18 janvier**

Sainte Prisca – On fête aussi les Priscilla, Gwendal, Messaline

Soleil
lever : **8 h 36**
coucher : **17 h 26**

On ne retient pas le temps avec les bras. Proverbe russe

Paradis d'artistes

Heinold's First and Last Chance Saloon

Auteur d'une cinquantaine de romans qui racontent la mer, les grands espaces, la nature et la liberté, Jack London a trouvé une bonne partie de son inspiration dans… un saloon ! C'est en effet au *Heinold's First and Last Chance Saloon*, à Oakland en Californie, que le jeune écrivain a ébauché quelques-uns de ses plus fameux romans, comme *Le Loup de mer* et *L'Appel de la forêt*. C'est également dans ce repère de marins et de mauvais garçons qu'il a rencontré ses compères d'aventures de pilleur d'huîtres puis de chasseur de phoques. Devenu écrivain à succès à partir de 1902, Jack London est régulièrement revenu s'abreuver d'histoires et d'alcool dans ce saloon, auquel il a rendu hommage dans son récit autobiographique *Le Cabaret de la dernière chance*, publié en 1913, trois ans avant sa mort – qui reste, à ce jour, inexpliquée.

Brèves régions

Cher/Renaissance du maraîchage à Bourges

Après avoir servi de défense contre les envahisseurs, les marais de Bourges ont été asséchés dès le Moyen Âge pour devenir un lieu important de culture maraîchère afin de nourrir la ville. Une activité qui s'était arrêtée en 1976 avec la fermeture de la dernière exploitation, mais qui a repris récemment grâce à la volonté de quelques-uns.

Solution [p. 34]

1	2	8	5	3	4	7	9	6
5	9	3	6	7	1	8	2	4
4	7	6	8	9	2	1	5	3
3	4	2	7	6	5	9	8	1
8	6	5	2	1	9	4	3	7
7	1	9	4	8	3	5	6	2
2	3	1	9	4	8	6	7	5
9	5	7	1	2	6	3	4	8
6	8	4	3	5	7	2	1	9

Cultures fruitières

Trou de plantation

La technique est la même pour la majorité des fruitiers. Faut-il creuser le trou à l'avance ? Non en sol argileux, car il se remplirait d'eau. Oui en sol ordinaire, pour que la terre s'oxygène. Dans ce cas, il faut le reboucher immédiatement sur la moitié de la profondeur, pour que la terre se stabilise. La profondeur et le diamètre feront au moins le double du système racinaire. Pour un arbre de plein vent, creusez sur une profondeur de 50 à 80 cm et une largeur de 80 cm. Faites deux tas : le premier avec la terre de la partie supérieure (sur 20 ou 30 cm) et le second avec celle du fond, de manière à reboucher dans l'ordre inverse. Éliminez les gros cailloux et les racines de mauvaises herbes. Avec la fourche-bêche, ameublissez le fond du trou et jetez quelques poignées de corne torréfiée.

Dico Notto

ANTÉPÉNULTIÈME, adj.
Mot savant pour désigner le tocard qui est à deux places du dernier.

AQUAPHOBIE, n. f.
Peur de mettre de l'eau dans son pastis.

ARNAQUEUR, n. m.
Escroc qui met du cœur à l'arnaque.

AUTODÉRISION, n. f.
Se moquer des autres au volant de sa voiture.

AUTOMNE, n. m.
Ancienne saison des pluies. Actuelle saison des inondations.

Mercredi **19 janvier**

Saint Marius – On fête aussi les Gabin, Mario, Audifax

À la Saint-Marius, pas de place aux virus !

Bibliophiles

Amkoullel l'enfant peul, Amadou Hampâté Bâ (Actes Sud, 1991)

Ces mémoires ouvrent les frontières d'un Mali aujourd'hui interdit au tourisme. Celui qui va devenir une des grandes figures de l'Afrique noire, le « sage de Macory », raconte avec verve et humour son enfance, entre course dans la savane, école coranique et éducation coloniale française. Roman d'initiation, d'aventures, fresque historique et éloge de la tolérance, le livre redonne couleurs et saveur à une civilisation ancestrale promise à la disparition si l'on n'y prend garde. Voici l'œuvre d'un passeur, pour qui « en Afrique, chaque fois qu'un vieillard meurt, c'est une bibliothèque qui brûle ».

Citations

La querelle d'experts sur le nombre d'illettrés en France (certains parlent de quelques centaines de milliers, d'autres évoquent plusieurs millions) démontre que, si les jeunes ne savent pas lire, les vieux ne savent plus compter.

Philippe Bouvard

La gaffe de l'Histoire

Belle et intelligente

Dans un salon à la mode au XVIIIe siècle, un jeune homme était assis entre Madame Récamier et Madame de Staël. Voulant complimenter ses deux voisines, il eut la phrase la plus malheureuse du monde qui lui coûta sa réputation : « Me voici entre l'esprit et la beauté », dit-il. La seconde répondit avec malice : « C'est la première fois qu'on me dit que je suis belle ! »

LE CHIFFRE **2,25**

C'est en millions de yuans (plus de 300 000 euros) la somme déboursée par un acheteur pour acquérir un numéro de téléphone ! Évidemment, il ne s'agit pas de n'importe quel numéro : celui-ci se termine par cinq « 8 », un chiffre considéré comme porte-bonheur en Chine. En mandarin, le mot « huit » est homonyme de « prospérité ». Lorsque Pékin a accueilli les jeux Olympiques en 2008, la cérémonie d'ouverture a officiellement commencé le 8 août — donc le 08/08/08 — à 8 h 8 ! En Chine, les millionnaires et des entreprises investissent dans des numéros de téléphone considérés comme « chanceux » pour impressionner leur entourage ou leurs clients. Le chiffre le moins recherché est le 4 qui, en mandarin, se prononce comme le mot « mort ». À l'inverse, le record d'enchères pour un numéro de téléphone revient à un numéro se terminant par huit « 7 », homonyme des mots « s'élever » et « l'essence de la vie ». Il s'est vendu à près de 500 000 euros il y a trois ans !

Jeudi **20 janvier**

Saint Sébastien – On fête aussi les Bastien, Fabien, Fabienne

Soleil
lever : **8 h 34**
coucher : **17 h 29**

Le bonheur est comme l'oiseau, il se pose où il veut. Proverbe russe

Charade syllabique

Mon premier est synonyme de gaieté _ _ VIALITÉ

Mon deuxième est un vent d'ouest _ _ PHYR

Mon troisième a pour père Beaumarchais _ _ GARO

Mon quatrième est une ville connue pour sa faïence _ _ VERS

Mon cinquième est un composé chimique _ _ SE

Mon sixième est une fête populaire _ _ _ MESSE

Mon tout est une artiste de music-hall.

JOSÉPHINE BAKER (JO – ZÉ – FI – NE – BA – KER)

Citations

Contrairement à l'immense majorité des intellectuels, le riz, pour être cultivé, exige une certaine chaleur.

Antoine de Caunes

Brèves régions

Côtes-d'Armor/ Astérix et Erquy

Le dessinateur Uderzo a séjourné à Erquy pendant la Seconde Guerre mondiale. Bien des années plus tard, certains observateurs ont cru reconnaître ce village et ses alentours dans les albums d'Astérix. Il est en effet situé au bord de la mer, un « camp de César » a été localisé au-dessus de son port et trois rochers en mer visibles de la côte sont similaires à ceux qu'on retrouve sur la carte du village des irréductibles Gaulois. Lorsqu'un jour un journaliste a posé la question à Uderzo, il a pourtant nié s'être inspiré d'Erquy, mais il a pu le faire de manière inconsciente.

Généalogie

Confusion ou distraction ?

La Révolution française mit en place de 1793 à 1805 le calendrier républicain qui s'inscrivait dans l'instauration du système décimal pour toutes les mesures. Certains des officiers d'état civil eurent du mal à s'approprier ce nouveau découpage du temps si on en croit cet acte de décès de l'an 8 à Courmont (Aisne) : daté du 31 février, il indique que Thibault Mourey est « mort le 30 février et enterré le 1er mars ». Non seulement la chronologie est impossible à comprendre mais en outre février n'existait plus à cette époque. Et même dans le calendrier grégorien, il n'excède jamais 29 jours. Alors, quand est mort Thibault Mourey ? Quand a-t-il été enterré ? À quelle date a été rédigé son acte de décès ? Tout ce qu'on peut dire sans trop se tromper, c'est que cela s'est passé fin février… ou début mars.

La bonne blague

Ha ! Ha ! Ha ! Ha ! Ha ! Ha ! Ha ! Ha ! Ha !

Alors qu'il cherche un cadeau pour l'anniversaire de sa grand-mère dans un grand magasin, le petit Kevin trouve une très belle brosse de toilette. Comme il ne se souvient pas en avoir remarqué dans les WC dans son aïeule, il opte pour ce cadeau à la fois pratique et esthétique. En découvrant l'objet, la mamie, qui paraît à la fois surprise et ravie, remercie chaleureusement son petit-fils. Quelque temps plus tard, alors qu'il rend visite à sa grand-mère, Kevin va aux toilettes et là, grosse déception : aucune trace de son cadeau.

« Grand-mère, qu'est-il arrivé à la brosse de toilette que je t'ai offerte ?

– Mon chéri, lui répond son ancêtre, je suis vraiment désolée mais je l'ai rangée dans un placard. En fait, je n'ai tout simplement pas aimé. C'était beaucoup trop irritant. Après toutes ces années, je me suis habituée au papier toilette. »

Soleil
lever : **8 h 33**
coucher : **17 h 30**

Vendredi **21 janvier**

Sainte Agnès – On fête aussi les Aïna, Ania

De Sainte-Agnès, la douceur ne nous fait pas croire que l'hiver meurt.

HEUREUX MARIAGES

Adrien Le Rond et Marguerite Carré suivaient la même ligne lorsqu'ils se sont unis le 23 novembre 1688 à Halloy (Oise), comme Marie Carré qui épousa le 2 juillet 1715 à Pâlis (Aube) un certain Bon Rond. Marie Triangle, quant à elle, fut modeste en se mariant avec Philippe Petit tandis qu'Antoine Triangle, plus original, choisit Isabelle Goval comme épouse en 1866 à Leuven (Belgique).

LES RESTAURATEURS DANS LE ROUGE

Solution mots fléchés [p. 31]

	H		L		M		T		S		S	
C	U	R	E	P	I	P	E		O	P	U	S
	M	O	R	E	L	L	E		L	I	R	A
L	I	M	O	G	E	A		I	D	E	A	L
	D	A	T	A		G	A	N	A	C	H	E
K	I	R		S	P	I	R	I	T	E		U
	T	I	R	E	R	A	I	T		S	I	S
G	E	N	A		O	T	A	I	S		D	E
			G	A	P		S	A	I	S	I	
E	S	P	O	I	R	S		I	G	L	O	O
	P	R	U	R	I	T	S		N	O	T	E
H	A	I	T		O	U	T	L	A	W		U
	H	E		H		C	O	O	L		C	F
T	I	R	E	E	S		C	T		B	R	
			T	R	U	C	K		O	R	E	E
A	C	C	I	S	E		A	B	R	U	P	T
	A	E	R	E		P	I	O	N	N	E	R
U	P	P	E	R	C	U	T		A	I	R	E

VERMOT'ROSCOPE

VERSEAU (21 janvier – 19 février)

Caractère

Novateur, inspiré, inventif, avant-gardiste, communicatif, indépendant, humaniste, original, anticonformiste, clairvoyant, lucide, idéaliste, sentimental, aérien, adaptable, aventureux, autoritaire, pessimiste, désinvolte, nerveux, angoissé.

Le message des astres

Saturne, votre seconde planète, sera encore des vôtres durant toute l'année. Elle vous donnera l'occasion de réfléchir à votre vie ainsi qu'à votre avenir. Comment désirez-vous vivre ? Comment voyez-vous vos prochaines années ? Voici quelques questions qui vous traverseront l'esprit.

Vie relationnelle

2022 sera partagée en trois phases. De janvier à avril, vous serez assez solitaire et aurez tendance à rester dans votre bulle. De mai à fin octobre, vous serez plus sociable et plus communicatif pour redevenir plus introverti et retourner dans votre coquille sur les deux derniers mois de l'année.

Amour

À deux, jusqu'au début du mois de mars, rapprochez-vous de votre moitié. Prenez le temps de partager des moments agréables. Recentrez-vous sur votre vie conjugale et donnez plus de place à votre partenaire. Passé mars, essayez de communiquer autrement.

Célibataires, 2022 devrait être une année agréable pour celles et ceux qui désirent donner une autre direction ou une nouvelle impulsion à leur vie amoureuse. De janvier à mars et de fin août à fin octobre, ce sera à vous de jouer.

Famille

Encore une année où votre environnement familial connaîtra des modifications. Restez adaptable afin de passer au mieux les grandes échéances de l'année. Laissez les tensions ou les incompréhensions de côté. Concentrez-vous sur l'essentiel.

Quotidien et vitalité

En 2022, les astres vous incitent à faire le point sur vos centres d'intérêt. Prenez le temps de réfléchir à ce que vous aimez faire ou à ce que vous souhaiteriez entreprendre. Certains s'efforceront d'être plus à l'écoute des besoins de leur organisme.

Budget

Certains natifs pourraient voir leurs finances s'améliorer notamment aux alentours du printemps. Pour d'autres, ce sera le moment de réaliser des placements ou de se lancer dans un investissement. Quoi que vous viviez, 2022 sera une année intéressante qui permettra d'améliorer vos conditions de vie.

Comment optimiser votre année ?

Faites preuve de patience. Prenez du temps pour vous. Redéfinissez vos priorités et vos aspirations. Évitez de courir deux lièvres à la fois. Centrez vos actions sur du concret. Ne vous enfermez pas dans les habitudes.

Samedi **22 janvier**

Saint Vincent – On fête aussi les Anastase

Soleil
lever : **8 h 32**
coucher : **17 h 32**

À la Saint-Vincent, donne-moi tes vingt ans !

L'humanité en chiffres

2095

C'est le nombre de milliardaires listés par le magazine *Forbes*. Ils disposent d'une valeur nette collective de 8 000 milliards de dollars. La Chine en compte 389, mais c'est l'Américain Jeff Bezos le plus riche du monde avec 185,3 milliards de dollars. Il gagne « le salaire d'une vie » toutes les six secondes (environ 716 000 euros).

Notre langue fait des adeptes

Baiser *(allemand)*

En allemand, le nom *baiser*, que l'on prononce [bézé] comme chez nous, n'a rien à voir avec la marque d'affection que notre langue lui prête. En effet, il s'agit d'une meringue ! Ce sont les Belges qui sont à l'origine de cet emprunt : un pâtissier de Malmedy aurait inventé une nouvelle pâtisserie composée de deux petites meringues soudées par une crème. On l'a nommée *baiser* par analogie avec deux bouches s'échangeant un baiser. Nos voisins ont étendu la signification du mot à toute meringue en général.

Rétro Vermot

À table, papa et maman s'entretiennent du fait divers du jour : un monsieur de 70 ans, qui avait épousé une femme de 62 ans, venait d'avoir un bébé. Suzanne, qui n'a naturellement pas perdu un mot de la conversation, et à qui ces âges paraissent si extraordinaires, intervient alors :
– Et le bébé, m'man, quel âge a-t-il ?

L'ACTU

Fréquences interdites

Les habitants d'Aberhosan (Royaume-Uni) ont enfin compris pourquoi ils étaient régulièrement privés d'Internet depuis deux ans, tous les jours, à 7 h du matin. Pendant des mois, toutes les pistes ont été envisagées et systématiquement investiguées : réseau de câblage défaillant, relai téléphonique trop puissant, ondes électromagnétiques naturelles anormalement élevées, etc. Les experts se sont succédé, tous les câbles du village ont été vérifiés et remplacés, des dizaines de capteurs ont été installés… en vain ! Afin d'en avoir le cœur net, des ingénieurs envoyés de Londres ont décidé de passer tout le territoire d'Aberhosan au peigne fin à l'aide d'un analyseur de spectre. Et, miracle, au bout de quelques jours, à 7 h pile, leur appareil a détecté une brusque interférence électrique. Sa source : le très vieux poste de télévision d'un habitant du village. Tous les matins à 7 h, l'homme allumait son vénérable appareil, émettant alors des interférences qui perturbaient toute la connexion haut débit de la commune et provoquaient une coupure générale.

Dimanche **23 janvier**

Saint Barnard – On fête aussi les Émerance, Alphonse

Tous les diables ne sont pas en enfer. Proverbe allemand

Dico NOTTO

BOUTE-EN-TRAIN, n.
Le boute-en-train est à l'humour ce que le botte-en-touche est au football.

BRICOLEUR, n. m.
Personne qui dépanne tout. Il est indispensable d'en avoir un dans son entourage proche. Mais pas trop proche quand même car c'est aussi un voisin bruyant.

BROSSE À DENTS, n. f.
Ustensile d'hygiène genré : brosse Adam pour les garçons et brosse Ève pour les filles.

CAFÉ, n. m.
Boisson excitante.
Parfois, le prix d'un café en terrasse suffit à énerver !

CALE, n. f.
Livre de BHL ou d'Éric Zemmour placé sous un meuble pour le remettre d'aplomb.

Citations

Il n'y a pas de problème, si simple soit-il, qui ne finisse par devenir insoluble pour peu qu'on y consacre le nombre suffisant de réunions.

François Rollin

LES ÉCHASSIERS

O	B	U	T	O	R	E	I	L	A	V	E	H	C
I	B	I	S	E	N	I	S	S	A	C	E	B	B
G	I	E	E	P	L	U	V	I	E	R	E	E	E
N	H	L	U	S	A	V	A	C	O	U	C	D	S
O	O	A	Q	E	P	V	H	N	B	A	R	G	E
L	R	T	N	E	O	A	S	A	S	A	A	G	T
B	E	N	J	C	S	I	T	S	T	L	L	R	N
D	A	A	E	S	L	B	E	U	L	I	E	A	A
V	U	T	E	R	I	N	O	I	L	B	B	V	M
N	T	V	U	A	G	B	N	C	A	E	U	E	A
E	A	O	O	O	A	U	A	H	J	R	T	L	L
V	C	E	G	R	L	G	E	U	Q	L	U	O	F
K	A	I	A	E	O	A	I	G	R	E	T	T	E
U	C	M	C	R	A	B	I	E	R	H	L	L	B

Solution page 43

Cherchez les échassiers dans la grille ci-dessus, vous les trouverez soit horizontalement, soit verticalement ou encore diagonalement, de droite à gauche, de gauche à droite, de haut en bas ou de bas en haut, dans les deux sens de lecture.

AIGRETTE
AVOCETTE
BARGE
BÉCASSE
BÉCASSINE
BIHOREAU
BLONGIO
BUTOR
CAGOU
CHEVALIER
CIGOGNE
COURLIS
CRABIER
ÉCHASSE
FLAMANT
FOULQUE
GALLINULE
GRAVELOT
GRUE
HÉRON
IBIS
MARABOUT
OUTARDE
PLUVIER
RÂLE
SAVACOU
SPATULE
TANTALE
VANNEAU

Brèves régions

Occitanie/Top 10

1. La grotte de Niaux (Ariège) est la plus grande grotte ornée d'Europe avec celle de Lascaux (Dordogne).
2. Le gouffre de Padirac (Lot) est le plus grand d'Europe.
3. La cathédrale Sainte-Cécile, érigée à Albi (Tarn-et-Garonne), est la plus grande cathédrale de briques au monde.
4. Le four solaire d'Odeillo (Pyrénées-Orientales) est l'un des deux plus grands du monde (54 m de haut, 48 m de large).
5. Airbus, à Toulouse (Haute-Garonne), est le plus grand site aéronautique d'Europe.
6. Avec ses 60 ha de surface de bassins, ses 4 800 places à flot et ses 15 000 m^2 de zone technique, Port-Camargue (Gard) est le plus grand port de plaisance d'Europe.
7. Le vignoble du Languedoc-Roussillon est le plus grand producteur de vins de table en France.
8. La filière lainière a un avenir en Occitanie où se trouve le plus grand troupeau d'Europe comprenant 1,15 million de brebis.
9. Le labyrinthe de Merville (Haute-Garonne) est le plus grand labyrinthe de buis d'Europe.
10. On visite à Souillac (Lot) le plus grand musée d'automates anciens et de jouets mécaniques d'Europe.

Lundi **24 janvier**

Saint François de Sales – On fête aussi les Thimothée, Franz, Paco

Soleil
lever : **8 h 30**
coucher : **17 h 35**

Les folies sont les seules choses qu'on ne regrette jamais. Oscar Wilde

RÉBUS
Chansons françaises

Cœur
Cœur
Cœur

Cœur dessus, cœur dessous
(Charles Aznavour)

PROBLÈMES DE MATHS DU CERTIFICAT D'ÉTUDES

Une photo mesure 12 × 8 cm. Si on l'agrandit et que son côté le plus long mesure 15 cm, **quelle est la taille de l'autre côté ?**

Pour encadrer la photo, on la place dans le trou d'une feuille de papier cartonné. Il y a un espace de 20 mm entre le pourtour intérieur du cadre et la photo. Le pourtour en bois du cadre est large de 0,03 m. **Calculer l'aire du pourtour de ce cadre.**

Solution : 15 ÷ 12 = 1,25. La photographie a donc été agrandie de 25 %.
L'autre côté mesure donc 8 × 1,25 = 10 cm.
Pour l'aire du cadre, voici l'une des méthodes de résolution possibles :
Calculons d'abord l'aire interne, c'est-à-dire l'aire de la photo dans sa feuille de papier cartonné : (15 + 4) × (10 + 4) = 266 cm² (aire interne)
Calculons ensuite l'aire de la photo dans son cadre :
(19 + 6) × (14 + 6) = 500 cm²
L'aire du pourtour du cadre correspond à l'aire interne ôtée de l'aire totale :
500 – 266 = 234 cm²

Étymologie

Barnum

Phineas Taylor Barnum (1810-1891), célèbre directeur de cirque, organisait à grand renfort de publicité des tournées avec des spectacles à sensation et des exhibitions de phénomènes. Le forain a été le premier à utiliser des chapiteaux grandioses et a laissé son nom, non pas au chapiteau de cirque, mais à la grande tente pliable que l'on installe en extérieur. *Barnum* a d'abord signifié « personne qui organise des spectacles à sensation », mais ce sens est sorti d'usage aujourd'hui.

Animaux transparents

Pieuvre de verre

Il faut la voir pour y croire. Le problème, c'est que pour la voir, il faut se lever – ou plutôt plonger – de bonne heure. D'une part, parce qu'elle est presque totalement transparente. Seuls sont colorés les deux yeux, très sombres, et la glande digestive, fine et allongée, dans le manteau. D'autre part, parce qu'elle est très difficile à observer : elle évolue à 100 ou 200 m de profondeur, là où l'obscurité est presque totale. Les rares photos d'elle donnent l'impression d'une sculpture de verre. Cette pieuvre fascinante (octopode, à huit tentacules), *Vitreledonella richardii*, habite les mers tropicales et subtropicales, et mesure environ 40 cm. Contrairement aux autres membres de la famille, la femelle ne libère pas ses œufs dans l'eau, mais les conserve sous le manteau, où ils éclosent.

Mardi **25 janvier**

Conversion de saint Paul – On fête aussi les Artémis, Juvence

Ah longues nuicts d'hyver de ma vie bourrelles, / Donnez moy patience, et me laissez dormir. Ronsard

Le Gros mot de l'histoire

« Monsieur, vous n'êtes que de la merde dans un bas de soie. »

Napoléon Ier, 28 janvier 1809

D'après Sainte-Beuve, c'est lors d'un conseil des ministres que l'empereur aurait ainsi exprimé sa colère contre Talleyrand, ministre des Relations extérieures, qu'il soupçonne de comploter avec Fouché contre lui. Témoin de la scène, le chancelier Pasquier confirme dans ses *Mémoires* la violence des propos de Napoléon Ier, mais en usant de termes plus policés. Champion du double jeu, Talleyrand a inspiré ses nombreux détracteurs. Mais après cette impériale semonce, « le diable diplomate » verra ses pouvoirs sérieusement limités.

Citations

On ne doit jamais avoir honte de ses lettres d'amour, mais parfois de l'adresse.

José Artur

DICO NOTTO

CAILLOU, n. m.
Gravier en pleine croissance.

CAMÉLÉON, n. m.
Personne changeant d'opinion comme de chemise et qui a plus d'un retournement de veste dans son sac.

CAMISOLE, n. f.
Chemise à manches très longues pour personnes très énervées.

CANNE À PÊCHE, n. f.
C'est au bout du fil qu'hameçon les poissons.

CARESSER, v.
Avoir le corps sous la main.

Solution mots mêlés [p. 41]

O	B	U	T	O	R	E	I	L	A	V	E	H	C
I	B	I	S	E	N	I	S	S	A	C	E	B	B
G	I	E	E	P	L	U	V	I	E	R	E	E	E
N	H	L	U	S	A	V	A	C	O	U	C	D	S
O	O	A	Q	E	P	V	H	N	B	A	R	G	E
L	R	T	N	E	O	A	S	A	S	A	A	G	T
B	E	N	J	C	S	I	T	S	T	L	L	R	N
D	A	A	E	S	L	B	E	U	L	I	E	A	A
V	U	T	E	R	I	N	O	I	L	B	B	V	M
N	T	V	U	A	G	B	N	C	A	E	U	E	A
E	A	O	O	O	A	U	A	H	J	R	T	L	L
V	C	E	G	R	L	G	E	U	Q	L	U	O	F
K	A	I	A	E	O	A	I	G	R	E	T	T	E
U	C	M	C	R	A	B	I	E	R	H	L	L	B

RECETTE

Patates douces à la suédoise

Pour 4 pers. — 20 min de préparation — 45 min de cuisson

- 4 belles patates douces, bio de préférence
- Ail semoule
- Herbes de votre choix : thym, romarin…
- Huile d'olive
- Sel, poivre

Pour la garniture :

- 220 g de lardons
- 1 petit pot de crème fraîche
- Quelques brins de ciboulette

Préchauffez le four à 200 °C (th. 6-7). Lavez et brossez les patates douces puis séchez-les avant de les entailler tous les 3 mm sans que les tranches ne se désolidarisent (placez une baguette chinoise de chaque côté pour stopper le couteau). Déposez-les sur une plaque tapissée de papier sulfurisé. Arrosez d'huile d'olive et parsemez d'ail semoule et/ou d'herbes. Assaisonnez puis enfournez pour 45 min de cuisson.
Pendant ce temps, préparez la garniture : faites dorer les lardons dans une poêle et ajoutez les oignons préalablement pelés et émincés. Faites revenir à feu doux, puis ajoutez la crème.
Versez les lardons à la crème sur les patates chaudes, parsemez de ciboulette ciselée et servez.

Ne pelez pas la patate douce, c'est dans sa peau que se trouve la majorité de ses antioxydants. Elle contient également de la vitamine A, dix fois plus que sa cousine la pomme de terre. C'est le bêta-carotène qui lui donne sa couleur.

Mercredi 26 janvier

Sainte Paule – On fête aussi les Paola, Pauline, Paulette

Soleil
lever : **8 h 28**
coucher : **17 h 38**

À la Sainte-Paule, mais non, j'rigole !

Musique

Bon élève

Déjà compositeur de plus de 60 bandes originales de films avant 1980, Vladimir Cosma a remporté l'un de ses plus grands défis quand Claude Pinoteau lui demanda de composer le slow de son film *La Boum*. Perplexité assurée pour le compositeur peu aguerri à l'exercice ! En bon élève, comme s'il l'avait fait pour Beethoven, Cosma étudia de près les arcanes du genre en écoutant des dizaines et des dizaines de slows pour en extraire la substantifique moelle. Cela donna *Reality*, avec le succès que l'on connaît.

Citations

S'attaquer à plus faible que soi, c'est lâche. S'attaquer à plus fort que soi, c'est idiot ! Un match met donc en présence un lâche et un idiot, sauf évidemment en cas de match nul.

Raymond Devos

Mots oubliés

Abstème

Il rappelle l'abstinence car il est basé sur le même préfixe, mais le sens du mot « abstème » est différent. Il qualifie celui ou celle qui ne boit pas de vin. Jean-Jacques Rousseau, qui ne manque pas de rappeler les curieuses pratiques pédagogiques de son époque, écrivait en 1762 dans *Émile ou De l'éducation* : « Nous serions abstèmes si l'on ne nous eût donné du vin dans nos jeunes ans. »

Les idées reçues

ÇA RESPIRE, C'EST DU CUIR !

« Le cuir étant une matière vivante, il faut le laisser respirer » peut-on lire dans certains argumentaires commerciaux de chaussures ou autres. Non, le cuir, qui est le derme d'un animal, est mort quelques instants seulement après l'animal lui-même. Quand il arrive à vos pieds sous forme de chaussures ou dans votre salon sous forme de canapé, il y a longtemps qu'il n'est plus vivant. Dans l'intervalle, il a été dépouillé de ses poils, raclé pour retirer l'épiderme et les tissus sous-cutanés, tanné avec des sels de chrome et des écorces d'arbres pour le rendre imputrescible, puis éventuellement coloré… Bien peu d'organismes vivants sortiraient indemnes d'un tel traitement. Ce qui n'empêche pas vos chaussures d'avoir parfois besoin d'un bon bol d'air !

LA VIE EN TEMPS DE PANDÉMIE

Rivières de France

L'Aa, fleuve des Flandres

Bien connu des amateurs de mots croisés, l'Aa répond à la définition : fleuve du Nord en deux lettres. L'Aa incurve son cours rapide entre prairies et champs qui couvrent les verdoyantes collines de l'Artois. La rivière s'assagit alors qu'elle s'approche du marais audomarois où elle se disperse dans les watergangs, canaux qui séparent les lopins de cultures maraîchères (Saint-Omer est la capitale du chou-fleur) sur lesquels glissent les bacoves (les barques locales) transportant les récoltes de légumes. L'Aa arrose Arques célèbre pour ses cristalleries, entre dans le plat pays flandrien puis rejoint, après un cours de 89 km, la mer du Nord à Gravelines. Sa partie basse canalisée forme avec la Lys et les canaux un nœud fluvial entre Dunkerque, Lille et la Belgique.

Soleil
lever : **8 h 27**
coucher : **17 h 40**

Jeudi **27 janvier**

Sainte Angèle – On fête aussi les Angie

Après la Sainte-Angèle, le jardinier ne craint plus le gel.

Citations

S'attaquer à plus faible que soi, c'est lâche. S'attaquer à plus fort que soi, c'est idiot ! Un match met donc en présence un lâche et un idiot, sauf évidemment en cas de match nul.

Raymond Devos

Meilleurs Ouvriers de France

Groupe II, torréfacteur/torréfactrice

Ils sont les premiers torréfacteurs à obtenir le titre d'Un des Meilleurs Ouvriers de France : Paul Arnephy (Lomi à Paris), Vincent Ballot (Lagrange Café à Marnay) et Daniela Capuano Bhering de Carvalho (Reck à Strasbourg). Et c'est mérité, car un bon café cache toujours un grand torréfacteur ! C'est lui, en effet, qui donne au café son caractère, qui choisit sa balance aromatique (acidulé, rond, fruité, etc.) en déterminant la courbe de torréfaction (température et durée) en fonction de la taille des grains crus et de leur taux d'humidité...

L'ACTU

Les spores du pénitencier

Depuis deux ans, l'entreprise Biofield produit ses pleurotes de Paris dans les geôles d'une ancienne gendarmerie du XVIe arrondissement. Une production bio cultivée grâce au marc de café récupéré dans plusieurs bars et restaurants du quartier. Cette idée culottée a germé dans la tête d'Alexandre Zida et de sa sœur Viviane, des trentenaires parisiens qui avaient envie de se lancer dans l'agriculture urbaine, un secteur en plein développement. Et les anciennes cellules se sont rapidement révélées parfaites pour la culture des champignons : faible luminosité, humidité permanente, température constante... Des conditions proches de celles d'un sous-bois. Chaque mois, dans ces pièces exiguës, les deux associés produisent près de 150 kg de pleurotes de Paris qu'ils distribuent ensuite dans une quinzaine d'épiceries bio de la capitale et auprès de plusieurs restaurateurs de leur quartier. Outre leur produit phare, ils cultivent également différentes variétés de mini-pousses (pois vert, chou rouge, radis...) dans leurs cachots.

SOLUTION : PIE, TÉE, HAIE, POUX'r, MAI, OREILLE, SOUFFLET, NEZ, PAS, JOUETS
(PITIÉ POUR MES OREILLES, SOUFFLER N'EST PAS JOUER)

Pierres précieuses

La plus solide des pierres

Il y a plus de 4 000 ans, en Inde, on ramassait de petites pierres brillantes, des « fruits d'étoiles » considérés sacrés. Outre leur brillance, on les appréciait pour leur dureté exceptionnelle et on s'en servait, entre autres, pour tailler le jade. Le mot « diamant » – du latin *diamas* (« aimant »), issu du grec *adamas* (à la fois « acier » et « indompter ») – évoque justement le caractère solide, inusable, de la pierre. On ne s'étonne donc pas que le casque d'Hercule, comme la faux de Saturne ou les chaînes de Prométhée, en soient forgés, puisque rien n'est assez robuste pour les dieux éternels.

Vendredi **28 janvier**

Saint Thomas d'Aquin – On fête aussi les Gentile, Tom

Soleil
lever : **8 h 25**
coucher : **17 h 41**

Quand un œuf casse des œufs, c'est qu'il n'aime pas les omelettes. Paul Éluard

HEUREUX MARIAGES

Avec tous les combats qu'il a pu mener dans sa vie, Pierre Leguere n'a pas tout perdu puisque le 13 janvier 1761, à Mazangé (Loir-et-Cher), il a épousé... Marie Bataille, tout comme René Armand Guerre qui se maria le 27 septembre 1925 à Saint-Pierre-d'Autils (Eure) avec Jeanne Bataille! De son côté, à Tallard dans les Hautes-Alpes, Claude Guers était en ménage avec Louise d'Upaix.

Vélo

Plombé

En 1947, Jean Robic remporte le Tour de France lors de l'ultime étape. Connu pour son petit gabarit, le Breton, bon grimpeur, a toujours éprouvé des difficultés dans les descentes, car trop léger. Six ans plus tard, lors de l'étape Cauterets-Luchon, Robic franchit le Tourmalet en tête, s'arrête, récupère un bidon sans se faire repérer et aborde sa descente. Malgré une chute, il reste devant. On apprendra par la suite que le bidon était lesté de 9 kg de plomb afin de compenser le poids plume du coureur.

LE PLAN DU JARDIN

La permaculture vise à tirer parti des possibilités d'un lieu, d'un terrain, sans contrarier les conditions naturelles, mais en les modifiant éventuellement, autant que faire se peut, pour obtenir de plus belles récoltes. Il faut donc commencer par bien connaître ces conditions : faites un plan et notez l'orientation des différentes parties du jardin ainsi que l'ensoleillement tout au long de l'année. Repérez les vents dominants et les couloirs venteux. Sur cette base, vous identifierez les parcelles bien ensoleillées, qui seront consacrées au potager, et vous planterez des brise-vent adaptés là où ils peuvent être utiles. Cette préparation prend du temps, mais rien n'empêche de commencer à cultiver sur une échelle modeste, les premiers essais ayant en même temps valeur d'expériences.

PERMACULTURE

Brèves régions

Corse du sud/Des stars comme s'il en pleuvait

- La chanteuse Alizée est née en 1984 à Ajaccio, tout comme Tino Rossi quelques années plus tôt et Napoléon il y a plus longtemps encore.
- Le chanteur Patrick Fiori porte le nom de sa mère, originaire d'Ajaccio.
- L'actrice Marie-José Nat est née Benhalassa, le 22 avril 1940, à Bonifacio.
- Le comédien Daniel Ceccaldi était issu d'une famille d'Évisa.
- La chanteuse Jenifer est originaire de Palneca par sa famille maternelle.

Samedi **29 janvier**

Saint Gildas – On fête aussi les Sulpice

À travail de diable, récompense de diable. Proverbe danois

Citations

Certaines personnes disent que faire l'amour avec un préservatif, c'est comme prendre une douche avec un imperméable. Je leur répondrais que, de nos jours, faire l'amour sans préservatif, c'est comme prendre une douche avec un grille-pain allumé.

Marc Price

Bibliophiles

Notes de chevet, Sei Shônagon (Gallimard, 1985)

Journal intime d'une dame d'honneur de l'impératrice vers l'an mille, ces notes restituent le quotidien du palais impérial avec une plume délicate qui, en quelques traits, à la manière des estampes japonaises, brosse des tableaux de la campagne ou de la mer, le portrait des courtisans. Elles recensent tout en poésie et délicatesse les choses qui ne font que passer, comme l'âge, celles qui tombent du ciel, la neige par exemple, ou encore celles qui font battre le cœur : « Une nuit où l'on attend quelqu'un. Tout à coup, on est surpris par le bruit de l'averse que le vent jette contre la maison. »

PRÉCARITÉ CHEZ LES TRAVAILLEURS SAISONNIERS

BIÈRES

Bière blanche bio de la brasserie Mascaret

Bière de blé dans l'esprit des maîtres allemands, de type Weissbier. La mousse est brillante avec un voile de froment. C'est une bière blanche fine et rafraîchissante, peu alcoolisée (4,2 % vol.), aux subtiles notes d'agrumes. Parfaite l'été pour se rachaîchir, qu'en pensez-vous ? International bitterness unit : 15 (peu amère). Récompenses : médaille d'or au Concours général agricole de Paris 2019 et 2020. À boire entre 4 et 5 °C dans un verre révélateur d'arômes.

LE CHIFFRE

345 000

C'est le nombre de préservatifs usagés destinés à la vente qui ont récemment été saisis par la police vietnamienne. Ces capotes recyclées se trouvaient dans des dizaines de grands sacs stockés dans un entrepôt dans le sud du pays. Le propriétaire des lieux a expliqué aux enquêteurs qu'il recevait chaque mois une importante livraison de préservatifs usagés. Une fois triés, ils étaient plongés dans l'eau bouillante, séchés puis enfilés un par un sur un morceau de bois en forme de pénis. L'objectif de cette manipulation était de redonner aux préservatifs leur forme initiale, afin de les revendre plus facilement. Le suspect a également précisé qu'il était rémunéré 0,17 dollar (environ 14 centimes d'euro) pour chaque kilo de préservatifs ainsi « nettoyés ». D'après les autorités vietnamiennes, ce recyclage était principalement destiné aux maisons closes. Il est néanmoins impossible de savoir quelle quantité exacte a pu être écoulée. Probablement des dizaines de milliers…

Dimanche **30 janvier**

Sainte Martine – On fête aussi les Aleaume

Soleil
lever : **8 h 23**
coucher : **17 h 45**

À chaque matin, sa mâtine !

CHIFFRES ET EXPRESSIONS

Avoir quatre fers au feu

Cette expression ne fait pas référence au maréchal-ferrant qui n'a pas besoin d'avoir « quatre fers au feu » car adapter un fer sur le sabot d'un cheval demande du temps : il n'est donc pas possible de réaliser l'opération simultanément sur les quatre pieds de l'animal. Il s'agit ici des repasseuses qui, pour travailler vite, avaient besoin d'avoir toujours un fer chaud.

CHIFFRES ET SYMBOLIQUES

Citations

À cinquante ans, on a dix ans de plus qu'à quarante ans, à soixante ans, vingt ans de plus qu'à quarante ans, à soixante-dix, trente ans de plus qu'à… soixante.

Georges Courteline

FOOTBALL

D'UN FEU ROUGE NAÎT LE CARTON

La Coupe du monde de 1966 est restée dans l'histoire comme l'une des plus brutales, les oppositions entre Europe et Amérique du Sud donnant lieu à des débats très animés. Ce fut le cas pendant le match Angleterre/Argentine au cours duquel l'arbitre décida d'exclure le capitaine argentin Antonio Rattín. Ce dernier refusa de quitter le terrain et il fallut suspendre la rencontre pendant dix minutes. En rentrant chez lui après ce match mouvementé, Ken Aston, qui avait supervisé les arbitres durant la compétition, eut une idée en arrêtant sa voiture à un feu rouge : il allait transposer ce signal lumineux au football. Un signal jaune pour avertir, un rouge pour stopper. Et c'est Hilda, son épouse, qui eut l'idée des cartons faciles à glisser dans la poche. Les fameux cartons rouges et jaunes étaient nés !

Brèves régions

Aube/Un toit signé

Le château de Vaux, situé sur la commune de Fouchères, a été abandonné pendant près d'un demi-siècle. Racheté en 2015 par Édouard Guyot, il a été restauré et son propriétaire a eu une idée originale pour permettre à tout un chacun de contribuer à sa renaissance : il a proposé aux donateurs de faire l'acquisition symbolique d'une ardoise et de la signer. Ainsi, les 450 000 ardoises qui composent la toiture vont garder pendant quelques décennies une trace personnelle de tous ceux qui ont contribué à sa sauvegarde.

GLACIERS DU MONDE

Glacier Perito Moreno, Argentine

Des murs de glace bleutée flottent sur le lac Argentino, dans le parc national Los Glaciares. Les lignes du Perito Moreno, ce glacier de 250 km², se dessinent sur le panorama impressionnant de la cordillère des Andes, en Patagonie argentine. Ce géant naturel tient son nom de l'explorateur Francisco Moreno, qui œuvra au XIXe siècle pour la préservation du territoire argentin. Relativement accessible, à quelques heures de la ville d'El Calafate, le Perito Moreno est devenu l'un des sites touristiques les plus fréquentés du pays. Les bateaux de croisières longent ainsi ses étonnantes proportions, débarquant sur certaines portions les voyageurs amateurs de randonnées glaciaires. Le Perito Moreno est également la plus grande réserve d'eau douce du monde.

Soleil
lever : **8 h 21**
coucher : **17 h 46**

Lundi **31 janvier**

Sainte Marcelle – On fête aussi les Marcelline, Marcela

À la Sainte-Marcelle, si j'avais des ailes, je volerais grâce à elles, Marcelle… Bobby Lapointe

Dico Notto

CARRÉ, n. m.
Figure géométrique née de l'amour impossible entre un rond et un rectangle.

CARTABLE, n. m.
Fraction de table représentant à peu près la moitié d'une demi-table.

CATAPULTE, n. f.
Machine à caractère social qui permet de se débarrasser des boulets.

CD, n. m.
Support physique décédé.

CD-ROM, n. m.
CD-MOR(t).

L'ACTU

Le cri de l'oiseau-mouche

Selon une étude publiée dans la revue *Science Advances*, *Oreotrochilus chimborazo*, un colibri communément appelé « la petite étoile équatorienne », peut chanter à une fréquence fondamentale atteignant les 16 kHz. Pour mémoire, la fréquence fondamentale indique la fréquence à laquelle vibre la syrinx, l'équivalent de notre larynx, qui produit le chant d'un oiseau. La grande majorité des espèces à plumes émettent des sons allant de 2 à 8 kHz. Les vocalises de certains colibris atteignent les 10 kHz. Véritable contre-ténor, le mâle *Oreotrochilus chimborazo* produit un chant suraigu tel qu'il couvre parfois le bruit du vent sur la lande. Et ce n'est pas son seul record : du haut de ses 14 cm, la « petite étoile » est aussi le seul colibri à pouvoir vivre à plus de 5 000 m d'altitude, défiant un froid extrême. Autre singularité de cette espèce installée sur les pentes du volcan Antisana, à 50 km au sud-est de Quito : les mâles et les femelles vivent sur des territoires différents et ne se retrouvent que pendant la saison des amours.

Citations

Un romantique, après l'amour, il déprime… Les femmes, avec les romantiques, c'est pendant qu'elles dépriment.

Patrick Timsit

CHANSONS VOYAGEUSES

À toutes les sauces

Classée numéro un des ventes en France en 1971, la chanson *Mamy blue* a fait de Nicoletta une grande vedette. Mais ce succès a largement dépassé les frontières, *Mamy blue* ayant été adaptée en italien par Ivana Spagna et en anglais et en espagnol par Pop Tops. Depuis, *Mamy blue* a été reprise par Julio Iglesias, le Golden Gate Quartet, Joe Cocker, Dalida, Céline Dion… mais aussi Joey Starr, l'un des membres du duo rap NTM. C'est ce qui s'appelle un éventail d'artistes des plus variés !

INJURES ANIMALIÈRES

Quel veau !

C'est-à-dire quel nul, quel niais, quel idiot, quel épais personnage ! L'expression se réfère sans doute à la docilité du petit animal qui se laisse conduire à l'abattoir sans sourciller. Elle a connu son heure de gloire avec la fameuse phrase qu'aurait prononcée de Gaulle : « Les Français sont des veaux ! » Malgré le caractère joyeux et bondissant du jeune animal – qui peut devenir un taureau –, on évoque aussi des « yeux de veau » pour un regard où l'intelligence ne pétille guère. Mais c'est une erreur : le veau a de beaux yeux, tu sais.

Mardi 1er février

Sainte Ella – On fête aussi les Viridiana, Sibert

Soleil
lever : **8 h 20**
coucher : **17 h 48**

En février, cherche ta fée !

0,90 €

Les Sportifs

1er février 2022

3 célèbres carnavals dans le monde

Le carnaval de Rio de Janeiro est sans doute le plus connu, le plus fou et le plus coloré. Il débute dans les rues avec le défilé des écoles de samba et se termine au sambodrome devant 90 000 personnes dans une explosion de plumes, de paillettes et de feux d'artifice.

Le carnaval de Venise est aussi l'un des plus extravagants et des plus raffinés carnavals du monde. Costumes et masques sont toujours des œuvres d'art, dont le plus ancien est sûrement celui d'Arlequin issu de la *commedia dell'arte*.

Binche, petite ville de Belgique, voit sa population exploser pendant son carnaval, reconnu au patrimoine mondial de l'Unesco. Les célèbres Gilles et leurs lourds costumes traditionnels sont des milliers à défiler pour Mardi gras. Le costume est uniquement réservé aux hommes issus de familles binchoises ou résidant à Binche depuis au moins cinq ans.

À ne pas faire !

Il y a des déguisements de très mauvais goût (en tampon usagé, en pénis géant, en hot-dog, et celui-ci existe même en taille bébé !) et puis il y a les vrais flops. En 2005, le prince Harry avait défrayé la chronique outre-Manche en portant un costume de nazi. Plus récemment, le cliché du footballeur Antoine Griezmann grimé en basketteur noir a déclenché une vague de protestations, tant en France qu'à l'étranger. Le fait de maquiller son visage en noir est historiquement raciste aux États-Unis. Cette pratique du *blackface* remonte au temps de l'esclavage et à Thomas Rice, connu pour sa danse *Jump Jim Crow*, une performance dans laquelle ce comédien blanc incarnait un danseur noir présenté comme idiot. Surtout, le personnage de Jim Crow donne son nom à une série de lois définissant la ségrégation américaine.

Mercredi 2 février

Soleil
lever : **8 h 19**
coucher : **17 h 50**

Saint Théophane – On fête aussi les Jeanne de Lestonnac

À la chandeleur, fais-moi une fleur.

Dico Notto

CÉLIBATAIRE, n.
Portion individuelle qui cherche une part supplémentaire.

CENT-HUIT, nb.
Boîte d'une douzaine de neufs.

CERCUEIL, n. m.
Véhicule individuel peu mobile utilisé pour faire son dernier voyage.

CHARIOT, n. m.
Comme le chiot est un petit chien, le chariot est un petit char à l'assaut des courses de la semaine dans les supermarchés.

CHARITÉ, n. f.
Donner aux autres ce que l'on a en trop sans que ça nous fasse défaut.

Vélo

Arc-en-ciel

Georges Speicher (1933), Antonin Magne (1936), Louison Bobet (1954), André Darrigade (1959), Jean Stablinski (1962), Bernard Hinault (1980), Luc Leblanc (1994) et Laurent Brochard (1997) : avant la victoire de Julian Alaphilippe à Imola en 2020, ils étaient huit coureurs français à avoir décroché le titre de champion du monde sur route. Le Français pourra ainsi arborer le mythique maillot arc-en-ciel. Et pourquoi pas rêver rejoindre les quatre à avoir décroché le Tour de France avec ce maillot sur les épaules.

Bon anniversaire

Johannes Hevelius

Johannes Hevelius est sans doute un des plus grands astronomes de l'histoire, que l'on peut situer quelque part entre Galilée et Newton. À l'âge de 30 ans, il construit un observatoire sur le toit de sa maison et est le premier à observer les taches solaires l'année suivante. Pour lui qui est né en 1611, réaliser une topographie de la lune et décrire comètes et étoiles comme il l'a fait en 1647 est une prouesse. Il meurt le jour de ses 76 ans, le 28 janvier 1687, après avoir réalisé de nombreuses découvertes qui constituent la base de notre savoir actuel. Hevelius était également en avance sur son époque puisqu'il a donné sa chance à sa femme, Elisabetha, qui deviendra sa collaboratrice et publiera à la mort de Johannes le catalogue de 1 564 étoiles qu'elle avait élaboré avec lui.

Le sol du jardin

Soignez le sol ! C'est un principe fondamental de la permaculture. Il s'agit de maintenir la bonne santé de la terre (ou de la guérir), d'y favoriser la vie en imitant les processus naturels à l'œuvre dans le sol d'une forêt, lequel est enrichi en permanence en humus par la décomposition des feuilles et des branches mortes. La première règle, c'est le non-labour. Retourner le sol le perturbe et l'appauvrit. Pour favoriser les organismes vivants, des champignons aux bactéries en passant par les insectes et les lombrics, on apporte de la nourriture, de l'humus, sous forme de compost et d'engrais verts. En outre, pour éviter l'érosion et le lessivage par les pluies, on met en place une couverture, un paillage organique, par exemple des déchets verts, du compost semi-mûr ou du BRF (broyat de rameaux de feuillus).

PERMACULTURE

Jeudi **3 février**

Saint Blaise – On fête aussi les Oscar, Anshaire

Soleil
lever : **8 h 17**
coucher : **17 h 51**

À la Saint-Blaise, arrête tes fadaises.

Mots oubliés

Aliboron

Dans sa courte fable *Les Voleurs et l'âne*, Jean de La Fontaine nomme l'animal « Maître Aliboron ». Il fait référence à l'ancienne légende de l'âne de Buridan, tellement stupide qu'il mourut de faim et de soif, selon Spinoza, pour n'avoir pas su choisir par où commencer entre l'avoine et l'eau. Le mot aliboron est resté pour désigner un animal ou un humain indécis et stupide.

Chansons voyageuses

Une mer internationale

Lorsque Charles Trenet longeait en train la côte méditerranéenne en 1943, il ne pouvait pas imaginer que cette vision lui inspirerait une chanson qui deviendrait l'un des plus grands titres du patrimoine français. Par la suite, *La Mer* a été adaptée en *Beyond the sea*, devenant aussi un classique anglophone que l'on entend dans les films *Le Monde de Nemo*, *Austin Powers* et dans un épisode des *Simpson*. *La Mer* et sa version anglaise font partie du répertoire de Robbie Williams, The Shadows, George Benson, Dalida…

Les idées reçues

Douze signes du zodiaque, comme douze constellations

En divisant l'année en 12 signes zodiacaux, les astrologues prétendent pouvoir donner du sens à la vie de chacun en observant les astres. Oui mais voilà, ils trouvent face à eux les astronomes, scientifiques irréfutables, qui démontrent que les constellations stellaires sont au nombre de 13 et non de 12. Alors, pour tenter de faire correspondre horoscope et réalité astrale, certains ajoutent le « serpentaire » entre le scorpion et le sagittaire, ce qui ne simplifie pas l'adéquation avec notre calendrier… D'autant plus que tout se corse quand on sait que le soleil ne passe pas un temps identique dans chaque constellation, l'écart pouvant varier de 5 à… 40 jours ! Pour les astrologues, les problèmes, c'est 13 à la douzaine !

BLABLACAR A AUSSI UN SERVICE D'AUTOCARS

ÇA C'EST FAITS DIVERS

ACCOUCHEMENT TROP BRUYANTS

À Männedorf, une commune des environs de Zurich (Suisse), un habitant a porté plainte pour nuisances sonores contre une clinique située près de chez lui. En cause : les cris des femmes lors des accouchements qui, selon le plaignant, perturbent son quotidien. Jugée recevable, la plainte a donc conduit l'établissement de soins à s'expliquer devant un juge. S'il a assuré comprendre que les cris des femmes pouvaient occasionner une gêne pour leur voisin, le porte-parole de la clinique a également expliqué qu'il était difficile aux obstétriciens et aux sages-femmes de demander le silence aux femmes en train d'accoucher. Dans ce différend, le magistrat helvète a pourtant tranché en faveur du plaignant. Le jugement précise en effet que la clinique a l'interdiction d'ouvrir les fenêtres des salles de travail pour ne pas gêner le voisinage. Toutefois, afin que les femmes puissent accoucher dans de bonnes conditions, la clinique a également l'obligation d'installer un système de climatisation dans son service de maternité.

Vendredi **4 février**

Sainte Véronique – On fête aussi les Véronica

Qui a planté un arbre n'a pas vécu inutilement. Proverbe africain

Brèves régions

Nord/La fricadelle

Mélange de porc et de veau hachés, additionné de pain, de lait et aromatisé à la noix muscade, la fricadelle prend la forme d'une saucisse panée de 15 cm de long environ, ou d'une boulette ou encore de palets. Spécialité du Nord et de la Belgique, elle est le plus souvent accompagnée de frites, évidemment !

Dis papy c'est quoi ?? et ça c'est quoi ?

Pourquoi se refroidit-on plus vite dans l'eau que dans l'air ?

Les corps physiques doivent absorber de la chaleur pour augmenter leur température. Cette quantité s'appelle la capacité thermique. L'eau a une capacité thermique nettement supérieure à celle de l'air et absorbe en un rien de temps toute la chaleur produite par notre corps. Voilà pourquoi ... une température ... dans l'air, mais idéale ... bain !

... c'est quoi ??

Rétro Vermot

Colette, qui a 6 ans, entend parler de « table Louis XIII », de « fauteuil Louis XV », etc.

– Maman, qu'est-ce que c'était Louis XIII ?

– C'était un roi, ma chérie.

– Et Louis XV ?

– C'était encore un roi.

– Mais pourquoi qu'c'était toujours les rois qui faisaient les meubles dans ce temps-là ?

GLACIERS DU MONDE

Glacier Vatnajökull, Islande

Deuxième plus grand glacier d'Europe, le Vatnajökull recouvre, avec ses 8 300 km², 8 % de la superficie de l'Islande. Intégré dans le parc national éponyme depuis 2006, il est accessible aux amateurs de randonnées glaciaires ou de motoneige. Son nom, qui signifie « glacier des lacs », lui vient des nombreux points d'eau qui le composent. En arpentant ses reliefs figés, on découvre ainsi ses langues glaciaires, ses grottes et ses lagunes, comme celle de Jökulsárlón, qui est l'une des plus profondes d'Islande. Vatnajökull est né de l'activité sismique intense de la zone. Son volcan, Grímsvötn, est le plus actif du pays et ses éruptions modèlent régulièrement le glacier. Le spectacle de la lave creusant la glace évoque superbement le surnom de l'Islande, « pays de glace et de feu ».

Samedi **5 février**

Sainte Agathe – On fête aussi les Agatha, Avit

Soleil
lever : **8 h 14**
coucher : **17 h 55**

À la Sainte-Agathe, c'est fou c'que t'es bath !

CHIFFRES ET EXPRESSIONS

C'est clair comme deux et deux font quatre

Voilà une expression facile à comprendre et à expliquer : oui, en arithmétique, deux plus deux font bien quatre et donc cette addition (ou équation) est claire. Il n'y a pas discussion, nul ne peut contester ce résultat. À tel point que l'expression antinomique est née, « C'est clair comme deux et deux font cinq » pour signifier que quelque chose ne va pas ou reste obscur.

CHIFFRES ET SYMBOLIQUES

Le Gros mot de l'histoire

« Qu'est-ce qu'elle veut de plus, la mégère ? Mes couilles sur un plateau ? »

Jacques Chirac, 11 février 1988

Si l'ancien président de la République était connu pour pratiquer une certaine gauloiserie en privé, cette saillie a pourtant eu lieu en public. Alors Premier ministre de François Mitterrand, Chirac assiste à un sommet européen à Bruxelles. Lors d'un échange assez vif avec Margaret Thatcher sur la contribution du Royaume-Uni au budget européen, le chef du gouvernement se lâche, pensant que son micro est coupé. Illico, toute la presse britannique se fait l'écho de la déclaration injurieuse. Quelques jours plus tard, à propos de Raymond Barre, son rival à droite pour l'élection présidentielle à venir, Chirac déclare : « On ne fait pas avancer un âne qui chie ! »

BIÈRES

Ambrée Bio de la brasserie Brasseurs Savoyards

De couleur fauve, cette bière de garde ronde aux arômes multiples de malt grillé, de biscuit, de caramel, d'orange, de pain d'épices et de muscade, est brassée avec six malts d'orge, du plus clair au plus touraille, et trois houblons différents. Longue en bouche, l'idéal est de la boire entre 8 et 10 °C dans un verre révélateur d'arômes. International bitterness unit : 24. Une bière des Alpes souvent récompensée : World Beer Awards 2020 (Best Pale Belgian Style Ale), Concours international de Lyon 2020 (or) et 2019 (argent), France Bière Challenge 2019 (argent) et 2020 (bronze).
Alcool : 7 % vol.

LE CHIFFRE **108**

C'est, en mètres, la hauteur de la plus haute balançoire du monde récemment inaugurée dans le comté de Yunyang, en Chine. Située sur le site panoramique de Longgang, l'attraction est accrochée à une immense falaise. Sa structure est composée d'un arc de 100 m de hauteur et d'une tour de lancement. Cette balançoire hors norme peut accueillir trois candidats, avides de sensations fortes, qui sont attachés les uns à côté des autres et couchés horizontalement. Soulevés à 90 m de haut, ils sont lâchés dans le vide pour se balancer dans l'air à… 130 km/h. Cette nouvelle attraction ridiculise le précédent record qui était détenu par une balançoire installée en 2011 au-dessus d'un stade de Durban, en Afrique du Sud. Elle n'atteignait que 88 m…

Dimanche **6 février**

Saint Gaston – On fête aussi les Dorothée, Doris, Melvin

À la Saint-Gaston, fi du qu'en-dira-t-on !

Cultures fruitières

La pomme Calville

Au début du XVIIe siècle, Pierre Le Lectier, procureur de Louis XIII et horticulteur cultivait des calville, c'est-à-dire des pommes de belle taille qui se distinguent avant tout par des côtes et des bosselures au sommet, autour de l'œil. Elles doivent leur nom à la commune de Calleville, dans l'Eure, qui a produit dès le XVIe siècle la calville blanc d'hiver, sans doute issue d'Allemagne, une grosse pomme tardive jaune, très côtelée, à chair fine et sucrée. Une quinzaine de variétés portent aujourd'hui ce nom, dont la calville rouge d'hiver, à peau et chair très rouges. Dans *Les Nuits d'octobre* (1868), Gérard de Nerval rapporte la chanson d'une marchande de fruits parisienne : « Pommes de reinette et pommes d'api ! - Calvil, calvil, calvil rouge ! Calvil rouge et calvil gris ! »

Prouesses d'oiseaux

Le cincle plongeur

Plus petit qu'un merle, cet oiseau au plumage marron avec une tache blanche au poitrail fréquente surtout les torrents de montagne. Il se tient sur une pierre, en se balançant vivement d'arrière en avant, puis, brusquement, il plonge, pour réapparaître 5 à 10 secondes plus tard. Mais sa technique est très particulière : il descend sur le lit du torrent, en s'aidant de ses ailes et de sa queue ; il marche alors sur le fond, en remontant le courant et en retournant des pierres pour trouver des larves d'insectes – car il est essentiellement insectivore. Le cincle est le seul oiseau, a priori, à pratiquer cette étrange technique, et c'est également le seul passereau plongeur. On le voit aussi voler et piquer droit dans une cascade. Explication : il a caché son nid derrière, à l'abri des prédateurs.

Étymologie

Bottin

Sébastien Bottin (1764-1853) a consacré la plus grande partie de sa vie à écrire des annuaires. Il a publié notamment l'*Almanach du commerce de Paris et des principales villes du monde* qui a rencontré un franc succès. À sa mort, la famille Didot a poursuivi son œuvre et les annuaires ont pris le nom de *Bottin*. C'est ainsi qu'est né en 1903 le *Bottin mondain*. L'ouvrage étant le premier à donner le numéro de téléphone de ses inscrits, on a fini par nommer *bottin* tout annuaire téléphonique.

Paradis d'artistes

La villa Majorelle

Lorsqu'on évoque la villa Majorelle, un jardin d'Éden en plein cœur de Marrakech, on pense naturellement à Yves Saint Laurent. L'illustre couturier et son compagnon, l'homme d'affaires Pierre Bergé, ont consacré une partie de leur vie à embellir ce lieu unique. Édifiée par le peintre orientaliste Jacques Majorelle en 1922, la villa tombait en décrépitude et était promise à la destruction lorsque le couple parisien l'acheta. Amoureux de cette maison, Saint Laurent fit d'emblée rehausser le bleu profond teinté de violet (le « bleu Majorelle ») qui recouvrait les murs afin que le contraste avec la végétation soit encore plus saisissant. Deux fois par an, l'artiste venait dans ce paradis luxuriant et inspirant dessiner ses collections, loin de l'agitation parisienne. En 2008, ses cendres ont été dispersées dans la roseraie de son jardin.

La haine, c'est l'hiver du cœur. Victor Hugo

Dico NOTTO

CHARTER, n. m.
Bombardier de vacanciers prenant pour cible les zones touristiques.

CH1FFR3, n. m.
4lph4b3t d3s n0mbr3s.

CHOUETTE, n. f.
Couette avec une hache.

COCHON, n. m.
Animal à qui la charcuterie doit tout.

COLLAPSOLOGIE, n. f.
Collapser chez soi.
C'est-à-dire attendre la fin du monde à la maison.

Citations

Personne ne sait si on doit dire « Avoria » ou « Avoriazzzzzz ». Dans le doute, allez à Val-Thorens.

Mathieu Madénian

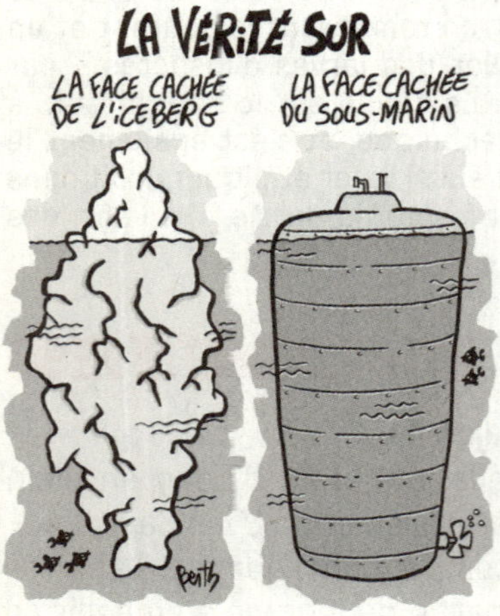

Ça s'est passé

Le 7 février 1522

Ce jour est marqué par le traité de Bruxelles qui concerne le partage des États des Habsbourg entre Charles Quint et son frère Ferdinand.

L'ACTU

Un perroquet géant

Les restes d'un perroquet gigantesque qui vivait il y a 19 millions d'années ont récemment été découverts en Nouvelle-Zélande. L'équipe de paléontologues qui a exhumé les os fossilisés de ce volatile l'a baptisé *Heracles inexpectatus* (Hercule inattendu) en raison de sa taille hors norme et du caractère fortuit de sa découverte. L'oiseau mesurait 1 m et pesait au moins 7 kg, soit deux fois la taille du kakapo, le plus gros perroquet connu jusqu'ici. Ses restes ont été trouvés près de Saint Bathans, au centre de l'île du Sud de la Nouvelle-Zélande, une zone riche en fossiles du Miocène (entre 5 et 23 millions d'années). Cet impressionnant volatile était incapable de voler, mais il était doté d'un bec proportionné à ses mensurations lui permettant d'ouvrir en deux tout ce qu'il voulait, y compris d'autres perroquets pour s'en régaler. La Nouvelle-Zélande est réputée pour ses oiseaux non volants aux dimensions exceptionnelles, tel le moa, disparu depuis la fin du XVe siècle, qui pouvait mesurer jusqu'à 3,6 m de haut, soit 1 m de plus que l'autruche d'Afrique !

Trop de télétravail à cause du Covid...

Bibliophiles

La Main coupée, Blaise Cendrars (Denoël, 1946)

En 2020, on a beaucoup parlé des poilus et de Maurice Genevoix, entré au Panthéon. Redécouvrez la Grande Guerre de Blaise Cendrars, poète à la gouaille colorée, à la langue électrique et jazzy. Le champ de bataille y est, certes, atroce et dangereux (le romancier y perd une main), mais c'est aussi un spectacle pyrotechnique au milieu duquel se dresse la figure de ses camarades de combat. Car, débordant de tendresse, Cendrars raconte ses compagnons d'armes en une série de portraits lumineux comme des vitraux d'église. Il les pleure aussi, dans un éloge de l'amitié qui fait encore frissonner.

Mardi **8 février**

Sainte Jaqueline – On fête aussi les Jacotte, Jackie, Effie

À la Sainte-Jacqueline, tu es le miel de mes tartines. Les Charlots

HEUREUX MARIAGES

C'est à Pont-de-Chéruy, dans l'Isère, qu'est né le couple Zizi-Ressort en 1941. En effet, c'est dans cette mairie que Louis Marcel Jean Ressort, natif de Lyon, a dit «oui» à Cécile Zizi, native de Chamonix. La famille de cette dernière était originaire d'Edirne, en Turquie, autrefois Andrinople, en Grèce, et celle de son mari avait simplement fait un petit rebond depuis Roanne, dans la Loire.

L'histoire des dictionnaires

Dictionarium latinum de Calepino

Cet ouvrage publié en 1502 par l'Italien Ambrogio Calepino se présente comme un dictionnaire monolingue du latin : les mots latins sont classés par ordre alphabétique et leur définition est en latin. Puis l'auteur en fait un dictionnaire multilingue en donnant pour chaque mot les traductions en hébreu, grec et italien. D'autres langues se sont ajoutées par la suite. Cet ouvrage a connu un énorme succès et a été publié jusqu'en 1778. Et de Calepino nous est resté le nom *calepin*.

DEVINETTES

Il en faut plus d'une
Pour en créer une,
Gérées par une police,
Elles régalent les lectrices.

Qui sont-elles ?

Réponse : LES LETTRES

La bonne blague

Thierry et Laure ont tous les deux 60 ans et sont mariés depuis 40 ans. Un jour, alors qu'ils se promènent dans une forêt, une bonne fée apparaît et leur dit :

« Vous êtes mariés depuis si longtemps et vous êtes si mignons ensemble que je vous accorde un souhait à chacun. »

Ravie, Laure déclare tout de suite qu'elle rêve de faire un voyage en Polynésie. Pouf ! Deux billets d'avion pour Papeete et une réservation pour deux dans un palace cinq étoiles à Tahiti apparaissent instantanément dans ses mains.

« Wôw ! fait l'homme. Ce voyage de rêve est une occasion unique dans une vie. Ma chérie, tu m'excuseras, mais j'aimerais pouvoir le faire avec une femme qui a 25 ans de moins que moi.

– Vous êtes sûr ? demande la fée.

– Sûr et certain, oui ! répond Thierry, sans hésiter. »

Et pouf ! Il a 85 ans.

Brèves régions

Paris/Humour parisien

Quelle est le point commun entre Paris, Virginie et l'ours polaire ?

Paris est métropole, Virginie aimait trop Paul et l'ours aime être au pôle.

Mercredi **9 février**

Sainte Apolline – On fête aussi les Ansbert, Tyliann

Soleil
lever : **8 h 09**
coucher : **18 h 00**

C'est l'hiver, les arbres sont en bois. Jules Renard

Meilleurs Ouvriers de France

Groupe III, staffeur/ staffeuse-ornemaniste

Régis Goldberg, 50 ans, a créé son entreprise Atelier Staff Passion il y a 23 ans à Cagnes-sur-Mer. Pour le concours, il a réalisé un fronton avec un chapiteau, des arches, des moulures et un cul-de-lampe (console d'encorbellement constitué d'une pierre saillante servant à supporter une base de colonne ou une sculpture). Une œuvre extrêmement ornementée qui a nécessité environ 650 heures de travail ! Précisons, à toutes fins utiles, que le staff, c'est du plâtre.

Citations

Comme il en va pour les enfants ou pour les animaux, l'hygiène la plus élémentaire exigerait que l'accès des hôpitaux soit interdit aux malades.

Antoine Blondin

FOLLES RUMEURS
Paul est mort

La pochette bien inoffensive d'Abbey Road, où les quatre Beatles traversent un passage piéton, a été le départ d'une folle rumeur. Pour les complotistes, pas de doute : Paul McCartney est mort et a été remplacé par un sosie. La photo fourmille de détails comme autant de preuves : le faux Paul est pieds nus, comme le sont les défunts en Inde ; Ringo est habillé de noir, couleur du deuil en Occident ; John est en blanc, couleur du deuil en Orient. Et Paul tient sa cigarette de la main droite alors qu'il est gaucher et, derrière lui, une voiture noire ressemble à un corbillard tandis qu'une autre a une plaque d'immatriculation dont le message codé dit que Paul est mort. Plus de 50 ans plus tard, Paul McCartney rit toujours de ce bobard.

CHANSONS ENFANTINES

G	E	N	T	I	L	L	E	R	E	G	R	E	B
U	N	O	H	W	O	D	U	R	Q	K	G	N	M
E	N	C	L	P	N	A	M	A	M	U	L	I	K
T	N	U	O	O	G	N	Y	T	I	J	C	A	J
R	N	A	L	Q	O	P	S	L	E	H	K	T	E
E	Z	B	V	N	U	E	L	N	E	R	R	N	U
B	T	O	G	I	U	E	I	L	J	Y	U	O	N
O	F	I	S	Q	R	A	L	C	N	U	O	F	E
G	V	S	C	I	R	E	O	I	A	U	B	W	S
A	Y	A	H	R	S	L	I	E	C	B	M	I	P
D	J	X	O	S	A	N	T	N	C	O	A	M	F
W	J	L	U	S	K	A	O	I	U	L	T	T	Y
U	A	O	X	V	H	M	X	U	A	E	T	A	B
K	R	B	D	C	L	S	M	P	R	O	M	W	V

Solution page 68

Cherchez les mots qui manquent dans les titres de chansons enfantines. Ils sont cachés dans la grille ci-dessus soit horizontalement, soit verticalement ou encore diagonalement, de droite à gauche, de gauche à droite, de haut en bas ou de bas en haut, dans les deux sens de lecture. Les mots sont dans l'ordre alphabétique dans la liste ci-dessous.

1. Sur le pont d'________
2. Maman les p'tits ________
3. Il pleut, il pleut, ________
4. Auprès de ma ________
5. Prom'nons-nous dans les ________
6. Ah mon beau ________
7. Savez-vous planter les ________ ?
8. Fais dodo, ________ mon p'tit frère
9. Gentil ________
10. Le roi ________
11. À la claire ________
12. Il court, il court, le ________
13. Alouette, ________ alouette
14. Le chevalier du ________
15. Compère ________
16. Frère ________
17. Trois ________ tambours
18. En passant par la ________
19. Au clair de la ________
20. Ah vous dirai-je, ________
21. ________ tu dors
22. La mère ________
23. Il était un petit ________
24. Aux marches du ________
25. Cadet ________
26. J'ai du bon ________
27. Joli ________

Soleil
lever : **8 h 08**
coucher : **18 h 01**

Jeudi **10 février**

Saint Arnaud – On fête aussi les Austreberthe, Arnaude

L'eau bouillante est-elle moins bouillante en hiver qu'en été ? Pierre Dac

BINERO ADDITION

- Cette grille ne contient que des 0 et des 1.
- Il y a autant de 0 et de 1 sur chaque ligne et sur chaque colonne.
- Il n'y a pas plus de 2 chiffres identiques côte à côte.
- 2 lignes ou colonnes ne peuvent être identiques.
- Le chiffre dans chaque zone pointillée est égal à la somme des chiffres de la zone correspondante.

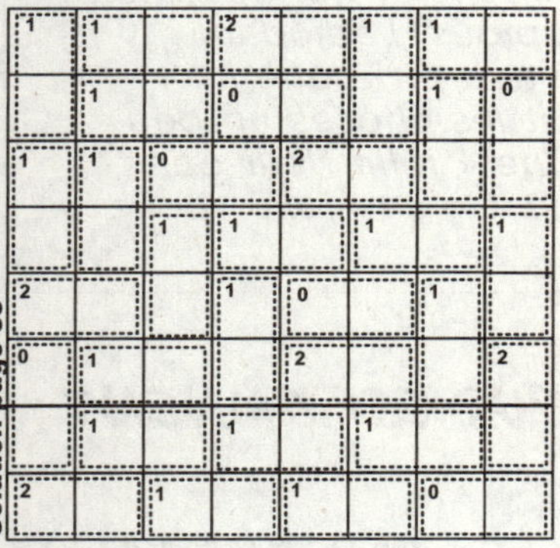

Solution page 63

Citations

Si haut qu'on monte, on finit toujours par des cendres.

Henri Rochefort

MORALITÉ
LA BARBE-BLEUE

La curiosité, malgré tous ses attraits,
Coûte souvent bien des regrets ;
On ne voit tous les jours mille exemples paraître.
C'est, n'en déplaise au sexe, un plaisir bien léger,
Dès qu'on le prend il cesse d'être,
Et toujours il coûte trop cher.

Cette moralité est double : elle montre que « la curiosité est un vilain défaut » et que les châtiments sont parfois disproportionnés au regard de la faute qu'ils punissent.

RECETTE
Bœuf en croûte

Pour 4 à 6 pers. — 20 min de préparation — 1 h de cuisson

- 2 pâtes feuilletées à dérouler
- 600 g de filet de bœuf
- 4 échalotes
- 2 gousses d'ail
- 300 g de champignons de Paris
- 2 cuil. à soupe de moutarde, à ajuster selon votre goût
- 1 jaune d'œuf
- 1 cuil. à soupe de lait
- Beurre
- Sel, poivre

Préchauffez le four à 240 °C (th. 8).
Pelez et émincez finement les échalotes et l'ail. Lavez, éboutez et coupez les champignons en lamelles.
Dans une poêle, faites revenir les échalotes et l'ail dans un peu de beurre. Ajoutez les champignons et laissez compoter sur feu doux. Il ne doit pas rester d'humidité qui détremperait la pâte.
Faites griller la viande dans un faitout ou une sauteuse quelques minutes.
Déroulez la première pâte, étalez la moutarde dessus et déposez la compotée de champignons au milieu. Ajoutez la viande et recouvrez le tout à l'aide de la seconde pâte. Soudez bien les deux pâtes ensemble avec un peu du mélange jaune d'œuf et lait et étalez le reste sur le dessus de la pâte.
Enfournez pour 10 min puis baissez la température à 180 °C (th. 6) et laissez encore cuire 30 min.

L'ACTU

Joueur de lose

Après une édition spéciale « tricheurs », le célèbre fabricant américain de jouets Hasbro vient de lancer un Monopoly conçu pour… les mauvais perdants. « Ne pleurez pas, faites-les payer », peut-on ainsi lire sur la boîte. Le principe est simple : chaque coup dur rencontré lors d'une partie vous permet d'accumuler des jetons qui vous offrent des droits de « mauvais perdant » pénalisant vos adversaires. Grâce à ces pions et aux nouvelles règles, vous pouvez par exemple voler la propriété d'un joueur ou obtenir une maison gratuitement en réalisant un double au dé. Grâce à cette déclinaison du Monopoly, « le pire des mauvais perdants devient le plus grand gagnant », promet l'éditeur du jeu. Le filon des petits travers humains s'avérant visiblement lucratif, Hasbro prépare dans la même veine un Cluedo « pour les menteurs ».

Vendredi 11 février

Notre-Dame de Lourdes – On fête aussi les Héloïse

Soleil
lever : **8 h 05**
coucher : **18 h 05**

Les frimas nous font des misères / Il faut se chauffer les marrons / Dansons autour de la chaudière / Vive le vent, vive l'hiver. Richard Gotainer

Musique

Appel gagnant

Et dire que la chanson *Mistral gagnant* a failli ne pas voir le jour ! Écrite en une demi-heure, Renaud la jugeait trop personnelle et pensait qu'elle n'intéresserait personne. Fort heureusement, dans le doute, il a appelé sa femme pour la lui chanter au téléphone. La réaction de l'épouse a été sans équivoque : « Si tu ne l'enregistres pas, je te quitte ! » Depuis, *Mistral gagnant* arrive fréquemment en tête du classement des chansons préférées des Français, juste devant… *Ne me quitte pas* de Jacques Brel.

INJURES ANIMALIÈRES

Ça c'est vache !

En tant qu'image de mère nourricière, la vache a plutôt bonne réputation dans les mythes et légendes. Alors pourquoi ces « ah la vache ! », « quelle vache ! », « vache de vache ! » et autres « vacheries » qui émaillent nos conversations ? Eh bien, songeons à « peau de vache », qui désignait classiquement, chez les pioupious, l'adjudant irascible, aussi imperméable à la pitié que le cuir à l'eau ! Brassens perçoit les choses un peu différemment, amoureux d'une « jolie fleur dans une peau d'vache » qui devient « une jolie vache déguisée en fleur ».

La gaffe de l'Histoire

Bidenism

Cela fait plus de dix ans que Joe Biden est connu pour ses gaffes, à tel point que la presse américaine a créé pour les qualifier le terme de « bidenism ». Car il s'agit plus de formules mal ficelées que de véritables gaffes. Ainsi a-t-il dit en 2009 à propos de son prédécesseur Barak Obama : « C'est le premier Afro-Américain qui est éloquent, brillant, propre sur lui et charmant. »

L'ACTU

Kung-fu fou !

Wang Liutai est un maître de kung-fu de 65 ans originaire de Juntun, un village du centre de la Chine. Il pratique un art martial unique : le « kung-fu d'entrejambe de fer », du nom de sa figure la plus spectaculaire, qui consiste à supporter sans bouger le choc d'une bille de bois recouverte d'une plaque d'acier et pesant 40 kg venant s'écraser dans l'entrejambe. Wang, qui pratique cette technique depuis un demi-siècle, assure qu'avec un entraînement régulier, cela ne fait pas mal et n'a aucun effet sur la fertilité. Lui-même est d'ailleurs père de deux enfants. L'entrejambe de fer s'acquiert en frappant les points les plus faibles de tout le corps tout en utilisant des techniques de respiration pour s'habituer à la douleur. Pratiqué depuis 300 ans, cet art martial permet par ailleurs de résister aux coups sur d'autres zones sensibles, comme « la gorge de fer », « la tête de fer » ou encore « le dos de fer ». Wang a décidé de promouvoir activement ce kung-fu sur les réseaux sociaux pour organiser une compétition internationale autour de « l'entrejambe de fer » en 2025 !

Samedi **12 février**

Saint Félix – On fête aussi les Hilarion, Rioc, Eulalie

À la Saint-Félix, dis, lâche un peu Netflix !

L'humanité en chiffres

49,58

C'est le pourcentage de femmes dans la population mondiale en 2019. Il était de 49,97 % en 1960. La Chine et l'Inde sont les principales responsables de cette baisse où sont pratiqués des avortements sélectifs. En Chine, depuis des décennies, naissent 120 garçons pour 100 filles. Donc forcément, beaucoup d'hommes ne trouvent pas de femme à épouser…

Pêche

Gardons de fin d'hiver

Les premiers rayons du soleil réchauffent les eaux de l'étang. Les gardons se maintiennent dans ces zones abritées où une température un peu plus élevée active la vie aquatique. La zone la plus ensoleillée (plein sud), surtout si elle est à l'abri du vent, constitue un point de pêche intéressant, notamment aux heures les plus chaudes, entre 13 h et 16 h. Un matériel léger suffit. Le flotteur est bien visible et parfaitement équilibré. Pas d'amorçage lourd, mais des jets réguliers de pincées d'amorce fine attirent l'attention des gardons, les maintiennent sur place et attisent leur appétit. L'hameçon est garni d'un asticot. Les touches sont franches. À ce petit jeu, vous prendrez quelques dizaines de gardons et rentrerez fourbu et heureux de vous dire : l'hiver est bientôt terminé !

REMETTEZ DANS L'ORDRE LES 5 CASES DE CETTE PETITE HISTOIRE.

SOLUTION : 3, 2, 1, 5, 4

Mots oubliés

Arraisonner

Si chacun connaît l'utilisation actuelle du verbe « arraisonner » pour un navire dont on veut contrôler la cargaison, l'équipage ou l'état sanitaire, tout le monde a oublié qu'à l'origine il était synonyme de « convaincre ». Saint-Simon l'emploie ainsi dans ses *Mémoires* : « Tandis que j'arraisonnais le duc d'Orléans, le roi consultait sa famille et son conseil. »

PROBLÈMES DE MATHS DU CERTIFICAT D'ÉTUDES

Un patron a décidé de donner une prime à chacun de ses employés. La somme a été répartie ainsi : un quart de la somme pour Nathan, 0,54 de la somme pour Mathis et 1701 francs pour Thomas. **À combien s'élevait la somme totale ?**

Solution : Représentons la totalité de la somme par a :

$\frac{1}{4}a + 0,54a + 1701 = a$

$0,25a + 0,54a + 1701 = a$

$0,79a + 1701 = a$

$1701 = a - 0,79a$

$1701 = 0,21a$

$1701 \div 0,21 = a = 8100$

La somme totale s'élevait donc à 8 100 francs.

Avec tes ennemis patiente et avec tes amis pardonne. Proverbe afghan

Dis papy c'est quoi ?? et ça c'est quoi ?

C'est quoi les nuages ?

En météorologie, un nuage est une masse visible, plus ou moins dense, constituée d'une multitude de gouttelettes d'eau (parfois de cristaux de glace, en fonction de l'altitude) en suspension dans l'atmosphère. Autrement dit une simple étape du cycle de l'eau, lequel pourra être qualifié de cercle vertueux ou vicieux selon que l'on est agriculteur ou vacancier breton.

mamie c'est quoi ??

Notre langue fait des adeptes

Coup de main *(anglais)*

Outre-Manche, ne vous avisez surtout pas de demander un « coup de main » à quelqu'un si vous avez besoin d'aide… Vous vous retrouveriez victime d'une agression violente et subite ! Les Anglo-Saxons ont emprunté, sans la déformer, l'expression *coup de main*, avec le sens militaire qu'elle avait à l'origine, à savoir « attaque soudaine, faite à l'improviste » (parce qu'elle se faisait sans matériel de guerre). En français, le sens de l'expression a évolué, la main symbolisant l'aide, mais pas en anglais…

LES SENIORS PAS PRÊTS POUR LE TÉLÉTRAVAIL

La dictée du mois

Portrait

Grace au naturel le plus heureux, la contesse d'Olnange, élevée comme la plupart des personnes de son sexe, ne put être égaré par la frivolité des préceptes, ni le danger des exemples. Dès ses plus jeunes années, sa candeur lui tint lieu de raison : elle lui dût un caractère qu'on ne vit point se démantir. Ses principes, et jusqu'aux progrès surprenants de son esprit, furent l'ouvrage de son cœur. Elle n'eut de guide éclairé que lui ; mais, quoi que douée de toutes les séductions, belle sans artifice, et presque sans le savoir, indépendante au printemps de l'âge, riche et goûtant tout les plaisirs de la bienfaisanse, elle était née trop sensible pour pouvoir être heureuse.

Fanny DE BEAUHARNAIS, L'Abailard supposé, *1782.*

Grâce, comtesse, égarée, dut, démentir, quoique, tous les plaisirs, bienfaisance

CHIFFRES ET EXPRESSIONS

De deux choses l'une

Il manque la fin de cette expression pour qu'elle devienne naturellement intelligible. Nous devrions dire « de deux choses, l'une se concrétise ». Ainsi la phrase démontre qu'un choix doit être fait lorsque deux options se présentent, car une seule doit être choisie au final. Le poète Jacques Prévert la prolongeait en écrivant : « De deux choses l'une, l'autre le soleil. »

CHIFFRES ET SYMBOLIQUES

Lundi **14 février**

Saint Valentin – On fête aussi les Auxence, Cyrille, Marcun

Tu peux m'ouvrir cent fois les bras, c'est toujours la première fois. Jean Ferrat

Rétro Vermot

Le directeur de manège : Je le regrette, mais il me faut vous demander de me payer d'avance la location de ce cheval.
Le cavalier amateur : Vous avez peur que je revienne sans le cheval ?
Le directeur : Oh non ! Mais le cheval pourrait bien revenir sans vous !

Pour les intimes...

« Dis-moi aussi quelle chambre tu as pour que je songe à toi dans cette chambre et à tout ce qui arrivera là quand nous serons de nouveau ensemble. » Ces quelques mots sont extraits d'une lettre du 3 juin 1940 signée Georges Bataille. Resté à Paris, l'écrivain-bibliothécaire écrit à sa nouvelle compagne Denise Rollin, réfugiée à Vézelay pour fuir l'avancée des troupes allemandes. Bataille se révèle beaucoup moins explicite dans ses missives que dans certains de ses textes sulfureux déjà publiés. Entamée après la mort de la poétesse Colette Peignot, avec laquelle il a vécu une passion tumultueuse et destructrice, sa relation avec Denise va durer jusqu'en 1943, jusqu'à sa rencontre avec Diane Kotchoubey.

Solution [p. 59]

0	1	0	1	1	0	0	1
1	0	1	0	0	1	1	0
1	1	0	0	1	1	0	0
0	0	1	1	0	0	1	1
1	1	0	1	0	0	1	0
0	0	1	0	1	1	0	1
0	0	1	0	1	0	1	1
1	1	0	1	0	1	0	0

Dico NOTTO

COLLECTE, n. pr.
Prénom féminin comme Antoinecte, Pierrecte ou Suzecte.

COMPOTE, n. m.
Copain un peu idiot.

CONVAINCRE, v.
Menacer physiquement quand on est à cours d'arguments.

COPULER, v.
Se mettre à deux sous le même pull.

COUETTE, n. f.
Endroit sous lequel on passerait bien ses journées.

Énigmes

Un homme étrangle sa femme et abandonne son corps dans une carrière. Une semaine plus tard, le corps est découvert par un couple qui promène son chien. La police se rend chez le mari pour lui annoncer la triste nouvelle, lui demande d'entrer en contact avec ses proches et l'assure qu'elle le contactera pour identifier le corps. Mais après leur départ, fou de douleur, il se rend sur les lieux du crime pour obtenir plus de détails. Il est arrêté peu après, pourquoi ?

Solution : La police ne lui avait pas précisé l'endroit où le corps de sa femme avait été retrouvé.

Mardi 15 février

Saint Claude – On fête aussi les Georgette, Georgia, Faustin

Soleil
lever : **7 h 58**
coucher : **18 h 11**

À la Saint(e)-Claude, fais-toi finaude !

Ça s'est passé

Le 15 février 1922

La Cour permanente de justice internationale, organe judiciaire de l'ONU, qui deviendra plus tard la Cour internationale de justice, s'installe à La Haye.

Pierres précieuses

Les joyaux de la Couronne de France (I) : « Côte de Bretagne »

Avant François Ier, les rois de France disposaient des joyaux en leur possession selon leur gré. Puis, en 1530, le vainqueur de Marignane eut l'idée de réunir les plus fastueux afin d'en faire un bien d'État. Couronnes, bagues, colliers, médailles et autres magnifiques bijoux devinrent ainsi inaliénables, de sorte que les monarques n'en transmettaient plus à leurs successeurs que l'usufruit. Parmi les pierres précieuses qui avaient constitué ce premier trésor, un rubis spinelle rouge dit « Côte de Bretagne » a traversé les siècles et peut aujourd'hui être admiré au musée du Louvre.

DICO NOTTO

CULOTTÉ, adj.
Désigne une audacieuse personne ennemie du sans-culotte.

DALMATIEN, n.
Chien blanc à taches noires. Exclusivement vendu par lot de 101.

DÉCAPITER, v.
Couper court en tranchant dans le vif du sujet.

DÉCULOTTÉE, n. f.
Défaite du sans-culotte.

DÉDALE, n. m.
Quand on a faim à plusieurs.

LES ÉMISSIONS RADIO MYTHIQUES

Les routiers sont sympas

De 1972 à 1983, sur RTL, plus de 800 000 auditeurs chaque soir entre 20 h 30 et minuit et près de 25 000 lettres par an attestent de l'immense succès de cette émission présentée par Max Meynier, animateur jovial vénéré par toute une profession. Ce rendez-vous, qui donnait la parole aux camionneurs, avait une vraie dimension sociologique : l'autocollant à l'effigie de l'animateur fleurissait sur la plupart des poids lourds et les routiers se saluaient de l'expression « relax Max ». L'animateur devint d'ailleurs un héros en faisant libérer un routier emprisonné en Iran, puis en déjouant une tentative de prise d'otage en plein direct. En 1976, RTL aménagea un studio spécial sur le toit des entrepôts Calberson, avec une « salle d'embarquement » pour accueillir les routiers et les autostoppeurs. Après l'arrêt de l'émission en 1983, on a pu continuer à écouter la voix emblématique de Max Meynier dans Fréquence Max, Les Routes du bout du monde, Allô Max *et* Relax Max. *À la suite d'un infarctus, Max Meynier s'est fait plus rare avant de quitter définitivement les ondes en 1994.*

Mercredi **16 février**

Soleil
lever : **7 h 58**
coucher : **18 h 12**

Sainte Julienne – On fête aussi les Onésime, Mareria, Lucille

Un petit cheval passe pour poulain jusque dans sa vieillesse. Proverbe russe

Brèves régions

Normandie/ Humour normand

Vous êtes normand si :

vous prononcez tous les « é » de la même façon ;

- le nom de votre commune finit par « ville » ;
- vous « clanchez » la porte pour ensuite la « barrer » ;
- vous criez « eulo » en plein moment de surprise ;
- vous revendiquez l'appartenance du Mont-Saint-Michel.

Animaux de BD

La mouette rieuse

Franquin, qui vivait entouré d'oiseaux, s'est amusé à créer une mouette dotée d'un ricanement lugubre et à la mine si funèbre qu'elle sème la déprime chez les humains. Armée d'un bec redoutable, qui pique cruellement le crâne de De Mesmaeker (en autres) et qui ouvre des boîtes de conserve, elle est aussi la complice des blagues de Gaston : il gagne, par exemple, un concours de cerfs-volants car la mouette, cachée derrière le sien, le hisse plus haut que tous les autres.

LE CHIFFRE

Une tonne

C'est la quantité d'oignons qu'une Chinoise à fait déverser devant le domicile de son ex-petit ami à quelques jours de la Saint-Valentin locale. Éconduite depuis peu par celui-ci, la jeune femme a décidé de le faire pleurer pour se venger. Elle a donc commandé en ligne une tonne de bulbes connus pour leur pouvoir irritant et les a fait livrer devant la porte de son ex. « J'ai pleuré pendant trois jours, et maintenant c'est à ton tour ! », avait-elle écrit dans la petite note accompagnant sa surprise. Interrogé par les médias locaux, le jeune homme a déclaré qu'il trouvait cette vengeance stupide et qu'elle ne lui avait arraché aucune larme. En revanche, les habitants du quartier ont très peu goûté au cadeau empoisonné : plusieurs voisins se sont plaints de l'odeur pestilentielle des oignons en train de pourrir dans la rue.

Faits divers biologiques

Force et honneur

Habituellement, pour chasser, les araignées tissent une toile dite statique dans laquelle les futures proies viennent s'empêtrer. Il existe une exception nommée Deinopis. Celle-ci tisse une petite toile entre des branches et s'y suspend. Elle confectionne ensuite un filet à partir d'une soie deux fois plus élastique qu'une toile classique et elle l'accroche à ses pattes, guettant l'arrivée d'une proie. Une fois la victime repérée, l'araignée se jette dessus pour la piéger dans son filet. Une fois capturée, la proie est paralysée d'un venin. Cette technique du filet, similaire à celle des gladiateurs romains, confère à Deinopis le surnom d'araignée gladiateur.

Jeudi 17 février

Saint Alexis – On fête aussi les Loman, Théodule, Fintan

Soleil
lever : **7 h 55**
coucher : **18 h 14**

Je redoute l'hiver parce que c'est la saison du confort. Arthur Rimbaud

Expressions imagées

Coûter les yeux de la tête

Ce qui est surprenant dans cette expression, ce n'est pas le prix des yeux mais la précision qui est faite : ceux « de la tête ». Aurions-nous des yeux ailleurs ? La redondance est un mode d'expression censé augmenter encore la valeur des yeux. Mais quand on y réfléchit bien, la valeur d'yeux qui seraient situés ailleurs devrait être encore plus élevée !

FOOTBALL

LE DOYEN DES TROPHÉES

D'abord nommée Coupe Charles Simon, du nom de son inventeur tombé au champ d'honneur durant la Grande Guerre, la Coupe de France est la plus ancienne des compétitions de football dans notre pays. Jamais interrompue, elle permet aux amateurs de se frotter aux professionnels pour décrocher un trophée de 3,2 kg, œuvre d'un joaillier de Ménilmontant, Monsieur Chovillon. Le palmarès est dominé par le Paris Saint-Germain, 13 titres, devant l'Olympique de Marseille, 10 titres et un record : celui du nombre de participations à une finale (19). Sur le terrain, le plus gros écart remonte à 1942 avec la victoire 32-0 du RC Lens face aux amateurs d'Auby Asturies, Stefan Dembicki inscrivant ce jour-là 16 buts. En finale, le record reste propriété de l'AS Saint-Étienne avec sa victoire 5-0 en 1970 face au FC Nantes.

LREM TENDANCE ÉCOLO

LA CRISE ÉCONOMIQUE PLUS DANGEREUSE QUE LA CRISE SANITAIRE

Randonnées

LES VALLEUSES DU PAYS DE CAUX, CÔTE D'ALBÂTRE

Les chemins de la Côte d'Albâtre serpentent du Havre au Tréport, en passant par Étretat et Varengeville-sur-Mer. Sur le GR21 qui suit le tracé de la côte sur 190 km, on découvre les « valleuses », ces petites vallées formées entre les impressionnantes falaises. Silhouettes géologiques typiques du pays de Caux, elles réservent de beaux défis aux marcheurs. Bordé par la Manche, cet itinéraire est marqué par des falaises de craie blanche ou d'argile ocre, et par une végétation drue, balayée par les vents marins.

Généalogie

Descendants de Ptolémée

En parcourant les allées d'un cimetière à la recherche de tombes ancestrales, un généalogiste a eu la surprise de trouver une sépulture au nom de « Ptolémée ». Comment des descendants du célèbre astronome grec du IIe siècle auraient-ils pu finir leurs jours dans cette zone rurale du centre de la France ? Il a donc enquêté sur les origines de la famille et, remontant les générations d'acte en acte, est arrivé à une naissance du 23 juin 1816 dans les registres de Crevant (Indre). Ce jour-là, Marie Pasquet, 25 ans, est venue déclarer la naissance de son enfant naturel en disant « vouloir lui donner les nom et prénom de Ptolémée Jean ». Pourquoi ce choix arbitraire ? Mystère, mais on sait que sur la tombe qui a motivé l'enquête devrait être écrit en réalité le nom de « Pasquet ».

Soleil
lever : **7 h 53**
coucher : **18 h 16**

Vendredi **18 février**

Sainte Bernadette – On fête aussi les Taraise, Jean-Pierre, Riwan

À la Sainte-Bernadette, sois pas bête, fais la fête !

Brèves régions

Corrèze/Atterrissage sur l'autoroute

Le 2 septembre 2011, en raison d'une panne de moteur, un ex-pilote de chasse qui était aux commandes d'un avion de tourisme a dû se poser sur l'autoroute A89 à hauteur de la commune de Saint-Mexant. Parti de Dijon, il devait rallier Bordeaux après une escale à Bergerac qui s'est transformée en pause forcée sur le ruban de bitume, heureusement peu fréquenté.

Le bon mot de l'histoire

« Le Président a-t-il toujours sa connaissance ?
– Non, elle est sortie par l'escalier de service. »

Louis Romain Le Gall à un prêtre, 16 février 1899

Selon la légende colportée par toute la presse dans les jours qui suivirent la mort du président Félix Faure, c'est en ces termes que son chef de cabinet aurait répondu au curé venu pour administrer les derniers sacrements. Félix Faure a été retrouvé, il est vrai, inanimé dans les bras de sa maîtresse, Marguerite Steinheil. Pour éviter le scandale, celle-ci s'est éclipsée à toute vitesse, oubliant son corset à côté du défunt. La rumeur populaire a affirmé qu'une fellation avait provoqué un orgasme fatal, ce qui valut à « Meg » le surnom de « pompe funèbre ». Clemenceau, qui n'appréciait pas Faure, s'en délecta : « Il voulait être César, il ne fut que Pompée. »

A' L'AVENIR, ON MANGERA DES INSECTES.

Dico NOTTO

DEMAIN, adv.
Aujourd'hui avec un jour d'avance.

DÉMÉNAGEMENT, n. m.
Journée où l'on compte ses cartons et ses amis.

DEMI-HEURE, n. f.
Trente minutes qui font voir l'heure à moitié vide ou à moitié pleine.

DÉMOCRATIE, n. f.
Système politique où, par paresse, le peuple laisse la souveraineté à quelques élus.

DÉTAIL, n. m.
Cachette du Diable.

L'ACTU

Merci le réchauffement !

Évoqué précédemment, le kakapo, le plus gros perroquet du monde, sera peut-être sauvé grâce au... réchauffement climatique ! C'est en tout cas l'une des hypothèses des scientifiques qui veillent sur cette espèce (très) menacée. L'an passé, sur les 249 œufs pondus par les femelles, seuls 75 oisillons ont survécu. C'est deux fois plus qu'il y a trois ans, lors du dernier décompte. Cet oiseau nocturne — kakapo signifie « perroquet de nuit » en maori —, qui peut peser jusqu'à 4 kg et qui ne vole pas, s'accouple une fois tous les deux ou trois ans et davantage quand les baies de rimu sont abondantes. Or, en raison de la hausse des températures, les baies de rimu sont plus nombreuses depuis quelques années et profitent certainement à l'espèce. Les kakapos vivent exclusivement sur quatre îles au large des côtes néozélandaises. S'ils peuvent s'y ébattre en toute liberté, ils sont tous munis d'un transmetteur radio et leurs nids sont étroitement surveillés. Au dernier recensement, leur population comptait 147 adultes.

Samedi **19 février**

Saint Gabin – On fête aussi les Gabia, Philothée, Quodvultdeus

Soleil
lever : **7 h 51**
coucher : **18 h 18**

L'arbre du silence porte les fruits de la paix. Proverbe arabe

L'humanité en chiffres

7,8

C'est, en milliards, le nombre d'humains sur Terre (en mars 2020). Plus d'un tiers habite en Chine (1,4 milliard) et en Inde (1,3 milliard). Viennent ensuite parmi les pays les plus peuplés du monde les États-Unis d'Amérique (328,2 millions), l'Indonésie (273 millions), le Pakistan (220,8 millions), le Brésil (209,4 millions), le Nigeria (206 millions) et le Bangladesh (164,6 millions).

Solution mots mêlés [p. 58]

G	E	N	T	I	L	L	E	R	E	G	R	E	B
U	N	O	H	W	O	D	U	R	Q	K	G	N	M
E	N	C	L	P	N	A	M	A	M	U	L	I	K
T	N	U	O	O	G	N	Y	T	I	J	C	A	J
R	N	A	L	Q	O	P	S	L	E	H	K	T	E
E	Z	B	V	N	U	E	L	N	E	R	R	N	U
B	T	O	G	I	U	E	I	L	J	Y	U	O	N
O	F	I	S	Q	R	A	L	C	N	U	O	F	E
G	V	S	C	I	R	E	O	I	A	U	B	W	S
A	Y	A	H	R	S	L	I	E	C	B	M	I	P
D	J	X	O	S	A	N	T	N	C	O	A	M	F
W	J	L	U	S	K	A	O	I	U	L	T	T	Y
U	A	O	X	V	H	M	X	U	A	E	T	A	B
K	R	B	D	C	L	S	M	P	R	O	M	W	V

1. AVIGNON 2. BÂTEAUX
3. BERGÈRE 4. BLONDE 5. BOIS
6. CHÂTEAU 7. CHOUX 8. COLAS
9. COQUELICOT 10. DAGOBERT
11. FONTAINE 12. FURET
13. GENTILLE 14. GUET
15. GUILLERI 16. JACQUES
17. JEUNES 18. LORRAINE
19. LUNE 20. MAMAN 21. MEUNIER
22. MICHEL 23. NAVIRE 24. PALAIS
25. ROUSSELLE 26. TABAC
27. TAMBOUR

LE CHIFFRE

20

C'est le nombre de supérettes entièrement automatisées désormais ouvertes en Suède. Imaginés par la start-up Lifvs, ces magasins sont implantés dans des villages où il n'existait plus d'épicerie. Installé dans un conteneur de 22 m² et ouvert 24 h sur 24, l'échoppe 2.0 est constituée de rayons classiques et réfrigérés. Les clients viennent y faire leurs emplettes sous l'œil de caméras de vidéosurveillance. L'accès, le choix des produits et le paiement se font grâce à une application mobile. Seuls la mise en rayons des articles et le nettoyage de l'endroit nécessitent une intervention humaine. Un employé s'occupe de quatre supérettes. L'épicerie-conteneur peut également être déplacée d'une commune à l'autre pour répondre aux besoins des habitants. En Suède comme en France, la disparition des commerces dans les villages est une triste réalité. En 2020, le pays ne comptait plus que 3 000 épiceries locales contre 9 000 au début des années 1980.

LES IDÉES REÇUES

IL FAUT DE L'HUILE POUR CUIRE LES PÂTES

Ce serait un « secret de pro » : un filet d'huile dans l'eau de cuisson des pâtes éviterait qu'elles collent entre elles. C'est en fait une idée totalement farfelue car, sans être titulaire d'un doctorat de chimie, on sait que l'huile et l'eau ne se mélangent pas. Vous allez simplement voir apparaître des îlots gras à la surface de l'eau. Comment, dans ce cas, les pâtes qui cuisent dans l'eau pourraient-elles en être miraculeusement enduites pour ne pas se coller les unes aux autres ? Le pire étant qu'en mettant de l'huile dans l'eau de cuisson, celle-ci se répand sur les pâtes lors de l'égouttage et empêche ensuite la sauce d'y adhérer ! À éviter donc, les Italiens seront les premiers à vous le confirmer.

AU MUSÉE

Musée Christian Dior, Granville, France

À son ouverture, en 1997, le musée Christian Dior est le premier musée à être consacré à un couturier et parfumeur. Implanté dans la maison d'enfance du créateur, une superbe villa datant du XIXe siècle tournée face à la mer, le musée présente l'œuvre du couturier par le biais d'expositions thématiques. Les archives de la maison réunissent une centaine de modèles, ainsi que de nombreux croquis, et certains des objets personnels de M. Dior, comme ses ciseaux ou son agenda. Au fil des pièces, on découvre le parcours de cet enfant rêveur et discret devenu l'un des plus grands artistes français du XXe siècle.

Soleil
lever : **7 h 49**
coucher : **18 h 19**

Dimanche **20 février**

Saint Aimée – On fête aussi les Amy, Aimie, Amata

La véritable amitié ne gèle pas en hiver. Proverbe allemand

Charade classique

Les jours de **mon premier** sont comptés,
Mon deuxième sert à décorer les pâtisseries,
Mon troisième est une particule noble,
Mon quatrième permet de traverser un cours d'eau,
Mon cinquième peut l'être par le bout du nez,
Mon tout est une spécialité française.

ANDOUILLE DE GUÉMÉNÉ (AN – DOUILLE – DE – GUÉ – MÉNÉ)

Citations

L'expression « donner la vie », c'est joli ! Sauf que c'est ta vie que tu donnes, et qu'une fois que tu l'as donnée, tu n'en as plus de vie, justement.

Nadia Roz

Anecdotes de sportifs

Créer n'est pas gagner

En 1892, la première finale du championnat de France de rugby oppose le Racing Club de France au Stade français Paris rugby. Pour l'occasion, sur recommandation du baron Pierre de Coubertin, un trophée est commandé auprès de Charles Brennus. Son nom reste associé au bouclier qui récompense depuis plus d'un siècle le champion national. Ironie du destin, Charles Brennus ne l'a jamais remporté. Président et fondateur du SCUF (Sporting Club Universitaire de France), il a vu son club disputer deux finales, toutes deux perdues.

VERMOT'ROSCOPE

POISSONS (20 février – 20 mars)

Caractère

Insaisissable, intuitif, sensible, romantique, doux, tendre, adaptable, réservé, calme, compréhensif, sociable, opportuniste, inspiré, créatif, mystérieux, gourmand, ambivalent, multifacettes, hypersensible, irrationnel, hypocondriaque, angoissé, fuyant.

Le message des astres

Jupiter et Neptune seront à vos côtés une grande partie de l'année. Elles s'allieront même en mai pour vous booster et vous ouvrir d'autres horizons, voire d'autres manières de penser ou d'envisager la vie. Certains d'entre vous se redécouvriront et seront plus en phase avec eux-mêmes, ou choisiront d'aller vers une nouvelle forme de spiritualité.

Vie relationnelle

De mai à novembre, vous serez extraverti et curieux des autres. Ce sera une période parfaite pour élargir votre cercle amical et faire de nouvelles rencontres. Les invitations, les sorties et les rendez-vous viendront pimenter votre quotidien.

Amour

En couple, beaucoup d'entre vous réussiront à donner un nouvel élan à leur vie conjugale. L'épanouissement sera au rendez-vous notamment entre le printemps et l'automne.
Célibataire, vous vous sentirez mieux dans votre tête et dans votre corps. En pleine possession de vos moyens, vous rayonnerez. Avril, juillet, août et septembre seront particulièrement propices aux rencontres amoureuses.

Famille

Belle année qui vous permettra de vous rapprocher de celles et ceux que vous aimez. Plus à l'écoute de vos proches, vos échanges seront harmonieux et constructifs. D'août à fin octobre, vous aurez l'occasion d'améliorer certaines relations familiales.

Quotidien et vitalité

2022 devrait être une belle année propice à votre épanouissement. Ainsi, vous aurez l'occasion de vous ouvrir à d'autres loisirs, d'autres occupations et à diverses activités qui vous apporteront énormément. Durant toute l'année, vous déborderez d'énergie. Certains pourraient même venir à bout d'une problématique qui les bloquait depuis 2020.

Budget

Les astres vous feront une fleur et vous verrez votre situation financière s'améliorer. La fin de l'hiver et le printemps seront d'ailleurs propices à une augmentation de vos revenus. Vivant mieux, vous vous accorderez plus de petits plaisirs.

Comment optimiser votre année ?

Restez ouvert à votre environnement. Soyez réceptif et observateur. Ouvrez-vous à un nouveau champ de conscience. Pensez à vous octroyer des moments rien qu'à vous.

Février, de tous les mois, le plus court, le plus mâtois.

CHANSONS VOYAGEUSES

So Frenchy

Au début, c'est une chanson américaine, *It Hurts to Say Goodbye*, interprétée par Margaret Whiting, pas vraiment connue de ce côté-ci de l'Atlantique. Puis Serge Gainsbourg l'adapte en français avec *Comment te dire adieu* et la chanson devient l'un des plus grands succès de Françoise Hardy. Il faut croire que cette version est fameuse car, quand Jimmy Somerville décide à son tour de reprendre le titre en 1996, l'Anglais opte pour la version française. Depuis, *Comment te dire adieu* se chante avec un délicieux accent londonien.

PROBLÈMES DE MATHS DU CERTIFICAT D'ÉTUDES

Pendant 1h, on a relevé le nombre de véhicules qui se sont arrêtés à une station-service pour acheter du carburant et on les a classés comme suit : voitures, camionettes, camions et motos. Il y a 14 distributeurs de carburant, dont 4 qui n'acceptent que les paiements par carte bancaire. En moyenne, durant l'heure, les pompes à paiement automatique ont servi 1 client toutes les 4 minutes, les autres pompes 1 client toutes les 5 minutes.

Calculer le nombre total de véhicules s'étant arrêtés à la station-service pendant l'heure d'observation.

Sachant que 90 % des véhicules sont des voitures, que 50 % du reste des véhicules sont des camionettes, puis ⅔ du reste des véhicules, des camions : combien de motos sont-elles passées à la station-service ?

Solution : Nombre total de véhicules : ((60 ÷ 4) × 4) + ((60 ÷ 5) × 10) = 180
Nombre de voitures : (180 ÷ 100) × 90 = 162
Nombre de camionettes : (180 − 162) ÷ 2 = 9
Nombre de camions : (9 ÷ 3) × 2 = 6
Nombre de motos : 9 − 6 = 3

LE MASQUE CHINOIS, UNE VIEILLE TRADITION

La gaffe de l'Histoire

Chasse d'eau

Pris d'une envie pressante, un adolescent de Portland urina en 2014 à travers une clôture. Il ne savait pas que, de l'autre côté, se trouvait un réservoir de 143 millions de litres d'eau potable destinés à la consommation. Alertées par les caméras de surveillance, les autorités sanitaires zélées ont préféré par prudence vidanger intégralement le réservoir à la suite de ce petit pipi.

Rivières de France

La Meuse, indolente mais coléreuse

Comme la Seine, la Meuse naît sur le plateau de Langres. Filant vers le Nord, elle parcourt 950 km avant d'atteindre la frontière belge. Avec une dénivellation de 400 m, c'est un fleuve calme, mais susceptible de grands débordements. Son cours traverse la campagne du département auquel elle a donné son nom. Elle entre dans les Ardennes, où sa vallée se rétrécit entre les falaises de schiste, boisées ou nues, aux reflets particuliers décrits par Victor Hugo et George Sand. La Meuse porte le poids de l'Histoire, traverse Verdun, à jamais marquée par la guerre de 1914-18 et devenue capitale de la Paix, puis Sedan, théâtre de batailles féroces tant en 1870 qu'en 1940. Elle entre ensuite en Belgique, passe par Namur et Liège puis, en Hollande, elle mêle ses eaux à celles du Rhin dans un large delta.

Mardi **22 février**

Sainte Isabelle – On fête aussi les Belle, Bella, Iseult, Papias

À la Sainte-Isabelle, belle et re-belle !

HEUREUX MARIAGES

Après leur mariage célébré le 2 mai 1855 à Bordeaux, Benoît Cizeau et Léontine Fourchette se sont mis en ménage. Tous les deux étaient des enfants abandonnés, leur patronyme leur avait été attribué arbitrairement à la naissance et ils avaient fait du chemin pour se croiser puisque l'un était né à Saint-Gaudens (Haute-Garonne) et l'autre à Brive (Corrèze).

Bon anniversaire

Gérard Daille

La vie tout entière de l'amiral Gérard Daille est marquée par les guerres. Il est né le 6 février 1916, au beau milieu de la Première Guerre mondiale et son père est mort en Serbie le jour de l'armistice du 11 novembre 1918. Gérard Daille entre à l'école navale à 19 ans, rallie, en juillet 1940, les Forces navales françaises libres et prend part aux combats contre les forces du régime de Vichy. Capitaine de corvette après la Seconde Guerre mondiale, de frégate en 1951 puis de vaisseau en 1958, c'est un proche du général de Gaulle qui l'affecte à l'état-major de sa présidence de la République. Il poursuit son ascension jusqu'au rang d'amiral et quitte le service actif en 1977 pour rejoindre l'Académie de marine. Il s'éteint à 84 ans, le jour de son anniversaire, le 6 février 2000.

Étymologie

Braille

Le nom *braille,* qui désigne le système d'écriture spécialement conçu pour que les aveugles puissent lire, non avec leurs yeux mais avec leurs doigts, vient tout simplement du nom de son inventeur, Louis Braille (1809-1852). Aveugle depuis l'âge de trois ans à la suite d'un accident, il élabore cette méthode en 1821 et l'expose (en braille, bien sûr) dans un livre édité en 1829. Un siècle plus tard, le nom *braille* apparaît pour remplacer l'expression *écriture Braille.*

De PORT en port MARITIME

Portus, emporia, castra...

Entre le VIIe et le VIIIe siècle, les rives des mers nordiques – la Manche, la Baltique et la mer du Nord – s'étaient peu à peu parées de ports qu'on désignait paradoxalement par des termes différents, selon qu'on mettait en avant leur fonction économique, politique ou religieuse. Néanmoins, tous partageaient certaines caractéristiques : être habités en permanence ou organisés suivant les activités qui s'y déployaient, à savoir le commerce et le travail artisanal. Ainsi, on parlait d'*emporia* ou *wic* (du latin *vicus,* « quartier ») pour un comptoir commercial, tandis que *portus* qualifiait un site disposant de toute l'infrastructure connue pour accueillir des navires (quais, entrepôts…), avec aussi le droit d'entrée et de sortie (Kaupang, en Norvège). On optait pour *mercatum* en cas d'installations temporaires, et pour *civitas* si le site était important (Rouen, Londres). Doté de fortifications, il devenait un *castrum* (Dorestad).

Mercredi **23 février**

Saint Lazare – On fête aussi les Milburge

Soleil
lever : **7 h 43**
coucher : **18 h 24**

À la Saint-Lazare… bizarre, vous avez dit bizarre ?

Meilleurs Ouvriers de France

Groupe III, travaux marbriers

L'un des lauréats dans ce corps de métier est le tailleur de pierre marbrier Bruno Saint-Yves, 30 ans, qui travaille actuellement à la marbrerie Trévix à Ouges. En septembre 2009, il était déjà lauréat du concours « Un des Meilleurs Apprentis de France ». Pour le concours « Meilleur Ouvrier », il a séduit le jury en réalisant une cheminée de style Louis XVI en marbre de Carrare et marbre rouge du Languedoc – qui trône désormais au milieu de l'atelier de son auteur.

Cultures fruitières

La poire Le Lectier

Les pépinières d'Orléans ont une grande tradition et c'est là qu'Auguste Lesueur, en 1888, a obtenu une poire issue des variétés williams et bergamote fortunée. Il l'a dédiée à Pierre Le Lectier, procureur de Louis XIII et passionné d'arbres fruitiers. Il s'agit d'un gros fruit jaune d'or, bosselé et ventru, à chair blanche, juteuse et fondante, un peu acidulée. On le cueille en octobre, pour le consommer au cœur de l'hiver. Au début du XXe siècle, cette variété a été exportée au Japon, dans la ville de Niigata, sur la côte occidentale. Cultivée avec le plus grand soin, elle s'est forgé peu à peu une renommée de fruit haut de gamme et attire aujourd'hui l'attention des horticulteurs… orléanais ! Cette poire fragile n'est pas commercialisée, mais la variété est proposée par quelques pépiniéristes.

CHIFFRES ET EXPRESSIONS

Deux verres, ça va… trois verres, bonjour les dégâts !

C'est un cas rarissime : le slogan d'une campagne de la sécurité routière est devenu une véritable expression populaire, encore connue de tout le monde près de 40 ans plus tard ! Pourtant, le taux d'alcool maximum dans le sang toléré au volant en 2022 est très en dessous de celui de 1984 et, aujourd'hui, même deux verres suffisent pour être contrôlé positif sur la route.

CHIFFRES ET SYMBOLIQUES

BIBLIOTHÈQUES MYTHIQUES

BIBLIOTHÈQUE DE L'ABBAYE DE SAINT-GALL (SUISSE)

Fondée au VIIe siècle par les moines bénédictins, c'est l'une des plus anciennes bibliothèques du globe. Inscrite au patrimoine mondial de l'UNESCO, comme l'ensemble de l'abbaye, elle fut pendant tout le Moyen Âge un pôle culturel prépondérant et l'un des plus importants scriptoriums (centre d'écriture, de copistes et d'enluminure). Entièrement reconstruite au milieu du XVIIIe siècle, la bibliothèque offre

BIBLIOTHÈQUES MYTHIQUES

un incroyable mélange de styles architecturaux, baroque et rococo. Outre ses plafonds richement décorés de fresques et ses boiseries finement travaillées, elle possède plus de 160 000 ouvrages originaux, dont 2 100 parchemins copiés au Moyen Âge, plus de 1 500 incunables et de nombreux codex rarissimes parmi lesquels le *Codex Abrogans*, le plus ancien livre écrit en langue allemande. Au-dessus de la porte d'entrée, l'inscription en grec ancien « *Psyches iatreion* » (« pharmacie de l'âme ») accueille les visiteurs et les chercheurs du monde entier.

Soleil
lever : **7 h 42**
coucher : **18 h 26**

Jeudi **24 février**

Saint Modeste – On fête aussi les Modesty

Ne brûlez pas les parfums dans les fleurs. Paul Éluard

MOTS FLÉCHÉS

Est de la fête / Suivant
Instruisent / Donnai l'heure
Pas contre / Député
Instrument à cordes / Vert
Bivalve
Filin
Sans qu'on le sache (À l'_)
S'est tenu les côtes / Vidées
Physicien français / Cédé
Marque le but (_ de) / File
Assortis-sons / Crachant
Fait sensation / Enveloppé
Grand échassier / Rassis
Hommes de conseil
Temps libre / On peut l'avoir haut
Fils de Virginie
Nuance très faible
Doubler
Garde au chaud / Exprimera
Foyer de danse
Poisson-perroquet / Avec ça
Noircit / Obscurcir
Fait le trottoir / Augmentât
Il faut éviter de le froisser / Donne des démangeaisons
Temps long / De la même mère
Engrais / Signal du départ
Ne manque pas de goût
Songe / Donne des bleus
Ville des gantois / Île de France
Entame de salami / Malade
Succède à l'Ecu / Progressa
Pied de vigne / Boisson orientale
Identifier
Pour indiquer un futur proche / Zone oculaire
Ensemble de moitiés / Rend compte d'une situation
Peuvent sauter malgré eux / Permet de s'enrichir
Précis
Lieu d'accueil / Mit en poudre
Enseigne / Se jette au cou
Champ en culture / On le met au doigt
Précède un nom / Notaire
Trou normand / On l'ôte du pied
Photo
Emploie
Blessants

SOLUTION PAGE 76

Vendredi **25 février**

Saint Roméo – On fête aussi les Gerland, Walburge

Soleil
lever : **7 h 40**
coucher : **18 h 27**

À la Saint-Roméo, Juliette, si tu cherches ton héros…

Brèves régions

Gard/La chèvre d'or

En 1874, un instituteur de la commune de Barre-des-Cévennes rapportait cette anecdote de la vie du village : « Il y a cent ans environ, un prétendu sorcier s'appuyant sur une antique tradition, aux termes de laquelle une chèvre d'or aurait été cachée par les druides aux environs de Barre, persuada un nommé Figuière que cette statue d'or se trouvait enfouie sous les fondations de sa maison. Sur ces indications, l'homme fit creuser un puits qui atteignit jusqu'à 25 m de profondeur. Mais la corde qui servait à sortir les déblais se rompit et Figuière, qui se trouvait au fond du puits, fut tué. » Des découvertes récentes dans les archives locales ont prouvé que l'histoire était vraiment survenue en 1762 mais la chèvre d'or n'a toujours pas été retrouvée pour autant.

FOOTBALL

MAUDITS MONTANTS

Impossible d'oublier la finale de Glasgow lorsque l'on est supporter de Saint-Étienne. En finale de la Coupe des clubs champions européens 1976, les Verts trouvent la transversale à deux reprises en première période et finissent par s'incliner face au Bayern. C'est ainsi que naît la légende des poteaux carrés, l'histoire voulant que si ces derniers avaient été cylindriques, comme aujourd'hui, les frappes seraient devenues buts. Si le match avait eu lieu un siècle plus tôt, les Verts auraient gagné. Il faut en effet remonter à 1892 et la finale de FA Cup anglaise opposant West Bromwich Albion et Aston Villa pour que la barre transversale soit utilisée pour la première fois en football. Les filets font aussi leur apparition ; avant cela, il suffisait de tirer entre les deux poteaux. Comme au rugby.

Rétro Vermot

En cour d'assises
Le président : Ainsi, vous reconnaissez avoir ouvert les lettres de votre patron et vous être approprié plusieurs mandats et chèques ?
– Veuillez ne point oublier, Monsieur le président, que j'avais été spécialement engagé pour dépouiller la correspondance.

Animaux transparents

Les salpes

Animaux ou plantes ? Quand on les voit entre deux eaux, comme en 2020 près des côtes bretonnes, on s'interroge. Ce sont des chaînes, ou des guirlandes, longues de quelques dizaines de centimètres, plus parfois, qui ondulent gracieusement ; elles captent le soleil, ce qui leur donne un aspect féerique. Elles sont formées de « maillons » disposés en quinconces, c'est-à-dire d'individus qui finissent par se séparer pour terminer leur vie en solitaire. Chaque salpe est parfaitement translucide, avec seulement un point opaque, comme un œil, le nucléus, qui regroupe les viscères. Ces filtreurs d'eau de mer se nourrissent de phytoplancton et ne représentent aucun danger pour l'homme. Mais parfois, quand ils s'échouent par millions sur les plages, ils ressemblent à une pollution massive de plastique.

Soleil
lever : **7 h 38**
coucher : **18 h 29**

Samedi **26 février**

Saint Nestor – On fête aussi les Koulfinid, Porphyre

Tout seul on va plus vite, ensemble on va plus loin. Proverbe africain

Mots oubliés

Béjaune

Contraction de « bec-jaune », le béjaune est un oisillon encore porteur d'une membrane jaune à la base du bec. Par extension, on qualifie de béjaune les jeunes gens inexpérimentés ; leur « montrer leur béjaune », c'est pointer leur ignorance, comme l'a écrit Molière dans *L'Amour médecin* : « C'est fort bien fait d'apprendre à vivre aux gens et de leur montrer leur béjaune. »

Injures animalières

Gros cochon !

Dans le domaine des injures animalières, le cochon remporte la palme haut la patte ! Sale comme un cochon, tête de cochon, saoul comme un cochon, caractère de cochon… Toutefois, c'est surtout pour sa lubricité supposée qu'il sert de référence universelle : vieux cochon, bande de cochons, gros cochon, ou gros porc – actualisé par #balance ton porc… Pourquoi ce bel animal, dont la sexualité n'est pas plus débridée qu'une autre, est-il ainsi taxé d'obscénité ? Peut-être parce qu'avec sa peau rose et ses belles rondeurs, il ressemble étrangement… aux humains.

Ha! Ha! Ha! La bonne blague Ha! Ha! Ha! Ha! Ha!

Dans une petite ville, une jeune femme à la recherche d'une relation amoureuse publie l'annonce suivante dans le journal local :
« Je recherche un homme qui ne me battra pas, ne me quittera pas et me comblera pleinement. Je suis jolie et très sensuelle. »
Deux jours plus tard, on frappe bruyamment à sa porte. Elle ouvre et découvre un homme sans bras ni jambes. Celui-ci arbore un large sourire et lui dit :
« Madame, je n'ai pas de bras, aussi je ne pourrais pas vous battre même si j'essayais. Je n'ai pas de jambes donc je ne peux pas m'enfuir. Je pense que je suis votre homme. »
Surprise, elle lui répond :
« C'est très bien, mais… qu'est-ce qui me dit que vous pourrez me combler pleinement ? »
Le sourire du gars s'élargit encore :
« Vous avez entendu les coups sur la porte, n'est-ce pas ? »

Question d'hygiène

Les débuts de la santé bucco-dentaire

Si le mot « dentifrice » nous vient des Romains, l'origine du soin remonte au moins à l'Égypte antique. Ainsi, le papyrus Ebers, daté du XVIe siècle avant J.-C., mentionne déjà une recette de dentifrice à base de miel, de poudre de fruit de palmier et de terre de plomb verte. Une autre préparation associait du sel et du poivre à des feuilles de menthe et des fleurs d'iris séchées : au contact de la salive, cet étrange mélange produisait une pâte similaire à celle de nos dentifrices actuels. La brosse à dents, quant à elle, n'était qu'un simple bâton effiloché à une extrémité. Côté odeurs, les Égyptiens d'autrefois se rafraîchissaient l'haleine en suçant des bonbons au miel parfumés d'encens ou de cannelle… sans se douter qu'ils favorisaient ainsi les problèmes dentaires.

Dimanche **27 février**

Sainte Honorine – On fête aussi les Léandre, Galmien

Soleil
lever : **7 h 36**
coucher : **18 h 31**

À la Sainte-Honorine, me roule pas dans la farine !

RÉBUS
Chansons françaises

Lundi, mardi, mercredi, jeudi, vendredi, samedi
Lundi, mardi, mercredi, jeudi, vendredi, samedi
Lundi, mardi, mercredi, jeudi, vendredi, samedi
Lundi, mardi, mercredi, jeudi, vendredi, samedi
Lundi, mardi, mercredi, jeudi, vendredi, samedi

Pas de dimanches (Renaud)

Musique

Enfant providentiel

Et si *Marcia Baïla*, le premier tube des Rita Mitsouko, était né grâce à la présence bruyante et indisciplinée d'un enfant à l'arrière d'une voiture ? Catherine Ringer, la chanteuse du duo, raconte qu'un enfant répétant à tue-tête « talon... talon », une onomatopée toute personnelle de deux syllabes, leur a donné l'idée de la rythmique de guitare à l'origine du morceau. Résultat : la chanson s'est vendue à 800 000 exemplaires.

Solution mots fléchés [p. 73]

	N		E		P		R		P		O	
P	O	S	T	E	R	I	E	U	R		R	I
	C	O	U	L	O	M	B		A	F	I	N
V	E	N	D	U		M	A	R	I	O	N	S
	U	N	E		J	A	B	I	R	U		U
G	R	A	S	S	E	T		P	E	R	M	
		I		E	T	U	V	E		B	A	L
P	P		S	C	A	R	E		S	U	I	E
	H	I	E		N	E	R	F		E	R	E
F	O	R	C	A	T		B	O	U	S	E	
	T	A	R	O		G	E	N	T		S	A
C	O		E	U	R	O		C	E	P		I
	C	E	T	T	E		S	E	R	A	I	L
F	O	V	E	A		B	A	R	I	L	S	
	P	O	R	T	A	I	L		N	E	O	N
P	I	L	A		G	L	E	B	E		L	E
	E	U		D	I	A	P	O		M	E	T
D	R	A	G	E	O	N		A	M	E	R	S

Bibliophiles

Le Répondeur, Luc Blanvillain (Quidam éditeur, 2020)

Baptiste est intermittent du spectacle. Imitateur, il peine à gagner sa vie. Aussi, il accepte une mission improbable : répondre au téléphone à la place d'un écrivain célèbre qui croule sous les sollicitations d'éditeurs, de journalistes et de sa famille. Le second est donc amené à confier sa vie dans les moindres détails au premier qui finit par se prendre au jeu et à s'investir au point de prendre en main la vie de son employeur... Un roman qui se lit d'une traite, drôle et surprenant comme un vaudeville. Une comédie de mœurs élégante, cocasse, subtile et mordante comme un film avec Pierre Richard.

ÇA C'EST FAITS DIVERS
ÇA CHANGE DES POULES

Pendant plusieurs mois, les habitants du quartier Zehlendorf, dans le sud de Berlin, ont été confrontés à un cleptomane étrange. Chaque jour ou presque, quelqu'un constatait la disparition de l'une de ses chaussures qu'il aérait sur le bord d'une fenêtre ou sur son palier. Un jeune Berlinois installa alors une webcam braquée sur une vieille paire de baskets déposée sur sa terrasse et, au bout de quelques jours, les images de sa vidéosurveillance révélèrent l'identité du chapardeur : un renard ! Pour surprendre ce délinquant en flagrant délit puis découvrir où il dissimulait son butin, le jeune homme l'a guetté plusieurs nuits à proximité de sa seconde basket. Le goupil a fini par revenir et le détective amateur l'a discrètement suivi jusqu'à sa cachette, un petit fossé dans un terrain vague. Le renard semblait apprécier particulièrement les chaussures ouvertes type crocs, sandales ou tongs. Grâce aux photos postées sur les réseaux sociaux, plusieurs de ses victimes ont pu identifier puis récupérer leurs chaussures.

Lundi **28 février**

Saint Romain – On fête aussi les Antonia, Rivelen, Romane

Si les hommes font moins de conneries en février, c'est parce qu'ils n'ont que vingt-huit jours.
Pierre Desproges

BIÈRES

Aiguille Blanche de la Brasserie des Cimes

Cette bière blanche de haute fermentation, non filtrée, à la fois ronde et épicée, est brassée à Aix-les-Bains à partir de malts d'orge et de blé. En bouche, on relève la présence marquée des céréales avec une fine amertume à laquelle se mêlent des arômes de coriandre, d'écorce d'orange amère et de levure. Son goût original la démarque des bières blanches souvent trop lisses. Médaille d'or au Concours général agricole de Paris 2020, elle se savoure entre 4 et 6 °C dans un verre révélateur d'arômes. Alcool : 5 % vol.

RECETTE

Madeleines au citron

Pour une quinzaine de madeleines (selon la taille)

15 min de préparation — 15 min de cuisson

- 3 œufs
- 100 g de sucre en poudre
- 100 g de beurre
- 5 cl de lait
- 150 g de farine
- 1 sachet de levure chimique
- 1 citron bio (le jus et le zeste)

Préchauffez le four à 240 °C (th. 8). Blanchissez les œufs avec le sucre. Faites fondre le beurre puis versez-le sur les œufs avec le lait. Incorporez la farine tamisée avec la levure chimique.

Zestez et pressez le citron, puis ajoutez le zeste et le jus dans la pâte.

Beurrez les moules à madeleines et versez la préparation aux deux-tiers des moules seulement car les madeleines vont gonfler. Enfournez puis, au bout de 5 min, baissez la température à 200 °C (th. 6-7) et laissez encore cuire 10 min en surveillant bien la cuisson.

Démoulez à la sortie du four.

Variante : Eau de fleur d'oranger, extrait d'amande amère ou bien encore des grains de vanille à faire infuser dans le lait, vous pouvez tout tenter pour parfumer ces petites douceurs.

Ça s'est passé

Le 28 février 1922

L'Égypte devient indépendante. Le protectorat britannique s'achève. Le sultan Fouad Ier devient le roi du nouvel État.

Pierres précieuses

Les joyaux de la Couronne de France (II) : le « beau Sancy »

Une partie de ces gemmes disparut, donnés en gage pendant les guerres de Religion. Et ce furent le « bon roi Henri » et Marie de Médicis, son épouse, qui s'évertuèrent à les récupérer et à enrichir la collection, notamment en objets d'art. Marie de Médicis fit ainsi l'acquisition du « beau Sancy », un diamant blanc aux origines controversées (Constantinople ou Inde). Elle le porta fixé sur sa couronne le jour de son sacre, le 13 mai 1610. Hélas, le lendemain de la cérémonie, Henri IV fut assassiné par Ravaillac. Vingt ans plus tard, la reine se sépara du « beau Sancy » pour payer ses créanciers.

Soleil
lever : **7 h 32**
coucher : **18 h 34**

En mars, les giboulées sont la bataille que le printemps finit toujours par gagner.

0,90 €

Le journal de mars

Mars est le 3e mois de l'année dans le calendrier julien

1er mars 2022

Journée internationale des droits des femmes.

Rappel : le 8 mars n'est pas la Journée de la femme mais la Journée internationale des droits des femmes. Il ne s'agit donc pas de faire bénéficier le sexe féminin de promotions en tout genre, mais de célébrer les luttes féministes menées partout dans le monde.

La fête des Grand- Mères

La fête des Grands-Mères a lieu le premier dimanche du mois. Inventée en 1987 par la célèbre marque de café Grand'Mère, l'initiative a réussi à se faire une place dans le calendrier et chez les fleuristes (une sorte de seconde fête des Mères, celle-ci représentant déjà près de 30 % de leur chiffre d'affaires annuel).

Deux façons de fêter le printemps dans le monde

Le printemps, réveil de la flore et de la faune, est synonyme de commencement. Le nom vient d'ailleurs du latin *primus tempus*, soit premier temps.

En Iran, le printemps marque le début d'une nouvelle année et se fête avec Norouz (« nouveau jour » en persan). Une table est recouverte des *Haft Sîn* (les sept S), sept choses dont le nom commence par la lettre s. Les sept S trouveraient leur origine au temps du mazdéisme, religion de la Perse antique, et de ses sept divinités (les Sept Sepahntas). On disait les sept S, par respect, pour ne pas les nommer. Le sens spirituel des objets est important, que ce soit pour les herbes (*sabzeh*) symbole de renaissance, l'ail (*sîr*) symbole de bonne santé ou les pièces de monnaie (*sekkeh*) pour la prospérité.

En Inde, la grande fête hindouiste Holi, surnommée la fête des Couleurs, se déroule au moment de l'équinoxe de printemps pour célébrer son retour et la fertilité. Les participants s'aspergent de couleurs, chacune ayant une signification particulière : le rouge désigne la joie et l'amour, le vert l'harmonie, l'orange l'optimisme, le bleu la vitalité.

Soleil
lever : **7 h 30**
coucher : **18 h 35**

Mercredi **2 mars**

Saint Charles le Bon – On fête aussi les Charlton, Chad, Jaoua

Braises de nuits deviennent cendres du matin. Proverbe arabe

DICO NOTTO

DVD, n. m.
Chaînon manquant entre la cassette VHS et le Blu-ray.

DYNAMITE, n. f.
Dispositif explosif dont la longueur de la mèche permet de se mettre à l'abri avant que… BOUM !

ÉDITEUR, n. m.
Auteur sans talent, si ce n'est celui de gagner sa vie grâce à celui des autres.

ÉLECTEUR, n. m.
Votant qui s'engage selon les promesses auxquelles il veut bien croire.

EMBOUTEILLER, v.
Perdre son temps coincé dans les bouchons au lieu de mettre son vin en bouteille.

RECETTE

Curry de crevettes

Pour 4 à 6 pers. 15 min de préparation 30 min de cuisson environ

- 1 kg de grosses crevettes cuites
- 500 g de riz basmati
- 2 tomates
- 400 g d'oignons
- 1 gousse d'ail
- 2 cuil. à soupe de curry
- 2 cuil. à soupe de noix de coco râpée
- 40 cl de crème liquide
- Quelques brins de coriandre
- 2 cuil. à soupe d'huile d'olive

Plongez les tomates dans l'eau bouillante 30 s, laissez tiédir puis ôtez la peau. Coupez-les grossièrement. Pelez et émincez les oignons. Pelez et hachez l'ail.
Faites chauffer l'huile d'olive dans une sauteuse et faites revenir les tomates, les oignons et l'ail, sans colorer, jusqu'à ce qu'il n'y ait plus d'eau.
Assaisonnez de curry et de noix de coco, versez la crème et mélangez. Ajoutez les crevettes et remuez encore. Couvrez et laisser mijoter 15 min sur feu doux.
Pendant ce temps, faites cuire le riz comme indiqué sur le paquet.
Lavez et ciselez les feuilles de coriandre.
Décorez le plat de coriandre et servez avec le riz.

Utilisez des tomates pelées en boîte pour gagner du temps. Troquez la crème et la noix de coco râpée contre du lait de coco.

CHIFFRES ET EXPRESSIONS

Dire à quelqu'un ses quatre vérités

Au XVIe siècle, lorsque cette expression apparaît, il n'est question que de « dire ses vérités » à quelqu'un. Puis, au fil du temps, pour insister sur le fait de « tout » dire dans ce moment de sincérité, le chiffre quatre a été introduit en référence aux quatre points cardinaux. Quand on dit à quelqu'un « ses quatre vérités », toute direction est explorée..

CHIFFRES ET SYMBOLIQUES

Faits divers biologiques

Blob l'étrange

Physarum polycephalum est une enigme scientifique. Plus communément appelé blob, cet organisme unicellulaire n'est ni une plante, ni un champignon, ni un animal, mais un peu des trois à la fois. Peuplant les sous-bois, il se nourrit de champignons et possède des caractéristiques uniques : insensible au feu et à l'eau, capable d'être découpé en morceaux, créant des clones indépendants, il peut aussi fusionner avec un autre blob et se régénérer. Plus fascinant, bien que ne possédant pas de cerveau, il est capable de sortir d'un labyrinthe, d'anticiper et même d'apprendre et de transmettre sa connaissance à un autre blob. Sachez enfin qu'en laboratoire, il raffole des flocons d'avoine.

Jeudi **3 mars**

Saint Guénolé – On fête aussi les Cunégonde, Gerwin, Dylan

Soleil
lever : **7 h 28**
coucher : **18 h 37**

Pluie de mars grandit l'herbette, mais souvent annonce disette.

Dis papy c'est quoi ?? et ça c'est quoi ?

C'est quoi un arc-en-ciel ?

Un arc-en-ciel est un photométéore, un phénomène optique se produisant dans le ciel. Il rend visible le spectre continu de la lumière du soleil par réfraction des rayons solaires au travers des gouttelettes d'eau en suspension dans l'air, après un épisode pluvieux. Quant à trouver de l'or à ses pieds, qui pourrait nous interdire de rêver face à cette merveille de la nature !

mamie c'est quoi ??

Alain Juppé

Brèves régions

Corse du Sud/ La manufacture Alban

Henri Alban était propriétaire d'une « usine de transformation du tabac en feuille » à Bône en Algérie lorsqu'il décida d'ouvrir en 1920 une succursale à Ajaccio. Cette usine, dont la façade principale est décorée de mosaïques polychromes, constitue aujourd'hui pour la Corse un exemple rare d'architecture d'inspiration néomauresque.

Le bon mot de l'histoire

« Ralliez-vous à mon panache blanc, vous le trouverez au chemin de la victoire et de l'honneur. »

Henri IV, 14 mars 1590

L'écrivain et homme de guerre Aggripa d'Aubigné, qui fut le compagnon d'armes d'Henri IV, affirme que ces paroles célèbres ont été prononcées par le roi juste avant la bataille d'Ivry, près d'Évreux. La légitimité d'Henri de Navarre, huguenot, est alors rejetée par les ligueurs, déjà responsables de l'assassinat d'Henri III. Le trône de France se joue pour partie à Ivry. Afin d'encourager ses hommes, et pour être repérable dans la mêlée, le nouveau roi fixe un panache de plumes blanches sur son cimier. Malgré sa supériorité numérique, la Ligue est défaite, mais le courage d'Henri IV pendant les combats va alimenter la légende du panache blanc…

PRÉNOMS FÉMININS COMMENÇANT PAR LA LETTRE F

A	U	H	F	H	E	T	T	E	D	A	F	D	F
E	M	F	T	L	F	F	F	C	P	O	A	E	R
Y	H	I	R	F	F	F	O	I	K	S	N	O	E
A	A	E	T	A	M	R	L	R	O	I	N	U	I
F	E	F	U	A	N	E	A	O	T	N	Y	F	D
A	A	A	F	Q	F	C	N	N	R	U	A	Y	A
N	B	B	F	E	I	E	E	N	C	I	N	E	F
T	N	I	R	L	R	R	L	S	E	O	N	E	R
I	O	O	H	I	O	N	E	I	C	I	I	E	E
N	H	L	T	L	C	R	A	D	C	A	B	S	F
E	C	A	F	S	I	I	E	N	E	I	F	A	E
J	N	F	R	I	E	D	A	N	D	R	T	S	F
I	A	R	A	A	I	R	S	L	C	E	F	E	C
X	F	F	F	S	F	L	E	U	R	E	F	E	A

Solution page 87

Cherchez les prénoms féminins commençant par la lettre F dans la grille ci-dessus, vous les trouverez soit horizontalement, soit verticalement ou encore diagonalement, de droite à gauche, de gauche à droite, de haut en bas ou de bas en haut, dans les deux sens de lecture.

FABIENNE
FABIOLA
FABRICIA
FADETTE
FAITH
FANCHON
FANNY
FANTINE
FARAH
FATIMA
FAYE
FÉLICITÉ
FELIPA
FERNANDE
FIONA
FLEUR
FLORENCE
FLORENTINE
FLORINE
FORTUNÉE
FRANCESCA
FRANCINE
FRANÇOISE
FRÉDÉRIQUE
FRIEDA

Vendredi **4 mars**

Saint Casimir – On fête aussi les Casimo, Roméo

De Saint-Casimir, la douceur fait peur aus jardiniers et aux laboureurs.

Citations

Vous qui voulez apprendre à dessiner, écrivez-nous et vous saurez dessiner car si vous savez écrire vous savez dessiner. Et si vous ne savez pas écrire, faites-nous un dessin !

Les Frères ennemis

Citations

La culture, c'est comme la confiture, moins on en a, plus on l'étale.

Françoise Sagan

Musique

Matez le Matisse !

Mélissa est le titre d'un des tubes les plus connus de Julien Clerc. Ce que l'on sait moins, c'est qu'une phrase du texte est née d'un sondage express et totalement improvisé : David McNeil, le parolier, voulait faire référence à Matisse avec le vers « Imitez Matisse ». Grosse discussion, le public comprendra-t-il la référence ? Connaît-il au moins le peintre ? La question fut donc posée sur un bout de trottoir et, devant la perplexité des personnes interrogées, le vers s'est transformé en « Matez ma métisse ».

SUDOKU

3			4		7			
	8		2				5	
						9		3
5							9	8
4		8			9	6	7	5
	3							
	6						3	
			6	4		1		
		1	5			8		9

Solution page 88

De PORT en port MARITIME

Marseille, porte de l'Orient, pour le meilleur et pour le pire

En 1669, Colbert, ministre de Louis XIV, fit de Marseille un port franc, lui accordant le monopole des échanges maritimes avec le Levant. À l'exception des produits coloniaux et de ceux destinés au commerce à l'intérieur du pays, les droits de douane furent supprimés, ce qui apporta à la ville une grande prospérité. D'ailleurs, par la suite, la Cité phocéenne n'hésita pas à mettre en avant en toute occasion sa vocation maritime et à souligner sa position géographique très favorable en mer Méditerranée, ainsi que la sûreté de son port placé à bonne distance à la fois de l'Espagne et de l'Italie. Pourtant, ce qui, au fil des siècles, fit sa fortune se trouva également à l'origine d'une série de malheurs, puisqu'elle connut plusieurs épidémies de peste venues d'Orient. Comme celle de 1720, qui fit perdre à Marseille la moitié de sa population.

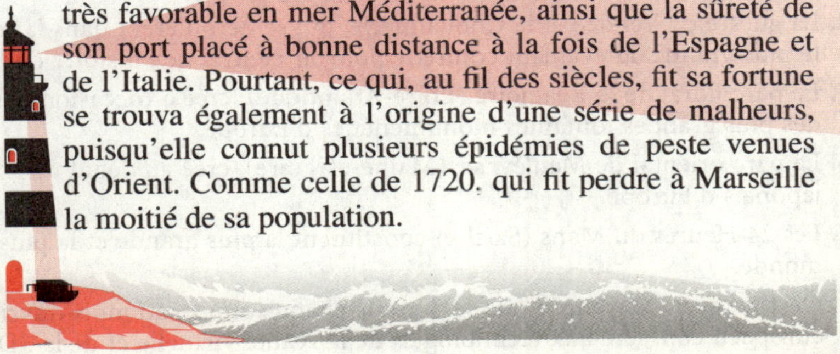

Sainte Olive – On fête aussi les Virgile, Gérasime

Soleil
lever : **7 h 24**
coucher : **18 h 40**

À la Sainte-Olive, je pose mes valises !

Ça s'est passé

Le 5 mars 1922

Naissance de Pier Paolo Pasolini, écrivain poète, réalisateur de nombreux films. Son œuvre a suscité de nombreuses polémiques. Il meurt tué à coups de bâton sur une plage en 1975.

Dis papy c'est quoi ?? et ça c'est quoi ?

Comment on fait les bébés ?

La réponse passe en général par le potager : les garçons naissent dans les choux, les filles dans les fleurs, et la graine du papa grandit dans le ventre de la maman… C'est très chou mais un peu flou. La graine se nomme spermatozoïde, et chaque mois un ovule est prêt pour l'accueillir dans le ventre de la maman. Et comment papa plante-t-il la graine ? Avec un outil appelé… zizi !

mamie c'est quoi ??

LE CHIFFRE 111

C'est le nombre de fromages différents qui composent le plus grand plateau de fromages du monde. Ce record, dûment enregistré par le *Guinness World Records*, a été décroché par Les Grands Buffets, restaurant de Narbonne déjà connu pour sa formule à volonté gargantuesque. Imaginé avec le concours de Xavier Thuret, meilleur ouvrier de France fromager, ce plateau est installé sur une véritable scène de 30 m. Pendant le service, une équipe de quatre personnes s'occupe de l'approvisionner. « La France est le pays du fromage, a expliqué dans *La Dépêche* Louis Privat, le fondateur des Grands Buffets en recevant l'onction du Guinness World Records. À travers cette distinction, nous voulions que le titre du plus grand plateau de fromages soit décerné à notre pays et ne puisse pas être revendiqué par un restaurant de Las Vegas, de Dubaï ou de Shanghai ! »

INTERDICTION PROGRESSIVE DES OBJETS EN PLASTIQUE À USAGE UNIQUE

Brèves régions

Pays-de-la-Loire/Top 8

1. C'est dans la région de Saumur (Maine-et-Loire) que se trouve la plus grande concentration de troglodytes d'Europe.
2. L'abbaye de Fontevraud (Maine-et-Loire) fut longtemps la plus grande cité monastique d'Europe.
3. La cathédrale de Luçon (Vendée) est la plus petite de France.
4. La guerre de Vendée et la Chouannerie, qui se déroulèrent dans la région à la Révolution, constituent le plus grand soulèvement contre le pouvoir central de l'histoire de France.
5. Le parc floral de la Beaujoire (Loire-Atlantique), créé à l'occasion des Floralies de 1971, renferme une des plus grandes fontaines monumentales d'Europe.
6. Le parc oriental de Maulévrier (Maine-et-Loire), créé au début du XXe siècle, est le plus grand jardin japonais d'Europe.
7. Les 24 Heures du Mans (Sarthe) constituent la plus grande et la plus prestigieuse course automobile au monde.
8. C'est à Laval (Mayenne) que se déroule chaque année, au mois d'avril, le plus grand rendez-vous européen consacré aux technologies de la réalité virtuelle et de la 3D.

Dimanche 6 mars

Soleil
lever : **7 h 22**
coucher : **18 h 42**

Sainte Colette – On fête aussi les Fridolin, Chrodegang

À la Sainte-Colette, c'que t'es chouette, ma gigolette…

Meilleurs Ouvriers de France

Groupe IV, teinture

Le lauréat Pierre Rawiak, 55 ans, s'est distingué au concours «Meilleur Ouvrier» dans la catégorie teinture. Il travaille actuellement à la prestigieuse Manufacture royale Bonvallet d'Amiens. Mécanicien nautique d'origine polonaise, il est arrivé en France en 1988 où il a débuté une carrière dans la teinturerie. En 2007, il a obtenu un BTS Productique textile, option ennoblissement, puis il a été recruté en 2011 chez Hermès. Le jury du concours a été très impressionné par son tissu de trois couleurs réalisé dans un seul et même bain. Comme par magie !

SI C'EST POUR LE BIEN DE TOUS !

Généalogie

Femme de caractère

Marie Éléonore est née en 1799. Jeune fille indépendante, à 21 ans à peine, elle s'est déjà enfuie de chez ses parents, des bourgeois d'un petit chef-lieu de canton rural, et vit seule dans une commune proche. C'est là qu'elle rencontre Philippe, un officier de santé de 17 ans son aîné, et c'est le coup de foudre. Mais Alexis, le père de Marie Éléonore, n'est pas d'accord pour qu'elle épouse cet homme. Alors, le 4 mars 1821, Marie Éléonore convoque un notaire chez ses parents qui constate que «quoi que sa fortune, son éducation et sa naissance soient en rapport avec la sienne» ces derniers s'obstinent à refuser leur consentement. Après trois sommations respectueuses vaines, les tourtereaux se marient néanmoins au début de l'été 1821, pour le plus grand bonheur… de leurs descendants.

LE GOUVERNEMENT AIDE LE SECTEUR DU BÂTIMENT

Mots oubliés

Brétauder

Issu de l'ancien français «bestondre», le verbe «brétauder» évoque une coupe de cheveux trop courte, de taille inégale, ou tout simplement ratée. Madame de Sévigné l'emploie avec ironie dans une de ses lettres où elle évoque Madame de Nevers «coiffée à faire rire. Le Martin l'avait brétaudée par plaisir». Par extension, brétauder est également devenu synonyme de châtrer.

GLACIERS DU MONDE

Glacier Russell, Groenland

L'inlandsis, l'immense calotte glaciaire qui recouvre presque toute l'île du Groenland, est composé de plusieurs glaciers. Situé sur la frange sud-ouest du Groenland, le glacier Russell appartient à la municipalité de Qeqqata. Particulièrement actif et mobile, il avance de 25 m tous les ans. Une route, au départ du village de Kangerlussuaq, permet de s'en approcher, ce qui le rend relativement facile d'accès – la plupart des glaciers du Groenland sont visibles à plusieurs jours de marche ou seulement en hélicoptère. Le paysage se compose de roches noir et ocre bordées de murs de glace grise. D'octobre à avril, les visiteurs chanceux peuvent admirer ce panorama à la lumière des fameuses aurores boréales. Malheureusement, ce site est menacé par la fonte généralisée des glaces ; chaque année, Russell perd 1 m d'épaisseur.

Lundi 7 mars

Sainte Félicité – On fête aussi les Perpétue, Nathan, Ethan

Soleil
lever : **7 h 20**
coucher : **18 h 43**

Au pays des boiteux, chacun pense qu'il marche droit. Proverbe allemand

Vélo

Chahut

En 1904, la 2e édition du Tour de France est restée dans l'histoire en sacrant Henri Cornet, 19 ans et 352 jours, aujourd'hui encore le plus jeune lauréat de la compétition, mais aussi parce qu'il a bien failli être le dernier. Agressions sur les coureurs, clous jetés sur la route et tricheries diverses – certains coureurs profitant des étapes de nuit pour terminer en voiture ou en train – ont conduit les organisateurs à vouloir mettre fin à cette jeune épreuve. Avant, heureusement, de changer d'avis.

Bibliophiles

Le Maître et Marguerite, Mikhaïl Boulgakov (Inculte, 2020, nouvelle édition)

Le mythe de Faust a été souvent revisité : deux pièces de Goethe, un opéra de Gounod, un film de René Clair (La Beauté du diable)… Ici, le diable surgit dans le Moscou des années 1930, dont il détraque peu à peu le fonctionnement absurde, comme le cerveau des personnages, transformant la société stalinienne en asile fantastique. Ce chef-d'œuvre traduit du russe, palpitant, poétique, drôle et, pour tout dire, complètement fou, a subi les foudres de la censure et a dû circuler d'abord clandestinement avant de parvenir à l'Ouest et de devenir un phare de la littérature mondiale.

La gaffe de l'Histoire

Chômeurs au travail

Lors de la crise de 2020, les Français au chômage technique furent invités à « rejoindre la grande armée de l'agriculture ». La porte-parole du gouvernement, Sibeth Ndiaye, crut bon de préciser qu'il ne s'agissait pas de demander « à un enseignant qui ne travaille pas de traverser toute la France pour aller récolter des fraises ». Sauf que ceux-ci enseignaient alors à distance et n'étaient pas en chômage technique.

L'ACTU

À la recherche du câlin parfait

Une équipe de chercheurs de l'université Toho, à Tokyo, a cherché à mesurer l'effet des câlins prodigués à des enfants en bas âge. Ils ont comparé l'intensité des gestes tendres donnés à des nourrissons par leurs parents et par des inconnues. Sans surprise, les bébés étaient plus apaisés quand le câlin venait d'un proche plutôt que d'une femme inconnue. Puis, en étudiant le rythme cardiaque de l'enfant et la pression dans les mains des adultes via des capteurs, les chercheurs ont découvert que les nourrissons étaient plus apaisés par un câlin à pression moyenne qu'en étant simplement tenus et que cet effet apaisant diminuait lors d'un câlin « serré ». Bonne nouvelle : câliner un bébé fait aussi du bien à l'adulte. Parents et inconnues ont en effet montré des signes d'apaisement lors des tests. Selon les chercheurs, cette étude, qui est la première à avoir pu mesurer l'effet physiologique d'un câlin avec un bébé, pourrait aider à faire progresser les connaissances sur le lien parent-enfant et même servir dans la détection précoce de l'autisme.

Mardi 8 mars

Soleil
lever : **7 h 18**
coucher : **18 h 45**

Saint Jean de Dieu – On fête aussi les Humphrey, Ryan, Pons

Ma revendication en tant que femme, c'est que ma différence soit prise en compte. Simone Veil

Ça s'est passé

En 1922

Édith Piaf révèle son talent de chanteuse. Elle a 7 ans. Avec son père qui l'a reprise, elle commence une vie d'artiste dans de petits cirques puis dans la rue.

La bonne blague

Ha! Ha! Ha! Ha! Ha! Ha! Ha! Ha! Ha!

À Bruxelles, un petit garçon rentre de l'école en pleurant :
« Qu'est-ce qui t'arrive ? lui demande son père.
– J'ai eu un zéro en histoire-géo, Papa…
– Et pourquoi ?
– Je ne savais pas où est située la Roumanie.
– Quoi ? Espèce de crétin ! Ce n'est pourtant pas compliqué ! Passe-moi une carte de la Belgique, je vais te montrer. »
Le gamin s'exécute et le père cherche, cherche… Au bout d'un moment, il lance :
« Celle-là n'est pas assez précise ! Passe-moi une carte de la région de Bruxelles. »
Le fiston va en prendre une dans un tiroir et le père cherche de plus belle :
« Nom de dieu, s'exclame le père au bout d'un moment. Ce n'est quand même pas si loin la Roumanie, j'ai un collègue roumain qui vient travailler tous les jours à vélo ! »

BIÈRES

Blonde bio Grand Cru Mascaret de la brasserie Mascaret

C'est une bière jaune doré, légèrement trouble, à la mousse blanche, douce à la dégustation, avec une première bouche miellée sans être lourde, suivie d'une belle longueur fraîche sur le houblon aromatique, sans amertume. Sa levure originale apporte un côté fleuri. International bitterness unit : 25. L'appellation Grand Cru est partie d'une rigolade et d'un pari avec un ami vigneron. Médaille d'or au Concours général agricole de Paris 2020, et Best Pale Belgian Style Ale aux World Beer Awards 2019. À boire entre 4 et 5 °C dans un verre révélateur d'arômes. Alcool : 5,2 % vol.

PROBLÈMES DE MATHS DU CERTIFICAT D'ÉTUDES

Par économie, un homme avare recycle les fins de bougies pour en façonner d'autres. Sachant que 4/5e de chaque bougie sont consumés, qu'il consomme une bougie par jour et qu'il a 125 bougies, **combien de jours dureront ses bougies ?**

Solution : On divise 125 par 5 pour obtenir le nombre de bougies façonnées avec les bouts de bougies non consumés : 125 ÷ 5 = 25 bougies.
De même les bouts non consumés de ces 25 bougies donneront : 25 ÷ 5 = 5 bougies.
Avec les bouts non consumés de ces 5 bougies, il obtiendra une autre bougie. Donc ces bougies dureront pour 125 + 25 + 5 + 1 = 156 jours, après quoi il faudra qu'il se réapprovisionne.

ALMANACH VERMOT 2022

Mercredi **9 mars**

Sainte Françoise – On fête aussi les Fanny, Alvère, Botolf

Soleil
lever : **7 h 16**
coucher : **18 h 46**

À la Sainte-Françoise, il me reste l'ardoise !

MOTS FLÉCHÉS

Dans cette grille, les mots déclencheurs sont des anagrammes.

ADOUBE-RAIS / BASERAIS		OLIVE / SAVON		SUE / USA		INGE-RANT		PUERIL		ELIE / ETNA		ENTRERAI
								AILE / BOISA				
OUVEA / ALOIS						IGNARE / CORNES						
					EBRUTER / RISEES							
NOE / USE				RONEOS / MENTES							LEFAUX	
			ETEINS							IF / PIA		
DB		CRIMES							LEA / POE			
		PEON	MINE / DISSE					PEON / DORIEN				
DE SOIE / NIPPES							PATIO / RAIL					
						ILE / AL				SA		RIME
RUNE	SET / RARES				NIL / RESIDAT				EXA / AISES			
				ADRETS / SU							NOS	
SET		RUS / SERTI				RAS / ILE				IS / RISSE		
			ILS / GELA				ROSES					
GRE / DECRIRA				LAI / IR				NIA / LEA				CET
							RIA / SI				EU	
SEES	LIEE					LI			UTE			
				ISSE					CES			

SOLUTION PAGE 90

Jeudi **10 mars**

Saint Vivien – On fête aussi les Simplice

Les bons crus font les bonnes cuites. Pierre Dac

Brèves régions

Alpes-de-Haute-Provence/ Le pays de la lavande

La ville de Digne-les-Bains a été déclarée capitale de la lavande. Il était donc logique qu'un musée soit consacré à cette plante odorante et à son exploitation. Lors de la visite, on comprend que les fleurs ne sont pas uniquement mises dans des petits sacs de toile pour parfumer les armoires, mais qu'il faut un long travail de distillation pour en extraire l'essence afin de l'utiliser dans diverses préparations. L'évolution botanique de la lavande et du lavandin comme le contexte historique et social de leur culture sont abordés dans ce parcours muséal qui commence en Mésopotamie.

Solution mots mêlés [p. 80]

A	U	H	F	H	E	T	T	E	D	A	F	D	F
E	M	F	T	L	F	F	F	C	P	O	A	E	R
Y	H	I	R	F	F	F	O	I	K	S	N	O	E
A	A	E	T	A	M	R	L	R	O	I	N	U	I
F	E	F	U	A	N	E	A	O	T	N	Y	F	D
A	A	A	F	Q	F	C	N	N	R	U	A	Y	A
N	B	B	F	E	I	E	E	N	C	I	N	E	F
T	N	I	R	L	R	R	L	S	E	O	N	E	R
I	O	O	H	I	O	N	E	I	C	I	I	E	E
N	H	L	T	L	C	R	A	D	C	A	B	S	F
E	C	A	F	S	I	I	E	N	E	I	F	A	E
J	N	F	R	I	E	D	A	N	D	R	T	S	F
I	A	R	A	A	I	R	S	L	C	E	F	E	C
X	F	F	F	S	F	L	E	U	R	E	F	E	A

L'ACTU

Chocolatine, le retour

Après la bière au cassoulet, voici la bière à la chocolatine. Une cervoise imaginée et mise en bouteille à Toulouse évidemment ! Alors qu'elle produisait déjà une bière à la violette et une autre salée au concombre, la brasserie artisanale Ice Breaker a décidé de se lancer dans l'élaboration de cette bière brune pâtissière. Mais pas n'importe comment. Engagés dans la lutte contre le gaspillage, ses fondateurs ont récupéré des chocolatines invendues dans les boulangeries du coin pour produire leur élixir. Après plusieurs mois de tests, ils sont parvenus à composer un sirop de chocolatine qu'ils ajoutent pendant le brassage. Pour l'heure, produite à quelques centaines de bouteilles de 33 cl, cette bière à 7°, au petit goût de chocolat au lait, a été baptisée Nothing Toulouse. Les amateurs de nouveauté qui ne vivent pas dans la ville rose peuvent la commander en ligne pour la tester. Les Parisiens lui trouveront peut-être un petit goût de pain au chocolat. N'oubliez pas : l'abus d'alcool est dangereux pour la santé, avec ou sans chocolatine dedans !

Les idées reçues

J'AI PEUR DES INSECTES, SURTOUT DES ARAIGNÉES

Qu'on se le dise une fois pour toutes : un insecte est un invertébré à six pattes, subissant des métamorphoses et souvent ailé. Impossible alors de commettre l'erreur de classer dans cette catégorie l'araignée et tant d'autres animaux de nos maisons et jardins. Elle a huit pattes, comme la tique sa cousine, car toutes deux sont des arachnides. Le mille-pattes n'est pas non plus un insecte mais un myriapode et le cloporte n'est rien moins qu'un crustacé. Terrestre, certes, mais crustacé quand même... Alors, aucune raison de ne pas aimer les insectes, d'autant que la plupart que nous observons dans nos jardins sont les papillons, les coccinelles, les abeilles, les cigales et les libellules.

Vendredi **11 mars**

Sainte Rosine – On fête aussi les Théodora, Sophrone

Soleil
lever : **7 h 12**
coucher : **18 h 49**

Pour la Sainte-Rosine, des roses sans épines.

Solution [p. 81]

3	9	6	4	5	7	2	8	1
1	8	4	2	9	3	7	5	6
2	7	5	8	1	6	9	4	3
5	2	7	1	6	4	3	9	8
4	1	8	3	2	9	6	7	5
6	3	9	7	8	5	4	1	2
8	6	2	9	7	1	5	3	4
9	5	3	6	4	8	1	2	7
7	4	1	5	3	2	8	6	9

CHANSONS VOYAGEUSES

1327
Tel est le nombre de reprises de *Comme d'habitude* créée par Claude François et interprétée depuis par plus de 500 artistes. Le succès devient mondial quand la chanson est adaptée en anglais par Paul Anka sous le titre *My way*. On se souvient de la version crooner de Frank Sinatra, de la version punk des Sex Pistols ou de celle, lyrique, de Luciano Pavarotti. Quant à David Bowie, il utilisa la grille harmonique de *Comme d'habitude* pour composer *Life on Mars*, son premier tube.

La dictée du mois — La famille Legoff

Avant d'être ce qu'ils sont aujourd'hui, seigneurs du Coât-d'Or, en pays Breton, les Legoff n'étaient qu'une pauvre famille de pêcheurs, vivants tant bien que mal sur la cote. En 1806, cette famille se composait du père Legoff, de sa femme et de quatres fils, taillés en Hercule, bien portants et toujours affamés, sauf le plus jeune, qui tenait de sa mère une nature délicate, que raillaient volontier les trois autres. […] Dans les premiers jours de 1806, l'aîné partit pour l'armée. Ce fut au moi de novembre de la même année que parut le décret du blokus continental, daté du camps impérial de Berlin. À cette nouvelle, le chef de la famille s'émut. Il était brave, entreprenant, familier avec la mer.

Jules SANDEAU, Vaillance, *1843.*

breton, vivant, côte, quatre, volontiers, mois, blocus, camp

Bon anniversaire

Philippe Roques

On l'appelait parfois Pierre Raoult ou simplement Rondeau, Raymond ou encore Augur. Sa véritable identité était Philippes Roques. S'il avait autant de pseudonymes, c'était en raison de son intense activité au sein des réseaux de la Résistance, comme le réseau Amelin, ou de son implication dans le Bureau central de renseignements et d'action (BCRA). Ce service de renseignement et d'actions clandestines de la France libre avait été créé en juillet 1940 par le général de Gaulle. Pris par l'ennemi, Philippe Roques a été exécuté le 7 février 1943, jour de son 33e anniversaire, à Perpignan où il fut enterré. Le 6 novembre 1944, sa dépouille a été amenée dans la sépulture de famille, dans le Cantal, puis transférée au cimetière du Père-Lachaise où il repose aujourd'hui.

Samedi 12 mars

Sainte Justine – On fête aussi les Maximilien, Finette, Pol

L'hiver en mars nous suit à la trace.

Ça s'est passé

Le 12 mars 1922

Naissance de Jean-Louis Lebris de Kérouac, dit Jack Kerouac, auteur américain du roman *Sur la route*, considéré comme le manifeste de la Beat generation. Il a aussi inspiré le genre cinématographique du road movie.

Rivières de France

L'Adour, du Tourmalet à Bayonne

Sur le pic du Midi de Bigorre, plusieurs ruisseaux mêlent leurs eaux et forment l'Adour au col du Tourmalet. Le fleuve arrose Tarbes puis décrit un large arc de cercle autour du vignoble de Madiran. Quittant la Gascogne, il rejoint les Landes, baigne Dax puis file vers l'océan qu'il atteint après un cours de 310 km. En 1578, alors que l'Adour se perdait dans un delta ensablé entre Cap Breton et Le Boucau, des travaux dirigèrent son cours vers Bayonne où fut créé le port. Le fleuve se prolonge désormais loin dans l'océan par des gorges profondes creusées il y a quelques millions d'années. La Nive le rejoint dans l'estuaire, alors que des gaves pyrénéens mêlent leurs eaux à celles du fleuve. Ils abritent une belle population de saumons, au point que Navarrenx, sur le gave d'Oloron, s'est proclamée capitale du saumon.

Brèves régions

Maine-et-Loire/ La croix d'Anjou

En 1241, un croisé avait rapporté de Terre sainte un fragment de la vraie croix du Christ qu'il confia à des moines du Baugeois. Deux siècles plus tard, lorsque le célèbre roi René épousa Isabelle de Lorraine, il emporta avec lui la précieuse relique qui devint un symbole de sa victoire sur Charles le Téméraire en 1477. La « croix angevine » fut alors brodée sur ses étendards et devint progressivement la « croix de Lorraine ». Lorsque le général de Gaulle en fit son emblème beaucoup plus tard, savait-il qu'elle venait d'Anjou ?

Rétro Vermot

La maman : Veux-tu bien dormir au lieu de sauter comme cela sur ton lit.
Le petit-ange : Puisque on a inventé les réveille-matin, pourquoi est-ce qu'on n'invente pas les endort-soir ?

Pierres précieuses

Les joyaux de la Couronne de France (III) : les « mazarins »

Collectionneur passionné d'objets d'art et de gemmes, le cardinal Mazarin possédait une collection de 18 diamants, qu'il légua à Louis XIV tout en exigeant que ceux-ci ne soient pas modifiés et qu'ils portent son nom – en toute modestie. L'éminence grise d'Anne d'Autriche avait en effet racheté – grâce au duc d'Épernon – les plus beaux diamants de la couronne d'Angleterre, l'ennemie héréditaire, auxquels il avait ajouté d'autres pierres précieuses taillées aux Pays-Bas. Hélas, ces pièces uniques furent par la suite volées, puis retrouvées mais vendues… Trois seulement subsistent encore.

Soleil et pluie, beau temps de mars.

Solution mots fléchés [p. 86]

	A		V		U		A		P		L	
A	B	A	I	S	S	E	R		L	A	I	E
	A	V	O	U	E		G	A	I	N	E	R
I	S	O	L	A		R	E	B	U	T	E	R
	O	N	E		S	O	N	O	R	E		A
E	U	S		S	E	N	T	I	E		F	I
	R		M	E	R	C	I	S		A	L	E
B	D			M	I	E	N		O	P	E	N
	I	O	D	E	E	S		O	P	I	A	T
P	E	P	I	N	S		L	I	E		U	
		E	S	T		L	I	N		A	X	E
U	R	N	E		T	A	R	D	E	S		M
	A		S	U	R		A	R	S		S	I
E	S	T		S	I	L		E	S	S	O	R
	E	R	G		A	I	L		A	I	N	
C	R	I	A	R	D	E		A	I	R		E
		E	L	I	E		I	L		E	U	T
E	S	S	E		S	I	S	E		S	E	C

Cultures fruitières

La cerise de Montmorency

Comme le chantait Gustave Nadaud vers 1850, « Allons à Montmorency, cueillir des cerises ». Du type griotte (un fruit juteux et acidulé), cette cerise est mentionnée dès le XVIIe siècle, mais c'est au XVIIIe et surtout au XIXe siècle qu'elle a été largement cultivée dans la vallée de Montmorency – où ne coule d'ailleurs nulle rivière – et vendue sur les marchés parisiens. On l'appelle aussi courte queue ou gaudriole (peut-être parce qu'elle incite aux cabrioles estivales). Aujourd'hui, les cerisiers se font rares dans cette jolie banlieue, et la cerise de Montmorency, qui arrive en général à la mi-juin, a perdu du terrain. Toutefois, avec sa chair rosée et juteuse, délicieuse en bouche, elle reste une star côté cuisine pour la tarte, la bombe glacée, le canard braisé ou le gibier.

Dico NOTTO

DOUANIER, n. m.
Fonctionnaire administratif dans l'obligation professionnelle de contredire.

DOMPTEUR, n. m.
Enseignant chevronné qui ne craint pas d'entrer dans une salle de classe.

DRAGON, n. m.
1. Monstre légendaire et cracheur de feu.
2. *Fam.* Ma belle-mère.

DUNE, n. f.
Colline de sable à deux faces.
Il y a toujours dune part et d'autre.

DUPLEX, n. m.
Très très grand studio avec une très très grande mezzanine.

LE CHIFFRE 27

C'est le nombre d'années pendant lesquelles un embryon est resté congelé avant d'être implanté dans l'utérus d'une femme au Tennessee (États-Unis) pour donner naissance à une petite fille prénommée Moly. C'est en octobre 1992 qu'un couple avait fait don de plusieurs embryons qui avaient été congelés. Près de trois décennies plus tard, l'un d'eux a donc été utilisé pour cette procréation médicalement assistée. La maman de la petite Molly était âgée d'à peine deux ans quand l'embryon de son futur enfant a été prélevé et congelé ! D'après *The New York Times* qui a révélé l'histoire de cette singulière maternité, il s'agit d'un record. Aucun article scientifique ne mentionne une congélation de plus de 20 ans. Et, comble de l'insolite, le précédent record appartenait déjà à la même famille ! D'après le directeur de l'établissement où ont été réalisées les deux implantations, ces naissances démontrent que la conservation par congélation n'est pas limitée dans le temps et qu'elle n'altère pas la qualité des œufs. Bientôt, certains enfants pourraient donc être conçus avant leurs parents…

Lundi **14 mars**

Sainte Mathilde – On fête aussi les Mahaut, Maud, Matilda

Soleil et pluie, beau temps de mars.

L'humanité en chiffres

2 500

C'est le nombre de fois qu'a été attribué le prénom Mohamed en 2019 en France. Pour les hommes, Mohamed serait le prénom le plus porté au monde si on prend en compte toutes ses déclinaisons comme Mohammed, Muhammad, Mehmet, Mamadou. Devant Marie et ses déclinaisons comme Maria, Mariah, Mary, Myriam, Mariam. Les deux prénoms les plus donnés ont donc une origine religieuse.

"Si on n'a qu'un marteau comme outil, tous les problèmes finissent par ressembler à des clous."

Bill Gates

Charade à tiroirs

On fait taire **mon premier**,

Mon deuxième agit d'une manière suspecte,

Mon troisième tend son chapeau,

Mon quatrième ne sait pas où aller,

Mon tout est un navigateur français disparu en mer d'Irlande.

ÉRIC TABARLY. Mon premier est ÉRIC car "Éric, assez !" (Éricacée). Mon second est TA car Taraude (Ta rôde). Mon troisième est BAR car Bar quête (Barquette). Mon quatrième est LI car Li erre (Lierre)

Paradis d'artistes

St Ives, en Cornouailles

Les fameuses œuvres monumentales de Barbara Hepworth, figure majeure de la sculpture moderne britannique, n'auraient jamais vu le jour sans sa retraite artistique de St Ives, en Cornouailles. Niché à l'extrémité sud-ouest de l'Angleterre, ce petit port de pêche, devenu une station balnéaire à la mode au début du xxe siècle – Virginia Woolf y passait ses vacances lorsqu'elle était enfant et la cité lui inspirera son roman *La Promenade au phare* –, a considérablement stimulé la créativité de la sculptrice. C'est face à l'océan que sont nées ses pièces les plus emblématiques, dont les célèbres Pelagos. Définitivement installée sur place à partir de 1939 aux côtés de son mari et de ses enfants, Barbara Hepworth y a vécu jusqu'à sa mort en 1975, rassemblant autour d'elle et de son paradis l'une des plus florissantes communautés d'artistes abstraits d'Angleterre.

Bibliophiles

***Petite Sœur, mon amour*, Joyce Carol Oates (Philippe Rey, 2010)**

La petite Bliss est une enfant star adulée par le public et ses parents. Son histoire est racontée par son frère, dix ans après ce soir de Noël 1996 au cours duquel elle fut assassinée. Dans ce récit glaçant, chacun peut être le meurtrier. Joyce Carol Oates y passe au scanner la société américaine (ambition, névroses, influence étouffante de la collectivité, vampirisme des médias, incompétence de la police). Elle nous livre le contre-roman du rêve américain en transposant un fait divers effroyable qui reste à ce jour irrésolu, dans lequel elle nous guide cependant peu à peu vers le coupable.

Mardi **15 mars**

Sainte Louise – On fête aussi les Lucrèce, Clément-Marie

Soleil
lever : **7 h 03**
coucher : **18 h 56**

À la Sainte-Louise, t'es pas dans la mouise !

Brèves régions

Allier/Paléopolis

Unique en son genre, Paléopolis est un parc d'attraction situé à Gannat qui propose à la fois des animations virtuelles et des activités concrètes. Les 5-15 ans peuvent, par exemple, participer à des ateliers de fouilles qui les placent dans la situation du paléontologue. Minutieusement, patiemment, ils brossent la terre pour en faire surgir des trésors enfouis : fossiles, ossements, végétaux… D'autres préfèrent les expositions ou le film 3D pour participer à ce voyage dans le temps et l'espace à la rencontre d'espèces disparues.

HEUREUX MARIAGES

Dans le milieu agricole, personne ne fut surpris qu'Abel Davoine épouse Jeanne Leblay le 25 novembre 1630 à Néant (Morbihan), pas plus que lorsque André Sarrazin s'est marié avec Ginette Seigle en ce XVIIe siècle. En revanche, tout le monde s'étonna lorsque Jacques Malherbe décida de convoler avec Marie Foin au beau milieu du XVIIIe siècle dans la région de Craon (Mayenne).

Pour les intimes…

« Il est vrai que, depuis le soir où j'ai fait votre connaissance, j'ai eu le sentiment d'avoir un trou dans la poitrine par quoi les choses entraient et sortaient en me pompant sans retenue… » Le 1er novembre 1912, trois mois à peine après leur rencontre, Kafka écrit cette étrange confidence à Felice Bauer. Il se fiancera à deux reprises avec elle, sans jamais l'épouser. Entre 1912 à 1917, ils échangeront plus de 500 lettres. Leur relation restera d'ailleurs plus épistolaire que charnelle : en tout, ils ne se rencontreront en effet qu'une dizaine de fois. En décembre 1917, alors qu'il commence à ressentir les premiers symptômes de la tuberculose, Kafka décide de rompre. Felice quitte Prague et n'y reviendra jamais.

Animaux transparents

Les grenouilles à demi transparentes

Elles sont généralement vert citron ou vert fluo sur le dos, mais quand on les retourne, on a la surprise de constater que la peau du ventre et des pattes est translucide, parfois même parfaitement transparente chez certaines espèces, ce qui permet de distinguer le cœur, le foie et les autres organes internes. Ces batraciens arboricoles, de quelques centimètres de long, vivent le plus souvent en Amérique du Sud et appartiennent à la famille *Centrolenidae* qui compte des dizaines d'espèces. Pourquoi les grenouilles de verre montrent-elles ainsi les détails de leur anatomie ? Cette impudeur poussée à l'extrême leur permet-elle d'être moins facilement repérées par les prédateurs ? Pour l'instant, malgré bien des études, les chercheurs continuent de se gratter la tête et le mystère reste entier.

Mercredi 16 mars

Soleil
lever : **7 h 01**
coucher : **18 h 57**

Sainte Bénédicte – On fête aussi les Eusébie, Héribert

Dans la forêt, quand les branches se querellent, les racines s'embrassent. Proverbe africain

Étymologie

Carpaccio

En 1950, le restaurateur vénitien Giuseppe Cipriani (1900-1980) eut l'idée de servir à son amie la comtesse Amalia Nani Mocenigo, à qui les médecins avaient interdit de manger de la viande cuite, une assiette de très fines tranches de bœuf cru décorées à la Kandinsky. La couleur de la viande crue lui rappelant les rouges intenses des tableaux de Vittore Carpaccio (1465-1525), auquel Venise venait de consacrer une exposition, il baptisa son nouveau plat tout simplement… *carpaccio*.

DEVINETTES

Dans une fosse ou sur le toit, les prisonniers je reçois, de plaisir on se pâme, grâce à mon âme.

Que suis-je ?

Réponse : LE VIOLON

Anecdotes de sportifs

Vite fait bien fait

Le 4 juin 1988, Steffi Graf, 19 ans, affronte Natalia Zvereva en finale de Roland-Garros. Les spectateurs ne le savent pas encore mais cette finale va rester dans l'histoire. En à peine plus d'une demi-heure (32 minutes), la n° 1 mondiale s'impose sur le score de 6-0/6-0, ne laissant que 13 points à son adversaire. Graf aura une pensée pour le public, s'excusant que « ce soit allé si vite », et terminera l'année sur une performance unique : victoire lors des quatre tournois majeurs et médaille d'or olympique.

LES ÉMISSIONS RADIO MYTHIQUES

Salut les copains

Le 19 octobre 1959, Europe 1 lançait la première émission radio de variétés, pop et rock.

Créée par Daniel Filipacchi et Frank Ténot, Salut les copains *(SLC) a marqué toute une génération et révélé au grand public la plupart des stars de la vague « yéyé ». À son apogée, 40 % des 12-25 ans déclaraient l'écouter régulièrement ! Son succès était tel qu'un mensuel éponyme fut lancé à son tour. Rapidement, la revue dépassa le million d'exemplaires vendus chaque mois. Le 22 juin 1963, toute la France a pu prendre la mesure de l'incroyable influence de SLC sur la jeunesse du pays : annoncé depuis quelques jours par l'émission, un concert gratuit place de la Nation à Paris, avec notamment Les Chats sauvages, Richard Anthony, Sylvie Vartan et Johnny Hallyday, va réunir plus de 150 000 jeunes ! Du jamais vu. À partir de 1966, alors que le courant yéyé s'épuise,* Salut les copains *subit la concurrence d'autres émissions comme* Minimax *sur RTL. Quand, en 1969, Johnny Hallyday déclare qu'elle est « devenue complètement ringarde », elle disparaît des ondes en quelques semaines.*

GLAMOUR ET TRAVAIL ENCORE POSSIBLE ?

AU MUSÉE

Graceland, Memphis, États-Unis

Visiter Graceland, c'est découvrir une partie de l'intimité du « King ». Elvis Presley avait acheté cette immense demeure en 1957, après son premier disque d'or *Heartbreak Hotel*. De style néocolonial, cette maison, située à Memphis (Tennessee), ville fétiche du chanteur, fut sa résidence principale jusqu'à sa mort en 1977. Au fil des pièces, on s'imprègne de l'incroyable parcours de ce jeune garçon d'origine très modeste devenu une icône américaine, symbole du rock'n'roll et de la libération sexuelle. On y voit ses costumes de scènes, ainsi que ses multiples récompenses et ses nombreuses voitures. La tombe d'Elvis est également visible dans le jardin et accueille chaque année, le 16 août, le pèlerinage des fans.

Jeudi **17 mars**

Saint Patrice – On fête aussi les Patrick, Pascalin

Soleil
lever : **6 h 59**
coucher : **18 h 59**

À la Saint-Patrick, une truite dans la marmite vaut mieux que deux saumons dans la rivière.
Proverbe irlandais

La gaffe de l'Histoire
Couché coulé

Des promoteurs immobiliers de Shanghai, en Chine, avaient décidé de creuser un parking souterrain sous un immeuble de 13 étages. Erreur du bureau d'étude ou négligence, ils ne prirent pas en compte la rivière toute proche qui rendait le sol marécageux. À peine les premiers travaux commencés, le bâtiment a basculé et s'est couché sur le flanc, provoquant la mort d'un ouvrier.

Citations

La différence qu'il y a entre les oiseaux et les hommes politiques, c'est que, de temps en temps, les oiseaux s'arrêtent de voler !

Coluche

L'ACTU
Fâcheux homonyme

Conseiller d'Ompundja, dans le nord de la Namibie, Uunona Adolf Hitler a recueilli plus de 85 % des suffrages lors du dernier scrutin régional. Tout juste élu, M. Uunona – comme il préfère être appelé– a tenu à préciser que ses idées n'avaient aucun rapport avec celles du dictateur nazi. Interrogé par le magazine allemand *Bild* sur son patronyme plutôt nauséabond, cet ancien militant anti-apartheid a raconté que son père le lui avait attribué sans vraiment savoir qui était Adolf Hitler. La Namibie étant une ancienne colonie allemande, il n'est effectivement pas rare que des lieux et des familles portent des noms germaniques. « C'était un nom parfaitement normal pour moi quand j'étais enfant », a-t-il expliqué. Ce n'est qu'une fois devenu adulte qu'il a pris conscience du problème. Déjà élu conseiller municipal il y a une vingtaine d'années, M. Uunona n'utilise plus son nom complet en public depuis longtemps. Toutefois, par respect pour son père, il n'a pas souhaité le modifier sur ses documents d'identité…

Brèves régions
Haute-Saône/ La fontaine de Belverne

Devenu un monument incontournable de Franche-Comté, la grande fontaine couverte de Belverne est ornée d'arcades de style mauresque en grès rose. On la doit à l'architecte Jean-Baptiste Colard qui l'a conçue en 1868 dans une vocation de lavoir au centre du village. Délaissée au XXe siècle, les habitants lui retrouvèrent une fonction centrale en 1944 après les destructions de guerre et aussi en 1957 après le gel des conduites.

INJURES ANIMALIÈRES
Un vrai sagouin !

Il y a bien sûr le « vilain comme un singe » et le « vieux singe » (qui désigne souvent le chef ou le patron honni), mais curieusement l'intelligent primate n'est guère mis à contribution pour les injures et les insultes. Le sagouin (ou la sagouine au féminin) est l'exception. Certes, c'est un dégoûtant personnage, malodorant, mais aussi, plus largement, un salaud. Le terme vient de loin : dès le XVIe siècle, parfois sous la forme « sagon », il désignait tout simplement le singe. Ainsi, on sait que La Condamine a rapporté d'Amérique « un joli sagouin… au poil blond argenté ».

Soleil
lever : **6 h 57**
coucher : **19 h 00**

Vendredi **18 mars**

Saint Cyrille – On fête aussi les Salvatore, Léobard

Si tu diffères de moi, mon frère, loin de me léser, tu m'enrichis. Antoine de Saint-Exupéry

MORALITÉ
CENDRILLON

Pour engager un cœur, pour en venir à bout,
La bonne grâce est le vrai don des fées ;
Sans elle on ne peut rien, avec elle on peut tout.

La moralité ici valorise ce qui est fait de manière naturelle, de « bonne grâce », et non dans un but intéressé. Cendrillon aime sincèrement le prince pour lui-même et non pas pour devenir princesse. C'est pour cela qu'elle mérite de réussir.

Randonnées

SAINT-MALO ET L'ESTUAIRE DE LA RANCE, CÔTE D'ÉMERAUDE

Située au nord du littoral breton, la Côte d'Émeraude s'étend de Cancale au Cap Fréhel. Après la superbe ville close de Saint-Malo, on découvre l'estuaire de la Rance, splendide zone sauvage dans laquelle baignent des dizaines d'îles-cailloux. De l'autre côté de l'estuaire, Dinard dévoile ses villas Belle Époque avec un panache inaltérable. La majorité de la côte est parcourue par le GR34, sentier des douaniers breton qui relie le Mont-Saint-Michel au pont de Saint-Nazaire, sur quelque 2 000 km.

Question d'hygiène

Du bon usage de l'eau au Moyen Âge

La médecine médiévale recommandait de purifier l'eau : la faire bouillir, refroidir, puis la filtrer à travers une étoffe de laine ou de la mie de pain ; lui ajouter du vinaigre (manger de l'ail, de l'oignon, du poireau, du coing... était censé avoir le même effet correctif). Mais surtout pour obtenir de l'eau « bonne », on n'hésitait pas à l'enrichir : l'eau d'orge combattait la fièvre ; l'eau de rose soignait la peau et les cheveux, l'eau de fenouil soulageait les yeux irrités, l'eau de romarin servait de fortifiant musculaire... On se méfiait généralement de l'eau froide, responsable de nombreux maux, et on lui préférait l'eau tiède, voire chaude, notamment pour prendre le bain, ce dernier étant considéré nécessaire à la santé tant physique que morale.

L'ACTU **Au petit coin en toute transparence**

Des toilettes aux parois translucides ont récemment été installées dans cinq parcs publics à Tokyo (Japon). Malgré l'apparence saugrenue du concept, les sanitaires ont été conçus pour préserver l'intimité des utilisateurs : le verre s'opacifie dès que le verrou de la porte est fermé. Ce concept de verre « intelligent » doit permettre aux utilisateurs potentiels de vérifier l'état des lieux avant d'y pénétrer. Et de s'assurer, par la même occasion, que personne ne s'y trouve déjà. Imaginés par l'architecte Shigeru Ba, ces WC ont été réalisés à la demande de l'ONG Nippon Foundation dans le cadre du Tokyo Toilet Project. Ce programme vise à implanter des toilettes publiques qui modifient l'image des lieux d'aisance souvent considérés comme des endroits sales, repoussants, voire dangereux.

Samedi **19 mars**

Saint Joseph – On fête aussi les Joséphine, Quartille, Landoald

Soleil
lever : **6 h 55**
coucher : **19 h 02**

À la Saint-Joseph, il ne me reste plus bézef.

DICO NOTTO

ENCLUME, n. f.
Objet encombrant non connecté qui ne répond pas quand on lui dit : « OK enclume. »

ÉPITAPHE, n. f.
Un dernier pour la route, gravé dans le marbre.

EUNUQUE, n. m.
Né de paires inconnues.

FACTURE, n. f.
Document comptable que l'on aime envoyer mais pas recevoir.

FAILLIR, v.
Réussir… enfin presque.

RECETTE

Gâteau au chocolat fondant

Pour 6 pers. 15 min de préparation 40 min de cuisson

- 200 g de chocolat pâtissier (70 % de cacao)
- 200 g de beurre
- 5 œufs
- 200 g de sucre
- 1 cuil. à soupe de farine ou de poudre de noisettes

Préchauffez le four à 160 °C (th. 5-6). Faites fondre le chocolat avec le beurre, au bain-marie.
Cassez les œufs puis séparez les blancs des jaunes. Blanchissez les jaunes avec le sucre. Versez le chocolat puis la farine ou la poudre et mélangez soigneusement. À l'aide d'un batteur, montez les blancs en neige bien ferme. Incorporez les blancs délicatement à l'aide d'une maryse, en prenant soin de ne pas les casser.
Versez la pâte dans un moule beurré ou tapissé de papier sulfurisé et enfournez pour 40 min de cuisson.
Démoulez à la sortie du four et laissez tiédir sur une grille.

Faire fondre le chocolat est l'étape la plus périlleuse : le chocolat doit fondre très lentement, afin de préserver sa texture et sa saveur.
Servez par exemple ce gâteau avec une crème anglaise ou une boule de glace vanille.

Rétro Vermot

Monsieur vient de conduire son épouse à sa demeure dernière. Point de regret, il s'agissait d'une véritable mégère. Il rentre chez lui et, arrivé sur le pas de sa porte, il reçoit sur le crâne une tuile tombée soudain du toit. Alors de murmurer : « Elle est déjà là-haut ? »

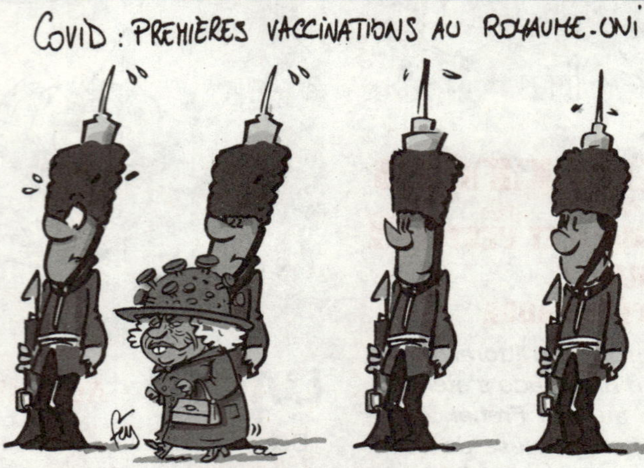

FOLLES RUMEURS
Isabelle a le sida

En 1986, tout le monde connaissait quelqu'un qui connaissait une infirmière qui savait : Isabelle Adjani, l'une des plus grandes stars françaises du cinéma, avait été vue dans un hôpital parce qu'elle était atteinte du sida. À cette époque, la France ne connaissait cette terrible maladie que depuis 1982 et être infecté signifiait une mort assurée. Concernant Adjani, la rumeur a enflé, enflé, à tel point que l'actrice s'est sentie obligée d'intervenir, ce qu'elle fit en prenant la parole lors du journal télévisé de Bruno Masure le 18 janvier 1987, histoire de démentir et prouver qu'elle était en parfaite santé. Mais une position bizarre, la main posée en permanence sur la joue (que cache-t-elle ? La marque de la maladie ?) a malheureusement contribué à entretenir le doute…

Dimanche 20 mars

Soleil
lever : **6 h 53**
coucher : **19 h 03**

Saint Herbert – On fête aussi les Alexandra, Cuthbert, Wulfran

Chaque nouvel amour est un nouveau printemps. Évariste Boulay-Paty

HEUREUX MARIAGES

Elle avait toutes les raisons de l'épouser : non seulement elle gommait ainsi ce patronyme qui l'humiliait depuis sa naissance et en plus son futur époux lui plaisait beaucoup car son physique était largement à la hauteur de son nom. C'est ainsi que le 27 février 1878 à Souzy, dans le Rhône, Étiennette Gromolard épousa François Beaud. Le couple Beaud-Gromolard était né!

L'histoire des dictionnaires

Thrésor de la langue françoyse, tant ancienne que moderne de Nicot

Jean Nicot (1530-1604), diplomate et lexicographe français, ne verra pas la publication en 1606 de cet ouvrage dont il est l'auteur, ou plus exactement le co-auteur. S'inspirant du texte du *Dictionarium Latinogallicum* (1552) de Robert Estienne, il publie en 1573 son *Dictionnaire françois-latin* qui, à force de remaniements et d'ajouts, donnera naissance au *Thrésor*. Ce dictionnaire, par sa structure, servira longtemps de modèle aux ouvrages postérieurs. Et c'est Nicot qui a donné son nom à la nicotine.

L'ÉVASION PAR LE SPORT

VACCINATION DANS LES EHPAD

Dis papy c'est quoi ?? et ça c'est quoi ?

Si j'avale un noyau, un arbre va pousser dans mon ventre ?

Certes non, mais c'est une drôle de question qui mérite une réponse : la graine du noyau ne pourra pas germer dans le milieu gastrique particulièrement acide, totalement incompatible avec la croissance d'un végétal. Et surtout, le noyau ne restera pas assez longtemps dans le ventre pour y prendre racines !

mamie c'est quoi ??

ÇA C'EST FAITS DIVERS

Tout ça pour ça

Stephen Mills, machiniste et soudeur de profession, a résolu une énigme de plusieurs décennies au cours d'une visite en famille du musée du Patrimoine de Vermilion, au Canada. Parmi les nombreux objets exposés se trouvait un imposant coffre-fort qui, jusqu'ici, était resté fermé faute d'en connaître la combinaison ; les nombreux spécialistes consultés pour l'ouvrir avaient tous échoué. Lorsque le guide du musée raconta cette histoire, Stephen Mills voulut tenter sa chance pour amuser ses enfants. Il fit donc tourner la molette du coffre avec la combinaison « 20-40-60 » et, à la surprise générale, la porte s'ouvrit ! À l'intérieur, aucun magot, mais seulement quelques vieux papiers datant des années 1970. Un trésor bien modeste, à l'instar de celui découvert à la bibliothèque de Derry, dans le New Hampshire (États-Unis). L'établissement abritait lui aussi un vieux coffre-fort dont la combinaison avait été oubliée. Selon une rumeur, une capsule temporelle y avait été déposée au milieu des années 1960. Pour en avoir le cœur net, son ouverture a donc été forcée, mais à l'intérieur… rien.

Lundi **21 mars**

Sainte Clémence – On fête aussi les Endée, Sérapion

Soleil
lever : **6 h 50**
coucher : **19 h 05**

Le repentir est le printemps des vertus. Proverbe chinois

Brèves régions

Côtes-d'Armor/ Première costarmoricaine

Elle se prénomme Clémence et elle est la première Costarmoricaine ! En effet, la jeune fille, qui a aujourd'hui 32 ans, est née le 8 mars 1990, précisément le jour où les Côtes-du-Nord sont devenues les Côtes-d'Armor après quatre décennies de combat pour bénéficier d'un nom plus attractif et breton.

Citations

« Il n'y a pas de bonheur parfait ! » dit l'homme quand sa belle-mère mourut et qu'on lui présenta la note des pompes funèbres.

Jerome K. Jerome

RÉBUS

Chansons françaises

I L E C

Ciel brouillé (Léo Ferré)

VERMOT'ROSCOPE

BÉLIER (21 mars – 20 avril)

Caractère

Dynamique, entreprenant, volontaire, passionné, entier, impulsif, créatif, combatif, rapide, curieux, franc, direct, héroïque, conquérant, séducteur, infatigable.

Le message des astres

Avec deux petits passages éclair de Jupiter dans votre signe et un coup de pouce de Mars de fin août à fin octobre, vous devriez passer une belle année. Pour beaucoup, ce sera l'occasion rêvée de bousculer vos habitudes et de donner une nouvelle impulsion à votre vie.

Vie relationnelle

De mai à fin octobre, vous serez sociable, communicatif, plus extraverti et en quête de nouvelles relations. Ce sera une excellente période qui vous verra faire de très belles rencontres amicales. La joie, la bonne humeur et le partage seront au rendez-vous.

Amour

À deux, vous aspirerez à plus de fantaisie et profiterez de l'année pour multiplier les projets. C'est une belle année qui vous permettra de donner une toute nouvelle direction à votre vie conjugale. La douceur, la bonne humeur, l'écoute et le dialogue primeront une grande partie de 2022.
Seul, vous serez ouvert aux rencontres et saurez saisir toutes les occasions qui vous permettront de booster votre vie amoureuse. Mai, juin, août et novembre seront propices à l'émergence d'un nouvel amour. Il ne tiendra qu'à vous de vous donner les moyens de vous ouvrir à une nouvelle relation.

Famille

Plus à l'écoute de vos proches, vous saurez être là lorsque ceux-ci auront besoin de vous. Non seulement vous saurez leur montrer de l'attention, mais serez également d'excellent conseil. En 2022, vous verrez donc vos relations avec votre entourage s'améliorer.
Quotidien et vitalité
Belle année en perspective qui vous permettra d'explorer et de découvrir de nouveaux loisirs. Vous aurez envie d'élargir vos horizons et chercherez à multiplier les activités. L'ennui ne sera pas au rendez-vous. Pour beaucoup, vous retrouverez un meilleur équilibre. 2022 est l'année idéale pour gagner en confiance et en dynamisme. Vous aurez enfin la sensation de reprendre votre vie en main.

Budget

Vous parviendrez à stabiliser votre situation financière. Ainsi, au fil des mois vous vivrez mieux ou trouverez des solutions à des problématiques passées. D'autres seront amenés à négocier un prêt pour faire face à une situation ou pour réaliser une opération immobilière.

Comment optimiser votre année ?

Faites preuve de curiosité. Multipliez les actions et les projets. Sortez. Bougez. Profitez de chaque occasion pour vous changer les idées.

Soleil
lever : **6 h 49**
coucher : **19 h 06**

Mardi **22 mars**

Sainte Léa – On fête aussi les Epaphrodite, Darerca

À la Sainte-Léa, je t'admire, béat…

BIÈRES

The Goudale Project
Stout coco de
la brasserie Goudale

Cette bière étonnante à la robe noire passerait presque pour un dessert avec sa dominante de noix de coco mêlée de notes fruitées variées, vanillées, chocolatés, et son soupçon de cassonade en arrière-goût, peu amer mais sec et persistant. Son secret ? De la coco râpée ajoutée dans les cuves de brassage pour imprégner la bière en profondeur. Titrant 6 % vol., elle s'épanouit dans un verre calice et à une température entre 8 et 10 °C. Récompense : best flavoured Stout/Porter aux World Beer Awards 2020.

PROUESSES D'OISEAUX

LE VAUTOUR DE RÜPPELL

Ce grand oiseau, qui vit en Afrique, dans le Sahel, détient le record de la plus haute altitude en vol (11 300 m), tristement homologué par une collision avec un avion. Il est capable d'évoluer dans ces zones à faible teneur en oxygène grâce à son sang qui contient des protéines qui, précisément, fixent l'oxygène. Et pourquoi grimpe-t-il si haut ? Pour repérer ses proies, des carcasses d'animaux morts. Ce beau rapace, d'une envergure de 2,5 m au plumage brun et noir et à la tête chauve, est en effet un charognard doté d'une vue très aiguisée. Par ailleurs, il est équipé d'une langue abrasive qui lui permet non seulement de nettoyer toute la chair d'une carcasse, mais également de se nourrir des os eux-mêmes en les râpant, quand la nourriture se fait rare.

EXPRESSIONS IMAGÉES

Être assis sur sa casquette

Elle est bien loin derrière nous l'époque où tous les hommes portaient un béret ou une casquette ! Pourtant l'expression est parvenue jusqu'à aujourd'hui pour signifier que quelqu'un est gêné, n'est pas à son aise. On l'imagine bien, en effet, celui qui s'assoit par mégarde sur sa casquette et qui n'ose pas se relever pour la retirer, de peur d'être ridicule…

Quand la réalité dépasse la fiction

127 heures

Un homme reste coincé dans un canyon pendant 127 heures, soit cinq jours. Sans boire, sans manger, le bras écrasé par un rocher. Le scénario typique de film d'horreur. Et pourtant, c'est l'histoire vraie d'Aron Ralston, jeune Américain parti faire du canyoning dans les gorges de l'Utah. Récit de survivant, le film de Danny Boyle est très fidèle à l'histoire d'origine (dont Aron Ralston avait tiré un livre, *Plus fort qu'un roc*). À la genèse du projet, l'histoire de Ralston (incarné à l'écran par James Franco) devait être racontée sous une forme documentaire, mais Danny Boyle a opté pour un format plus dramatique et une caméra subjective qui implique très fortement le spectateur. Ralston a travaillé comme conseiller sur le film. *127 heures* montre la capacité de dépassement de soi de l'être humain et illustre une fureur de vivre aussi terrorisante que galvanisante.

Mercredi **23 mars**

Saint Victorien – On fête aussi les Rebecca, Justog

Soleil
lever : **6 h 47**
coucher : **19 h 08**

À la Saint-Victorien, un baiser ou rien !

Vélo

Cannibale

Avec cinq Tours de France, Eddy Merckx partage le fauteuil de recordman de l'épreuve aux côtés de Jacques Anquetil, Bernard Hinault et Miguel Indurain. Mais il est un record que le Belge est le seul à détenir : celui d'avoir remporté à la fois le maillot jaune, le vert et le Grand Prix de la montagne lors d'un même Tour. Et le tout lors de sa première participation ! Au point que si le trophée de meilleur jeune avait suivi les règlements d'après 1983 ou 1987, il l'aurait également remporté.

Charade

classique

Mon premier remue la terre,
Mon deuxième débute la devise de l'ordre de la Jarretière,
Mon troisième est un pronom interrogatif,
Mon quatrième a sa propre banque,
Mon cinquième est le résidu de graines céréales,
Mon tout est une chanteuse française.

VÉRONIQUE SANSON (VER – HONNI – QUE – SANG – SON)

LE CHIFFRE **5**

C'est le nombre de personnes qui ont pu être sauvées grâce à un programme d'échange de rein simultané mis en place par l'hôpital méthodiste de Houston, au Texas. Cet échange exceptionnel a commencé lorsque John Berliski a perdu ses deux reins à cause d'une maladie polykystique et que sa femme, Tara, lui a proposé de lui donner l'un des siens. Les soignants ont alors expliqué au couple que l'un et l'autre ayant du sang de type AB, ils étaient de fait donneurs et receveurs universels. John Berliski pouvait accepter un rein de n'importe qui et sa femme donner l'un des siens à quelqu'un d'autre. Ce couple était donc idéal pour participer à un programme d'échange de rein multiple. Parallèlement, trois autres personnes se sont retrouvées dans la même chaîne d'échange de reins, à laquelle ont été adjoints deux cousins et deux sœurs. Cinq organes ont ainsi pu être prélevés sur cinq donneurs avant d'être greffés sur cinq receveurs. Une incroyable prouesse médicale et beaucoup de bonheur partagé !

Le bon mot de l'histoire

« De l'amour ou de la haine que Dieu a pour les Anglais, je n'en sais rien, mais je sais bien qu'ils seront tous boutés hors de France, excepté ceux qui y périront ! »

Jeanne d'Arc, 17 mars 1431

Depuis sa rencontre avec le roi Charles VII en 1429, « la Pucelle » n'a qu'un seul but : bouter les Anglais hors de France. En mai de la même année, Jeanne délivre Orléans avant de faire sacrer Charles VII roi de France, à Reims le 17 juillet. Elle tente ensuite de libérer Paris, mais échoue. La native de Domrémy, en Lorraine, est capturée à Compiègne en 1430. C'est lors de son procès pour hérésie, orchestré par l'évêque Cauchon à Rouen, que Jeanne d'Arc réitère son unique souhait. Elle est brûlée vive le 30 mai 1431 sans que Charles VII, qui lui doit tant, ne tente quoi que ce soit pour la sauver.

Si tu siffles avec de la neige plein les bottes, c'est que le printemps est là ! Proverbe anglais

Brèves régions

Eure-et-Loir/ Une femme aux orgues de Dreux

Les femmes organistes étaient rares avant le XXe siècle. Dreux a sans doute fait figure de précurseur puisque les comptes de l'église Saint-Pierre mentionnent un paiement important fait en 1680 à la dame Beaudoin, organiste, pour cinquante messes.

Notre langue fait des adeptes

Décolleté (*italien*)

Les Italiens ont emprunté *décolleté* au français. Ils l'utilisent, tout comme nous, en tant que nom masculin pour désigner la partie découverte de la poitrine ou l'échancrure d'un vêtement laissant cette partie découverte (*uno splendido décolleté*). En revanches lorsqu'ils l'utilisent comme adjectif, ce n'est pas à propos de robes ou autres vêtements, mais à propos de chaussures. Une *scarpa décolleté* n'est ni plus ni moins qu'une « chaussure décolletée », à savoir un escarpin. C.Q.F.D. !

OUVERTURE DE LA CHASSE

Rétro Vermot

– Eh ! là, je vous y prends ! C'est vous qui m'emportez mon argenterie ?
– Dame ! Vous m'avez dit : « Venez à la maison quand il vous plaira, il y aura toujours un couvert pour vous ».

Généalogie

Héritière approximative

Lorsqu'il rédige un testament, le notaire indique en préambule que le testateur est en pleine possession de ses moyens intellectuels, même si son état physique n'est pas brillant. Certains avaient néanmoins quelques faiblesses, si on en croit ce testament de 1815 retrouvé par un généalogiste à propos de ses ancêtres : « Je lègue (…) à ma filleule âgée d'environ dix ans, fille de feu Antoine Lalierre et de Marie Barbe, laquelle est ma nièce dont je ne me rappelle pas précisément le prénom que je crois être Anne Julie (…) une somme de trois cents francs. » Vérification faite, la jeune fille se prénommait Julie, tout simplement, et sa mère ne s'appelait pas Marie Barbe mais Barbe Plassat… Heureusement, le notaire a su démêler l'écheveau et transmettre l'argent à l'héritière prévue.

Annonciation

Vendredi **25 mars**

Saint Humbert – On fête aussi les Dula, Dismas

Soleil
lever : **6 h 42**
coucher : **19 h 11**

Le voisin est un animal nuisible assez proche de l'homme. Pierre Desproges

L'humanité en chiffres

31, 39, 42 ?

Jeune ou vieux ? Si vous avez 31 ans, le monde compte autant de gens plus âgés que de personnes plus jeunes que vous, selon l'Insee. En France, si vous avez moins de 42 ans et que vous êtes une femme, vous faites partie des jeunes. En revanche, si vous êtes un homme, vous faites partie des vieux, l'âge médian de la gente masculine étant de 39 ans.

Animaux de BD

Le chat de Gaston

C'est un chat tout ce qu'il y a de plus chat… et en même temps hors norme (comme tous les chats, finalement !) Franquin disait : « Il est très difficile de dessiner un chat », et il s'est inspiré du sien pour créer celui de Gaston. Sans nom, ce « chat dingue », à l'origine de nombre de catastrophes, témoigne de la profonde tendresse du dessinateur pour les petits félins. Souvent vexé, le matou s'éloigne en levant la queue, exhibant l'orifice qu'il a au-dessous et que Franquin s'amuse à dessiner avec la dernière précision.

Bon anniversaire

Élisabeth d'York

Fille aînée du roi Édouard IV d'Angleterre, Élisabeth est née à Westminster le 11 février 1466. Elle représente la maison d'York (dont l'emblème est la rose blanche) et hérite de la couronne, également convoitée par Henri Tudor, représentant de la maison Lancastre (dont l'emblème est la rose rouge). Les deux familles s'affrontent depuis longtemps dans la guerre des Deux-Roses et seul un mariage pourrait mettre fin à ce désordre. Mais Henri ne peut pas se contenter d'être « consort », il veut régner avec les pleins pouvoirs. Il se fait donc couronner le 30 octobre 1485, épouse Élisabeth d'York le 18 janvier suivant et la fait couronner à son tour le 25 novembre 1487. Malgré ce contexte très politique, il semble que l'amour l'ait emporté car le couple fut très uni jusqu'à la mort brutale d'Élisabeth, le jour même de ses 37 ans.

Pêche

Truites de France

La truite est le symbole de nos eaux propres et froides. Deux espèces sont présentes en France : la truite commune, ou fario, qui peuple depuis toujours nos eaux vives, et la truite arc-en-ciel, originaire d'Amérique du Nord, introduite en Europe en 1860. Comment les distinguer ? La robe jaune de la fario est parsemée de gros points rouges ou bruns, alors que les flancs de l'arc-en-ciel sont marqués d'une bande irisée et l'ensemble du corps, y compris la queue, est couvert de points noirs. La truite arc-en-ciel est élevée en pisciculture et régulièrement introduite en rivière ou en étang. Elle supporte des conditions de vie moins délicates que la fario et peut être qualifiée de « brave poisson » : elle mord bien sur les lignes et se défend farouchement. Et bien sûr, les deux sont délicieuses !

Poussière de mars, poussière d'or. Proverbe français

Meilleurs Ouvriers de France

Groupe V, ébénisterie

David Liagre a été sacré Un des Meilleurs Ouvriers de France en créant un coffret «Boîte à vœux» pour l'épreuve qualificative et, pour l'épreuve finale, un meuble «Vide poche» en carbone, padouk (bois exotique) et cuivre patiné doté d'une ouverture secrète qui lui a demandé 1500 h de travail. Il a commencé son apprentissage à l'âge de 14 ans en menuiserie et a obtenu par la suite plus de dix diplômes reconnus par la profession, du CAP au titre de Maître Artisan.

L'ACTU

Peinture sur bière

« On buvait de la bière pendant qu'on travaillait sur un projet, raconte l'artiste Nicolas Thollot-Arsac. On avait des pots de peinture posés par terre à côté des bouteilles et on s'est dit pourquoi ne pas tremper les goulots pour faire des empreintes. Une demi-heure après, on avait un premier portrait. » Et voilà comment lui et son complice Alexandre Caillarec ont inventé un nouveau genre pictural : le *beerpainting* ! Imaginée il y a cinq ans alors qu'ils étaient élèves en école d'art, cette technique improbable leur a depuis ouvert les portes de plusieurs galeries un peu partout dans le monde. Ils sont aussi de plus en plus souvent sollicités pour refaire la décoration d'un mur dans des bars, des restaurants ou chez des particuliers. Le procédé de ce nouveau pointillisme semble assez simple et écoresponsable : il suffit de récupérer des bouteilles de bière vides abandonnées dans la rue et d'appliquer, par petits impacts sur un mur, le goulot d'une bouteille trempé dans la peinture. En une minute, les deux artistes arrivent à taper le goulot 200 ou 300 fois !

Dico NOTTO

FARFOUILLER, v.
Fouiller à la recherche d'un délicieux far aux pruneaux.

FAUX, adj.
Déguisement du vrai.

FLATULENCE, n. f.
Fragrance intestinale.

FORGERON, n. m.
Professionnel qui se forge en forgeant.

FORMULAIRE, n. m.
Document administratif qui est au fonctionnaire ce que l'ordonnance est au médecin : incompréhensible pour le commun des mortels.

FOOTBALL

LES RECORDS DU REAL

Entre 1955 et 1960, le Real Madrid remporte les cinq premières éditions la Coupe d'Europe des clubs champions européens. Une performance qui n'a depuis jamais été égalée. Pire, devenue Ligue des champions dans les années 1990, il a fallu attendre plus de deux décennies pour que l'un de ses vainqueurs conserve sa couronne. L'heureux lauréat a été une nouvelle fois le Real Madrid. Nommé en janvier 2016, Zinédine Zidane, titré en tant que joueur avec le club en 2002, a conduit son équipe vers la victoire. Premier entraîneur français à décrocher le titre depuis Helenio Herrera dans les années 1960, il a conservé sa couronne en 2017 et 2018. Un triple record pour l'ancien international français qui l'avait déjà décroché pour sa première saison en tant qu'adjoint en 2014. Toujours avec le Real Madrid.

Dimanche **27 mars**

Saint Habib – On fête aussi les Louarn

Soleil
lever : **6 h 38**
coucher : **19 h 14**

Mange des poireaux en mars, de l'ail en mai, et suis les docteurs le reste de l'année.
Proverbe anglais

CHIFFRES ET EXPRESSIONS

Envoyer aux trente-six mille diables

Le nombre 36, utilisé dans plusieurs expressions, dont notamment « Voir 36 chandelles » ou « Il n'y a pas 36 solutions », était autrefois synonyme de grand nombre indéterminé. Quand on le multiplie par mille, on insiste vraiment sur l'énervement provoqué par une situation ou par quelqu'un qu'on veut expédier le plus loin possible, dans un enfer absolu où vivent 36 000 diables !

CHIFFRES ET SYMBOLIQUES

☠ # 💣 INJURES ANIMALIÈRES

Bande de rats !

C'est un groupe de pourris, de méchants, de cupides, de mesquins, de miteux... Et ainsi de suite. Le sens est large et l'expression s'applique à tout type de fripouilles. Mais historiquement, un rat est un avare, un pingre, un rapiat, et en même temps un pleure-misère. Pourquoi ? Parce que le rongeur cherche toujours quelque chose à grappiller et qu'il fait en douce des provisions. Et il y a les rats de prison (les avocats) – souvent des faces de rat ! –, les rats d'hôtel (des voleurs), les rats d'église et bien d'autres. Mais l'animal a aussi un côté tendre et câlin, n'est-ce pas, mon p'tit rat ?

Énigmes

Un père, une mère, leur fille et leur fils sont tous impliqués dans un meurtre qui a frappé au sein même de leur noyau familial. À part la victime et l'assassin, un des membres de cette famille a aidé ce dernier à perpétrer ce crime et l'autre a été témoin de cette horrible scène. En étudiant les assertions suivantes, pouvez-vous déterminer le rôle de chacun ?

1. Le témoin et celui qui a aidé le meurtrier ne sont pas du même sexe.
2. La personne la plus âgée et le témoin ne sont pas du même sexe.
3. La personne la plus jeune et la victime ne sont pas du même sexe.
4. La personne qui a aidé le meurtrier était plus âgée que la victime.
5. Le père est la personne la plus âgée.
6. L'assassin n'est pas la personne la plus jeune de la famille.

Solution : 3. nous indique que le plus jeune membre de la famille n'est pas la victime ; 4. nous indique que le co-meurtrier n'est pas le plus jeune membre de la famille et 6. nous indique que l'assassin n'est pas la personne la plus jeune de la famille. Il s'ensuit que le ou la plus jeune est le témoin. 2. nous avait appris que la personne la plus âgée (le père selon 5.) et le témoin ne sont pas du même sexe donc le témoin ne peut être que la fille. D'après 1., le co-meurtrier est le père ou le fils. D'après 3., la victime est du sexe masculin, donc le père ou le fils mais 4. nous indique que le co-meurtrier était plus âgé que la victime donc le fils est la victime et le père le co-meurtrier. L'assassin est donc la mère.

SILVOTHÉRAPIE

LES IDÉES REÇUES

L'ESCARGOT SE REPRODUIT TOUT SEUL

Hermaphrodite, comme le ver de terre, l'escargot est à la fois porteur des attributs mâles et femelles. Mais, contrairement à ce que l'on imagine couramment, il ne s'autoféconde quasiment jamais. Et lorsque cela se produit, c'est souvent seulement au bout de deux à trois ans, faute d'avoir croisé aucun partenaire... Et le résultat est loin d'être un succès : moins de 2 % se reproduisent vraiment dans ces conditions ! Dans la grande majorité des cas, l'animal hermaphrodite joue donc soit un rôle de mâle, soit de femelle, en fonction du partenaire qu'il croise sur son chemin. C'est une chance pour la nature car cela favorise le brassage des gènes, indispensable pour la préservation de l'espèce, même pour l'escargot ou le lombric.

Lundi 28 mars

Saint Gontran – On fête aussi les Jeanne-Marie, Venturino

À la Saint-Gontran, sois tempérant !

LA HÜGELKULTUR

Ce terme allemand signifie « culture sur butte », mais il s'agit d'une butte bien particulière. Creusez une tranchée d'environ 50 cm de profondeur et d'une largeur de 1,50 m, pour obtenir une hauteur équivalente. La longueur peut varier. Dans le fond, jetez des rondins, des branches et des branchages, et arrosez-les copieusement. Comblez avec des matières organiques (déchets verts, fumier...) puis insérez quelques branches à la verticale, pour maintenir la terre sur les pentes. Placez ensuite les mottes dégagées en creusant, herbe au-dessous, puis une couche de terre mélangée à du compost et à des déchets verts en quantité. Terminez par une couche de terre-compost et un paillage. En se décomposant, le bois alimente la terre en éléments nutritifs et retient l'humidité. Et on cultive sur les deux pentes.

PERMACULTURE

Étymologie

Céladon

Entre 1607 et 1627, Honoré d'Urfé (1567-1625) publie un roman-fleuve, *L'Astrée*, qui rencontre un immense succès. À cette même époque, les céramiques chinoises de Longquan ont le vent en poupe en France. Or, le héros du best-seller, un berger qui porte des vêtements ornés de rubans verts, se nomme Céladon. Il n'y a alors qu'un pas à franchir pour associer le nom de ces céramiques recouvertes de glaçure verte et celui de la couleur elle-même au prénom du berger.

5 MILLIONS D'ADULTES VIVENT CHEZ LEURS PARENTS

La gaffe de l'Histoire

Coulis coulant

Le chef Thierry Marx, aujourd'hui très médiatisé, a fait sa première apparition à la télévision en 1989. Des débuts entachés de mauvais souvenirs car, ce jour-là, il a créé un dessert en direct. « J'ai voulu redresser la cuillère qui avait glissé dans le coulis et c'est tombé sur le pantalon de Patrice Laffont. Je ne savais plus quoi dire, j'étais tétanisé », raconte-t-il.

PROBLÈMES DE MATHS DU CERTIFICAT D'ÉTUDES

Le soir d'Halloween, Thomas et Mathis ont récolté quelques bonbons, Thomas en a 19 et Mathis 14. Léo, qui n'a pas sonné aux portes pour demander des friandises, se joint à eux. Thomas et Mathis partagent leur butin avec Léo et tous ont le même nombre de bonbons. Pour les remercier, Léo désire donner 66 centimes de son argent de poche à ses amis. **Comment doit-il répartir cette somme équitablement ?**

Solution : Une fois les bonbons partagés, chaque enfant se retrouve avec (19 + 14) ÷ 3 = 11 bonbons.
Thomas a donc donné 19 – 11 = 8 bonbons à Léo, et Mathis 14 – 11 = 3 bonbons.
11 bonbons représentent 100 % des bonbons donnés à Léo. Il s'ensuit que 8 bonbons équivalent à (8 x 100) ÷ 11 = 72,7 %, que l'on arrondit à 73 %. Les 3 bonbons équivalent donc à 100 – 73 = 27 %.
Thomas doit donc recevoir 73 % des 66 centimes : (66 x 73) ÷ 100 = 48 centimes.
Mathis doit recevoir 27 % des 66 centimes : (66 x 27) ÷ 100 = 18 centimes.

Mardi **29 mars**

Sainte Gwladys – On fête aussi les Gladys, Archibald, Pasteur

Soleil
lever : **7 h 34**
coucher : **20 h 17**

À la Sainte-Gwladys, tu sens la réglisse, miss !

HEUREUX MARIAGES

En 1622, à Bueil-en-Touraine (Indre-et-Loire), Simon Poulet convola avec Noëlle Poussin et deux siècles plus tard, Crespin Poulet qui était peut-être un de leurs lointains descendants, se lustra la crête pour séduire et épouser Geneviève Poulette à Pailly (Yonne) en 1825. Quant à Jean François Poule, il passa la bague à l'ergot de Marie Jeanne Cocq en 1782 à Vieux-Berquin (Nord).

CHANSONS VOYAGEUSES

La chanson qu'on ne quitte pas facilement

La chanson *Ne me quitte pas*, dans laquelle Jacques Brel exprime tout en émotion la douleur de la rupture, compte parmi les chansons préférées des Français. Sans doute cette version originale est inégalable ; pourtant, de nombreux artistes s'y sont essayés, comme Nina Simone, Johnny Hallyday, Sting, U2, Céline Dion… Adaptée en anglais, en italien, en espagnol, en polonais, en wolof, en malgache, en hébreux, en kabyle, la célèbre chanson peut être écoutée en 15 langues pour un total de 500 versions.

Citations

Enfer chrétien, enfer païen, enfer mahométan, enfer hindou, partout des flammes. À en croire les religions, Dieu est né rôtisseur.

Victor Hugo

BIBLIOTHÈQUES MYTHIQUES

BIBLIOTHÈQUE PUBLIQUE DE NEW YORK (ÉTATS-UNIS)

Avec près de 53 millions de documents publiés dans 370 langues différentes, la New York Public Library est la seconde plus grande bibliothèque publique des États-Unis, derrière la bibliothèque du Congrès. Résultat de la fusion de divers centres culturels et scientifiques, cette institution chère au cœur des habitants de la Grosse Pomme occupe plusieurs dizaines de bâtiments entre Manhattan, le quartier du Bronx et Staten Island. Édifice le plus spectaculaire, la bibliothèque du Bryant Park, sur la prestigieuse Cinquième Avenue, a amplement été financée par le philanthrope Carnegie. Cet imposant bâtiment de style Beaux-Arts a été conçu en 1895 par deux architectes formés à Paris, Carrère et Hastings. L'entrée de ce temple dédié aux livres est « gardée » par deux lions majestueux en marbre, baptisés Patience et Fortitude. À l'intérieur, sous une verrière spectaculaire de six étages, de larges escaliers desservent ici une salle de lecture, là un salon d'étude. D'immenses fenêtres permettent également d'admirer, à l'extérieur, l'une des villes les plus fascinantes au monde.

ÇA C'EST FAITS DIVERS

Conducteurs originaux !

Dans l'Utah (États-Unis), la police a pris en chasse un SUV qui circulait en sinuant dangereusement dans le trafic. Actionnant leur sirène, les agents ont intimé l'ordre au chauffard de se ranger sur le côté. Celui-ci a fini par s'exécuter, non sans peine. Et pour cause : en s'approchant du véhicule, les policiers ont découvert que le conducteur avait… cinq ans ! Le gamin a expliqué qu'il avait pris (en cachette) les clés de la voiture familiale pour aller s'acheter une Lamborghini. Avec moins de 3 dollars en poche, il risquait d'être un peu juste pour réaliser son rêve… Sur une autoroute de Seattle cette fois, la surprise a été au moins équivalente pour les agents lancés à la poursuite d'un véhicule zigzagant à plus de 160 km/h. Les forces de l'ordre ont dû déployer des herses pour stopper le véhicule. Au volant, pas de bambin mais… un chien ! Son maître, assis côté passager, a expliqué aux policiers qu'il tentait d'apprendre à conduire à son animal. L'homme a été placé en garde à vue pour conduite sous l'influence de stupéfiants. Tu m'étonnes !

Soleil
lever : **7 h 32**
coucher : **20 h 20**

Mercredi **30 mars**

Saint Amédée – On fête aussi les Amadeus, Amédine, Malon

Souvent la Saint-Amédée est de mars la plus belle journée.

Mots oubliés

Chasse-cousin

Au XVIIe siècle, on appelait « chasse-cousin » les mauvais vins et les vieux alcools imbuvables qu'on était supposé proposer aux parents éloignés qui venaient nous importuner. Par extension, le mot désigna tout ce qui servait à éloigner les fâcheux et les parasites. Il était encore utilisé en 1887 si on en croit Émile Zola qui l'emploie notamment dans son roman *La Terre*.

Pour les intimes…

« Le seul vrai mot, c'est : reviens, je veux être avec toi, je t'aime, si tu écoutes cela, tu montreras du courage et un esprit sincère. Autrement, je te plains. Mais je t'aime, je t'embrasse et nous nous reverrons. » Ainsi se termine la lettre expédiée le 5 juillet 1873 par Arthur Rimbaud à Paul Verlaine. Depuis deux ans, les deux hommes vivent une passion dévorante. Alors qu'ils se sont installés à Londres, Verlaine quitte Rimbaud le 3 juillet 1873 pour renouer avec sa femme qui a demandé le divorce. Le 8 juillet, son jeune amant le rejoint à Bruxelles, mais la situation s'envenime et Verlaine explose : il sort acheter un revolver, se saoule et tire sur Rimbaud. Légèrement blessé, mais profondément choqué, le jeune homme quitte son amant définitivement et Verlaine est condamné à deux ans de prison.

Musique

Fumer tue… l'amour

En 1972, Véronique Sanson et Michel Berger filent le parfait amour, aussi bien professionnel que sentimental, comme en témoigne le titre de leur album, *Amoureuse*. Pourtant, un jour qu'ils travaillent ensemble en studio, Véronique Sanson part acheter des cigarettes. L'absence devient disparition, puis fuite : Michel Berger n'apprend que trois jours plus tard que Véronique Sanson a pris un aller simple pour les USA pour rejoindre Stephen Stills, avec qui elle se mariera par la suite. Dur…

Ha! Ha! Ha! La bonne blague Ha! Ha! Ha! Ha! Ha! Ha!

Un couple se déchire au cours d'un jugement pour divorce. La femme et le mari se disputent la garde de leur enfant unique. La maman, très émue, prend la parole :

« Votre honneur… Ce petit garçon a été conçu en moi… Il est sorti de mon ventre… Il est de ma chair… Je mérite de le garder ! »

Le juge, ému par cette défense et presque convaincu, laisse la parole au mari. Le mari se lève, regarde le juge dans les yeux et dit :

« Votre honneur, je ne ferai pas de longues phrases… Je n'aurai qu'une question. Dans le couloir du tribunal, quand vous introduisez une pièce dans le distributeur de boissons, la canette de soda qui en sort est à vous ou à la machine ? »

Jeudi 31 mars

Saint Benjamin – On fête aussi les Acace, Balbine

Soleil
lever : **7 h 30**
coucher : **20 h 20**

À la Saint-Benjamin, à jamais ou à demain !

DICO NOTTO

FRAÎCHEUR, n. f.
Petit vent mesquin et persistant qui hérisse le poil de vos jambes et avant-bras dénudés.

FRANCE, n. f.
Pays hexagonal rondement mené par des personnes carrées où l'on met les gens dans des cases.

GALEUX, n. m.
Ex-petit copain de France Gall.

GALLO-ROMAIN, n. m.
Coproduction de péplums antiques.

GLANDER, v.
Ne rien faire en regardant les glands pousser.

Pierres précieuses

Les joyaux de la Couronne de France (IV) : le diamant violet

On n'en doutait pas, le Roi-Soleil adorait les gemmes. Il les considérait à la fois comme un symbole de la puissance royale et comme une valeur inaltérable. D'ailleurs, en 1669, celui qu'on surnommait aussi « Louis le Grand » a reçu l'émissaire de Mehmed IV sur un trône d'argent serti de diamants afin de l'impressionner. Mais, pour revenir aux bijoux de la Couronne, Louis XIV avait fait, peu avant cette visite, l'acquisition d'un « diamant violet » (en réalité d'un bleu très clair), qu'il fit retailler de manière spectaculaire : ses 72 facettes figuraient… le soleil au milieu d'un ciel étoilé.

Cultures fruitières

Cerisier en espalier

C'est inhabituel et original. Un cerisier en espalier, c'est très joli, d'abord quand il est en fleur et ensuite quand les cerises, nombreuses et brillantes, se détachent sur le mur. C'est aussi une bonne solution pour cultiver ce fruitier dans les petits jardins, car il tient moins de place qu'un gobelet, et il est plus facile de protéger les fruits de l'appétit des oiseaux. Certaines pépinières vendent le cerisier déjà formé en palmette, et il reste donc à le planter au pied d'un mur bien exposé, dans un sol suffisamment fertile, enrichi de compost et de corne broyée. La palmette, en se développant, peut atteindre 2 ou 3 m. Le cerisier doit être taillé tous les ans, en septembre-octobre : il s'agit de raccourcir les rameaux pour conserver la forme et favoriser les nouvelles pousses.

VIIITE ! COUVRE-FEU DANS 15 MINUTES !

FOOTBALL

DRAGON PORTE-BONHEUR

En 1978, l'équipe de France fait son retour en phase finale de Coupe du monde après douze ans d'absence. En son sein, la jeune génération emmenée par Michel Platini fait ses premières armes à ce niveau. Après deux défaites face à l'Italie puis face au pays hôte et futur champion, l'Argentine, elle affronte la Hongrie pour son dernier match. Au moment de se présenter sur le terrain se pose alors un problème : Français et Hongrois arborent tous deux un magnifique maillot blanc. Impossible de jouer dans ces conditions. La France finit par se rabattre sur le maillot d'une petite équipe locale : le CA Kimberley. Vêtus d'un maillot blanc rayé de vert, d'un short bleu et de chaussettes rouges, les dragons français, surnom emprunté au CA Kimberley, décrochent alors leur unique victoire dans l'épreuve.

Vendredi 1er avril

Saint Hugues – On fête aussi les Valéry, Agapé, Konwal

Ne pas la comprendre n'a jamais fait trouver une plaisanterie moins drôle.
Marcel Proust

Le Vermot

1er avril 2022 — 1,20 €

Le meilleur poisson d'avril

Trop naïf, un poisson d'avril n'attire pas l'attention. Trop énorme, il n'est pas pris au sérieux. Un des plus réussis est sans doute celui publié dans le quotidien britannique *The Independent* le 1er avril 1993. Il raconte que près de Lannion, en Bretagne, des fouilles archéologiques ont mis au jour les restes d'un campement vieux de 3 000 ans, c'est-à-dire de l'époque gauloise. Le site, totalement inconnu jusqu'alors, était localisé précisément là où Goscinny et Uderzo avaient situé le village d'Astérix. L'article était parsemé de vérités historiques et archéologiques, mais évidemment la découverte n'était finalement que pure invention. L'effet du canular perdura jusqu'en 1999, où le très sérieux Collège de France demanda aux archéologues locaux de leur présenter officiellement les fouilles !

Poisson d'avril !

Bien sûr, vous aussi vous êtes fait surprendre par vos enfants ou vos collègues. Vous vous êtes promenés toute la journée avec un poisson en papier accroché dans votre dos un 1er avril. Mais pourquoi donc cette tradition existe-t-elle ? Jusqu'en 1564, l'année commençait le jour de Pâques. Celle-ci étant une fête mobile, elle pouvait avoir lieu entre le 22 mars et le 25 avril. Or, occasionnellement, il y avait deux Pâques dans la même année, comme ce fut le cas en 1347, le 1er puis le 20 avril. En souvenir, certains continuaient à doubler les cadeaux de Pâques, en ajoutant à ceux du 1er avril quelques canulars. Pâques marquant la fin du carême, il y avait alors beaucoup de poissons sur les étals, et certains trouvaient drôle d'offrir des poissons plus ou moins frais. relativisez la prochaine fois qu'on vous colle un poisson en papier dans le dos : en d'autres temp, cela aurait pu être un vrai…

Samedi **2 avril**

Sainte Sandrine – On fête aussi les Agneflète, Alexandrine, Muse

Soleil
lever : **7 h 26**
coucher : **20 h 23**

Voici donc les longs jours, lumière, amour, délire !
Voici le printemps ! Mars, avril au doux sourire… Victor Hugo

LES FRANÇAIS VOTENT COMME DES CONS

Meilleurs Ouvriers de France

Groupe V, tapisserie d'ameublement

Installé à son compte à Bordeaux, Jérôme Meyzie a gagné sa médaille en présentant un ensemble comprenant paravent, console et pouf, dans l'esprit graphique, plastique et conceptuel de l'école du Bauhaus, mouvement artistique fondé en 1919, interdit par le régime nazi en 1933. Il a travaillé les matériaux dans leur aspect brut (tissage jacquard, cuir, aluminium) pour faire ressortir l'essence même de cette école : formes fondamentales et couleurs primaires. Son œuvre a nécessité 800 h de travail.

L'ACTU

Parfums d'antan

Un projet baptisé Odeuropa vise à inventer la première bibliothèque olfactive consacrée aux effluves disparus. L'objectif est d'identifier puis de recréer des senteurs présentes en Europe entre le XVIe siècle et le début du XXe siècle. De l'évocation de fragrances religieuses, comme le parfum de l'encens, à celle de l'odeur des lampes à huiles en passant par le bouquet des sels utilisés sur les personnes évanouies au XVIIIe siècle ou à l'arôme du romarin d'antan qui était censé protéger de la peste, il s'agit dans un premier temps de dresser l'inventaire le plus complet possible de ces effluves du passé. Puis, les historiens s'intéresseront aux évolutions de la perception de ces senteurs à travers les époques. Enfin, des chimistes et des parfumeurs essayeront de fabriquer ces odeurs pour, à terme, les diffuser dans des musées et des sites historiques. L'objectif est de proposer aux visiteurs une expérience sensorielle inédite pour mieux appréhender une époque précise. Attention, ce programme a aussi prévu de s'intéresser aux remugles de l'histoire…

DICO NOTTO

GOMME, n. f.
Outil de bureau à l'obsolescence programmée.

GRADUATION, n. f.
Ensemble de petits traits placés le long d'une droite à égale distance les uns des autres pour dire si c'est trop ou pas assez.

GRAINE, n. f.
Usine miniature de production végétale.

GRELOTTER, v.
Jouer du grelot dans un orchestre.

GRIGNOTER, v.
Manger en dehors des repas et à l'insu de son diététicien.

Question d'hygiène

L'hygiène (relative) à la cour du Roi-Soleil

Lorsque Louis XIV installe sa cour à Versailles en 1682, tout ce beau monde pratique volontiers la toilette sèche au détriment du bain, limité à un but prophylactique. Concrètement, on se frotte le corps avec une serviette imbibée d'eau tiède ou d'alcool et, si l'on transpire, on se hâte de changer d'habit. Les soins du corps concernant en priorité l'apparence, priorité est donnée aux accessoires : peignes, flacons de cristal, boîtes à poudre, à pommade ou à racines (comme celles de guimauves, utilisées pour se curer les dents)… En revanche, on se lave les mains avant et après les repas (hé oui, déjà !), d'où la présence dans tout le château de nombreux pots à eau avec cuvette de propreté, fontaines, seaux et bassins, en faïence ou en porcelaine.

Soleil
lever : **7 h 23**
coucher : **20 h 24**

Dimanche **3 avril**

Saint Richard – On fête aussi les Nicétas, Sixte, Dick

À la Saint-Richard, comme est fait le 3 est fait le mois.

Charade de position

Je suis un prénom et un nom de onze lettres :

Mes **quatrième**, **huitième**, **neuvième**, **dixième** et **onzième** lettres donnent un outil formé d'une plaque métallique pourvue d'un long manche;

Avec mes **première**, **deuxième**, **quatrième** et **sixième** lettres, je suis un instrument de fumeur;

Avec mes **deuxième**, **cinquième** et **sixième** lettres, je faisais bouillir mes ancêtres;

Avec mes **troisième**, **sixième**, **septième**, **huitième** et **onzième** lettres, je suis la voie que prend un cerf en fuite;

Avec **toutes mes lettres**, j'accompagne Nicolas dans l'émission "Bonne nuit les petits".

PIMPRENELLE – PELLE, PIPE, IRE, MENÉE

LA PERMACULTURE URBAINE

Pour les habitants des villes, la permaculture est-elle un idéal inaccessible ? Nullement ! Il est possible, pratiquement partout, de rejoindre un jardin partagé en permaculture. Mais comment faire dans votre petit jardin urbain individuel ? Comme dans un grand, définissez des zones : près de la maison pour la zone 1, avec par exemple des aromatiques et des légumes fragiles en bacs, un potager en zone 2 et quelques fruitiers en zone 3. Les arbres et les jardins voisins font office de zones 4 et 5. Réduisez drastiquement l'espace dédié aux pelouses. Privilégiez la culture verticale et les bacs, y compris sur les balcons et les fenêtres. Si possible, créez une mare et peut-être un poulailler. Favorisez la vie sauvage en plantant des haies et des arbustes variés, et en installant des nichoirs.

PERMACULTURE

"Pourquoi les gens qui ont un nez rouge au cirque ça fait rire et au bistrot ça fait peur?"

Laurent Baffie

Pêche

Comment régler sa ligne ?

La ligne du pêcheur s'articule autour d'une longueur de Nylon, d'un flotteur indicateur de touches, de plombs et d'un hameçon. Le diamètre du fil qui détermine sa résistance doit être adapté à la taille des poissons convoités, tout comme la taille de l'hameçon. Pour éviter que la ligne se brise à n'importe quel niveau, elle se termine par un bas de ligne long de 10 à 30 cm, légèrement plus fin, qui en constitue la partie cassante. Peu importe la forme du flotteur destiné à signaler la touche, il est équilibré par des plombs qui laissent seule l'antenne dépasser de la surface de l'eau. Il coulisse le long de la ligne ; on le règle de façon à ce que l'hameçon évolue sur ou à proximité du fond. La longueur de la ligne, pour le confort du pêcheur, doit être inférieure de 40 cm de celle de la canne.

Ça s'est passé

Le 3 avril 1922

Joseph Staline devient secrétaire général du Parti communiste de l'Union soviétique. Il restera 30 ans à la tête de l'URSS.

Lundi **4 avril**

Saint Isidore – On fête aussi les Aleth, Platon

Soleil
lever : **7 h 21**
coucher : **20 h 26**

À la Saint-Isidore, qui dîne dort ?

Dis papy c'est quoi ?? et ça c'est quoi ?

Où va l'eau des caniveaux ?

Voilà une question que certains adultes devraient se poser aussi ! L'eau du caniveau s'écoule dans les égouts, qui eux rejoignent une rivière, puis un fleuve, et enfin la mer. Une association environnementale a eu l'idée de coller des stickers sur les plaques d'égouts urbains où l'on peut lire : « Ici commence la mer, ne rien jeter. » Une jolie petite goutte d'eau dans l'océan.

mamie c'est quoi ??

Vélo

Fatale promenade

En 1989, le tenant du titre, Pedro Delgado, doit clore le départ du prologue avec son maillot jaune sur le dos. Lorsque son moment arrive, les officiels sont médusés : l'Espagnol n'est pas là. Le chronomètre est déclenché, et pour rappel, le règlement stipule que les coureurs doivent partir à 2 min d'intervalle. Delgado finit par arriver en trombe avec un retard de 2 min 40 s. La raison de ce retard ? Le candidat au titre pensait avoir le temps d'une petite promenade… Il terminera troisième du Tour, à un peu plus de 3 min.

LE CHIFFRE

1,6

C'est en million d'euros le montant déboursé par un acheteur pour s'offrir… un pigeon voyageur appelé New Kim. Cette somme record a été atteinte lors d'une récente vente aux enchères en ligne consacrée aux volatiles. Deux enchérisseurs chinois opérant sous les pseudonymes Super Duper et Hitman ont fait grimper le prix, le premier des deux l'emportant finalement. Si celui-ci a préféré conserver l'anonymat à l'issue de la transaction, plusieurs spécialistes des courses de pigeons pensent qu'il s'agit d'un riche industriel qui a déjà emporté le pigeon mâle Armando – surnommé le Lewis Hamilton du sport – lors d'une enchère en 2019. D'après eux, New Kim étant une femelle, il est probable que leur propriétaire ait prévu de les faire s'accoupler. Le Belge Kurt Van de Wouver, l'éleveur de New Kim, s'est déclaré « sous le choc » en découvrant la valeur atteinte par sa championne. Particulièrement prisées en Chine depuis quelques années, les courses de pigeons voyageurs ont fait grimper le prix des spécimens élevés en Belgique, pays où ces compétitions sont une tradition depuis des lustres.

VACCINS : LA CONCURRENCE FAIT RAGE

AU MUSÉE

ABBA Museum, Stockholm, Suède

Incarnation de la pop suédoise, le groupe ABBA a désormais son musée, dans la capitale du pays. Situé en plein cœur de Stockholm, accolé au musée du Swedish Hall of Fame – à juste titre –, le site présente les nombreux costumes des membres du groupe, caractérisé par un amour immodéré des pantalons de cuir blanc, et raconte l'histoire de ce phénomène des années 1970. Imaginé à la suite du succès de l'exposition itinérante ABBAWORLD, ce musée propose une immersion poussée dans l'univers du groupe. On pourra, par exemple, danser et chanter avec les hologrammes d'Agnetha, Björn, Benny et Anni-Frid, et même revêtir l'un de leurs costumes – en version numérique…

Mardi **5 avril**

Sainte Irène – On fête aussi les Irna

À la Sainte-Irène, je t'en prie, freine !

Brèves régions

Bas-Rhin/La lumière de Saint-Florent

La collégiale Saint-Florent, qui se trouve dans la commune de Niederhaslach, est surnommée la « petite sœur » de la cathédrale Notre-Dame de Strasbourg. Ses vitraux majestueux sont mis en valeur au moment précis du solstice d'été. L'éclairage permet alors de prendre conscience de leur magnificence au sein de l'architecture subtile du bâtiment.

Quand la réalité dépasse la fiction

Le Terminal

À la suite d'un coup d'État, Viktor Navorski, touriste en visite à New York, se retrouve brusquement apatride et coincé dans l'aéroport JFK. Impossible de quitter les lieux, dans un sens ou dans l'autre. Une absurdité géopolitique racontée par Steven Spielberg et incarnée par Tom Hanks, en 2004. Cette histoire rocambolesque est librement inspirée du périple chaotique de Mehran Karim Nasseri, réfugié iranien devenu sans-papiers à la suite de plusieurs mésaventures administratives. Entre 1974 et 2006, Nasseri a erré en Europe, expulsé successivement de plusieurs pays européens, et a trouvé finalement « asile » à l'aéroport Roissy-Charles-de-Gaulle, à Paris. Victime d'un système administratif kafkaïen, Nasseri a vécu plusieurs années dans le Terminal 1 de Roissy – il sera d'ailleurs surnommé « Terminal Man », avant de perdre la raison à la fin des années 2000. Outre *Le Terminal*, de Spielberg, son histoire a inspiré *Tombés du ciel*, une comédie française de 1993 avec Jean Rochefort.

Citations

Les hommes préfèrent les blondes parce que les blondes savent ce que les hommes préfèrent.

Marilyn Monroe

SOLUTION : HAIE, SCIE, ON, TERRE, MINE, HAIE, LA, PART, TEE, EAU, BABYFOOT, DENT, LES, VESTE, L, R
(ET SI ON TERMINAIT LA PARTIE AU BABYFOOT DANS LES VESTIAIRES)

Ça s'est passé

Le 5 avril 1722

Découverte de l'île de Pâques, petite île de l'océan Pacifique Sud, par un navigateur néerlandais, Jakob Roggeveen, le jour de Pâques.

FOOTBALL

LE SERVICE AVANT TOUT

En 1905, l'équipe de France dispute deux rencontres, dont une à Bruxelles face à la Belgique qui tourne au cauchemar : la France s'incline 7-0. Le match a débuté avec une bonne heure de retard, la faute à un arbitre qui s'est perdu. Conséquence, Georges Crozier, le portier des Bleus a dû quitter le terrain à la 65e minute pour réintégrer sa caserne, laissant ses coéquipiers à 10. Treize ans plus tard, Carlos Mutti, gardien uruguayen du FC Lyon, s'engage dans la légion étrangère pour défendre la France. Son club atteint la finale de Coupe de France mais, bien qu'autorisé à jouer, Mutti refuse d'y prendre part pour ne pas abandonner son régiment parti au combat. Le FC Lyon s'incline en finale, Mutti meurt pour la France dans la Somme quelques mois plus tard.

Un seul frôlement de manches fait naître l'amour. Proverbe japonais

Étymologie

Chauvin

Nicolas Chauvin, personnage légendaire né au début XIXe siècle, incarne le soldat de l'Empire valeureux, courageux, patriote, bref, le soldat parfait. Il a été mis en scène par différents auteurs de théâtre qui ont tourné en ridicule son patriotisme aveugle et naïf dans des vaudevilles aujourd'hui tombés dans l'oubli. Son nom, lui, est toujours actuel puisque, après avoir qualifié une personne manifestant un patriotisme fanatique, on l'emploie à propos de quelqu'un qui admire son pays de façon très partiale.

BINERO FUTOSHIKI

La grille suivante est basée sur le binero et le futoshiki. Les règles sont identiques à celles du binero à la différence qu'aucun chiffre n'apparaît dans le casse-tête. Les chiffres (0 et 1) sont remplacés par les signes "plus grand que" ou "plus petit que" (comme au futoshiki) entre les cases.

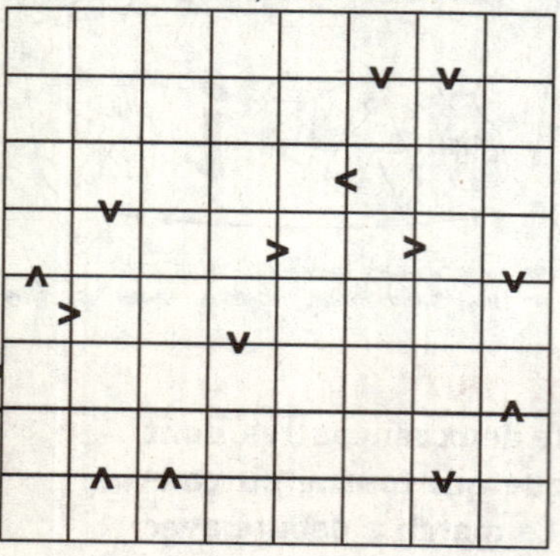

Solution page 127

LES ÉMISSIONS RADIO MYTHIQUES

Le jeu des mille francs

« Chers amis, bonjour ! » C'est ce qu'on pouvait entendre du lundi au vendredi à l'heure du déjeuner sur France Inter entre 1965 et 1995. D'abord créée en 1958 par Henri Kubnick sous le nom de 100 000 francs par jour, l'émission a connu plusieurs animateurs depuis son lancement, mais un nom et une voix lui sont particulièrement associés : ceux de Lucien Jeunesse qui, pendant 30 ans, a sillonné les routes de France pour poser des questions bleues, blanches et rouges à des milliers de candidats. Pour conclure l'émission, l'animateur usait de formules devenues culte, telles que : « À demain, si vous le voulez bien ! » et « À lundi, si le cœur vous en dit ! ». Lorsqu'en juillet 1995, âgé de 77 ans, il décide de prendre sa retraite, France Inter envisage d'arrêter le jeu, mais se ravise devant l'abondant courrier de protestation. La station propose alors à Louis Bozon, puis à Nicolas Stoufflet, de succéder à Lucien Jeunesse pour animer le plus ancien jeu radiophonique français encore diffusé et rebaptisé, il y a 20 ans, Le Jeu des mille euros.

FOLLES RUMEURS

Le King est vivant

Pour commencer, les circonstances du décès sont troubles (overdose ? suicide ?). Ensuite, il y a le témoignage d'une cousine qui affirme que l'homme qu'elle a vu mort dans le cercueil n'était pas Elvis Presley (ses mains étaient bien trop fines). Et puis, à partir de là, les faits s'accumulent : un homme du nom de John Burrows (un pseudonyme souvent utilisé par Elvis) a été vu en train d'acheter un billet pour l'Argentine ; un million de dollars ont étrangement disparu du compte du chanteur ; des bijoux et des effets personnels restent introuvables… La rumeur enfle : on dit qu'Elvis en aurait eu assez de la célébrité et aurait mis en scène sa propre mort pour aller se la couler douce au soleil. Pourquoi pas ?

Jeudi 7 avril

Saint Jean-Baptiste de La Salle – On fête aussi les Hégésippe

Les sondages, c'est pour que les gens sachent ce qu'ils pensent. Coluche

CHIFFRES ET EXPRESSIONS

Être à cent lieues de penser cela

Avant la Révolution, le système métrique n'existait pas et la distance était mesurée en lieues, chacune équivalant à environ 4,8 km. Inutile de rappeler également qu'à l'époque il n'y avait que les pieds ou les chevaux pour se déplacer. Alors, il était quasiment impossible de savoir ce qui se passait « à cent lieues » de là. C'était plus qu'étranger, c'était inimaginable !

CHIFFRES ET SYMBOLIQUES

Pierres précieuses

Les « bijoux de diamants » de Coco Chanel

La crise économique de 1929 n'ayant pas épargné les entreprises de bijouterie, Coco Chanel a su profiter des stocks des joailliers et a lancé en 1932 « Bijoux de diamants », son unique collection de bijoux, devenue depuis légendaire. C'est dans les salons de son appartement privé, rue du Faubourg-Saint-Honoré, qu'elle imagina une mise en scène surprenante : sur des mannequins de cire, des montures allégées à l'extrême, des formes épurées… On y trouvait déjà tous les symboles de Coco, à commencer par les étoiles filantes et les comètes, la lune et la croix de Malte. La reine des bijoux fantaisie désacralisa ainsi le diamant.

LES IDÉES REÇUES

LA GRANDE MURAILLE DE CHINE EST VISIBLE DEPUIS LA LUNE

Certes, selon l'astronaute Leroy Chiao, la Grande Muraille de Chine est visible depuis l'espace, à l'œil nu, mais la station spatiale internationale où il a séjourné durant six mois est sur une orbite beaucoup plus proche de la Terre que ne l'est la Lune. Depuis notre satellite naturel, même des autoroutes bien plus larges que la muraille ne peuvent pas être distinguées sans instrument optique. Pour faire une comparaison simple, contempler la Grande Muraille depuis la Lune équivaut à admirer un cheveu de 20 cm depuis un observatoire distant de 13 km… Au risque de faire de la peine à nos amis Chinois, leur Grande Muraille n'est pas plus visible depuis la Lune que n'importe quel autre monument construit par l'être humain.

LES ÉTUDIANTS RETROUVENT LEURS FAMILLES PENDANT LES GRANDES VACANCES

L'ACTU

MST en ligne

Selon une étude de l'OMS, les sites de rencontres en ligne favorisent les infections sexuellement transmissibles. Des applications comme Tinder ou Meetic, aujourd'hui utilisées par des centaines de millions de personnes à travers le monde, sont particulièrement pointées du doigt, accusées de modifier les pratiques sexuelles en rendant le sexe aussi facilement accessible qu'une pizza à domicile. Cette mise en garde rejoint les conclusions d'une étude statistique récemment réalisée par les autorités sanitaires américaines, indiquant une très forte augmentation des cas de syphilis, de gonorrhée et d'infection au VIH depuis cinq ans, particulièrement chez les utilisateurs de sites de rencontres. Petite précision : ce sont bien les rapports sexuels non protégés avec des partenaires multiples rencontrés grâce à ces applications qui exposent à des infections transmissibles, et non l'utilisation des applications elle-même !

Vendredi **8 avril**

Soleil
lever : **7 h 13**
coucher : **20 h 32**

Sainte Julie – On fête aussi les Constance, Devan

À la Sainte-Julie, jalouse, enjôleuse et si jolie...

Musique

Une bonne claque au racisme

L'action se déroule au début des années 1950. Juliette Greco fréquente un restaurant, fleuron du chic parisien. Elle est une habituée, chouchoutée par tout le personnel, jusqu'au jour où elle vient accompagnée de son amoureux, un musicien noir. Le maître d'hôtel, d'habitude si affable, lui refuse l'entrée. Juliette lui demande alors sa main, crache dedans et tourne les talons aussi sec. Au fait, l'ami en question s'appelait Miles Davis...

Citations

Seuls les idiots n'ont pas de doute. – Vous en êtes sûr ? – Certain.

Courteline

Brèves régions

Aisne/Alexandre Dumas à Haramont

Alexandre Dumas a vécu sa prime enfance dans l'Aisne. Il en a gardé de beaux souvenirs couchés sur le papier : « Sur les limites du département de l'Aisne, à l'ouest de la petite ville de Villers-Cotterêts, engagées dans la lisière de cette magnifique forêt qui couvre vingt lieues carrées de terrain, ombragées par les plus beaux hêtres et les plus robustes chênes de toute la France, peut-être, s'élève le petit village d'Haramont, véritable nid perdu dans la mousse et le feuillage, et dont la rue principale conduit par une douce déclivité au château des Fossés, où se sont passées deux des premières années de mon enfance. »

MA MÈRE L'OIE

T	T	T	N	E	M	🪿	B	A	U	D	R	🪿	N
L	N	U	N	F	C	O	U	R	B	E	V	🪿	T
J	E	T	Q	E	O	J	J	C	🪿	V	S	N	N
T	M	🪿	T	T	M	U	W	O	O	M	E	E	E
N	N	M	N	M	N	🪿	D	U	X	M	E	P	M
E	O	E	E	🪿	Y	E	V	R	🪿	M	L	N	🪿
M	L	N	M	E	R	🪿	M	R	🪿	O	T	N	T
🪿	H	T	🪿	🪿	M	P	D	🪿	U	M	J	B	A
L	E	L	T	E	T	U	M	V	B	O	E	P	H
P	I	T	N	Q	O	O	🪿	A	O	M	F	N	C
E	R	T	I	P	H	M	C	S	L	E	A	N	T
D	🪿	🪿	O	D	E	V	🪿	M	E	N	T	L	T
O	S	R	J	N	E	T	T	🪿	M	E	N	T	F
C	F	L	T	N	E	M	🪿	D	R	E	V	K	B

Solution page 125

Trouvez les mots contenant le mot OIE cachés dans la grille ci-dessus. Le groupe de lettres OIE a été remplacé par l'image du volatile. Vous les trouverez soit horizontalement, soit verticalement ou encore en diagonal ; ils peuvent se lire de gauche à droite ou de droite à gauche. Tous les mots de la liste sont distincts dans la grille, c'est-à-dire qu'aucun mot n'est complètement inclus dans un autre.

ABOIEMENT
BAUDROIE
BROIEMENT
CHATOIEMENT
CÔTOIEMENT
COURBEVOIE
COURROIE
DÉPLOIEMENT
DÉVOIEMENT
FLAMBOIEMENT
FOUDROIEMENT
FOURVOIEMENT
JOIE
JOINTOIEMENT
LAMPROIE
LOUVOIEMENT
NETTOIEMENT
POUDROIEMENT
PROIE
SAVOIE
SOIERIE
TROIE
TUTOIEMENT
VERDOIEMENT
VOUVOIEMENT

Faits divers biologiques

Qui s'y frotte s'y brûle

La squille ou crevette-mante mesure entre 15 et 20 cm et vit au fond des mers chaudes. Elle est dotée d'une vision à 360° qui va jusqu'à l'ultraviolet et de deux appendices ravisseurs capables de frapper à la vitesse d'une balle d'un calibre 22 et qui, au moment du coup porté, provoquent une bulle de vapeur dont la température est supérieure à celle de la surface du soleil. Rien ne semble pouvoir résister à ce super prédateur, sans doute le plus redouté du fond des océans. Vous êtes séduit par ses couleurs chatoyantes ? N'essayez surtout pas d'en adopter une pour la mettre dans votre aquarium, elle ferait exploser les vitres !

Soleil
lever : **7 h 11**
coucher : **20 h 33**

Samedi **9 avril**

Saint Gauthier – On fête aussi les Vadim, Gaucher

On n'apprend pas à nager à un poisson. Proverbe gabonais

DICO NOTTO

GUILLOTINE, n. f.
Machine à raser de trop près pour les gens pressés d'en finir.

HAMSTER, n. m.
Coureur de fond… de cage.

HARCELER, v.
S'adonner à l'art en solitaire.

HERBIVORE, n. m.
Tondeuse écologique.

HÉRITAGE, n. m.
Transmission des biens et fortunes pour les riches,et des dettes et crédits pour les autres.

Citations

La plus belle surprise que l'on puisse faire à sa femme pour son anniversaire, c'est de s'en souvenir.

Michel Galabru

RECETTE — Quiche aux légumes, sans pâte

Pour 6 pers. 20 min de préparation 50 min de cuisson environ

- 4 carottes
- 1 bel oignon
- 1 belle courgette
- 3 œufs
- 15 cl de lait
- 2 cuil. à soupe de crème
- Huile d'olive
- Sel, poivre

Pelez les carottes, l'oignon et la courgette. Coupez en fine julienne les carottes et la courgette. Ciselez l'oignon finement.

Préchauffez le four à 180 °C (th. 6). Dans une poêle, faites chauffer un peu d'huile d'olive et faites dorer l'oignon, puis ajoutez les carottes et la courgette et laissez revenir 5 min.

Préparez l'appareil à quiche : dans un cul-de-poule, battez à la fourchette les œufs, le lait et la crème. Assaisonnez puis incorporez la poêlée à l'appareil.

Versez dans un moule puis enfournez pour 35 à 40 min de cuisson.

Un repas délicieux, léger et sans gluten, à servir avec une salade. Vous pouvez épicer cette recette (cumin, paprika, piment d'Espelette) ou y ajouter une petite poignée de gruyère ou quelques morceaux de chèvre. Un trait de miel rendra aussi la poêlée de légumes plus gourmande.

Bon anniversaire — **Octave Mirbeau**

Non seulement la notoriété d'Octave Mirbeau dépassa en son temps les frontières françaises, mais le romancier eut la chance de connaître de grands succès populaires tout en étant également apprécié et reconnu par les avant-gardes littéraires et artistiques. Né le 16 février 1848 dans le Calvados, libertaire et anarchiste, il devint vite politiquement incorrect dans l'univers du Second Empire. Ardent dreyfusard, il rédigea en 1898 le texte de la pétition des intellectuels et participa à de multiples réunions publiques à Paris et en province, au péril de sa vie. Malheureusement très diminué physiquement dès le début de sa soixantaine, affecté par le traumatisme de la Première Guerre mondiale, il mourut le 16 février 1917, à l'âge exact de 69 ans. De nombreuses rues et établissements scolaires portent aujourd'hui son nom.

Dimanche **10 avril**

Saint Fulbert – On fête aussi les Térence

Soleil
lever : **7 h 09**
coucher : **20 h 35**

Au dimanche des Rameaux, les grenouilles tournent crapauds. Proverbe français

CHANSONS VOYAGEUSES

Le Plastic, c'est fantastique

On n'aurait pas misé un kopeck sur Ça plane pour moi, une chanson pastiche apparue au cœur de l'hiver 1977 avec un chanteur inconnu répondant au nom étrange de Plastic Bertrand. Ce fut pourtant un succès, y compris aux États-Unis, avec huit millions d'exemplaires vendus ! Le tube a depuis été repris maintes et maintes fois par des artistes français (Zazie, Christophe Willem) ainsi qu'américains, canadiens, anglais, belges, suédois et allemands. Comme quoi…

Cultures fruitières

La pêche Grosse Mignonne

Au XVIIe siècle, on l'appelait « pesche veloutée », ou simplement « mignonne », mais elle a reçu beaucoup d'autres noms, notamment en Angleterre et en Hollande. Jean Merlet, écuyer du roi, affirme qu'elle « a beaucoup d'eau et de goust, et passe pour une des meilleures et plus rares pesches ». De fait, la grosse mignonne a été la vedette des vergers du roi Louis XIV, qui raffolait de ce fruit tendre (il avait de mauvaises dents !), et des « murs à pêches » de Montreuil, ces vastes cultures en espaliers qui ont alimenté les halles de Paris jusqu'à la fin du XIXe siècle. La grosse mignonne est une pêche volumineuse à peau fine, jaune-vert clair, se teintant fortement de rouge au soleil. Sa chair blanche est fine, fondante et juteuse, très parfumée. Elle arrive à maturité à la mi-juillet.

Mots oubliés

Concolore

Nous avons curieusement oublié le terme « concolore » qui qualifie toute chose qui a une couleur uniforme. Sans doute le simple mot « uni » a-t-il pris le dessus dans le langage courant, confinant le mot originel au langage savant, notamment en mycologie où l'on parle de champignons « au pied concolore ». L'entomologie évoque également des « familles d'insectes concolores ».

Le bon mot de l'histoire

« Courage, on les aura ! »

Général Philippe Pétain, 9 avril 1916

Alors que les offensives allemandes sur la Meuse ont été repoussées au prix de très lourdes pertes, le général Pétain rédige un communiqué qui va entrer dans la légende de Verdun. Récemment nommé au commandement du secteur, il écrit : « Fantassins, artilleurs, sapeurs, aviateurs de la IIe armée ont rivalisé partout d'héroïsme. Honneur à tous. Les Allemands attaqueront sans doute encore. Que chacun travaille et veille pour obtenir le même succès qu'hier. Courage ! On les aura ! » La dernière formule va devenir un leitmotiv dans les tranchées. Elle sera également utilisée comme slogan afin d'inciter les Français à participer à l'emprunt national pour financer la guerre.

Soleil
lever : **7 h 07**
coucher : **20 h 36**

Lundi 11 avril

Saint Stanislas – On fête aussi les Gemma, Stanley, Godeberte

À la Saint-Stanislas, doucement les basses !

BIÈRES

Brune bio au seigle de Cerdagne de la brasserie Cap d'Ona

Cette bière brune des Pyrénées-Orientales arbore une belle robe acajou et une mousse onctueuse. Ronde et gourmande, elle révèle des saveurs de grains de café torréfiés, de malts grillés et de fruits secs. Une belle promesse pour l'apéro, non ? Récompensée aux World Beer Awards 2020 (Best speciality Rye), au Meiningers International Craft Beer Award 2019 (or) et au World Beer Challenge 2018 (or), elle se boit idéalement entre 6 et 8 °C.
Alcool : 7,5 % vol.

L'ACTU

Patrimoine gastronomique

C'est un des plats préférés des Français après le magret de canard et les moules frites : le couscous a fait son entrée au patrimoine mondial immatériel de l'Unesco. Sa candidature était portée par le Maroc, l'Algérie, la Mauritanie et la Tunisie, une alliance de circonstance entre quatre pays qui ne cessent d'affirmer leurs différences, voire leur supériorité dans l'élaboration de ce mets ancestral. En 2016, l'Algérie avait tenté de porter seule le dossier, ce qui avait provoqué l'ire des autres pays. Cette fois, tous se sont mis d'accord pour soutenir le projet et présenter un dossier commun intitulé : « Savoirs, savoir-faire et pratiques liés à la production et à la consommation du couscous. » Si le rapport souligne que, dans les quatre pays, « femmes et hommes, jeunes et moins jeunes, sédentaires et nomades, issus du monde rural ou citadin ainsi que de l'émigration s'identifient à ce mets emblématique », il ne donne aucune recette, ce type d'information hautement sensible étant susceptible de faire voler en éclat la fragile unité culinaire du Maghreb.

La gaffe de l'Histoire
Cours du 11 novembre

Pour se mettre en scène sur les réseaux sociaux, la chanteuse Amel Bent a pris des photos de ses enfants se préparant pour aller à l'école et de leur arrivée devant une porte close. Elle avait oublié que c'était le 11 novembre : « J'ai honte, j'ai honte… J'ai oublié que c'était férié, je ne comprenais pas pourquoi la gardienne ne m'ouvrait pas la grille, personne ne me répondait. »

PROBLÈMES DE MATHS DU CERTIFICAT D'ÉTUDES

Dans un village, une boulangerie et une pâtisserie vendent toutes deux des viennoiseries. À la fin d'une journée, il reste 6 croissants, 8 pains au chocolat et 14 chaussons aux pommes à la boulangerie; 9 croissants, 5 pains au chocolat et 18 chaussons aux pommes à la pâtisserie. **Quelle est la différence de pourcentage pour chaque type de viennoiserie invendue entre les deux commerces ?**

Solution : Total de viennoiseries invendues à la boulangerie : 6 + 8 + 14 = 28
Croissants invendus : 6 ÷ 28 = 0,2143 (soit 21,43%)
Pains au chocolat invendus : 8 ÷ 28 = 0,2857 (soit 28,57%)
Chaussons aux pommes invendus : 14 ÷ 28 = 0,5 (soit 50%)
Total de viennoiseries invendues à la pâtisserie: 9 + 5 + 18 = 32
Croissants invendus : 9 ÷ 32 = 0,2813 (soit 28,13%)
Pains au chocolat invendus : 5 ÷ 32 = 0,1562 (soit 15,62%)
Chaussons aux pommes invendus : 18 ÷ 32 = 0,5625 (soit 56,25%)
Différence de pourcentage pour les croissants : 28,13 – 21,43 = 6,7%
Différence de pourcentage pour les pains au chocolat : 28,57 – 15,62 = 12,95%
Différence de pourcentage pour les chaussons aux pommes : 56,25 – 50 = 6,25%

Mardi 12 avril

Saint Jules – On fête aussi les Zénon

Soleil
lever : **7 h 05**
coucher : **20 h 38**

À la Saint-Jules, tu veux vraiment en adopter un ?

Brèves régions

Seine-et-Marne/Musée de la Vie d'autrefois

Viviane de Witt a toujours eu la passion des objets anciens. Depuis l'enfance, elle collectionne les objets du passé et c'est tout naturellement qu'elle est devenue commissaire-priseur à Drouot. En 2017, elle a ouvert aux Ormes-sur-Voulzie, à une dizaine de kilomètres de Provins, le musée de la Vie d'autrefois qui rassemble 60 000 objets présentés en 101 saynètes de vie de 1800 à 1950.

PARADIS D'ARTISTES

Tahiti

Le 4 avril 1891, à 43 ans et au sommet de sa gloire, Paul Gauguin s'embarque pour Tahiti. L'artiste, déjà à l'origine d'une première révolution picturale, est en quête de nouvelles sensations. En Polynésie, il s'intéresse à la culture maori et réalise ses premières œuvres inspirées de l'art traditionnel. Il rencontre Teha'amana, qui devient sa compagne et son modèle. À la recherche d'une pureté créative et rejetant les contraintes du réalisme occidental, Gauguin privilégie la couleur, les formes simplifiées, l'absence de perspective. De retour en France deux ans plus tard, ses toiles océaniennes sont mal accueillies par la critique. Pourtant, ces œuvres entre symbolisme et primitivisme auront bientôt une influence déterminante sur l'art du XXe siècle. À travers elles, Gauguin apparaît comme le précurseur de l'Art nouveau.

HEUREUX MARIAGES

Est-ce parce qu'elle se prénommait Lise que mademoiselle Paradis choisit de convoler en justes noces avec Marc Page? Tous deux vécurent au Canada, leur jardin d'Eden, où ils purent dévorer non pas le fruit défendu mais de nombreux livres. Non loin de là, dans l'Ontario, Anna Gram habitait une jolie petite maison obtenue, sans jouer sur les mots, avec son mari Jacob Troyer...

FOOTBALL

BUTEURS QUI COMPTENT

Ils sont 344 à avoir connu la joie de marquer un but en portant le maillot de l'équipe de France. Parmi ces buteurs, certains ont su choisir leur moment pour marquer l'histoire de la sélection. C'est le cas, par exemple, d'Emmanuel Petit qui, en inscrivant le troisième but de la finale de la Coupe du monde 1998 face au Brésil, est devenu l'auteur du millième but des Bleus. Dans ce club fermé des buteurs qui comptent, on trouve ainsi Louis Mesnier, qui a ouvert la série en 1904, Édouard Crut, l'homme du centenaire, ou encore Maryan Wisniewski, auteur du 500e. Dernier en date, Antoine Griezmann a inscrit le 1500e but de l'histoire de la sélection nationale face à l'Islande. L'occasion pour le champion du monde d'offrir son cadeau d'anniversaire à une fédération qui célébrait alors son centenaire.

Mercredi **13 avril**

Sainte Ida – On fête aussi les Karadeg

Avril fait la fleur. Mai en a l'honneur. Proverbe français

Mots oubliés

Conglutiner

Quand on l'entend, le verbe « conglutiner » nous est étranger et compréhensible à la fois. On pense légitimement qu'il est proche d'« agglutiner » et pourtant il insiste sur la jonction qui assemble des éléments. Dans l'étymologie de « conglutiner », il y a en effet clairement la présence de la matière visqueuse qui réunit deux corps. Il s'agit de faire adhérer par viscosité.

L'humanité en chiffres

9 millions

La pollution est devenue l'une des principales causes de décès dans le monde. En effet, selon l'*European Heart Journal*, les particules fines seraient à l'origine de près de 9 millions de morts prématurées chaque année. C'est davantage que le tabac qui tue 7,2 millions de personnes par an. Si la cigarette est un fléau, passer à des modes de transport non polluants est une urgence.

PROUESSES D'OISEAUX

LE FAUCON PÈLERIN

Frightful est un faucon pèlerin qui détient le record de vitesse pour les oiseaux et pour toutes les créatures. Il a en effet été chronométré à 389 km/h par le fauconnier Ken Franklin. Il peut accomplir cette performance quand il se met en piqué pour se saisir d'une proie en vol : il descend alors à la verticale, bec vers le bas et ailes repliées – on dirait une bombe. Ce faucon est idéalement équipé pour la chasse et le repérage des proies. Il est doté d'une vue particulière, qui mobilise près de la moitié du volume de son cerveau. Ses deux vues latérales lui permettent de distinguer un oiseau en vol à plusieurs kilomètres et grâce à sa vue frontale, il perçoit un nombre d'images par secondes très élevé, un atout majeur pour suivre une proie à plus de 350 km/h !

ÇA C'EST FAITS DIVERS

Papy braqueur contre Scotland Yard

Michael Seed, surnommé « Basil », doit rembourser au plus vite l'équivalent de 6,6 millions d'euros. Faute de quoi Scotland Yard a indiqué que le sexagénaire écoperait de sept années de prison supplémentaires. Le malfrat a déjà été condamné à dix ans de réclusion en 2019 et pourrait ne pas retrouver la liberté avant ses 75 ans, comme certains de ses complices du gang des « papys braqueurs », auteurs de l'un des cambriolages les plus retentissants de l'histoire récente britannique. En 2015, en plein week-end de Pâques, Basil et ses acolytes se sont introduits dans la salle des coffres du Hatton Garden Safe Deposit à Londres et ont vidé 73 coffres-forts. Il a fallu trois ans aux enquêteurs pour coincer toute la bande, des cambrioleurs expérimentés qui avaient tous au moins 55 ans. Basil, considéré comme le cerveau, a été condamné à la peine la plus lourde. Laquelle va donc très certainement s'accroître, car Scotland Yard a fait les comptes : plus d'un tiers de la somme s'est volatilisée...

La bonne blague

Ha! Ha! Ha! Ha! Ha! Ha! Ha! Ha! Ha!

Pour frimer devant ses collègues, un trader gare sa Porsche flambant neuve devant sa banque. Mais, au moment où il sort de son bolide, un camion arrive à toute vitesse et arrache la portière. Fou de rage, le trader se jette sur son smartphone pour appeler la police. Une patrouille arrive rapidement sur place. Avant même qu'un agent ait pu lui poser une question, le type se met à hurler :

« Ma Porsche est fichue. Même si je remplace la portière, ce ne sera plus jamais la même ! Elle est foutue, foutue ! »

Alors qu'il commence à se calmer, le policier hoche la tête et lui dit :

« C'est vraiment incroyable à quel point les gens comme vous sont exclusivement matérialistes. La seule et unique chose qui vous occupe l'esprit, c'est l'état de votre Porsche...

– Évidemment, répond l'autre d'un air agacé, à quoi d'autre voudriez-vous que je pense ? !

– Eh bien, lui rétorque l'agent, vous n'avez même pas remarqué que votre avant-bras gauche a lui aussi été arraché par le camion.

Horrifié, le trader regarde son bras et se met à hurler :

– Oh nooooooooooooooon, ma Rolex ! »

ALMANACH VERMOT 2022

Jeudi **14 avril**

Saint Maxime – On fête aussi les Ludivine, Donan, Tiburce

Soleil
lever : **7 h 01**
coucher : **20 h 41**

À la Sainte-Maxime, on se paye ta frime !

MOTS FLÉCHÉS

Raccompagnerons / Oscilla
Bénéfice / Toxique
Ordre d'exécution / Habituel
Ville sainte
Cabriolet / Hélium
Vérifié / Fait la roue
Bouche un trou
Arrêter
Prophète / Remue l'écorce
Convia / Séparation
Donne l'ordre de sauter / Zinc ou poisson
Souvent doublé / Évoluai
Donne chaud / Dérida
Bien mal dit / Souffrir
Histoire d'amour
Nid de martinais / Fit des détours
Lit de pierres / Demi sommeil
Célébrité / Technique d'impression
Pierre de taille / Somme de cesser
Extrémité / Enlève
Sent / Ennuyeux
Inonda / Élément radioactif
Essence du Midi / Trou d'air
Fut sceptique
Finit en chanson / Castor ou Pollux
Petite pinte
C'est une galère
Bugle / À lui
Un peu de calcium / Mépris des convenances
Donne des bleus / Muscle
Jeu de scène / Rendre bête
Un nuage / Montée de gaz
Passe sous la porte / Licencieux
Essences / Nourriture
Drap ou chair
Presque rien / Virage alpin
Guide / Gaz naturel
Repassai / Aber
Roulés dans la farine
Agilité / Propulsé
Imitai / Ville du Proche-Orient
L'eau du bar
Retenu
Vécus

SOLUTION PAGE 126

Vendredi 15 avril

Soleil
lever : **6 h 59**
coucher : **20 h 42**

Saint Paterne – On fête aussi les Basilice, César

Une mauvaise action court plus vite que le vent. Proverbe japonais

Randonnées

LE TOUR DE BELLE-ÎLE-EN-MER, MORBIHAN

C'est l'un des plus beaux défis à se lancer en terre bretonne : accomplir à pied le tour de Belle-Île en quatre jours (85 km). À raison d'une vingtaine de kilomètres par jour, on apprécie la grande beauté de cette île aux paysages variés. Située au large de Quiberon dans le Morbihan, l'île n'usurpe pas sa réputation de petit paradis. Des aiguilles de Port Coton à Sauzon, puis le long des falaises de Locmaria, chaque recoin de l'île réserve une surprise pour qui sait regarder.

L'histoire des dictionnaires

Dictionnaire étymologique de la langue françoise de Ménage

Gilles Ménage (1613-1692) publie en 1650 un premier ouvrage intitulé *Les Origines de la langue françoise*, dans lequel les mots sont classés par ordre alphabétique. On considère que c'est le premier dictionnaire entièrement rédigé en français : il n'y a plus de trace de latin. Mais c'est la 2e édition considérablement enrichie (faisant mention de *dictionnaire* dans son titre), parue en 1694 après la mort de l'auteur, qui est restée célèbre dans le monde de la lexicographie.

Rétro Vermot

Au sommet d'une poubelle fort pleine, un chat s'était couché parmi des papiers et surveillait le monde avec philosophie.
– Regarde, maman ! s'écria une petite fille. Quelqu'un a jeté un chat qui est encore en bon état.

L'ACTU

Le vacarme adoucit les singes

En Finlande, des chercheurs ont voulu savoir quels étaient les sons préférés des singes du zoo de Korkeasaari, à Helsinki. Pour y parvenir, l'équipe du professeur Ilyena Hirskyj-Douglas a équipé leur enclos d'un tunnel sonorisé doté de capteurs. Les singes pouvaient choisir parmi une liste de bruits (circulation, nature, pluie, musique...) celui qu'ils préféraient et les scientifiques ont constaté, à leur grand étonnement, qu'ils optaient en priorité pour les sons du trafic automobile ! Les experts ont pu constater que le vacarme de la circulation avait un effet apaisant sur ces animaux, que ceux-ci se chamaillaient moins en les écoutant et dormaient même beaucoup mieux. Pour expliquer ce phénomène, les chercheurs ont avancé l'hypothèse que ces bruits ressemblent aux grincements, sifflements et autres cris avec lesquels les singes communiquent à l'état naturel. La même équipe prévoit d'installer prochainement des écrans dans le tunnel pour que les primates puissent choisir leurs images préférées. On peut craindre le pire…

Samedi **16 avril**

Saint Benoît-Joseph – On fête aussi les Padern, Druon, Galina

Soleil
lever : **6 h 57**
coucher : **20 h 44**

En avril, cesse de te zieuter l'nombril !

Ça s'est passé

Le 16 avril 1922

Naissance de Boby Lapointe dans l'Hérault. Ce chanteur est connu pour ses chansons truffées de calembours, contrepèteries et autres jeux de mots et figures stylistiques.

La dictée du mois Dilemme derrière la porte

La voiture partit au galop de deux vigoureux chevaux flamants et emporta les fugitifs. Rosa les suivit jusqu'à ce qu'ils eussent tourné l'angle de la rue. Alors elle rentra fermée la porte derrière elle et jetta la clef dans un puit. Ce bruit, qui avait fait présentir à Rosa que le peuple enfonçait la porte, était en effet celui du peuple, qui, après avoir fait évacuer la place de la prison, se ruait contre cette porte. Si solide quelle fût, et quoique le geôlier Gryphus, il faut lui rendre cette justice, se refusa obstinément d'ouvrir cette porte, on sentait qu'elle ne résisterai pas longtemps, et Gryphus, fort pâle, se demandait si mieux ne valait pas ouvrir que briser cette porte.

Alexandre DUMAS, La Tulipe noire, *1850.*

flamands, fermer, jeta, puits, pressentir, qu'elle fût, refusât, résisterait

TENDANCE : LE VIN VEGAN

ANIMAUX DE BD – HOBBES

Inspiré d'un philosophe du XVIIe siècle, Hobbes est un tigre en peluche... ou réel. Tout dépend du point de vue : celui de Calvin, enfant solitaire bourré d'imagination, ou celui de ses parents. L'humour du comic strip de Bill Watterson (créé en 1958) joue sur le clash entre la vision d'un enfant et celle des adultes. Qui a raison ? Hobbes illustre l'opposition. Il joue au tigre féroce en bondissant sur Calvin, mais peut aussi être tendre. En outre, il a du goût pour les filles et adore le thon !

GLACIERS DU MONDE

Glacier Ngozumpa, Népal

Au carrefour de la Chine, du Tibet et du Népal, le glacier Ngozumpa se situe dans la chaîne de l'Himalaya, au pied de la sixième montagne la plus haute du monde (8201 m), le mont Cho Oyu. Long de 36 km, Ngozumpa est le plus long glacier de l'Himalaya. Toutefois, il tend à se réduire chaque année. En effet, sous l'effet de son poids et du réchauffement climatique, il fond inexorablement, transformant sa base en immense lac nommé Ngozumpa Spillway (déversoir). D'ici une vingtaine d'années, ce lac pourrait atteindre 100 m de profondeur et menacer les villages sherpas installés dans la vallée. Les pentes du glacier sont couvertes de roches, ce qui permet aux trekkeurs les plus aventureux de les gravir. Du sommet, on aperçoit d'autres lacs formés par la glace fondue et logés dans les cavités du glacier.

Dimanche 17 avril

Soleil
lever : **6 h 55**
coucher : **20 h 45**

Saint Anicet – On fête aussi les Anicette, Marianne

Sitôt qu'un autre, vient à Pâques limaçon. Proverbe français

Brèves régions

Manche/Meuh Cola

Alternative au célèbre soda d'outre-Atlantique, le Meuh Cola est une boisson rafraîchissante, sans caféine, sans acide phosphorique et à base de sucre de canne équitable. Ce soda conçu en Normandie est issu de l'agriculture biologique et possède un agréable goût citronné original. Fabriqué à Saint-Pair-sur-Mer (Manche), le Meuh Cola est une des productions agroalimentaires d'avenir du département.

Charade classique

Mon premier est une route romaine,

Mon deuxième est un titre de noblesse,

Mon troisième est un verre de bière,

Mon quatrième est la partie d'un tout,

Mon tout est un pont français.

VIADUC DE MILLAU (VIA – DUC – DEMI – LOT)

Solution mots mêlés [p. 116]

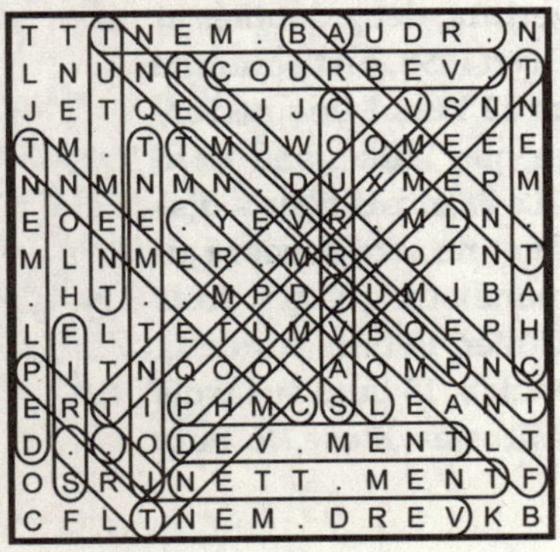

Bibliophiles

Qui a tué Roger Ackroyd ?, Pierre Bayard (Minuit, 1998)

Trichons : ce n'est pas un roman, mais un essai, d'un universitaire sérieux, réputé qui plus est. Mais il demande, pour l'apprécier pleinement, de relire Le Meurtre de Roger Ackroyd d'Agatha Christie, une des plus fameuses énigmes de la reine du crime puisque l'assassin est le plus étonnant qui soit : le… non, ne révélons rien ! L'important est que Pierre Bayard refait l'enquête et parvient à démontrer que la romancière britannique s'est trompée en livrant à la justice impitoyable des lecteurs un innocent, dans un texte aussi passionnant qu'un roman policier. Une formidable leçon de lecture !

Énigmes

Un tueur en série particulièrement cruel joue avec ses victimes. Il met deux cachets et deux verres d'eau sur la table devant eux. L'un des cachets est inoffensif, l'autre contient un violent poison. Il demande à sa victime de choisir un des cachets, puis il prend l'autre et ils l'avalent en même temps en les faisant passer avec de l'eau. À chaque fois la victime meurt. Comment expliquer ce taux de réussite ? La police le suspecte mais n'a aucune preuve contre lui. Pour le contrecarrer, une femme-policier a accepté de jouer le rôle de sa prochaine victime. Elle pense avoir compris son stratagème et est donc optimiste de s'en sortir. Et vous, pourriez-vous vous en sortir ? Avez-vous deviné le secret du tueur ?

Solution : Ce ne sont pas les cachets qui sont empoisonnés mais l'eau. La femme-policier a donc avalé le cachet sans eau.

Lundi **18 avril**

Saint Parfait – On fête aussi les Panthéa, Ursmer

Soleil
lever : **6 h 53**
coucher : **20 h 47**

Pour la Saint-Parfait, qu'est-ce que vous m'offrez ?

5 GRANDES INSTITUTIONS FRANÇAISES MÉCONNUES

Ifremer – Institut français de recherche pour l'exploitation de la mer

Et si les différences de température dans l'océan, entre la surface et les profondeurs, permettaient de produire de l'énergie ? Voici l'une des grandes recherches menées actuellement par l'Ifremer. Créé en 1984, cet établissement public à caractère industriel et commercial (EPIC) est rattaché aux ministères de l'Environnement, de l'Énergie et de la Mer ainsi que de l'Enseignement supérieur et de la Recherche. Composé de cinq grands centres de recherche, à Nantes, Brest, Boulogne-sur-Mer, La Seyne-sur-Mer et Tahiti, et de 25 stations d'observation, cet organisme étudie les potentiels maritimes en matière d'énergie, mais surveille aussi la santé du milieu marin et côtier, notamment sur le plan des productions aquacoles et des ressources halieutiques. Ces deux grandes activités, exploiter les ressources de l'océan de manière responsable et protéger certaines zones marines, découlent de la formation d'origine de l'Ifremer, née de la fusion du Centre national pour l'exploitation des océans et de l'Institut scientifique et technique des pêches maritimes. Les travaux réalisés par les chercheur de l'Ifremer sont en accès libre sur les archives Archimer.

L'humanité en chiffres

73 ans

Bonne nouvelle : nous vivons de plus en plus longtemps ! L'espérance de vie est de 73 ans en moyenne dans le monde, selon l'INED, alors qu'elle n'était que de 52,57 ans en 1960. En moyenne, pour les hommes, elle est actuellement de 70,39 ans et de 74,87 ans pour les femmes. Elle est de 81 ans en Europe et de 83 ans en France. Profitons de ces années gagnées !

Solution mots fléchés [p. 122]

[p. 122]

	R		A		M		A		B		R	
T	A	N	G	U	A		C	H	O	P	E	R
	M	O	I	S	E		R	E	G	A	L	A
S	E	C	O	U	S	S	E		H	O	U	P
	N	I		E	T	E		B	E	N		I
D	E	V	E	L	O	P	P	A	I		R	E
	R	E	G		S	T	A	R		R	O	C
D	O		A	B	O	U	T		H	U	M	E
	N	O	Y	A		M	I	M	O	S	A	
A	S	T	A	T	E		R	O	L	A	N	D
		E		I	V	E		C	A		C	O
P	T		S	K	E	T	C	H		P	E	U
	R	A	I		N	O	Y	E	R	S		T
L	I	B	E	R	T	I	N		I	O	T	A
	R	E	N	E		L	I	S	S	A	I	
P	E	T		P	R	E	S	T	E	S	S	E
	M	I	M	A	I		M	E	R		S	U
J	E	R	U	S	A	L	E	M		F	U	S

FOOTBALL

BUTEURS MONDIAUX

Depuis le but de Lucien Laurent, premier de la série, plus de 1300 joueurs ont connu la joie de célébrer l'un des 2548 buts inscrits lors d'une phase finale de Coupe du monde. Avec notamment un triplé en ouverture, deux doublés et un quadruplé lors du dernier match en 1958, Just Fontaine établit un record fou en inscrivant 13 buts ! Une performance jamais égalée depuis, bien que l'Allemand Gerd Müller s'en soit approché en 1970. Le Français n'aura disputé qu'une seule Coupe du monde et ne sera dépassé au classement général des buteurs mondiaux que par trois autres joueurs : l'Allemand Gerd Müller, 14 buts sur deux Coupes du monde, le Brésilien Ronaldo, 15 buts sur trois Coupes du monde et l'Allemand Miroslav Klose, 16 buts sur quatre éditions.

Soleil
lever : **6 h 51**
coucher : **20 h 48**

Mardi **19 avril**

Sainte Emma – On fête aussi les Garnier, Timon, Verny

Le savon est gris, mais il lave blanc. Proverbe russe

HEUREUX MARIAGES

Est-ce par malchance ou par volonté que Victor Guignol, qui vivait dans la capitale au début du XXe siècle, n'épousa pas Marie Honnette, également Parisienne à la même époque? En tout cas, il semble qu'elle lui préféra un mari dont elle pourrait être fière, qui ne passerait pas son temps à jouer la comédie dans les squares, puisqu'elle se maria le 29 octobre 1902 avec Eugène Honoré.

Solution [p. 114]

1	0	0	1	0	1	1	0
1	1	0	0	1	0	0	1
0	1	1	0	0	1	1	0
0	0	1	1	0	1	0	1
1	0	0	1	1	0	1	0
0	1	1	0	1	1	0	0
1	0	0	1	0	0	1	1
0	1	1	0	1	0	0	1

INJURES ANIMALIÈRES

Tu parles d'un thon, celle-là !

Il n'a certes pas la sveltesse ni la souplesse d'une anguille et il est un peu massif, mais pourquoi ce beau poisson désigne-t-il une femme laide, ou perçue comme telle ? C'est un mystère – un des charmes de l'argot, par ailleurs. Le terme apparaît dans les années 1990 et se répand vite. Quant à l'expression « tête de thon », on la trouve notamment dans Calvin et Hobbes *(de Bill Watterson), mais elle est plus rare. La parenté de « thon » avec un célèbre mot en trois lettres ouvre en outre bien des possibilités, illustrées par une belle chanson, le* Cha-cha-cha des thons *(avec un « t » comme « crocodile » !).*

Dico NOTTO

HIER, adv.
Aujourd'hui avec un jour de retard.

HOMÉOPATHIE, n. f.
Cause de la tristesse de Juliette.

HOMME-SANDWICH, n. m.
Casse-croûte du cannibale.

HOMME-TRONC, n. m.
Personne chargée de la surveillance du tronc des pauvres dans les églises.

HYDRATER (s'), v.
Mettre de l'eau dans son pastis.

L'ACTU

Une cachette culottée

Au Brésil, un sénateur a récemment été suspendu de ses fonctions car soupçonné dans une affaire de corruption. Dans son coffre-fort, la police a découvert 31 000 réaux (environ 5 000 euros) d'origine suspecte. Mais ce qui a entraîné sa chute, ce sont surtout les 18 000 autres réaux qu'il dissimulait dans son caleçon lors de la perquisition à son domicile. Alors que le politicien véreux insistait pour se rendre aux toilettes, un inspecteur a remarqué un étrange renflement rectangulaire au niveau de son entrejambe. Sommé d'expliquer cette bizarrerie anatomique, le sénateur a prétendu qu'il était doté d'un organe de forme très particulière. Pas dupes, les agents ont demandé à vérifier. Devant l'insistance de la maréchaussée, Rodrigues a fini par plonger ses mains dans son caleçon pour en sortir plusieurs liasses de billets. Interrogé par des médias à l'issue de sa garde à vue, l'élu a simplement déclaré : « Je crois en la justice de mon pays et je prouverai que je n'ai absolument rien à cacher. » Plutôt culotté !

Sainte Odette – On fête aussi les Odiane, Théotime

Soleil
lever : **6 h 49**
coucher : **20 h 50**

Avril froid donne pain et vin. Proverbe français

Dis papy c'est quoi ??
et ça c'est quoi ?

Depuis quand est-on obligé d'aller à l'école ?

Le confinement aura montré à tous les parents que l'on ne s'invente pas enseignant. L'apprentissage est obligatoire depuis la loi Jules Ferry du 28 mars 1882. À partir de trois ans et jusqu'à quatorze ans, il faut aller à l'école. Apprendre à lire, écrire, compter, découvrir le monde et se former à un futur métier, toutes ces raisons sont réapparues comme une nécessité, voire une chance, lors de la crise de la Covid-19.

mamie c'est quoi ??

Généalogie Je m'appelle Blanche Hautefeuille

En partant sur la piste des origines de sa grand-mère, ce généalogiste ne savait pas que ses recherches s'arrêteraient très vite. Celle-ci s'appelait Blanche Hautefeuille mais n'a jamais eu de véritable acte de naissance. Son existence commence avec une lettre du commissaire de police du quartier de la Monnaie, à Paris, datée du 7 avril 1878. Il envoie à l'hospice des enfants assistés « un enfant du sexe féminin paraissant âgé de 12 à 13 mois, [...] trouvé sur le trottoir de la rue Hautefeuille en face le n° 19 ». Dans la capeline qui couvrait la petite, un mot indiquait : « Je préfère abandonner mon enfant que de le voir mourir de faim. Elle s'appelle Blanche. » Un bulletin de naissance fut établi le lendemain, donnant une existence légale à « Blanche Hautefeuille ».

EXPRESSIONS IMAGÉES

Être bête comme ses pieds

C'est tout simplement parce qu'ils sont aux antipodes du cerveau que les pieds sont considérés, dans cette expression, comme les parties les plus stupides du corps humain. Ce n'est bien sûr qu'une figure de style, comme quand l'on remplace les pieds par « une oie », « un cochon » ou même « un âne » qui sont loin d'être les plus imbéciles des animaux !

FOOTBALL

DE PÈRE EN FILS

En 2020, Marcus Thuram a connu ses premières sélections en équipe de France, douze ans après la dernière de son père, Lilian. Le jeune attaquant a ainsi rejoint une autre famille, celle des dynasties bleues. Six autres duos ont précédé les Thuram : Roger et Patrice Rio, qui ont tous deux disputé une Coupe du monde avec la sélection nationale, René et Jean Gallice, Guy et Didier Sénac, ce dernier remportant les Jeux olympiques en 1984, René et Pierre Pleimelding, qui ont disputé chacun un match amical, ou encore Julien et Yannick Stopyra, le fils faisant partie de l'épopée mondiale de 1986. Reste enfin les plus capés, Jean et Youri Djorkaeff, 130 sélections à eux deux, un titre mondial et un championnat d'Europe pour le fils. Deux trophées décrochés aux côtés de... Lilian Thuram.

Soleil
lever : **6 h 48**
coucher : **20 h 51**

Jeudi **21 avril**

Saint Anselme – On fête aussi les Anceline, Lancelot

Chance au jeu, pétales de rose, amour de femme et temps d'avril changent à tout instant.
Proverbe anglais

DICO NOTTO

IGLOO, n. m.
Habitat écoresponsable patiemment construit à l'aide de bacs à glaçons.

ILLÉGAL, adj.
Caractère de ce qui était autorisé avant.

ILLOGIQUE, adj.
Principale caractéristique du système capitaliste.

ILLUMINÉ(E), n.
Leader politique/religieux/culturel/économique/industriel (rayer les mentions inutiles).

ILLUSION, n. f.
Promesse électorale.

Pierres précieuses

La tiare préférée de la reine Elizabeth II (d'Angleterre)

Le 20 novembre 1947, la future Elizabeth II et le prince Philip se sont mariés à l'abbaye de Westminster. La somptueuse robe de la mariée était inspirée du *Printemps* de Botticelli et la tiare qu'elle portait lui venait de sa grand-mère, la reine Mary. *Granny's Tiara* était à l'origine ornée de « fleurs de lys en diamants montés sur or et argent » et surmontée de 14 perles, qu'on fit remplacer en 1914 par des diamants. Depuis, non seulement la reine porte régulièrement ce splendide diadème, mais elle s'est même fait représenter avec lui sur les billets et les monnaies britanniques.

VERMOT'ROSCOPE

TAUREAU (21 avril – 21 mai)

Caractère

Observateur, terre à terre, concret, organisé, volontaire, déterminé (voire buté), résistant, travailleur, sensible, sensuel, bon vivant, épicurien, fidèle, fiable, sincère, ambitieux.

Le message des astres

Cette année sera beaucoup plus légère que 2021. Ainsi, vous vous sentirez moins contraint par les événements ou certaines situations qui vous pesaient. Bien que Saturne soit toujours dans le coin, cette dernière ne vous empêchera pas d'avancer dans vos projets. Jupiter vous donnera l'occasion de vous ouvrir à d'autres domaines ou à d'autres relations.

Vie relationnelle

Belle période en perspective qui vous verra faire de nouvelles rencontres et agrandir votre cercle d'amis. Vous prendrez un grand plaisir à échanger et à côtoyer de nouvelles personnes. 2022 sera rythmée par les sorties et les invitations.

Amour

En couple, vous saurez mieux déterminer vos aspirations sentimentales, ce qui vous donnera la possibilité de mieux vivre votre vie conjugale. Pour certains natifs, des événements extérieurs pourraient vous inciter à redéfinir votre quotidien et votre vie à deux. De nouveaux projets, de nouvelles envies verront leur jour sur le premier trimestre 2022.
Célibataire, cette année vous trouve plus indépendant que jamais. Pour certains, vous clôturez définitivement un chapitre de votre vie amoureuse. Ainsi, vous vous libérerez d'une relation passée dont vous avez du mal à vous défaire, notamment entre janvier et mars.

Famille

Vous ferez de gros efforts d'écoute et de compréhension afin d'apaiser le dialogue avec vos proches. C'est une année intéressante qui vous verra mieux communiquer avec votre entourage. Tout au long de l'année, de jolis moments sont à prévoir.

Quotidien et vitalité

Excellente période pour vous ouvrir à d'autres domaines de connaissances, à d'autres loisirs ou à d'autres centres d'intérêt. 2022 sera une année d'apprentissage et de découverte. Moins fatigué qu'en 2021, vous parviendrez à mieux gérer votre quotidien et vous réussirez à mener à bien vos projets du moment.

Budget

Vous aurez un peu moins peur de l'avenir et dépenserez plus volontiers votre argent. Cela ne veut pas dire pour autant que vous ferez n'importe quoi ! Mais vous saurez néanmoins vous faire plaisir.

Comment optimiser votre année ?

Ne campez pas sur vos acquis. Ouvrez-vous à d'autres sensibilités ou d'autres horizons. Ne vous limitez pas. Expérimentez et misez sur la nouveauté.

Vendredi 22 avril

Saint Alexandre – On fête aussi les Sacha, Opportune

Soleil
lever : **6 h 46**
coucher : **20 h 53**

Pluie d'avril, sécheresse d'été. Proverbe français

LE CHIFFRE

1100

C'est le nombre de même courrier de rappel pour un impayé de 86 euros reçu en une journée par une commerçante du Monêtier-les-Bains, dans les Hautes-Alpes. Au départ, Ingrid Premat, la gérante du petit magasin de décoration, a cru à une plaisanterie. Mais en décachetant les enveloppes une par une, elle s'est aperçu que toutes les missives avaient bien été expédiées le même jour par un organisme de recouvrement basé en région parisienne. « Je les ai eus au téléphone et leur ai dit que vu le nombre de courriers que j'avais reçu, ils n'avaient peut-être pas besoin des 13 euros de pénalité supplémentaires exigés compte tenu des frais faramineux engendrés par cet envoi massif » a expliqué, plutôt amusée, la commerçante dans *Le Dauphiné*. Le tarif d'un envoi postal étant au minimum facturé 0,89 euros aux professionnels et entreprises, cette montagne de courrier a en effet coûté près de 980 euros à l'organisme incriminé, sans compter le prix des enveloppes ! Un brin confus, son directeur a déclaré que personne ne pouvait expliquer l'énorme boulette...

Brèves régions

Creuse/Arboretum de la Sédelle

La Sédelle est un affluent de la rivière Creuse dans laquelle elle se jette sur le territoire de la commune de Crozant. C'est ici qu'elle a donné son nom à un arboretum, labellisé « Jardin remarquable » par le ministère de la Culture depuis 2005. Ce parc vallonné permet de découvrir plus de 400 espèces et propose aux visiteurs d'apprendre la structure de l'arbre, de connaître son âge, de mieux comprendre son fonctionnement et de reconnaître les formes des feuilles et des écorces pour identifier les différentes essences. Pour les plus jeunes, la visite peut également passer par un atelier au cours duquel ils apprennent à créer des empreintes de feuilles, une carte nature ou encore un arbre éphémère...

Citations

Quelle différence y a-t-il entre un éléphant d'Afrique et un éléphant d'Asie ? Au bas mot, 3 000 kilomètres.

Mouss Diouf

Rétro Vermot

Amis touristes qui voulez visiter la Bretagne. Attention ! Ne confondez pas « Dournéné » et « l'île de Sein ». Si vous avez soif, entrez dans un « débit de poissons » et pour faire vos courses un seul moyen, le « Celte-Service » !

Notre langue fait des adeptes

Bufete (espagnol)

Il ne nous viendrait jamais à l'idée d'aller demander à un avocat de défendre notre cause dans un buffet. C'est pourtant bien ce que font les Espagnols lorsqu'ils se rendent dans un *bufete de abogados*. Lorsqu'ils ont emprunté le nom au français, les Hispaniques l'ont pris dans un des sens qu'il avait à l'époque, à savoir « comptoir où l'on vient traiter certaines affaires » (par métonymie, parce qu'il y avait à l'intérieur un buffet, c'est-à-dire un bureau). *Buffet*, le meuble, se traduit par *aparador* en espagnol et *buffet*, le cocktail, par *buffet* !

Samedi **23 avril**

Saint Georges – On fête aussi les Gorgia, Fortunata, Gordon, Jordi

À la Saint-Georges, elle est à toi cette chanson, toi l'Auvergnat…

CHIFFRES ET EXPRESSIONS

Être plié en quatre

Avez-vous déjà ri au point d'en avoir mal au ventre, d'être obligé de vous tenir les côtes et de vous pencher en avant? Si oui, vous savez donc ce que c'est que d'être «plié en deux» de rire. Vous pouvez alors imaginer le paroxysme de la drôlerie qui vous ferait réagir deux fois plus. C'est la blague ultime, celle que vous préférez, qui vous «plie en quatre».

LA TERRE EST DEVENUE UNE POUBELLE

RECYCLONS-LA !

BIBLIOTHÈQUES MYTHIQUES

BIBLIOTHÈQUE SAINTE-GENEVIÈVE DE PARIS (FRANCE)

Classée monument historique, cette bibliothèque universitaire est installée à deux pas du Panthéon, dans le Ve arrondissement de Paris. Édifié entre 1844 à 1851 à l'emplacement de l'ancien Collège de Montaigu, ce bâtiment de style néogothique abrite 2 millions d'ouvrages. Dessinée sur le plan d'une basilique, avec un plafond à double voûte, sa majestueuse salle de lecture dévoile une étonnante structure de fer. Si l'histoire de la bibliothèque Sainte-Geneviève remonte à la fondation de l'abbaye du même nom par Clovis au VIe siècle, son essor intervient au XVIIe sous l'impulsion de plusieurs donateurs, dont La Rochefoucauld. En 1687, on y dénombre déjà plus de 20 000 pièces. Réputée dans toute l'Europe, l'institution n'est désormais plus réservée aux élites et aux ecclésiastiques. Puis, au cours des guerres napoléoniennes, la bibliothèque voit son fonds considérablement enrichi grâce aux ouvrages « confisqués » à l'ennemi et doit alors déménager. C'est ainsi qu'au milieu du XIXe siècle Sainte-Geneviève quitte le dernier étage de l'abbaye, devenue le lycée Henri IV, pour s'installer dans le bâtiment créé spécifiquement pour elle par Henri Labrouste.

Anecdotes de sportifs

Chat noir

En 1977, associé à Bob Hewitt, le tennisman roumain Ilie Năstase s'apprête à disputer un quart de finale en double messieurs à Roland-Garros face au duo italien Paolo Bertolucci et Adriano Panatta. Connaissant la superstition de ses adversaires vis-à-vis des chats noirs, Năstase en a caché un dans son sac et, à peine le match commencé, faisant mine d'aller changer de raquette, il libère le matou qui traverse le cout à toute vitesse. Médusés et effrayés, les deux Italiens ne vont pas s'en remettre. Le duo Hewitt-Năstase s'impose en deux sets et file vers la demi-finale.

Cultures fruitières

La Figue Blanche d'Argenteuil

Le quartier des Coteaux, à Argenteuil, est calme et paisible, avec ses jolis pavillons. Mais du XVIe au XIXe siècle, il a été un haut lieu de la culture de la vigne et du figuier. En 1865, 300 cultivateurs, sur 50 ha bien exposés, produisent alors annuellement 400 000 figues. La technique de culture est particulière car il faut protéger l'arbre cultivé en cépée, du gel hivernal. Pour ce faire, en novembre, on ouvre des fosses et on y couche les branches, que l'on recouvre entièrement de terre, jusqu'en mars. Les cultivateurs obtiennent en juillet une récolte de figues-fleurs, notamment des blanches d'Argenteuil, une variété toujours cultivée, alors très appréciée des riches Parisiens. Avec une peau jaune-vert clair et une pulpe saumonée, elle est parfumée, avec un petit goût de banane.

Dimanche **24 avril**

Saint Fidèle – On fête aussi les Fidélia, Mellitus

Soleil
lever : **6 h 42**
coucher : **20 h 55**

À la Saint-Fidèle, je sais, j'suis pas un modèle…

DEVINETTES

À mon rythme on se plie, dans une chanson je suis joli, pendant un cycle je fais plusieurs révolutions, je suis aussi un moyen de communication.

Que suis-je ?

Réponse : LE TAMBOUR

DICO NOTTO

IMMEUBLE, n. m.
Habitat façon « lasagnes » : une couche de logement, une feuille de ciment, une couche de logement, une feuille de ciment, etc.

INCENDIE, n. m.
Flamme qui fait feu de tout bois.

INDIGESTION, n. f.
Mauvaise gestion de son estomac.

INSOMNIE, n. f.
Le sommeil, même pas en rêve !

INCORRUPTIBLE, n.
Personne qui ne se laisse pas corrompre. Du moins pas en dessous d'un certain prix (payable en liquide).

CHANSONS VOYAGEUSES

Jazz sans frontière

En 1948, toute la chanson française craque pour *C'est si bon* : Jean Marco, Lucien Jeunesse, les Sœurs Étienne, Suzy Delair, Yves Montand — qui, pourtant, rechigne à la chanter car elle n'est pas « son style ». Devenue un standard du jazz grâce à Louis Armstrong qui l'a découverte lors du premier Nice Jazz Festival, cette chanson à succès a été traduite dans une quinzaine de langues et ne compte plus ses reprises : Barbra Streisand, Dean Martin, Benny Goodman, Diana Krall, Thomas Dutronc…

PROBLÈMES DE MATHS DU CERTIFICAT D'ÉTUDES

Le diamètre du trou intérieur d'un puits circulaire est égal à 96 cm, ce qui est assez large pour qu'un homme puisse y travailler. Ce puits fait 44 m de profondeur, **quel est son volume total ?**

Le puits se trouve dans un terrain abandonné et envahi par les mauvaises herbes. Afin d'empêcher la chute de personnes dans ce puits, il est décidé de le recouvrir avec un couvercle en bois. Sachant que la margelle circulaire de pierres a une largeur de 45 cm, **quelle sera la surface du couvercle qui doit recouvrir le trou du puits et sa margelle ?**

Solution : Volume du puits : $\pi \times r2 \times h = 3,14 \times (0,96 \div 2)^2 \times 44 = 31,83 m^3$
Surface du couvercle : $\pi \times r^2 = 3,14 \times (0,48 + 0,45)^2 = 3,14 \times 0,8649 = 2,72 m^2$

ENTREPRISES : LES AIDES À L'EMBAUCHE DES JEUNES

Animaux transparents

Greta oto

C'est un papillon en parfait ordre de marche, avec une tête garnie d'antennes, un long abdomen et les six pattes réglementaires, mais ses ailes, curieusement, paraissent inachevées. En effet, il n'en a que les contours et les nervures ! Toutefois, quand on regarde de près, on constate qu'elles sont constituées d'une membrane absolument transparente, ce qui rend le repérage de l'insecte plus difficile pour les prédateurs, notamment pour les oiseaux. D'autant que cette membrane a la particularité de refléter nettement moins la lumière que le verre – on l'étudie d'ailleurs activement dans l'espoir de créer des écrans anti-reflets plus efficaces. Cette espèce, Greta oto, vit en Amérique centrale ; très rare et sensible aux variations climatiques, elle est malheureusement en danger d'extinction.

Lundi **25 avril**

Saint Marc – On fête aussi les Marcia, Clarence, Ermin, Héribald

Le rossignol est petit, mais sa voix est grande. Proverbe russe

Vélo

Mise en bière

Dans les premières années du Tour, il n'était pas rare de voir les concurrents boire de l'alcool pendant l'effort. En 1935, par exemple, pendant l'étape entre Pau et Bordeaux qui se disputait sous une forte chaleur, le peloton a décidé de s'arrêter pour boire quelques bières distribuées par des spectateurs. Seul le Français Julien Moineau ne s'arrêta pas. Et bien lui en prit puisqu'il remporta l'étape. La légende raconte que les généreux distributeurs de bière n'étaient autres que des amis de Julien…

Mots oubliés

Équanime

Comme le rappelle son étymologie latine, ce mot qualifie les personnes qui sont toujours d'humeur égale. Il est composé de *aequus* (égal) et *animus* (esprit). Serein, celui qui est équanime n'est pas touché par ce qui est agréable ou désagréable, quitte parfois à montrer un certain flegme, voire un curieux détachement par rapport aux situations, aux choses et aux êtres.

La bonne blague

En passant devant une maison, un homme aperçoit une pancarte sur laquelle est inscrit « À vendre : chien qui parle ». Interloqué, il sonne à la porte afin d'en savoir un peu plus. Le propriétaire lui ouvre et le conduit jusqu'au chien, un berger allemand couché dans sa niche. L'homme s'approche et d'emblée, il demande :

« Alors, il paraît que tu sais parler ?

– Oui, répond le cabot sans hésiter.

Stupéfait, l'homme continue :

– C'est incroyable ! Comment est-ce possible ? Raconte-moi !

Le chien le regarde et lui dit :

– J'ai découvert que je pouvais parler lorsque j'étais chiot. Informés de ce don, les services secrets m'ont engagé. J'ai voyagé dans le monde entier pour servir d'espion, puis au bout de cinq ans, j'ai été affecté à un poste moins fatigant. On m'a proposé un travail de surveillance dans un aéroport. Je devais me balader en laissant trainer mes oreilles. J'ai permis l'arrestation de plusieurs malfaiteurs et même de terroristes. J'ai été plusieurs fois décoré. J'ai également eu une femme, de nombreux chiots, et aujourd'hui, je suis à la retraite. »

Ébahi, l'homme demande alors au propriétaire combien il réclame pour son chien.

« Vingt euros, répond l'autre.

– Seulement ? Mais votre chien est extraordinaire ! s'étonne l'homme. Pourquoi le bradez-vous ?

– Parce que c'est un fieffé menteur ! Il n'a rien fait de tout ça ! »

Bibliophiles

Le Mas Théotime, Henri Bosco (Éditions Charlot, 1945)

Il y a des amours contrariées, des haines de voisinage, du désir et même un crime dans ce roman. On en retient l'odeur de poussière de pièces inhabitées, le claquement des volets qu'on ouvre, le flot lourd et aveuglant de la lumière du Midi, le goût salé de la sueur. On y a la passion de la terre, des métairies et de leur rendement, mais aussi de la beauté de la nature et de son mystère, tout proche des antiques mythologies. On y savoure surtout une langue d'une pureté et d'une précision qui réenchante l'œil et le cerveau, éveille les papilles et donne envie de casser la croûte au milieu d'un champ de blé.

Sainte Alida – On fête aussi les Alda, Aldona, Espérance

Soleil
lever : **6 h 38**
coucher : **20 h 58**

Moralité

Griselidis

Des peuples réjouis la complaisance est telle
Pour leur prince capricieux,
Qu'ils vont jusqu'à louer son épreuve cruelle,
À qui d'une vertu si belle,
Si séante au beau sexe, et si rare en tous lieux,
On doit un si parfait modèle.

Ce « si parfait modèle » est celui de la patience. Malgré les épreuves que la vie nous inflige, nos mérites seront tôt ou tard reconnus.

Le bon mot de l'histoire

« La marquise n'aura pas beau temps pour son voyage. »

Louis XV, 17 avril 1764

La marquise ? Madame de Pompadour bien sûr, confidente, conseillère, maîtresse et maquerelle de Louis XV, morte d'une congestion pulmonaire à 42 ans. Selon plusieurs témoins, dont Champlost, valet de chambre du roi, ces paroles cruelles n'ont jamais été prononcées. Profondément affecté par la disparition de la marquise, Louis XV aurait au contraire manifesté une peine sincère. Mais, la Pompadour étant particulièrement impopulaire de son vivant, sa mort entraînera de nombreuses moqueries, aussi bien à la cour que dans les salons à la mode.

Musique

Train pour pierres qui roulent

Lors de la tournée européenne des Rolling Stones de 1973, aucune date n'est prévue en France. Et pour cause, le groupe y est tout simplement interdit de concerts, le guitariste Keith Richards ayant eu des déboires avec la brigade anti-drogue (il a eu cette formule : « Je n'ai pas de problème avec la drogue mais avec la police ! »). Qu'à cela ne tienne, les chanteurs font affréter un train spécial de Paris à Bruxelles pour que leurs fans français puissent venir les voir. Roulez jeunesse !

L'ACTU

Encore des petits trous

Après des années de travail, des chercheurs suisses viennent de percer le mystère des trous de l'Emmental. Les scientifiques de l'Institut alimentaire Agroscope ont en effet découvert que ces « trous » sont provoqués par les petites particules de foin qui tombent dans le lait lors de la traite des vaches. Au cours de la fermentation, ces poussières émettent des gaz qui créent des trous dans le fromage. C'est en constatant que les trous avaient tendance à disparaître quand le lait était extrait avec des techniques plus modernes que les chercheurs ont fait le rapprochement. En 1917 déjà, l'Américain William Clarke supposait que les trous se formaient sous l'action du dioxyde de carbone fabriqué par des bactéries. Jusqu'ici, ni le type de bactéries ni le processus de fermentation à l'origine des gaz n'avaient pu être établis. En jouant sur le dosage des particules de foin dans le lait, les fromagers pourront donc prochainement proposer des fromages troués sur mesure.

Mercredi **27 avril**

Sainte Zita – On fête aussi les Anthime, Floribert, Konwen

À la Sainte-Zita, viens ici, n'hésite pas !

Étymologie

Harpie

Dans la mythologie grecque ou romaine, les Harpies, généralement au nombre de trois, sont des monstres à tête de femme, à corps d'oiseau (le plus souvent un vautour) et à griffes acérées, qui conduisent les âmes des morts aux Enfers. Une mission au cours de laquelle elles emportent tout sur leur passage, ce qui ne les rend pas très sympathiques. Il n'est donc pas étonnant que ce nom propre soit devenu nom commun (*une harpie*) employé pour parler d'une femme au caractère méchant, acariâtre.

La gaffe de l'Histoire

De l'eau dans le sel

Le lac Peigneur, en Louisiane, est situé à la fois sur le gisement d'hydrocarbures du delta du Mississippi et sur une mine de sel. Le 20 novembre 1980, une foreuse à la recherche de pétrole perfora par erreur le fond du lac au niveau de la mine de sel et, en sept heures à peine, toute l'eau de celui-ci avait disparu sous terre. Heureusement, il a pu être reconstitué depuis.

Bon anniversaire

Édouard Froment

Édouard Froment est particulièrement connu pour faire partie des 80 parlementaires qui votèrent contre les pleins pouvoirs du maréchal Pétain le 10 juillet 1940. Né le 13 mars 1884 dans une famille paysanne ardéchoise de 18 enfants, il est un pur produit de l'école républicaine laïque et gratuite. Il embrasse très tôt la politique et commence en 1925 une carrière d'élu qui se poursuivra pendant plus de 30 ans. Maire, conseiller général puis député, pendant la guerre Édouard Froment retrouve Charles de Gaulle à Londres, devient membre de l'Assemblée consultative provisoire d'Alger, rejoint les Forces françaises libres et participe au débarquement en Provence. Il prend une retraite bien méritée à l'âge de 78 ans et s'éteint au soir de son 89e anniversaire, le 13 mars 1973.

Rivières de France

L'Allier, l'Auvergnat

Des ruisseaux nés sur le mont Lozère se rejoignent et forment l'Allier, cours d'eau qui s'écoule entre les monts pierreux ou au fond de gorges creusées dans le basalte ou le granit. De multiples affluents viennent le grossir. Le lac de Naussac, qui s'étend sur 1 000 ha, permet de régulariser en partie son débit. À Chanteuges, la vallée s'élargit, mais les eaux se heurtent toujours à des éperons rocheux qu'elles doivent parfois contourner (Lavoûte-Chilhac). L'Allier parvient à Brioude, traverse la riche plaine de Limagne, atteint Vichy puis Moulins avant de rejoindre la Loire au Bec d'Allier après un cours de 410 km. Le saumon, symbole de la nature sauvage du bassin de la Loire, parcourt plus de 850 km pour se reproduire dans l'Allier. Un miracle qui se renouvelle chaque année.

Jeudi **28 avril**

Sainte Valérie – On fête aussi les Vital, Valéria, Chanel

Soleil
lever : **6 h 35**
coucher : **21 h 01**

À la Sainte-Valérie, non chérie, assez rit !

RÉBUS
Chansons françaises

CHAPEAUX
CHAPEAUX
CHAPEAUX ←

Les petits chapeaux (Jean-Jacques Goldman)

M. et Mme Eddie
Maison de la Presse
ont la joie de vous annoncer
la naissance de leur fille

ALINE

Solution : A l'inédit.

☠ # 💣 INJURES ANIMALIÈRES

Moche comme un pou !

L'insecte dénommé Pediculus humanus, *alias toto, est-il vraiment si laid ? Pour en juger, il faut une forte loupe car il ne dépasse pas les 3 ou 4 mm ! Et dans un concours de beauté, il ne se laisse pas vraiment distancer par ces autres charmeuses que sont la gale, la puce ou la punaise. Mais c'est lui qu'on taxe de moche. Peut-être parce que son nom sonne comme une interjection, comme pouah ! Ce parasite gratteur, éminemment studieux (il adore l'école), habitait déjà les abondantes chevelures de nos ancêtres préhistoriques, ce qui lui confère tout de même une certaine noblesse.*

Brèves régions

Ariège/Une tradition métallurgique

Entre la plaine toulousaine au nord et la Haute-Ariège au sud, il existe une tradition métallurgique qui remonte au Moyen Âge grâce au minerai de fer extrait des mines toutes proches. C'est ainsi qu'une usine de forges s'installe à Pamiers en 1817, suivie un demi-siècle plus tard par une seconde, l'ensemble employant en 1880 plus de 800 ouvriers. Les guerres et les mutations économiques n'altèreront en rien ces outils de production qui ne cesseront de se moderniser et de se développer. Plus de deux siècles après, la production est aujourd'hui en partie dédiée aux pièces aéronautiques et aux moteurs d'avions et constitue le premier employeur industriel du département de l'Ariège.

L'ACTU

L'ursidé médaillé

Pour ses 50 ans, un ours polaire du zoo de Toronto a officiellement été promu au rang de caporal-chef honoraire par l'armée canadienne. Il est vrai que ce vénérable plantigrade est né le jour du Souvenir, la fête canadienne pour honorer les membres des forces armées décédés dans l'exercice de leurs fonctions. En outre, il se prénomme Juno en hommage au débarquement des troupes canadiennes à Juno Beach, en Normandie, le 6 juin 1944. Le général Conrad Mialkowski, commandant de la 4e Division canadienne et de la Force opérationnelle interarmées centrale, est personnellement venu décorer l'animal lors d'une cérémonie officielle qui, selon des témoins, n'a pas semblé émouvoir l'ours polaire. Il est vrai que celui-ci est un habitué des décorations : il y a une dizaine d'années, il avait déjà obtenu le titre de soldat honoraire de l'armée canadienne.

Vendredi **29 avril**

Sainte Catherine de Sienne – On fête aussi les Ava, Segondel

Avril fait les fleurs et leur beauté, et c'est mai que l'on félicite.

Meilleurs Ouvriers de France

Groupe VI, dinanderie d'art

Pour le concours, Clément Peiro a créé des fonts baptismaux (mobilier ecclésiastique utilisé pour le baptême) en laiton, sur le thème de Saint-Jacques-de-Compostelle. Ceux-ci ont nécessité environ 1000 heures de travail et se composaient d'un réceptacle octogonal, d'un couvercle avec des arches coiffé d'une coquille Saint-Jacques. Le jeune champion travaille aujourd'hui chez Airbus, un secteur très différent – quoique pas si éloigné des cieux…

Rétro Vermot

– Encore un conseil, mon vieux. Quand tu auras fini ta conférence, salue poliment, puisque c'est l'usage, et file sur la pointe des pieds.
– Pourquoi sur la pointe des pieds ?
– Pour ne réveiller personne.

RECETTE — Dessert 2 en 1

Pour 4 pers. 5 min de préparation 4 min de cuisson

Pour la polenta aux fruits rouges :
- 150 g de polenta à cuisson rapide
- 50 cl de lait
- 2 cuil. à soupe de miel
- 300 g de fruits rouges (framboises, fraises, cassis, myrtilles)
- 2 cuil. à soupe de cerneaux de noix du Brésil

Pour le fromage blanc au muesli et au miel :
- 350 g de fromage blanc
- 4 cuil. à café de miel
- 4 cuil. à soupe de muesli

Préparez la polenta : faites chauffer le lait et, lorsqu'il commence à frémir, versez la polenta en pluie tout en fouettant puis faites cuire à feu très doux pendant 3 à 4 min. Ajoutez le miel et mélangez.
Déposez le fromage blanc dans des verrines, versez le miel et saupoudrez de muesli.
Répartissez la polenta tiède dans les ramequins, parsemez de fruits et de cerneaux de noix concassés.

Un duo délicieux, simple et bon pour la santé : du calcium (lait et fromage blanc), des protéines (polenta), des vitamines (fruits rouges), des acides gras (noix)… Et le miel, c'est la cerise sur ce gâteau diététique !

LA VIOLENCE URBAINE… APPARAÎT DE PLUS EN PLUS TÔT CHEZ LES JEUNES !

Les idées reçues

LA MARGUERITE EST UNE FLEUR

L'amoureux qui déclare sa flamme en « effeuillant » la marguerite ne se doute pas que chaque pétale blanc qu'il arrache est en lui-même une fleur « ligulée » (en forme de lamelle) rattachée à une tige qui porte en son centre une autre variété de fleurs jaunes « tubulaires » serrées les unes contre les autres. La marguerite n'est donc pas une fleur mais un ensemble de fleurs, les unes créant le centre et les autres la couronne. La variété à laquelle appartient cette plante herbacée s'appelle la famille des « composées » (dans laquelle on trouve également le pissenlit ou le bleuet, par exemple), car constituée d'inflorescences qui sont un groupement de fleurs disposé sur une extension de la tige.

Samedi 30 avril

Saint Robert – On fête aussi les Robin, Aphrodise, Eutrope

Soleil
lever : **6 h 31**
coucher : **21 h 04**

À la Saint-Robert, les deux font la paire !

Dico Notto

JALOUSIE, n. f.
Sentiment qu'ont les hommes en apprenant que leur femme, leur ex-femme, leur maîtresse ou leur premier amour fréquente un autre homme qu'eux.

JARDIN, n. m.
Nature parquée et domestiquée.

JARRETIÈRE, n. f.
Ruban qui tient le bas entourant le jarret de madame.

JAZZ, n. m.
Musique où il y a plus de notes noires que de blanches.

JÉRÉMIADE, n. f.
Terme signifiant que Jérémie est un sacré pleurnichard.

Bières

La Paluche Cuvée Ambrée de la brasserie Les 2 Ours

Bière ambrée de haute fermentation brassée dans le Périgord, elle développe d'abord des notes maltées de caramel, de noisette et d'épices qui laissent place ensuite aux parfums houblonnés, rappelant les fruits des bois. Ah, le Périgord est décidément une région gastronomique ! Médaille d'or au Concours Saveurs Nouvelle-Aquitaine 2020 et au Concours général agricole de Paris 2020, médaille d'argent au Concours international de Francfort 2019, elle est optimale dans un verre révélateur d'arôme à 8 °C. Alcool : 5,2 % vol.

Pour les intimes…

« Que je serais heureux si je pouvais assister à l'aimable toilette, petite épaule, un petit sein blanc, élastique, bien ferme ; par-dessus cela, une petite mine avec le mouchoir à la créole à croquer. Tu sais bien que je n'oublie pas les petites visites ; tu sais bien, la petite forêt noire. Je lui donne mille baisers et j'attends avec impatience le moment d'y être. » Cette lettre aux accents franchement érotiques est datée du 21 novembre 1796. Son auteur a 27 ans, dirige l'armée d'Italie et accumule les victoires. Mais, le futur empereur Napoléon Bonaparte n'est pas uniquement absorbé par les conquêtes territoriales : il l'est également par Joséphine, sa toute jeune épouse, qui sera couronnée impératrice, en même temps que lui, le 2 décembre 1804.

112 : VERS UN NUMÉRO UNIQUE POUR SIMPLIFIER

De PORT en port MARITIME

Mais où se trouve le fameux port d'Amsterdam ?

Celui de la chanson de Jacques Brel, avec ses marins qui boivent, chantent et dansent « en se frottant la panse » ? Ne le cherchez pas car ce port-là n'est plus, et la zone industrielle portuaire à l'ouest de la ville est dépourvue de charme. Ce fut pourtant le principal port néerlandais jusqu'au XIXe siècle, avant d'être dépassé par Rotterdam, et aussi l'un des sièges de la Compagnie néerlandaise des Indes orientales. La culture maritime d'Amsterdam est encore palpable dans les quartiers du port. Sur le front de mer, à côté de trois superbes musées – le musée maritime, le NEMO Science Museum et, dans le bâtiment EYE, celui du cinéma –, il y a une belle petite marina avec de magnifiques bateaux anciens. Et à 15 minutes en ferry, à l'embarcadère NDSM Werfveer, le chantier naval désaffecté est devenu un temple de l'art urbain.

Dimanche 1er mai

Soleil
lever : **6 h 30**
coucher : **21 h 06**

Saint Jérémie – On fête aussi les Brieuc, Jean-Louis

En mai, fais ce qu'il me plaît !

Les Gaulois

1er mai 2022 **3,50 €**

Fête du Travail,
brin de muguet et haute couture

Dans la plupart des pays qui le fêtent (soit environ 107 dans le monde), on défile le 1er mai. En France, on marche un brin de muguet à la boutonnière et on en offre aux gens que l'on aime.

Si la coutume du muguet semble dater de Charles IX qui, au XVIe siècle, l'offrait comme porte-bonheur aux dames de la cour, le 1er mai est aussi la journée des travailleuses et des travailleurs. En effet, l'origine de cette fête remonte au 1er mai 1886 à Chicago, où une grève fut organisée pour exiger la journée de 8 h. En Europe, l'Internationale socialiste, réunie à Paris en 1889 pour le centenaire de la Révolution, décida de faire du 1er mai la journée internationale des revendications sociales en hommage aux syndicalistes américains. Les manifestants arboraient alors une églantine rouge, fleur traditionnelle du Nord. Mais c'est le maréchal Pétain, pas franchement proche des mouvements ouvriers, qui réunit en 1941 le muguet (la fleur rouge étant jugée trop communiste) et la fête du Travail (il la rebaptise ainsi pour honorer une valeur plutôt que la classe ouvrière).

Ce que l'on sait moins, c'est que le muguet était la fleur fétiche de Christian Dior à laquelle ce dernier a dédié une ligne entière en 1954. Par superstition, lors des défilés, ordre était d'ailleurs donné aux couturières d'en glisser dans l'ourlet d'une manche ou d'une robe ou d'en épingler au revers d'un col. Du reste, la robe bustier brodée de muguet et de strass, confectionnée sur mesure pour l'actrice Françoise Arnoul dans le film d'Henri Verneuil *Paris Palace Hôtel*, reste emblématique de Christian Dior.

Lundi 2 mai

Saint Boris – On fête aussi les Antonin, Athanase, Flamine

Soleil
lever : **6 h 28**
coucher : **21 h 07**

Mai fleuri, juin brûlant, tous les beaux mois amis ! Victor Hugo

Ça s'est passé

Le 2 mai 1922

Naissance de Serge Reggiani à Reggio d'Émilie en Italie. D'abord comédien de théâtre, il a ensuite tourné dans de nombreux films avant de devenir chanteur à l'âge de 42 ans.

Anecdotes de sportifs

Faux papiers

En 1975, Alain Prost se qualifie pour la finale du Volant Elf, une compétition qui offre aux pilotes débutants l'opportunité de décrocher une saison en monoplace. Malheureusement, effectuant son service militaire et ayant épuisé toutes ses permissions, il sait qu'il ne va pas pouvoir concourir. Affecté au secrétariat de sa caserne, il utilise alors tous les tampons à sa disposition pour se fabriquer une fausse permission et se rend à la finale. Il s'impose, et la carrière de celui que l'on surnommera « le professeur » est lancée.

Ha! Ha! Ha! La bonne blague Ha! Ha! Ha! Ha! Ha! Ha!

Un vendredi soir, un homme aux cheveux blancs entre dans une bijouterie accompagné d'une superbe femme, sans aucun doute beaucoup plus jeune que lui. D'emblée, le vieillard explique au bijoutier qu'il cherche une bague spéciale pour sa petite amie. Le joaillier réfléchit un instant, examine son stock avant de lui proposer un superbe anneau orné de pierres précieuses dont le prix est de 4 000 euros. Sans même la regarder, le vieil homme lui dit :
« Je crois que vous n'avez pas bien compris. Je veux quelque chose d'exceptionnel !
Le bijoutier range la bague et va en chercher une autre parmi les plus chères de son magasin.
– Voici une bague unique entièrement sertie de diamants et de saphirs, explique-t-il. Son prix est de 45 000 euros.
Les yeux de la jeune femme brillent autant que les pierres précieuses.
Satisfait, le vieil homme dit alors :
– Nous allons la prendre.
Le bijoutier lui demande comment il compte la payer.
– Par chèque, répond celui-ci. Bien sûr, je me doute que vous devez vérifier auprès de ma banque que je dispose des fonds nécessaires. Aussi, je vous propose d'appeler mon agence lundi matin pour vous en assurer. Téléphonez-moi ensuite pour que je vienne récupérer la bague. »
Le lundi matin, le bijoutier appelle le vieil homme :
« Monsieur, votre banque m'a informé qu'il n'y avait pas d'argent sur ce compte !
– Je sais bien, lui répond le vieillard, mais vous n'imaginez pas le week-end exceptionnel que je viens de passer ! »

Le casse-tête de la distanciation sociale dans les transports...

Bibliophiles

Just Kids, Patti Smith (Denoël, 2010)

C'est l'histoire de deux très jeunes gens avant qu'ils ne deviennent des stars. Deux « gosses » qui se rencontrent, s'étonnent l'un de l'autre, tombent amoureux et s'encouragent à aller de l'avant. Ils logent au Chelsea Hotel, à la même enseigne que Lou Reed ou Janis Joplin. Ils fréquentent Andy Warhol et découvrent leur talent. Robert Mapplethorpe deviendra un photographe éminent, Patti Smith une poète et une figure clé de la scène rock. Elle nous raconte l'âge d'or de la bohème new-yorkaise, jusqu'à ce que les lumières et l'amour s'éteignent. Mais la nuit appartiendra toujours aux amoureux...

Mardi **3 mai**

St Philippe et St Jacques le Mineur – On fête aussi les Ophélie, Philippine

Le meilleur miroir est l'œil d'un ami. Proverbe irlandais

Brèves régions

Loire-Atlantique/ Le châtelain de Clermont

C'est au château de Clermont, construit au XVIIe siècle sur la commune du Cellier que Louis de Funès vécut les quinze dernières années de sa vie. Avec sa femme, ils en avaient hérité de la tante de cette dernière, Madame Nau de Maupassant. En 1986, trois ans après le décès du comédien, le château fut vendu par ses héritiers, après avoir appartenu plus de 120 ans à la famille.

RECETTE

Pizza courgette-poulet-chèvre

Pour 4 pers. — 20 min de préparation — 25 min de cuisson

- 1 pâte à pizza
- 3 cuil. à soupe de crème fraîche
- 1 grosse courgette (ou 2 petites)
- 1 bûche de chèvre
- 1 blanc de poulet cuit
- Ail semoule (à votre goût)
- Cumin (à votre goût)

Préchauffez le four à 210 °C (th. 7). Déroulez la pâte avec son papier sulfurisé sur une plaque allant four. Couvrez de crème fraîche et saupoudrez d'ail semoule.
Taillez la courgette en lamelles très fines et déposez celles-ci sur la pizza. Tranchez le chèvre en rondelles et répartissez-les sur les courgettes. Coupez le poulet en morceaux puis déposez-les sur le dessus. Saupoudrez de cumin.
Enfournez pour 25 min. À la sortie du four, dégustez sans attendre.

Cette pizza allie plaisir et nutrition. Faites précuire le blanc de poulet quelques minutes à la poêle avec de l'huile d'olive et un peu d'échalote hachée si vous aimez, la cuisson se prolongera ensuite au four. Vous pouvez aussi utiliser un reste de poulet rôti.

Ça s'est passé

Le 3 mai 1822

Début des travaux du canal Saint-Martin à Paris. Il traverse la capitale du bassin de la Villette au nord jusqu'à la Seine et mesure 4,55 km de long.

Le Gros mot de l'histoire

« La voiture, ça pue, ça pollue et ça rend con. »

René Dumont, 2 mai 1974

Professeur d'agronomie, René Dumont est le premier candidat écologiste à une élection présidentielle. Celle de 1974, anticipée à la suite du décès prématuré de Georges Pompidou. René Dumont mène une campagne électorale iconoclaste tant par ses mots que par ses actes. Il installe par exemple son QG de campagne sur un bateau-mouche. Les médias sont séduits ou amusés par le personnage. Au soir du premier tour, le candidat obtient moins de 1,5 % des voix. Il vient pourtant « d'inventer » l'écologie politique.

Mercredi **4 mai**

Saint Sylvain – On fête aussi les Florian, Enéour

Soleil
lever : **6 h 25**
coucher : **21 h 10**

À la Saint-Sylvain, les soucis sont vains !

HEUREUX MARIAGES

Il n'y avait pas de photos à l'époque à laquelle il vivait, alors nous ne saurons jamais si Brosse Adam, Parisien du XVIIIe siècle, avait une dentition impeccable et bien blanche. Pas plus que nous ne pourrons vérifier si la femme de Soutien Georges, de Nailhac en Dordogne, avait des formes généreuses pour faire honneur au nom de son mari…

CHANSONS VOYAGEUSES

Un grand OUI !

En 1966, le public a dit oui à *La Poupée qui dit non* de Michel Polnareff. Avec 200 000 exemplaires vendus, cet énorme succès a franchi les frontières pour être adapté en allemand, en anglais et en italien par Polnareff lui-même. Mais il a également séduit les Anglais du groupe Saint Etienne, les Italiens Ivan Cattaneo et Gabry Ponte ainsi que Sonoko pour une improbable version japonaise. Jimi Hendrix, quant à lui, ne s'est pas embarrassé avec la traduction puisqu'il a préféré en faire une version instrumentale.

L'ACTU

La force est (presque) avec lui !

Le canadien James Hobson et son équipe de Hacksmith Industries ont élaboré le tout premier sabre laser rétractable inspiré de la célèbre saga cinématographique *Star Wars*. Toutefois, bien qu'il dispose d'une poignée identique à celle de l'arme utilisée par les chevaliers Jedi, ce sabre est relié à des réservoirs de gaz propane liquide et d'oxygène gazeux. Car c'est grâce à ce mélange que James Hobson et son équipe ont réussi à obtenir le niveau de chaleur suffisant pour créer un faisceau de plasma similaire à celui d'un « véritable » sabre laser. Sa « lame » peut bien évidemment être étendue et rétractée en pressant un petit bouton sur le manche. Si, pour les puristes de l'univers intergalactique imaginé par le réalisateur George Lucas il y a quatre décennies, cette épée aussi futuriste soit-elle n'est pas encore vraiment digne d'un Yoda, l'innovation a bel et bien été reconnue par le *Guinness World Records* qui a consacré Hobson comme inventeur du premier sabre laser rétractable au monde.

LES IDÉES REÇUES

LE CERVEAU EST SOUS-UTILISÉ

Une rumeur, qui glorifie les capacités insoupçonnées du cerveau humain, voudrait qu'un individu lambda n'utilise que 10 % de ses neurones. Elle serait vraie si on ajoutait « à un instant donné ». Mais seulement dans ce cas. En effet, pour une activité donnée, seule une partie de notre cerveau est utilisée, mais c'est l'ensemble des zones du cortex qui sont sollicitées au cours d'une journée de vie. Et même la nuit notre cerveau travaille, notamment pour fixer la mémoire. Preuve supplémentaire s'il en fallait une : un neurone non utilisé dégénère puis disparaît. Si nous n'utilisions que 10 % de notre cerveau, il y a longtemps que nos têtes ressembleraient aux fétiches des indiens Jivaros !

Jeudi **5 mai**

Sainte Judith – On fête aussi les Ange, Jutta, Jodie

À la Sainte-Judith, un baiser sur la joue, dites ?

Meilleurs Ouvriers de France

Groupe VI, fonderie d'art

Jean-Pierre Vexlard, 57 ans, dirige actuellement une entreprise de fonderie avec trois salariés. Pour le concours, le sujet imposé était la reproduction en bronze d'une sculpture en plâtre représentant un discobole. L'œuvre devait être moulée d'un seul tenant, brute de fonderie, et reposer sur un socle, moulé lui aussi, avec des finitions ciselées et facilement démontable par le jury. Jean-Pierre Vexlard a choisi de représenter son discobole sur un empilage de cinq disques, clin d'œil aux cinq anneaux olympiques.

Rétro Vermot

Toto, qui est très gourmand, a été vivement intéressé, au dessert, par une histoire que racontait un des invités. Soudain, il se met à fondre en larmes.
– Qu'est-ce que tu as ? lui demande sa mère avec inquiétude.
Le petit pleurant de plus belle :
– J'ai mangé ma tarte sans m'en apercevoir !...

PROBLÈMES DE MATHS DU CERTIFICAT D'ÉTUDES

Un homme plus apte à cuver son vin qu'à se présenter au travail a un arrangement pour le moins bizarre avec son employeur qui le paye 300 euros pour chaque journée au travail, mais lui impose une amende de 100 euros quand il ne se présente pas au travail. Il a travaillé vingt jours pour rien. **Combien de jours a-t-il travaillé et combien de jours est-il resté au lit pendant ces 20 jours ?**

Solution : Représentons les journées de travail par x et les journées au lit par y.
Nous pouvons écrire les équations suivantes :
(i) $x + y = 20$ et (ii) $300x - 100y = 0$
Nous pouvons obtenir x de l'équation (i) : $x = 20 - y$
Nous pouvons remplacer x par cette valeur dans l'équation (ii) :
$300x - 100y = 0$
$300\,(20 - y) - 100y = 0$
$6000 - 300y - 100y = 0$
$6000 = 400\,y$ ou $y = 6000 \div 400 = 15$ jours
$x = 20 - y = 20 - 15 = 5$
L'homme a donc travaillé 5 jours et est resté 15 jours au lit !

LA MARE

L'image d'Épinal d'un jardin en permaculture comporte une mare. Toutefois, elle n'est pas indispensable. Ne la créez que si vous avez la place et si vous disposez d'un emplacement suffisamment ensoleillé. La surface minimale est d'environ 3 m². Creusez un trou comprenant une pente douce côté nord et, côté sud, une « fosse » d'une profondeur d'environ 1 m, où la faune pourra se réfugier en cas de forte gelée. Puis tapissez le fond d'une bâche étanche sur lit de sable. La mare constitue une réserve d'eau et crée en même temps un microclimat humide. Elle permet d'implanter une grande variété végétale et favorise toute une faune : animaux aquatiques, ainsi que oiseaux et petits mammifères qui viennent y boire. Enfin, c'est un bel élément, qui reflète la lumière, le ciel et les nuages.

PERMACULTURE

Vendredi **6 mai**

Sainte Prudence – On fête aussi les Avoye, Eadbert, Marien

Soleil
lever : **6 h 21**
coucher : **21 h 13**

Là où on s'aime, il ne fait jamais nuit. Proverbe africain

Brèves régions

Alpes-Maritimes/ Les Franciscains de Saorge

Appelés à la rescousse en 1630 par les habitants de la petite ville de Saorge pour les aider à soigner les pestiférés, les moines franciscains furent remerciés par les habitants quelques années plus tard : on leur donna en 1633 la chapelle Saint-Bernard, à l'écart du village, et les terres attenantes pour qu'ils y installent un monastère. La construction de ce nouveau couvent se prolongea pendant trois décennies et s'acheva vers 1662. Chassés à la Révolution, les Franciscains revinrent à Saorge en 1822 et y restèrent jusqu'en 1903. Pour sauver ce joyau de l'architecture monastique baroque, l'État a racheté les bâtiments en 1967 et les ouvre depuis aux visiteurs.

Citations

Quand on prend un acide, il y a deux effets secondaires : d'abord on perd la mémoire, et… j'ai oublié l'autre.

Timothy Leary

☠ # 💣 INJURES ANIMALIÈRES

Une vraie punaise de sacristie !

Les insectes hétéroptères, piqueurs-suceurs, que l'on appelle « punaises » prennent des formes variées : punaise des champs, punaise des bois, punaise des lits. Cette dernière est très redoutée car c'est la plus difficile à éradiquer. Impossible de la déloger. Celle de sacristie appartient à cette catégorie. Une punaise de sacristie, c'est une bigote ou une dévote, avec aussi une bonne dose d'hypocrisie, ce qui donne une cagote, ou un Tartufe au féminin. On la sent nettement plus méchante et tenace que sa collègue, la grenouille de bénitier, dont la référence animale est éminemment plus sympathique.

38° en Sibérie…

Énigmes

Une équipe de pickpockets composée du chef de brigade, d'un barreur, d'un bloqueur, d'un bouclier et d'un caleur a été interpellée et emmenée au commissariat. Tous les membres de l'équipe sont alignés contre le mur :

- Le bloqueur et le chef de brigade sont séparés par deux équipiers.
- Le caleur et le bloqueur sont séparés par trois équipiers.
- Le bouclier et le chef de brigade sont séparés par un seul équipier.
- Le bloqueur est à la gauche du groupe.

Dans quel ordre les pickpockets sont-ils alignés de gauche à droite ?

Solution : De gauche à droite : bloqueur, bouclier, barreur, chef de brigade et caleur.

Soleil
lever : **6 h 20**
coucher : **21 h 14**

Samedi 7 mai

Sainte Gisèle – On fête aussi les Domitille, Flavia, Marie-Louise

À la Sainte-Gisèle, ça ne manque pas d'sel !

DICO NOTTO

JERRICANE (ou JERRYCAN), n. m.
C'est quand je ris de manière méprisante ou sarcastique.

JEU DE JAMBES, n. m.
Paire de béquilles pour cul-de-jatte.

JOGGING, n. m.
Activité sportive où il vaut mieux courir que grossir.

JOINT DE CULASSE, n. m.
Bouc émissaire de l'automobile. Quand il y a une panne qu'on ne sait expliquer, à tous les coups, c'est le joint de culasse !

JUSTICIER, n. m.
Dangereux sociopathe qui se prend pour un autre et rend sa propre justice en solitaire comme Batman, Zorro ou Nicolas Dupont-Aignan.

Citations

Quelquefois, je me demande si les hommes et les femmes sont faits pour vivre ensemble. Peut-être qu'ils devraient se contenter d'être voisins et de se rendre visite de temps à autre.

Katharine Hepburn

SUDOKU

			4	3	9			
					1			
6	9		8			1		
3		8		5		9		
	7			1			2	
			6			8		
5	8							
			3			5		7
				2			4	

Solution page 148

LE CHIFFRE

3 000

C'est, en euros, la somme léguée à sa mort par un médecin français aux chats du musée de l'Ermitage, à Saint-Pétersbourg, en Russie. Autrefois appelé le Palais d'Hiver et désormais plus grand musée du pays consacré à l'art, l'édifice fut pendant plus d'un siècle et demi une résidence impériale. C'est d'ailleurs Elisabeth I de Russie, impératrice et fille du tsar Pierre le Grand, fondateur de Saint-Pétersbourg qui, la première, ordonna en 1745 d'amener des chats au palais pour faire face à une invasion de rats. Les félins sont restés, ont fait des petits, qui eux-mêmes se sont reproduits, et des générations de matous se sont succédé. Aujourd'hui, l'Ermitage abrite près de 70 chats officiellement affectés à la chasse aux rongeurs. Depuis quelques années, avec le développement touristique de Saint-Pétersbourg, les félins qui vivent dans les sous-sols du musée sont devenus presque aussi populaires que les collections. L'Ermitage organise même une fête annuelle pour ses chats ! La somme léguée doit permettre d'améliorer le gîte et le couvert de ces auxiliaires à poils.

Cultures fruitières

La reine-claude d'Oullins

Selon la légende, l'ambassadeur de François Ier auprès de Soliman le Magnifique lui aurait apporté en cadeau, de la part de ce dernier, un prunier qui, chose extraordinaire à une époque où les prunes étaient violettes, donnait des fruits verts. On l'aurait baptisée Claude, du nom de la reine, réputée laide mais douce et bonne, comme la délicieuse prune. En réalité, cette variété a sans doute été obtenue par Pierre Belon, naturaliste et savant, vers 1557, qui lui a donné son nom. L'arbre, robuste et cultivé en plein vent, donne des fruits à peau verte ou jaune-vert, à chair assez ferme, sucrés et parfumés. Il existe différentes variétés dont la reine-claude d'Oullins, obtenue en 1867, moins sucrée que la reine-claude dorée, mais qui a l'avantage d'être autofertile.

Dimanche 8 mai

Sainte Désirée – On fête aussi les Gibrien, Tunvezh

Soleil
lever : **6 h 18**
coucher : **21 h 16**

J'aime bien la minijupe. Je n'y vois que des avantages. Francis Blanche

La gaffe de l'Histoire

Des p'tits trous

Tyrod Taylor, joueur de football américain dans l'équipe des Chargers de Los Angeles, souffrait d'une légère blessure à une côte. Pour le soulager avant une rencontre officielle, un médecin de l'équipe a voulu lui faire une petite injection. Transporté en urgence à l'hôpital parce qu'il avait du mal à respirer, le joueur avait eu en fait le poumon perforé par l'aiguille !

Vélo

Le Tour des Français

Si la France attend un successeur à Bernard Hinault, dernier tricolore à avoir remporté le Tour en 1985, le bilan statistique du pays hôte est le meilleur avec 36 victoires et 710 étapes remportées. Dans la roue, les voisins Belges, portés notamment par Eddy Merckx, cinq couronnes et 34 victoires d'étape. Parmi les autres records bleu-blanc-rouge, on trouve celui du participant le plus jeune et le plus âgé, respectivement Camille Fily en 1904 (17 ans et 50 jours) et Jules Banino en 1924 (51 ans et 219 jours).

COMMUNES TRAVERSÉES PAR LA GARONNE

P	O	D	E	N	S	A	C	V	Z	Y	E	B	A
R	T	O	N	N	E	I	N	S	E	L	E	I	U
D	O	N	Z	A	C	O	T	T	O	G	G	S	V
C	S	K	X	R	G	E	E	E	L	U	E	Y	I
A	U	P	U	N	T	R	R	E	I	A	G	E	N
N	I	S	A	R	R	A	S	L	E	T	S	A	C
G	T	L	O	U	L	U	L	D	O	E	R	A	B
A	O	P	O	L	A	O	N	U	N	I	D	O	C
L	R	B	I	L	N	A	L	E	O	I	R	A	Y
B	D	V	A	L	M	O	S	G	L	D	I	E	M
G	U	M	K	R	U	T	N	L	E	L	U	U	B
A	A	P	A	S	I	A	A	A	U	G	R	O	L
C	C	M	E	S	L	C	U	O	E	E	E	U	B
S	N	O	R	E	C	X	B	B	T	A	G	E	M

Solution page 150

Cherchez les communes traversées par la Garonne cachées dans la grille ci-dessus, vous les trouverez soit horizontalement, soit verticalement ou encore diagonalement, de droite à gauche, de gauche à droite, de haut en bas ou de bas en haut, dans les deux sens de lecture.

AGEN
AIGUILLON
AUVILLAR
BÈGLES
BÉGUEY
BLAGNAC
BORDEAUX
BOUDOU
BOULIAC
BOURRET
CADILLAC
CASTELSARRASIN
CAUDROT
CÉRONS
DONZAC
LA RÉOLE
LANGOIRAN
LANGON
MALAUSE
MARMANDE
MURET
PODENSAC
PORTETS
SÉNESTIS
TONNEINS
TOULOUSE

INJURES ANIMALIÈRES

Drôle de zèbre !

Comme on le sait, le zèbre se distingue des autres équidés par la présence de rayures noires et blanches sur sa robe. Cette particularité est à l'origine de l'expression « faire le zèbre », c'est-à-dire faire le zigoto, le zouave, le Jacques ou l'imbécile, que ce soit pour faire rire ou pour se rendre intéressant. Mais « drôle de zèbre » désigne plutôt, et sur un mode caustique, l'excentrique, l'anormal ou même le déviant. En revanche, c'est sans aucune nuance péjorative que le mot zèbre s'est récemment imposé pour désigner les surdoués, ce dernier terme étant trop délicat à manier.

Lundi **9 mai**

Saint Pacôme – On fête aussi les Faciane

Quand on vit au milieu des roses, on en prend malgré soi le parfum. Proverbe russe

CHIFFRES ET EXPRESSIONS

Faire d'une pierre deux coups

L'expression trouverait son origine lorsque, à la préhistoire, un chasseur tuait deux oiseaux avec un seul projectile. D'une part, il serait surprenant que la mémoire remonte à cette époque où le langage construit n'existait pas ; d'autre part, il faudrait être rudement habile pour tuer deux oiseaux avec une seule pierre ! Il s'agit donc sans nul doute d'une pure figure rhétorique.

CHIFFRES ET SYMBOLIQUES

Bon anniversaire Raphaël

Si l'on connaît avec précision les dates de naissance et de mort du peintre italien Raphaël, bien que celles-ci soient très anciennes, c'est parce que toutes les deux correspondent au Vendredi saint : 6 avril 1483 et 6 avril 1520. Certains y voient un signe divin qui expliquerait l'inspiration de cet artiste génial. Fils d'un peintre de la cour du duc d'Urbin, élève à Florence de Michel-Ange et Léonard de Vinci, Raphaël a révolutionné la peinture de son époque. Il a travaillé à Rome les douze dernières années de sa vie, d'abord chargé de la décoration des salles du palais du pape Jules II, puis du chantier de la basilique Saint-Pierre par son successeur Léon X. Raphaël meurt le jour de son 37e anniversaire des suites de la malaria, après avoir terminé son chef-d'œuvre, *La Transfiguration*.

BIÈRES

La Duc'ale Bière de Nevers de la brasserie La Rur'ale

Brassée au cœur du Nivernais, cette bière artisanale dorée, de fermentation haute est ronde et maltée à souhait, avec des notes florales et épicées. De style belge, mais à base de houblons alsaciens, elle est originale. Médaille d'or au Concours général agricole de Paris 2020 (et de bronze en 2016), elle s'exprime parfaitement dans un verre révélateur d'arôme entre 8 et 10 °C.

Alcool : 7 % vol.

Animaux transparents

Le silure de verre

Avez-vous déjà vu un squelette de poisson au complet, avec l'arête centrale, la tête et la queue, nager et frétiller comme un goujon ? C'est l'étrange spectacle que donne le silure de verre, *Kryptoterus vitreolus*, quand il évolue dans les eaux douces et chaudes de sa Thaïlande natale, ou dans les aquariums où il est très prisé pour son aspect fantomatique. Long de 6 ou 7 cm, il n'a pas d'écailles et son corps est totalement dépourvu de pigmentation, ce qui le rend parfaitement transparent – on voit au travers ! Côté tête, derrière les gros yeux, on distingue les viscères sous la peau et même (avec une bonne loupe) le cœur qui bat. Quand il est malade ou stressé, le silure de verre perd sa transparence et vire à la gelée blanchâtre, mais si la situation s'améliore, il retrouve sa limpidité.

Mardi **10 mai**

Sainte Solange – On fête aussi les Gordien, Philadelphie, Job

Soleil
lever : **6 h 15**
coucher : **21 h 19**

Petite pluie de mai, tout le monde est gai. Proverbe français

Animaux de BD – Idéfix

Tout blanc, avec du noir sur la queue et les oreilles, Idéfix est aussi petit qu'Obélix est massif. Il a un flair hors pair, mais uniquement pour trouver les menhirs, et pleure à chaudes larmes quand on abat un arbre. Il représente l'âme tendre et sensible de son maître. S'il intervient peu dans l'action, il est loin d'être passif. Goscinny et Uderzo ont retenu ce nom d'Idéfix (proposé par un lecteur de *Pilote*) « parce que c'est un jeune animal qui a des idées ». Et bien qu'il ne parle pas, Obélix le comprend intuitivement.

Pierres précieuses

Tentative de vol échouée

Comment l'Irlandais Thomas Blood, issu d'une famille prospère et respectée, fut-il amené à concevoir le vol des joyaux de la Couronne anglaise ? Sans raconter sa vie aventureuse, mentionnons sa disgrâce auprès du roi Charles II (pour avoir pris la part de Cromwell), son exil, puis son retour au pays sous une fausse identité. Blood mit alors au point un complot osé : le vol des joyaux de la Couronne, gardés dans un sous-sol de la Tour de Londres. Ses plans furent, néanmoins, déjoués au dernier moment. Et personne n'ayant jamais eu l'audace de tenter le coup par la suite, les joyaux de la Couronne anglaise n'ont jamais été volés.

Citations

Dans votre ascension professionnelle, soyez toujours très gentil pour ceux que vous dépassez en montant. Vous les retrouverez au même endroit en redescendant.

Woody Allen

L'ACTU – Un ordre qui fait désordre (ou pas)

Aucune fraude ! Après une enquête interne de trois mois, la commission sud-africaine chargée de la régulation des loteries a estimé que rien ne prouvait une manipulation dans le tirage stupéfiant du PowerBall, l'équivalent de notre Loto national. Il est vrai que le résultat en question avait suscité de très nombreuses réactions du public devant les numéros gagnants : dans l'ordre, 5-6-7-8-9 et comme numéro bonus… le 10. La grille de la loterie sud-africaine comportant les numéros de 1 à 69, la série victorieuse est apparue comme éminemment suspecte aux yeux de certains perdants, convaincus que cette suite était trop parfaite pour être honnête. Pourtant, les experts consultés ont démontré que si ce tirage était, certes, exceptionnel, il n'était pas impossible statistiquement. Et surtout, ils ont expliqué que le système qui permet de générer un tirage aléatoire ne peut être manipulé via une intervention humaine. Utilisé par les loteries de très nombreux pays, ce système est en permanence vérifié et audité pour s'assurer qu'aucun piratage ne soit possible.

Solution [p. 145]

8	5	1	4	3	9	7	6	2
7	2	3	5	6	1	4	8	9
6	9	4	8	7	2	1	5	3
3	6	8	2	5	7	9	1	4
4	7	5	9	1	8	3	2	6
2	1	9	6	4	3	8	7	5
5	8	6	7	9	4	2	3	1
1	4	2	3	8	6	5	9	7
9	3	7	1	2	5	6	4	8

Mercredi **11 mai**

Sainte Estelle – On fête aussi les Stella, Ansfrid, Mamert

Amour de mai, le plus fin des mets !

EXPRESSIONS IMAGÉES

Être raide comme un piquet

Ce qui est une qualité pour un piquet, être bien droit et rigide, devient un défaut quand il est question d'un être humain. L'expression est toujours employée en dérision, parfois pour parler du physique en évoquant, par exemple, quelqu'un qui danse sans onduler son corps, mais aussi pour parler du caractère d'une personne d'une rigidité à toute épreuve.

ON NE CHECKE PLUS À TOUR DE BRAS !!!

Dis papy c'est quoi ?? et ça c'est quoi ?

Pourquoi y a-t-il différentes couleurs de peau ?

La couleur de la peau varie en fonction du taux de mélanine, et ce taux dépend de l'héritage génétique. Si la peau en fabrique beaucoup, elle est sombre, mais si elle en fabrique peu, elle est très claire. Plus la peau est riche en mélanine, mieux elle résiste au soleil, ce qui explique qu'à la surface de la Terre les gens n'aient pas tous la même couleur de peau.

mamie c'est quoi ??

Rivières de France

Le Blavet, Breton typique

Le Blavet est un des plus importants fleuves de Bretagne, qui court au service des Bretons. Il se forme au cœur de l'Argoat dans le département des Côtes-d'Armor, puis ses eaux arrivent dans le lac de Guerlédan aux berges sinueuses, escarpées et boisées. Bien qu'il soit artificiel, le site est particulièrement pittoresque. Une chute de 46 m alimente une centrale hydroélectrique.
En amont du lac, le Blavet alimente le canal de Nantes à Brest, voie de communication longtemps primordiale pour le commerce breton. En aval, le fleuve, devenu morbihannais, plonge vers Lorient en traversant des villages de granit à découvrir à pied, en vélo ou en bateau. Il est canalisé dans sa partie basse et arrive à Hennebont, surnommé, à juste titre, la « porte du Blavet », sa dernière étape avant la mer.

Pour les intimes...

« Je me sens une femme dans les bras d'un homme, réellement et totalement, et ça veut dire beaucoup, beaucoup pour moi. Rien de meilleur n'aurait pu m'arriver. » Entre 1947 et 1964, Simone de Beauvoir a rédigé des centaines de lettres à son amant, l'écrivain américain Nelson Algren, auteur de L'Homme au bras d'or, roman primé par le National Book Award en 1950. Commencée au sortir de la guerre, leur liaison devient très vite une passion brûlante. Pourtant, si elle séjourne à plusieurs reprises outre-Atlantique pour retrouver son « doux crocodile » dont elle déclare être éperdument amoureuse, Simone de Beauvoir ne quittera jamais l'homme qu'elle a rencontré à la Sorbonne à la fin des années 1920, un certain Jean-Paul Sartre.

Jeudi 12 mai

Saint Achille – On fête aussi les Ismérie, Imelda, Pancrace

Soleil
lever : **6 h 12**
coucher : **21 h 21**

À la Saint-Achille, te fais pas de bile !

Brèves régions

Isère/La vallée du Grésivaudan

Un demi-siècle avant de devenir président de la République, Adolphe Thiers a sillonné la France. Voici ce qu'il raconte de son arrivée à Grenoble par la vallée du Grésivaudan : « Les femmes sont toutes assises sur le seuil de leurs portes ; les unes cousent avec une merveilleuse rapidité et une propreté extrême les fameux gants de Grenoble qui vont dans toutes les capitales de l'Europe revêtir les mains les plus délicates ; d'autres dépouillent le lin de son enveloppe ligneuse et le filent à la quenouille pour le transmettre aux tisserands, non moins fameux à Grenoble que les gantiers. À ce spectacle s'en joint un autre : celui de grands bœufs, au large front, liés deux à deux, traînant d'énormes sapins qui, nés sur les montagnes de la Chartreuse, vont se diviser en planches dans les scieries de Grenoble ou flotter sur l'Isère et le Rhône, pour vieillir enfin dans les plaines du midi. »

Étymologie

Laïus

Laïus abandonne son fils Œdipe à la naissance parce que la Pythie a prédit que son héritier mâle le tuerait. Devenu adulte, Œdipe croise sur sa route un inconnu qui n'est autre que son père. Les deux hommes se querellent et le fils tue son père. En 1804, les candidats au concours d'entrée à Polytechnique doivent imaginer un discours que Laïus aurait fait à son fils. Le sujet inspire les impétrants qui remplissent des pages entières d'un discours long et ennuyeux. Et *laïus* d'entrer dans la langue comme nom commun.

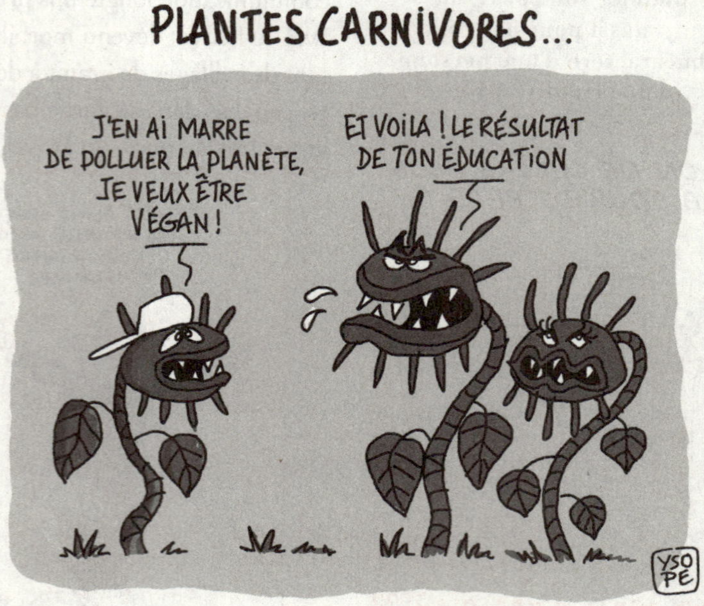

Paradis d'artistes

Abiquiú

Célèbre pour ses œuvres florales aux frontières de l'abstrait, la peintre américaine Georgia O'Keeffe découvre le Nouveau-Mexique en 1929. Elle est alors âgée de 42 ans et le coup de foudre est immédiat. L'artiste achète un ranch à Abiquiú, au nord de l'État, et s'y installe définitivement. Enfin libérée de la frénésie urbaine qui l'oppresse, entourée de paysages secs et arides, Georgia O'Keeffe peint intensément. Dans cette région qui l'inspire, elle peut saisir la vraie beauté de la nature, représenter avec minutie « ce qu'elle ressent plutôt que ce qu'elle voit ». C'est donc naturellement au Nouveau-Mexique, à Santa Fe, qu'un musée consacré à l'artiste a été inauguré en 1997, dix ans après son décès. Parallèlement, son ranch a été classé site historique national.

Solution mots mêlés [p. 146]

P	O	D	E	N	S	A	C	V	Z	Y	E	B	A
R	T	O	N	N	E	I	N	S	E	L	E	I	U
D	O	N	Z	A	C	O	T	T	O	G	G	S	V
C	S	K	X	R	G	E	E	E	L	U	E	Y	I
A	U	P	U	N	T	R	R	E	I	A	G	E	N
N	I	S	A	R	R	A	S	L	E	T	S	A	C
G	T	L	O	U	L	U	L	D	O	E	R	A	B
A	O	P	O	L	A	O	N	U	N	I	D	O	C
L	R	B	I	L	N	A	L	E	O	I	R	A	Y
B	D	V	A	L	M	O	S	G	L	D	I	E	M
G	U	M	K	R	U	T	N	L	E	L	U	U	B
A	A	P	A	S	I	A	A	A	U	G	R	O	L
C	C	M	E	S	L	C	U	O	E	E	E	U	B
S	N	O	R	E	C	X	B	B	T	A	G	E	M

Vendredi **13 mai**

Sainte Rolande – On fête aussi les Servais, Fatima, Orlanda

Le printemps est joli, je vous assure : on dirait un baiser. Alain Bosquet

L'humanité en chiffres

122 ans

La Française Jeanne Calment est considérée comme étant la personne dans le monde qui a vécu le plus longtemps à ce jour, soit jusqu'à l'âge de 122 ans et 164 jours. L'actuelle doyenne de l'humanité que l'on connaît est la Japonaise Kane Tanaka, née le 2 janvier 1903 à Fukuoka. Puisse-t-elle vivre encore de belles années !

LE CHIFFRE

2 h 31

C'est le temps que Romain Vandendorpe, 34 ans, a passé dans un bac rempli de glaçons pour décrocher le nouveau record du monde de durée d'immersion dans la glace, soit 38 minutes de plus que le précédent record ! C'est à Wattrelos (Nord) que ce professionnel de santé a réalisé cette performance dûment validée par le *Guinness World Records*. Deux ans d'entraînement intensif au froid ont été nécessaires pour obtenir ce résultat. Moins givré qu'il n'y paraît, son exploit a été organisé au bénéfice de l'association Wonder Augustine, qui finance des projets pour lutter contre les cancers pédiatriques. Romain Vandendorpe a voulu tenter ce challenge pour montrer que les techniques neurocognitives qu'il utilise pour combattre le froid peuvent permettre d'aller au-delà du corps. Son idée : voir comment on peut explorer de nouvelles pistes d'accompagnement pour les enfants atteints de cancers en débloquant certaines capacités du cerveau.

Charade répétitive

Mon premier est le soleil,
Mon deuxième est Bételgeuse,
Mon troisième est Sirius,
Mon quatrième est Pollux,
Mon cinquième est Antarès,
Mon tout indique un hôtel de luxe.

CINQ ÉTOILES

Citations

Ma femme prétend que je n'écoute jamais ce qu'elle dit... enfin un truc comme ça.

Chevy Chase

L'histoire des dictionnaires

Dictionnaire françois... de Richelet

Pierre Richelet (1626-1698), s'exaspérant de la lenteur avec laquelle l'Académie française avançait dans la rédaction du dictionnaire, décide de publier son propre dictionnaire. C'est ce qu'il fait en 1680, mais il doit le publier à l'étranger (à Genève) car, à l'époque, seule l'Académie avait le droit de publier un tel ouvrage. Malgré son interdiction de diffusion en France, son dictionnaire rencontre un vif succès. Il est le premier à avoir introduit des citations d'auteur.

Samedi 14 mai

Saint Matthias – On fête aussi les Pancrace, Érembert, Djamila, Aglaé

Soleil
lever : **6 h 10**
coucher : **21 h 24**

Si tu ne sais pas où tu vas, retourne d'où tu viens. Proverbe africain

DICO NOTTO

KA, n. m.
Deux lettres faciles à placer pour faire un maximum de points au Scrabble.

KARAOKÉ, n. m.
Animation chantée en solo ou en groupe qui n'adoucit pas forcément les mœurs.

KETCHUP, n. m.
Masqueur de goût industriel.

KILOMÈTRE, n. m.
Unité de distance négligeable en voiture.
À pied, c'est une autre histoire.

KITCHENETTE, n. f.
Cuisine de dînette.

HEUREUX MARIAGES

Il y a des couples qui cherchent à compliquer les arbres généalogiques ! Citons Alexis Lemaire qui épousa Virginie Lepaire en 1848 à Wavrin (Nord), Claude Lepère qui s'unit à Marie Lepère en 1745 à Tintury (Nièvre) ou encore Jean Lameyre qui se maria à Léonarde Lameyre en 1876 à Affieux (Corrèze). Plus classiquement, Guillaume Lepert convola avec Catherine Lemaire en 1768 à Bernouville (Eure).

Musique

Noir, c'est noir

Nina Simone, pianiste émérite, compositrice reconnue et arrangeuse recherchée compte parmi les grandes du jazz. Une carrière des plus réussies, mais dont l'origine a toujours gardé un goût amer de frustration. Pire, d'injustice : celle de n'avoir pu devenir la première femme noire concertiste classique. La faute à la ségrégation raciale : seule élève noire de sa promotion, elle n'a pas eu l'autorisation d'intégrer la Julliard School of Music de New York, coupant court à toute velléité classique.

BIBLIOTHÈQUES MYTHIQUES

TIANJIN BINHAI LIBRARY DE TIANJIN (CHINE)

Trop belle pour être vraie ? Lors de son inauguration en 2007, les photos de la bibliothèque Binhai, à Tianjin, grande mégapole au nord de la Chine, ont amplement été publiées dans les magazines et sur Internet. Présenté par certains comme « le rêve de tout amoureux des livres », ce bâtiment à l'architecture à la fois futuriste et extravagante est pour le moins spectaculaire. Conçu par le cabinet néerlandais MVRDV, l'édifice d'un blanc immaculé affiche des formes

BIBLIOTHÈQUES MYTHIQUES

arrondies et organiques. À l'intérieur, son auditorium, installé sous une gigantesque sphère en verre, ressemble à l'iris d'un œil lorsqu'il est vu de l'extérieur. D'élégants rayonnages s'élèvent en spirales sur plusieurs dizaines de mètres. Des milliers d'ouvrages garnissent ces étagères qui s'étirent à perte de vue. Mais ne vous fiez pas aux apparences : la plupart d'entre eux sont des trompe-l'œil ! En réalité, l'immense majorité du 1,2 million de livres conservés dans cette bibliothèque est entreposée dans des salles classiques. Ceux qui ondulent au-dessus des têtes des visiteurs ne sont qu'illusion…

Soleil
lever : **6 h 08**
coucher : **21 h 26**

Dimanche **15 mai**

Sainte Denise – On fête aussi les Primel, Primaël, Privelin

Mariage en mai fleurit tard ou jamais. Proverbe français

MOTS FLÉCHÉS

- Enflammais / Opérateur arithmétique
- Affine / Pouvoir
- Sentent fort / Épaississiez
- Vieux oui
- Maint / Holmium
- Monte à la gorge / Septième grecque
- Se trouve au piquet
- Ensemble / Corpulent
- Pour les trois premiers / Entrave
- Cause d'irritation / Lit commun
- Équipe / Au bout de la ligne
- Lave / Se jettent à l'eau
- Beaucoup
- Suit omicron / Ordre d'exécution
- Point de départ / On l'a à l'œil
- Jules / Porte les planchers
- Explosif
- Douce comme un agneau
- Tranche à griller
- Déforma / Semblables
- Trois fois, c'est négligeable
- Reviennent chaque année
- Donne un coup de fer
- Ajouré / Fit passer le courant
- On y va pour se marier / Porté à l'écran
- Équilibra / Tarte à la pomme
- Surveillée / Traversa
- Fait le pont
- Appuierions / Calfater
- Porte bouteilles / Introduit une nouvelle essence
- Poids lourds / Monnaie d'échange
- Comblait ou nuisait
- Ester
- Fera trembler
- Savonne la tête
- Être féminin / Point fixe
- Pigeon ou poire / Animaux peu courants
- Fut absent
- Mesure astronomique / Sultanat
- Tempo musical / Mettent à l'eau
- Déguste / Type de case
- Lâchai / Tête de sardine
- Porte-bouteilles / Manie
- À nous
- Sans effet
- Bois violet (d')

SOLUTION PAGE 157

Lundi **16 mai**

Saint Honoré – On fête aussi les Germier, Brendan

Soleil
lever : **6 h 07**
coucher : **21 h 27**

À la Saint-Honoré, c'est toi mon adorée.

Brèves régions

**Nièvre/
Les oisivetés de Vauban**

Vauban est surtout connu pour ses ouvrages militaires, mais dans son château de Bazoches, au cœur du Morvan, il rédigea également de nombreux écrits sur des sujets comme l'agriculture, les forêts, la monnaie ou les sciences, qu'il intitula *Oisivetés*.

Citations

L'argent ne rend pas heureux. Aujourd'hui, j'ai cinquante millions de dollars et je ne suis pas plus heureux que quand j'en avais quarante-huit.

Arnold Schwarzenegger

Rétro Vermot

Dix heures, Pierrot, 3 ans, a été privé de son chocolat : il a grand-faim. Son père ne rentre pour déjeuner qu'à midi. Pierrot a une idée géniale : il approche une chaise de la cheminée, monte dessus et se met à tourner les aiguilles de la pendule.

– Que fais-tu ? Petit malheureux ! s'écrie sa mère survenant.

– Pierrot fait venir papa !

CHANSONS VOYAGEUSES

Le monde en rose

Édith Piaf a écrit elle-même les paroles de *La Vie en rose*, une chanson devenue depuis le symbole de la France à l'étranger. Les reprises se comptent par centaines : si elle est traduite mot pour mot en italien (*La Vita è rosa*) et en espagnol (*La Vida en rosa*), Louis Armstrong a choisi de conserver le titre français pour la version anglaise, contrairement à l'Allemand Peter Kraus qui l'a changé en *Schau mich bitte nicht* (« Ne me regarde pas, s'il te plaît »). On peut désormais écouter la chanson dans presque toutes les langues, dépaysement garanti !

Quand la réalité dépasse la fiction

Psychose

La scène de la douche a marqué les cinéphiles sur plusieurs générations : Marion Crane (Janet Leigh) poignardée par Norman Bates (Anthony Perkins) sur la musique de Bernard Herrmann. Le film culte d'Alfred Hitchcock – basé sur le livre éponyme de Robert Bloch – est terrifiant en soi. Et le pire, c'est que le personnage de Norman Bates a en partie existé. Il est inspiré du tueur en série Ed Gein, qui a sévi à la fin des années 1950 dans le Wisconsin, aux États-Unis. L'homme était obsédé par les femmes et gardait des trophées de ses victimes. Il conservait également la chambre de sa mère intacte, alors que celle-ci était morte une décennie auparavant. C'est cette dernière information qui intrigua Bloch, puis Hitchcock après lui : la relation dysfonctionnelle entretenue entre l'homme et sa mère.

Soleil
lever : **6 h 06**
coucher : **21 h 28**

Mardi **17 mai**

Saint Pascal – On fête aussi les Pamphalon, Restitute, Tudon

À la Saint-Pascal, et ta déclaration fiscale ?

Brèves régions

Finistère/ Cannabis urbain

En mai 2019, la brigade des stupéfiants est intervenue à Brest, alertée par les riverains d'une forte odeur de cannabis. Il s'agissait en fait d'une plante importée du Moyen-Orient, *Crucianella stylosa*, qui avait été choisie pour les espaces verts urbains en raison de sa résistance aux piétinements et aux gaz d'échappement. Ses effluves n'avaient heureusement pas les effets de ceux du cannabis.

L'ACTU

Des perroquets mal élevés

Installé dans le nord de Londres, le Lincolnshire Wildlife Park est un immense sanctuaire pour les espèces tropicales. Chaque année, des centaines d'animaux abandonnés à travers tout le pays y trouvent refuge. C'est ainsi que Eric, Jade, Elsie, Tyson et Billy, cinq perroquets gris d'Afrique, ont naturellement atterri ici au décès de leur propriétaire. Comme c'est la règle, ils ont été placés en quarantaine avant de pouvoir rejoindre leurs 200 congénères qui s'ébattent en semi-liberté au refuge. Mais très vite, les cinq petits nouveaux se sont fait remarquer par les soigneurs à cause de leur langage peu châtié. Ces perroquets passaient leur journée à jurer et à s'insulter, l'injure « fuck off » étant même leur moyen d'expression le plus courant ! Le sanctuaire accueillant de nombreux visiteurs et notamment de jeunes enfants, décision a été prise de transférer, à titre provisoire, ces oiseaux à la langue trop pendue. Et pour les empêcher de se provoquer entre eux, les cinq malotrus ont définitivement été séparés.

DEVINETTES

Quelquefois il faut l'enlever, en évitant de le faire sauter, avec lui on ne peut plus avancer, sur l'eau il faut le surveiller.

Qu'est-ce que c'est ?

Réponse : LE BOUCHON

Notre langue fait des adeptes

Фуршет *(russe)*

Si un Russe vous propose *фуршет* (furšet), ne lui demandez pas s'il n'a pas aussi un couteau ! Le français rayonnant jusqu'en Russie au XVIIIe siècle, nos amis slaves ont emprunté l'expression française *déjeuner à la fourchette* qui désignait un repas pris en fin de matinée au cours duquel on mangeait de la viande avec une fourchette. L'expression française a été éliminée par *brunch* en France et s'est réduite à *fourchette* en russe pour désigner toutes sortes de buffets ou cocktails.

Mercredi **18 mai**

Saint Éric – On fête aussi les Eris, Genséric, Gens, Potamon

Soleil
lever : **6 h 05**
coucher : **21 h 29**

La route du mensonge est courte. Proverbe arabe

La gaffe de l'Histoire
Esprit d'escalier

C'est le quotidien El País qui a révélé en juillet 2013 une monumentale gaffe architecturale, à quelques mois de l'inauguration des bâtiments In Tempo voulus comme un symbole de l'Espagne tournée vers l'avenir malgré la crise. Hautes de 47 étages, ces deux tours jumelles sont soudées par un toit commun. Malheureusement, les ascenseurs n'ont été prévus que… jusqu'au 20ᵉ étage !

Bibliophiles

Double nationalité, Nina Yargekov (P.O.L, 2016)

Elle se réveille dans un aéroport, amnésique. Elle a sur elle deux passeports, dont un français. Ce pourrait être un roman noir. Mais ici règnent la fantaisie, l'inventivité, l'humour et la malice. À la fois douaniers et complices, nous devons vider notre sac en même temps que le sien pour y trouver des indices de qui elle est. Que signifie être d'une nationalité ? Avoir deux langues et deux cultures ? Une identité, c'est fragile, surtout à une époque où les frontières se ferment. Filons cette mystérieuse jeune femme qui, quoique étrangère, connaît par cœur le répertoire d'Enrico Macias…

La bonne blague

Au Moyen Âge, un astrologue consulté par le roi prédit que la reine va bientôt mourir. Et effectivement, le présage se réalise : la reine décède quelques jours plus tard. Fou de douleur, le roi convoque l'astrologue, convaincu que c'est sa prophétie qui a provoqué la mort de sa femme. Sans détour, il ordonne alors au devin :

« Prophète, dis-moi quand tu mourras ! »

L'astrologue comprend que le souverain à l'intention de l'occire sur-le-champ, et ce, quelle que soit sa réponse. Alors il déclare, sans ciller :

« Sire, je ne sais pas quand je mourrai. Je peux seulement vous dire que lorsque cela m'arrivera, Votre Majesté mourra deux jours après. »

RÉBUS
Chansons françaises

CHEVEUX
IDÉES

Cheveux longs et idées courtes
(Johnny Hallyday)

Soleil
lever : **6 h 03**
coucher : **21 h 31**

Jeudi **19 mai**

Saint Yves – On fête aussi les Célestin, Dunstan

Mai sans rose rend l'âme morose.

L'humanité en chiffres

4,5

La population de l'Afrique devrait plus que tripler pour atteindre 4,5 milliards d'individus d'ici à 2100. Le Niger est le pays qui connaît la plus forte croissance démographique (+ 3,8 % par an). Son taux de fécondité est de 6,9 enfants par femme et sa population s'élève à 24,2 millions d'habitants. Mais le pays d'Afrique le plus peuplé est le Nigeria avec 206 millions d'habitants.

Solution mots fléchés **[p. 153]**

	D		P		B		O		F		G	
M	O	D	U	L	O		C	H	O	E	U	R
	P	O	D	I	U	M		O	R	T	I	E
H	A	N	D	I	C	A	P		C	A	M	P
	I		L	E	S	S	I	V	E		P	I
A	S	S	E	Z		T	E	E		M	E	C
		E			C	O	U	R	B	A		
P	L	A	S	T	I	C			A	E	R	E
	A	U	T	E	L		R	A	S	S	I	T
P	I	X	E	L		G	U	E	T	T	E	E
	N		A	S	S	I	E	R	I	O	N	S
T	E	C	K		I	F		A	N	S		
		A		E	L	L	E		G	O	G	O
E	B	R	A	N	L	E	R	A			A	L
	L	E	N	T	O		S	I	R	O	T	E
L	A	N	C	E	N	T		S	E	M	A	I
	M	E	R		N	O	S		V	A	I	N
G	E	R	E		A	M	A	R	A	N	T	E

Citations

Si par précaution vous renoncez à boire, à fumer et à faire l'amour, vous ne vivrez peut-être pas plus longtemps, mais la vie vous paraîtra beaucoup plus longue.

Clément Freud

PROUESSES D'OISEAUX

LA STERNE ARCTIQUE

Elle aime l'été, cette sterne. Mais pas les grosses chaleurs. Elle profite de la douce fraîcheur de l'été polaire dans l'hémisphère nord, où elle nidifie, et s'en va ensuite goûter celle de l'hémisphère sud, dans l'Antarctique. Elle passe donc d'un pôle à l'autre deux fois dans l'année, ce qui représente près de 40 000 km parcourus. Blanc et gris, avec une tache noire sur la tête et un bec rouge, ce petit oiseau marin de 35 cm de long (y compris une queue de 18 cm) et 80 cm d'envergure pour un poids de 100 g détient, avec le puffin fuligineux, le record des plus longues migrations. Comme il dépasse souvent les 20 ans d'âge, on peut en déduire qu'il est en voyage huit mois par an et qu'il parcourt dans sa vie plus de 800 000 km, soit deux fois la distance de la Terre à la Lune !

Pêche

La tanche, discrète et lourde

Vivant en bancs, sur le fond des étangs envasés ou les reculées des rivières lentes, les tanches sont particulièrement discrètes. Seules les éclosions de fines bulles en surface trahissent leur présence. Le pêcheur de tanches est aussi discret. Il a repéré un poste, il y vient plusieurs soirs de suite, jetant à la volée des boules d'amorce garnies d'asticots et de vers de terreau, puis disparaît. Au bout d'une semaine, il revient un matin dès potron-minet, lance moelleusement ses cannes, jette une poignée d'asticots et attend, assis sur son siège, goûtant le bonheur du lever du jour. Le flotteur tressaute, se met à plat, la tanche a mordu. Le poisson est lourd, bientôt il glisse dans le filet de l'épuisette. Une nouvelle poignée d'asticots et le pêcheur reprend sa contemplation. Et l'espoir revient…

Vendredi **20 mai**

Saint Bernardin – On fête aussi les Outrille, Austrégésille, Therezien

Soleil
lever : **6 h 02**
coucher : **21 h 32**

La plus petite graine produit souvent le plus grand arbre. Proverbe indien

Ça s'est passé

Le 20 mai 1622

Le sultan ottoman Osman II, qui voulait réformer l'ordre militaire des janissaires composés d'esclaves d'origine européenne, est renversé et assassiné à l'âge de 17 ans.

Dis papy c'est quoi ?? et ça c'est quoi ?

Pourquoi perd-on ses dents de lait ?

L'être humain a besoin d'une dentition complète pour mastiquer ses aliments à partir du moment où il se nourrit d'autre chose que de lait. Une dentition adaptée à la taille de sa mâchoire l'accompagne pendant les premières années de sa vie. En grandissant, la mâchoire se renforce et accueille au fur et à mesure des dents plus adaptées, faisant tomber les plus petites pour laisser la place aux plus grandes (et pour le plus grand bonheur de la petite souris !).

mamie c'est quoi ??

Charade

classique

Mon premier est une boisson alcoolisée amère,
Mon deuxième a son bonnet,
Mon troisième est une toile de protection,
Avec **mon quatrième** ça barde,
Mon tout est une philosophe française dont le père était lui-même philosophe.

SUZANNE BACHELARD (SUZE – ÂNE – BÂCHE – LARD)

RECETTE

Crêpes poires et chocolat

Pour 6 pers.
2 h de repos
20 min de préparation
30 min de cuisson

- 100 g de chocolat pâtissier
- 1 boîte de poires au sirop
- Beurre

Pour les crêpes :

- 300 g de farine
- 1 pincée de sel
- 2 œufs
- 1 cuil. à café de sucre en poudre
- 60 g de beurre
- 50 cl de lait
- 1 cuil. à soupe de rhum
- Huile neutre pour la cuisson

Préparez de la pâte à crêpes : mettez la farine, le sel, les œufs, le sucre, le beurre fondu, le lait et le rhum dans un blender. Mixez jusqu'à obtenir un mélange homogène, de consistance liquide et légèrement épaisse. Laissez reposer 2 h.

Faites revenir les poires coupées en morceaux dans une poêle avec un peu de beurre et faites fondre le chocolat avec un peu d'eau.

Préparez les crêpes : dans une poêle antiadhésive avec un peu d'huile sur feu moyen, versez une louche de pâte et laissez cuire 2 min. Dès que la pâte commence à prendre, retournez la crêpe et laissez-la dorer 1 min sur l'autre face. Déposez quelques morceaux de poires et versez un peu de chocolat. Réservez au chaud ou servez immédiatement. Procédez ainsi pour toutes les crêpes.

AU MUSÉE

Arnold Schwarzenegger Museum, Thal, Autriche

C'est un ancien camarade de classe d'Arnold Schwarzenegger qui a créé ce musée, avec l'accord de l'intéressé. La maison d'enfance de la star a été réaménagée pour l'occasion, afin de retracer la vie mouvementée du colosse autrichien. À travers des objets et des photos, le site raconte les multiples carrières de Schwarzy, alignant haltères d'adolescent et bureau de gouverneur. Le culturiste élu huit fois Mister Univers, accèdera à la notoriété grâce à ses rôles au cinéma, notamment dans la fameuse série *Terminator*. Il poursuivra son ascension jusqu'à décrocher le poste de gouverneur de Californie. Lorsqu'il est venu, en 2013, inaugurer son propre musée, Arnold Schwarzenegger a d'ailleurs expliqué que le lieu était une ode à l'ambition et que c'était cette volonté inébranlable qui lui avait permis de tout réaliser.

Samedi **21 mai**

Saint Constantin – On fête aussi les Second

À la Saint-Constantin, arrête ton baratin !

Mots oubliés
Galetas

« J'avais obtenu qu'on me fît tapisser ce galetas », écrit Pierre Loti dans *Le Roman d'un enfant* en 1890. Il évoque par ce mot un logement situé dans les combles d'un bâtiment, souvent minuscule et sordide, comme en habitaient souvent les artistes du début du xxe siècle. Le mot fait référence à la tour de Galata, monument au toit pointu qui domine la ville d'Istanbul.

Animaux transparents
Le tonnelier des mers

C'est un monstre ! La tête est démesurée, conique, avec deux gros yeux. Le corps, assez fin, évoque celui d'une langoustine. Il est doté d'une dizaine de pattes dont les deux premières se terminent par des pinces menaçantes. Et il est parfaitement transparent. Il vit dans les grandes profondeurs de toutes les mers du globe. Toutefois, si vous plongez, ne vous effrayez pas car il ne mesure que… 4 cm pour la femelle, et 1 cm pour le mâle. Ce petit crustacé parasite d'autres animaux transparents : il pénètre dans une méduse ou une salpe, la dévore de l'intérieur et se sert de l'enveloppe vide comme d'un abri – d'où son nom de tonnelier. Ce Diogène pélagique a des lettres de noblesse : il a inspiré le monstre du film *Alien, le huitième passager* (Ridley Scott, 1979), qui a terrifié toute la planète.

LE CHIFFRE **11**

Le nombre d'habitants sur Terre a été multiplié par sept au cours des deux derniers siècles et devrait continuer de croître jusqu'à atteindre les 11 milliards à la fin du XXIe contre 7,8 milliards en 2020. Après un pic de plus de 2 % par an il y a cinquante ans, la croissance démographique ralentit un peu depuis une décennie (1,2 % en 2020) et devrait continuer à baisser jusqu'à la quasi-stabilisation de la population mondiale à la fin du XXIe siècle. Si l'Inde va vraisemblablement dépasser la Chine comme pays le plus peuplé au monde dès 2030, en Afrique la population va quadrupler ! Sur les dix pays qui devraient être les plus peuplés en 2100, cinq seront d'ailleurs situés sur ce continent, le Nigeria en tête avec une population estimée à 733 millions d'habitants, suivi par la République démocratique du Congo. Les démographes estiment que 362 millions d'âmes peupleront alors le plus gros pays francophone de la planète, soit une population environ quatre fois plus nombreuse qu'aujourd'hui. En France métropolitaine, la population atteindra 72 millions d'habitants en 2050 contre 66,5 millions en 2020.

DICO NOTTO

KLEBS, n. m.
Autre nom du chien dont on sent qu'il n'est pas le meilleur ami de l'homme.

KLEPTOMANIE, n. f.
L'art du vol non prémédité.

KOALA, n. m.
Animal à fourrure qui sent le suppositoire.

KOUIGN-AMANN, n. m.
Motte de beurre sucrée en forme de gâteau.

LÂCHE, n. m.
Courageuse personne faisant preuve d'un excès de bon sens et de prudence.

Dimanche **22 mai**

Saint Émile – On fête aussi les Rita, Quitterie

Soleil
lever : **6 h 00**
coucher : **21 h 34**

Rosée de mai fait tout beau ou tout laid ! Proverbe français

Brèves régions

Indre/ Les fresques de Vic

C'est grâce à George Sand, qui habitait le village voisin de Nohant, que Prosper Mérimée fut averti de la découverte en 1849 des fresques dans l'église Saint-Martin de Vic. Longtemps dissimulées par un enduit, elles datent du XIIe siècle et sont représentatives de l'épanouissement de l'art roman en Berry. Parmi les scènes représentées, la Rédemption apparaît comme le thème principal, de la naissance à la mort du Christ.

Le révérend Élouilla
Pasteur
vous annonce la naissance
de son fils

HAL

Solution : Alléluia.

Citations

Une opinion, c'est comme une gastro. C'est pas parce que tu en as une que t'es obligé de la donner.

Laurent Paquin

VERMOT'ROSCOPE

GÉMEAUX (22 mai – 21 juin)

Caractère

Communicatif, curieux, ouvert d'esprit, observateur, inventif, intelligent, opportuniste, adaptable, vif, rapide, bon vivant, pétri d'humour, intuitif, cérébral, changeant, caméléon, surprenant, insaisissable, aérien, désinvolte, ambigu, infantile, nerveux, voire angoissé.

Le message des astres

Mercure et Saturne vont soutiendront sur les premiers moments de l'année, ce qui vous permettra de consolider vos actions et vos diverses entreprises. Vous vous sentirez écouté et respecté dans bien des domaines. À partir du second trimestre, c'est Mars qui prend le relais vous permettant de passer à l'action et de faire face à des petites périodes de doute.

Vie relationnelle

Belle année pour consolider certains de vos liens ou pour prendre des contacts. Beaucoup confirmeront des amitiés démarrées en 2021. C'est une période parfaite pour vous rapprocher de personnes qui vous apporteront stabilité, confiance et sérénité. Profitez-en.

Amour

À deux, de janvier à juillet, vous réfléchirez à votre vie conjugale. Ces mois vous permettront de faire le point sur vos aspirations. Août arrivé, vous bousculerez votre quotidien en vous donnant les moyens d'impulser une nouvelle dynamique à votre couple ou en envoyant tout balader.

Si vous êtes célibataire, rien d'extraordinaire ne vous attend sur le premier semestre de 2022. Vous devrez attendre le milieu de l'été pour commencer à entrevoir des transformations dans votre vie amoureuse. Les derniers mois de l'année seront marqués par la passion et la douceur.

Famille

Ce devrait être une année assez agréable qui vous verra vous épanouir au contact de vos proches. Ainsi, même si vous n'êtes pas à l'abri de quelques incompréhensions ou tensions, dans l'ensemble, vous devriez passer une belle année côté famille.

Quotidien et vitalité

En 2022, vous devrez passer à l'action et agir. Multipliez les projets ou les loisirs afin de mettre un peu de piment dans votre vie. Laissez-vous porter par une activité qui vous captive et qui vous ressource. La seconde moitié de l'année vous trouvera en pleine possession de vos moyens physiques et psychiques.

Budget

D'un bout à l'autre de l'année, vous devriez réussir à bien gérer vos finances. Soucieux de préserver votre équilibre, vous ferez vos comptes régulièrement.

Comment optimiser votre année ?

Fixez-vous des objectifs clairs et restez concentré sur ces derniers afin de les atteindre. Apprenez à affronter les aléas de la vie avec détermination.

Soleil
lever : **5 h 59**
coucher : **21 h 36**

Lundi **23 mai**

Saint Didier – On fête aussi les Guibert, Bili

À la Saint-Didier, un baiser ? Arrête de mendier !

La dictée du mois — Départ tumultueux

Le vrai voyage n'a commencé pour moi qu'au moment ou j'ai mis le pied sur le pont du bâteau à vapeur de Rotterdam. Il faisait un temps affreux. En sortant du port, le bâteau a été lancé par les vagues sur un groupe de petits chasse-marée auquels il a causé des avaris considérables ; nos roues déchiraient les voiles, brisaient les mâts, enfonçaient les coques ; tout criait et craquait sous cette immense moulin ; les pêcheurs, ainsi maltraités, étaient désolés et furieux à la fois ; ils nous appostrophaient d'une manière énergique et peut courtoise. Je quittai ainsi Le Havre au milieu d'un grand tumulte et d'un concert de mallédictions.

Léonie D'AUNET, Voyage d'une femme au Spitzberg, *1854.*

où, bateau (2 fois), auxquels, avaries, cet immense, apostrophaient, peu, malédictions

BIÈRES

PVL Triple de la Brasserie du Pavé

Pour les amateurs de goûts épicés, voici une bière de garde blonde de fermentation haute maltée, riche en bouche et plutôt ronde, sans doute grâce à l'infusion, à chaud, d'écorces d'orange amère et de coriandre moulue au moment du brassage. Concoctée dans le département du Nord avec quatre malts et trois houblons, elle a reçu une médaille d'or au Concours général agricole de Paris 2020. International bitterness unit : 22. À boire dans un verre calice entre 8 et 10 °C. Alcool : 8,5 % vol.

La gaffe de l'Histoire

Faites ce que je dis...

Pour une de ses premières prestations télévisuelles importantes, le Premier ministre Jean Castex ne s'est pas rendu compte que la sincérité pouvait se transformer en grosse gaffe. Sur le plateau de l'émission Vous avez la parole sur France 2, il a avoué n'avoir jamais téléchargé l'application StopCovid, en expliquant sans gêne : « Oui, je pousse les Français à le faire, mais je ne l'ai pas fait. »

Bon anniversaire

Jean-Claude Servan-Schreiber

C'est un cas rarissime, Jean-Claude Servan-Schreiber est décédé précisément le jour de ses 100 ans, le 11 avril 2018 ! Fils de Robert et neveu d'Émile, journalistes et cofondateurs du journal *Les Échos*, il en prend la direction en 1958, après avoir créé *L'Express* en 1953 avec son cousin Jean-Jacques. Mais un différend entre eux conduit à la vente du titre en 1963. À la demande des présidents Charles de Gaulle et Georges Pompidou, Jean-Claude Servan-Schreiber met en place la publicité à la télévision en 1968 et devient ainsi le père de la Régie française de publicité. La même année, il se lance dans un combat politique mais échoue contre François Mitterrand dans sa circonscription de la Nièvre avant de se présenter dans le Gard où il est battu par le maire communiste de Nîmes.

Mardi 24 mai

Saint Donatien – On fête aussi les Rogatien, Zoël, Maël, Servilio

Soleil
lever : **5 h 58**
coucher : **21 h 37**

Le cœur voit souvent avant l'œil. Proverbe algérien

Citations

Le mariage est comme un cercueil et chaque enfant est un nouveau clou.

Homer Simpson

Citations

Le voyageur voit ce qu'il voit, le touriste voit ce qu'il est venu voir.

G. K. Chesterton

Meilleurs Ouvriers de France

Groupe VII, chaudronnerie

Fabien Biau, 33 ans au moment du concours, a réalisé un objet assez compliqué à décrire et à comprendre quand on n'est pas expert. Il s'agit d'un « cyclone diffuseur », la turbine d'un gros turbo, en trois alliages (acier, Inox et cuivre), avec un prisme évolutif vrillé sur 180° en guise de pied. Au sol, une platine en forme de carte de France inclinée à 15° permet de voir le dessous de l'œuvre par réflexion. Ce projet a nécessité 850 h de réalisation, sans compter le temps de préparation (logiciel, entraînements).

LES ÉMISSIONS RADIO **MYTHIQUES**

Signé Furax

Même si vous n'avez jamais entendu un seul des 1 034 épisodes de Signé Furax, ce titre vous dit certainement quelque chose. Diffusé sur Europe 1 entre octobre 1956 et janvier 1960, ce feuilleton radiophonique créé par Pierre Dac et Francis Blanche a fait s'esclaffer des millions d'auditeurs. L'émission mettait en scène les aventures des détectives Black and White, entourés d'une galerie de personnages loufoques, à la poursuite d'un redoutable génie du mal, l'infâme Edmond Furax, allié de la secte malfaisante des Babus. Chaque jour, pendant 10 min, Pierre Dac et Francis Blanche laissaient libre court à leur humour totalement décalé. Pratiquement écrit au jour le jour et laissant une large place à l'improvisation, chaque épisode de Signé Furax était aussi l'occasion d'entendre dans le rôle de l'un des très nombreux personnages secondaires (plus de 200 !) un comique confirmé ou un futur géant du rire. Parmi eux, Jean Poiret, Pauline Carton, Roger Pierre ou encore un jeune fantaisiste nommé Raymond Devos…

Le bon mot de l'histoire

« Mon ami, je vais vous étonner, mais je suis président de la République. »

Paul Deschanel, 23 mai 1920

Dans la nuit du 22 au 23 mai 1920, alors qu'il voyage en train, le nouveau président de la République bascule par la baie de son compartiment. Paul Deschanel est retrouvé le visage tuméfié errant le long des voies par un cheminot auquel il décline son identité. Persuadé qu'il s'agit d'un fou, l'homme le recueille chez lui. Les policiers ne viendront le récupérer que 7 h plus tard. En effet, le train a continué à rouler sans que personne ne s'aperçoive de rien. Trois mois après, les troubles psychiatriques qui affectent le président sont considérés comme totalement incompatibles avec les exigences de sa charge. Deschanel démissionne le 21 septembre 1920.

Mercredi **25 mai**

Sainte Sophie – On fête aussi les Bède, Sonia

Pour chaque hirondelle vient son mois de mai. Proverbe français

Dico NOTTO

LÂCHER, v.
Tenir mal.
Tenir très mal même.
Voire ne pas tenir du tout.

LAMBDA, n. m.
Ordinaire, normal, quelconque, alors qu'à une lettre près ce mot devenait une langoureuse danse brésilienne.

LAPIDATION, n. f.
Lancer de poids sur cible vivante. Épreuve non homologuée aux jeux Olympiques.

LAVE-VAISSELLE, n. m.
Appareil incontournable de la cuisine auquel il ne manque que le « range-vaisselle » pour être parfait.

LIBRAIRE, n.
Manutentionnaire qui passe ses journées à emballer, déballer et à remballer des livres.

Cultures fruitières

La noisette Fertile de Coutard

Avoir dans son jardin l'un des plus vieux arbres de la planète est à la portée de tout un chacun grâce au noisetier. En effet, il semait déjà ses noisettes à l'ère secondaire, il y a 70 millions d'années. Et sous son autre nom de coudrier, il était réputé jadis pour ses propriétés magiques. Ce grand ami des écureuils est cultivé depuis longtemps, et il a sans aucun doute sa place partout tant il favorise la biodiversité. Avec sa floraison précoce de jolis chatons, il n'est pas autofertile, mais comme il est très répandu, ce n'est en général pas un problème. La variété fertile de coutard est cultivée en France depuis au moins le début du XVIIIe siècle. Très généreuse et présente dans toutes les régions, elle donne en octobre de grosses noisettes (1,5 cm) à chair blanche et parfumée.

Randonnées

LA PRESQU'ÎLE DE RHUYS, GOLFE DU MORBIHAN

Longue de 25 km, cette péninsule sépare la « petite mer » (mor bihan en breton) de l'océan. Elle est parcourue de bassins ostréicoles et de petits villages de pêcheurs devenus des destinations balnéaires très prisées. Du port du Crouesty à Sarzeau, de Saint-Gildas-de-Rhuys au château des ducs de Bretagne à Suscinio, les sentiers historiques et gourmands fourmillent. Bordée d'une eau bleue faussement calme, la presqu'île s'apprécie en toute saison.

L'ACTU

Des dauphins toxicos

Considérés comme l'une des espèces les plus intelligentes, les dauphins auraient mis leur remarquable ingéniosité à profit pour… planer. C'est la conclusion d'une équipe de la BBC venue filmer les mammifères marins pour un documentaire. Les caméramans ont en effet enregistré plusieurs séquences où l'on aperçoit de jeunes dauphins manipulant un certain type de poisson-globe qui, s'il est provoqué, libère un poison violent appelé tétrodotoxine. Mortelle à fortes doses, cette toxine produit un effet narcotique en plus petite quantité. Or, les cétacées semblent avoir trouvé comment faire en sorte que les poissons-globes libèrent la bonne dose pour se droguer sans danger : ils en mâchouillent un très délicatement jusqu'au moment où ils entrent dans un état second. Dès lors, comme en transe, ils agissent de manière bizarre. Certains, par exemple, laissent traîner leur nez à la surface de l'eau comme s'ils étaient fascinés par leur propre reflet. D'après l'équipe qui a observé le phénomène, ce comportement s'apparente à celui des gens qui lèchent des crapauds pour obtenir un effet hallucinogène !

Jeudi 26 mai

Saint Béranger – On fête aussi les Bérangère, Éleuthère, Godon

Soleil
lever : **5 h 56**
coucher : **21 h 39**

Jours de mai, jours amers, les pains sont courts et le jour est long. Proverbe espagnol

Vélo

Pirate

Juillet 1961, Jacques Anquetil file vers la victoire, lorsque se profile une longue étape entre Pau et Bordeaux. Pas de quoi émoustiller les journalistes qui décident de se poser dans divers restaurants. C'est alors que Radio Tour, canal officiel de la course, annonce l'abandon d'Anquetil. Panique à bord, tout le monde retourne suivre la course pour s'apercevoir qu'il n'en est rien. On apprendra que Claude Morel, journaliste à Radio Monte Carlo, avait piraté Radio Tour pour « réveiller » ses collègues.

FOLLES RUMEURS

Stéphanie a tué sa mère

Le 13 septembre 1982, Grace Kelly, princesse de Monaco, se tue au volant de sa voiture. Un triste accident qui va faire parler au-delà de la notoriété de la victime. Le cinéphile remarque que l'ancienne actrice est morte sur la route où elle avait tourné La main au collet. *Le fataliste juge que Grace n'a pas eu de chance car c'est son chauffeur qui aurait dû conduire, mais ce jour-là, comme la voiture était trop encombrée, il a exceptionnellement laissé sa place à la princesse. Et le complotiste, lui, se demande si c'était bien Grace qui était au volant : n'était-ce pas plutôt sa fille Stéphanie, 17 ans à l'époque ? Une rumeur que rien ne peut étayer ni démentir.*

Mots oubliés

Galimafrée

Composée de « galer » (s'amuser) et du picard « mafrer » (manger en abondance), la galimafrée est un plat composé de restes de viande, souvent préparé sans soin et finalement sans autre intérêt que de combler la faim. Voltaire, dans une lettre à Richelieu datée du 31 août 1764, écrit : « Monsieur, a dit le duc de Lorges, je ne peux digérer votre galimafrée. »

Généalogie

Je m'appelle Éléonie

Madeleine Zoé Éléonie Coquard est née le 26 mai 1839 dans le Loiret. On pourrait chercher longtemps l'origine de son troisième prénom : il n'existe pas ! Pour trouver la clé de l'énigme de sa création, il faut se rappeler qu'à cette époque toute déclaration se faisait à l'oral, car les parents étaient souvent illettrés. Pas de formulaire à remplir au préalable, mais un simple dialogue entre le père et l'officier d'état civil. « Quels sont les prénoms que vous souhaitez donner à l'enfant ? » a dû interroger ce dernier pour compléter l'acte. « Madeleine, Zoé et Léonie » a dû répondre le papa. Et le maire de transcrire sur l'acte que le père « a déclaré vouloir donner les prénoms de Madeleine Zoé Éléonie » !

À la Saint-Germain, n'attends pas demain !

HEUREUX MARIAGES

Ils portaient le même prénom, qu'il est d'usage de qualifier d'épicène, c'est-à-dire utilisable pour les garçons comme pour les filles. En effet, tous les deux s'appelaient Claude. Ils vivaient dans les Vosges au XVIIe siècle et s'étaient unis pour la vie par les liens du mariage. Une seule différence les séparait : la pilosité. Mais cela n'empêchait pas Claude Barbe d'aimer Claude Rasey.

PROBLÈMES DE MATHS DU CERTIFICAT D'ÉTUDES

Dix-huit fruits ont été utilisés pour une salade de fruits. Il y a trois fois plus de pommes que de poires et deux fois plus de poires que d'oranges. **Trouvez le nombre de chaque type de fruit utilisé.**

Solution : Représentons les pommes par la lettre P, les poires par la lettre R et les oranges par la lettre G.
Nous savons que 18 = P + R + G
Nous savons aussi que :
P = 3R puisqu'il y a trois fois plus de pommes que de poires.
R = 2G puisqu'il y a deux fois plus de poires que d'oranges.
R = 2G ou G = R ÷ 2
Dans l'équation 18 = P + R + G remplaçons P par 3R et G par R ÷ 2 :
18 = P + R + G
18 = 3R + R + R ÷ 2
18 = 4,5 R
18 ÷ 4,5 = R = 4
Il y a donc 4 poires dans la salade de fruits.
Il y a P = 3R, P = 3 × 4 = 12 pommes dans la salade de fruits.
Il y a G = R ÷ 2, G = 4 ÷ 2 = 2 oranges dans la salade de fruits.

INJURES ANIMALIÈRES

Quelle morue !

« Oui, oui, je vas te dessaler, grande morue ! » (Zola, L'Assomoir, 1876). Quel rapport entre le cabillaud, poisson des eaux froides, qui prend le nom de « morue » une fois séché et salé, et une prostituée ? On nage en plein mystère. L'injure est apparue au XIXe siècle, peut-être dans la bouche des marchandes de poisson qui désignaient ainsi les filles vendant leurs charmes pour quelques sous, parce que la morue était ce qu'il y avait de moins cher. Et le terme s'est étendu à toute femme que l'on cherche à dénigrer. Ce qui est sûr, c'est que la morue est devenue la fidèle (!) compagne du maquereau.

De PORT en port MARITIME

Alexandrie, un phare et un port mythiques

Depuis l'Antiquité, les phares maritimes signalent aux navires la côte et l'entrée d'un port. Ils bravent les vents et les tempêtes, résistant aux assauts des vagues puissantes. Le phare d'Alexandrie, en Égypte, fut l'une des Sept Merveilles du monde antique. Il se dressait sur l'île de Pharos, reliée au continent par une chaussée-pont, le célèbre Heptastade. Il y avait à Alexandrie, cette ville fondée par Alexandre le Grand en 331 avant J.-C., au moins deux ports maritimes : Portus Magnus (le « Grand Port »), à l'est de l'Heptastade, et Eunostos (le « Bon retour »), à l'ouest.
Les vestiges d'un troisième port ont été signalés à l'extrémité occidentale de l'île de Pharos, et intriguent beaucoup les chercheurs. Les pans des murs conservés, assemblés sans aucun liant hydraulique, situeraient cette construction au IIe millénaire avant J.-C.

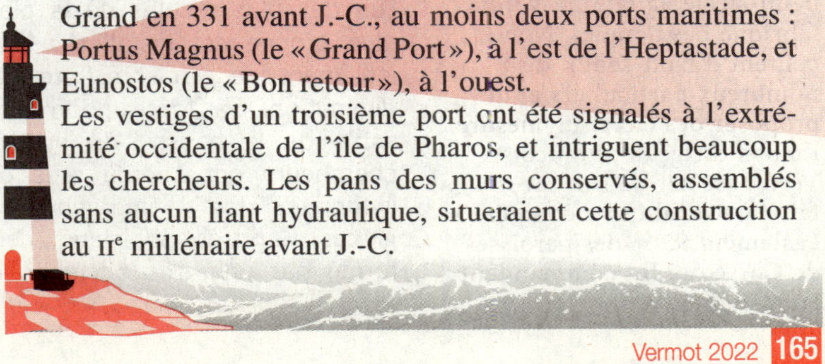

Samedi 28 mai

Saint Germain – On fête aussi les Lanfranc, Guillemette

Soleil
lever : **5 h 54**
coucher : **21 h 41**

Au mois de mai, quand la lumière / Voyait tous les bourgeons s'ouvrir, / L'amour, en sa douceur première, / Dans mon cœur s'est mis à fleurir. Heinrich Heine

Étymologie

Limoger

Au début de la Première Guerre mondiale, alors que l'armée française connaît des défaites, le maréchal Joffre sanctionne les généraux jugés incapables de mener à bien leur mission sur le front. Il choisit la ville de Limoges, qui accueille deux régiments d'infanterie, pour les y assigner à résidence. Ainsi, dès 1916 est apparu le verbe *limoger* avec le sens de « relever un officier de ses fonctions ». Aujourd'hui, il a pris un sens plus large et s'applique à toute personne hautement gradée.

Citations

Parler pour ne rien dire et ne rien dire pour parler sont les deux principes majeurs et rigoureux de tous ceux qui feraient mieux de la fermer avant de l'ouvrir.

Pierre Dac

Brèves régions

Haute-Corse/ La ciergerie Verdi

À Biguglia, depuis plus d'un demi-siècle, la famille Verdi fabrique des bougies. Non content d'avoir séduit de nombreux particuliers et de proposer des cires sur-mesure, l'actuel dirigeant, François Verdi, est fier de son savoir-faire artisanal qui a conquis également 95 % des paroisses de Corse qui lui commandent leurs cierges.

LE CHIFFRE 45

C'est en mètres la profondeur de Deepspot, la piscine la plus profonde du monde tout juste inaugurée à Mszczonów, en Pologne. Cette fosse, destinée en priorité à la formation des plongeurs, peut contenir près de 8 000 m³ d'eau, soit la même quantité que 27 piscines olympiques. Le bassin comprend des grottes sous-marines, des reconstitutions de ruines mayas et une reproduction d'épave. Ce nouveau centre nautique et sa piscine hors norme ont notamment été conçus pour répondre à des demandes de l'armée polonaise et des pompiers. Mais le public peut lui aussi pleinement profiter de ces installations, y compris au sec, grâce à un restaurant avec vue sous-marine et un tunnel en verre immergé au fond du bassin pour l'observation des plongeurs.

UNE POLITIQUE AGRICOLE COMMUNE PLUS VERTE…

GLACIERS DU MONDE

Glacier de l'île du Pin, Antarctique

Surnommé le « continent blanc », l'Antarctique est recouvert à 98 % de glace atteignant parfois plusieurs milliers de mètres d'épaisseur. Parmi les glaciers qui le composent, le glacier de l'île du Pin, formé sur la côte ouest de l'Antarctique, est l'un des plus reculés de la planète – la station scientifique la plus proche est installée à 1 300 km de là. Mais malgré son isolement, ce glacier est très surveillé du fait de sa constante diminution. Sa fonte pourrait être en grande partie responsable de la hausse du niveau des océans. Récemment, les chercheurs ont aperçu près de ses rives une île jusqu'alors inconnue, dont l'émergence est attribuée à la fonte des glaces. Baptisée Sif Island, celle-ci est composée de granite, formé par une très ancienne éruption volcanique.

Dimanche 29 mai

Soleil
lever : **5 h 53**
coucher : **21 h 42**

Saint Aymar – On fête aussi les Bona, Ursule, Géraldine

En chantant cette chanson, maman, maman, je redeviens petit garçon… Georges Brassens

CHIFFRES ET EXPRESSIONS

Faire les cent pas

Même si cela n'est pas dit de manière explicite dans cette expression, les « cent pas » dont il est question ici sont supposés être faits dans un espace réduit. Cela signifie donc que, malgré le nombre important de pas qu'il fait, l'individu n'avance pas. Il tourne en rond, il a hâte de sortir de son confinement : voilà comment « faire les cent pas » marque l'impatience.

CHIFFRES ET SYMBOLIQUES

Annie Cordy

Musique

Chanteuse de WC

On connaît Björk, la chanteuse talentueuse mais ô combien fantasque. Pour sa chanson *There's more to life than this*, l'Islandaise, toujours en quête d'expérience et d'originalité, a enregistré sa voix directement des toilettes d'un café londonien, le Milk Bar. On connaissait les chanteurs de salles de bains ou d'ascenseurs, pas encore ceux des WC. Cela n'a pas empêché le titre d'être réussi (si, si) et l'album qui le contient, *Debut*, d'être vendu à plus de trois millions d'exemplaires.

FOOTBALL

PLATINI LE KOWEÏTIEN

Personne n'a oublié la scène surréaliste qui s'est déroulée lors de la Coupe du monde 1982 lors du match opposant l'équipe de France à celle du Koweït. Mécontent du but inscrit par Alain Giresse après qu'un coup de sifflet a retenti des travées du stade, le frère de l'émir du Koweït a fait interrompre la rencontre puis annuler le but en pénétrant sur la pelouse ! Michel Platini fêtait ce jour-là ses 27 ans et son histoire avec le Koweït débutait. Six ans plus tard le 27 novembre 1988, le Koweït affronte l'URSS en match amical. Alors sélectionneur des Bleus, Platini prend part à la rencontre. S'il ne dispute que les vingt premières minutes, l'ancien capitaine de l'équipe de France peut ainsi se targuer d'avoir porté deux maillots bleus en sélection : celui de la France à 72 reprises, et celui du Koweït.

VIRUS ET RENDEZ-VOUS MÉDICAUX

Faits divers biologiques

Arroseur arrosé

Longtemps pris pour une bactérie du fait de sa taille d'un demi-micron, *Mamavirus*, qui infecte principalement les amibes, appartient à la classe des virus géants. Outre sa taille, il s'est fait remarquer en devenant le premier virus capable d'être victime d'une infection virale ! Le coupable se nomme Spoutnik et, à la différence d'un virus classique, il n'a pas besoin d'une cellule hôte pour se reproduire, mais du *Mamavirus* dans lequel il s'introduit. Une fois infecté, ce dernier devient alors moins contagieux et commet de nombreuses erreurs dans sa réplication. En d'autres termes, *Mamavirus* est malade. Une observation qui remet en question la place des virus dans le vivant dont ils ont été jusqu'ici exclus.

Lundi **30 mai**

Saint Ferdinand – On fête aussi les Yanna, Lorraine

Soleil
lever : **5 h 53**
coucher : **21 h 43**

À la Saint-Ferdinand, pense encore à ta maman !

Rétro Vermot

– Pouvez-vous citer cinq jours de la semaine, sans nommer ni lundi, ni mardi, ni mercredi, ni jeudi, ni vendredi, ni samedi, ni dimanche ?
– C'est très simple : avant-hier, hier, aujourd'hui, demain et après-demain !

Citations

C'est toujours au moment de se lever qu'on a le plus envie de dormir. Donc l'homme devrait attendre qu'il se lève pour se coucher.

Georges Feydeau

Pierres précieuses

Les joyaux des Romanov

Les Romanov ont régné en Russie du XVIIe siècle à la révolution d'Octobre, en 1917, quand toute la famille impériale fut assassinée sur l'ordre de Lénine. La collection de joaillerie qui leur avait appartenu est alors passée entre les mains des « patriotes » soviétiques qui se sont empressés de les vendre. Une partie de ces trésors fut ainsi irrémédiablement perdue, mais la couronne – portée, entre autres grands souverains russes, par Catherine II – est toutefois restée en Russie, et on la conserve aujourd'hui au Kremlin. Elle est ornée de 4 936 diamants, de 75 perles et d'un superbe spinelle rouge.

Les idées reçues

LE CLAVECIN EST L'ANCÊTRE DU PIANO

Parce qu'ils sont proches en apparence, le piano est parfois considéré comme le clavecin d'aujourd'hui. Pourtant, en termes de parenté, l'homme est plus proche du chimpanzé que le clavecin du piano. Leur seul point commun est d'avoir des cordes tendues sur un cadre mais celles-ci sont pincées par des sautereaux sur le clavecin, alors qu'elles sont frappées par des marteaux sur le piano. De plus, pour ce dernier, la puissance des sons émis dépend de la force avec laquelle l'interprète tape sur les touches alors que pour le clavecin, quelle que soit la force du toucher, le son restera uniforme. Cette différence a contribué au déclin du clavecin et à la popularité du piano, appelé à ses débuts piano-forte.

SOLUTION : MOIS, JEUX, DIX, LA, HOUX, ÎLE, I, A, DEUX, LA, CHÊNE, ÎLE, NID, A, PAS, DEUX, PHAIE, ZIR
(MOI JE DIS, LÀ OÙ IL Y A DE LA CHAÎNE IL N'Y A PAS DE PLAISIR)

Question d'hygiène

Porte-chaise d'affaires au service du roi

À partir du XVIIIe siècle, la chaise percée était placée dans la garde-robe, avec des pots-pourris pour camoufler les odeurs. Le porte-chaise désignait une charge royale de grand prestige, assurée par deux nobles en habit de velours et portant l'épée. Au lever du roi, ceux-ci pénétraient dans la garde-robe et assuraient l'évacuation des « dernières misères auxquelles la nature nous assujettit », selon les mots du comte d'Hézecques. Puis ils apportaient au roi sa chaise percée et s'occupaient de son entretien. Les porte-chaise prêtaient serment au grand maître de France et étaient généreusement récompensé pour leur service. L'importance de leur fonction venait notamment du fait que Louis XIV accordait parfois une audience privée sur sa chaise percée...

Mardi 31 mai

Soleil
lever : **5 h 52**
coucher : **21 h 44**

Sainte Pétronille – On fête aussi les Pierrette, Perrine

Ce qui se dit à table se plie avec la nappe. Proverbe canadien

La gaffe de l'Histoire

Four urbain

L'Uruguayen Rafael Viñoly est le plus grand gaffeur de tous les architectes. La façade concave de son immeuble futuriste, situé 20 Fenchurch Street à Londres, agit comme un four en concentrant les rayons du soleil. Certains jours, tout fond à proximité. Le problème, c'est qu'une de ses précédentes réalisations, l'hôtel Vdara de Las Vegas, souffre du même défaut…

Citations

La seule chose qui travaille dans le bureau d'un fonctionnaire, c'est le bois.

Coluche

Dico NOTTO

LIGNE DROITE, n. f.
Ligne courbe après un séjour en école de redressement.

LOIN, adv.
Désigne un endroit qui n'est pas près d'être près.

LUMBAGO, n. m.
La danse des dos cassés.

LUNETTES, n. f.pl.
Une invention qui change la vUe.

LENDEMAIN, n. m.
Demain qui vient lentement.

ÇA C'EST FAITS DIVERS

Le Tueur de Twitter

Entre 2017 et 2018, Takahiro Shiraishi, surnommé par la presse japonaise « le tueur de Twitter », a chassé ses proies sur le célèbre réseau social. Toutes ses victimes, des femmes âgées de 15 à 25 ans, avaient publié des pensées suicidaires sur Twitter. D'après certains médias, le tueur aurait ainsi attiré les jeunes femmes en leur promettant de les aider à mourir. L'enquête a révélé qu'après les avoir agressées sexuellement, le tueur en série les étranglait puis les démembrait. Le plus étonnant, c'est que toutes les victimes ont accepté de venir chez celui dont le pseudonyme en ligne signifie « bourreau » en japonais ! Ainsi, pour essayer de minimiser sa responsabilité, les avocats du serial killer ont expliqué que l'attitude des victimes témoignait d'une sorte de « consentement à mourir ». Un argument balayé par le procureur, les autopsies ayant révélé que les femmes s'étaient débattues au moment de mourir. Décrit comme « extrêmement vicieux », Takahiro Shiraishi a été condamné à la peine de mort.

L'équipe de France

Pour les intimes…

« J'éprouve, à vous entretenir de ce moment et à l'imaginer, un frissonnement dans toutes les parties de mon corps, et presque la défaillance. Ah ! chère amie, combien je vous aime, et combien vous le verrez lorsque nous serons rendus l'un à l'autre ! » Dans une lettre du 15 septembre 1760, Denis Diderot, 47 ans, ose cette déclaration un brin piquante à l'adresse de sa maîtresse et confidente, Sophie Volland. Lui est marié à Marie-Angélique depuis 1743, elle est célibataire et doit supporter une mère tyrannique. Leur liaison, en partie clandestine, plus épistolaire que charnelle, va durer 20 ans. De cette correspondance intense, il ne reste qu'une partie des lettres de Diderot. Celles de Sophie Volland ont, hélas, disparu et aucun portrait d'elle n'est parvenu jusqu'à nous.

Au mois de juin les roses doucement se déclosent.

0,90 €

Les Sportifs

1er juin 2022

La France a élu son/sa président(e)...

Juin, c'est les jours qui s'allongent, l'été qui arrive, la fête de la Musique qui annonce le début de la saison des festivals en plein air (We Love Green et Solidays ouvrent le bal parisien).

Mais saviez-vous que...

Le 17 juin est la Journée mondiale de lutte contre la désertification et la sécheresse. Moins gai que l'ouverture officielle de la saison des barbecues, certes, mais une occasion de se rappeler les enjeux du réchauffement climatique. Contrairement à l'opinion répandue, la désertification n'est pas la transformation de la terre en désert mais la dégradation des terres dans les zones arides et semi-arides. Et la cause pourrait bien en être les barbecues, justement ! Enfin, plus précisément, la production et la consommation croissantes et excessives de la population à l'échelle planétaire (de viande notamment) qui font exploser le surpâturage et la demande de terres destinées à la production d'aliments et de fourrage pour les animaux. De fait, l'élevage intensif est extrêmement gourmand en eau. Pour produire 1 kg de viande de bœuf, 15 500 litres d'eau sont utilisés. Et, même si la consommation tend à baisser, un Français mange chaque année en moyenne 50 kg de viande de bœuf et consomme, au cours de sa vie, l'équivalent de 7 bovins, 9 chèvres et moutons, 33 cochons, 60 lapins et 1 300 volailles. L'équivalent du barbecue d'Obélix, quoi !

Soleil
lever : **5 h 50**
coucher : **21 h 46**

Jeudi **2 juin**

Sainte Blandine – On fête aussi les Alcide, Erasme, Nicéphore

À la Sainte-Blandine, la pluie en sourdine.

DEVINETTES

J'accompagne le chasseur, je suis utile au constructeur, j'ai célébré bien des victoires, tout au cours de l'histoire.

Que suis-je ?

Réponse : L'ARC

CHANSONS VOYAGEUSES

And the winner is…
Yesterday est officiellement entré dans le *Livre Guinness world Records* en tant que chanson la plus reprise de tous les temps — plus de 3 000 fois, et le chiffre augmente encore. Maudits Anglais, même si notre *Comme d'habitude* hexagonal n'est pas si loin. La chanson des Beatles, sortie en 1965, a été immédiatement adaptée en français par Hugues Aufray sous le titre *Je croyais*, qui connut un certain succès quelques années plus tard mais dans la version de Tino Rossi.

MORALITÉ

LA BELLE AU BOIS DORMANT

Attendre quelque temps pour avoir un époux,
Riche, bien fait, galant et doux,
La chose est assez naturelle,
Mais l'attendre cent ans
Et toujours en dormant,
On ne trouve plus de femelle,
Qui dormît si tranquillement.

Plus qu'un éloge de la patience et de la fidélité, la moralité de ce conte est une pique lancée contre l'indécision. Elle met en garde la belle qui ne saurait choisir de galant et pourrait bien finir seule.

LE CHIFFRE

50

C'est le nombre de Mercedes classe V et Vito détruites avec un bulldozer l'an passé par un employé du géant automobile en Espagne. Ne supportant pas le plan de licenciement annoncé par son employeur pour l'usine de Vitoria, au Pays basque, un salarié s'est introduit sur le site du constructeur au volant d'un engin de chantier dans la nuit du 30 au 31 décembre 2020. L'homme s'est dirigé vers le parking rassemblant les véhicules sortant des chaînes de production et en a écrasé plus de 50. Au total, près de 70 voitures ont été totalement détruites ou endommagées – préjudice estimé à plus de cinq millions d'euros. Après avoir œuvré sur le parking, l'homme a tenté d'atteindre la chaîne de production pour la broyer à son tour. Mais la présence d'anciens collègues à proximité l'a convaincu d'arrêter le carnage. En 2020, un jeune homme qui venait d'être licencié avait opté pour une vendetta moins radicale : au volant de la voiture de son patron, il s'était fait volontairement flasher à 20 reprises en 2 h sur l'autoroute !

INJURES ANIMALIÈRES

Quel vieux chameau !

Pourquoi le noble vaisseau du désert, qui va majestueusement à l'amble parmi les dunes, est-il mis à contribution pour désigner une personne hargneuse, cruelle et méchante, avec un brin de sadisme ? C'est un mystère. Il est vrai que le quadrupède a parfois un caractère ombrageux et qu'il mord quand on s'y attend le moins. On parle de « petit chameau » pour une personne jeune teintée d'hypocrisie, et de « vieux chameau » pour les individus endurcis dans la carrière. Le masculin s'applique aussi bien à une femme qu'à un homme. Faut-il en conclure que la chamelle a meilleur caractère que le mâle ?

Vendredi 3 juin

Saint Kévin – On fête aussi les Morand

Soleil
lever : **5 h 50**
coucher : **21 h 47**

Le champignon le plus dangereux, c'est encore celui qu'on trouve dans les voitures. Coluche

Ça s'est passé

Le 3 juin 1922

Naissance du réalisateur Alain Resnais connu, entre autres, pour les films *Hiroshima mon amour* et *l'Année dernière à Marienbad*.

Meilleurs Ouvriers de France

Groupe VII, tôlerie

Voilà 30 ans qu'il s'était fixé cet objectif. Olivier Miral est enfin lauréat après avoir réalisé un circulateur double flux constitué de trois matériaux : cuivre, acier et Inox. Cet appareil, qui fonctionne comme un cyclone, sert à séparer la poussière de l'air. La difficulté de réalisation vient de l'ajout de complications, notamment le formage hyperboloïde. Un travail qui a nécessité 1200 h, sans compter les 300 h de préparation. Et dire que cette prouesse technique ne servira pas !

Citations

Si, par nature, l'homme est une bête de sexe, j'ai toujours eu des animaux de compagnie.

Mae West

La dictée du mois

Tempêtes

[Daniel] marchait lentement, la tête penchée en avant. Il ne sentait ni la pluie qui mouillait son visage, ni la raffale qui, par instants, s'opposait, à sa marche. De temps à autres, il découvrait son front brûlant, comme pour apaiser la tempête qui boulversait aussi son cerveau. Mille pensées tumultueuses traversaient son esprit désolé, semblable aux nuages grisâtres qui, poussés par le vent, couraient éparses sur un fond noir. Tout à coup il marcha plus vite, puis il revint sur ses pas comme invinciblement attiré. Il s'éloigna de nouveau avec colère. […] La tempête semblait se calmer. On voyait circulés sur la plage quelques vigies, quelques fallots. Il gravit le rocher.

Marie-Louise GAGNEUR, Le Divorce, *1877.*

rafale, autre, bouleversait, semblables, épars, invinciblement, circuler, falots

Brèves régions

Normandie/Top 10

1. La Veules (Seine-Maritime) est le plus petit fleuve de France avec un cours long de seulement 1 194 m.
2. La Normandie est la région qui a le plus contribué à fournir des populations à la Nouvelle-France lors de la conquête de l'Amérique.
3. La grotte de Gouy près de Rouen (Seine-Maritime) est la grotte ornée la plus septentrionale d'Europe.
4. Le monastère de Lisieux (Calvados), où est morte sainte Thérèse, est l'un des plus importants lieux de pèlerinage de France.
5. C'est sur les plages du Calvados et de la Manche que fut lancée le 6 juin 1944 l'opération Neptune, phase d'assaut de l'opération Overlord, la plus grande opération amphibie de toute l'histoire militaire mondiale.
6. Le pont de Normandie, qui relie la région havraise et Honfleur, est l'un des plus grands ponts à haubans du monde.
7. La région a donné son nom au plus grand paquebot au monde, le transatlantique *Normandie*.
8. Port Racine de La Hague (Manche) se bat pour défendre son titre de « plus petit port de France ».
9. La mairie de Saint-Germain-de-Pasquier (Eure) est la plus petite de France avec 8 m² seulement.
10. Le carnaval étudiant de Caen est le plus grand d'Europe avec près de 30 000 participants de 15 à 25 ans.

Soleil
lever : **5 h 49**
coucher : **21 h 48**

Samedi **4 juin**

Sainte Clotilde – On fête aussi les Klotilda, Bréaca, Quirin

À la Sainte-Clotilde, tout est splendide.

BIÈRES

La Linselloise ambrée de L'Atelier des Brasseurs

Cette bière ambrée de fermentation haute est une bière de tradition brassée dans le département du Nord. La présence forte de malts spéciaux lui confère une flaveur de pain et de biscuit doux, à laquelle s'ajoutent quelques notes de caramel. En prime, ses deux houblons aromatiques d'Alsace lui léguent des notes florales. Que de douceurs !
Récompense oblige, elle a obtenu la médaille d'or au Concours général agricole de Paris 2020. À déguster à une température minimum de 9 °C.
Alcool : 6 % vol.

Dico NOTTO

LENDEMAIN QUI CHANTE, loc.
Jour de répétition de la chorale.

LUMINOTHÉRAPIE, n. f.
Pratique thérapeutique éclairante.

MAJORITÉ, n. f.
Ancienne minorité qui connaît le succès.

MAL DE MER (AVOIR LE), exp.
Quand on se retrouve chez soi à se remémorer les récentes vacances d'été sur la côte : on a le mal de mer.

L'ACTU

Vers l'infini

« Nous ne savons pas qui a besoin de savoir cela, mais aujourd'hui, pour la toute première fois, nous avons envoyé un chicken nugget dans l'espace. Pourquoi ? Aucune idée, mais c'était dingue ! » C'est par ce communiqué de presse surréaliste que la chaîne de supermarchés britanniques Iceland a célébré ses 50 ans d'existence. Réalisé dans le plus grand secret, le lancement dans l'espace de la croquette de poulet s'est déroulé dans le nord du Pays de Galles. C'est Sent into Space (« Envoyé dans l'espace »), une société spécialisée dans l'exploration stratosphérique, qui s'est occupée de la partie logistique de ce lancer aussi inhabituel qu'inutile. Ses experts ont accroché le nugget à un ballon-sonde météorologique qui est monté à plus de 33 500 m d'altitude en à peine 2 h. Après avoir résisté à une température de – 60 °C, la préparation emblématique de la restauration rapide (voire de la malbouffe) est redescendue sur Terre. Équipé d'un parachute, qui s'est déployé à 20 000 m d'altitude, le nugget a atterri tranquillement. Toujours aussi peu sain, mais néanmoins sauf !

AU MUSÉE

Bob Marley Museum, Kingston, Jamaïque

Inauguré en 1985, ce musée est dédié au chanteur Jamaïcain le plus célèbre de tous les temps. Quatre ans après la mort de Bob Marley, sa femme Rita a transformé leur ancienne maison, une belle demeure du XIXe siècle de style colonial, en lieu de mémoire. Ses objets et ses instruments de musique sont mis en scène, aux côtés de ses multiples récompenses. À travers de nombreux documents (photos, coupures de presse, films documentaires), le visiteur peut suivre pas à pas le parcours incroyable de l'icône du reggae et du mouvement « rasta ». Le musée est aussi le siège de la Fondation Bob Marley, qui œuvre en faveur de l'éducation et de l'environnement dans toute l'île.

Dimanche **5 juin**

Soleil
lever : **5 h 49**
coucher : **21 h 49**

Saint Igor – On fête aussi les Boniface, Sanz, Sancho

À la Saint-Igor, l'été entre en gare.

MOTS FLÉCHÉS

Les mots déclencheurs en majuscules sont des anagrammes. Les mots en minuscules sont des définitions.

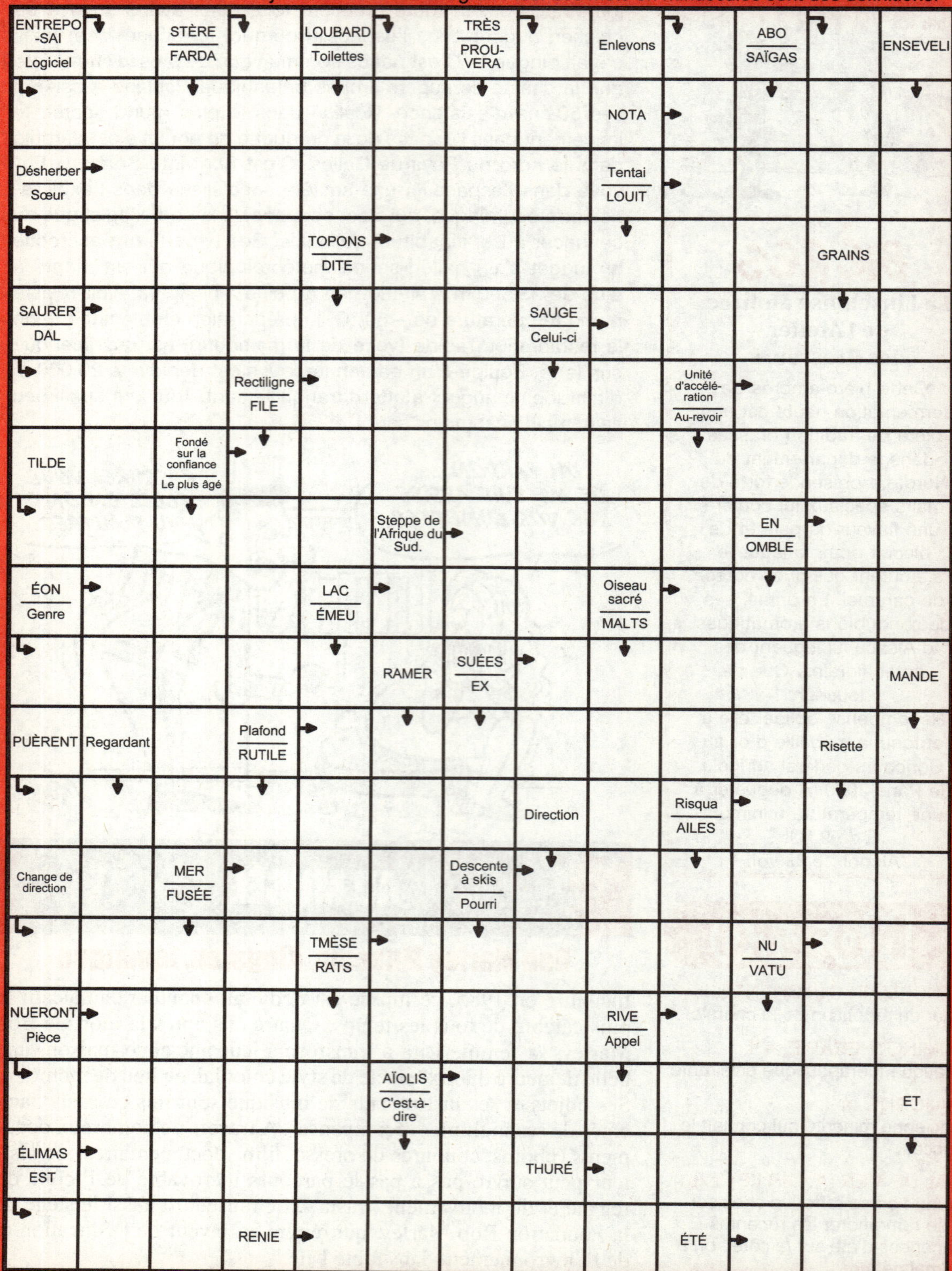

SOLUTION PAGE 180

Lundi 6 juin

Soleil
lever : **5 h 48**
coucher : **21 h 50**

Saint Norbert – On fête aussi les Agobart, Bessarion, Goal

Le rat ne tire pas la moustache du tigre. Proverbe gabonais

EXPRESSIONS IMAGÉES

Onduler de la toiture

La « toiture » dont il est question dans cette expression, c'est notre cerveau. Pour qui imagine cet organe de la conscience bien organisé avec des petites cases géométriques parfaitement assemblées, la moindre ondulation marque le désordre. C'est pourquoi, quand on « ondule de la toiture », c'est comme quand on « yoyote de la touffe » : on a perdu la tête.

Pour les intimes...

« Quand pourrai-je hautement clamer mon amour pour toi et mon culte pour la beauté des religions lesbiennes ? Ne plus nier Sappho et ne plus cacher Liane ! » Ces mots sont de Natalie Clifford Barney, riche héritière – et future femme de lettres – ouvertement lesbienne installée à Paris. En 1899, après avoir vu la danseuse Liane de Pougy à un spectacle, la jeune femme âgée de 23 ans se présente chez elle costumée en « page de l'amour » envoyé par Sappho. La plus célèbre cocotte du Tout-Paris tombe immédiatement sous le charme de celle qu'elle surnomme bientôt « Moonbeam » (rayon de lune). Leur relation dure à peine un an et, en guise d'épilogue, Liane de Pougy raconte leur expérience dans Idylle saphique, un roman qui rencontre un immense succès.

Vélo

Pionnière

En 1908, Marie Marvingt, qui a déjà participé à une course Nancy-Bordeaux, désire s'inscrire au Tour de France. Devant le refus des organisateurs, elle persévère et décide de prendre part à la course en partant 10 min après les hommes. Sur les 114 coureurs officiellement inscrits, 36 seulement atteignent la ligne d'arrivée, dont Marie Marvingt qui devient alors la première femme à boucler le Tour de France. Elle décrochera par la suite plus de 34 médailles dans divers autres sports.

L'ACTU

L'autre mystère de la pyramide

Vieilles de plus de 5 000 ans, disparues des radars depuis 70 ans et retrouvées par hasard en Écosse ! Telle est l'improbable histoire des « reliques de Dixon », rarissimes fragments de bois de la grande pyramide de Gizeh en Égypte. Cet artefact en cèdre est l'un des trois objets retrouvés à l'intérieur du célèbre monument en 1872 par l'archéologue britannique Waynman Dixon. Deux d'entre eux, une balle et un crochet de bronze vraisemblablement utilisés pour la construction, sont conservés au British Museum, mais la trace des fragments de bois avait été perdue jusqu'à l'an passé ! Une assistante de conservation de l'Université d'Aberdeen, en Écosse, a exhumé la précieuse relique lors d'un inventaire des antiquités égyptiennes de l'établissement. Parmi les multiples objets figurait une vulgaire boîte à cigares, arborant l'ancien drapeau égyptien. Et à l'intérieur… les fragments en bois ! Les analyses ont permis de dater la pièce entre 3341 et 3094 av. J.-C., soit environ 500 ans avant la construction de la pyramide. Une révélation d'importance car, jusqu'ici, on pensait que les « reliques de Dixon » appartenaient à ses bâtisseurs…

Mardi 7 juin

Saint Gilbert – On fête aussi les Marie-Thérèse, Maïté

Soleil
lever : **5 h 48**
coucher : **21 h 51**

À la Saint-Gilbert, giclées et tonnerre !

HEUREUX MARIAGES

Jean Desserres et Marie Plat pouvaient-ils choisir meilleur lieu pour se marier que la commune de Gras, dans l'Ardèche ? C'est en tout cas là qu'ils convolèrent le 30 septembre 1684. Huit ans plus tard, à l'autre bout de la France, un autre mariage gastronomique eut lieu entre Philippe Cuisine et Marie Pain, célébré le 16 septembre 1692 à Pont-Audemer, dans l'actuel département de l'Eure.

ANIMAUX DE BD – COCO

Les perroquets d'Hergé, en répétant ce qu'ils entendent, créent des quiproquos cocasses. Car bien entendu, Haddock les prend au pied de la lettre, comme dans *Le Trésor de Rackham le Rouge*. La star est celui que la diva offre au capitaine dans *Les Bijoux de la Castafiore*. « Il s'appelle Coco, un nom typiquement italien », dit-elle. Et Haddock est vite excédé par le bel oiseau qui imite la sonnerie du téléphone et ses propres paroles : « Silence quand je parle, mille millions de mille sabords !!! »

Le Gros mot de l'histoire

« Merde ! »

Pierre Cambronne, 18 juin 1815

Selon la légende, le « mot de Cambronne » aurait été prononcé par le général, fidèle parmi les fidèles de Napoléon, alors qu'il commandait le dernier carré de la Vieille Garde à Waterloo. Sommé de se rendre par le britannique Colville, Cambronne lui aurait d'abord répondu : « La Garde meurt, mais ne se rend pas ! » Puis, comme l'Anglais insistait pour obtenir sa reddition, il aurait opté pour une formule plus « directe ». Si l'anecdote a commencé à circuler quelques jours après la déroute, elle est passée à la postérité 50 ans plus tard grâce à Victor Hugo et ses *Misérables*. Cambronne, lui, a toujours nié avoir prononcé son « fameux » mot.

LES ÉMISSIONS RADIO MYTHIQUES

Allô Macha...

Allô Macha... était une émission quotidienne, diffusée sur France Inter, du lundi au vendredi entre minuit et 2 h du matin. Créée le 5 avril 1977 et animée par Macha Béranger, l'émission reposait sur un dialogue intime avec les auditeurs qui appelaient au téléphone. La voix grave et profonde de Macha et son écoute bienveillante permettaient aux « sans-sommeil » de lui confier leur mal de vivre, leur solitude, leurs peines et quelques fois leurs joies. Pour mieux saisir les états d'âme de ses interlocuteurs, l'animatrice officiait dans un studio où la lumière était tamisé. Première émission de ce type, Allô Macha... a inspiré d'autres rendez-vous du même genre sur d'autres stations. Son arrêt en 2006, après 29 ans d'antenne, suscita un vif mécontentement chez ses nombreux fidèles, certains d'entre eux déclarant même que désormais ils boycotteraient France Inter. Macha Béranger (de son vrai nom Michèle Riond) est décédée trois ans plus tard, en avril 2009.

Mercredi **8 juin**

Saint Médard – On fête aussi les Godard

À la Saint-Médard, temps de Père Fouettard !

Charade piège

Mon premier manœuvre une vanne,
Mon second est suspendu à l'esse,
Mon troisième sert d'appât,
Mon quatrième est fait comme un rat,
Mon cinquième est arrivé au moment dit,
Mon tout est une chanteuse, actrice et mannequin française.

VANESSA PARADIS (VANNE – ESSE – APPÂT – RAT – DIT)

Étymologie

Marionnette

Avant d'être la figurine qu'une personne fait mouvoir par des fils ou avec les mains, la marionnette était, au XVe siècle, une pièce de monnaie à l'effigie de la Vierge Marie et, au XVIe siècle, une statuette la représentant. Ces statuettes vêtues de beaux costumes et parées de bijoux étaient utilisées lors des processions de l'Assomption. On comprend alors l'origine du nom, *marionnette* étant le diminutif de *Marion*, prénom lui-même formé à partir de *Marie* et signifiant « petite Marie chérie ».

Citations

La différence entre le cinéma et la télévision ? Il suffit de comparer les réponses à la question « Qu'est-ce que tu as fait hier soir ? » : soit « Je suis allé au cinéma », soit « Rien ! J'ai regardé la télé ».

Valérie Lemercier

La bonne blague

Un cadre supérieur téléphone depuis son bureau à sa femme :
« Chérie, mon patron vient de m'inviter à l'accompagner pour un séjour de golf avec nos clients les plus importants. Je serai absent cinq jours. Cela représente une formidable opportunité pour moi de négocier de nouveaux contrats et sûrement d'obtenir une belle promotion. Peux-tu, s'il te plaît, préparer ma valise avec suffisamment de vêtements, mon sac de golf et mes clubs ? Nous partons en minibus directement en fin de journée, aussi je passerai rapidement à la maison pour récupérer mes bagages et t'embrasser. Ah, s'il te plaît, pense à mettre mon nouveau pyjama en soie dans mes affaires. »
Sa femme trouve cette histoire de voyage un peu bizarre mais, en bonne épouse, elle s'exécute sans poser de question.
La semaine passe, et le mari rentre chez lui. Il a l'air un peu fatigué, mais il est très content de son voyage. Sa femme lui demande si tout s'est bien passé. Il lui répond :
« Oh oui, j'ai eu d'excellents retours de nos clients, le green était superbe et j'ai réalisé de très jolis coups ! Par contre, toi, tu avais oublié de mettre mon nouveau pyjama en soie dans mes bagages.
– Pas du tout, lui répond sa femme, il était dans ton sac de golf… »

Cultures fruitières

Le cognassier du Portugal

Selon Plutarque, les jeunes mariés, au soir de leurs noces, devaient croquer un morceau de coing, peut-être pour attirer la protection d'Aphrodite, mais sans doute surtout pour donner à leurs lèvres une saveur douce et sensuelle. En effet, ce fruit, d'abord vert et cotonneux, et devenant d'un beau jaune en automne, est l'un des plus parfumés. Et on a envie d'y mordre à belles dents. Mais comme on sait, il est astringent et il faut le cuire pour le déguster. Le cognassier du Portugal est l'une des variétés les plus anciennement cultivées en France, au moins depuis le XVIIIe siècle. En forme de buisson vigoureux et rustique, il est assez précoce et donne des fruits jaune d'or, à chair fine et odorante. Il est autofertile, mais mieux vaut le cultiver à proximité d'autres variétés.

Soleil
lever : **5 h 47**
coucher : **21 h 52**

Sainte Diane – On fête aussi les Félicien, Éphrem, José, Josette, Malcolm

À la Sainte-Diane, viens dans ma cabane !

DICO NOTTO

MAQUILLAGE, n. m.
Peinture faciale.
Pour ne pas perdre la face, plus on vieillit, plus on en met.

MARIN, adj.
Qui vient de la mer.
Attention ! Ne pas confondre avec « maternel » qui vient de la mère ni « municipal » qui vient de la maire.

MARRON, n.
Coloris presque marrant.

MATIÈRE FÉCALE, n. f.
Don de soi.

MÉDICAMENT, n. m.
Substance destinée à soigner une maladie… tout en en déclenchant une autre.

Bibliophiles

Traité du zen et de l'entretien des motocyclettes, Robert M. Pirsig (Le Seuil, 1998)

En 1964, Pirsig décide de traverser les États-Unis à moto, son fils de dix ans en selle. Dans l'immensité des paysages américains, les pannes ne pardonnent pas. Il faut démonter un carburateur, huiler des pistons, changer des culasses. Père et fils échangent, découvrent leur moteur intime. À travers les problèmes mécaniques, c'est toute une conception de la vie qui émerge, une réflexion sur la notion de qualité qui brise les frontières académiques, réconcilie l'Occident avec le corps et ses gestes. Ce road trip étonnant a d'abord été un manifeste hippie avant de rencontrer un succès mondial.

Brèves régions

Ardennes/ Un exode massif

Le chiffre est à peine croyable : ce sont 270 000 Ardennais qui sont partis sur les routes de l'exode entre le 10 et le 14 mai 1940, vidant quasiment en totalité le département de sa population. Plus que la plupart des autres Français, ces familles avaient encore en tête le souvenir des quatre années d'occupation allemande de la Première Guerre mondiale et ne voulaient pas revivre la même expérience.

ÇA C'EST FAITS DIVERS

Procès tardif

L'an passé, cinq hommes soupçonnés de corruption ont été appelés à comparaître devant le tribunal correctionnel de Nanterre (Hauts-de-Seine) pour des faits remontant à… 20 ans. Sur le banc des accusés : un ancien énarque âgé de 98 ans, soit le plus vieux justiciable jamais convoqué devant un tribunal français ! Lui et les quatre autres prévenus étaient accusés d'avoir mis en place, entre 1999 et 2003, un système permettant à une poignée d'entreprises de récupérer le marché du chauffage et de la climatisation du quartier d'affaires de La Défense, à Paris, un marché estimé à plusieurs centaines de millions d'euros. L'instruction de ce dossier tentaculaire a duré plus de 18 ans. Huit juges s'y sont succédé, et Charles Ceccaldi-Raynaud, l'ancien maire de Puteaux (Hauts-de-Seine) soupçonné d'être l'instigateur et le principal bénéficiaire de cette fraude, est décédé quelques jours avant que le parquet ne rende ses réquisitions – il avait 94 ans. Ultime coup de théâtre : la veille du procès, le tribunal correctionnel de Nanterre a décidé de l'annuler, estimant que la procédure n'avait pas respecté le droit des inculpés à être jugés dans un délai raisonnable. Quand on dit que la justice est lente…

Vendredi 10 juin

Saint Landry – On fête aussi les Foulques

Mon sou vaut bien le sien. Proverbe serbe

LE COUREUR DE ZOMBI ATHLON

Musique

Art à crédit

Khatia Buniatishvili est aussi talentueuse que son nom est imprononçable. Naturalisée française en 2017, la pianiste connaît depuis quelques années un succès considérable. Pourtant, sa vie n'a pas été un long fleuve tranquille. Née en Géorgie en 1987, alors sous domination soviétique, la jeune femme doit sa vocation à sa mère qui, convaincue du talent exceptionnel de sa fille, n'a pas hésité à vivre à crédit et au prix de nombreux sacrifices afin de payer des cours de musique à sa fille.

GLACIERS DU MONDE

Glacier du Géant et mer de Glace, France

Étendu sur les pentes françaises du massif du Mont-Blanc, dans les Alpes, le glacier du Géant s'étend sur 17 km². Ses glaces s'écoulent dans la mer de Glace, site naturel exceptionnel, long de 7 km (le plus long de France). Avec le glacier du Tacul, ils constituent trois immenses formations glaciaires connectées entre elles par des confluences gelées. Du fait de la proximité de la station de sports d'hiver de Chamonix et de la création du chemin de fer du Montenvers, les activités sportives se sont développées, dont certaines sont proposées sur le glacier du Géant et dans la mer de Glace. Les treks, bien sûr, mais aussi les via ferrata, ou encore l'escalade de cascades. Le Mont-Blanc compte au total une vingtaine de glaciers, plus ou moins accessibles à la découverte.

LE TÉLÉTRAVAIL FAVORISE LES CYBERATTAQUES

Rétro Vermot

– Mon fils, dit un père à un autre père, joue du piano, chante, danse, et apprend l'anglais ; et il n'a que 4 ans !...
– Bof ! dit l'autre le mien n'a que 6 mois, mais il sait tout sur le gouvernement !
– Comment ça ? À 6 mois, il ne parle même pas…
– Oui, il ne parle pas, mais il pleure tout le temps…

Généalogie

Je m'appelle Loup Garou

Certes, le prénom Loup existe, mais c'est sans rapport avec l'un des saints qui le porte qu'il a été donné à un enfant le 6 juin 1832 à Brive, en Corrèze. Ce jour-là, l'adjoint au maire a enregistré sur les registres d'état civil la naissance d'un petit garçon « âgé de quinze jours, fils de père et de mère inconnus, exposé à la porte de l'hospice, recueilli le 30 mai » et a décidé de l'appeler Loup Garou. En cherchant la raison de cette dénomination arbitraire, le généalogiste qui travaillait sur cet ancêtre a eu l'idée géniale de consulter le calendrier lunaire de 1832, et c'est ainsi qu'il a découvert qu'au moment de la naissance estimée de l'enfant, la pleine lune illuminait la campagne limousine. Or, selon la tradition populaire, c'est justement lors de la pleine lune que sortent les loups-garous…

Samedi **11 juin**

Saint Barnabé – On fête aussi les Barney, Yolande

Soleil
lever : **5 h 47**
coucher : **21 h 53**

En juin, si le soleil mord, ni femme ni escargot. Proverbe espagnol

Dis papy c'est quoi ?? et ça c'est quoi ?

Pourquoi papy n'a plus de cheveux ?

Il n'y a pas que papy, les séduisants Zinédine Zidane ou Bruce Willis affichent aussi depuis longtemps un vrai crâne d'œuf ! L'alopécie est héréditaire dans la majorité des cas. La durée de vie d'un cheveu est de 5 ans environ, un peu moins pour les hommes, un peu plus pour les femmes. Avec les années qui passent, le nombre de cheveux se raréfie et la redoutée calvitie survient !

Mamie c'est quoi ??

Solution mots fléchés [p. 174]

	P		E		B		S		O		B	
S	O	F	T	W	A	R	E		T	A	O	N
	S	A	R	C	L	E	R		O	S	A	I
M	E	R	E		O	P	T	O	N	S		V
	R	A	S	E	U	R		U	S	A	G	E
L	A	D		D	R	O	I	T		G	A	L
	I		F	I	D	U	C	I	A	I	R	E
L	E	D	I	T		V	E	L	D		N	E
	N	O	E		C	A	L		I	B	I	S
S	T	Y	L	E			U	S	E	E	S	
		E		M	A	X	I	M	U	M		D
P	E	N	T	U	R	E		A		O	S	A
	C		R	E	M		S	L	A	L	O	M
L	O	F	E		E	M	E	T	S		U	N
	N	E	U	T	R	O	N		I	V	R	E
L	O	U	I	S		I	S	O	L	A	I	
	M	E	L	A	I	S		H	E	U	R	T
T	E	S		R	E	I	N	E		T	E	E

L'histoire des dictionnaires

Dictionnaire universel... de Furetière

Élu membre de l'Académie française en 1662, Antoine Furetière (1619-1688) s'oppose à ses collègues lors de l'élaboration du dictionnaire et entreprend la rédaction de son propre ouvrage, ce qui lui vaut l'exclusion de l'institution en 1685. Pour contrer le privilège de l'Académie, seule autorisée à publier un dictionnaire, il s'adresse à un imprimeur hollandais. Son dictionnaire paraît deux ans après sa mort. C'est le premier dictionnaire français accordant une place importante aux mots techniques et scientifiques.

RECETTE

Veau au chorizo, olives et tomates

Pour 4 pers. | 15 min de préparation | 1 h de cuisson environ

- 600 g de sauté de veau
- 1 beau chorizo
- 2 oignons
- 1 gousse d'ail
- 1 grosse boîte de tomates pelées
- 100 g d'olives vertes dénoyautées
- 1 branche de thym et/ou de romarin
- 500 g de tagliatelles
- 1 petit bouquet de basilic pour servir
- Huile d'olive
- Sel, poivre

Tranchez le chorizo en rondelles fines. Épluchez les oignons et émincez-les. Pelez l'ail et hachez-le.
Dans une grande sauteuse, versez un peu d'huile et faites revenir le veau quelques minutes. Ajoutez les oignons et l'ail puis laissez dorer 5 à 10 min. Ajoutez le chorizo, les tomates préalablement concassées, les olives et la branche de thym ou de romarin. Laissez revenir à couvert sur feu doux en mélangeant de temps à autre, pendant 45 min environ. Lavez et effeuillez le basilic, puis faites cuire les pâtes comme indiqué sur le paquet.
Ôtez le thym (ou le romarin), placez le veau et sa sauce dans un plat, décorez de basilic et servez avec les tagliatelles.

À la Saint-Guy, tu danses ou t'alanguis…

BIÈRES

Double IPA de la Brasserie Choulette

On retrouve l'amertume franche des Indian Pale Ale fortement houblonnées, mais avec une certaine rondeur et un joli parfum de houblon frais apporté par un houblonnage à froid. Brassée dans le département du Nord, son goût amer et fruité plaira aux amateurs de bières de caractère ! Récompensée dans la catégorie des bières blondes d'une médaille d'or au Concours général agricole de Paris 2020, elle se boit fraîche, idéalement entre 7 et 9 °C, dans un verre révélateur d'arômes.
Alcool : 8 % vol.

TYPES DE PAINS

R	A	T	E	J	W	R	U	G	B	R	O	D	C
F	V	T	V	E	S	S	A	G	U	O	F	Y	P
L	I	R	I	S	N	B	O	U	L	D	U	U	B
N	E	C	S	P	O	N	C	L	O	C	M	L	R
F	A	Z	E	J	E	I	O	R	L	P	I	T	E
N	O	I	F	L	A	T	B	R	E	A	D	A	T
A	S	C	P	B	L	E	T	R	U	T	M	P	Z
A	Q	E	A	I	K	E	N	E	O	O	L	A	E
N	H	T	V	C	T	I	E	R	U	G	C	H	L
I	T	T	A	A	C	A	T	P	A	G	C	C	E
A	U	N	A	K	S	I	P	I	G	I	A	U	G
P	K	V	E	R	L	S	A	A	M	U	Q	B	A
Q	C	L	Q	L	A	V	A	S	H	I	K	U	B
B	A	T	A	R	D	P	C	C	M	C	S	B	E

Solution page 183

Cherchez les types de pains cachés dans la grille ci-dessus, vous les trouverez soit horizontalement, soit verticalement ou encore diagonalement, de droite à gauche, de gauche à droite, de haut en bas ou de bas en haut, dans les deux sens de lecture.

BAGEL
BAGUETTE
BÂTARD
BOULE
BRETZEL
CASSAVE
CHAPATI
CIABATTA
COURONNE
ÉPI
FICELLE
FLATBREAD
FOCACCIA
FOUGASSE
KNÄCKEBRÖD
LAVASH
MICHE
MIQUE
NAAN
PAIN
PARATHA
PITA
PUMPERNICKEL
RUGBRØD
SIMIT
TORTILLA

L'humanité en chiffres

2,85 / seconde

Nous déplorons 157 000 décès quotidiens dans le monde, mais fêtons environ 403 000 naissances. Par conséquent, la population humaine augmente de 246 000 individus chaque jour, ce qui représente près de 90 millions de personnes par an, soit 2,85 par seconde. Quand même !

Faits divers biologiques

L'art de l'imitation

Les ménures sont de grands oiseaux terrestres pouvant mesurer jusqu'à un mètre et pourvus d'une longue queue qu'ils déploient lors de leurs parades nuptiales. Une particularité qui leur a valu le surnom d'oiseau-lyre. Mais le ménure est aussi un spécialiste de l'imitation. Grâce à un système phonatoire complexe, il peut non seulement émettre plusieurs notes et plusieurs sortes de sons de manière simultanée, mais aussi reproduire des sons qu'il entend, du cri de bébé à la voix humaine en passant par des bruits artificiels (alarme incendie, appareil photo ou tronçonneuse). Si un matin la tondeuse de votre voisin vous réveille, assurez-vous, avant d'aller rouspéter, qu'aucun ménure ne s'est installé dans les parages.

Lundi **13 juin**

Soleil
lever : **5 h 46**
coucher : **21 h 55**

St Antoine de Padoue – On fête aussi les Antonia, Anton, Anthony, Rambert

Amour de juin, la joie sans fin.

Ça s'est passé

Le 13 juin 1722

Découverte des îles Samoa par le Hollandais Jakob Roggeveen, bien que le premier européen à avoir posé le pied sur ces îles soit le comte de La Pérouse.

Anecdotes de sportifs

Enfant prodige

Aux jeux Olympiques d'Oslo de 1952, Alain Giletti se classe à la septième place de l'épreuve de patinage artistique. La performance du natif de Bourg-en-Bresse ne réside pas dans son classement mais dans son âge. Né le 11 septembre 1939, Alain Giletti n'a que 12 ans et 162 jours au moment de concourir. Il devient et reste le plus jeune athlète à avoir représenté la France aux jeux Olympiques. Giletti détient également le record de titres nationaux (10) et européens (5) pour un patineur français.

PROUESSES D'OISEAUX

LE TORCOL FOURMILIER

Idéal pour tromper l'ennemi, le camouflage, ou mimétisme visuel, est un art pratiqué par de nombreuses espèces animales, y compris la nôtre. Beaucoup d'oiseaux ont ainsi un plumage cryptique qui leur permet de se fondre dans l'environnement. Et dans ce domaine, le torcol fourmilier fait figure de maestro : son plumage brun et gris, tacheté d'ocre, a exactement l'aspect des écorces sur lesquelles il se pose. En outre, en cas d'alerte, non seulement il peut se tordre le cou en l'allongeant (d'où son nom de « torcol »), ce qui le fait passer pour un serpent, mais tout en se contorsionnant, il pousse aussi des sifflements qui imitent ceux des reptiles. De quoi éloigner bien des gêneurs ! Ce petit migrateur de la famille des pics se nourrit de fourmis, qu'il attrape grâce à une interminable langue collante.

MASQUE OBLIGATOIRE : AU CAP D'AGDE AUSSI

De PORT en port MARITIME

Le « port du Paradis », en Antarctique

Un paradis blanc et bleu, glacial, au climat rude, où des manchots papous se dandinent parmi des morceaux de glace déchiquetés, où des phoques et d'impressionnants éléphants de mer plongent tranquillement parmi les icebergs, et où de grandes baleines jaillissent hors de l'eau : dans l'Antarctique, à proximité des îles Lemaire et Bryde, le port naturel de Paradise Bay (ou Paradise Harbour) accueille les bateaux de croisière dans un paysage à couper le souffle, que survolent mouettes, albatros, pétrels, cormorans et sternes. C'est souvent d'Ushuaïa que ces bateaux – des brise-glace – partent à la découverte du « continent blanc », la péninsule Antarctique étant située à environ 1 000 km du Chili et de l'Argentine. D'autres « ports », comme Port Lockroy, Port-Charcot et port Neko, ponctuent les escales dans ces contrées lointaines.

Soleil
lever : **5 h 46**
coucher : **21 h 55**

Mardi **14 juin**

Saint Élisée – On fête aussi les Rufin, Ludivine, Méthode

Nul n'est plus chanceux que celui qui croit à sa chance. Proverbe allemand

La gaffe de l'Histoire
Hindou, cingalais, tamoul…

Alors qu'elle était jurée dans l'émission The Voice, la chanteuse Jenifer admira la prestation de Kanesha, une Sri Lankaise vêtue d'un costume traditionnel. Mais elle commit une grosse bourde en lui demandant : « Je suppose que tu as chanté en hindou ? » Pas rancunière pour un sou, la jeune fille à la voix d'or choisit malgré tout de faire partie de l'équipe de Jenifer.

PROBLÈMES DE MATHS DU CERTIFICAT D'ÉTUDES

Un épicier a reçu une livraison d'œufs mais 77 d'entre eux sont fêlés ou cassés, ce qui représente 22 % de la livraison.

Question 1 : Combien en avait-il commandé ?
Question 2 : Combien de boîtes de demi-douzaines d'œufs intacts peut-il vendre ?
Question 3 : Sachant qu'il a payé 341 F pour ces œufs, quel sera son bénéfice s'il les revend 11,41 F la demi-douzaine ?
Question 4 : Il vend ses œufs restants au boulanger du quartier à 0,20 F la pièce. Quel est son bénéfice total ?

1) (77 ÷ 22) × 100 = 350
2) (350 − 77) ÷ 6 = 45 boîtes
3) 11,41 × 45 = 513,45 F. Son bénéfice sera donc : 513,45 − 341 = 172,45 F
4) 0,20 × 80 = 16 F ; 172,45 + 16 = 188,45 F

Solution mots mêlés [p. 181]

R	A	T	E	J	W	R	U	G	B	R	O	D	C
F	V	T	V	E	S	S	A	G	U	O	F	Y	P
L	I	R	I	S	N	B	O	U	L	D	U	U	B
N	E	C	S	P	O	N	C	L	O	C	M	L	R
F	A	Z	E	J	E	I	O	R	L	P	I	T	E
N	O	I	F	L	A	T	B	R	E	A	D	A	T
A	S	C	P	B	L	E	T	R	U	T	M	P	Z
A	Q	E	A	I	K	E	N	E	O	O	L	A	E
N	H	T	V	C	T	I	E	R	U	G	C	H	L
I	T	T	A	A	C	A	T	P	A	G	C	C	E
A	U	N	A	K	S	I	P	I	G	I	A	U	G
P	K	V	E	R	L	S	A	A	M	U	Q	B	A
Q	C	L	Q	L	A	V	A	S	H	I	K	U	B
B	A	T	A	R	D	P	C	C	M	C	S	B	E

Rivières de France

Entre Seine et Loire : le canal de Briare

38 écluses réparties sur 57 km permettent au canal de Briare de relier le bassin de la Loire à celui de la Seine. L'eau s'écoule au nord vers le canal du Loing à Buges, près de Montargis et au sud vers la Loire, à Briare. Plusieurs réservoirs créés le long de son cours alimentent le canal en eau. Les sept écluses de Rogny constituent un célèbre escalier fluvial. La construction du canal a débuté en 1605 dans le but de transporter, sur des radeaux, le bois et la pierre nécessaires aux constructions parisiennes. Au fil du temps, le canal a été élargi pour permettre le passage de péniches de plus fort gabarit. À Briare, le magnifique pont-canal assure la connexion avec le canal latéral à la Loire. Ouvert au XIXe siècle, ce dernier vise à faciliter et sécuriser la navigation le long de l'irrégulier fleuve royal.

DICO NOTTO

MENSONGE, n. m.
Vérité alternative.

MERCI, n. m.
Cinq lettres qui changent le monde.
En mieux.

MIEUX, adv.
C'est bien… mais en mieux !

MINORITÉ, n. f.
Petit groupe d'emmerdeurs du point de vue de la majorité.

MINOU, n. m.
Chat si gentil et mignon qu'il n'existe qu'en photo ou en vidéo sur Internet.

Mercredi **15 juin**

Sainte Germaine – On fête aussi les Germina, Lothaire, Landelin

Soleil
lever : **5 h 46**
coucher : **21 h 56**

Jouaient les mandolines / Les flûtes les hautbois / C'était en juin, le mois / Où le ciel s'illumine. Georges Moustaki

Mots oubliés

Gélasin

Cet adjectif ancien vient du grec *gelasinos* qui signifie « rieur ». Il n'est plus guère employé aujourd'hui, et c'est dommage car il qualifie avec précision les effets du rire. Par exemple, plutôt que de dire simplement « j'ai vu tes yeux rieurs », il faudrait dire « j'ai vu tes yeux gélasins ». On parle aussi de dents gélasines qui apparaissent quand les lèvres s'ouvrent dans un rire.

Hommage à Thierry Roland

Le 15 juin 2012 s'éteignait le plus populaire de nos commentateurs de football : Thierry Rolland. Avec son compère Jean-Michel Larqué, Thierry nous aura régalés de ses petites phrases souvent drôles, parfois malvenues…, mais aujourd'hui devenues culte.
« Japon-Croatie. Il faudrait que ça se débride. »
« Oh, là, là, il a été fauché comme un lapin en plein vol ! »
« Il aurait marqué ce troisième but, l'Équatorien, ils auraient débaptisé Quito et l'auraient appelé Lourdes ! »
1998. La France est championne du monde. « Je crois qu'après avoir vu ça, on peut mourir tranquille. Enfin le plus tard possible ! »

Brèves régions

Oise/La maison troglodyte de Montataire

Derrière le château de Montataire se cache une curieuse maison troglodyte située dans le prolongement de la rue du Jeu d'Arc. Elle porte le nom de « grotte de Pierre l'Ermite » en hommage à ce religieux français du XIe siècle, connu pour ses talents d'orateur et de tribun. Celui-ci prêcha la croisade après l'appel d'Urbain II au concile de Clermont et prit ensuite la tête d'une des principales croisades populaires de 1096. Cette maison creusée dans la roche daterait donc au moins de cette époque.

Pierres précieuses

La « Beauté de la Russie »

Ce splendide diadème a été créé en 1842 par C. E. Bolin et P.-K. Fabergé pour Alexandra Feodorovna, l'épouse du tsar Nicolas Ier. Composé de perles et de diamants, il faisait partie d'un ensemble, avec un collier et une broche. La princesse Dagmar de Danemark, devenue tsarine par son mariage avec Alexandre III, en raffolait au point qu'il lui arrivait de le porter en dehors des cérémonies officielles, dans ses appartements. Néanmoins, quand elle apprit le terrible assassinat de son fils avec toute sa famille, elle l'abandonna aux Soviétiques et s'enfuit depuis la Crimée, où elle activait au sein de la Croix-Rouge.

Jeudi **16 juin**

Soleil
lever : **5 h 46**
coucher : **21 h 56**

Saint Jean-François Régis – On fête aussi les Aurélien, Cyr, Ferréol

Mangez en Pologne, buvez en Hongrie, dormez en Allemagne et faites l'amour en Italie.
Proverbe polonais

GRILLE CHIFFRÉE

Remplir les cases vides avec les chiffres de 1 à 6, en respectant les 2 règles suivantes :
- Un chiffre ne doit pas apparaître plus d'une fois par ligne.
- Un chiffre ne doit pas apparaître plus d'une fois par colonne.

Notez que les chiffres en-dehors de la grille indiquent la somme des deux premiers chiffres directement en dessous, au-dessus, à la gauche ou à la droite d'eux.

	8	10	4	6	6	8	
11							3
7							11
7				6			4
7							6
7							11
3							7
	5	5	8	6	10	8	

Solution page 189

Les idées reçues

LE CONCILE DE TRENTE A RECONNU QUE LES FEMMES AVAIENT UNE ÂME

Nulle part, dans l'histoire de l'église catholique, ce débat n'a eu lieu. Depuis les origines, les femmes ont été baptisées, considérées comme des êtres à part entière sur le plan spirituel, elles en ont même payé le prix fort en devenant, pour certaines, martyres comme les hommes à l'époque des balbutiements de la chrétienté. Le concile de Trente, en 1545, n'a donc jamais débattu de l'âme des femmes puisque c'était un acquis incontesté pour l'ensemble de ses acteurs. L'erreur, qui s'est ensuite largement répandue y compris dans des textes officiels, provient d'une controverse linguistique sur les termes « femme » et « être humain » survenue lors du second concile de Mâcon en 585 et rapportée par Grégoire de Tours.

Citations

Un humaniste, c'est quelqu'un qui ne sait pas où se range le riz dans sa cuisine, mais qui va trouver des tonnes de sacs pour les petits affamés du monde.

Michèle Bernier

Rétro Vermot

Dans un salon de thé, deux femmes papotent.
– Tiens, tu ne prends plus tes tranquillisants ?
– Penses-tu ! La dernière fois que j'en ai pris, j'étais dans un tel état de calme que je me suis surprise à parler avec des gens auxquels, sans mes tranquillisants, je n'aurais jamais adressé la parole !

Bon anniversaire

William Shakespeare

Considéré comme l'un des plus grands auteurs de l'histoire de la poésie et du théâtre, William Shakespeare est le dramaturge le plus lu et le plus joué dans le monde jusqu'à aujourd'hui. Sur les 35 pièces que nous connaissons de lui, il est extraordinaire de constater que nombre d'entre elles sont toujours jouées. Que ce soit la comédie *La Mégère apprivoisée*, son premier succès, *Le Songe d'une nuit d'été*, *Beaucoup de bruit pour rien*, *Les Joyeuses Commères de Windsor*, *Le Roi Lear* et bien sûr *Hamlet*, *Othello*, *Macbeth* et *Roméo et Juliette*, chacun de ses chefs-d'œuvre nous est connu. Baptisé le 26 avril 1564 et sans doute né trois jours auparavant, il s'éteint à l'âge de 52 ans exactement, le 23 avril 1616 à Stratford, dans sa ville de naissance.

Vendredi **17 juin**

Saint Hervé – On fête aussi les Harvey, Rainier

Soleil
lever : **5 h 46**
coucher : **21 h 56**

À la Saint-Hervé, faut pas s'énerver !

Randonnées

LA POINTE DE GRAVE, MÉDOC

Située à la sortie de l'estuaire de la Gironde, côté sud, la pointe de Grave est l'un des lieux emblématiques du Médoc. De là, la côte charentaise dévoile plusieurs mémoriaux évoquant l'histoire de la Première Guerre mondiale, dont certaines actions stratégiques se sont déroulées sur ses rives. La voie littorale qui part de Grave et descend vers Soulac-sur-Mer suit une portion du chemin de Saint-Jacques-de-Compostelle, en passant par la basilique de Soulac, haut lieu de pèlerinage chrétien.

PARADIS D'ARTISTES

La montagne Sainte-Victoire

Ce lieu emblématique a amplement contribué à la renommée de Paul Cézanne. Symbole de la Provence, à l'instar du mont Ventoux, la montagne Sainte-Victoire, dans les environs d'Aix-en-Provence, fut en effet bien plus qu'un simple sujet pour le peintre : il la considérait comme sa véritable muse. Aixois d'origine, Cézanne a représenté le massif plus de quatre-vingts fois ! Avec son ami l'écrivain Émile Zola, il en a parcouru maintes fois ses chemins et grimpé jusqu'à son sommet. Lumineuse, triangulaire, ombragée, sous un ciel bleu azur ou derrière des arbres, cette montagne est partout dans ses toiles, ses dessins, ses aquarelles. D'abord en arrière-plan, puis peu à peu en leur centre. C'est d'ailleurs grâce à « sa » montagne que l'artiste va faire évoluer sa façon de peindre vers des formes de plus en plus simplifiées, préfigurant sans nul doute l'art abstrait.

CHIFFRES ET EXPRESSIONS

Faire les quatre volontés de quelqu'un

C'est directement de l'Évangile selon Matthieu que nous vient cette expression. À l'origine, la volonté divine ne s'accomplit que dans deux espaces, « sur la terre comme au ciel ». Alors, pour montrer l'incongruité d'un caprice, nos ancêtres en sont venus à parler des « quatre volontés » à satisfaire pour plaire à quelqu'un, doublant ainsi les prétentions divines.

CHIFFRES ET SYMBOLIQUES

Généalogie

Jeune papa

Ce qui attire l'œil du généalogiste dans cet acte de naissance du 8 novembre 1840 issu des registres de Fontenay-sous-Bois (94), c'est la précision donnée par l'officier d'état civil sur l'âge des parents. En effet, le père, Jean Laurent Pitou, est âgé de « quatre-vingt-deux ans et quatre mois » et la mère, Jeanne Fraizier, de « trente et un ans ». Vérification faite, le « jeune papa » est bien né le 20 juin 1758. Il s'est marié une première fois en 1780 et a eu 16 enfants avec Catherine Fichon. Celle-ci est morte après 56 ans de mariage, en 1836, et l'année suivante Jean Laurent a épousé Jeanne, de 50 ans sa cadette, née en 1808, soit trois ans après le dernier enfant issu du premier lit de son mari. Ils eurent ensemble deux enfants, dont une fille qui vécut jusqu'en 1919, année où son père aurait eu 161 ans !

Samedi **18 juin**

Saint Léonce – On fête aussi les Osanna, marselan

Si deux pierres se querellent, ce n'est pas à l'œuf de les séparer. Proverbe togolais

Brèves régions

Pas-de-Calais/ Norman fait des vidéos

C'est à Liévin qu'est né en 1987 un des plus célèbres youtubeurs français : Norman Thavaud. Sans quitter sa chambre, avec du matériel vidéo de base, il a produit depuis 2011 de purs bijoux humoristiques qui réjouissent depuis des années les internautes. Grâce à son imagination, sa répartie et son sens du rythme, sa chaîne « Norman fait des vidéos » est toujours sur le devant de la scène avec plus de 12 millions d'abonnés.

Vélo

Dernier mais premier

En matière de cyclisme, la dernière place a une saveur particulière. La lanterne rouge désigne ainsi le dernier du classement général. Ce «trophée» est souvent recherché car il offre une médiatisation aussi importante que celle du vainqueur. On lui associe des valeurs de combativité, illustrées par Jacky Durand en 1999 quand il décrocha le prix de la combativité en même temps que la lanterne rouge. Le recordman de ce titre bien particulier est belge : Wim Vansevenant a bouclé trois Tours consécutifs à la dernière place.

RÉBUS

Chansons françaises

demoiselle
balançoire

Une demoiselle sur une balançoire (Yves Montand)

Cultures fruitières

Élagage du cerisier

On dit qu'il faut partager ses cerises : celle du haut de l'arbre sont pour les oiseaux et celles du bas, pour nous, les humains. Mais quand l'arbre devient trop grand, les hôtes ailés s'approprient presque tout. Comment faire pour élaguer ? Le cerisier, paraît-il, n'aime pas la taille. Elle provoque une maladie grave, la gommose. C'est vrai, mais ce n'est pas le cas des coupes pratiquées en été, après la récolte. À cette époque, il est possible de supprimer même des grosses branches. Toutefois, mieux vaut leur laisser une longueur d'environ 1 m, pour favoriser l'apparition de nouvelles pousses qui pourront donner beaucoup de fruits. Mais faites des coupes bien propres, sans déchirure. En élaguant ainsi un peu tous les ans, vous maintiendrez l'arbre à une hauteur raisonnable.

L'ACTU

Mélodie pour une grossesse

Luca Yupanqui, la plus jeune musicienne de l'histoire, a enregistré un album avant même sa naissance ! Tous les morceaux de *Sounds of the Unborn*, que l'on peut traduire par *Les Sons de l'enfant à naître*, ont été enregistrés alors que « l'artiste » était encore dans le ventre de sa mère, la bassiste de Psychic Ills, un groupe de rock indépendant américain, originaire de New York. Mariée à un producteur de musique, Elizabeth Hart a décidé de transformer les mouvements de son bébé à venir en sons. Un dispositif a été fixé à son ventre pour enregistrer les vibrations émises par Luca Yupanqui et le tout a ensuite été retranscrit par un synthétiseur. D'après les parents, le résultat respecte au maximum le rythme des vibrations du fœtus. Quant au label indépendant qui a édité l'album, il explique : « C'est une musique sans intellect ou intention derrière, ni idée préconçue de créer un son spécifique ou une mélodie. » Autrement dit, ce n'est pas de la musique !

Dimanche **19 juin**

Saint Romuald – On fête aussi les Die, Dieudonné, Déodat, Gervais

Soleil
lever : **5 h 46**
coucher : **21 h 57**

À la Saint-Romuald, me laisse pas en rade !

Brèves régions

Somme/ Saint-Valéry-sur-Somme

Saint Valéry, qui a donné son nom à une magnifique ville de la baie de Somme, est apparu à Hugues Capet dans un rêve. Il lui a promis que s'il ramenait dans son abbaye ses reliques qui avaient été volées par un seigneur de Flandre, il deviendrait roi ainsi que ses descendants pendant sept générations. Six ans après avoir traversé la baie de Somme en portant le reliquaire à bout de bras, Hugues Capet est couronné roi des Francs en 987 à Noyon.

M. et Mme Donne
Ophtalmologues
ont la joie de vous annoncer
la naissance de leur fille

BELLA

Dico Notto

MONOTONE, adj.
Qui est uniforme toujours sur le même ton lassant comme cette phrase sans ponctuation qui n'en finit pas et qui étire longuement son ennui jusqu'au point final que voilà enfin.

MOSAÏQUE, n. f.
Œuvre cassée en mille morceaux, patiemment reconstituée puis collée.

MOUCHOIR, n. m.
Parallélogramme savamment plié à usage unique qui finira chiffonné avec les autres papiers.

MOUSTACHE, n. f.
Rassemblement de poils, là, juste sous votre nez.

MOUSTIQUE, n. m.
Insecte au tempérament sanguin.

FOLLES RUMEURS

Amanda Lear est une transsexuelle

C'est un des serpents de mer de la rumeur : Amanda Lear est-elle une transsexuelle ? Il faut dire que l'artiste s'est toujours amusée à donner des informations contradictoires sur son lieu de naissance (Hong Kong ou Vietnam ?) et même sur sa date de naissance (estimée entre 1939 et 1950). Celle qui fut l'égérie de Dalí aurait elle-même lancé la rumeur (aidée par le maître, dit-on) pour booster sa carrière de chanteuse disco et justifier son filet de voix grave. Mais depuis des années, des témoignages viennent régulièrement évoquer Alain Tapp (Tapp, le vrai nom d'Amanda Lear), connu (sans e) sous le nom de Peki d'Oslo comme travesti dans les clubs de Berlin et de Paris. Pas sûr que l'on connaisse la vérité un jour…

Animaux transparents

La groseille de mer

Elle n'a de la groseille que la forme et le volume, puisque c'est une sorte de boule ovoïde, de 1 à 3 cm de diamètre. Et si elle a l'aspect de la gelée, elle ne finit pas en confiture. En tant qu'animal marin capable de se déplacer de manière autonome sans être porté par les courants et prédateur de petits crustacés, elle fait partie du necton, et non du plancton. Son corps transparent est doté de peignes ciliés, irisés par la lumière sous-marine, et se prolonge par deux tentacules de 10 à 15 cm, que l'animal peut replier. Au cœur de la boule, on voit le tube digestif, coloré en bleu. *Pleurobrachia pileus* est présent sur les côtes atlantiques, de la Scandinavie à l'Espagne, et en Méditerranée. Curieusement, il descend le matin jusqu'à une profondeur de plus de 100 m, et remonte l'après-midi.

Soleil
lever : **5 h 46**
coucher : **21 h 57**

Lundi **20 juin**

Saint Silvère – On fête aussi les Gobain, Marcan

Les hiboux voient dans leur fils un faucon. Proverbe hongrois

Solution [p. 185]

5	6	3	4	1	2
3	4	1	2	5	6
2	5	4	6	3	1
6	1	5	3	2	4
4	3	2	1	6	5
1	2	6	5	4	3

Énigmes

Les trois seuls hommes suspectés d'un vol de voiture, Cédric, Aurélien et Loïc, sont appréhendés et interrogés par la police. Celle-ci a réussi à en déduire que :

1. Cédric n'opère jamais seul, il fait toujours appel à au moins un complice.
2. Loïc est innocent.

Aurélien est-il coupable ou innocent ?

Solution : Si Cédric est coupable, Aurélien est son complice puisque Loïc est innocent ; donc, Aurélien est coupable. Si Cédric est innocent, Aurélien est coupable puisque Loïc est innocent. Aurélien est donc coupable dans les deux cas.

La gaffe de l'Histoire
Île continentale

Une semaine après sa nomination au poste de Premier ministre, Jean Castex n'a pas hésité à partager sa vision de la géographie de la France. En déplacement en Guyane, il évoqué les « acteurs sociaux et économiques de l'île ». Sauf dérive des continents récente, le département français du continent sud-américain est pourtant toujours frontalier du Brésil et du Suriname...

Question d'hygiène
Les lieux d'aisance modernes de Louis XVI

Séduit par une idée de John Harington, filleul de la reine Élisabeth 1re, Louis XVI fit aménager des « lieux à l'anglaise » au château de Versailles. Placés dans un renfoncement à droite de la cheminée, revêtus de boiseries sculptées et de dorures, ils consistaient en une cuvette en marbre noir avec abattant à charnières. Un mécanisme discret les raccordait aux canalisations et permettait d'y déverser de l'eau après l'utilisation. Le comte Félix d'Hézecques, baron de Mailly et page de la chambre du roi, relate dans ses *Souvenirs* une anecdote amusante : un jour, Louis XVI s'assit sur son « trône » sans remarquer qu'un chat angora dormait dans la cuvette. Dérangé dans sa sieste, l'animal se débattit avec véhémence pour s'en échapper et causa au roi une grande frayeur.

CHIFFRES ET EXPRESSIONS
Freiner des quatre fers

Cette expression fait référence aux fers des chevaux même si aucun cheval n'a jamais freiné quoi que ce soit en faisant frotter ses fers sur le sol ! Non, il est fait allusion dans ces termes à une opposition à quelque chose, comme un cheval immobile peut s'arc-bouter sur ses jambes et refuser d'avancer. « Freiner des quatre fers », c'est « résister » et non « ralentir ».

CHIFFRES ET SYMBOLIQUES

Mardi **21 juin**

Saint Rodolphe – On fête aussi les Rudolf, Gino, Meven

Soleil
lever : **5 h 47**
coucher : **21 h 57**

L'été, l'été / C'est-y pas le temps des vacances / L'été, l'été / C'est-y pas la saison d'aimer.
Jean-Jacques Debout

Mots oubliés

Happelourde

Étymologiquement, il est question ici de « happer » une « lourde », c'est-à-dire d'attirer une sotte. La happelourde est en effet une fausse pierre précieuse qui attire les faiseuses par son apparent éclat. La Fontaine a sublimé le sens du mot dans une de ses lettres : « Tout est fin diamant aux mains d'un habile homme ; Tout devient happelourde entre les mains d'un sot. »

INJURES ANIMALIÈRES

C'est une hyène !

À la regarder sans idée préconçue, la hyène ne manque pas de classe avec son pelage tacheté et ses oreilles dressées. Seulement voilà, son régime de charognard aux mâchoires impressionnantes lui fait mauvaise presse, et surtout son ricanement sonore lui a valu d'emblée une réputation de cruauté gratuite. Pour couronner le tout, son nom à hiatus donne à la bouche qui le prononce comme un sourire carnassier. Ainsi, Victor Hugo, dans Les Misérables, *parle de la « bouche d'hyène » de la Thénardier. La hyène est donc un homme ou une femme forcément méchant, féroce et impitoyable.*

Brèves régions

Val-d'Oise/Angélique et Gabrielle d'Estrées

C'est à l'âge de 10 ans, en 1580, qu'Angélique d'Estrées est reçue comme novice à l'abbaye Saint-Louis de Poissy. Bien que toujours religieuse, elle devient quelques années plus tard la maîtresse du roi Henri III… comme sa mère l'avait été également !
En 1594, Henri IV lui confie la responsabilité de l'abbaye cistercienne de Maubuisson située non loin du château de Pontoise, sur la commune de Saint-Ouen-l'Aumône. Si le nouveau roi lui fait cette faveur, c'est parce qu'il a une idée derrière la tête : pouvoir venir voir à sa guise sa propre maîtresse, Gabrielle d'Estrées, qui n'est autre que la sœur de l'abbesse !

L'ACTU

Quelques gouttes d'espoir

L'être humain est la principale cause de la dégradation brutale du monde marin depuis un siècle. Parmi les facteurs de ce déclin, le réchauffement climatique et l'acidification des océans qui absorbent un quart des émissions de dioxyde de carbone. Pourtant, le bourreau des mers pourrait assez vite devenir leur sauveur, selon une étude récemment publiée dans la revue *Nature*. En effet, ses auteurs affirment qu'avec des mesures de conservation importantes, 50 à 90 % de la vie marine pourraient être restaurés d'ici 2050. Toutefois, si ce défi semble à portée de main, les chercheurs mettent l'accent sur le fait qu'il ne sera réalisable qu'en atteignant la neutralité carbone d'ici 2050, prévue dans le cadre de l'accord de Paris sur le climat. De même, ils insistent sur la nécessité de diminuer drastiquement la pêche industrielle et intensive. Selon cette étude, les Européens mangent en moyenne 20 kg de poisson par an. Recouvrant 72 % de la surface du globe, les océans sont, rappelons-le, une condition *sine qua non* de la présence de l'Homme sur Terre.

Soleil
lever : **5 h 47**
coucher : **21 h 58**

Mercredi **22 juin**

Saint Alban – On fête aussi les Albane

À la Saint-Alban, la plage et les bains.

Pierres précieuses

Vieux comme le monde

Minéraux et météorites nous racontent l'histoire mouvementée mais passionnante de la Terre depuis sa formation, faite d'éruptions, de séismes et de déplacements de plaques tectoniques. C'est au cours de ce long remue-ménage que sont apparus les minéraux. À la surface ou dans les profondeurs de la croûte terrestre, ils ont cristallisé, grandi et se sont développés. Agates, opales, améthystes, quartz, cristaux de roches, jades, turquoises, grenats, diamants… Nous connaissons aujourd'hui plus de 4 400 espèces minérales, et il nous reste certainement un grand nombre à découvrir.

Aude Hasse
Grimpeuse et alpiniste

vous invite à la séance de signature de son dernier livre.

VERMOT'ROSCOPE

CANCER (22 juin – 22 juillet)

Caractère

Calme, réservé, sensible, sentimental, émotif, aimable, doux, aimant, protecteur, attaché à ses racines et à la famille, serviable, imaginatif, attachant, têtu, attentiste, lunatique, compliqué, mélancolique, rêveur, infantile.

Le message des astres

Cette année, vous allez enfin souffler, et ce, notamment sur le premier trimestre et les derniers moments de 2022. Jupiter et Neptune vous accompagnent durant ces deux périodes pour vous donner un bol d'oxygène attendu. Pour beaucoup, ce sera le moment de vous réaliser dans tous les domaines de votre vie.

Vie relationnelle

Sociable et communicatif, vous n'aurez aucun mal à aller vers les autres. C'est une année intéressante qui se présente et qui vous verra multiplier les échanges. Pour certains natifs, 2022 sera une année enrichissante d'un point de vue humain.

Amour

En couple, le premier trimestre 2022 vous incitera à réfléchir sur votre vie conjugale ainsi que sur vos aspirations. Pour certains, ce sera l'heure du bilan, pour d'autres, vous chercherez des moyens de booster vos amours. Après cette période, vous serez en phase avec votre moitié et réussirez à communiquer plus facilement. Célibataire, les astres vous amèneront à prendre un peu de distance vis-à-vis de votre vie sentimentale afin de vous retrouver et de panser les plaies d'une relation ancienne. Le second semestre vous trouvera plus épanoui.

Famille

Votre sens des autres sera très développé. Vous serez plus à l'aise avec vos proches. Vous aurez d'ailleurs l'occasion de vous rapprocher de certains membres de votre famille avec qui les échanges étaient compliqués ces deux dernières années. La fin de 2022 sera d'ailleurs parfaite pour passer de bons moments.

Quotidien et vitalité

L'année sera parfaite si vous désirez entreprendre de nouvelles activités et si vous souhaitez mettre un peu de fantaisie dans votre vie. Profitez de la première moitié de 2022 pour expérimenter de nouvelles activités. Quoi que vous fassiez, vous vous sentirez mieux dans votre peau et mieux dans votre tête.

Budget

En 2022, les astres attirent votre attention sur votre situation financière. Attendez-vous à devoir vous serrer la ceinture. Pas question de céder à toutes vos envies et à dépenser sans compter. D'un bout à l'autre de l'année, restez rigoureux pour éviter tout souci.

Comment optimiser votre année ?

Soyez réfléchi et observateur. Ne laissez rien au hasard. Saisissez toutes les occasions pour modifier votre rythme de vie.

Jeudi 23 juin

Sainte Audrey – On fête aussi les Etheldrede, Ethel

Soleil
lever : **5 h 47**
coucher : **21 h 58**

Amour ardent de la Saint-Jean ne dure qu'un temps.

Charade classique

Mon premier est un oiseau bavard,

Mon deuxième n'est pas le nid de mon premier,

Mon troisième n'est pas ami avec mon premier,

On peut trouver **mon quatrième** sur mon troisième,

Mon cinquième est une moitié de mon quatrième,

Mon tout est un alpiniste et écrivain français, ouvreur de nombreuses voies dans les Alpes.

PIERRE CHAPOUTOT (PIE – AIRE – CHAT – POU – TO)

CHANSONS VOYAGEUSES

Tous anglais sauf un…

Avec *(I can't get no) Satisfaction*, les Rolling Stones ont composé un véritable hymne rock. Le titre a été remixé dans tous les styles, en version jazz par John Scofield, funk par James Brown, soul par Otis Redding, reggae par Ken Boothe, rap par Vanilla Ice et même dans une orchestration du folklore turc par Dolapdere Big Gang. Une grande diversité d'interprètes qui, tous, ont gardé le texte d'origine anglais. Tous sauf un… Eddy Mitchell a traduit le titre en *Rien qu'un seul mot*, sans grand succès.

Le bon mot de l'histoire

« Il faut savoir terminer une grève. »

Maurice Thorez, 11 juin 1936

Les élections législatives qui ont amené le Front populaire au pouvoir ont été suivies par un vaste mouvement de grèves et d'occupation d'usines visant à inciter le nouveau gouvernement à entreprendre de profondes réformes sociales. Le 8 juin 1936, les accords de Matignon sont signés : la semaine de travail est portée à 40 h et 15 jours de congés annuels sont institués. Le 11 juin, Maurice Thorez, secrétaire général du parti communiste, publie une déclaration dans *L'Humanité* pour demander la fin des grèves, « dès l'instant où les revendications essentielles ont été obtenues ». Le leader communiste est entendu : le 15 juin, le travail reprend dans la plupart des usines.

LE CHIFFRE

6 300 000

C'est le nombre de Français qui étaient inscrits dans les bibliothèques publiques en 2021, selon le ministère de la Culture. Depuis quelques années, ce chiffre est en croissance constante, renforcé depuis par la crise du coronavirus qui a poussé de très nombreux établissements à faciliter leurs modalités d'accès ou de restitution d'ouvrages et à généraliser l'inscription à distance. Le ministère de la Culture décompte par ailleurs un peu plus de 1 100 000 usagers inscrits dans les bibliothèques des établissements publics à caractère scientifique, culturel et professionnel ou dans les centres de documentation et bibliothèques universitaires. Ces « bons » chiffres doivent toutefois être nuancés avec ceux de l'enquête *Pratiques culturelles des Français*, également menée par le ministère de la Culture et selon laquelle il y avait seulement 15 % d'inscrits en 2018 contre 19 % en 2008, une baisse particulièrement sensible chez les 15-25 ans (16 % d'inscrits en 2018 contre 32 % en 2008) et chez les titulaires du bac ou équivalent (16 % en 2018 contre 29 % en 2008).

Vendredi **24 juin**

Saint Jean-Baptiste – On fête aussi les Rombaut, Théodulphe, Yann

Une vie sans amour, c'est comme une année sans été. Proverbe anglais

HEUREUX MARIAGES

Juste après la Révolution française se sont mariés à la mairie face au drapeau tricolore Armand Lerouge et Thérèse Reine Joseph Debleu, qui vivaient dans le nord de la France et étaient tous les deux blancs. Quelques années plus tard, juste après la révolution de 1848, c'est à Dieppe que se sont dit «oui» le vaillant Achille Jules Alfred Levert et la fraîche Aglaé Églantine Onésime Delarose...

Meilleurs Ouvriers de France

Groupe VIII, sculpture

Anthony da Silva, sculpteur de 26 ans, est le plus jeune lauréat de ce concours. Il a remporté son titre grâce à un buste de Toutânkhamon sculpté à partir d'un cube de cristal. Une prouesse qui l'a occupé presque huit mois et plus de 300 h en dehors de son temps de travail. On l'imagine risquant chaque seconde de briser et donc de détruire son œuvre... Quel stress! Le jeune homme travaille chez Lalique, qui compte ainsi un MOF dans ses ateliers pour la septième fois.

Pierres précieuses

La pierre des rois

Autrefois, seuls les rois portaient des diamants : symboles de force et d'invincibilité, ils ornaient les couronnes et les reliquaires. Saint Louis avait même interdit aux femmes de se parer de pierres précieuses. Par ailleurs, avant le XIVe siècle, on utilisait le diamant brut, ou à peine dégrossi. En Occident, le premier diamant taillé, qui dégageait des facettes, fut celui que le roi Charles VII offrit à Agnès Sorel, sa maîtresse bien aimée. La tradition de la bague de fiançailles commença vers la même époque, lorsque l'archiduc Maximilien d'Autriche en fit cadeau à Marie de Bourgogne en 1477.

Pêche

L'ablette, vif-argent

Bonne nouvelle, les pollutions régressent, les ablettes reviennent en rivière! Elles se déplacent en bancs, jouant dans le courant, captant en surface un insecte de temps à autre. Et quand on les repère, on n'a qu'une envie : les attraper. Le pêcheur chevronné exerce ses réflexes sur les touches éclair de l'ablette, le débutant connaît la réussite avec ces petits poissons. La canne est courte, la ligne fine, le petit flotteur maintient l'appât à mi-hauteur. L'amorce très fine forme au contact de l'eau un nuage blanchâtre (ajoutez un peu de farine de blé). L'appât est un mini-asticot, un ver de vase ou un grain de riz. Amorcez peu mais très souvent, et ferrez à la moindre anomalie de la position du flotteur. La réussite est au bout de la ligne et la dégustation des prises en friture, un bonheur à partager en famille.

Samedi 25 juin

Saint Prosper – On fête aussi les Éléonore, Aliénor, Léonora

Soleil
lever : **5 h 48**
coucher : **21 h 58**

Soleil de juin luit de bon matin. Proverbe français

Musique

Embouteillage fertile

La chanson *Mamy blue* rend hommage à la fois à la grand-mère et à la mère de Nicoletta, le terme « mammy » permettant en effet de faire coup double, qu'il soit pris en français ou en anglais (« mammy » signifie « maman » en anglais). Pour l'anecdote, *Mamy blue* doit son existence à une voiture coincée dans un embouteillage à Paris et à Hubert Giraud, auteur-compositeur, qui a profité de ce temps « perdu » pour écrire la chanson. À toute chose malheur est bon !

Ça s'est passé

En juin 1622

En Chine, la secte du lotus blanc se soulève, dévaste une partie de la province du Shandong et menace l'approvisionnement de Pékin.

Citations

Ne mentez jamais à quelqu'un en qui vous voulez avoir confiance. À partir du moment où vous lui aurez menti une fois, vous aurez bien du mal à lui faire confiance.

Rivarol

PROBLÈMES DE MATHS DU CERTIFICAT D'ÉTUDES

Alain souhaite prendre un taxi et recherche le meilleur tarif pour son trajet de 15 km. Il compare les enseignes suivantes :

- Taxis Express : prise en charge 19,02 F ; tarif au kilomètre 9,97 F ; tarif horaire 197 F.
- Taxis Va-Va-Vroum : prise en charge 13,12 F ; tarif au kilomètre 12,07 F ; tarif horaire 146,41 F.
- Taxis à Grande Vitesse (TGV) : forfait 243 F.

Le tarif horaire s'applique lorsque le véhicule est à l'arrêt (embouteillage, attente du client).

Question 1 : Quelle enseigne de taxis lui offrira le meilleur tarif ?
Question 2 : Durant la course, un accident a immobilisé le taxi pendant 25 min. Combien son trajet lui a-t-il coûté ?
Question 3 : S'il avait pris ce délai en considération, aurait-il choisi la même enseigne de taxis ?

1) Taxis Express : 19,02 + (9,97 × 15) = 168,57 F ; Taxis Va-Va-Vroum : 13,12 + (12,07 × 15) = 194,17 F ; TGV : 243 F. Taxis Express est l'offre la plus avantageuse.
2) 168,57 + ((197 ÷ 60) × 25) = 250,65 F.
3) Taxis Va-Va-Vroum lui aurait coûté : 194,17 + ((146,41 ÷ 60) × 25) = 255,17 F. Il aurait choisi la firme TGV.

Dimanche **26 juin**

Saint Anthelme – On fête aussi les Saulve, Telma, Pélage, Maxence

Je me lève aussi facilement du pied gauche que du pied droit : je ne fais pas de politique.
Francis Blanche

Mots oubliés

Lendore

Il est regrettable que ce mot ne soit plus à la mode car il est toujours d'actualité. Nous connaissons tous des lendores dans notre entourage, ces personnes apathiques ou nonchalantes qui semblent toujours en demi-sommeil. On traite parfois quelqu'un de mollasson, de lambin ou même de mollusque alors que le véritable mot est lendore comme… l'endormi !

RECETTE

Tarte à la rhubarbe

Pour 4 à 6 pers. — 20 min de préparation
1 h de repos — 30 min de cuisson

- 1 pâte brisée à dérouler
- 600 g de rhubarbe
- 100 g de sucre
- 3 œufs
- 20 cl de crème liquide
- 1 pincée de vanille en poudre
- 1 cuil. à soupe de rhum

Épluchez la rhubarbe et coupez-la en tronçons de 2 cm. Mettez-les dans un récipient avec 50 g de sucre et laissez macérer 1 h. Placez ensuite les morceaux dans une passoire et pressez-les pour ôter un maximum de jus.

Préchauffez le four à 200 °C (th. 6-7). Étalez la pâte avec son papier sulfurisé dans un moule à tarte. Piquez le fond avec une fourchette. Répartissez les morceaux de rhubarbe dessus et enfournez pour 10 min.

Pendant ce temps, battez les œufs avec 50 g de sucre. Ajoutez la crème, la vanille et le rhum. Mélangez bien.

Sortez la tarte du four, versez la crème sur la rhubarbe et réenfournez pour 20 min. Dégustez tiède.

La rhubarbe était utilisée en Asie pour ses vertus médicinales. Rapportée par Marco Polo, elle ne fut utilisée en cuisine qu'au XVIIe siècle.

Dis papy c'est quoi ?? et ça c'est quoi ?

Pourquoi « ambulance » est écrit à l'envers sur le capot des véhicules d'urgence ?

Dans le trafic, si la sirène n'est pas activée, il faut que le conducteur de la voiture qui précède l'ambulance puisse identifier sa présence. En regardant dans son rétroviseur central, il pourra lire « ambulance » puisque le mot est imprimé à l'envers sur son capot. Si on le faisait autrefois pour tous les véhicules d'urgence, cette pratique tend à se raréfier aujourd'hui.

mamie c'est quoi ??

Pierres précieuses

Qu'est-ce qu'un minéral ?

On désigne par ce terme les corps inorganiques naturels qui composent l'écorce terrestre et qui possèdent une composition chimique précise, ainsi qu'une structure atomique ordonnée. Le monde minéral est étonnamment riche. Il paraît, pourtant, qu'au commencement il n'y avait qu'une petite douzaine de minéraux présents dans la nébuleuse solaire. La grande diversité que nous constatons aujourd'hui est due aux processus géologiques, mais pas seulement, car la plupart de ces matériaux inorganiques ont eu besoin pour se former d'organismes vivants. Autrement dit, les minéraux n'existeraient pas s'il n'y avait pas eu de vie sur Terre.

Lundi 27 juin

Saint Fernand – On fête aussi les Ariald, Crescent

Soleil
lever : **5 h 49**
coucher : **21 h 58**

À la Saint-Fernand, vacances au tournant.

CHIFFRES ET EXPRESSIONS

Il te manque dix-neuf sous pour faire un franc

Avant la Révolution, l'unité monétaire était la livre, divisée en sols. Quand sont apparus les francs et les centimes, le langage populaire a néanmoins conservé le « sou » hérité du « sol ». Et comme dans l'ancien système il fallait 20 sols pour faire une livre, quand on dit à quelqu'un qu'il lui manque 19 sous pour faire un franc, cela signifie que le principal lui fait défaut.

CHIFFRES ET SYMBOLIQUES

Citations

Il ne faut jamais remettre au lendemain ce qu'on peut faire faire le jour même par un autre.

Pierre Dac

Ha! Ha! Ha! La bonne blague Ha! Ha! Ha! Ha! Ha! Ha!

Une dame âgée de 75 ans a été arrêtée pour vol dans une grande surface. Convoquée au tribunal, elle est interrogée par le juge :
« Qu'avez-vous volé ? lui demande le magistrat.
– Une boîte d'œufs ! répond la mamie.
– Pourquoi avez-vous volé cette boîte ?
– Parce que j'avais faim, dit la dame.
– Combien y avait-il d'œufs dans cette boîte ? demande le fonctionnaire.
– Six ! répond la retraitée.
– Très bien, alors je vous condamne à six jours de prison, Madame ! »
À cet instant, son mari, assis dans la salle d'audience, lève la main :
« Vous avez quelque chose à dire, Monsieur ?
– Oui ! Elle a également volé une boîte de petits pois. »

Brèves régions

Orne/Les vitraux du souvenir

Dans plusieurs églises de France, des vitraux rendent hommage aux combattants de la Première Guerre mondiale. Dans celle de Bellême, on admire notamment un émouvant défilé de soldats quittant le bourg le 2 août 1914 avec pour devise « Sachons vaincre, sachons mourir ». À quelques kilomètres de là, c'est dans l'église de Préaux-du-Perche qu'on peut voir également cinq vitraux du souvenir. Le plus grand présente les noms d'une trentaine de soldats morts au champ d'honneur autour d'une allégorie de la France et dix-huit visages de combattants sont gravés dans le verre.

Bibliophiles

Les Gens dans l'enveloppe, Isabelle Monnin avec Alex Beaupain (Jean-Claude Lattès, 2015)

Tout part d'une enveloppe contenant des photos de famille qu'Isabelle Monnin ne connaît pas. Meubles, coiffures, vêtements lui rappellent son enfance, les années 1970. Elle imagine la vie de ces « gens dans l'enveloppe », les liens qui les unissent, ce qui les sépare, avant d'aller à leur rencontre pour confronter réalité et fiction. Un roman-enquête, en quelque sorte. En parallèle, le chanteur Alex Beaupain met ces « gens ordinaires » en chansons (le livre contient un CD), composant ainsi une bande originale d'un film dont ils sont les héros. Résultat : un livre sensible aussi charmant que troublant.

Soleil
lever : **5 h 49**
coucher : **21 h 58**

Mardi **28 juin**

Saint Irénée – On fête aussi les Eigil, Irina

La Saint-Irénée, milieu de l'année !

Bon anniversaire **Dick Rivers**

Né le 24 avril 1946 à Nice, il va s'appeler Hervé Forneri jusqu'à l'adolescence. En effet, plus attiré par la musique que par le métier traditionnel de sa famille, la boucherie, le jeune homme change de nom en fondant son premier groupe : il devient Dick Rivers à la fin des années 1950, un pseudonyme inspiré par Deke Rivers, personnage joué par Elvis Presley dans le film *Loving You.* Sa carrière décolle dès 1961 avec le groupe « Les Chats sauvages » et se poursuivra en solo avec de nombreux succès. Après un creux de la vague dans les années 1980, Dick Rivers revient sur le devant de la scène en passant aussi par le théâtre. Au début de 2019, c'est à l'occasion d'une banale visite médicale qu'il apprend être atteint du cancer qui l'emportera le 24 avril de la même année, jour de son 73e anniversaire.

Dico Notto

MURMURE, n. m.
Double ouvrage de maçonnerie.

NAGEOIRE, n. f.
Gouvernail pour poisson.

NAPPERON, n. m.
Le napperon est à la couture ce que le gruyère est au fromage : plus il y a de trous, mieux c'est.

NASA, n. pr.
Agence de voyages spatiaux pour s'envoyer en l'air dans le vide de l'espace.

NATATION, n. f.
Concours d'imitation du meilleur poisson.

Vélo

Enfer

Plus de 2km de pavés, une longue ligne droite au milieu d'une forêt dense et l'impossibilité de fuir. Situé à une centaine de kilomètres de l'arrivée, le passage de la trouée d'Arenberg est l'un des moments les plus attendus de la course Paris-Roubaix. On dit de lui que s'il ne fait pas gagner la course, il la fait perdre, illustrant parfaitement l'enfer du Nord, surnom donné à la course. Mythique et spectaculaire, cet endroit est aussi photogénique : en 1993, il a été choisi pour le tournage du film Germinal.

Bibliothèques mythiques

TRINITY COLLEGE LIBRARY DE DUBLIN (IRLANDE)

Fondé en 1592 par Elisabeth 1re, dans le centre de la capitale irlandaise, Trinity College est la plus ancienne université du pays. Répartie sur plusieurs bâtiments, sa bibliothèque est tout simplement... époustouflante ! D'abord, par le nombre d'ouvrages qui y sont conservés : près de 4,5 millions de livres dont 3 millions accessibles sur demande spéciale. Parmi ses trésors, on trouve de nombreux manuscrits médiévaux dont le *Livre de Kells*, considéré

comme l'un des plus beaux livres enluminés du monde. Rédigé et orné vers l'an 800, cet ouvrage exceptionnel fait d'ailleurs l'objet d'une exposition permanente dans la « Long Room », la salle principale de la « Old Library », le plus beau bâtiment de la bibliothèque. Tout en longueur comme son nom l'indique, cette « allée » de 65 m aux plafonds voûtés dévoile un décor incroyable où se mêlent avec harmonie étagères en bois d'ébène, échelles en fer forgé et ouvrages datant de plusieurs siècles. De nombreux auteurs célèbres comme Jonathan Swift, Oscar Wilde ou encore Samuel Beckett ont fréquenté ces lieux.

Mercredi **29 juin**

Saint Pierre et Saint Paul

Soleil
lever : **5 h 50**
coucher : **21 h 57**

Un voleur ne vole jamais une cloche. Proverbe tibétain

Étymologie

Minerve

Chez les Romains, la déesse de la Pensée et de la Sagesse s'appelait Minerve (chez les Grecs, elle s'appelait Athéna). Selon la mythologie, Minerve est née en sortant de la tête de Jupiter, son père, tout armée et casquée. Sans doute est-ce par allusion aux représentations de la déesse avec son air grave, plein de force, de majesté et de noblesse, que l'on a pris son nom au XIXe siècle pour désigner l'appareil orthopédique placé autour du cou et destiné à redresser la tête en cas de déviation.

Rétro Vermot

Vous avez bien compris ? Quand je parlerai, vous crierez : « Bravo » ; et quand mon adversaire voudra répondre, vous crierez : « À la porte ! » Et surtout ne confondez pas, comme la dernière fois.

Les idées reçues

LE DROIT DE CUISSAGE ÉTAIT SCANDALEUX

L'essence même de ce « droit » est scandaleuse. Nul ne peut décider, à part soi-même, de l'usage qui est fait de son corps. Cependant, sur le plan historique, le droit de cuissage n'a jamais existé. Des chercheurs ont étudié les coutumes qui régissaient le droit d'autrefois, analysé les archives judiciaires : rien. C'est donc une légende tenace que d'imaginer les seigneurs abusant des jeunes mariées la première nuit de leurs noces. Au contraire, on trouve dans les archives des seigneurs condamnés pour avoir commis des crimes sexuels en usant de leur position d'autorité. L'origine de la confusion provient peut-être du « droit de quittage », amende infligée aux serves qui se mariaient avec des serfs d'un autre seigneur.

LE POUVOIR D'ACHAT DES FRANÇAIS EN BAISSE

ÇA C'EST FAITS DIVERS

Cherche mot de passe désespérément

Il y a 10 ans, Stephan Thomas, un programmeur informatique de San Francisco, s'intéresse à une nouvelle monnaie virtuelle : le bitcoin. Pour expliquer le principe de cet argent numérique et son fonctionnement, le jeune homme réalise une petite vidéo qu'il poste sur internet. Celle-ci rencontre un certain succès et, pour le remercier d'avoir fait la promotion de leur « cryptomonnaie » de manière didactique, des membres de la petite communauté qui l'utilise comme moyen de paiement sur internet décident de lui offrir 7 000 bitcoins. À l'époque, celui-ci vaut à peine 30 centimes d'euros. Dix ans plus tard, un bitcoin vaut… 40 000 euros ! Comme Stephan a conservé ses 7 000 unités, ce veinard est aujourd'hui à la tête d'une fortune d'environ 280 millions d'euros ! Mais en théorie seulement, car notre homme a stocké ce colossal magot numérique dans un disque dur sécurisé par un mot de passe qu'il a… oublié. Le pire, c'est qu'au bout de dix tentatives erronées, son disque dur est programmé pour s'effacer, et Stephan a déjà échoué huit fois. Aucune société informatique ne pouvant à l'heure actuelle lui garantir qu'elle peut « forcer » son disque dur sans l'endommager, Stephan Thomas est un multimillionnaire totalement virtuel !

Soleil
lever : **5 h 50**
coucher : **21 h 57**

Jeudi **30 juin**

Saint Martial – On fête aussi les Sloane, Adolphe, Othon

À la Saint-Martial, reprise ton futal !

L'humanité en chiffres

2,5 milliards

C'est à peu près le nombre de tasses de café que l'humanité boit chaque jour. La production de café est évaluée à 9,564 millions de tonnes par an. Il est cultivé en zone tropicale dans 90 pays différents. Mais avec le réchauffement climatique, on commence aussi à en produire en Sicile. Les plus grands consommateurs sont les Finlandais, les Norvégiens, les Islandais, les Danois et les Néerlandais. Sans doute parce qu'un bon café, ça réchauffe !

Notre langue fait des adeptes

Eşofman (*turc*)

Directement emprunté au français *échauffement*, le nom turc *eşofman* (remis à la sauce turque) ne désigne pas les exercices que l'on fait pour entraîner les muscles avant la pratique d'un sport, mais le vêtement que l'on porte pour faire ces exercices, sens que le mot français n'a pas du tout. *Eşofman* se traduit donc par « survêtement, jogging ». Et pour dire *échauffement* en turc, on emploie le nom *ısınma* de la même famille que *isi* qui signifie « chaleur ».

ATTIRER LA FAUNE

En permaculture, on cherche à créer un écosystème équilibré, imitant ceux que l'on observe dans la nature. Et on ne privilégie donc pas les animaux « utiles » contre les « nuisibles ». Tous ont leur place. Par exemple, on n'introduit pas de coccinelles contre les pucerons. Si la faune est riche, les populations sont naturellement régulées. Pour l'attirer, observez quelques principes : ménagez une grande variété végétale de plantes cultivées et sauvages (« mauvaises herbes »), des annuelles aux arbustes et aux arbres, avec des haies et beaucoup de fleurs. Laissez des tas de feuilles, de branchages et de rondins, qui sont des abris pour les insectes et les petits mammifères. Installez des nichoirs à oiseaux et à chauve-souris, et des points d'eau. Et bien entendu, bannissez les produits chimiques.

PERMACULTURE

FOOTBALL

BREVET TECHNIQUE

Le football abonde en gestes techniques aux noms tous plus imagés les uns que les autres. Au milieu des roulettes, des petits ponts, des virgules, il y a ceux qui portent le nom de leur inventeur entré ainsi dans l'histoire du sport en même temps que dans son lexique. Ainsi, en France, la « papinade », terme créé par le journaliste Alain Pécheral pour décrire un but de Jean-Pierre Papin, est devenue un classique du vocabulaire footballistique. Citons également la « madjer », de Rabah Madjer, auteur d'un but sur une talonnade en finale de la Coupe des clubs champions européens, le « cruyff-turn », de Johan Cruyff, jeu de mot avec *u-turn* (demi-tour), ou encore la « panenka », du Tchécoslovaque Antonin Panenka, qui décida de piquer son ballon sur un tir au but en finale du championnat d'Europe des Nations en 1976.

À la Saint-Thierry, au revoir, Paris !

0,90 €

Le journal de juillet

1er juillet 2022

Tour de France... des festivals

Parce qu'il n'y a pas que le vélo qui permette de sillonner la France au mois de juillet !

Commençons par l'Est avec celui qui se tient chaque année depuis plus de 30 ans au tout début du mois entre l'étang de la Véronne et le lac du Malsaucy, dans une petite commune près de Belfort : les Eurockéennes. Puis, filons à l'opposé, à Carhaix dans le Finistère, pour le festival des Vieilles Charrues qui se tient le troisième week-end de juillet. De ces débuts en 1995 à aujourd'hui, Zebda, Miossec, Manu Chao, Patti Smith, Bruce Sprinsgteen, les Négresses Vertes et Christine and the Queens sont passés par ce festival éclectique devenu incontournable. D'ailleurs, l'édition 2020 (reportée pour cause de coronavirus) devait être la seule date en festival français de la tournée mondiale de Céline Dion.

Enfin, impossible de ne pas passer par l'emblématique Festival d'Avignon fondé en 1947 par Jean Vilar et qui met le spectacle vivant à l'honneur pendant un mois. Avec le Festival Off qui s'est développé dès 1966 autour de la programmation du festival historique, la ville se transforme et vit au rythme des spectacles. Les deux festivals regroupent à eux deux près de 2 000 spectacles dans 200 lieux différents. L'édition de 2020 n'a pas eu lieu pour cause de pandémie, fait rarissime puisque le festival n'a été précédemment annulé qu'une fois en 74 ans d'existence : en 2003 en raison des mouvements de grèves des intermittents du spectacle.

Remontons au Nord, à Aulnoye-Aymeries, pour terminer ce tour de France culturel de façon plus confidentielle avec les Nuits Secrètes. En marge de la programmation, ce festival propose une expérience insolite : un bus, un lieu secret et surtout un artiste mystère jusqu'à ce que le concert commence.

Samedi **2 juillet**

Saint Martinien – On fête aussi les Monégonde, Rustique, Ouzog

Je vais donc enfin vivre seul ! Et, déjà, je me demande avec qui. Sacha Guitry

Musique

Du ballon au micro

Les footballeurs français ont parfois voulu tâter du micro, des expériences pas toujours très réussies (pour rester poli). Citons, par exemple, Marius Trésor (*Sacré Marius*), Pascal Olmeta (*Tape dans un ballon*) ou Youri Djorkaeff *(Vivre dans ta lumière)*. Il en est pourtant un qui a eu un grand succès avec sa chanson *Je te survivrai* : Jean-Pierre François, footballeur à l'AS Saint-Étienne. Mais la malédiction des chanteurs footballeurs a quand même frappé : sa carrière n'a pas survécu à son tube…

Citations

Venise, c'est comme manger une boîte entière de chocolats à la liqueur d'un seul coup.

Truman Capote

DICO NOTTO

NATURE MORTE, n. f.
Peinture macabre.

NAVIGATEUR WEB, n. m.
Espion à domicile.

NEUVE, adj.
Ancienne remise au goût du jour.

NICHE FISCALE, n. f.
Beaucoup d'avantages pour peu de monde.

NINJA, n. m.
Espion japonais expert dans l'art du camouflage en pyjama.

Pêche

Le silure, un monstre ?

« Il bouffe tout ! » Voilà l'accusation fréquemment portée contre le silure. Il ressemble à un gros poisson-chat à la bouche large garnie de barbillons. Introduit dans nos eaux douces vers 1980, il peut atteindre des tailles impressionnantes de plus de 2 m et peser près de 100 kg ! Jamais on n'avait vu auparavant un tel spécimen dans nos eaux. Mais sa voracité est surfaite, car en réalité il ne mange pas tous les jours et guère plus que les autres carnassiers. L'examen des contenus stomacaux montre que ses proies sont variées avec une préférence pour les petits silures… Ce poisson, qui passe pour un lourdaud, mord au vif ou au paquet de vers, mais s'avère très méfiant dès qu'il a connu le fer de l'hameçon. Sa chair est ferme, dépourvue d'arêtes. C'est pour cela que ses filets sont appréciés en Europe centrale.

INJURES ANIMALIÈRES

T'es qu'un blaireau !

Avec sa belle livrée grise et son museau rayé noir et blanc, le blaireau est un superbe animal. L'insulte, relativement récente, est sans doute dérivée du terme « bleu » qui, dans l'armée, s'appliquait aux jeunes recrues. Elle désignait, en gros, un naïf, un imbécile… jusqu'au jour où, à la fin des années 1970, Bernard Hinault s'est mis à remporter le Tour de France sous le surnom du Blaireau, donné par ses équipiers pour sa combativité et sa vaillance. À son propos, le champion a déclaré : « Ça ne me dérange pas du tout. Quand on m'emmerde, je rentre dans mon trou. Mais quand je sors, je mords. »

Dimanche **3 juillet**

Saint Thomas – On fête aussi les Thomasine, Anatole

Soleil
lever : **5 h 52**
coucher : **21 h 56**

Chaud juillet sur frais juin, peu de blé, mais bon vin. Proverbe français

Meilleurs Ouvriers de France

Groupe IX, prêt-à-porter robe du soir

Pour l'épreuve finale du concours, la création demandée était une robe de soirée bustier forme sirène, avec boléro assorti. Et pour mettre tous les candidats sur un pied d'égalité, les matières premières et les croquis étaient imposés, et l'ensemble devait être réalisé sur place en cinq jours, selon un planning horaire défini. Thomas Wattebled, 30 ans, installé à Auray dans le Morbihan, a remporté le prix en créant en une trentaine d'heures une robe sirène scintillante en tissu lamé. Une prouesse technique autant qu'esthétique.

Ça s'est passé

Le 3 juillet 1922

Naissance du couturier Pierre Cardin en Italie. Il montre sa première collection de prêt-à-porter en 1953 et devient, dans les années 1960, l'un des inventeurs de la mode futuriste.

Les idées reçues

LES BULLES PRISONNIÈRES DE LA CUILLÈRE

Qui n'a pas glissé un jour le manche d'une petite cuillère dans le goulot d'une bouteille de champagne entamée pour préserver les bulles de la boisson ? Certains prétendent même que si cette cuillère est en argent, le pétillant sera conservé à coup sûr. Il a fallu attendre 1995 pour que les physico-chimistes du Centre interprofessionnel des vins de Champagne étudient scientifiquement la question. Leur expérience a consisté à ouvrir plusieurs bouteilles, certaines rebouchées ensuite avec des capsules ou des bouchons étanches, d'autres munies de petites cuillères et d'autres encore laissées à l'air libre. Aucune différence ne fut observée entre les deux dernières catégories, preuve que la cuillère ne sert à rien.

L'ACTU

Bar à soins

Au printemps 2020, le pub *Tara Na Ri*, situé à Navan en Irlande, a dû fermer ses portes après quatre décennies d'activité, ce qui a porté un rude coup à la communauté locale — les pubs occupent une place centrale dans la vie sociale des Irlandais. Le propriétaire des lieux, ne voulant pas que le rideau de l'un des rares commerces de la bourgade reste fermé *ad vitam æternam*, a tenté une reconversion : grâce à l'association Réhabilitation de la faune irlandaise (WRI), et avec l'aide d'anciens clients du pub qui ont participé à la transformation des locaux, le *Tara Na Ri* a pu rouvrir sous la forme d'une… clinique vétérinaire ! Ainsi la salle principale du pub fait désormais office de salle d'accueil, et les autres pièces et annexes sont entièrement dédiées aux soins pour les animaux recueillis : ici, on biberonne une petite chèvre sauvage, là un renard accidenté se rétablit dans un terrier créé pour lui, non loin encore un bénévole soigne une buse blessée, etc. Certes, le pub manque peut-être un peu à certains, mais la nouvelle clinique vétérinaire a déjà conquis toute la ville de Navan !

Lundi **4 juillet**

Saint Florent – On fête aussi les Berthe, Déotille

Pour la Saint-Florent, des paroles d'argent.

HEUREUX MARIAGES

L'amour est plus fort que tout, comme le prouve l'union, dans l'Ain, de Louise Boudin avec Benoît Maigre ou encore, dans le même département, d'Antoinette Boudin avec Pierre Gras. À l'autre bout de la France, le 1er octobre 1831 à Varades (Loire-Atlantique), se sont unis François Saucisse et Marie Aufray qui ne trouvèrent rien de mieux que de prénommer leur fille Rose...

Bières

Bière brune - Cuvée du Pont d'Espagne de la Brasserie du Pays Toy

Brassée dans les Hautes-Pyrénées, cette bière brune est obtenue par fermentation haute à 25 °C. Ses reflets orange et sa mousse fine de couleur beige annoncent des variations autour de divers arômes grillés : au nez, des notes intenses de café et de chocolat dominent, exhalant en touches plus légères les épices et les céréales. En bouche, on apprécie la saveur persistante de torréfaction et de chêne finissant sur une touche de caramel. Une réussite, récompensée notamment par une médaille d'or au Concours général agricole de Paris 2020.
Alcool : 6,5 % vol.

Bon anniversaire

Sidney Bechet

C'est à l'âge de six ans, lors d'une fête familiale d'anniversaire, que Sidney Bechet remporte son premier succès en jouant de la clarinette avec le groupe de son frère qui était tromboniste. Né le 14 mai 1897, il a 14 ans quand il commence sa carrière dans le « Eagle Band » de la Nouvelle-Orléans. Puis, au printemps 1919, il rejoint un orchestre de New York avec lequel il part en tournée en Europe où il devient populaire. Sidney Bechet découvre à Londres le saxophone soprano qui deviendra son second instrument de prédilection. Il ne cessera jamais de jouer et de composer jusqu'à sa mort, à Garches (92) en 1959, le jour de son 62e anniversaire. Sur sa tombe est gravée l'épitaphe de Duke Ellington qui commence par ces mots : « Bechet était pour moi l'incarnation même du jazz. »

Ha! Ha! Ha! La bonne blague Ha! Ha! Ha! Ha! Ha! Ha!

Lors d'une grande opération de lutte contre l'alcool au volant, sur une route nationale, les gendarmes arrêtent toutes les voitures. Une automobile arrive, la vitre se baisse. À l'intérieur, ça empeste l'alcool. Sans hésiter, l'agent dit :

« Monsieur, vous avez bu !

L'homme d'un certain âge, manifestement encore ivre, lui répond avec un fort accent anglais :

– Oui, Monsieur, j'ai bu car aujourd'hui je mariais ma fille. Comme je n'aime pas les messes, ce matin, je suis allé au bistrot en face de l'église pour avaler quelques bières en attendant. Ensuite, il y a eu un vin d'honneur et j'ai dégusté plusieurs coupes de champagne. Après nous avons déjeuné et, bien sûr, j'ai pu apprécier quelques-uns de vos excellents vins rouges. Pour finir, après quelques digestifs, j'ai dignement conclu l'événement en bon britannique : avec une dernière bouteille de whisky avant de prendre la route.

– Monsieur, vous avez compris que je suis gendarme ? Si j'ai arrêté votre véhicule, c'est pour effectuer un contrôle d'alcoolémie, et là, ça va vous coûter cher !

Avec beaucoup de flegme, l'homme réplique :

– Monsieur, j'ai parfaitement compris. J'espère que de votre côté vous avez compris que je suis anglais, que ma voiture est anglaise et qu'à ma droite, c'est ma femme... qui conduit ! »

Soleil
lever : **5 h 54**
coucher : **21 h 56**

Libellule affleurant les eaux, signe d'eau. Proverbe français

CHIFFRES ET EXPRESSIONS

Deux précautions valent mieux qu'une

Jean de La Fontaine conclut *Le Loup, la Chèvre et le Chevreau* par la moralité suivante : « Deux sûretés valent mieux qu'une et le trop en cela ne fut jamais perdu. » Il ne savait pas que des siècles plus tard on emploierait toujours l'expression « Deux précautions valent mieux qu'une » directement issue de ses vers pour indiquer qu'on n'est jamais trop prudent.

CHIFFRES ET SYMBOLIQUES

Brèves régions

Dordogne/ Proverbe périgourdin

« Boire et manger, coucher ensemble, c'est mariage ce me semble. » Ce proverbe périgourdin est rapporté par Eugène Le Roy dans *Jacquou le Croquant* publié en 1899.

Rivières de France

Le Doubs, rivière des écoliers

À vol d'oiseau, entre sa source située à Mouthe (le village le plus froid de France) et Verdun-sur-le-Doubs où il rencontre la Saône, on mesure 90 km. Mais en réalité, le Doubs s'attarde entre les montagnes du département éponyme, part vers le nord, revient vers le sud deux fois de suite… et parcourt 460 km. Pendant le trajet, ses eaux se perdent plusieurs fois dans les fissures du sous-sol calcaire pour ressurgir un peu plus en aval ou se fondre dans les lacs de Saint-Point et de Chaillexon, puis se transforment en chute d'eau (le Saut du Doubs) et décrivent des méandres des mortes eaux (d'où le nom du village de Morteau). La rivière sert de frontière avec la Suisse, atteint Montbéliard et plonge vers Besançon. Son lit contribue à la liaison Rhin-Rhône, en amont de Dôle.

PROBLÈMES DE MATHS DU CERTIFICAT D'ÉTUDES

En raison d'une crise économique, une entreprise doit se débarrasser d'une partie de son personnel. Les effectifs passent de 40 000 à 29 200 salariés.

Question 1 : Quelle est la réduction d'effectif en pourcentage ?
Question 2 : Si 7 % des salariés qui ont quitté l'entreprise sont partis en retraite anticipée et si 432 ont opté pour le départ volontaire, quel est le pourcentage de l'effectif initial à avoir été licencié ?
Question 3 : Si cette entreprise avait eu un effectif initial de 26 800 employés, combien de personnes auraient été licenciées ?

1) 29 200 salariés représentent : (29 200 ÷ 40 000) × 100 = 73 % de l'effectif initial donc la réduction s'élève à 100 – 73 = 27 %
2) 7 % représentent : ((40 000 – 29 200) × 7) ÷ 100 = 756 salariés ; 10 800 – 756 – 432 = 9 612 personnes ont été licenciées ou (9 612 ÷ 40 000) × 100 = 24 % de l'effectif initial.
3) 26 800 × 24 % = 6 432.

À la Sainte-Mariette, gambade sur l'herbette.

FOLLES RUMEURS
Harry n'est pas le fils de Charles

La vie des têtes couronnées attise les convoitises et déchaîne les commérages. La famille Windsor, par exemple, n'est pas épargnée : l'identité du prince Harry est régulièrement remise en question par les plus sceptiques qui pensent que le prince Charles ne serait pas son père. On sait que son mariage avec Lady Di n'a pas été un long fleuve tranquille et que la princesse a eu James Hewitt comme amant. Or, ce capitaine de la garde royale est roux… comme Harry. De là à en conclure qu'il est le père du prince, il n'y a qu'un pas… que franchissent allègrement les tabloïds les plus médisants. Bien que le principal intéressé ait démenti – il n'a connu Diana qu'après la naissance de l'enfant –, rien n'y fait, la rumeur court toujours.

L'humanité en chiffres
141 rouleaux

Les Français sont classés 7e au palmarès des consommateurs de papier toilette, avec en moyenne 71 rouleaux par an. Les Américains en utilisent deux fois plus que nous, selon *Statista*, l'un des principaux fournisseurs de données sur les consommateurs de nombreux pays. Avec 141 rouleaux par personne, les Américains sont donc les recordmen du monde devant les Allemands (134), les Britanniques (127) et les Japonais (91).

Rétro Vermot

Pourquoi ne chantez-vous pas pour calmer votre bébé lorsqu'il pleure .
Nous le faisions, mais les voisins sont venus nous dire qu'ils préféraient encore l'entendre pleurer…

RECETTE
Tomates farcies sans cuisson

Pour 4 pers. — 15 min de préparation — 25 à 30 min de cuisson

- 4 belles tomates rondes
- 1 boîte de thon blanc au naturel (100 g environ de poids net égoutté)
- 1 petit bouquet de coriandre
- 1 citron (le jus)
- 2 petites échalotes
- 100 g de fromage blanc
- Sel, poivre

Coupez la partie supérieure des tomates et conservez les « chapeaux ». Creusez l'intérieur des tomates afin d'enlever la chair et les pépins. Salez-les légèrement puis retournez-les sur une grille afin que l'excédent d'eau en sorte. Pendant ce temps, préparez la farce : égouttez le thon puis émiettez-le. Lavez, séchez et ciselez les feuilles de coriandre. Pressez le citron et réservez le jus. Pelez et hachez les échalotes. Dans un récipient, mélangez le fromage blanc à tous les ingrédients de la farce. Assaisonnez la préparation et conservez-la au frais.
Disposez les tomates sur un plat, farcissez-les de la préparation au thon puis replacez les chapeaux et servez.

Cette recette constitue une entrée légère. Vous pouvez même utiliser du fromage blanc allégé.

Soleil
lever : **5 h 55**
coucher : **21 h 55**

Saint Raoul – On fête aussi les Panthène, Edelburge, Willibald, Teï

À la Saint-Raoul, ma poule, ça roule !

MORALITÉ
LE CHAT BOTTÉ

Quelque grand que soit l'avantage
De jouir d'un riche héritage
Venant à nous de père en fils,
Aux jeunes gens pour l'ordinaire,
L'industrie et le savoir-faire
Valent mieux que des biens acquis.

Alors qu'en 2022 on oscille toujours entre supprimer les droits de succession ou, au contraire, abolir l'héritage, Charles Perrault avait déjà tranché en 1697. Pour lui, honte aux héritiers et gloire au travail !

Randonnées
LE SENTIER DE TALAIA, CÔTE BASQUE

Avec ses panoramas somptueux et variés, le littoral basque est un enchantement pour les marcheurs. Sur près de 60 km, le sentier de Talaia (« tour de guet » en basque) traverse le village de Bidart, passe non loin de Guétary, avant de rejoindre la baie de Saint-Jean-de-Luz, puis le port de Ciboure et sa corniche. En France, il s'achève sur la plage d'Hendaye après un passage par le domaine d'Abbadia. L'océan, omniprésent, dessine un horizon imperturbable qui invite à poursuivre le voyage en terres espagnoles.

L'ACTU
Ceci n'est pas un graffiti

« Ne peut avoir été peint que par un fou. » Rédigés au crayon de bois, ces quelques mots en norvégien ont longtemps nourri les conjectures sur l'identité de leur auteur. L'inscription figure dans un coin de l'une des toiles les plus iconiques au monde : *Le Cri* d'Edvard Munch, une œuvre considérée comme un symbole de l'angoisse existentielle. Jusqu'à présent, la théorie dominante voulait que cette inscription ait été rédigée au début du XXe siècle par un spectateur indigné par ce tableau représentant une silhouette fantomatique au visage blafard. Mais un examen par infrarouge récemment effectué par le Musée national de la Norvège a conclu que l'inscription est de Munch lui-même ! L'écriture ainsi que les événements qui se sont produits en 1895, lorsque l'artiste a montré le tableau pour la première fois, pointent dans la même direction. La présentation de l'œuvre au public fit en effet fuser les critiques et souleva des questions sur la santé mentale de Munch, ce qui conduisit probablement l'artiste à griffonner cette phrase sur son tableau.

Le bon mot de l'histoire

« Rien. »

Louis XVI, 14 juillet 1789

Authentique ! Ce « Rien » est bien le seul et unique mot inscrit dans son carnet par le roi avant de se coucher au soir de la prise de la Bastille. Invraisemblable au regard des événements révolutionnaires – dont le roi a pourtant été informé, selon la fameuse anecdote : « C'est une révolte ? – Non, sire, c'est une révolution ! » Toutefois, ce « Rien », comme toutes les notes du souverain, ne concerne pas la situation du pays mais exclusivement sa royale personne : ce 14 juillet 1789, Louis XVI n'a donc participé à aucun événement notable. D'ailleurs, il n'est même pas allé à la chasse.

À la Saint-Thibaut, ne joue pas les bimbos !

La gaffe de l'Histoire

La guerre de 1914-1940

Interrogé sur la pandémie de coronavirus, l'ex-président américain Donald Trump a montré ses lacunes en histoire en comparant cet épisode sanitaire avec la grippe espagnole, « la grande pandémie de 1917. C'était terrible de perdre de 50 à 100 millions de gens, et cela a probablement mis fin à la Seconde Guerre mondiale. Tous les soldats étaient malades. ».

CHANSONS VOYAGEUSES

Lusophobie ?

Barry Manilow est l'homme du tube *Copacabana*, repris des dizaines de fois et traduit dans plusieurs langues : en espagnol par Barry Manilow lui-même, en danois par Peter Belli, en allemand par Rex Gildo… Et en Français, c'est Line Renaud qui s'est lancée (avec succès) avant qu'Amanda Lear ne lui emboîte le pas avec ses chaussures à talons. Mais bizarrement, cette chanson, qui a pour titre le nom de la plage emblématique de Rio, n'a jamais été reprise en portugais.

Question d'hygiène

La vespasienne, c'est toute une histoire

En 1770, le lieutenant de police de Paris, Antoine de Sartine, annonçait l'installation des barils d'aisance à tous les coins de rue de la capitale. Arriva ensuite Claude-Philibert Barthelct, comte de Rambuteau et préfet de Seine, qui fit disposer, en 1834, quelque 450 urinoirs publics, que tout le monde s'empressa d'appeler « colonnes Rambuteau ». Vexé, celui-ci réagit en proposant l'appellation « colonnes vespasiennes », en référence à l'empereur romain Vespasien (69-79) à qui les historiens attribuent l'invention d'un impôt sur l'urine provenant des latrines publiques. Les vespasiennes seront remplacées, en 1981, par les sanisettes autonettoyantes, utilisables également par les femmes et rendues gratuites en 2006.

Animaux transparents

La méduse

Elle est bien connue, même si beaucoup préféreraient moins la connaître : la méduse commune, répondant aussi au joli nom d'Aurélie (*Aurelia aurita*), est en effet urticante par ses nombreux tentacules. Sa piqûre n'est pourtant pas très douloureuse, même si elle peut vous laisser « médusé » ! Avec son corps en forme de coupe, cet animal qui vient du fond des âges est totalement translucide, endoderme et ectoderme. Ses longs tentacules filiformes lui permettent de se nourrir. Curieusement, les grosses méduses mangent du petit, du zooplancton, et les jeunes du gros, des alevins. Étant peu nourrissante, Aurélie a peu de prédateurs, à l'exception de la tortue luth, malheureusement pour elle, car elle absorbe aussi des sacs plastiques qu'elle prend pour son mets préféré, ce qui lui est fatal.

Samedi **9 juillet**

Sainte Amandine – On fête aussi les Hermine, Andrée, Iphigénie

Soleil
lever : **5 h 57**
coucher : **21 h 53**

Pour Sainte-Amandine, t'es d'humeur badine.

DICO NOTTO

NOBLESSE, n. f.
Riche entre-soi consanguin.

NOMBRIL, n. m.
Cicatrice laissée par le cordon liant le nouveau-né à sa mère et servant de rappel aux prétentieux qui se croient sortis de la cuisse de Jupiter.

NONANTE, adj. num.
Quatre-vingt-dix en version simplifiée.

NUAGE, n. m.
Phénomène météorologique lacté qui agrémente le thé.

NUDISTE, n.
Personne textilement incompatible.

SUDOKU

	8	7						
6						2		
	2		5	8			9	4
	5		8	1				
			4		6			
				7	2		6	
3	1			6	5		7	
		9						5
						1	3	

Solution page 215

Cultures fruitières

Le cassis Noir de Bourgogne

Dijon est la capitale du cassis et la Bourgogne, la région historique de la culture de l'arbuste. Le cassissier vient du Nord de l'Europe et de l'Asie et il est arrivé assez tard en France, d'abord semble-t-il dans le Poitou, où on l'appelait « cassetier ». Il a traditionnellement été associé à la vigne en Bourgogne, et la variété noir de Bourgogne y a acquis ses lettres de noblesse pour la puissance et la finesse de ses arômes, qui s'expriment notamment dans la crème de cassis. Ce délice a été produit pour la première fois en 1841 par un distillateur répondant au nom prédestiné de Lagoutte, mais c'est le chanoine Kir, un siècle plus tard, qui le rendra célèbre. Le noir de Bourgogne fleurit en avril et doit être associé à une autre variété, en général le géant de boskoop, pour la pollinisation.

BIBLIOTHÈQUES MYTHIQUES

LA BIBLIOTHECA ALEXANDRINA D'ALEXANDRIE (ÉGYPTE)

Fondée en 288 avant notre ère, c'est la plus célèbre bibliothèque de l'Antiquité. À son apogée, l'endroit aurait abrité plus de 400 000 rouleaux de papyrus et tous les ouvrages les plus importants de son temps, ceux de Platon, Aristote, Thucydide, Sophocle… Incendiée par l'armée de Jules César, la bibliotheca Alexandrina a été reconstruite par Marc Antoine, avant d'être de nouveau détruite en 272, puis en 391 et en 638. L'antique bibliothèque d'Alexandrie

n'existe donc plus, mais sur son probable emplacement d'origine, un nouvel édifice est sorti de terre en 2002 grâce à l'UNESCO et à l'Institut du monde arabe (Paris). Réalisée par des architectes norvégiens, cette bibliothèque accueille la plus grande salle de lecture au monde qui occupe sept des onze étages du bâtiment principal. En plus de son fonds qui compte 3 millions d'ouvrages, la nouvelle Alexandrina abrite trois musées, un planétarium, un centre de conférence, des instituts universitaires… Une statue géante de Ptolémée Ier, qui fit ériger la bibliotheca Alexandrina originale, accueille les visiteurs à l'entrée de cette « cité savante ».

Dimanche **10 juillet**

Saint Ulrich – On fête aussi les Canut, Rufine

Soleil de juillet donne la fortune. Proverbe français

Mots oubliés

Madré

En ancien français, ce qui était madré était marbré ou veiné. Par extension, l'adjectif s'est appliqué aux individus qui ont plusieurs facettes et de nombreux tours dans leur sac, et madré est devenu synonyme de rusé. « Ce vieux madré de cardinal qui vous escroqua la Lorraine », écrit Voltaire à propos du cardinal de Fleury dans une poésie dédiée au prince royal de Prusse.

INJURES ANIMALIÈRES

Quelle vieille bique, celle-là !

Maigre, avec les os saillants, un soupçon de moustache et du poil au menton, la vieille bique est une femme âgée, peut-être quelque peu sorcière et d'ordinaire fielleuse vis-à-vis des jeunettes. Et ce sont en général justement celles-ci, les jeunes biques donc, qui la qualifient ainsi. L'expression a aussi été employée pour caractériser les chevaux fatigués et faméliques. Pourtant, le terme « bique » vient de « biche » (avec l'influence de « bouc »), ce qui adoucit un peu l'outrage. Et le diminutif « biquette » le rend même tendre et sympathique.

LES SALARIÉS DE L'APRÈS

Brèves régions

Hérault/ Le cirque de Navacelles

Le cirque de Navacelles a été inscrit au patrimoine mondial de l'humanité par l'Unesco en juin 2011, au titre des paysages culturels de l'agropastoralisme méditerranéen. Ici, au fond d'un cirque de 2 km de diamètre et 300 m de profondeur, fermé par des défilés rocheux à l'amont et à l'aval, coule en méandres la rivière Vis. Autour du lit qu'elle a creusé, les maisons du village s'intègrent à la nature, offrant au voyageur un paysage grandiose au cœur du territoire des Causses et des Cévennes.

LE CHIFFRE 4

C'est, en kilos, le poids d'un poisson rouge mesurant 38 cm de long ! Celui-ci a été repéré par des employés du service des Parcs, des loisirs et du tourisme de Caroline du Sud (États-Unis) dans un lac de la région lors d'une opération visant à tester la qualité de l'eau et à sonder l'état de l'écosystème du lac. L'animal au gabarit hors norme a atterri par hasard dans le filet d'un employé. Cette espèce n'étant pas naturellement présente dans la région, les spécialistes estiment que quelqu'un a dû se débarrasser de l'individu en le lâchant dans le lac il y a peut-être plusieurs décennies. Omnivore et vorace, l'animal y a trouvé une grande quantité de nourriture, ce qui lui a permis de prospérer dans ces proportions gigantesques. À titre de comparaison, un poisson rouge domestique de base pèse entre 100 et 300 g. En extérieur, certains peuvent parfois atteindre 1,5 kg. Le plus long individu de l'espèce a été découvert aux Pays-Bas en 2003. Il mesurait 47,4 cm mais son poids reste inconnu.

Lundi **11 juillet**

Saint Benoît – On fête aussi les Helga, Olga, Pie

Soleil
lever : **5 h 59**
coucher : **21 h 52**

À la Saint-Benoît, j'aime ton frais minois.

DEVINETTES

Mon fil étant tranchant,
Je suis un danger constant,
Bien qu'on craigne ma taillade,
Parfois, je ne suis que de parade.
Que suis-je ?

Réponse : L'ÉPÉE

PROUESSES D'OISEAUX

LA FRÉGATE DU PACIFIQUE

Ce superbe oiseau de mer à plumage noir est capable de voler durant deux mois d'affilée, sans jamais se poser ! Sa morphologie est idéale pour le vol, avec une envergure de 2,30 m pour un poids de seulement 1,3 kg. Des chercheurs ont étudié des juvéniles effectuant leur premier vol depuis l'île Europa, entre le Mozambique et Madagascar, et accomplissant le tour de l'océan Indien pour revenir à leur point de départ. Il s'avère que ces jeunes oiseaux maîtrisent merveilleusement les courants ascendants, exploitent les vents dominants et descendent en longs vols planés, consommant ainsi très peu d'énergie. Comme le plumage des frégates n'est pas étanche, elles ne peuvent pas se poser sur la mer. Qu'à cela ne tienne : elles dorment en vol et se nourrissent en happant les poissons volants.

EXPRESSIONS IMAGÉES

Ronger son frein

Qu'il est difficile d'avoir envie de réagir face à une situation et de ne pas pouvoir le faire. Dans ce cas, comme le pilote qui appuie à la fois sur l'accélérateur et le frein au point d'user ce dernier, certains se crispent et réfrènent leur envie de bondir, ils « rongent leur frein ». L'expression très parlante laisser imaginer leurs mâchoires serrées de résignation.

Brèves régions Provence-Alpes-Côte d'Azur/Top 10

1. La région Provence-Alpes-Côte d'Azur possède la plus grande étendue d'espaces naturels non urbanisés de France, couvrant 75 % de son territoire.
2. Les gorges du Verdon (Alpes-de-Haute-Provence) constituent le plus grand canyon d'Europe.
3. Le lac d'Allos (Alpes-de-Haute-Provence) est le plus grand lac d'altitude d'Europe.
4. La base navale de Toulon (Var) est le plus grand port militaire français.
5. Avec 2,5 km de voies pour 10 000 habitants, la région Provence-Alpes-Côte d'Azur dispose du plus petit linéaire de voies ferrées de France.
6. L'université d'Aix-Marseille est la plus grande de France en nombre d'étudiants.
7. Arles (Bouches-du-Rhône) accueille chaque été le plus grand festival de photo du monde.
8. C'est dans cette même ville d'Arles que naquit et mourut la doyenne de l'humanité, Jeanne Calment, considérée comme l'être humain ayant vécu le plus longtemps (parmi les personnes dont la date de naissance a été vérifiée).
9. Le plus grand parc aquatique d'Europe est installé à Monteux (Vaucluse).
10. La vipère d'Orsini, plus petit serpent d'Europe, fait l'objet d'attentions particulières par le Conservatoire d'espaces naturels de Provence-Alpes-Côte d'Azur.

Mardi **12 juillet**

Saint Olivier – On fête aussi les Jason

Arc-en-ciel du matin, l'eau est en chemin. Proverbe français

HEUREUX MARIAGES

Le proverbe dit que les chiens ne font pas des chats… Allez savoir ce qu'il est advenu des enfants d'Édouard Delachienne marié en 1940 à Francine Chas à Plouër-sur-Rance (Côtes-d'Armor), tout comme de ceux issus de l'union de Joseph Lechapt avec Marie Dechien, qui vivaient à la fin du XIXe siècle en Côte-d'Or, ou encore de celle de Friedrich de Potschien et Dorette Schatte de Hambourg.

Bibliophiles

Les Radis bleus, Pierre Autin-Grenier (Le Dé bleu, 1990)

Ce recueil tient, comme l'écrit l'auteur, mi-poète mi-philosophe, du « traité de morale à l'usage des anorexiques et des gâteux ». Un peu comme notre cher Almanach Vermot puisque c'est une sorte d'éphéméride, un journal poétique où Pierre Autin-Grenier restitue à la fois la saveur du quotidien et les peines endurées, narre des anecdotes pleines de nostalgie, surprend avec ses aphorismes cinglants et alterne autodérision et coups de gueule. Un livre pour tous ceux qui cachent un cœur d'artichaut sous un air bourru, ceux que la littérature et les éclats de rire parviennent à consoler du passage du temps.

LA RECONNAISSANCE FACIALE :
LA SOLUTION POUR LUTTER CONTRE LE TERRORISME

Vélo

Abnégation

Evaldas Šiškevičius a vécu l'enfer lors d'un Paris-Roubaix. En 2018, il crève à deux reprises et doit attendre sa voiture de course, placée sur une dépanneuse, pour repartir. Il se retrouve seul, avançant aux côtés de la voiture-balai qui finit par l'abandonner. Hors délai, « Siske » doit alors respecter le code de la route et arrive au vélodrome, où un employé lui ouvre les grilles fermées pour qu'il termine sa course dans l'anonymat d'une enceinte vide. L'année suivante, il revient et termine dans le top 10.

Quand la réalité dépasse la fiction

L'enfant sauvage

Le film de Truffaut, sorti en 1969, raconte l'histoire vraie de Victor, enfant découvert dans l'Aveyron en 1800, capturé et montré comme un animal. Au départ considéré comme sourd-muet et « attardé », l'enfant est ensuite observé par le docteur Jean Itard, qui voit chez lui la conséquence d'une absence de relations sociales. Il va alors lui enseigner le langage et l'ouvrir au monde des hommes, révélant ainsi son humanité. Le film de François Truffaut, qui interprète lui-même le docteur Itard, est inspiré des mémoires de ce dernier : *Mémoires et rapport sur Victor de l'Aveyron*. Pour trouver son « enfant sauvage », François Truffaut n'a pas hésité à rencontrer plus de 2 500 enfants. Et c'est finalement le jeune Jean-Pierre Cargol, alors âgé de douze ans et demi, découvert dans un camp de gitans, qui a décroché le rôle.

Mercredi **13 juillet**

Saint Henri et Saint Joël – On fête aussi les Enrique, Clélia, Mildred

Soleil
lever : **6 h 01**
coucher : **21 h 51**

Le nez qui sent est un samouraï à cheval galopant. Proverbe japonais

Animaux de BD
Le Marsupilami

« Houba houba ». C'est peu, mais ça suffit au Marsupilami pour tout exprimer et dialoguer. Ce petit animal à la fourrure jaune, blanc et noir est un mammifère ovipare arborant une interminable queue préhensible qui fait office de ressort ou de roue. Tout, chez lui, est mignon et original, jusqu'à ses nids tissés et suspendus, merveilleusement douillets. Créé par Franquin en 1952, il habite la forêt palombienne, en Amérique du Sud, et représente un peu l'idéal des espèces animales réelles.

ÇA C'EST FAITS DIVERS
Le voleur donneur de leçons

À Beaverton, dans l'Oregon, un homme a dérobé un SUV qui était garé, le moteur encore en marche, devant une épicerie. Mais très vite, le voleur s'est aperçu qu'un bambin d'environ 4 ans dormait sur la banquette arrière. Ne voulant certainement pas être accusé de rapt d'enfant, le malfaiteur a illico fait demi-tour pour remettre la voiture à sa place. Mais en arrivant, il a aperçu la mère qui sortait tout juste du magasin et constatait, horrifiée, la disparition de sa voiture et de son petit. L'homme s'est arrêté près d'elle et lui a dit de récupérer son enfant tout en lui faisant la leçon, la qualifiant d'irresponsable d'avoir laissé son fils seul dans la voiture, le moteur en marche de surcroît ! Véritable Père La Morale, il a menacé la « mauvaise mère » d'appeler la police pour dénoncer sa négligence (aux États-Unis, plusieurs États réglementent en effet l'âge en dessous duquel on ne peut pas laisser un enfant seul dans un véhicule). Après avoir réprimandé la maman, l'homme est quand même reparti avec la voiture…

Rétro Vermot

La maîtresse : Quel est de tous nos sens le plus délicat, dis-moi, Danièle ?
Danièle : L'odorat.
La maîtresse : Comment cela ?
Danièle : Quand on s'assoit sur une épingle, on ne la voit pas, on ne l'entend pas, on ne la goûte pas, mais on la sent.

Pierres précieuses
Les pouvoirs des pierres précieuses

Dès l'Antiquité, on a attribué aux pierres précieuses des qualités thérapeutiques qui découlaient de leur couleur (l'hématite, liée au sang, arrêterait l'hémorragie et protégerait contre les sentiments violents), ou reposaient sur l'analogie (une pierre gravée d'une image de serpent agirait comme contrepoison et protégerait des morsures). Les traités de l'époque indiquaient le dosage et le mode d'emploi : on les touchait, on les regardait, parfois même on les avalait. De plus, le pouvoir de la pierre était renforcé par la vertu du souffrant ; a contrario, une mauvaise conduite en diminuait, voire en anéantissait l'efficacité.

Jeudi 14 juillet

Soleil
lever : **6 h 02**
coucher : **21 h 50**

Saint(e) Camille – On fête aussi les de Lellis, Cameron

J'suis p'têt qu'une cigale, / Mais j't'emmène au bal. Léo Ferré

Dis papy c'est quoi ?? et ça c'est quoi ?

Pourquoi rêve-t-on ?

Dans une vie, nous passons en moyenne quatre ans à rêver. Le rêve correspond à une activité cérébrale qui se manifeste lors du sommeil profond (dit paradoxal), dont on garde ou non le souvenir au réveil. Le rêve serait le fruit d'un processus de mémorisation : le cerveau archive ainsi les informations reçues dans la journée et convertit la mémoire à court terme en long terme.

mamie c'est quoi ??

Citations

Se retrouver face à une œuvre d'art contemporain et se demander ce que l'artiste a voulu dire, c'est de gauche. Se retrouver face à cette même œuvre d'art contemporain et se demander combien ça vaut, c'est de droite.

Alex Vizorek

Énigmes

Un témoin a vu un homme tomber d'une fenêtre du cinquième étage d'un immeuble. Il a aussitôt appelé les services de secours. L'ambulance et la police arrivent quasiment immédiatement. L'inspecteur monte au cinquième, entre dans l'appartement de la victime et ouvre la fenêtre par laquelle l'homme a sauté pour lui permettre d'apprécier la hauteur de la chute. L'inspection de l'appartement achevée, il conclut à un assassinat. Comment en est-il arrivé à cette conclusion ?

Solution : Si la victime s'était suicidée, elle n'aurait pas fermé la fenêtre.

Pour les intimes...

« Je ne suis coupable que de simple et pur libertinage, et tel qu'il se pratique par tous les hommes (...) Chacun a ses défauts ; ne comparons rien : mes bourreaux ne gagneraient peut-être pas au parallèle. » Ainsi écrit le marquis de Sade au début du mois de février 1783, durant son incarcération à la prison de Vincennes. Interdit de visites, le marquis écrit cette lettre à sa femme, la seule personne avec laquelle il a le droit de communiquer. À cette période, il commence à perdre la vue. Et paradoxalement, cette cécité naissante va avoir une influence déterminante dans la rédaction de ses œuvres érotiques. Condamné à l'inertie, privé de toute distraction, Sade commence à imaginer ses futures odyssées sexuelles. Sur les soixante-quatorze années que dure son existence, « le divin marquis » en passera près de la moitié en prison.

À la Saint-Donald, tu te fais la malle ?

Brèves régions

Mayenne/ Le calice républicain

À La Bazoge-Montpinçon, il existe une tradition républicaine peu banale : à chaque élection municipale, lors de la passation de pouvoir entre l'ancien et le nouveau maire, un calice de vermeil datant du XVIIe siècle passe symboliquement de main en main. Ce précieux objet fait d'argent recouvert d'or avait été offert à la commune il y a quatre siècles par le cardinal Mazarin qui était alors duc de Mayenne. Lors des municipales de 2020, le nouvel élu en a donc pris possession pour la durée de son mandat et l'a placé en lieu sûr.

Citations

Astérix et Obélix, deux célibataires moustachus qui habitent sous le même toit avec un petit chien, tu appelles ça comme tu veux, mais… la potion magique doit avoir un arrière-goût de poppers…

Fabrice Éboué

La bonne blague

Ha! Ha! Ha! Ha! Ha! Ha! Ha! Ha! Ha!

Une quadragénaire observe un cortège funèbre assez inhabituel qui s'approche du cimetière : un corbillard, suivi d'un second corbillard et juste derrière, une jeune femme seule (sûrement la veuve) qui tient un doberman en laisse. À quelques pas derrière elle, une cinquantaine de femmes de tous âges la suivent en file indienne. Curieuse, la femme s'approche de la veuve au chien et lui dit :

« Madame, je suis désolée de vous déranger en cet instant mais je n'ai jamais assisté à un enterrement comme celui-ci. Qui est le défunt ?

– Mon époux, répond l'autre.

– Oh ! Toutes mes condoléances. Mais que lui est-il arrivé ? demande la curieuse.

– Mon chien l'a attaqué et l'a tué, dit la jeune veuve.

– Oh, c'est affreux ! Et qui est dans l'autre corbillard ? continue l'intruse.

– Ma belle-mère. Elle a voulu aider son fils et mon chien s'est jeté sur elle aussi… »

Après, un instant de silence poignant, la première femme demande :

« Pourrais-je vous emprunter votre chien ?

– Oui, répond l'autre. Mais vous devez vous mettre dans la file. »

Étymologie

Panique

Dans la mythologie grecque, Pan est une divinité de la Nature. Il est le protecteur des bergers et des troupeaux. Mais ce dieu, mi-homme mi-bouc, avait la réputation d'être d'une laideur repoussante (sa mère se serait enfuie à sa naissance) et effrayait tous ceux devant lesquels il apparaissait, provocant ainsi une « peur panique ». Employé dans un premier temps comme adjectif au début du XVI siècle, *panique* est devenu nom féminin dans la première moitié du XIXe siècle.

Samedi **16 juillet**

Notre-Dame du Mont-Carmel – On fête aussi les Carmen

Le carré est un triangle qui a réussi, ou une circonférence qui a mal tourné. Pierre Dac

Ça s'est passé

Le 16 juillet 622

Hégire (migration) de Mahomet qui part de La Mecque pour se rendre à l'oasis de Yathrib (Médine) avec plusieurs de ses compagnons.

Solution [p. 208]

9	8	7	6	2	4	3	5	1
6	4	5	1	9	3	2	8	7
1	2	3	5	8	7	6	9	4
2	5	6	8	1	9	7	4	3
7	3	8	4	5	6	9	1	2
4	9	1	3	7	2	5	6	8
3	1	4	2	6	5	8	7	9
8	6	9	7	3	1	4	2	5
5	7	2	9	4	8	1	3	6

Citations

Mieux vaut ne rien dire et passer pour un con que de l'ouvrir et ne laisser aucun doute à ce sujet.

Gustave Parking

La gaffe de l'Histoire

Le bon numéro

Le 12 juin 2020, à la suite du palmarès de l'émission de TF1 La Chanson de l'année, le présentateur Nikos Aliagas a pris son téléphone pour joindre le vainqueur, l'artiste Slimane. La caméra filmant la main et le portable de l'animateur a laissé apparaître en direct le numéro de téléphone du chanteur. Une gaffe qui a obligé Slimane à changer immédiatement de numéro !

PARADIS D'ARTISTES

Taormine

Qu'ont donc en commun Ovide, Alexandre Dumas, Friedrich Nietzsche, Oscar Wilde, Gustav Klimt, Richard Wagner, Marlene Dietrich, Greta Garbo, Marcello Mastroianni ou encore Francis Ford Coppola ? Ces personnalités ont toutes succombé à l'attraction enchanteresse – et sulfureuse – exercée par Taormine, petite ville côtière perchée sur les bords du Mont Tauro, en Sicile. Appréciée pour son climat et sa situation depuis des temps immémoriaux, la cité surplombant la Méditerranée, avec l'Etna en arrière-plan, s'est muée sous la plume de Goethe en « parcelle du paradis sur terre » 2 400 ans après sa fondation ! Le poète allemand la célèbre dans son *Voyage en Italie* publié en 1816, et dès lors, artistes, écrivains, nobles et riches voyageurs y affluent à la recherche de l'inspiration et de plaisirs défendus. Ouverte aux arts, la cité exhale en effet un parfum de permissivité. C'est d'ailleurs à Taormine que Wilhelm von Gloeden devient l'un des plus grands photographes de nus masculins dont les clichés séduisent Anatole France, Oscar Wilde, Marcel Proust ou encore Richard Strauss.

LA CHAUVE-SOURIS

Ce mammifère volant pourrait être l'animal emblématique de la permaculture. En effet, la présence de pipistrelles (les plus petites) ou d'autres espèces peut-être considérée comme un signe de réussite d'un écosystème équilibré. Et l'habitat qu'elles recherchent correspond à l'idéal d'un terrain en permaculture : zones cultivées (potager et fleurs), mares et étangs, haies, grands arbres (éventuellement creux), rochers. Elles se réfugient volontiers dans les greniers et les fissures du bâti, mais elles s'installent aussi dans les nichoirs conçus pour elles, très faciles à construire – n'hésitez pas à les multiplier. Essentiellement insectivores, elles contribuent à réguler les populations d'insectes, notamment les moustiques, et fournissent du guano, un excellent fertilisant pour le potager.

PERMACULTURE

Dimanche 17 juillet

Sainte Charlotte – On fête aussi les Carla, Caroline, Marceline

Soleil
lever : **6 h 05**
coucher : **21 h 47**

À la Sainte-Charlotte, donne-moi ta menotte.

Charade à tiroirs

Mon premier utilise donc ses yeux,

Mon deuxième mène en bateau,

Mon troisième met d'aplomb,

Mon quatrième est à l'affût,

Mon tout est un instituteur et écrivain français, auteur de *la Guerre des boutons.*

LOUIS PERGAUD. Mon premier est LOU car Lou voit (Louvoie). Mon second est I car I berne (Hiberne). Mon troisième est PER car Per cale (Percale). Mon quatrième est GO car Go guette (Goguette)

Les émissions radio mythiques

La Guerre des mondes

Cette émission culte n'a été diffusée qu'une fois, le 30 octobre 1938 à 20 h, aux États-Unis. Mais son retentissement fut tel qu'elle mérite amplement sa place dans notre florilège. À la veille d'Halloween, le futur cinéaste Orson Welles propose à la radio CBS une adaptation de La Guerre des mondes, *le célèbre roman de science-fiction de H. G. Wells. Imaginée comme un véritable reportage, l'émission est lancée par ces mots : « Mesdames, Messieurs, nous interrompons notre programme musical pour un bulletin spécial : les Martiens ont atterri dans le New Jersey ! » Pendant près d'une heure, de faux bulletins d'information agrémentés d'effets sonores et de récits de soi-disant témoins de l'invasion extraterrestre se succèdent. Welles et ses complices ont beau préciser à plusieurs reprises qu'il s'agit d'une fiction, des milliers d'auditeurs croient réellement que les Martiens attaquent la Terre et paniquent. Le lendemain, les critiques fusent pour dénoncer cette fiction un peu trop réaliste…*

LE PATRON D'AMAZON EST UN PHILANTHROPE

La gaffe de l'Histoire

Mais qui êtes-vous ?

La journaliste Hélène Mannarino raconte qu'il y a quelques années, sur un plateau de télévision, Nicoletta, artiste rêveuse, a voulu être polie et a salué l'homme qui était en face d'elle : « Bonjour Maître Capello. » Il s'agissait en réalité de Claude Allègre, ministre de l'Éducation nationale. Mais la chanteuse s'en excuse : « Je n'avais pas mes lunettes et il était à contre-jour ! »

L'ACTU

Ciao Tanguy !

En Italie où le concept de famille semble immuable depuis des siècles, la justice vient de donner raison à un père qui ne voulait plus financer les dépenses de son fils. Âgé de 35 ans, le jeune homme en question vit chez sa mère et exerce la profession de professeur de musique remplaçant et à temps partiel. Son père, qui lui versait jusqu'alors une pension alimentaire de 200 euros par mois, a considéré que son fils ne faisait pas suffisamment d'efforts pour gagner sa vie et a cessé de verser sa contribution. Pas content, son rejeton l'a attaqué devant les tribunaux… qui l'ont vertement recadré ! Et histoire d'envoyer un message clair à tous les *bamboccioni* (« gros bébés ») et autres *mammoni* (« fils à maman »), ces adultes qui refusent de quitter le domicile parental, les magistrats ont même ajouté une mise en garde : dorénavant, les « comportements d'inertie », voire le « parasitisme » des jeunes vivant aux dépens de leurs parents, ne sauraient trouver grâce devant la justice.

Soleil
lever : **6 h 06**
coucher : **21 h 46**

Lundi **18 juillet**

Saint Frédéric – On fête aussi les Fred, Arnoul

En juillet, sombre matinée n'empêche pas belle journée.

DICO NOTTO

OASIS, n. f.
Concentration de mauvaises herbes qui dénaturent la beauté du désert.

OBJET SOLDÉ, n. m.
Objet vendu au prix que ça coûte et qui vaut ce que ça vaut.

OBLIGATOIRE, adj.
Quand le facultatif est imposé.

OBNUBILÉ, adj.
Mot que l'on prononce souvent obnIbUlé par erreur et sans vraiment savoir ce qu'il signifie.

OBTUS, adj.
Personne bornée manquant de finesse et abusant du tutoiement.

CHANSONS DE PIERRE PERRET

O	K	D	J	L	I	B	E	R	T	E	E	P	V
I	M	A	T	E	L	O	T	C	E	S	O	P	E
S	E	E	I	D	I	Y	B	O	S	T	E	O	R
A	M	R	A	S	S	A	J	O	I	J	T	U	I
E	L	F	E	R	V	U	G	E	N	U	I	R	E
U	S	A	N	P	M	X	R	L	P	H	R	R	R
X	U	C	B	E	D	U	P	S	O	L	E	I	L
X	Y	O	L	O	T	N	E	D	U	I	V	U	E
X	O	L	E	I	T	R	A	C	M	I	E	E	R
N	E	O	F	C	V	S	E	R	E	I	N	H	D
S	N	N	A	I	I	T	I	R	G	Z	U	C	P
O	O	I	C	P	T	F	E	R	D	I	E	U	X
C	F	E	C	E	N	Z	I	Z	C	Z	O	O	L
S	P	S	N	I	D	R	A	J	E	L	H	M	T

Solution page 219

Cherchez les mots qui manquent dans les titres des chansons de Pierre Perret. Ils sont cachés dans la grille ci-dessus horizontalement, verticalement ou diagonalement, de droite à gauche, de gauche à droite, de haut en bas ou de bas en haut, dans les deux sens de lecture. Les mots sont dans l'ordre alphabétique dans la liste ci-dessous.

1. Fillette, Le ________ C'est Toujours Pour Demain
2. Le tord ________
3. Au ________ du canal
4. Les jolies ____ de vacances
5. Le représentant en _____
6. Tonton ________
7. Au nom de ________
8. À cause du ________
9. Ainsi parlait mon ______
10. La P'tite ________
11. Donnez-nous des _____
12. Les sœurs ________
13. Humour ________
14. Mon p'tit ________
15. Le Cul De ________
16. Le beau ________
17. Cuisse De ________
18. La cage aux ________
19. Le petit ________
20. Pot ________
21. La bête est ________
22. L'eau de la ________
23. Le ________ Militaire
24. Quand le ________ entre dans ma maison
25. Amour, Liberté, ______
26. Le ________

Anecdotes de sportifs

Résistance

En 2020, Pierre Gasly a mis fin à 24 ans de disette pour la France en remportant le Grand Prix de Formule 1 de Monza. Il faut remonter à 1996 pour trouver un autre Français victorieux : Olivier Panis. Avec sa Ligier, Panis s'était élancé de la 14ᵉ place sur la grille et avait profité d'une course épique et offensive pour se hisser en tête et résister aux nombreux accidents causés par une piste humide. Au point qu'au moment de franchir la ligne, il ne restait que trois voitures sur la piste. Un record.

Faits divers biologiques

Supersonique

La cicindèle est un coléoptère qui mesure de 1 à 2 cm et qui se distingue par sa technique de chasse exclusivement basée sur la vitesse. Une vitesse totalement surréaliste puisque l'animal peut parcourir jusqu'à 120 fois l'équivalent de sa taille en une seconde. Rapporté à l'être humain, c'est comme si un sprinteur courait à 700 km/h ! Seul souci pour notre chère cicindèle, à une telle vitesse, le monde devient flou et les risques d'attraper tout et n'importe quoi sont nombreux et mieux vaut courir bouche fermée. Alors, pour attraper sa proie, elle fonctionne au jugé. Dès que l'image de sa future victime grandit, la cicindèle ouvre ses mandibules et prend le pari de ne pas se tromper.

Mardi **19 juillet**

Saint Arsène – On fête aussi les Epaphras, Symmaque

Soleil
lever : **6 h 07**
coucher : **21 h 45**

À la Saint-Arsène, on a d'la veine !

MOTS FLÉCHÉS

- Bouche d'égout / Murmurer
- Porte des chatons / S'emparerais
- Porte voix / Amusa
- Perce oreille / Être avec vous
- Mince
- Prit son temps / Lettre d'Homère
- Fief de duc
- Plaine africaine
- Freiné / Coupée
- Travaille des mâchoires / Pouah!
- Côté / N'a pas d'effet
- Prendre à son service / Lettre
- Longe / Préfère la crème
- Marque la douleur / Civil
- Est avant est / Consommation
- Va
- Tête d'élan
- Porte une charge
- Fil de soie / Lieu d'exposition
- Actinium / Poids ou mesure
- Peut être bœuf
- Être très bête / Récipient pour pâté
- Se mettre à table / Foyers
- Corde à noeud
- Satire / Empesée
- Toxique / Affluent de la Seine
- Est en reste / Coupole
- Renvoi / Vient d'être
- Drogue
- Midi / Usé
- Ornements de bassin / Toucha
- Employé subalterne
- Dépôt éolien / Crée des bouchons
- Annonce une faute / Entendre dans le temps
- Choix difficile / Excédent
- Vient d'avoir / Bûche sur le billard
- Faire du mal
- Une des Villes Sœurs / Entier
- Bêche / Annonce
- Rejeter / Chef de file
- Caché / Village des Hautes-Pyrénées
- Précède un nom / Lâche devant une voyelle
- État indien / Instrument de trait
- Partie médiane du cervelet / Restes de feu
- Instrument de pendaison / Sortie de l'enceinte
- Procède par élimination
- Alléger sa monture

SOLUTION PAGE 221

Soleil
lever : **6 h 08**
coucher : **21 h 44**

Mercredi **20 juillet**

Sainte Marina – On fête aussi les Élie, Marine, Léon-Ignace, Vulmer

Ne laisse pas les mauvaises pensées te paralyser l'esprit. Apprends-leur la danse. Proverbe indien

Solution mots mêlés [p. 217]

O	K	D	J	L	I	B	E	R	T	E	E	P	V
I	M	A	T	E	L	O	T	C	E	S	O	P	E
S	E	E	I	D	I	Y	B	O	S	T	E	O	R
A	M	R	A	S	S	A	J	O	I	J	T	U	I
E	L	F	E	R	V	U	G	E	N	U	I	R	E
U	S	A	N	P	M	X	R	L	P	H	R	R	R
X	U	C	B	E	D	U	P	S	O	L	E	I	L
X	Y	O	L	O	T	N	E	D	U	I	V	U	E
X	O	L	E	I	T	R	A	C	M	I	E	E	R
N	E	O	F	C	V	S	E	R	E	I	N	H	D
S	N	N	A	I	I	T	I	R	G	Z	U	C	P
O	O	I	C	P	T	F	E	R	D	I	E	U	X
C	F	E	C	E	N	Z	I	Z	C	Z	O	O	L
S	P	S	N	I	D	R	A	J	E	L	H	M	T

1. BONHEUR 2. BOYAUX 3. CAFÉ
4. COLONIES 5. CONFITURE
6. CRISTOBAL 7. DIEU 8. GOSSE
9. GRAND-PÈRE 10. INFIRMIÈRE
11. JARDINS 12. JUMELLES
13. LIBERTÉ 14. LOUP
15. LUCETTE 16. MATELOT
17. MOUCHE 18. OISEAUX
19. POTIER 20. POURRI
21. REVENUE 22. RIVIÈRE
23. SERVICE 24. SOLEIL
25. VÉRITÉ 26. ZIZI

INJURES ANIMALIÈRES

Fainéant comme une couleuvre

À la vérité, la couleuvre est une active, une bosseuse. Elle poursuit avec entrain les grenouilles et les mulots et les avale tels quels, vivants, sans les étouffer. Mais après ces parties de chasse endiablées, elle a besoin de recharger ses batteries et, comme tous ses collègues à sang froid, elle puise l'énergie solaire en exposant son corps interminable à l'astre du jour. Le lézard fait de même, mais sans se faire taxer, lui, de paresse. Lézarder, c'est simplement prendre un bain de soleil en se déployant sur le sable. Quant au verbe « couleuvrer », il ne s'est pas encore imposé. Il manque !

Brèves régions

Bouches-du-Rhône/ Destination poubelle

En décembre 2019, des habitants de Pont-de-Crau ont eu la surprise de retrouver près de 150 courriers dans un conteneur de la déchetterie communale. Il ne s'agissait pas de lettres mal adressées mais bel et bien de courriers personnels qui avaient été jetés au lieu d'être distribués à leurs destinataires. La Poste locale n'a écarté « aucune hypothèse, de la malveillance à la maladresse » et a porté plainte. Car l'acte n'est pas anodin : selon l'article 226-15 du Code pénal, le détournement, l'interception ou la suppression de courrier peut être puni d'un an d'emprisonnement et de 45 000 euros d'amende.

L'ACTU Le bonheur est dans la polyandrie

Selon une étude récente, avoir plus d'un mari serait une aubaine pour les femmes et pour l'humanité ! Ce qui, bien sûr, remet en question tous les stéréotypes sexuels que nous connaissons. L'étude démontre que les femmes avec plusieurs maris auraient notamment des enfants plus heureux. Mais que les tenants du patriarcat se rassurent, ces conclusions reposent sur une enquête menée chez le seul peuple Pimbwe, en Tanzanie. En période de pénurie, ces chasseurs-cueilleurs ont tendance à se regrouper en cellule familiale plus importante et à abandonner la monogamie. Pendant 20 ans, 20 000 d'entre eux ont été étudiés en fonction des types de mariages. Conclusion : les femmes polyandres peuvent davantage maintenir leurs enfants en vie en période de pénurie. À l'inverse, les hommes polygames ont moins de progéniture qui survit aux mauvaises conjonctures. Mais que la famille soit monogame, polygame ou polyandre, les hommes stressent toujours plus leurs épouses que les enfants !

Jeudi 21 juillet

Saint Victor – On fête aussi les Trifin, Hector, Néot

Soleil
lever : **6 h 10**
coucher : **21 h 43**

À la Saint-Victor, t'as tort, t'as tort !

RECETTE
Panna cotta au lait de coco et coulis de framboises

Pour 6 verrines

10 min de préparation 5 min de cuisson 3 h de réfrigération minimum

- 50 cl de lait de coco
- 40 g de sucre vanillé
- 2 g d'agar-agar (en magasin bio), ou 1,5 feuille de gélatine

Pour le coulis :

- 250 g de framboises + quelques-unes pour la déco
- 50 g de sucre
- 1 cuil. à soupe d'eau

Versez le lait de coco dans une casserole, ajoutez le sucre et faites chauffer à feu très doux. Ajoutez l'agar-agar. Remuez bien et stoppez la cuisson.

Versez précautionneusement la préparation dans les verrines. Laissez refroidir puis placez au frais au moins 3 h et jusqu'au moment de servir.

Pendant ce temps, préparez le coulis. Dans une casserole, réunissez les ingrédients et laissez chauffer à feu doux tout en mélangeant. Mixez et passez au chinois pour ôter les grains.

Avant de servir, répartissez le coulis dans les verrines, décorez de fruits frais et servez sans attendre.

Voici une recette légère et 100 % végétale : le lait de coco remplace la crème fleurette, l'agar-agar remplace la gélatine.

Citations

À un certain âge, n'admettez que des amis anciens, rassis, modérés, parés de la fidélité qui vient avec l'âge. Car il est bon de traiter l'amitié comme les vins et de se méfier des mélanges.

Colette

Dico NOTTO

OCÉAN, n. m.
Vaste étendue d'eau dénommée à l'origine « Oh ! C'est grand ! » avant de se réduire en « océan ».

ŒUF, n. m.
Corps dur de forme ovale renfermant l'apartheid car le blanc et le jaune ne s'y mélangent pas.

ŒUF DUR, n. m.
Œuf mollet qui a suivi l'entraînement d'un coach sportif.

ORGANISATION, n. f.
C'est tout un bordel à mettre en place pour que ça fonctionne.

ORNITHOLOGUE, n.
Savant spécialisé dans l'étude des oiseaux qui, avant de s'engager, s'est posé la question suivante : « Orni or not orni ? »

Le Gros mot de l'histoire

« Tout à coup, une porte s'ouvre : entre silencieusement le vice appuyé sur le bras du crime, Monsieur de Talleyrand soutenu par Monsieur Fouché. »

François-René de Chateaubriand, 7 juillet 1815

Après les Cent-Jours, alors que Louis XVIII est rentré en France, Chateaubriand fustige le ralliement au roi de Talleyrand et Fouché, deux personnages qu'il déteste au plus haut point. Pourtant, si Louis XVIII est de nouveau sur le trône, il le doit notamment aux manœuvres de « l'évêque apostat » et de son compère « le féal régicide ». Le 9 juillet 1815, Talleyrand est donc logiquement reconduit aux Affaires étrangères et Fouché retrouve son poste de ministre de la Police. Cependant, pour le second, la royale mansuétude prend fin en 1816. Obligé de s'exiler à Trieste, Fouché meurt quatre ans plus tard sans avoir revu la France.

Vendredi **22 juillet**

Sainte Marie-Madeleine – On fête aussi les Magda, Madelon

Qui mieux que le chemin connaît le voyageur ? Proverbe tibétain

Solution mots fléchés [p. 218]

	S		A		U		C		S		F	
S	U	S	U	R	R	E	R		V	E	L	D
	R	A	L	E	N	T	I		E	T	A	U
E	M	I	N	C	E	E		F	L	A	N	C
	U	S	E	R		S	U	I	T		A	H
P	L	I		E	S		N		E	L		E
	O	R	G	A	N	S	I	N		A	C	
E	T	A	L		O	I	E		D	I	R	E
		I	A	M	B	E		N	O	C	I	F
L	A	S	S	O		D	O	I	S		C	F
	M		S	U	D		I	D	E	S		E
K	I	F		L	O	E	S	S		O	U	T
	D	I	L	E	M	M	E		O	N	T	
B	O	N	I		E	U		O	U	T	I	L
	N	I	E	R		T	A	P	I		L	E
U	N		G	O	A		V	E	R	M	I	S
	E	T	E	N	D	O	I	R		O	T	E
N	E	E		D	E	S	S	E	L	L	E	R

PROBLÈMES DE MATHS DU CERTIFICAT D'ÉTUDES

Une balle en caoutchouc est lâchée d'une hauteur de 12 m au-dessus du sol. Elle rebondit plusieurs fois. À chaque rebond, elle perd ¼ de la hauteur du précédent. **Quelle est la distance parcourue par la balle quand elle arrive à son 8e rebond ?** Arrondissez les résultats de vos calculs au centième.

Solution : Si la balle perd ¼ de la hauteur précédente, elle rebondit donc à chaque fois aux ¾ de la hauteur précédente.

La balle tombe une fois de sa hauteur et rebondit sept fois pour atteindre le 8e rebond.

Distance parcourue :

- Du 1er au 2e rebond : 2 × ((12 ÷ 4) × 3) = 2 × 9 = 18 m.
- Du 2e au 3e rebond : 2 × ((9 ÷ 4) × 3) = 2 × 6,75 = 13,5 m.
- Du 3e au 4e rebond : 2 × ((6,75 ÷ 4) × 3) = 2 × 5,06 = 10,12 m.
- Du 4e au 5e rebond : 2 × ((5,06 ÷ 4) × 3) = 2 × 3,80 = 7,60 m.
- Du 5e au 6e rebond : 2 × ((3,80 ÷ 4) × 3) = 2 × 2,85 = 5,70 m.
- Du 6e au 7e rebond : 2 × ((2,85 ÷ 4) × 3) = 2 × 2,14 = 4,28 m.
- Du 7e au 8e rebond : 2 × ((2,14 ÷ 4) × 3) = 2 × 1,61 = 3,21 m.

Distance totale parcourue : 12 + 18 + 13,5 + 10,12 + 7,60 + 5,70 + 4,28 + 3,21 = 74,41 m.

Musique

La revanche de Gainsbourg

Serge Gainsbourg avait des origines russes et un amour immodéré pour la littérature. On peut donc imaginer son émotion quand, à 17 ans, il rencontre la petite-fille de Tolstoï et en tombe follement amoureux. Mais la jeune fille le repousse. Près de quinze ans plus tard, en 1960, Gainsbourg est désormais connu et voilà qu'Olga Tolstoï, mariée et mère de famille, souhaite le revoir. Et le chanteur de conclure : « Là elle était d'accord, mais moi je ne l'étais plus. »

Généalogie

L'origine du monde dévoilée

Il a fallu attendre 152 ans pour connaître l'identité de la femme représentée par Gustave Courbet dans son tableau *L'Origine du monde*. Peinte en 1866, cette toile, qui ne cesse de déranger la censure depuis un siècle et demi, est restée longtemps pour l'état civil un nu inconnu. C'est récemment qu'en relisant une lettre de Dumas fils à George Sand, le chercheur Claude Schopp a découvert qu'il était question dans ce tableau de « l'intérieur de Mlle Queniault de l'Opéra ». Il n'en fallut pas plus ensuite pour retrouver l'acte de naissance de cette jeune femme : née le 9 juillet 1832 à Saint-Quentin, dans l'Aisne, elle était la fille de Catherine Quénaux et d'un père inconnu. De génération en génération, d'enfant naturel en enfant naturel, les généalogistes ont ainsi retrouvé les origines de *L'Origine du monde* dans les Hauts-de-France.

Samedi **23 juillet**

Sainte Brigitte – On fête aussi les Ézéchiel, Sev

Soleil
lever : **6 h 12**
coucher : **21 h 40**

Nuage de la Sainte-Brigitte, par le soleil sont chassés vite.

RÉBUS
Chansons françaises

MUR, MUR, MUR,

MUR, TOIT

Quatres murs et un toit (Bénabar)

Notre langue fait des adeptes
Garnitur *(polonais)*

Le *garnitur* polonais (c'est un nom masculin) ne vous servira pas à accompagner votre plat de viande ni à orner l'un de vos équipements. Non, car il signifie « costume, complet que portent les hommes élégants ». *Garnitur* a gardé un sens qui se perd aujourd'hui en français, « assortiment complet d'objets de même nature » (*garniture de diamants, de boutons*) dans l'expression *garnitur zębów* qui signifie « dentition », *zębów* voulant dire « dent ».

L'humanité en chiffres
301,9 millions

La production de champagne est de 301,9 millions de bouteilles par an selon le Comité interprofessionnel du vin de Champagne. Un quart d'entre elles est consommé par nos voisins de l'Union européenne (Royaume-Uni inclus) et 26,1 % dans d'autres pays. Les principaux importateurs sont le Royaume-Uni, les États-Unis, le Japon, l'Allemagne et la Belgique. Et près de la moitié (48,7 %) est bue en France !

VERMOT'ROSCOPE
LION (23 juillet – 22 août)

Caractère
Enflammé, flamboyant, passionné, charismatique, généreux, sociable, mondain, séducteur, déterminé, volontaire, observateur, créatif, affairiste, ambitieux, dynamique, autoritaire, susceptible, égocentrique, colérique.

Le message des astres
Grâce à Jupiter, ce devrait être une bonne année pour réorienter votre quotidien et lui donner une nouvelle dynamique. Ce sera l'occasion de vous ouvrir à d'autres activités, d'autres loisirs ou d'autres occupations. Plus vif et plus entreprenant, vous aurez besoin d'action.

Vie relationnelle
Attendez-vous à être très sollicité. Vous devrez répondre à de nombreuses invitations, cela vous permettra de rattraper le manque social que vous avez ressenti ces deux dernières années. Le premier et le deuxième trimestres 2022 seront marqués par les amis.

Amour
En couple, certains d'entre vous éprouveront le désir de consolider le lien qui les unit à leur moitié. D'autres auront besoin de faire le point sur leur relation. Quoi que vous viviez, vous devriez néanmoins passer une bonne année.
Célibataire, ce n'est pas en 2022 que vous aurez l'occasion de vous ouvrir à l'amour. Bien dans votre vie, vous assumerez sans difficulté votre célibat. Certains profiteront de cette année pour se retrouver. Vos loisirs et vos multiples activités contribueront d'ailleurs à votre épanouissement.

Famille
Une année plutôt agréable vous attend. Vous communiquerez assez facilement avec vos proches et passerez de bons moments en leur compagnie. 2022 sera une période faite de douceur, d'écoute et de partage.

Quotidien et vitalité
L'ennui ne sera pas au rendez-vous. Vous multiplierez les projets et les occupations. En pleine possession de vos moyens, vous ne tiendrez pas en place et aspirerez à toujours plus d'action. D'ailleurs, certains d'entre vous auront tendance à épuiser leur entourage qui aura bien du mal à vous suivre. Toutefois, essayez de ne pas brûler la chandelle par les deux bouts.

Budget
En 2022, vous vivrez bien et beaucoup d'entre vous verront leurs finances s'améliorer. C'est une belle période pour faire des travaux chez vous ou pour avoir un retour sur investissement.

Comment optimiser votre année ?
Efforcez-vous d'être plus à l'écoute des besoins de votre organisme. Pensez à faire des pauses pour récupérer. Ne surestimez pas vos forces. Sachez lâcher prise quand il le faut et décompressez.

Dimanche **24 juillet**

Sainte Christine – On fête aussi les Ségolen, Gwengalon

À la Sainte-Christine, halte à la routine !

Vélo

Résistance

Gino Bartali a remporté deux éditions du Tour de France en 1938 et 1948. Sa plus belle victoire, il l'a cependant acquise en dehors de la Grande Boucle. Farouche opposant à Mussolini, proche du cardinal Dalla Costa et avec l'aide du rabbin de Florence, il monte un réseau clandestin lorsque les nazis s'installent en Italie. Avec celui-ci, il sauve près de 800 juifs de la déportation en livrant des faux papiers, les cachant dans son vélo et prétextant des séances d'entraînement sur plus de 300 km.

L'histoire des dictionnaires

Dictionnaire de l'Académie française

Fondée en 1635, l'Académie française se voit confier la mission première de doter le pays d'ouvrages de référence en matière de langue française. Mais il a fallu près de 60 ans aux académiciens pour mettre au point la 1re édition : elle est parue en 1694. Fait remarquable : les mots sont classés par famille et non par ordre alphabétique. Le classement alphabétique sera repris dès la 2e édition. Aujourd'hui, le dictionnaire en est à sa 9e édition, dont la parution a commencé en 1982, mais qui n'est toujours pas achevée…

LE CHIFFRE **158**

C'est le nombre de tentatives qui ont été nécessaires à un Anglais pour passer avec succès l'examen théorique du permis de conduire. Ce record apparaît dans les statistiques dévoilées par la *Driver and Vehicle Standards Agency* (DVSA), l'organisme en charge du permis de conduire au Royaume-Uni. En deuxième position, on trouve une Anglaise de 34 ans qui a passé l'examen 117 fois, en vain. Elle est suivie par un Gallois de 32 ans, recalé 94 fois. Concernant l'épreuve de la conduite, le record est détenu par un Anglais de 72 ans, qui a dû passer l'examen 43 fois avant d'obtenir son permis. En France, la palme de l'échec est détenue depuis 2014 par une jeune femme qui a dû s'y reprendre à 24 fois. Il est vrai que les épreuves du permis de conduire sont beaucoup plus difficiles outre-Manche. Et certainement encore davantage en Corée du Sud : Cha Sa-soon, dont le nom signifie « voiture » en coréen (!), détient depuis dix ans le record mondial du nombre d'échecs au permis, avec 960 passages avant de réussir l'examen !

Rétro Vermot

On annonce à un tailleur qu'un de ses clients est devenu subitement fou.
– Ah ! Le pauvre garçon ! Mais il me doit un costume, me payera-t-il ma note au moins ?
– Oh ! Il n'est pas encore fou à ce point-là !

Lundi 25 juillet

Saint Jacques – On fête aussi les Valentine

Soleil
lever : **6 h 15**
coucher : **21 h 38**

À la Saint-Jacques, tu n'as pas le trac ?

Pour les intimes…

« Mon voyage ne pouvait être accompagné d'aucun malheur, puisque j'ai été si heureux, en le faisant, que d'être en la souvenance de Votre Altesse ; la très favorable lettre, qui m'en donne des marques, est la chose la plus précieuse que je pusse recevoir en ce pays. » René Descartes est déjà âgé lorsqu'en 1648, il écrit ces mots à la princesse palatine, Élisabeth de Bohême. C'est la jeune femme, de 22 ans sa cadette, qui a souhaité nouer cette relation après avoir lu les Méditations métaphysiques. Entamée en 1643, la conversation épistolaire entre le vieux philosophe et l'aristocrate mélancolique se poursuivra jusqu'à la mort de Descartes en 1650. Ils échangeront aussi bien sur les mathématiques, Dieu, les passions, que sur le bonheur ou l'union des corps.

Ça s'est passé

En été 722

Bataille de Covadonga, qui marque le début de la Reconquista espagnole, la reconquête de la péninsule Ibérique occupée par les musulmans, qui s'achèvera en 1492.

CHANSONS VOYAGEUSES

Eddy vs Johnny

Immortalisé par Chuck Berry, *Johnny B. Goode* est un standard du rock'n'roll, repris depuis par des rockeurs de tout poil, de Buddy Holly aux Rolling Stones en passant par AC/DC. En France, il a été adapté à la gloire de nos deux idoles rocks des années 60, Eddy Mitchell et Johnny Hallyday : *Eddy sois bon* pour le premier ; *Johnny, reviens* pour le second. En 1976, Patrick Topaloff reprend le titre sur un mode parodique en *Ali Be good* — sans rapport avec lui-même cette fois-ci.

De PORT en port MARITIME

Le port de Hambourg

Au confluent de l'Elbe et de l'Alster, près de la mer du Nord, ce port est, aujourd'hui encore, un des plus grands ports du monde. Il a connu la prospérité dès le Moyen Âge grâce à la Ligue hanséatique (ou Hanse germanique), une association de marchands active du XIIe au XVIIe siècles, qui a accompagné par ailleurs l'ascension de l'ordre des Chevaliers teutoniques. Les échanges entre Hambourg et les villes de Lübeck, Bruges, Bergen, Londres et Novgorod ont assuré, des années durant, la fortune de la ville. Les diverses opportunités du trafic maritime ont également attiré, entre le XIIIe et le XVIe siècle, une catégorie de bandits qui passent de nos jours pour de pittoresques aventuriers : les pirates. Ainsi, Klaus Kniphof ou Klaus Störtebeker, le « corsaire rouge », sont à l'origine de nombreuses légendes que connaissent encore les Hambourgeois d'aujourd'hui.

Soleil
lever : **6 h 16**
coucher : **21 h 37**

Mardi **26 juillet**

Sainte Anne et Saint Joaquim – On fête aussi les Annie, Éraste, Joris

C'est à ses plumes qu'on reconnaît l'oiseau, et l'homme à ses amis. Proverbe hongrois

5 GRANDES INSTITUTIONS FRANÇAISES MÉCONNUES

CNIL – Commission nationale de l'informatique et des libertés

Les progrès informatiques et l'essor des nouvelles technologies posent de nombreuses questions en matière de protection des données personnelles, de cybersécurité et d'intelligence artificielle. Afin d'éviter les dérives tout en soutenant l'innovation, la CNIL a été mise en place en 1978. Elle prend son origine dans la loi Informatique et Libertés votée la même année. C'est une autorité administrative indépendante, qui agit au nom de l'État tout en conservant son indépendance d'action. Son rôle est non seulement de conseiller et d'informer, mais aussi de contrôler et de sanctionner les comportements portant atteinte aux droits individuels ou à la vie privée. La Commission est composée de 18 membres, issus de différents horizons (Parlement, Conseil économique, social et environnemental, Cour de Cassation…). En 2004, la loi Informatique et Libertés a été modifiée afin de renforcer les pouvoirs de sanction de la CNIL et les droits des personnes. Récemment, la CNIL a joué un rôle majeur dans le contrôle de l'application du nouveau RGPD (règlement général sur la protection des données), destiné à mieux protéger les données personnelles et à réguler le traitement de ces données par les entreprises.

Brèves régions

Puy-de-Dôme/ Tour de France 64

Le 12 juillet 1964, la 20e étape du Tour de France 64 voit un duel entre Jacques Anquetil et Raymond Poulidor. Lors de l'ascension du Puy-de-Dôme, les deux hommes sont au coude à coude mais, à 800 m de l'arrivée, Anquetil craque et Poulidor en profite pour creuser l'écart. Pas suffisamment néanmoins pour que « Poupou » puisse remporter le Tour de France.

HEUREUX MARIAGES

Il n'y a pas que dans *Le Petit Monde de don Camillo* que tout finit bien entre l'édile local et le desservant de l'église. Le 15 mai 1872, en Meurthe-et-Moselle, François Curé épousa Marie Le Maire. Quelques années plus tard, en 1919, Albert Lévêque convola avec Raymonde Lemaire dans le Nord. Et comble du comble, Antoine Lévêque s'unit avec Virginie Curé en 1873 en Haute-Saône !

INJURES ANIMALIÈRES

Bande de rats !

C'est un groupe de pourris, de méchants, de cupides, de mesquins, de miteux… Et ainsi de suite. Le sens est large et l'expression s'applique à tout type de fripouilles. Mais historiquement, un rat est un avare, un pingre, un rapiat, et en même temps un pleure-misère. Pourquoi ? Parce que le rongeur cherche toujours quelque chose à grappiller et qu'il fait en douce des provisions. Et il y a les rats de prison (les avocats) – souvent des faces de rat ! –, les rats d'hôtel (des voleurs), les rats d'église et bien d'autres. Mais l'animal a aussi un côté tendre et câlin, n'est-ce pas, mon p'tit rat ?

Mercredi 27 juillet

Sainte Nathalie – On fête aussi les Natacha, Natalia, Liliane

Soleil
lever : **6 h 17**
coucher : **21 h 35**

À la Sainte-Nathalie, compte chaque heure jolie.

Meilleurs Ouvriers de France

Groupe X, chaussures

Athanase Sephocle, 30 ans, est bottier chez Berluti. Pour le concours, il a présenté deux paires de souliers pour homme. Tout d'abord une bottine de modèle Jodhpur, construite en cousu dit norvégien à la façon d'un modèle ancien, rustique, mais avec un résultat fin et élégant. Ensuite, un mocassin en peausserie délicate réalisé en cousu trépointe selon une technique traditionnelle. Le temps total de travail (étude, essais, dossiers de conception, création des deux œuvres) s'élève à 800 h.

Mots oubliés

Mésuser

Un ouvrier qui utilise mal un outil en fait un « mésusage » et un orateur qui emploie des termes à contresens « mésuse » des mots. Mésuser, c'est donc faire mauvais usage de toute chose, comme le rappelait Sartre dans *Les Mots* en 1964 par cette allégorie autobiographique : « Je m'ôtais les moyens de plaire pour mieux oublier que je les avais eus et que j'en avais mésusé. »

Les idées reçues

LES ÉLÉPHANTS VIENNENT MOURIR DANS UN CIMETIÈRE

Pour certains, ce serait un appel de la nature comme celui qui force les saumons à remonter les rivières pour se reproduire. Mais en réalité, les éléphants en fin de vie ne se rassemblent pas dans des sortes de nécropoles pour rejoindre leurs ancêtres. La vérité est beaucoup plus prosaïque que poétique. Comme tous les animaux, les éléphants perdent leurs dents avec l'âge. Ils ne peuvent plus mâcher que des plantes tendres et doivent abandonner les zones où ils vivaient habituellement pour en rejoindre d'autres où la végétation est moins coriace. La plupart d'entre eux meurent d'ailleurs de vieillesse, certes, mais aussi de carences alimentaires liées à l'état de leur dentition.

LES MILLIARDAIRES DE PLUS EN PLUS PHILANTHROPES

ÇA C'EST FAITS DIVERS

Tripots clandestins itinérants

C'est une première dans les annales des jeux clandestins. L'an passé, le service central des courses et jeux de la police judiciaire parisienne a démantelé un réseau qui organisait illégalement des parties de blackjack, de poker et de baccara dans des appartements loués sur des plateformes type Airbnb. Ouverte grâce à un « renseignement anonyme » – autrement dit un mauvais perdant qui a « balancé » la combine pour se venger –, l'enquête a duré trois mois. Rapidement, les policiers ont identifié plusieurs membres du réseau, et si certains avaient un casier, aucun d'entre eux n'était connu pour se livrer à ce type d'activité, excepté une croupière dans un cercle de jeu de la capitale ayant pignon sur rue. Les appartements choisis étaient le plus souvent situés dans le sud de Paris et en petite couronne, et les participants étaient contactés via les réseaux sociaux. Le flagrant délit, qui a eu lieu dans un vaste appartement du XIIIe arrondissement de Paris, a permis de retrouver tous les joueurs. Tout ce petit monde a rendez-vous avec la justice cette année !

Soleil
lever : **6 h 18**
coucher : **21 h 34**

Jeudi **28 juillet**

Saint Samson – On fête aussi les Heneg, Nazaire

Si vous n'avez rien à dire, ce n'est pas la peine de le faire savoir à tout le monde. Francis Blanche

CHIFFRES ET EXPRESSIONS

Couper la poire en deux

Lorsque l'on coupe quelque chose en deux, c'est en principe dans le but d'un partage équitable. Pourtant la signification de cette expression n'est pas le partage mais le compromis. « Couper la poire en deux », c'est trouver un terrain d'entente. Le fruit, qui trônait dans la corbeille des sacres à Reims, symbolise la magnanimité des rois et incarne l'idéal de la justice.

CHIFFRES ET SYMBOLIQUES

Citations

La beauté est un sport où les hors-jeu sont fréquents.

Frédéric Beigbeder

Pierres précieuses

Le bonnet de Monomaque

Selon la légende, Constantin Monomaque, empereur de Byzance, l'a offert à son petit-fils, Vladimir au moment de son couronnement. Une version orientale en fait une récompense de la part des dirigeants de la Horde d'or (empire turco-mongol nomade ayant régné sur les steppes russes entre le XIIIe et le XVIe siècles). Quoi qu'il en soit, cette coiffe dorée compte parmi les plus anciens objets royaux arrivés jusqu'à nous. Elle comporte une calotte d'or décorée de 40 pierres précieuses (émeraudes, rubis, saphirs et perles), bordée d'une fourrure de zibeline et surmontée d'une croix.

La dictée du mois Un modèle de probité

Les idées modernes, en ce qu'elles ont de dissolvant et de malsain, se sont bien souvent présenté devant le fermier, sollicitant leur droit d'entrée à Kerbara. Que de fois un madrais compère n'est-il pas venu lui soumettre un moyen facile de s'afranchir du jous du possesseur de la terre. Que de fois un camarade des villes n'est-il pas venu essayé de lui souffler les haines et les jalousies qui, des mécontents hauts placés, tombent peu à peu jusqu'au dernier degré de l'échelle sociale ! Que de fois un commerçant peu délicat ne lui a-t'il pas insinué qu'il y avait des moyens de frauder le gouvernement et le bon gros public ! Vains efforts ! À tout ce qui touchait à la probité, Michel était d'airein.

Zénaïde FLEURIOT, La Rustaude, *1880.*

présentées, madré, s'affranchir, joug, essayer, haut, a-t-il, airain

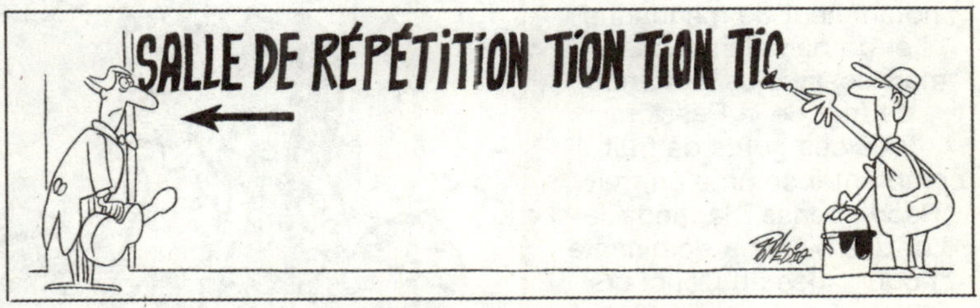

Bon anniversaire

Georges Courteline

Il fait partie de ces célébrités dont le nom est plus connu que ses œuvres : Georges Courteline est né le 25 juin 1858 à Tours. Fils de Jules Moinaux, également auteur de pièces comiques qui remportèrent un franc succès à leur époque mais sont totalement oubliées aujourd'hui, il prend un nom de plume dès ses débuts pour se distinguer de son père et séparer son œuvre de son travail au ministère de l'Intérieur. Auteur d'une cinquantaine de pièces de théâtre, il reçoit le grand prix de l'Académie française en 1926 et est élu à l'Académie Goncourt la même année. Il meurt le 25 juin 1929, jour de son 71e anniversaire et est enterré au Père Lachaise. On peut lire sur sa tombe : « J'étais né pour rester jeune et j'ai eu l'avantage de m'en apercevoir le jour où j'ai cessé de l'être. »

Vendredi **29 juillet**

Sainte Marthe – On fête aussi les Leu, Loup, Olave

Soleil
lever : **6 h 20**
coucher : **21 h 33**

La vie est un défi à relever, un bonheur à mériter, une aventure à tenter. Mère Teresa

L'ACTU

La chapelle Sixtine des anciens

C'est une découverte majeure faite par un groupe d'archéologues dans le parc national de Chiribiquete, en plein cœur de la forêt amazonienne, en Colombie. Ils ont mis au jour plusieurs dizaines de milliers de dessins peints durant la préhistoire. Vous avez bien lu : plusieurs dizaines de milliers ! Il faudra des générations pour les enregistrer et les analyser… Réalisées avec des pigments rouge vif et orange, ces fresques, qui s'étendent sur 8 km de murs, constituent un témoignage exceptionnel sur les premiers hommes de la région. Parfois situés à des hauteurs extrêmes, les dessins représentent des scènes de la vie quotidienne (chasse, cueillette) ainsi que des figures humaines ou des animaux, comme le mastodonte, un aïeul de l'éléphant disparu durant l'ère glaciaire. Si les archéologues ne peuvent pas encore attribuer ces peintures rupestres à un groupe en particulier, ils pensent qu'elles ont été exécutées il y a au moins 12 000 ans par l'une des deux principales tribus indigènes présentes en Amazonie depuis des milliers d'années : les Yanomami et les Kayapo.

BIÈRES

La GrÔ IPA de la brasserie La Fabrique des GrÔ

Produite avec trois malts et quatre houblons, dont cinq kilos d'amarillo ajoutés en garde, voici une bière de Meurthe-et-Moselle très houblonnée pour une amertume de caractère : intenses notes d'agrumes, notamment de mandarine et de pamplemousse, mais aussi, plus inattendu, de fruit de la Passion. Tous ces goûts de fruit comptent-il comme un fruit ? Récompense : la médaille d'or des bières à dominante houblonnée au Concours général agricole de Paris 2020. À servir dans un verre révélateur d'arôme. Alcool : 6,8 % vol.

LES DRAGUEURS DES PLAGES S'ADAPTENT

Dico NOTTO

OSTÉOPATHE, n. m.
Spécialiste qui nous fait mal pour nous faire du bien.

OUVRIER, n. m.
Travailleur manuel hors de prix délocalisé à l'étranger par des fonds de pension.

OVALE, n. m.
Cercle avorté.

PAIN AU CHOCOLAT, n. m.
Chocolatine qui s'ignore.

PANSEXUALITÉ, n. f.
Faire l'amour avec un paon.

Bibliophiles

Dora Bruder, Patrick Modiano (Gallimard, 1997)

Ce n'est pas un roman, c'est une enquête. Au cours de recherches, Patrick Modiano tombe en arrêt sur une petite annonce parue dans Paris-Soir : une jeune fille a disparu, ses parents sont inquiets. Nous sommes en 1941 et Dora Bruder est juive. Le romancier reconstitue la période de l'Occupation avec ce don d'évocation qui lui valut le prix Nobel français de littérature en 2014, sa fameuse « petite musique », sensible et entêtante. D'une simple silhouette émerge peu à peu la figure d'une adolescente rebelle et fugueuse, universelle : en 2015, une promenade Dora-Bruder a été inaugurée à Paris.

Soleil
lever : **6 h 21**
coucher : **21 h 31**

Samedi **30 juillet**

Sainte Juliette – On fête aussi les Abdallah, Abdoulaye, Giulietta

À la Sainte-Juliette, c'est une amourette.

Charade classique

Mon premier est l'ancienne unité monétaire de France,

Mon deuxième est une fibre naturelle,

Mon troisième est une plante potagère,

Mon quatrième est une plante potagère utilisée comme condiment,

Mon cinquième est un grand ruminant de l'Himalaya,

Mon tout est un régicide français.

FRANÇOIS RAVAILLAC (FRANC – SOIE – RAVE – AIL – YACK)

Citations

Le rôle du journal intime est majeur, car vous vous confiez à vous-même. Vous devenez votre propre psy. Donc vous vous devez 65 euros. C'est cher, mais c'est pour votre bien.

Bruno Salomone

Étymologie

Pépin

Comment le nom d'une toute petite graine, *pépin*, en est-il venu à désigner dans la langue familière un parapluie qui, pour être efficace, ne saurait être petit? En réalité, ces deux noms sont sans rapport. C'est le nom du héros du vaudeville *Romainville, ou la Promenade du dimanche* de René de Chazet, créé en 1807 au théâtre des Variétés qui est à l'origine de l'emploi de *pépin* comme synonyme familier de parapluie: monsieur Pépin apparaissait toujours sur scène avec un gros parapluie vert sous le bras.

FOOTBALL

CAPRICES MÉTÉOROLOGIQUES

En 1989, Éric Cantona se présente à Amiens en Coupe de France avec Bordeaux face à Beauvais. Le match se conclut alors par une séance de tirs au but au cours de laquelle celui que l'on nommera quelques années plus tard Éric the King tente une panenka. Malheureusement pour lui, le terrain est détrempé par la pluie et le ballon s'arrête avant même la ligne de but. Le gardien adverse, un temps battu, peut alors se relever et ramasser le cuir, scellant ainsi l'élimination des Girondins. Autre victime des caprices de la météo, Sam Bartram. En 1937, la rencontre entre Chelsea et Charlton est interrompue en raison d'un épais brouillard. Si épais que le gardien de but de Charlton reste 15 min seul sur le terrain sans s'en rendre compte. Il faudra qu'un policier le retrouve pour le ramener aux vestiaires.

Cultures fruitières

La groseille de Bar-le-Duc

Connaissez-vous le caviar de Bar-le-Duc ? S'il offre à l'œil d'innombrables petites boules, il ne doit rien à l'esturgeon ni à ses œufs. Il s'agit en effet d'une confiture de groseilles, mais pas n'importe laquelle : les grains, intacts, ne comptent pas un seul pépin et baignent dans un sirop de sucre idéalement parfumé. Il s'agit d'une vieille recette datant du XVe siècle. Chaque grain est délicatement épépiné à l'aide d'une plume d'oie taillée, et la plaie ouverte pour la faire pénétrer est rebouchée avec un fragment de peau. Ce régal est préparé à partir de variétés anciennes et locales, les groseilles de Bar-le-Duc (blanches et rouges). Autofertiles, elles donnent de gros fruits acidulés, très goûteux, contenant peu de pépins, que l'on peut déguster frais ou cuire en confiture.

Dimanche **31 juillet**

Saint Ignace de Loyola – On fête aussi les Ignacio, Inigo

Soleil
lever : **6 h 22**
coucher : **21 h 30**

Dans la vie on ne fait pas ce que l'on veut, mais on est responsable de ce que l'on est.
Jean-Paul Sartre

Brèves régions

Saône-et-Loire / Le vase d'Autun

C'est à l'automne 2020 que des fouilles dans une importante nécropole d'Autun ont mis au jour un vase en verre ouvragé de la fin de l'époque romaine. Cette pièce exceptionnelle, de 12 cm de hauteur pour 16 cm de diamètre, est ornée de motifs décoratifs sculptés et rehaussés de lettres en relief qui indiquent *Vivas feliciter* (Vis heureux). C'est le premier exemplaire trouvé sur notre territoire d'un vase considéré comme l'aboutissement des réalisations romaines dans la technique du verre. Le précédent retrouvé intact avait été découvert dans les années 1970 à Taraneš (Macédoine du Nord).

Citations

La vie, c'est comme une bicyclette, il faut avancer pour ne pas perdre l'équilibre.

Albert Einstein

Dis papy c'est quoi ?? et ça c'est quoi ?

Pourquoi est-ce qu'on a mal ?

La réponse nous est donnée par le robot dans Terminator : *« La douleur n'est qu'une information. » En effet, elle permet au corps humain d'avertir le cerveau du danger et de provoquer une réaction chez l'individu. Sans la douleur, on ne retirerait pas sa main du feu. Si la douleur est la cause de nombreux maux pour l'enfant, elle est pourtant supposée lui en éviter de plus graves.*

mamie c'est quoi ??

AU MUSÉE

Musée Claude François – Moulin Dannemois, Dannemois, France

Claude François tombe amoureux du moulin Dannemois en 1964, alors qu'il est au sommet de sa popularité. Pendant presque dix ans, il rénove ces vieilles pierres (la bâtisse date du XIIe siècle) et transforme peu à peu ce site reculé en « maison du bonheur ». Sa mort prématurée, en 1978, interrompt ses plans et le moulin est déserté. Il a fallu attendre une vingtaine d'années pour qu'un couple de passionnés redonne au lieu son éclat d'antan, en y installant un musée à la gloire de la légende du disco. Une visite guidée permet de découvrir des costumes et des objets ayant appartenu à la star, et d'en apprendre un peu plus sur sa carrière par de nombreuses anecdotes.

LES NOUVEAUX PROTOCOLES SANITAIRES

GLACIERS DU MONDE

Glacier Saskatchewan, Canada

Formé à 120 km au nord-ouest de Banff, au Canada, le glacier Saskatchewan appartient au parc national de Banff. Long de 13 km, il s'étend sur près de 30 km² et ses glaces atteignent une épaisseur de 400 m. Depuis la fin du XIXe siècle, le glacier recule d'environ 55 m par an, laissant filtrer des eaux douces qui alimentent ensuite la rivière Saskatchewan Nord. Ce glacier et son voisin, celui d'Athabasca, constituent une vaste section du champs de glace Columbia (*Columbia Icefield*), la plus grande zone glacée des Rocheuses. Le glacier Saskatchewan se trouve sur la promenade des Glaciers, ou route 93 Nord, un circuit qui relie le lac Louise dans le parc national de Banff, au sud, à Jasper, dans le parc national de Jasper, au nord. Ce voyage splendide séduit depuis des décennies les amateurs de road trips panoramiques.

Lundi 1er août

Soleil
lever : **6 h 24**
coucher : **21 h 28**

Saint Alphonse – On fête aussi les Alma, Éléazard

Au mois d'août, ma loute, on taille la route.

Le Vermot

1er août 2022 **1,20 €**

Un peu plus près des étoiles

C'est souvent entre le début du mois et le 15 août que l'on peut espérer voir des étoiles filantes et multiplier les vœux. Chaque année, les Perséides, cette pluie de météorites constituée de débris de la comète Swift-Tuttle, apparaissent fidèlement dans le ciel nocturne estival. Selon les années, de 70 à 110 étoiles filantes par heure se produisent au moment du pic ! Mais pas de panique, le risque de recevoir une météorite sur la tête est faible. L'astronome américain Alan Harris avait évalué les probabilités d'être tué par une météorite à une chance (ou plutôt malchance) sur 700 000. Le mieux est donc de les observer patiemment en se tournant vers le nord-est et en se préservant de toute source lumineuse parasite.

En 1991, l'Association française d'astronomie a créé les Nuits des étoiles, un concept qui regroupe des événements un peu partout en France pour observer le ciel en compagnie de montreurs d'étoiles éclairés !

Les grandes marées

Août est décidément le mois des phénomènes naturels grandioses. Ainsi les marées, résultat d'une histoire d'attraction entre la Lune et le Soleil. Et quand la Terre, la Lune et le Soleil sont alignés, l'effet est encore plus fort, créant ce qu'on appelle les grandes marées. Elles ont lieu plusieurs fois par an (notamment en mars) et certaines peuvent se contempler à la fin du mois d'août. La configuration des côtes joue également un rôle dans ce phénomène, et on trouve de beaux postes d'observation en France comme le Mont-Saint-Michel, les remparts de Saint-Malo ou la baie de Somme. On mesure à ces endroits notamment toute la puissance et la force des vagues et de la nature.

Mardi **2 août**

Saint Julien Eymard – On fête aussi les Julianne, Friard, Secondel

Soleil
lever : **6 h 25**
coucher : **21 h 27**

Le tic-tac des horloges, on dirait des souris qui grignotent le temps. Alphonse Allais

Ça s'est passé

Le 2 août 1922

Mort de l'inventeur du téléphone, Alexander Graham Bell. Sa mère et sa femme étaient sourdes, ce qui l'a conduit à faire des recherches sur l'audition.

Bibliophiles

Une vie de Gérard en Occident, François Beaune (Verticales, 2017)

Dans son village de Vendée, Gérard Airaudeau attend ses voisins qu'il a invités à prendre l'apéro… avec la députée locale qui veut rencontrer de « vrais gens ». L'alcool aidant, il se laisse aller aux confidences et raconte à un réfugié érythréen qu'il vient d'accueillir, sa vie d'ouvrier en milieu rural, ses petites misères et mille et une péripéties du quotidien – parfois pas piquées des hannetons. François Beaune a parcouru la Vendée, collectant auprès des habitants des « histoires vraies », anecdotes et souvenirs. Il en a tiré un roman tragicomique plein de verve, dont tout un chacun est le héros.

DICO NOTTO

PAPIER TOILETTE, n. m.
Généralement, c'est quand on en a plein le bas du dos qu'on arrive au bout du rouleau.

PARADIGME, n. m.
Jardin enchanteur habité par Adamgme et Èvegme.

PASSIONNANT, adj.
Adjectif qui ne qualifie pas les émissions de téléréalité.

PEIGNE, n. m.
Ocni : objet coiffant non identifié chez les chauves.

PEINTURE, n. f.
Couleur en pot ou en tube que l'on peut mélanger.
Certains de ces mélanges sont très célèbres comme *La Joconde* ou Guernica.

L'ACTU

La revanche du poil

Selon une étude menée par l'IFOP, le nombre de femmes qui ne s'épilent plus le pubis a presque doublé en dix ans, passant de 15 % en 2012 à 28 % en 2022. Un quart des adeptes du *no shave* (pas de rasage) disent refuser « les normes esthétiques du corps féminin », et pour un tiers d'entre elles, c'est la nocivité des produits hygiéniques sur leur peau qui les incite à rester nature. Et la tendance pourrait s'accentuer au cours des prochaines années, puisque parmi celles qui continuent à s'épiler, une sur deux déclare qu'elle pourrait bien cesser un jour de le faire. Toutefois, si les Françaises s'octroient le plaisir de laisser vivre leurs poils, elles sont 73 % à penser que ceux-ci constituent un facteur de répulsion vis-à-vis de la gent masculine. Une impression pas complètement fausse, mais un brin exagérée, car le même sondage indique que « seulement » un homme sur deux déclare être dérangé par la vue des poils sous les aisselles, sur les jambes et sur le sexe des femmes. Et 70 % des hommes interrogés déclarent qu'ils pourraient faire l'amour avec une femme non épilée au niveau pubien. En somme, hommes ou femmes, les poils ne gâchent en rien le plaisir, et on (re)commence à le savoir.

Soleil
lever : **6 h 27**
coucher : **21 h 25**

Mercredi **3 août**

Sainte Lydie – On fête aussi les Nicodème, Euphrone, Lydéric

Qui veut faire quelque chose trouve un moyen. Qui ne veut rien faire trouve une excuse.
Proverbe arabe

KEMARU

Vous devez compléter la grille avec les chiffres manquants dans des zones composées de 1 à 5 cases. Une zone d'une case contient forcément le chiffre 1, une zone de deux cases contient les chiffres 1 et 2, une zone de trois cases contient les chiffres 1, 2 et 3, etc. Les zones sont entourées de gras. Deux chiffres identiques ne peuvent être placés côte à côte, ni en diagonale.

1		4					5
						2	
			3				
							4
	2		5		4		
			1			2	
1							5

Solution page 236

Bon anniversaire

Robert D. Skelton

«Bob» Skelton, né dans l'Illinois le 25 juin 1903, s'est illustré pour avoir remporté une médaille d'or olympique dans la discipline du 200 m brasse à l'occasion des jeux Olympiques d'été de Paris en 1924. À cette époque, c'est avec un temps de 2 minutes 52 secondes qu'il s'est classé premier alors qu'aujourd'hui les champions parcourent la même distance en 2 minutes 06 secondes. Mais la performance était exceptionnelle il y a presque un siècle, tout comme celle de ses contemporains et amis, Ralph Breyer et Johnny Weissmuller qui remportèrent respectivement la médaille d'or au relai,s 4 × 200 m nage libre et trois médailles d'or dans différentes nages aux mêmes jeux Olympiques. Robert D. Skelton est mort à Houston au Texas, au matin de son 74e anniversaire, le 25 juin 1977.

Citations

La bigamie, c'est quand on a deux femmes ; et la monotonie, c'est quand on n'en a qu'une.

Coluche

CHANSONS VOYAGEUSES

Succès mondial

On la chante à chaque anniversaire ou presque : *Joyeux anniversaire* est la star des familles ! (*Happy Birthday* de Stevie Wonder est loin de l'avoir détrônée). Et c'est comme ça dans le monde entier. La chanson a été traduite dans plus de 40 langues, y compris en espéranto, en galicien et en malgache. Les deux sœurs Hill, institutrices de leur état, qui composèrent la mélodie en 1893, ne pouvaient imaginer une telle postérité pour un air juste créé pour faire chanter facilement les enfants.

PROBLÈMES DE MATHS DU CERTIFICAT D'ÉTUDES

Les propriétaires d'un pavillon ont décidé d'installer une pelouse dans leur jardin. Cependant ils désirent que celle-ci soit entourée d'une bordure. Sachant que son périmètre doit être inférieur à 70 m, que sa superficie doit être supérieure à 200 m² et que la pelouse aura une longueur de 20 m, **quelles largeurs pourront-ils prévoir ?**

Sachant qu'ils ont opté pour une superficie de 240 m² et que la bordure a une profondeur moyenne de 1,50 m, **quelle est l'aire de la bordure ?**

Solution : 1) Périmètre de la pelouse : (20 × 2) + 2x = 70 ou x = 15m
Aire de la pelouse : 20 × x = 200 ou x = 10m
La largeur doit être inférieure à 15m mais supérieure à 10m.
2) 20 × x = 240 ou x = 12m
Aire du jardin : (20 + 1,5 + 1,5) × (12 + 1,5 + 1,5) = 23 × 15 = 345m²
Aire de la bordure : 345 – 240 = 105m²

Jeudi **4 août**

Saint Jean-Marie Vianney – On fête aussi les Uniac

Soleil
lever : **6 h 28**
coucher : **21 h 24**

Amour d'août, si court mais si doux.

QUI EST-CE ?

Mais qui est ce Jean-Marie Vianney ? Au début du XIXe siècle, Jean-Marie Vianney, également appelé « le curé d'Ars », était prêtre dans le petit village d'Ars-en-Dombes, dans l'Ain. Confesseur réputé, il attirait de nombreuses personnes venues de toute la région. Sa réputation s'étendit dans toute la France et lui valut d'être canonisé par le pape Pie XI qui le nomma saint patron de tous les curés du monde. Depuis, Vianney est devenu un prénom. Vous connaissez le chanteur Vianney, n'est-ce pas ?

Le bon mot de l'histoire

« C'est une chose étrange que la légèreté des Français. »

Louis XIII, 5 août 1635

La réflexion est notée dans un courrier du roi adressé au cardinal de Richelieu au début de la guerre contre l'Espagne. Après plusieurs défaites, le monarque regrette notamment l'indiscipline des troupes françaises, constat somme toute récurrent chez les rois de France. En 1791, dans une lettre au marquis de Bouillé, Louis XVI note : « Vous connaissez les Français : comme ils vont vite d'une extrémité à l'autre. »

LE CHIFFRE

299 000

C'est en euros le prix auquel a été vendue Posh Spice, une vache Limousine du Shropshire, (dans le centre de l'Angleterre) lors d'une vente aux enchères outre-Manche. Jamais une vache de cette race ne s'était vendue aussi cher ! C'est même deux fois plus que le précédent record mondial ! Si ce chiffre peut faire rêver certains éleveurs, la réalité du marché est bien différente. Pour les professionnels du secteur, cette enchère délirante est purement spéculative. En Haute-Vienne, berceau de la race, si producteurs et vendeurs se félicitent du coup de pub pour la filière Limousine, ils sont unanimes : jamais les enchères pour une génisse ne monteront si haut en France, c'est un « non-sens économique ». Dans le contexte actuel, les éleveurs de la région n'arrivent déjà pas à vendre leurs broutards et le marché des vaches de réforme destinées à la viande est très compliqué. Et pour les reproductrices très haut de gamme vendues aux enchères, les prix atteignent exceptionnellement 10 000 euros…

Rétro Vermot

– Jeanne, c'est une charmante femme, je ne lui connais qu'un défaut : c'est de s'ennuyer partout.
– Oh ! Elle en a un très grand : c'est de ne pas être égoïste.
– ?
– Dame, elle ennuie aussi les autres.

À la Saint-Abel, lui es-tu fidèle ?

Dis papy c'est quoi ?? et ça c'est quoi ?

Pourquoi la mer est bleue ?

Deux réponses se complètent : la mer reflète la couleur du ciel, on la voit bleue sous le soleil et grise sous les nuages. Mais elle apparaît bleue également car l'eau absorbe une partie de la lumière et ne réfléchit que la longueur d'onde correspondant au bleu, ce qui explique que, dans une grotte sous-marine éclairée par une lampe, l'eau apparaît également bleue.

Mamie c'est quoi ??

Citations

Analyser l'humour, c'est comme disséquer une grenouille ; ça intéresse peu de gens et la grenouille en meurt.

E. B. White

Citations

Faire parler un homme politique sur ses projets et son programme, c'est comme demander à un garçon de restaurant si le menu est bon.

Jean Dutourd

Cultures fruitières

La framboise sucrée de Metz

Le framboisier nous en fait voir de toutes les couleurs : rouge vif ou rouge foncé, pourpre orangé, rose, jaune et même noir – la variété Munger, ancienne et d'origine américaine, offre en effet des fruits d'un noir d'encre. Introduisez chez vous une jolie variété ancienne, la sucrée de Metz, obtenue en 1866 par les pépinières Simon-Louis, dans la ville dont elle porte le nom. Elle donne une belle abondance de baies, en été et en automne. Ses framboises sont jaune clair, assez grosses et réellement très sucrées, à manger crues ou en tarte. Le framboisier vient de zones montagneuses et boisées d'Europe et d'Asie, ce qui explique qu'il se plaise en situation mi-ombragée, ou au soleil dans les régions un peu fraîches. Il accepte tout type de sol, à condition qu'il ne soit pas humide.

De PORT en port MARITIME

Roscoff, le port aux mille vies

Dans le Finistère, à deux pas de Saint-Pol-de-Léon et à environ 30 km au nord de Morlaix, se trouve Roscoff – en breton, « coteau du forgeron » –, charmant petit port de pêche et de commerce, au passé historiquement riche et économiquement prospère. Détruit au XIVe siècle puis reconstruit, il vit débarquer en 1548 Marie Stuart (âgée de 6 ans), fille de Jacques V, roi d'Écosse. Au fil des siècles, il y eut ici un peu de tout : de très riches armateurs (surtout au XVIIe siècle, âge d'or de Roscoff), beaucoup de corsaires et de contrebandiers, et puis les Johnnies qui, au XIXe siècle, s'en allaient vendre leurs oignons roses jusqu'en Angleterre… Les quais du vieux port bordés de villas Belle Époque rappellent aussi que la ville a su se tourner vers le tourisme balnéaire dès le début du XXe siècle.

Samedi **6 août**

Saint Octavien – On fête aussi les Dahud

Soleil
lever : **6 h 31**
coucher : **21 h 21**

Qui chante en été, danse en hiver. Ésope

Solution [p. 233]

1	2	4	3	4	5	3	5
5	3	5	1	2	1	2	4
2	1	2	3	5	4	3	1
3	5	4	1	2	1	2	4
1	2	3	5	3	4	3	5
4	5	4	1	2	5	2	1
1	3	2	3	4	3	4	5
4	5	4	1	2	1	2	3

Citations

Il n'existe guère que deux arts de vivre : l'un consiste à se mettre à la place des autres, l'autre à prendre leur place.

Antoine Blondin

RECETTE

Crumble tomates, mozzarella, basilic

Pour 2 à 4 pers. 20 min de préparation 35 min environ de cuisson

Pour les tomates :
8 belles tomates
2 gousses d'ail
1 petit bouquet de basilic
1 belle mozzarella à cuire
2 cuil. à soupe d'huile d'olive
Sel, poivre

Pour la pâte à crumble :
75 g de beurre pommade (à température ambiante)
75 g de parmesan râpé
75 g de farine
1 cuil. à café d'ail semoule

Faites bouillir une grande casserole d'eau. Plongez les tomates dedans durant 30 s puis sortez-les délicatement à l'aide d'une écumoire. Leur peau s'ôtera très facilement ensuite. Émincez les tomates émondées.
Pelez et hachez l'ail. Lavez et ciselez les feuilles de basilic, réservez quelques feuilles entières pour la finition. Faites chauffer l'huile dans une poêle et ajoutez l'ail, les tomates et le basilic ciselé. Salez et poivrez. Laissez cuire 10 min environ.
Préchauffez le four à 200 °C (th. 6-7). Déposez la poêlée au fond d'un plat à four. Tranchez la mozzarella et déposez-la sur la poêlée. Mélangez le beurre, le parmesan, la farine et l'ail semoule jusqu'à obtenir un mélange sableux. Répartissez-le sur les tomates et enfournez pour 25 min. Décorez de basilic et servez.

Brèves régions

Finistère/ Humour breton

Dans un festival, deux musiciens bavardent, un Marseillais et un Breton. Le Marseillais dit : « La semaine dernière j'ai joué à la basilique Notre-Dame-de-la-Garde, devant 6 000 personnes. J'ai tellement bien joué que j'ai fait pleurer la statue de la Sainte Vierge… » Le Breton hoche la tête et répond : « Moi, hier, à la cathédrale de Brest, j'ai joué devant plus de 10 000 personnes.
À un moment, j'ai vu Jésus se décrocher de la croix et venir vers moi. Dans un silence de mort, il m'a chuchoté : “Mon fils, j'espère que tu connais bien ta partition !” Surpris, je lui ai dit : “Seigneur, je connais ma partition, pourquoi me dis-tu ça ? – Parce que la semaine dernière, à Marseille, un musicien prétentieux a tellement mal joué qu'il a fait pleurer ma mère. »

L'histoire des dictionnaires

Dictionnaire de Trévoux

Le *Dictionnaire de Trévoux*, dont le véritable titre est *Dictionnaire universel françois et latin*, porte le nom de la ville où il est publié la première fois en 1704 (trois volumes). C'est l'œuvre de jésuites qui prennent pour base le dictionnaire de Furetière, repris et augmenté par Basnage de Beauval en 1701. Ils le réécrivent pour lui donner un air plus « catholique », effaçant toute trace de protestantisme, et l'enrichissent considérablement : la 5e et dernière édition parue en 1771 ne compte pas moins de huit volumes.

Soleil
lever : **6 h 32**
coucher : **21 h 19**

Dimanche **7 août**

Saint Gaëtan – On fête aussi les Gaétane, Levan

Août sans nuages, on reste à la plage.

ÇA C'EST FAITS DIVERS

La délinquance n'a pas d'âge

L'histoire, racontée par le quotidien espagnol *El País*, ressemble à un scénario de film. Pendant deux ans, un couple de retraités espagnols s'est livré à un important trafic de haschich à bord de son camping-car en prétextant des virées touristiques. Selon l'enquêteur qui les a interpelés, « leur couverture et leur organisation étaient parfaites ». Seul un événement imprévu, comme un accident de la route, aurait pu gripper leur combine. C'est finalement un coup de fil anonyme qui a mis la puce à l'oreille à la police espagnole. Après la mise en place d'une filature, le couple a été intercepté alors qu'il revenait d'une virée en Andalousie avec 80 kg de haschich, soit l'équivalent de 2 millions d'euros pour une distribution au détail. Selon leurs premières déclarations, ils se contentaient de charger la marchandise et de la transporter à travers l'Espagne pour un montant allant de 5000 à 10000 euros par voyage, tous frais payés – une façon de voir du pays tout en arrondissant la retraite. Le duo risque une peine de trois à six ans de prison. Des « vacances » tous frais payés, mais à l'ombre…

DIEUX ET DÉESSES DE GAULE

R	S	S	O	N	O	P	A	M	A	S	N	P	A
S	O	O	M	F	E	U	I	N	O	S	E	M	G
A	I	S	V	L	E	M	O	N	I	S	A	R	V
S	T	A	M	R	U	M	E	T	E	S	E	V	S
A	R	V	U	E	A	G	U	T	I	P	S	O	O
N	E	O	I	D	R	T	A	L	O	O	N	S	I
O	M	S	U	A	O	T	E	N	N	N	V	E	T
C	S	A	N	R	U	B	A	N	O	Y	A	G	E
U	L	N	I	E	E	R	U	R	E	R	R	U	C
A	O	V	T	L	B	N	C	H	A	R	I	S	U
S	L	I	E	O	R	T	H	O	T	N	I	S	E
E	I	N	R	E	S	I	T	O	T	A	I	O	L
U	O	V	C	S	U	C	C	O	M	I	C	S	S
S	O	S	U	A	M	E	N	E	R	O	S	S	A

Solution page 239

Cherchez les dieux et déesses de Gaule dans la grille ci-dessus, vous les trouverez soit horizontalement, soit verticalement ou encore diagonalement, de droite à gauche, de gauche à droite, de haut en bas ou de bas en haut, dans les deux sens de lecture.

ALAUDA
BÉLÉNOS
BELISAMA
BORVO
CATHUBODUA
CERNUNNOS
COTIS
DAMONA
ÉPONA
GRANNOS
LEUCETIOS
LUG
MAPONOS
MOCCUS
NARBO
NEMAUSOS
NEMETONA
NERIOS
ROSMERTA
SAUCONA
SIRONA
SMERTIOS
TARANIS
TARVOS
TEUTATÈS
VIROTUTIS
VOSEGUS

BIÈRES

Anosteké IPA de la Brasserie du Pays Flamand

Brassée à Merville et Blaringhem dans le Nord, cette bière à haute fermentation dévoile des saveurs exotiques inattendues : pamplemousse, citron, mangue et ananas ! Résultat rafraîchissant garanti, un peu amer, sublimé par une mousse fine et blanche et une robe dorée aux reflets orangés. Récompenses : médaille d'or des bières à dominante houblonnée au Concours général agricole de Paris 2020 et aux World Beer Awards 2019. À servir dans un verre révélateur d'arôme. Alcool : 6 % vol.

Lundi **8 août**

Saint Dominique – On fête aussi les Liébaut, Cyriaque, Cyrus

Soleil
lever : **6 h 33**
coucher : **21 h 17**

Vieille amitié ne craint pas la rouille. Proverbe français

CHIFFRES ET EXPRESSIONS

Les deux font la paire

Cette expression pointe le fait qu'il ne suffit pas de fonctionner par deux pour former une paire. Elle insiste sur deux individus ou deux évènements qu'on associe parce qu'ils se ressemblent physiquement ou dans leur comportement. Mais à l'inverse, la formule peut se charger d'une connotation péjorative, signifiant que dans la paire l'un ne vaut pas mieux que l'autre.

CHIFFRES ET SYMBOLIQUES

La bonne blague

Ha! Ha! Ha! Ha! Ha! Ha! Ha! Ha! Ha!

Quatre hommes se retrouvent pour pêcher.
Le premier dit : « Vous savez que pour avoir l'autorisation de vous retrouver, j'ai dû promettre à ma femme de lui repeindre toute la maison. »
Le deuxième dit : « Moi, j'ai dû lui promettre de lui changer les éléments de cuisine. »
Le troisième dit : « La mienne m'a demandé de lui acheter un jacuzi. »
Le quatrième ne dit rien. Les trois autres l'interrogent : « Et toi ? »
« Moi, répond le quatrième, j'ai montré la sonnerie du réveil à 4 heures du matin et j'ai dit à ma femme : "Pêche ou câlins ?" Elle m'a répondu : "Prends un lainage, il ne va pas faire chaud !" ».

Citations

Blanchir de l'argent n'est pas toujours salissant, mais être lavé de tout soupçon laisse des traces indélébiles.

Yvan Audouard

Les jeunes face à la solitude…

Brèves régions

Indre-et-Loire/ Le regard de Chalmel

Dans son *Histoire de Touraine* parue en 1828, Jean-Louis Chalmel a la dent dure avec l'habitant d'Indre-et-Loire : « Modéré dans ses goûts, exempt de passions fortes, rarement stimulé par ce sentiment ambitieux qui porte aux grandes entreprises, il s'arrête au point où commence pour lui une aisance honnête. (…) Il est d'ailleurs d'un caractère doux, affable, prévenant, quoique naturellement un peu frondeur. Né avec beaucoup d'esprit, il néglige peut-être trop de le cultiver et de remplacer par des connaissances positives ce qui lui manque en imagination. L'esprit, les mœurs, le caractère, tout en général y porte l'empreinte douce et molle du climat. »

Généalogie

Père démasqué

En découvrant l'acte de naissance de son ancêtre Julien Quertiniez, le 6 janvier 1882, à Selles-Saint-Denis (41), ce généalogiste a été déçu de constater que l'enfant de Juliette Quertiniez, âgée de 19 ans, était né de père inconnu. Mais en enquêtant sur la maman, il a découvert qu'elle venait « de l'Assistance publique ». Or cette administration était responsable de ses élèves jusqu'à leur majorité, soit 21 ans à l'époque. En étudiant le dossier de son ancêtre, le généalogiste a ainsi trouvé une lettre de novembre 1881 indiquant que Juliette « vient de se déclarer enceinte des œuvres du jeune Caillat Louis, âgé de 17 ans et demi » et précise que « ce jeune homme ne possède rien et n'est pas en âge de se marier ». C'est ainsi que Louis ne sera jamais le père officiel de Julien, mais figurera quand même dans l'arbre !

Mardi **9 août**

Saint Amour – On fête aussi les Herlé, Ruben

À la Saint-Amour, encore et toujours !

Vélo

Monument

En cyclisme, il y a les grands tours, les classiques et les monuments. Ces derniers représentent les courses les plus mythiques, les plus prestigieuses et sont souvent les plus anciennes. Il n'y en a que cinq : Milan-San Remo, le Tour des Flandres, Paris-Roubaix, le Tour de Lombardie et la doyenne Liège-Bastogne-Liège. Trois coureurs seulement ont remporté les cinq monuments, les Belges Roger De Vlaeminck, Rik Van Looy et Eddy Merckx. Et ce dernier en a remporté trois la même année à quatre reprises!

Solution mots mêlés [p. 237]

R	S	S	O	N	O	P	A	M	A	S	N	P	A
S	O	O	M	F	E	U	I	N	O	S	E	M	G
A	I	S	V	L	E	M	O	N	I	S	A	R	V
S	T	A	M	R	U	M	E	T	E	S	E	V	S
A	R	V	U	E	A	G	U	T	I	P	S	O	O
N	E	O	I	D	R	T	A	L	O	O	N	S	I
O	M	S	U	A	O	T	E	N	N	N	V	E	T
C	S	A	N	R	U	B	A	N	O	Y	A	G	E
U	L	N	I	E	E	R	U	R	E	R	R	U	C
A	O	V	T	L	B	N	C	H	A	R	I	S	U
S	L	I	E	O	R	T	H	O	T	N	I	S	E
E	I	N	R	E	S	I	T	O	T	A	I	O	L
U	O	V	C	S	U	C	C	O	M	I	C	S	S
S	O	S	U	A	M	E	N	E	R	O	S	S	A

HEUREUX MARIAGES

Lorsqu'ils se sont dit «oui» devant le curé de Saint-Mars-la-Jaille (Loire-Atlantique), ce fut le plus beau jour de leur vie. Nous n'étions pas le 25 décembre pourtant, mais le 15 novembre 1768, quand s'unirent devant Dieu et devant les hommes Michelle Cado et Mathurin Noël. Ils avaient respectivement 22 et 25 ans et les enfants qui naquirent du couple furent leurs plus beaux présents.

BIBLIOTHÈQUES

MYTHIQUES

LA BIBLIOTHÈQUE ROYALE DE COPENHAGUE (DANEMARK)

Installé sur le front de mer, le bâtiment le plus spectaculaire de cette bibliothèque répartie sur quatre sites à travers la capitale danoise est surnommé le « Diamant noir ». Conçu par le cabinet d'architecture Schmidt Hammer Lassen et inauguré en 1999, l'édifice est en effet entièrement recouvert de granite noir et coupé en deux par une immense baie en verre fumé qui change de couleur au gré de

la météo et du moment de la journée. Le bâtiment d'origine, lui, fut fondé par le roi Frédéric III à la fin du XVIIe siècle pour abriter ses collections privées et ne fut ouvert au public qu'un siècle plus tard. Considérée comme la plus grande bibliothèque de toute la Scandinavie, elle abrite aujourd'hui plus 4,5 millions de livres et de manuscrits parmi lesquels près de 6 000 véritables trésors historiques écrits par des écrivains nordiques aussi célèbres que Andersen, Blixen ou encore Kierkegaard. En outre, un exemplaire de tous les ouvrages imprimés au Danemark depuis 400 ans est conservé dans ses murs.

Les idées reçues

LES MATERNITÉS SONT DÉBORDÉES À LA PLEINE LUNE

Depuis la nuit des temps, la lune est associée à la fertilité, à la grossesse et à l'accouchement comme le montrent de nombreuses cultures et mythologies. Une croyance sans doute liée à la durée comparable du cycle lunaire et du cycle menstruel. L'association était alors facile pour répandre la rumeur que les accouchements seraient plus nombreux les jours de pleine lune. Pourtant, en étudiant le rythme des naissances durant 62 cycles lunaires, soit l'arrivée de 600 000 bébés, des chercheurs n'ont trouvé aucune relation entre les différentes phases de la lune et la fréquence des accouchements. Quant aux effets psychosomatiques de l'arrivée de la pleine lune sur le déclenchement des accouchements, il reste à évaluer…

Mercredi **10 août**

Saint Laurent – On fête aussi les Lorenzo, Laura, Philomène

Soleil
lever : **6 h 36**
coucher : **21 h 14**

MOTS FLÉCHÉS

Déchaîné / Sans égards
Est propre / À court
Appia en est une / Prends connaissance
Langage de programmation / Poli
Troisièmement
Sœur de maman
Récoltera donc
Sur le carreau / Tilleul
Rapprochais / Qui a le nez court et plat
Peut être de passage / Animal ou végétal
Pays asiatique / Balancier
Parasite végétal / Décongestionnant
Inventé / Fait peur
Habitant du Sahara
Monte sur le pont / Seule
Doit servir à nouveau
Réalise des coquilles
Renvoyé à l'abc
Bout de baguette / Porte montre
Conserve
Fantaisie / Les uranais y vivent
Met fin à la fermentation / Masquer
Fait du mal / Page
Peut être sur le plat / Partira à l'aventure
D'un auxiliaire / Secteur privé
Qui ne sert à rien / Platine
Sucre
Épaissir / Nuance très faible
Tire sur le bleu / Côte ou carpe
Donne des bleus / Mal fichu
Allure cavalière / Donne envie de se gratter
Fraude / Vole
Chèvre ou singe
Rangées / Passer par les œillets
Ne garde pas pour lui / Jouée
Réfléchit / Inconvénient
Tuteur
Paroles en l'air / Ne sent plus le renfermé
Avant-goût / Boîte à Sel
Statuette / Signal du départ
Sortie d'égout / Hors de portée
Pour les proches / N'en fait qu'à sa tête
Aire de gazon
À gauche
Sauce provençale

SOLUTION PAGE 245

Soleil
lever : **6 h 37**
coucher : **21 h 12**

Jeudi **11 août**

Sainte Claire – On fête aussi les Clara, Suzanne, Gilberte, Géry

Quand un arbre tombe, on l'entend. Quand la forêt pousse, pas un bruit. Proverbe africain

Hubert Reeves

Mots oubliés

Ocieux

Celui qui est oisif vit dans un monde ocieux. Les deux termes viennent du latin *otium* qui signifie « loisir ». Le premier s'applique aux personnes, le second aux situations. Mais il n'y a guère que les poètes pour s'en souvenir comme Verlaine : « Je suis prisonnier de tes yeux toujours et parfois de tes bras, mais ne plains pas ces embarras qui ne sont guère qu'ocieux. »

L'humanité en chiffres

43 %

La Côte d'Ivoire est de loin le principal fournisseur de fèves de cacao en volume avec 43 % de la production mondiale. Elle fait le bonheur des Allemands et des Suisses, grands mangeurs de chocolat, qui en consomment respectivement 11,1 kg et 9,7 kg par personne et par an devant les Estoniens (8,8 kg), les Britanniques (8,1 kg), les Finlandais (7,4 kg) et les Français (7,3 kg).

L'ACTU

Lignes électriques

L'avion vert prend peu à peu forme. La start-up américaine Wright Electric associée à la compagnie easyJet a récemment présenté un programme pour son modèle à moteur électrique capable de transporter près de 200 passagers. Son objectif : mettre en service un avion 100 % électrique en 2030. De son côté, l'entreprise H3X Technolog es vient de résoudre le problème du poids du moteur en développant un moteur électrique aussi puissant que ceux qui existent, mais avec un poids divisé par trois. L'un des principaux enjeux pour l'avion électrique est notamment de réduire le plus possible la masse de la batterie tout en stockant le maximum d'énergie. À ce jour, le moteur développé par H3X Technologies est doté de l'un des meilleurs rapports densité/poids/puissance. L'entreprise espère voir sa motorisation électrique équiper des petits avions et les futurs taxis volants d'ici 2025.

AU MUSÉE

Musée Louis de Funès, Saint-Raphaël, France

Ouvert en 2019, ce musée rend hommage à l'un des acteurs comiques les plus populaires de France. Louis de Funès a marqué les esprits sur plusieurs générations. Son incroyable parcours est raconté entre ces murs par le biais de nombreuses images d'archives, d'objets personnels, de récompenses, ainsi que d'extraits de films. Principe amusant, des téléphones sont disséminés dans tout l'espace muséal ; il suffit au visiteur de décrocher pour entendre Louis de Funès partager une anecdote sur un film ou sur sa carrière. La collection présentée avait d'abord été exposée dans le château de Clermont, en Loire-Atlantique, ancienne demeure de l'acteur.

Sainte Clarisse – On fête aussi les Gianna, Jannick, Clarisse

Soleil
lever : **6 h 39**
coucher : **21 h 11**

À la Sainte-Clarisse, tout est malice !

Charade syllabique

Mon premier est un pays d'Afrique _ _ MALIE

Mon deuxième est le prénom d'un révolutionnaire _ _ DEL

Mon troisième est un peintre et sculpteur espagnol _ _ LI

Mon quatrième est une cité canadienne _ _ _ COUVER

Mon tout est une journaliste et animatrice de télévision française.

SOPHIE DAVANT (SO – FI – DA – VAN)

Musique

Loufoque

Les rappeurs du groupe IAM font partie des meilleurs ambassadeurs de leur ville, Marseille. Pas fermés pour autant, ils ont su aussi rendre hommage à la culture de la capitale d'une manière originale : dans *Sale argot*, le chanteur Akhenaton a écrit un couplet dans l'argot des bouchers parisiens du XIXe siècle. Cela donne : « Lutem lonnaicès le lowflem, lactiquetem ledem larjebem lalesem algorem... ». Et si vous n'y comprenez rien, c'est que vous ne parlez pas le louchébem !

PROUESSES D'OISEAUX

LA CHOUETTE BORÉALE

Les rapaces nocturnes chassent à l'ouïe, même dans la nuit la plus noire. Ils disposent pour cela d'un système auditif perfectionné et les cellules de leurs oreilles internes se régénèrent : les vieux entendent donc aussi bien que les jeunes. En outre, leurs oreilles sont disposées de manière asymétrique, l'une étant légèrement plus haute que l'autre, ce qui leur permet de localiser le son et de repérer avec précision où se trouve le campagnol qu'ils entendent dans les herbes. Cette spécialisation est poussée à l'extrême chez la chouette boréale (ou nyctale de Tengmalm). En effet, dans son cas, c'est la structure même du crâne qui est asymétrique, les oreilles internes étant placées à des hauteurs différentes. Un tel dispositif ne laisse guère de chance aux petits rongeurs, même très discrets.

La bonne blague

Dans une caserne de la Légion étrangère aux confins du Sahara, après le repas du soir et la cérémonie du drapeau, les soldats ont quartier libre. La plupart du temps, ils s'assoient contre un mur dans la cour, sortent une photo de leur femme ou de leur petite amie, puis l'embrassent pendant de longues minutes, en ajoutant parfois des commentaires plus ou moins graveleux. Un seul militaire agit différemment des autres. Il ne sort sa photo qu'une seule fois par mois, et pendant une poignée de secondes seulement. Il regarde le cliché, hoche la tête et le range dans sa poche. Un jour, l'un de ses compagnons d'arme lui dit :

« Peux-tu m'expliquer pourquoi tu ne sors pratiquement jamais la photo de ta femme et seulement quelques secondes ?

– Ben oui, répond l'autre. Parfois, je sens que je vais péter un plomb et que je suis à deux doigts de déserter. Alors, je jette un coup d'œil à la photo de ma femme et je suis regonflé pour un mois ! »

Soleil
lever : **6 h 40**
coucher : **21 h 09**

Samedi **13 août**

Saint Hippolyte – On fête aussi les Athanasie, Kolbe

À la Saint-Hyppolite, viens ma favorite.

MORALITÉ
LE PETIT CHAPERON ROUGE

Qui ne sait que ces loups doucereux,
De tous les loups sont les plus dangereux.

Si l'histoire du Petit Chaperon rouge est une mise en garde contre les prédateurs sexuels, on trouve aussi une autre morale cachée dans sa dernière phrase. Perrault y montre que les pires ennemis ne sont pas forcément les plus agressifs. Voltaire dira plus tard : « Mon Dieu, gardez-moi de mes amis. Quant à mes ennemis, je m'en charge ! »

Vélo
À l'heure

En 1873, l'Anglais James Moore a parcouru plus de 23 km en une heure. Sans le savoir, il a déclenché ce qui allait devenir une obsession : le record de l'heure. Le premier record officiel fut pour Henri Desgranges en 1893 : 35,325 km. Par la suite, même les coureurs sur route s'y sont mis, de Fausto Coppi à Jacques Anquetil en passant par Eddy Merckx. L'actuel détenteur est un autre Belge, Victor Campenaerts qui, en 2019, a parcouru 55,089 km.

La dictée du mois — Trouver son chemin

Elle [Perrine] reconnut le court de Vincennes à sa largeur et, après l'avoir dépasser, tournant à gauche, elle demandat le Champ Guillot. Si tout le monde le connaissait, tout le monde n'était pas d'accord sur le chemin à prendre pour y arrivée, et elle se perdit plus d'une fois dans les noms de rues qu'elle devait suivre. À la fin cependant, elle se trouva devant une palissade formée de planches, les une en sapin, les autres en bois non écorcé, celles-ci peintes, celles-là goudronnées, et quand, par la barrière ouverte à deux batants, elle aperçut dans le terrain un vieille omnibus sans roues et un wagon de chemin de fer sans roues aussi, posées sur le sol, elle comprit […] que c'était là le Champ Guillot.

Hector MALOT, En famille, *1893.*

cours, dépassé, demanda, arriver, unes, battants, vieil, posés

Pierres précieuses

Le diamant d'Orlov

Catherine II de Russie, surnommée « la Minerve des arts », ou la « Messaline du Nord », aimait passionnément les bijoux. À sa cour, l'abondance des pierres précieuses sur les costumes éblouissait les visiteurs étrangers. De couleur blanche avec une teinte bleu-vert, le célèbre diamant d'Orlov (du nom du favori de la reine, Grigori Orlov, qui le lui aurait offert) est l'un des plus gros du monde. D'abord incrustée dans l'œil d'une divinité hindoue, cette pierre fut volée par un grenadier français en 1750, puis vendue à plusieurs reprises à travers l'Europe, avant de décorer le sceptre royal de Catherine II.

Si tu dois être chien, sois chien de samouraï. Proverbe japonais

PROBLÈMES DE MATHS DU CERTIFICAT D'ÉTUDES

Des cueilleurs de fruits récoltent 8 kg de fruits en 1 h tandis que, dans le même temps, les empaqueteurs emballent 12 kg de fruits. **Combien de kilos de fruits peut-on récolter et empaqueter en 1 h ?**

Solution : Cueillir 1 kg de fruits prend : 60 ÷ 8 = 7,5 min.
Empaqueter 1 kg de fruits prend : 60 ÷ 12 = 5 min.
Donc en 1 h on peut cueillir et empaqueter 60 ÷ (7,5 + 5) = 4,8 kg de fruits.
Pour convertir 0,8 en fraction, on multiplie 0,8 par 10 (1 zéro, car un chiffre après la virgule !) et on écrit 8/10 qu'on simplifie en 4/5.
La solution est donc 4 et 4/5 kg de fruits.
Vérification :
Cueillir 4,8 kg de fruits prend 4,8 × 7,5 = 36 min.
Empaqueter 4,8 kg de fruits prend 4,8 × 5 = 24 min.
36 + 24 = 60 min.

HEUREUX MARIAGES

Le tandem le plus célèbre de toute l'histoire du cinéma, Stan Laurel et Oliver Hardy, s'illustra dans plus de 100 films au long d'une carrière de près de 25 ans. L'histoire ne dit pas si le couple composé de Jean Laurel et Jeanne Hardy dura aussi longtemps. En effet, on perd leur trace après leur mariage célébré le 31 janvier 1820 à la basilique Notre-Dame-des-Victoires à Paris.

DEVINETTES

Je suis un bruit céleste,
Qui résonnait à Brest,
Je suis un nid d'espion,
Et le lieu d'une explosion.

Que suis-je ?

Réponse : LE TONNERRE

Rivières de France

Le Var, un Provençal original

Géographiquement, le Var est un cas particulier puisque le département n'est pas traversé par le fleuve qui lui a prêté son nom. À l'origine, le fleuve servait de frontière entre la France et le royaume de Sardaigne qui incluait le comté de Nice. Ce dernier fut rattaché à la France en 1860. Entre-temps, la limite ayant évolué, le cours du Var demeura dans les Alpes-Maritimes, le département voisin n'en conservant que le nom. Le Var naît à Estenc à 1790 m d'altitude et atteint la Méditerranée entre Nice et Saint-Martin-du-Var après un parcours de 110 km. Il reçoit les eaux d'affluents souvent fantasques qui drainent le département des Alpes-Maritimes. L'ensemble Var et affluents constitue, sur le plan biologique, un réseau original duquel certaines espèces de poissons sont absentes.

Lundi 15 août

Soleil
lever : **6 h 43**
coucher : **21 h 05**

Sainte Marie – On fête aussi les Macha, Marielle, Myriam

N'ouvre la bouche que si tu es sûr que ce que tu vas dire est plus beau que le silence.
Proverbe arabe

Brèves régions

Haute-Corse/Des stars comme s'il en pleuvait

- Le chanteur Bénabar est originaire de Haute-Corse par son père.
- Le poète Paul Valéry était originaire de Bastia par son père.
- L'académicien Angelo Rinaldi est né à Bastia.
- Le gardien de but Pascal Olmetta est né à Bastia.
- La chanteuse Juliette Gréco était Corse par son père, natif de Belgodère.
- La danseuse étoile Marie-Claude Pietragalla aime à se ressourcer à Calvi.
- Le footballeur Dominique Colonna est né à Corte.
- Le mannequin Laetitia Casta a été repérée à l'âge de 15 ans sur une plage de Lumio.
- L'acteur Robin Renucci tire ses ancêtres maternels d'Olmi-Cappella.
- Le chanteur Petru Guelfucci est né à Sermanu.
- Le chanteur Antoine est originaire de Vivario par son père, Toussaint Muraccioli.

Solution mots fléchés [p. 240]

	E		R		V		B		T		T	
I	N	D	E	L	I	C	A	T	E		A	S
	R	E	L	I	A	I	S		R	I	T	E
C	A	M	U	S		V	I	E	T	N	A	M
	G	U	I		F	I	C	T	I	F		E
M	E	N	T	H	O	L		R	O	U	F	
		I		O	L	I	V	E		S	E	L
C	A		G	U	I	S	E		V	I	N	E
	N	U	I		O	E	U	F		O	N	T
V	A	R	L	E	T		V	A	I	N	E	
	L	I	E	R		P	E	R	S		C	O
P	P		T	R	O	T		D	O	L		T
	H	A	I	E	S		R	E	L	A	T	E
L	A	C	E	R		M	I	R	O	I	R	
	B	A	R	A	T	I	N		I	D	E	E
A	E	R	E		O	S	C	A	R		U	T
	T	U		G	R	E	E	N		D	I	A
D	E	S	P	O	T	E		A	I	O	L	I

Animaux transparents

Calmars de verre

En mer, beaucoup de prédateurs repèrent leurs proies de loin à leur masse sombre, qui intercepte la lumière. La transparence est donc un atout pour vivre vieux. Et les calmars de verre comptent précisément parmi les animaux les plus anciens, puisqu'ils peuplaient déjà les eaux océaniques au Jurassique. La famille *Cranchiidae* compte environ 60 espèces. Avec un aspect typique de calmar, ces céphalopodes sont non seulement transparents, mais également bioluminescents : des cellules spécialisées, situées dans la région des gros yeux, créent autour d'eux une sorte de halo lumineux qui s'adapte à la luminosité de l'environnement et à la profondeur, ce qui les rend pratiquement invisibles. La taille de ces créatures, qui paraissent irréelles et fantasmagoriques, varie de 10 cm à près de 2 m.

SOLUTION : HAIE, SCIE, ON, TERRE, MINE, HAIE, LA, PART, TEE, EAU, BABYFOOT, DENT, LES, VESTE, I, R
(ET SI ON TERMINAIT LA PARTIE AU BABYFOOT DANS LES VESTIAIRES)

Le bon mot de l'histoire

« Paris ! Paris outragé ! Paris brisé ! Paris martyrisé ! Mais Paris libéré ! »

Charles de Gaulle, 25 août 1944

Après six jours de soulèvement armé, le général de Gaulle entre dans Paris et prononce à l'Hôtel de Ville un discours improvisé resté dans l'Histoire. Si le chef du gouvernement provisoire déclare que le combat n'est pas terminé, il insiste sur un point : « Paris s'est libéré par lui-même, par son peuple avec le concours des armées de la France, avec l'appui et le concours de la France tout entière : c'est-à-dire de la France qui se bat. » Le chef de la France libre est alors déterminé à installer le pays à la table des vainqueurs.

Mardi **16 août**

Saint Armel – On fête aussi les Roch, Arzhel, Aël

Soleil
lever : **6 h 44**
coucher : **21 h 03**

La force du baobab est dans ses racines. Proverbe congolais

NON ! JE NE SUIS PAS GROS !

Cultures fruitières

La taille du framboisier

« Va cueillir, villageoise, la fraise et la framboise. Dans les champs, aux beaux jours (…) », écrivait Victor Hugo. Mais comment faire pour obtenir une grande abondance de ces framboises, juteuses et veloutées, faites de petites boules gonflées étroitement soudées ? Il faut pratiquer une taille, différente selon qu'il s'agit d'une variété à récolte unique ou remontante (donnant des fruits en début d'été et en automne). Dans le premier cas, coupez en été au ras du sol toutes les « cannes » (on appelle ainsi les tiges) ayant porté des fruits et celles qui paraissent faibles. En hiver, raccourcissez les cannes de 20 cm et n'en conservez qu'une dizaine par mètre. Pour les remontants, supprimez les cannes qui ont fructifié après la première récolte et, en hiver, ne conservez que cinq cannes (pousses de l'année).

La gaffe de l'Histoire

Mimie recadrée

Une photo de Mimie Mathy en compagnie de son mari et de Michel Fugain, réalisée par Nikos Aliagas, a été diffusée sur Twitter. Or l'application réduit le cadre des images, ce qui a valu une parole malheureuse à la chroniqueuse Kelly Vedovelli de C8 : « Elle est gentille de mettre des photos où elle est pas dessus ! » Mimie y apparaît pourtant… quand on voit le cliché en entier !

EXPULSION DES SQUATTEURS : LA LOI CHANGE !

L'ACTU

Kitsch en toc

Il y a dix ans, l'installation dans divers endroits de Bucarest de plusieurs sculptures réalisées par l'artiste Ioan Bolbarea avait suscité des réserves, et même des quolibets, de la part de nombreux habitants de la capitale roumaine. Ces œuvres en métal ouvertement kitsch avaient été commandées au sculpteur par la municipalité moyennant plusieurs millions d'euros. Parmi les plus raillées, celle représentant l'empereur romain Trajan entièrement nu et tenant maladroitement une louve dans les bras trône devant le musée national d'histoire de Roumanie. Très vite, la sculpture a fait l'unanimité contre elle et a été surnommée *Nudiste avec chien*. Puis, en 2017, la queue du canidé a été volée. Et au moment de faire restaurer « l'œuvre », la mairie a découvert que Ioan Bolbarea l'avait fabriquée en laiton et non en bronze comme cela était prévu dans la commande. Après vérification, il s'est avéré que toutes les statues livrées par l'artiste étaient composées avec cet alliage de cuivre et de zinc. Sachant que 1 kg de laiton coûte près de trois fois moins cher que 1 kg de bronze, Ioan Bolborea est poursuivi pour escroquerie à hauteur de 18 millions de lei (3,7 millions d'euros).

Mercredi **17 août**

Saint Hyacinthe – On fête aussi les Carloman, Gulian, Alypius

À la Saint-Hyacinthe, j'ai les oreilles qui tintent.

EXPRESSIONS IMAGÉES

Se faire la malle

Aujourd'hui l'expression s'applique à toute personne qui s'en va. Mais savez-vous qu'à l'origine, quand elle est apparu dans les années 1930, elle qualifiait exclusivement une évasion de prisonnier ? La formule prenait alors un sens particulier puisque, par opposition à quelqu'un qui part en vacances en ayant préparé de nombreuses malles, le fuyard partait sans rien.

CAMÉRAS DE RUE

AU SERVICE DU CITOYEN

Anecdotes de sportifs

Marathon d'une vie

Éprouvé par le marathon de Stockholm de 1912 effectué sous une écrasante chaleur, le Japonais Shizō Kanakuri s'arrête pour demander à boire à des spectateurs. Bienveillants, ses hôtes lui proposent de se reposer et Kanakuri s'endort pour ne se réveiller que le lendemain. Honteux, il rentre au pays dans le plus strict anonymat et sera porté disparu pendant 40 ans. En 1967, il est conduit au stade olympique où il termine son épreuve et valide son temps officiel : 54 ans, 8 mois, 6 jours, 32 minutes, 20 secondes et 3 dixièmes.

PARADIS D'ARTISTES

Moret-sur-Loing

En 1882, le peintre Alfred Sisley s'installe à Moret-sur-Loing, en bordure de la forêt de Fontainebleau. Pendant près de vingt ans, jusqu'à la fin de sa vie, Sisley ne cesse de peindre les ruelles, les maisons aux façades Renaissance, le canal qui suit le cours du Loing et les paysages alentour. Passionné par les reflets changeants de la lumière, du ciel et de l'eau, l'artiste restitue les nuances et l'atmosphère du village à chaque saison. En témoignent quelques-uns de ses plus illustres tableaux comme *Le Pont de Moret* (1893), *Allée de peupliers aux environs de Moret-sur-Loing* (1890) ou encore sa série de l'église gothique Notre-Dame. Plus d'un siècle s'est écoulé depuis, et pourtant rien ou presque n'a changé à Moret. Décédé en 1899, Sisley repose dans le cimetière du village.

GLACIERS DU MONDE

Glaciers Fox et Franz Josef, Nouvelle-Zélande

Lové au cœur du parc national de Westland Tai Poutini, sur l'île sud de la Nouvelle-Zélande, le glacier Fox tient son nom anglo-saxon de William Fox, Premier ministre à l'époque de sa découverte en 1872. Long de 13 km, il continue de progresser, à l'inverse de la plupart des autres glaciers dans le monde. Alimenté par quatre glaciers alpins, ce géant possède une couverture épaisse de plusieurs centaines de mètres sur ses hauteurs. Aux côtés de son jumeau, le glacier Franz Josef (nommé ainsi en hommage à l'empereur d'Autriche), il fait partie d'une des zones glaciaires les plus accessibles du monde. Les randonneurs, trekkeurs et autres grimpeurs sont ainsi nombreux à se lancer sur ses pistes et ses pentes gelées, pour découvrir son incroyable paysage bleuté.

Soleil
lever : **6 h 47**
coucher : **21 h 00**

Sainte Hélène – On fête aussi les Helena, Hellen, Lana

À la Sainte-Hélène, vide ton bas de laine.

Dico Notto

PELLE, n. f.
Outil avec un long manche parfois confondu avec une perche à selfie.

PÉRIPATÉTICIENNE, n. f.
Professionnelle qui se porte comme un charme.

PÈSE-PERSONNE, n. m.
Balance qui dit la vérité sur votre poids.
Menteurs s'abstenir.

PHARMACIE, n. m.
Commerce de drogues dont certaines sont en libre service.

PICTOGRAMME, n. m.
Dessin simplifié pour être compris de tous.
Sauf des cons qui se garent sur la place handicapé.

Citations

Moins le poste que vous occupez sera élevé, plus votre absence sera remarquée.

Georges Courteline

Rétro Vermot

En rentrant de son travail, fatigué comme à l'accoutumée, un mari découvre avec étonnement un magnifique gâteau orné de 5 bougies sur la table de la salle à manger. Pourtant, lui semble-t-il, ce n'est l'anniversaire d'aucun des membres de la famille.

– Qu'est-ce qu'on fête ? demande-t-il à sa femme.

– La dernière robe que tu m'as achetée. Ça fait juste cinq ans aujourd'hui !

Question d'hygiène

Hygiène et moralité

Aux premiers siècles ap. J.-C., le traitement des textiles impliquait l'utilisation de l'urine humaine ou animale. L'ammoniaque que celle-ci contient servait en effet à dégraisser les tissus et à en fixer les couleurs. Ainsi, les foulons (artisans du textile) récupéraient l'urine des passants dans des jarres disposées devant leurs ateliers. Lorsque Titus, le fils de l'empereur Vespasien (69-79), désapprouva devant son père la taxe sur l'urine ainsi collectée, ce dernier lui aurait rétorqué : « *Pecunia non olet* », l'argent n'a pas d'odeur. Précisons qu'avant de prononcer cette réponse éloquente, Vespasien avait demandé à son ronchonneur de fils de sentir quelques pièces d'or provenant de cet impôt.

CERTAINS NAVIRES SONT PILOTÉS PAR SATELLITE

Pêche

À la pêche aux moules

La cueillette des moules se pratique à marée basse. Les rochers sont parfois totalement couverts de ces coquilles noires aux reflets bleuâtres, serrées les unes contre les autres. Les moules fixées y sont par des filaments solides (le byssus). Elles sont souvent abondantes et le pêcheur à pied a tout le loisir de choisir les coquillages. N'arrachez jamais les moules en grappes, non seulement parce que c'est interdit, mais aussi parce que les petites n'ont pas d'intérêt et secouées par les flots elles vont mourir rejetées sur la plage. La taille limite est de 4 cm. Détachez délicatement la moule du support et ne cueillez que les coquillages que vous allez déguster au prochain repas. Leur principale qualité est leur fraîcheur. À vous d'en profiter. Bon appétit !

Vendredi **19 août**

Saint Jean-Eudes – On fête aussi les Eudora, Guerric

Elle bâillait devant moi. Je lui ai dit : bâille-bâille. Sacha Guitry

Mots oubliés

Pantophile

Construit sur les deux mots grecs *pan* (tout) et *philia* (amour), le pantophile est celui qui aime tout. Le premier d'entre eux est sans doute Denis Diderot pour lequel Voltaire a inventé le mot afin de qualifier celui qu'il considérait comme « l'ami de toute chose ». Il est vrai que l'encyclopédiste était un touche-à-tout aussi curieux et précurseur que pédagogue.

M. et Mme Tique
Pharmaciens
ont la joie de vous annoncer
la naissance de leur fille

AIMÉE

Brèves régions

Haute-Marne/ Le curé sur TikTok !

Le père Vincent, curé de Nogent, a marqué le réseau social TikTok dès la création de celui-ci. En effet, ce jeune prêtre de la Haute-Marne a constaté que pour s'adresser aux jeunes, il fallait utiliser ce réseau social plutôt que tout autre. Il a donc commencé à publier des vidéos sur l'athéisme, l'homosexualité ou même la couleur de peau de Jésus qui sont devenues de vrais rendez-vous attendus de ses abonnés. Quelques mois seulement après son lancement, le compte du père Vincent comptait plus de 40 000 fidèles.

LE CHIFFRE 5

C'est l'âge, en milliers d'années, de la plus ancienne brasserie récemment découverte en Égypte sur le site d'Abydos, à l'est du pays. Quasi industrielle, elle était composée de huit « unités de production », de larges zones contenant chacune environ 40 grandes bassines en terre cuite servant à brasser la bière – au moins 22 400 litres en même temps. Le fait que les Égyptiens de l'Antiquité brassaient de la bière était déjà connu. Sa fabrication remonterait à l'ère de Narmer, vers 3200 av. J.-C. En 2015, l'autorité israélienne des antiquités avait d'ailleurs annoncé avoir trouvé sur un chantier de Tel Aviv des fragments de poteries servant à produire de la bière datant peu ou prou de cette période. Mais point de traces de brasserie ! Cette fois, les fouilles ont confirmé le postulat. Et les archéologues ont même une théorie pour expliquer la présence d'une telle brasserie sur ce site connu pour ses temples : sa production servait notamment à abreuver les rituels royaux qui avaient lieu à l'intérieur des sites funéraires voisins.

INJURES ANIMALIÈRES

Vipère lubrique !

La vipère n'a pas bonne réputation. C'est pourtant un beau petit serpent, amateur de campagnols. Et face à l'homme, il est plus prompt à fuir qu'à attaquer. Mais voilà, s'il mord, son venin peut être mortel, d'où le qualificatif de « vipère » attribué aux personnes méchantes et médisantes. Mais pourquoi « lubrique » ? Il fallait y penser car ce reptile ne se signale pas par une sexualité frénétique. L'expression a été inventée vers 1936 par Vychinski, procureur stalinien, pour caractériser et envoyer à la mort les opposants au régime. Et Staline lui-même l'a employée à l'encontre de Tito.

Saint Bernard – On fête aussi les Amadour, Samuel, Philibert

Soleil
lever : **6 h 50**
coucher : **20 h 56**

À la Saint-Bernard, pourquoi viens-tu si tard ?

Charade classique

Mon premier est une parcelle cultivée entouré de murs, de haies, etc.,

Mon deuxième fait tourner à gauche,

Mon troisième est un graffiti constituant un signe de reconnaissance,

Mon quatrième n'est donc pas laid,

Mon tout est l'une des humoristes préférées des Français.

CLAUDIA TAGBO (CLOS – DIA – TAG – BEAU)

Les idées reçues

LES NEURONES SE TROUVENT DANS LE CERVEAU

« C'est le moment de faire travailler tes neurones ! » dit le professeur de mathématiques à l'élève en lui soumettant une équation à résoudre. Par cette recommandation, il pense que la réponse ne peut lui venir qu'en faisant travailler son cerveau. Pourtant, l'étudiant pourrait lui répondre « vous avez raison, je vais aller déjeuner » ! En effet, un réseau de neurones situé dans les parois du tube digestif en régule les fonctions. Appelé système nerveux entérique, c'est le deuxième organe neurologique de notre corps et il fonctionne de façon indépendante des autres centres nerveux. Plus de 100 millions de neurones le composent, preuve qu'ils ne se situent pas tous dans la tête…

Animaux de BD – Snoopy

Compagnon de Charlie Brown, un gamin plein d'idées mais déprimé, Snoopy est le héros de *Peanuts*, le comic strip créé par Schulz en 1950. Et si son maître est timoré, le petit chien déborde d'activités – souvent rêvées depuis le toit de sa niche sur lequel il adore siester. Il se voit en aviateur de la Première Guerre mondiale, affrontant le Baron Rouge, ou en champion de tennis. Et il est le premier beagle à aller sur la Lune – ce qui conduira la NASA à baptiser *Snoopy* le module lunaire d'Apollo 10.

Quand la réalité dépasse la fiction

Elephant Man

Le film bouleversant de David Lynch, sorti en 1980, raconte l'histoire vraie de Joseph Merrick. Cet homme, dont le corps et le visage étaient terriblement déformés, vécut à la fin du XIXe siècle à Londres. Surnommé « Elephant Man », il était considéré par la plupart des hommes comme un phénomène de foire. Le film de Lynch s'inspire des *Mémoires* du Dr Frederick Treves, le médecin qui le soignait. À travers l'interprétation de John Hurt (Merrick) et d'Anthony Hopkins (Treves), David Lynch témoigne d'une part de l'humanité et de la tolérance de certains, qui voient derrière l'apparence effrayante de Merrick un homme doux et intelligent, et d'autre part de la cruauté de ceux qui le considèrent comme un monstre sans âme et sans sentiment. Le cinéaste s'est parfois un peu éloigné de la réalité pour construire son récit : par exemple, Merrick n'a pas appris aussi rapidement à parler que dans le film.

Dimanche **21 août**

Saint Christophe – On fête aussi les Gracia, Ahmed, Pie, Noémie

Ne faites pas à autrui ce que vous pouvez faire le jour même. Francis Blanche

L'ACTU

Détournement d'or noir

Un mois par an, la pêche à l'esturgeon, le poisson d'eau douce dont les œufs sont transformés en caviar, est autorisée sur le lac Winnebago, dans le Wisconsin, au nord des États-Unis. S'ils peuvent conserver leurs prises, les pêcheurs amateurs ont l'interdiction formelle de les revendre. Des gardes-pêche sont chargés de collecter les prises que les pêcheurs ne souhaitent pas garder afin de les donner à un programme de recherche sur cette espèce menacée. Une aubaine pour Ryan P. Koenigs, le biologiste responsable du programme : pendant plusieurs années, le scientifique s'est livré à un juteux trafic avec un restaurateur du coin. Censé étudier les œufs, le chercheur en détournait une bonne partie pour les donner au restaurant qui se chargeait de les transformer en caviar pour ses clients. En échange, le biologiste recevait une portion de « l'or noir » pour sa consommation personnelle. Menée en toute discrétion pendant quatre ans, une enquête du Service américain des poissons et de la vie sauvage a mis fin à sa savoureuse combine.

RÉBUS

Chansons françaises

BÉNITEMPÊTETIER

Tempête dans un bénitier (Georges Brassens)

Randonnées

LES FALAISES SOUBEYRANES, CASSIS

Accrochées au massif des Calanques, au sud de Cassis, ces falaises ocre sont les plus hautes falaises maritimes de France. Bordées par une Méditerranée azur, elles offrent aux randonneurs un panorama époustouflant autant qu'un défi ascensionnel. Le sentier qui les parcourt est vertigineux et rejoint à plusieurs endroits la route des Crêtes. Peu avant La Ciotat, on atteint le pic des falaises, à Bau Rous (394 m). De cette hauteur, le regard embrasse la grande bleue qui s'étend à perte de vue.

Citations

Plus t'as de pognon, moins t'as de principes. L'oseille, c'est la gangrène de l'âme.

Michel Audiard

LES LOGEMENTS AIRBNB À VENDRE FAUTE DE TOURISTES

Pour les intimes...

« Avant de m'habiller pour le bal, je veux encore te dire, cher ange adoré, que je me sens tout imprégné des bons moments que nous avons passés ensemble et de nos bingerles [ébats érotiques] délirants, qui nous ont fait jouir plus que jamais... » Ce passage, extrait d'une lettre rédigée en janvier 1869, est rédigé par l'un des hommes les plus puissants au monde à l'époque : le Tsar Alexandre II, qui est monté sur le trône des Romanov quinze ans auparavant. La missive est adressée à Catherine Dolgorouki, Katia pour les intimes, une jeune aristocrate de 29 ans sa cadette, rencontrée en 1866 dont il est tombé follement amoureux. La réponse n'est pas moins stupéfiante puisque Katia ose écrire : « Je n'en reviens pas du bonheur de t'avoir vu hier et avoir tant joui vraiment de ces délices n'a pas de nom. Et certes, rien au monde ne peut y être comparé. »

Lundi 22 août

Saint Fabrice – On fête aussi les Symphorien

Soleil
lever : **6 h 53**
coucher : **20 h 52**

À la Saint-Fabrice, tu veux que je bisse ?

BARBARA

chanteuse préférée des podologues

Notre langue fait des adeptes

Kø (norvégien)

Le nom masculin *ko*, emprunté du français *queue*, a subi un petit toilettage orthographique qui lui donne un air plus scandinave, mais la prononciation reste la même. En traversant la frontière, *queue* a perdu quelques sens, car *kø* ne signifie que « file d'attente » ou est employé dans le nom composé *biljardko*, « queue de billard ». Pour parler de la queue d'un animal, on emploie le nom masculin *hale*. Et pris dans son sens vulgaire de « pénis », *queue* se dit *pikk*. Quant à *queue de cheval*, on le traduit par *museflette*, « tresse de souris ».

L'humanité en chiffres

450

C'est le prix en millions de dollars du tableau le plus cher de l'histoire de l'humanité vendu en novembre 2017 : *Salvator Mundi* attribué sans certitude à Léonard de Vinci. Les records précédents ont été établis en 2015 avec deux toiles vendues chacune 300 millions de dollars : une peinture de Paul Gauguin et une de Willem de Kooning. Des fortunes qui n'ont malheureusement pas profité aux artistes...

Ça s'est passé

Le 22 août 1922

Naissance à Paris de l'actrice Micheline Presle qui a 79 ans de carrière au cinéma. C'est la mère de la réalisatrice Tonie Marshall.

LES ÉMISSIONS RADIO MYTHIQUES

Les Grosses Têtes

Ce monument de la radio diffusé sur RTL est né le 1er avril 1977. S'inspirant des Incollables, un rendez-vous radiophonique à succès, Les Grosses Têtes ont été imaginées par Jacques Martin et Philippe Bouvard. Tout le monde connaît le principe : le maître de cérémonie est entouré de quelques humoristes auxquels il pose des questions de culture générale. L'objectif est moins d'obtenir une réponse que de leur permettre de raconter à peu près tout et n'importe quoi pour le plus grand plaisir de son 1,5 million d'auditeurs quotidiens. Impossible de mentionner les dizaines de sociétaires, plus illustres les uns que les autres, qui ont accompagné Philippe Bouvard pendant ses 37 années d'émission. Citons seulement les « historiques » : Roger Pierre, Jacques Balutin, Sim, Olivier de Kersauson, Jean Yanne, Thierry Le Luron, Léon Zitrone, Alice Sapritch, Sophie Desmarets, sans oublier l'un des pionniers, l'académicien Jean Dutourd. Depuis 2014, Laurent Ruquier a succédé à Philippe Bouvard qui, malgré ses 84 printemps, serait bien resté encore un peu !

Soleil
lever : **6 h 54**
coucher : **20 h 50**

Mardi **23 août**

Sainte Rose de Lima – On fête aussi les Rosa, Rosy, Rosemonde

Déluge en août, vacances en banqueroute.

Citations

La moitié des Français est tentée pour faire du naturisme… Le problème, c'est que ce n'est jamais la bonne moitié.

Mathieu Madénian

Étymologie

Perroquet

C'est parce qu'on lui donnait souvent le surnom de *Perrot*, diminutif de Pierre (à rapprocher de *Pierrot*, « petit Pierre »), que ce bel oiseau coloré a fini par s'appeler « perroquet ». D'abord apparu sous la forme *paroquet* au XIVe siècle, *perroquet* a évincé les anciens noms de l'oiseau *papegail*, *papegaut*, qui ont disparu de l'usage au XVIe siècle, mais que l'allemand a gardé. *Perroquet* se dit *Papagei* en allemand et c'est pour cela que l'oiseleur de *La Flûte enchantée* de Mozart s'appelle Papageno…

VERMOT'ROSCOPE

VIERGE (23 août – 22 septembre)

Caractère

Posé, réfléchi, ancré, logique, méticuleux, précis, perfectionniste, discipliné, volontaire, serviable, disponible, travailleur, dévoué, idéaliste, fiable, prudent, cérébral, critique, entier, calculateur, réservé, timide, distant, maniaque, nerveux, angoissé.

Le message des astres

Cette année, Jupiter, Neptune et même Uranus seront vos alliées. Au programme, de nouvelles rencontres, des contacts passionnants et captivants qui vous transporteront ou vous ouvriront de nouvelles portes ou de nouveaux horizons.

Vie relationnelle

Ce sera une année particulièrement riche humainement. Vous croiserez la route de personnes hautes en couleur et cela vous réjouira. Attendez-vous à ce que votre vie sociale ou amicale soit secouée et boostée par les influx planétaires du moment.

Amour

À deux, très belle période au cours de laquelle vous donnerez du sens à votre vie conjugale. Pour certains, il sera question d'officialiser une relation qui « n'attendait » que cela. Pour d'autres, 2022 sera idéale pour lancer de nouveaux projets en amoureux. Au fil des mois, l'épanouissement et l'équilibre vous donneront pêche et enthousiasme.

Célibataire, vous tournerez une page pour écrire un nouveau chapitre de votre vie sentimentale. À vous d'ouvrir les yeux et d'être attentif aux personnes qui passeront dans votre vie et qui seront susceptibles de bousculer vos habitudes ou de faire vibrer votre cœur.

Famille

Vous ferez des efforts pour être plus proche de votre entourage. Vous vous donnerez les moyens de passer un peu plus de temps avec certains membres de votre famille. Le printemps sera propice aux échanges constructifs et harmonieux.

Quotidien et vitalité

Certains de vos projets vous amèneront à faire de belles rencontres. Ainsi, au fil des mois, vous élargirez vos horizons et vous vous ouvrirez à d'autres influences. Ce sera une belle année pour découvrir de nouveaux domaines. Tout comme 2021, vous pourrez compter sur une grande résistance qui vous permettra de passer les échéances de l'année.

Budget

Vous serez satisfait de votre situation, ce qui ne vous empêchera pas de faire preuve de prudence en faisant vos comptes régulièrement. Certains profiteront de leur stabilité financière pour améliorer leur intérieur, notamment courant du printemps et de l'été.

Comment optimiser votre année ?

Soyez à l'écoute des autres. Restez dans l'échange. Ouvrez-vous à d'autres horizons. Acceptez et accueillez l'imprévu. Faites la chasse aux habitudes.

Mercredi 24 août

Saint Barthélémy – On fête aussi les Argan, Nathanaël

Soleil
lever : **6 h 56**
coucher : **20 h 48**

À la Saint-Barthélémy, bien le bonjour aux amis !

Ça s'est passé Le 24 août 1422

Attaque de Constantinople, l'ancienne Byzance, par les Ottomans dirigés par Mourad II. Son siège, puis sa chute auront lieu en 1453 sous le règne de Mehmet II.

Musique

Conte de fées
L'image de l'artiste qui galère sérieusement avant de connaître le succès, en voilà un cliché ! Et pourtant, parfois, cela se vérifie, notamment dans le cas de Zaz. À ses débuts, la chanteuse ne roulait pas sur l'or : avec six mois de loyers impayés, elle risquait même de finir à la rue. Heureusement, la sortie de son premier album a bouleversé la situation. Avec son disque certifié « diamant », Zaz a pu aspirer à la tranquillité foncière du jour au lendemain en s'achetant une maison.

Brèves régions

Val-de-Marne/Les roses de l'Haÿ

En 1894, alors que cette petite commune ne s'appelle que L'Haÿ, un spécialiste des roses du nom de Jules Gravereaux (1844-1916) y crée la toute première roseraie du monde. Il suffit de quelques années pour asseoir la réputation de l'endroit et, en 1914, cette petite commune de la banlieue sud de Paris devient L'Haÿ-les-Roses. Aujourd'hui, la roseraie du Val-de-Marne abrite près de 3 300 variétés de rosiers (contre 8 000 à l'époque de Gravereaux) sur une surface de 1,52 ha. Les fleurs y sont classées par collections : roses sauvages, roses cultivées, roses d'hier et d'aujourd'hui, roses d'ici et d'ailleurs…

REMETTEZ DANS L'ORDRE LES 5 CASES DE CETTE PETITE HISTOIRE.
SOLUTION : 3, 2, 4, 1, 5

Énigmes

Un artiste-peintre est retrouvé mort à son domicile, abattu d'une balle dans l'estomac. La police questionne six suspects : Martine, Alex, Paco, Paul, Nicole et Emma, et essaie de comprendre pourquoi l'assassin a laissé des petits mots dans certains endroits de la propriété. Chaque mot porte le même message disant qu'un indice se trouve dans cette pièce. Mais les enquêteurs n'ont trouvé aucun indice et il semble que l'assassin se soit moqué d'eux. Un des messages se trouvait dans la cuisine, un autre dans l'atelier de l'artiste, un troisième dans l'office et le dernier dans le patio. Pouvez-vous aider la police ?

Solution : Les premières lettres des pièces, remises dans l'ordre, épellent le nom de l'assassin : Paco.

Jeudi 25 août

Soleil
lever : **6 h 57**
coucher : **20 h 46**

Saint Louis – On fête aussi les Ebba, Genès, Lewis

La Saint-Louis, le jour où tu m'as dit « oui » !

Citations

À partir de soixante-dix ans, l'examen de conscience remplace avantageusement le jogging. On s'essouffle moins à courir après sa vérité que derrière sa jeunesse.

Philippe Bouvard

DICO NOTTO

PIERRE, n. f.
Rocher atteint de nanisme.

PILE, n. f.
Énergie en conserve.

PINCE À LINGE, n. f.
Grâce à elle, vos vêtements ne tiennent qu'à un fil.

PLAGE, n. f.
Litière géante en bord de mer pour les chats.

POÉSIE, n. f.
Tendresse, fantaisie et émotion à apprendre et à réciter par cœur tous les lundi devant la classe.

Citations

La différence entre un bébé qui tète et un premier prix d'horticulture potagère est que le premier est un souffleur de chair chaude et le second un chou-fleur de serre chaude.

Marcel Duchamp

Généalogie

Recensement commenté

« Ce jeune homme est joueur, fainéant, il a tout l'air de devenir un mauvais sujet. Il mérite d'être surveillé », « Paralysé et imbécile, il est à l'hôpital général », « Il a quitté sa femme depuis huit ans, il est du côté de Paris », « Ils vivent ensemble sans être mariés », « sa femme décampa il y a six ans avec un officier napolitain »… Voici quelques-uns des commentaires surprenants que l'on peut trouver dans le recensement de Nîmes réalisé en 1813. Rien n'échappait à cet ancêtre de Big Brother, le très zélé recenseur devenu censeur et redresseur de torts, surtout quand il s'agissait d'évoquer la moralité de ses concitoyens. Ce document tout à fait inhabituel fait aujourd'hui le bonheur des généalogistes qui apprennent ainsi moult détails sur leurs ancêtres qui vécurent à Nîmes.

Cultures fruitières

La framboise

Pendant longtemps, les framboises ne furent pas les bienvenues sur nos tables. C'était, disait-on, un fruit très banal, un vulgaire fruit de ronce, tout au plus, bon pour les écoliers ou pour des paysans. On ne les y admit qu'au XVIIe siècle et encore seulement pour assaisonner certains plats. À la fin du XVIIIe siècle, les framboises ne se mangeaient pas encore seules, mais on les acceptait mélangées à des fraises et des groseilles. Un grand pas avait été fait. On en fit ensuite de la confiture, dont le parfum fut très apprécié. Et le fruit prit naturellement ses lettres de noblesse.

Sainte Natacha – On fête aussi les Eulade, Césaire, Herluin

Soleil
lever : **6 h 59**
coucher : **20 h 44**

À la Sainte-Natacha, on s'est connus sur un t'chat.

CHIFFRES ET EXPRESSIONS

Monter les marches quatre à quatre

Sachant que la hauteur habituelle d'une marche d'escalier est d'environ 20 cm, monter quatre marches à la fois représente une prouesse qui nécessite agilité, puissance et endurance. On peut donc en conclure qu'il faut une bonne motivation et une urgence certaine pour faire des bonds de 80 cm de hauteur dans l'ascension d'un escalier en montant les marches « quatre à quatre ».

Bibliophiles

Nouvelles en trois lignes, Félix Fénéon (Mercure de France, 2015)

« Émilienne Moreau, de la Plaine-Saint-Denis, s'était jetée à l'eau. Hier elle sauta du quatrième étage. Elle vit encore, mais elle avisera. » Entre 1904 et 1906, Félix Fénéon, journaliste pour Le Matin, tient la rubrique des chiens écrasés. Esprit fort, anarchiste et poète, il en fait le rendez-vous quotidien des amateurs de mots, de burlesque ou d'absurde. Comme on réduit en cuisine un bouillon trop liquide, Fénéon travaille le fait divers à l'os. Le résultat est féroce, cynique, toujours étonnant. « À Oyonnax, Mlle Cottet, 18 ans, a vitriolé M. Besnard, 25 ans. L'amour, naturellement. »

BIÈRES

Colomba de la brasserie Pietra

Couleur paille fraîche et mousse persistante pour cette bière blanche corse à fermentation basse, issue d'un mélange de malts d'orge et de froment. Le secret de son doux parfum de maquis corse ? Une préparation d'herbes et épices est infusée dans la cave à houblonner, ce qui donne à Colomba sa délicate typicité. Avec une faible amertume et des notes subtilement fruitées, elle a été récompensée de la médaille d'or des bières aux fleurs et/ou aux plantes au Concours général agricole de Paris 2020, et aux World Beer Awards 2016.
Alcool : 5 % vol.

ÇA C'EST FAITS DIVERS

Starsky et Huch version losers

Alors qu'elle effectuait des contrôles routiers dans les environs de Mérignac, en Gironde, une patrouille de gendarmerie est tombée sur un véhicule qui, refusant de s'arrêter, a pris la fuite. Son numéro d'immatriculation a immédiatement été transmis au central (« Zebra 3, Zebra 3 »…) et, curieusement, la voiture a réapparu dans l'autre sens une heure plus tard. Cette fois, la mise en place d'un « stop-stick » a permis de crever les pneus du véhicule, qui a été immobilisé. À bord, deux frères ivres d'une trentaine d'années prénommés… Starsky et Hutch. Ça vous dit quelque chose ? « Starsky et Hutch, Starsky et Hutch/ Des nouveaux chevaliers au grand cœur/ Mais qui n'ont jamais peur de rien… » : un générique célèbre qui a marqué des générations de téléspectateurs ! Mais ces deux-là n'avaient pas la dégaine de flics californiens des *seventies* et encore moins LA Ford Gran Torino rouge zébrée de blanc. En revanche, ils s'appelaient vraiment Starsky et Hutch !

Samedi **27 août**

Sainte Monique – On fête aussi les Mona, Guérin

À la Sainte-Monique, casse pas la boutique.

FOLLES RUMEURS
Richard est zoophile

Cela pourrait ressembler à une fable : le renard argenté d'Hollywood et la gerbille. Mais ne nous trompons pas, cette histoire est interdite aux moins de 18 ans (enfants et jeunes ados, passez votre chemin). L'acteur à succès Richard Gere aurait été admis aux urgences de Los Angeles avec un rongeur (la fameuse gerbille) coincé… dans le rectum – suivant une pratique sexuelle, confidentielle à n'en point douter mais connue sous le nom de gerbilling. Le ragot est évidemment énorme et peu crédible quand on sait que la star vivait à ce moment-là avec le top Cindy Crawford ! Et surtout, Richard a totalement nié. Mais la rumeur a suffisamment circulé pour que Robbie Williams en parle dans sa chanson I tried love.

Dis papy c'est quoi ?? et ça c'est quoi ?
Est-ce que les satellites peuvent nous tomber dessus ?

Le satellite est propulsé à l'altitude désirée (fusée ou navette) puis reste en orbite autour de la Terre, en équilibre entre la gravité de celle-ci et le vide sidéral qui l'attire. S'il venait à retomber, il brûlerait en entrant dans l'atmosphère et ne toucherait pas le sol. Heureusement pour nous en ces temps où Elon Musk les expédie par dizaines au-dessus de nos têtes !

mamie c'est quoi ??

Rétro Vermot

Chez le coiffeur, entre un type plutôt sale, les cheveux sur les épaules et dans un état douteux.
– C'est ici que je suis venu la dernière fois pour me faire couper les cheveux ?
– Ça, je ne saurais le dire, répond le coiffeur, je ne suis ici que depuis trois ans !

LE WICKING BED

Il s'agit d'un bac à réservoir d'eau, largement utilisé en permaculture aux abords des maisons ou sur les balcons, notamment pour cultiver des aromatiques. Il est facile à créer à partir d'un bac étanche en plastique, en général assez grand. On place verticalement et dans un coin un tuyau PVC, coupé en biais à la base. On verse dans le fond une couche de billes d'argile (environ 10 cm) et on la couvre d'un film géotextile. Ensuite, on remplit de terre enrichie de compost. Il reste à semer ou à planter. On verse de l'eau par le tuyau et elle remonte dans la terre par capillarité, assurant une autonomie de 2 ou 3 semaines. En surface, on couvre de paille, en ajoutant des épluchures, pour nourrir le sol. On construit aussi des wicking beds en bois (avec membrane étanche) de 2 ou 3 m de côté.

PERMACULTURE

Dimanche 28 août

Saint Augustin – On fête aussi les Linda, Hermès, Elouan

Soleil
lever : **7 h 01**
coucher : **20 h 40**

Quand je dis que ma richesse est intérieure, je veux dire que mon argent est dans un coffre.
Philippe Geluck

COVID ET CINOCHE

Mots oubliés
Patte-pelu

Le flatteur, qui vient vous caresser de sa patte douce et soyeuse comme des poils pour parvenir sournoisement à ses fins, est un hypocrite, un « patte-pelu ». La Fontaine, dans *Le Chat et le Renard*, parle de ces deux animaux comme de « francs patte-pelus qui, des frais du voyage, croquant mainte volaille, escroquant maint fromage, s'indemnisaient à qui mieux mieux. »

CHANSONS VOYAGEUSES

Pas son genre

On attribue généralement à Édith Piaf la création de *Mon légionnaire*. Pourtant, même si elle demeure l'interprète la plus célèbre de cette chanson écrite par Raymond Asso et Marguerite Monnot, le titre a bel et bien été créé par Marie Dubain en 1936. *Mon légionnaire* a été reprise depuis par Viktor Lazlo, Ellen Foley sur un mode lyrique et Raquel Bitton dans une version jazz. Mais c'est surtout Serge Gainsbourg qui a marqué les esprits, donnant un sens homosexuel à cette grande chanson d'amour.

RECETTE
Cookies aphrodisiaques au gingembre et aux deux chocolats

Pour 4 à 6 pers. — 20 min de préparation — 15 min de cuisson

- 60 g de chocolat blanc
- 60 g de chocolat noir
- 100 g de beurre salé (à température ambiante)
- 60 g de sucre semoule
- 1 œuf
- 100 g de farine
- 50 g de poudre d'amandes
- 1 petit morceau de gingembre frais

Préchauffez le four à 180 °C (th. 6). Concassez les chocolats en pépites.
À l'aide d'un batteur électrique, mélangez le beurre pommade et le sucre pendant 2 ou 3 min jusqu'à obtenir une préparation crémeuse et légère. Ajoutez l'œuf et fouettez encore quelques secondes. Ajoutez la farine tamisez et la poudre d'amandes puis mélangez bien. Râpez le gingembre et mélangez encore une fois la pâte avant d'incorporer les deux chocolats en pépites.
Recouvrez la plaque du four de papier sulfurisé et déposez des petits tas de pâte en les espaçant bien. Aplatissez-les légèrement à l'aide du dos d'une cuiller et enfournez pour 15 min.

Si l'on prête des vertus aphrodisiaques au gingembre, sachez qu'il est surtout excellent pour la santé en général.

Pierres précieuses

Les œufs de Fabergé (I)

Non, vous ne vous trompez pas : le nom Fabergé est d'origine française. Le grand-père du futur Karl Fabergé, créateur entre autres des fameux œufs de Pâques, a quitté sa Picardie natale lors de la révocation de l'édit de Nantes par Louis XIV (1685). La famille s'installa alors dans la région de la Baltique. Deux siècles plus tard, l'atelier ouvert par le fils, Gustave, deviendra la plus grande bijouterie-joaillerie d'Europe. Le premier « Œuf à la poule » est en or et renferme une délicate petite poule, elle aussi en or, aux yeux de rubis, qui à son tour abrite une minuscule couronne ornée de diamants.

Septembre se nomme le mai de l'automne. Proverbe français

Étymologie

Praline

Ce n'est pas César de Choiseul, comte du Plessis-Praslin (1598-1675), qui créa la recette de la praline, cette confiserie faite d'une amande torréfiée enrobée d'un caramel diversement coloré et parfumé, mais son chef de cuisine, Clément Jaluzot. Celui-ci aurait vu un jeune commis grignoter ensemble une amande et du caramel. Il eut alors l'idée d'associer les deux. La confiserie remporta un tel succès auprès du comte que le cuisinier ouvrit, à Montargis, une confiserie qu'il appela « La maison de la prasline ».

Bon anniversaire

Louis Nicollin

Dans le milieu sportif, tout le monde l'appelait « Loulou ». Entrepreneur du secteur du nettoyage, de la collecte et du traitement des déchets, il dirigeait le groupe Nicollin fondé par son père et était une vraie figure emblématique de la ville de Montpellier. En 1974, il devient président du club de football amateur Montpellier la Paillade Sport Club Littoral qu'il fera progresser année après année jusqu'à remporter le championnat de France D2 en 1987, une coupe de France en 1990 et la Ligue 1 en 2012. Louis Nicollin était un homme de cœur qui ne limitait pas ses actions d'encouragement au ballon rond. Il fut également mécène du rugby, du basket, du handball et président de la Fédération française de joute et sauvetage nautique. Il disparut le 29 juin 2017, jour de ses 74 ans.

Citations

Faire parler un homme politique sur ses projets et son programme, c'est comme demander à un garçon de restaurant si le menu est bon.

Jean Dutourd

CHIFFRES ET EXPRESSIONS

Ne dormir que d'un œil

Les expressions liées au sommeil font appel à plusieurs sens. Quand on est dans un sommeil profond, il est courant de dire qu'on dort « sur ses deux oreilles », c'est-à-dire qu'on n'entend absolument rien. En revanche, quand le sommeil est léger, on ne dort « que d'un œil » comme si le second continuait de veiller. Malheureusement, ni l'un ni l'autre n'est possible dans la réalité…

FOOTBALL

DES FILLES DANS LA LÉGENDE

En 2004, l'Olympique Lyonnais devient le premier club français à offrir des contrats professionnels à ses joueuses. Le club lance alors sa révolution et investit sur ses filles. Occupant la troisième place pendant les deux premières saisons qui s'ensuivent, le club est champion de France en 2007. Il n'a plus été vaincu depuis, décrochant record sur record : quatorze titres consécutifs de champion de France, trois d'entre eux avec 100 % de victoires, l'OL féminin n'a perdu que cinq matchs sur cette période. Entre mars 2010 et mai 2013, l'OL est resté invaincu pendant 122 matchs. Une domination qui s'étend à l'Europe. Les Fenottes ont remporté sept des dix dernières Ligues des Champions, record de l'épreuve, et ont décroché les cinq dernières de manière consécutive. Une performance jamais réalisée, même chez les hommes.

Mardi **30 août**

Saint Fiacre – On fête aussi les Fantine, Edern, Juvénal

Soleil
lever : **7 h 04**
coucher : **20 h 36**

Ta main lave ma main qui lave ta main. Proverbe estonien

Brèves régions

Seine-Maritime/ Franck Dubosc

Né à Grand-Quevilly en 1963, le comédien et réalisateur Franck Dubosc est en grande partie d'origine normande, ses ancêtres étant issus pour la plupart de tous les départements de la région. C'est en Normandie que sa passion se définit clairement, au conservatoire de Rouen où il fait la connaissance de Valérie Lemercier, Virginie Lemoine et Karin Viard. Malgré sa célébrité, il reste aujourd'hui très attaché à ses origines. Il était particulièrement heureux de revenir au Havre en 2008 pour le tournage du film *Disco* dont la célèbre scène du jogging a été tournée à la plage où l'on reconnaît très bien la promenade de la ville.

INJURES ANIMALIÈRES

Pas folle, la guêpe !

L'insecte en question, c'est à l'origine Arletty, dans Circonstances atténuantes, *de Jean Boyer (1939), qui vante avec un sourire enjôleur sa propre finesse intellectuelle (« parce qu'il y en a, là-dedans ! ») auprès de La Sentence (Michel Simon). Avec cette brillante réplique (signée Yves Mirande), elle reprend, en la modifiant, une expression plus ancienne, « pas bête, la guêpe ! », usitée depuis le milieu du XIXe siècle. La comparaison va comme un gant, si l'on ose dire, à la belle Arletty, étant donné sa taille fine – et ce, sans qu'elle ait besoin de porter de guêpière !*

ARNAQUES À LA VACCINATION

L'ACTU

La course funèbre

Importée de Chine et instaurée depuis au moins cinq siècles au Japon, O bon (ou Ura bon) est une fête bouddhiste honorant les esprits des défunts. Selon la tradition, c'est au mois d'août de chaque année que les âmes des morts reviennent dans le monde des vivants et rendent visite à leur famille. À cette occasion, des millions de Japonais regagnent leur village natal pour bénir les âmes de leurs ancêtres. Mais pour certains, ce voyage, parfois à l'autre bout du pays, n'est pas possible. Alors, pour que chacun puisse dignement honorer ses morts, des compagnies de taxi proposent un nouveau service : moyennant 30 euros en plus du tarif de la course, les chauffeurs se rendent sur les tombes indiquées par leurs clients et prononcent quelques prières de leur part. Comme preuve de la visite, le client reçoit une photo de la tombe. Si la plupart des médias nippons ont encensé cette belle initiative, certains observateurs n'ont pas manqué de s'étonner : des temples étant installés à proximité, voire à l'intérieur des cimetières japonais, ne serait-ce pas plus simple, plus économique et même plus écologique, de demander à leurs personnels de s'occuper de ce service ?

DICO NOTTO

PORTE D'ENTRÉE, n. f.
Au recto.
Au verso, c'est une porte de sortie.

POUR, adv.
Groupe de personnes qui est contre le CONTRE.

POSTER, n. m.
Tableau du pauvre.

PRÉSERVATIF, n. m.
Dispositif protectionniste et conservateur.

PRÉSIDENT, n. m.
Personne assise en bout de table qui déclare « je préside » tandis que les autres autour travaillent.

Soleil
lever : **7 h 06**
coucher : **20 h 34**

Mercredi **31 août**

Saint Aristide – On fête aussi les Aidan, Aricie, Zaïdane

À la Saint-Aristide, le ménage par le vide !

Ça s'est passé

En août 1722

Fin de l'épidémie de peste de Marseille. La peste était réapparue en Provence et dans le Languedoc en 1720 apportée par un navire revenant de Syrie.

Meilleurs Ouvriers de France

Groupe X, coiffure

Maxime Dubois, 32 ans, dirige un salon de coiffure en Alsace depuis dix ans. Lors de l'épreuve finale du concours, il a dû coiffer quatre personnes en réalisant une coiffure de mariée et une coiffure de soirée: il a ainsi proposé des réalisations originales dans leurs volumes, artistiques, spectaculaires. Les deux autres coiffures étaient une coupe homme avec rasage de la barbe, et une coupe courte pour femme : il s'agissait d'obtenir avec des coupes ordinaires un résultat extraordinaire aux finitions parfaites !

La gaffe de l'Histoire

Ministre des gaffes

Pendant les deux ans où elle a été ministre des Sports, Valérie Fourneyron a accumulé les gaffes. Elle s'est notamment réjouie des performances « en judo » de l'escrimeuse Laura Flessel, a confondu Cristiano Ronaldo et Ronaldo en présence de ce dernier à l'ambassade du Brésil et a félicité « Thierry Tamgho » (qui s'appelle Teddy) pour son titre de champion du monde de triple saut.

PROBLÈMES DE MATHS DU CERTIFICAT D'ÉTUDES

L'Occitanie a été le théâtre d'inondations suite à de fortes pluies. Les précipitations ont atteint 468 ml/m² en 24 h.

Quel volume d'eau (en litres) est-il tombé sur un terrain de tennis de 36 m de long et 18 m de large en ½ journée ?

Calculer ensuite le volume d'eau (en m3) tombé en une journée sur un terrain de 3 ha.

Solution : 468 ml = 0,468 l donc (0,468 × (36 × 18)) ÷ 2 = 151,632 l.
3 ha = 30000 m² ; 0,468 × 30000 = 14040 l = 14,04 m³.

Faits divers biologiques

Dents de fer

Et si le personnage de Requin, l'ennemi aux dents de fer de James Bond, existait dans la nature ? *Cryptochiton stelleri*, chiton pour les intimes, est un mollusque brouteur vivant sur les côtes du Pacifique Nord. Sa taille peut aller jusqu'à 36 cm et son poids jusqu'à 2 kg. Sa particularité est de posséder plusieurs dizaines de rangées de dents composées d'une zone pointue constituée de magnétite. Ce minéral ferromagnétique se retrouve à l'état naturel dans la croûte terrestre et pourrait aussi jouer un rôle dans la perception du champ magnétique chez les êtres vivants. Notre ami chiton est l'un des rares animaux à en produire, ce qui confère à ses dents une dureté unique.

À la Saint-Gilles, reste tranquille.

0,90 €

Les Sportifs

1er septembre 2022

C'est la rentrée ?

Le mois de septembre semble rimer avec cartables, rentrée et petits écoliers (non, pas les biscuits). Mais depuis quand le retour des enfants sur les bancs de l'école a-t-il lieu à cette date ? Pour répondre à la question, il faut repartir en vacances ou plutôt revenir à l'histoire des grandes vacances. Celles-ci font leur apparition au XIIIe siècle. Depuis longtemps, les élèves désertent les salles de classes durant l'été pour aller prêter main forte à leurs parents dans les champs. En 1231, le pape Grégoire IX impose donc la fermeture des établissements d'enseignement durant la saison des moissons, soit d'août à septembre. La tradition perdure tant que l'agriculture tient le haut du pavé en France. Puis, avec l'arrivée des congés payés en 1936 et la baisse de la prépondérance des métiers agricoles, le calendrier change et le repos estival s'adapte progressivement aux beaux jours et à l'essor de l'activité touristique pour devenir ces fameuses « grandes vacances » et durer de fin juin à début septembre.

Faut vendanger !

Septembre est souvent la saison des vendanges. La date est d'ailleurs officialisée dans chaque vignoble grâce au ban des vendanges, un arrêté préfectoral déterminant le commencement de la récolte. En général, c'est la Provence et le Languedoc-Roussillon qui ouvrent le bal dès la fin août, suivis par la vallée du Rhône et le Beaujolais, la Bourgogne et enfin la Champagne. Cognac et Charente clôturent la période, début octobre. Dans l'hémisphère sud, dans les vignobles du Chili, tout s'inverse : les vendanges se déroulent en mars !

Soleil
lever : **7 h 08**
coucher : **20 h 30**

Vendredi **2 septembre**

Sainte Ingrid – On fête aussi les Ingeborg

Déjà septembre. Finies les vacances ! L'école recommence ! Marie Litra

Rétro Vermot

Bernadotte, roi de Suède, disait toujours : « Je veux ». Avec mille précautions son chambellan lui fit remarquer que les souverains disaient : « Nous voulons ». Par exemple : « Nous voulons notre cheval ; nous voulons notre voiture. »
Le lendemain, le roi se heurte à un meuble, et le chambellan, le voyant boiter, lui dit :
– Votre Majesté est souffrante ?
– Ce n'est rien ! dit le roi ; mais, deux heures plus tard, en se frictionnant le genou, il déclare :
– Nous avons toujours mal à la jambe.
Le chambellan, un peu étonné dit :
– Mais, Sire, je n'ai pas mal.
– Ah ! fit Bernadotte. Quand il s'agit du cheval, il est à nous ; mais quand il s'agit du mal, il est seulement à moi. Étrange…

Les idées reçues

UNE PLANTE DANS UNE CHAMBRE RARÉFIE L'OXYGÈNE LA NUIT

La journée, une plante verte transforme le CO_2 en oxygène, c'est le principe de la photosynthèse. La nuit, c'est l'inverse, car la plante respire comme tout être vivant. À tel point que beaucoup de personnes évitent de mettre des plantes dans les chambres pour ne pas manquer d'oxygène pendant le sommeil. Dans les établissements de soins, les plantes apportées aux malades sont même régulièrement sorties la nuit. Pourtant, à poids égal, la respiration d'un végétal est largement inférieure à celle de l'animal que nous sommes. Et quand bien même, il faudrait une très grosse plante du poids d'un être humain pour équivaloir à un individu respirant dans le même espace clos. Or dormir à deux ou plus dans une même pièce n'a jamais asphyxié personne !

CHANSONS VOYAGEUSES

La star polyglotte

Nana Mouskouri est un cas unique dans le milieu de la musique. Forte d'une carrière commencée en 1958 et menée de front dans plusieurs pays, la chanteuse grecque a non seulement interprété pas moins de 1 500 chansons mais elle est l'artiste la plus polyglotte du monde. Ainsi, on peut écouter Nana Mouskouri chanter en 13 langues : en français, en grec, en anglais, en allemand, en néerlandais, en italien, en espagnol, en portugais, en japonais, en gallois, en chinois, en hébreu et en corse.

GLACIERS DU MONDE

Glacier Margerie, Alaska, États-Unis

Situé en Alaska, dans le parc national de Glacier Bay, le glacier Margerie est long de 34 km. Nommé d'après le géologue et géographe français Emmanuel de Margerie, ce glacier a la particularité d'être composé d'eaux de marée du fait de sa proximité avec les océans. Préservé par l'Unesco depuis 1992, ce site impressionnant est régulièrement visité par des voyageurs du monde entier, qui découvrent ses versants vertigineux grâce à des croisières touristiques. À l'inverse de la plupart de ses semblables, ce glacier apparaît stable. Des études géologiques ont permis de déterminer la présence de dépôts de cuivre importants dans la roche du glacier. La zone de Glacier Bay, aujourd'hui très découpée en plusieurs glaciers et fjords, était jusqu'au XIXe siècle un seul et même gigantesque glacier.

Saint Grégoire – On fête aussi les Grégory, Auxane, Euxane

Soleil
lever : **7 h 10**
coucher : **20 h 28**

À la Saint-Grégoire, on se voit ce soir ?

RÉBUS
Chansons françaises

Danse, danse, danse, danse

La dernière danse (Michel Sardou)

Citations

Il y a deux sortes d'hommes politiques : ceux qui usent de la langue pour dissimuler leurs pensées, et ceux qui en usent pour dissimuler leur absence de pensée.

Jan Greshoff

Dico NOTTO

PROCRASTINER, v.
L'auteur remet la rédaction de cette définition à demain.

PROTUBÉRANCE, n. f.
C'est un petit bout qui pousse sur le gros bout.

PYROMANE, n.
Amateur de barbecue en plein air qui s'enflamme pour un rien.

QUADRICEPS, n. m.
Quatre muscles en un.

QUASIMODO n. pr.
Presque Brad Pitt.

FOLLES RUMEURS

Michael, champion de la rumeur

Être victime de rumeurs semble être le prix à payer quand on est une star. Michael Jackson en savait quelque chose : on a dit de lui qu'il vivait dans un caisson à oxygène pour ne pas vieillir ; qu'ému par le sort de Joseph Merrick (alias Elephant Man) il aurait essayé d'acquérir les os du défunt ; qu'il se serait converti à l'islam sous le nom de Mickaeel ; qu'il serait le père naturel de Connor, fils adoptif de Tom Cruise et Nicole Kidman et, plus classique, qu'il ne serait pas le père de ses enfants. Tout ceci a été nié en bloc par le chanteur lui-même. En revanche, la dernière rumeur en date n'a pas encore été démentie : Michael, officiellement mort le 25 juin 2009, serait encore vivant…

Énigmes

Le corps mutilé d'un homme a été retrouvé dans le parc de la ville de Centcrime. La police a examiné les vidéos enregistrées par les caméras de surveillance aux alentours du parc et cinq personnes ont été interpellées : Alain Pliqué qui est entré dans le parc à 10 h, Marc Assin qui s'y trouvait à 15 h, Annie Croche à 19 h, Adam Dur à 21 h et Aude Aces à 22 h.

Ci-dessous une photo de la montre à affichage numérique de la victime, dont le cadran a été brisé durant l'agression :

22:01

À votre avis, qui est l'assaillant ?

Solution : Alain Pliqué. En effet, vous pouvez observer que le chiffre 1 est situé à gauche et non à droite, sa position normale. La photo est donc à l'envers et l'heure affichée était 10 h 22.

22:01

Soleil
lever : **7 h 11**
coucher : **20 h 26**

Dimanche **4 septembre**

Sainte Rosalie – On fête aussi les Iris, Hermione, Moïse

Exige beaucoup de toi-même et attends peu des autres. Ainsi beaucoup d'ennuis te seront épargnés. Confucius

Citations

Une commission d'enquête pour être efficace ne doit compter que trois membres, dont deux sont absents.

Georges Clemenceau

Brèves régions

Pyrénées-Atlantiques/ Un Béarnais sur le trône de Suède

Qui aurait pu croire que Jean-Baptiste Bernadotte, né à Pau le 26 janvier 1763, deviendrait roi de Suède et de Norvège sous les noms de Charles XIV Jean (en suédois, Karl XIV Johan) et de Charles III Jean (en norvégien, Karl III Johan) ? Certainement pas son père, un procureur palois issu d'une antique famille de Maucor, près de Morlaàs en Béarn, ni même son grand-oncle, abbé laïc de Sireix dans les Hautes-Pyrénées. Il suffit de trente-huit ans pour que le simple soldat du roi de France devienne général sous la Convention, ambassadeur puis ministre durant le Directoire, maréchal d'Empire et prince de l'Empire avant d'accéder aux trônes scandinaves… où sa descendance règne toujours.

Bibliophiles

La Taupe, John Le Carré (Robert Laffont, 1974)

Années 1970. Les services du contre-espionnage britannique sont infiltrés par un agent double soviétique. À l'opposé d'un James Bond, George Smiley, agent sur le retour, avance à tâtons entre souvenirs d'affaires bâclées et conversations biaisées par les intérêts personnels… La Taupe est le premier volet d'une trilogie passionnante (Comme un collégien, Les Gens de Smiley), consacrée à la traque du redoutable et mystérieux Karla. Le Carré, lui-même ancien membre du MI5 et du MI6, introduit dans ce roman noir celui qui va devenir un de vos compagnons de soirée préféré : ce bon vieux George Smiley.

L'ACTU

Peau imprimée

Les premiers essais cliniques doivent commencer début 2023. Depuis quatre ans, l'entreprise Poietis spécialisée dans l'impression 3D de tissus biologiques vivants (bio-impression) est engagée dans un projet à visée thérapeutique unique au monde. Associée aux hôpitaux de Marseille (APHM), elle travaille sur un essai clinique d'une peau bio-imprimée réalisée avec les cellules d'un patient. La bio-impression permettrait de greffer de la peau à toutes les personnes qui en ont besoin : brûlés, accidentés, cancer de la peau… À terme, la même plateforme pourrait permettre l'impression de tous les tissus du corps humain (parois vasculaires, nerfs, ligaments, cartilage, os…). En attendant de voir le procédé se généraliser dans nos hôpitaux, vous pourrez d'ici peu vous familiariser avec une application plus prosaïque de la bio-impression : dans plusieurs pays, des fast-foods expérimentent depuis quelques mois la distribution de viande de bœuf imprimé en 3D – prémonitoire la comédie *L'Aile ou la cuisse*, réalisée par Claude Zidi en 1976 ?

Lundi **5 septembre**

Sainte Raïssa – On fête aussi les Iraïs, Bertin, Raïa

Soleil
lever : **7 h 13**
coucher : **20 h 24**

On ne peut pas porter deux pastèques sous le même bras. Proverbe bulgare

HEUREUX MARIAGES

Malheureusement, Claire Obscur, née en mai 1881 à Avanne-Aveney, dans le Doubs, mourut trop tôt pour avoir la chance de rencontrer un jour Isabelle Lumière née en février 1901 à Saint-Jean-de-Beauregard en banlieue parisienne. En revanche elles ont pu toutes deux croiser Blanche Lenoir, blanchisseuse de Montereau-Fault-Yonne (Seine-et-Marne), qui vécut de 1868 à 1955.

MUTILATIONS DE CHEVAUX...

Dis papy c'est quoi ??
et ça c'est quoi ?

Comment les abeilles font du miel ?

L'abeille récolte le pollen et le nectar des fleurs. Avec le premier, elle pollinise, avec le second, elle fabrique le miel, substance imputrescible aux mille vertus. Le nectar, mêlé à sa salive, est déposé en alvéole afin de sécher ; sous l'effet des ailes, l'eau s'évapore et le nectar devient miel grâce aux enzymes salivaires. Il servira à nourrir les larves de la ruche et à nous régaler !

mamie c'est quoi ??

Bon anniversaire

Gilles Ménage

Entré à 24 ans à l'École nationale d'administration (ENA) après avoir fait Sciences Po., Gilles Ménage a voué sa vie entière à la fonction d'État au travers d'une carrière exemplaire. Il commence par la préfectorale puis devient chef de cabinet du secrétaire d'État aux Postes et Télécommunications et est appelé par François Mitterrand comme conseiller technique à la présidence de la République entre 1981 et 1982. Ses dernières fonctions politiques s'y exercent comme directeur de cabinet, puis il quitte l'Élysée pour devenir président d'Électricité de France. Son nom restera tristement attaché à l'affaire des « écoutes de l'Élysée » pour laquelle il a payé pour son zèle et son obéissance aux exigences de l'État. Gilles Ménage est mort brutalement le 5 juillet 2017, au matin de ses 74 ans.

LA SUCCESSION ACCÉLÉRÉE

Il s'agit d'associer des plantes ayant des vitesses de croissance diverses afin de mieux exploiter la surface disponible sur la durée et d'optimiser les récoltes. Plantez de jeunes fruitiers (notamment à coques) en les espaçant selon leur étalement à maturité, ainsi que des arbustes à petits fruits (groseilliers, cassissiers). Complétez avec des vivaces potagères : artichaut, oseille, épinard, rhubarbe. Dans les espaces libres, cultivez des plantes potagères annuelles. Vous récoltez ainsi des légumes plusieurs années, jusqu'à ce que les arbustes à petits fruits occupent l'espace. Vous transplantez alors les vivaces. Lorsque les fruitiers deviennent grands, vous supprimez les arbustes et vous pouvez cultiver des plantes potagères acceptant l'ombre, comme la roquette, la menthe ou l'ail des ours.

PERMACULTURE

Mardi **6 septembre**

Saint Bertrand – On fête aussi les Ève, Évelyne, Bee, Onésiphore

À la Saint-Bertrand, ou tu laisses, ou tu prends !

Meilleurs Ouvriers de France

Groupe XI, lapidaires pierres de couleur

Victor Hüllenhagen, 39 ans, travaille chez Grospiron à Paris. Le concours comporte six épreuves : des examens de techniques de travail spécifiques et la présentation d'une œuvre libre. Pour celle-ci, Victor s'est inspiré de la haute joaillerie avec un aspect novateur. Il a combiné glyptique (gravure) et facettage. Sa pièce principale est une aigue-marine d'environ 30 carats qu'il a travaillée de manière à la faire rayonner. Le résultat est fascinant : on dirait un soleil bleu !

Rétro Vermot

La maman : Mais Henriette, c'est de la pure extravagance ? Voilà que tu manges de la confiture sur ton beurre ?
Henriette : Mais non, maman, c'est de l'économie, puisque le même morceau de pain sert pour les deux.

Le bon mot de l'histoire

« La femme a droit de monter sur l'échafaud ; elle doit avoir également le droit de monter à la tribune. »

Olympe de Gouges, 5 septembre 1791

Tels sont les termes de l'article 10 de la *Déclaration des droits de la femme et de la citoyenne* rédigée par Marie Gouze, dite Olympe de Gouges. Favorable à l'abolition de l'esclavage et à la création d'impôts pour les plus riches, l'écrivaine révolutionnaire réclame aussi l'égalité des sexes. Dans sa brochure envoyée à Marie-Antoinette, elle accuse les législateurs d'avoir oublié les femmes, tous les droits récemment acquis (droit de vote, droit de propriété…) ne s'appliquant en effet qu'aux hommes. Si l'Assemblée refuse de débattre de son texte, Olympe de Gouges parvient néanmoins à obtenir que les femmes soient admises dans les cérémonies officielles.

LE CHIFFRE

13,5

C'est, en millimètres, la taille du plus petit reptile découvert récemment au nord de Madagascar. Avec sa queue, *Brookesia nana* mesure à peine 23 mm. Une cacahuète ! Proportionnellement à sa toute petite taille, l'hémipénis (organe sexuel) de ce microreptile apparaît presque « démesuré » puisqu'il mesure 2,5 mm, soit 18,5 % de la longueur de l'animal ! Chez *Brookesia nana*, la femelle est beaucoup plus grande que le mâle avec 19 mm du museau à la base de la queue et presque 29 mm en comptant la queue. D'après les chercheurs, le corps de ces microcaméléons possède exactement les mêmes caractéristiques que celles, bien connues, de leurs cousins beaucoup plus gros. En revanche, les scientifiques reconnaissent n'avoir aucune explication sur la taille minuscule de *Brookesia nana*. À ce jour, seuls deux spécimens ont pu être observés. Et pour cause : dénicher ces minuscules sauriens dans la jungle équivaut à chercher une aiguille dans une botte de foin. Et encore ! L'aiguille, elle, ne peut pas prendre la couleur du fourrage !

Mercredi **7 septembre**

Sainte Reine – On fête aussi les Cloud, Régine, Gina

Soleil
lever : **7 h 16**
coucher : **20 h 20**

À la Sainte-Reine, c'est toi la mienne !

Citations

Talleyrand, qui savait nager sur le dos et ramper sur le ventre comme personne, qui trahissait à Versailles comme on pète à Passy, c'est-à-dire sans bruit, a vécu tellement courbé qu'on a pu l'enterrer dans un carton à chapeau.

Pierre Desproges

AU MUSÉE

The Beatles Story, Liverpool, Royaume-Uni

C'est la plus grande exposition permanente dédiée aux « Fab Four ». Installé depuis trente ans dans le bâtiment du Royal Albert Dock, à Liverpool, le musée retrace l'histoire du groupe de rock le plus célèbre du monde. Dans une atmosphère très *sixties*, photos de foules en délire, costumes de scène et instruments de musique (notamment le dernier piano de John Lennon) témoignent de l'incroyable parcours des fils prodiges de Liverpool. Les fans apprécieront particulièrement les reconstitutions de lieux mythiques, comme la scène du Cavern Club (où Brian Epstein découvrit les Beatles) et les studios d'enregistrement d'Abbey Road. Un espace karaoké est même aménagé au sous-sol, pour les fans qui souhaitent pousser la chansonnette.

Citations

Il n'existe que deux choses infinies : l'univers et la bêtise humaine. Mais pour l'univers, je n'ai pas de certitude absolue.

Albert Einstein

La bonne blague

Un soir, deux hommes qui travaillent dans la même entreprise se croisent dans le parking. Le premier est le patron, le second l'employé de ménage. Alors que le patron s'apprête à entrer dans sa Porsche rutilante, l'employé, qui roule dans une vieille Clio, ralentit en passant devant lui, baisse sa vitre et dit :
« Pardon, Monsieur, vous avez le WiFi dans votre voiture ?
Un peu surpris, le patron répond :
– Évidemment que j'ai le WiFi, c'est une Porsche !
L'employé répond :
– Moi aussi ! Et vous avez la télé dans votre Porsche ?
– Bien sûr, réplique le patron, j'ai même un écran sur chaque siège !
– Moi aussi, j'ai la télé, lui dit l'autre en montrant l'écran plat installé dans sa Clio. Et vous avez un frigo ?
– Oui ! J'ai même des frigos dans chaque portière ! répond le patron agacé.
– Moi aussi, j'ai un frigo, glisse l'employé en pointant du doigt l'énorme frigo installé dans le coffre de sa Clio.
Puis, il demande :
– Et un lit ? Vous avez un lit dans votre Porsche ?
Le patron marque une pause puis concède :
– Ah non, je n'ai pas de lit…
– Moi si ! J'en ai un ! » triomphe l'employé, plutôt fier de lui. Puis, il remonte sa vitre et s'en va.
Blessé dans son orgueil, le patron fonce chez Porsche et exige qu'on lui installe le plus beau lit possible.
Le lendemain, en fin de journée, dans le parking, il s'approche de la Clio de l'employé et toque à la vitre.
Personne ne répond. Il toque une seconde fois, puis une troisième fois. Au bout de la quatrième, l'employé baisse enfin la vitre :
« Qu'est-ce qui se passe, Monsieur ?
– Regardez, j'ai un magnifique lit dans ma Porsche !
Alors, l'autre le toise et répond :
– Pardon, Monsieur, mais… vous m'avez fait sortir de ma piscine pour ça ? »

Jeudi 8 septembre

Soleil
lever : **7 h 17**
coucher : **20 h 18**

Saint Hadrien – On fête aussi les Belinda

Je t'adore à l'égal de la voûte nocturne. Charles Baudelaire

CHIFFRES ET EXPRESSIONS

Ne faire ni une, ni deux

Quelque chose qui « ne fait ni une, ni deux » est très rapide, presque instantané. L'expression signifie ainsi qu'il n'est pas utile de compter jusqu'à deux, voire qu'il n'y a même pas le temps de dire « un », avant qu'un événement survienne. La phrase peut aussi être utilisée de manière ironique pour montrer qu'une action n'a pas été précédée de suffisamment de réflexion.

CHIFFRES ET SYMBOLIQUES

BIÈRES

Craft Collection Moeras de la brasserie De Katsbier

Brassée avec un malt à whisky au cœur des Monts de Flandre, dans le Nord, cette bière blonde exhale des parfums de céréales, d'agrumes et de tourbe. Dorée, légèrement trouble, à la mousse blanche, compacte et persistante, elle offre en bouche une légère rondeur avec des notes herbacées et d'agrumes. La tourbe et le fumé viennent en fin de bouche. Les amateurs de scotch apprécieront! International bitterness unit : 29. Médaille d'or au Concours général agricole de Paris 2020. Alcool : 8,5 % vol.

La dictée du mois — La chambre de René

Le plafond était à caissons, bleus pâles, à fleur de lis d'or, avec de grosses poutres brunes qui se croisaient. Il y avait des vitreaux à la fenêtre, et les murs étaient recouverts par des tapisseries de Flandre, vielles de plusieurs siècles, admirables dans leur usure. Au fonds se trouvait le lit, élevé sur deux marches : curieux meuble carré, immense, de bois sculpté, fouillé et qu'amollissait par leur lourdeur les plis des rideaux […]. Dispersés ça et la, quelques sièges bas, sortes de banquettes ou coussins et, cachant tout un pan de muraille, un haut bahut, dont les formes massives étaient comme atténué par milles découpures d'une délicatesse infinie.

Jeanne LOISEAU alias Daniel LESUEUR, Le Mariage de Gabrielle, *1897.*

bleu pâle, vitraux, vieilles, fond, amollissaient, çà et là, atténuées, mille

Citations

Ne fais pas aux autres ce que tu voudrais qu'ils te fassent. Leurs goûts peuvent être différents.

George Bernard Shaw

Vendredi 9 septembre

Saint Alain – On fête aussi les Omer, Alana, Alan, Gorgon

Soleil
lever : **7 h 18**
coucher : **20 h 16**

À la Saint-Alain, c'est du cousu main !

SUDOKU

1					4	5		
	9	4		6		1		
			9					
			2	1		8		
								6
3	2			7				9
		1		5		9	6	
	4				6	2	3	

Solution page 274

Brèves régions

Haute-Garonne/ Le pompon sur la Garonne

L'expression « C'est la cerise sur le gâteau » prend parfois des variantes locales. À Toulouse, par exemple, on préfère dire : « C'est le pompon sur la Garonne ! »

Ça s'est passé

Le 9 septembre 1922

Les nationalistes turcs conquièrent Smyrne. Quatre jours après, les quartiers chrétiens sont presque entièrement détruits par un incendie qui fait 2 000 morts.

L'ACTU

Homo sapiens, ce boulet !

Selon une nouvelle étude publiée dans *Nature*, la masse de ce qui est produit par l'homme, comme les immeubles, les maisons, les routes, les voitures, excède désormais la biomasse, soit l'ensemble de la matière organique terrestre, qu'elle soit d'origine végétale ou animale. En d'autres termes, la planète est aujourd'hui plus artificielle que biologique. Pour arriver à cette conclusion peu réjouissante, les chercheurs ont comparé la masse de toute la matière sèche du monde vivant – des plantes aux baleines, en passant par les insectes – à celle de toute la production humaine, dominée par le béton, le bitume, le métal et le plastique. Au cours des cent dernières années, la masse de toutes les productions humaines a doublé tous les vingt ans. Résultat : le point de « bascule » vient d'être atteint. En 2022, les édifices et tous les aménagements créés par l'homme pèsent plus lourds que les arbres et les arbustes de la planète, et la masse de plastique représente déjà le double de celle de tous les animaux !

Pour les intimes...

« Je ne vous enfermerai plus dans les placards, si je vous vois bien coiffée ! » Ce billet « doux » est signé Roger Nimier, chef de file des Hussards, un groupe de jeunes écrivains impertinents qui portaient l'amour du style en étendard dans les années 1950-1960. Il s'adresse à sa maîtresse, la journaliste et écrivaine Madeleine Chapsal, alors épouse du patron de L'Express. Délaissée par son mari, elle s'est laissée séduire par Nimier le frondeur, le hâbleur, le flambeur. Très rapidement leur relation devient houleuse, le hussard multipliant les aventures parallèles. Dans leur correspondance qui s'étend de 1952 à 1960, il se fait de plus en plus provocant, méchant, injurieux même ! Les amants finissent par rompre. Deux ans après, Roger Nimier meurt à 37 ans dans un accident de voiture.

Soleil
lever : **7 h 20**
coucher : **20 h 13**

Samedi **10 septembre**

Sainte Inès – On fête aussi les Aubert, Pulchérie

À la Sainte-Inès, les plus beaux messages paraissent.

La gaffe de l'Histoire
Ministre président

Faisant un bilan de ce qu'il considère comme ses réussites, l'ancien président Donal Trump a déclaré en octobre 2020 lors de la campagne américaine : « Vous savez ce que j'ai arrêté ? L'accord sur l'environnement de Paris. J'aime beaucoup le Premier ministre Macron mais je lui ai demandé comment l'accord avançait, ils n'y arrivent pas vraiment. » Notre Président n'a pas apprécié.

Covid : couvre-feu général à 18h...

Musique

Un groupe aux poils

Le groupe texan ZZ Top est une star mondiale du blues rock depuis 40 ans. Le trio est notamment connu pour son look aux barbes longues à faire pâlir de jalousie Barbe Noire le pirate. Pourtant, il a bien failli perdre cette identité visuelle quand, en 1984, la société Gillette lui a proposé de couper cette glorieuse pilosité pour la rondelette somme d'un million de dollars. « Que nenni », a répondu Billy Gibson, l'un des membres du groupe, qui ne pouvait envisager de voir son visage glabre dans un miroir. ZZ top a donc préféré ses poils à l'argent.

Brèves régions

Sarthe/Une constance remarquable

Le département de la Sarthe fait preuve d'une remarquable stabilité depuis sa création en 1790. D'une part, ses limites géographiques n'ont absolument pas varié depuis cette époque, d'autre part, il est resté essentiellement rural comme il l'était déjà il y a plus de deux siècles. Sa préfecture s'est installée dès le début de l'administration départementale au Mans, dans l'ancienne abbaye Saint-Pierre-de-la-Couture, et se trouve toujours dans les mêmes murs ! La seule modification notable est l'apparition du « h » dans le nom du département au cours du premier tiers du XIXe siècle : auparavant on écrivait « Sarte ».

VILLES DE LA GUADELOUPE

P	T	L	U	A	H	A	M	E	I	A	B	E	L
E	R	Y	U	A	E	L	A	E	N	R	O	M	S
T	P	G	R	U	O	B	T	I	T	E	P	I	A
I	E	R	T	I	P	A	E	T	N	I	O	P	I
B	L	E	G	O	S	I	E	R	F	C	R	B	N
A	J	E	D	U	A	L	C	T	N	I	A	S	T
S	X	B	O	U	I	L	L	A	N	T	E	C	E
S	E	R	E	I	V	I	R	S	I	O	R	T	R
E	V	A	Y	O	G	F	U	P	T	Y	O	G	O
T	S	A	I	N	T	E	A	N	N	E	G	G	S
E	V	O	W	N	H	K	R	Z	E	C	A	Q	E
R	R	E	I	S	O	G	L	E	M	O	U	L	E
R	Y	A	P	E	T	I	T	C	A	N	A	L	U
E	S	E	M	Y	B	A	S	E	L	O	Z	Q	M

Solution page 276

Cherchez les villes de la Guadeloupe cachées dans la grille ci-dessus, vous les trouverez soit horizontalement, soit verticalement ou encore diagonalement, de droite à gauche, de gauche à droite, de haut en bas ou de bas en haut, dans les deux sens de lecture.

BAIE-MAHAULT
BAILLIF
BASSE-TERRE
BOUILLANTE
GOYAVE
LAMENTIN
LE GOSIER
LE MOULE
LES ABYMES
MORNE-À-L'EAU
PETIT-BOURG
PETIT-CANAL
POINTE-À-PITRE
SAINT-CLAUDE
SAINTE-ANNE
SAINTE-ROSE
SAINT-FRANÇOIS
TROIS-RIVIÈRES

Dimanche 11 septembre

Saint Adelphe – On fête aussi les Bodon, Patient

Soleil
lever : **7 h 21**
coucher : **20 h 11**

Qui prête à rire n'est jamais sûr d'être remboursé. Raymond Devos

DICO NOTTO

QUESTION, n. f.
Réponse qui se cherche.

QUINQUENNAT PRÉSIDENTIEL, loc.
C'est mieux qu'un septennat mais c'est encore cinq ans de trop !

QUINTUPLÉS, n. m.
Promotion ! Cinq nouveau-nés pour le prix d'un accouchement !

QWERTY, n. m.
C'est un clavier Azerty qui en vaut deux.

RACCOURCI, n. m.
Aller directement du point A à Z sans réciter l'alphabet.

Anecdotes de sportifs

L'art olympique

Rénovateur des jeux Olympiques, le baron Pierre de Coubertin a aussi été un sportif médaillé. Entre 1912 et 1948, des « compétitions artistiques » figurent au programme des JO, telles que des épreuves d'architecture, de littérature, de musique, de peinture et de sculpture. C'est sous le double pseudonyme de Georges Hohrod et Martin Eschbach que le baron décroche l'or en littérature pour un texte titré *Ode au sport*. Un sport ainsi élevé au rang d'art.

Cultures fruitières

La groseille à maquereau Captivator

Drôle de nom pour une groseille ! On dit qu'il lui vient d'une sauce aigrelette, préparée jadis pour accompagner le poisson. Et il n'est pas étonnant que l'argot s'en soit emparé, notamment pour désigner une dame ayant de nombreuses relations de courte durée. L'arbuste, gentiment épineux, vient de Scandinavie où c'est l'un des rares à produire des fruits arrivant à maturité. En France, il a été et reste un peu méprisé, et a reçu plus d'un sobriquet – de croque-poux à gratte-poux. Pourtant, les beaux grains translucides et teintés de vert ou de rouge, gonflés d'arômes délicats et de vitamines, éclatent sous la dent et font des tartes à s'en lécher les doigts. Ceux de la variété captivator, arbuste sans épines, sont rouge bordeaux et bien parfumés, à la fois acidulés et sucrés.

De PORT en port MARITIME

Les quatre ports de Dieppe

Dès ses origines lointaines, Dieppe a été liée à la mer. Le port, qui deviendra le plus important de Normandie, fut d'abord un bassin naturel dans l'estuaire de l'Arques (confluent de l'Eaulne, la Béthune et la Varenne) où les pêcheurs du coin mouillaient l'ancre après une journée en mer. À l'époque de Guillaume le Conquérant, l'endroit devint un nœud de communication avec l'Angleterre et, conséquence directe, l'agglomération dieppoise connut un développement vertigineux. Au XVIe siècle, Louis XI encouragea les explorateurs dieppois à sillonner les mers. Dieppe arrivera à l'apogée de son activité portuaire un siècle plus tard, sous François Ier. Aujourd'hui, on la surnomme « la ville aux quatre ports » en référence à son activité maritime exceptionnelle : premier port de pêche français pour la coquille Saint-Jacques, et également port de plaisance le plus proche de Paris en plus d'un port de commerce et d'un port de ferry transmanche.

Lundi **12 septembre**

Saint Apollinaire – On fête aussi les Ailbe, Elvis

Pluie de septembre, sport en chambre !

Mots oubliés

Poiloux

Selon le dictionnaire *Le Littré*, « poiloux » est un ancien terme de mépris désignant un homme de néant, un misérable. Mais nulle part n'est expliqué le rapport avec son étymologie qui évoque la pilosité. Parlant du cardinal de Fleury, d'Argenson écrivit dans ses *Mémoires* : « Toute la France, toute la cour, poiloux ou autres, useurs de parquet ou gens affairés attendent à [sa] porte. »

L'ACTU

Top malbouffe

Au pays de la gastronomie et des 638 restaurants étoilés au dernier *Guide Michelin*, un classement fait légèrement tache : le palmarès de la malbouffe décerné chaque année par *Acontrecorps*, un média spécialisé dans l'information santé et bien-être. Ici, pas de jury : le résultat est simplement basé sur le nombre de fast-foods rattachés à une grande enseigne dans les 30 plus grandes villes françaises. Sont ainsi intégrés dans le décompte les McDonald's, Burger King, Quick et autres KFC, ainsi que les Domino's Pizza, Subway, Pizza Hut, O'Tacos, Starbucks, Pomme de Pain, Brioche Dorée… Depuis trois ans, Bordeaux domine le classement avec une densité de fast-foods pour 1 000 habitants pratiquement égale à… 0,2 ! Tours occupe depuis peu la deuxième place juste devant Metz, et Paris se maintient à la septième position. Quant à Lyon, elle se situe en milieu de classement et Marseille, elle, trône fièrement à la… 29e place ! Petite précision quand même : ce classement ne prend pas en compte les kebabs et snacks indépendants.

L'humanité en chiffres

2,79

C'est la recette, en milliards de dollars (!), du plus gros succès mondial au box office de l'histoire du cinéma : *Avengers : Endgame*, adapté des comics Marvel et réalisé par les frères Anthony et Joe Russo. Il devance *Avatar* et *Titanic*, réalisés par James Cameron. Côté français, les deux plus gros succès figurant au box office mondial sont *Lucy* de Luc Besson et *Intouchables* d'Éric Toledano et Olivier Nakache…

Question d'hygiène

Semmelweis l'incompris

Le premier à attirer l'attention sur l'importance du lavage des mains pour lutter contre les germes et les infections a été l'obstétricien hongrois Ignace Semmelweis (1818-1865). C'est dans le service d'obstétrique de l'hôpital de Vienne qu'il a eu la révélation : la mortalité des accouchées dans la section où étaient formés les étudiants était bien plus importante que celle constatée dans le pavillon des sages-femmes. Les premiers ne se désinfectaient pas les mains en passant d'une autopsie à un accouchement. Hélas, Semmelweis n'a pu prouver le bien-fondé de son intuition, ni convaincre ses supérieurs de l'importance des méthodes d'hygiène. Combattu par ses pairs, le jeune médecin finira sa vie dans un asile et ne sera réhabilité qu'à la fin du XIXe siècle.

Mardi **13 septembre**

Saint Aimé – On fête aussi les Farid, Darrell, Lidoire

Soleil
lever : **7 h 24**
coucher : **20 h 07**

Être vieux, c'est quand on tutoie tout le monde et que personne ne vous dit « tu ». Marcel Pagnol

L'histoire des dictionnaires

Dictionnaire universel de Lachâtre

Maurice Lachâtre (1814-1900) publie la première édition de son *Dictionnaire universel* entre 1852 et 1854. Il n'hésite pas à se servir de son ouvrage pour partager ses convictions antiroyalistes, anticléricales, anticolonialistes et féministes. Ses positions lui valent un procès au cours duquel il est condamné à une amende et à une peine de prison. Cela ne l'empêche nullement de publier son *Nouveau dictionnaire universel* (1865-1870) qui offre aux lecteurs pour la première fois des illustrations dans un dictionnaire.

Solution [p. 270]

1	7	6	8	3	4	5	9	2
2	9	4	5	6	7	1	8	3
8	5	3	9	2	1	6	4	7
4	6	9	2	1	3	8	7	5
5	1	7	4	9	8	3	2	6
3	2	8	6	7	5	4	1	9
7	8	1	3	5	2	9	6	4
9	4	5	7	8	6	2	3	1
6	3	2	1	4	9	7	5	8

Citations

Enseignant aujourd'hui, c'est plus un métier, c'est l'état dans lequel tu rentres après les cours. En saignant du nez, en saignant de la tête.

Frédérick Sigrist

RECETTE

Steak-frites sans friture

Pour 4 pers. — 20 min de préparation — 40 min environ de cuisson

Pour les steaks :
- 4 steaks
- 20 g de beurre
- Huile d'olive

Pour les frites :
- 1 kg de pommes de terre à chair ferme
- 2 cuil. à soupe d'huile d'olive
- 1 blanc d'œuf
- 2 cuil. à soupe de thym effeuillé
- Paprika (si vous aimez)
- Sel, poivre

Préchauffez le four à 210 °C (th. 7). Lavez et séchez les pommes de terre. Coupez-les en deux puis en frites épaisses, en gardant la peau. Dans un saladier, mélangez l'huile d'olive avec le blanc d'œuf. Ajoutez les morceaux de pommes de terre et mélangez encore.

Répartissez les frites sur la plaque du four recouverte de papier sulfurisé et saupoudrez de thym, de poivre et de paprika. Enfournez pour 35 à 40 min.

Faites chauffer de l'huile d'olive dans une poêle. Saisissez les steaks 1 min de chaque côté. Baissez le feu puis ajoutez le beurre coupé en petits dés et laissez ainsi quelques minutes. Assaisonnez et servez avec les frites.

Pour votre santé, privilégiez les aliments non frits. Cette recette est idéale pour se faire plaisir en prenant soin de son alimentation.

Brèves régions

Vaucluse/ Li boufo-tourtoun

Les habitants de Saint-Saturnin-lès-Apt ont un drôle de surnom. On les appelle en provençal « li boufo-tourtoun », c'est-à-dire « les souffleurs de gâteaux ». Autrement dit : les goulus !

Mercredi 14 septembre

La Sainte Croix – On fête aussi les Corneille, Cornaline, Materne

Blanchir de l'argent n'est pas toujours salissant, mais être lavé de tout soupçon laisse des traces indélébiles. Yvan Audouard

Les idées reçues

LES POINTS D'UNE COCCINELLE DONNENT SON ÂGE

Il n'y a aucune corrélation entre le nombre de points que porte les élytres d'une coccinelle et son âge. C'est l'espèce à laquelle elle appartient (on en a identifié plus de 5 000) qui fixe le nombre de ses points. En France, les coccinelles les plus répandues portent sept points sur leur dos. Non seulement elles les ont déjà tous à la naissance mais, malheureusement pour elle, leur espérance de vie ne dépasse pas deux à trois ans. Certaines autres espèces n'en ont pas du tout alors qu'on en connait avec vingt-deux points sur leur dos et d'autres avec des lignes ou des carrés. En revanche, ce qui peut varier avec l'âge de la coccinelle, c'est sa couleur. Certaines espèces naissent jaunes pour prendre ensuite une couleur rouge.

Dico Notto

RACONTER, v.
Conter une histoire comme *Le Joueur de flûte de Hamelin*, Ratatouille, une fable de Jean de La Fontaine ou encore *Bernard et Bianca*.

RADIATEUR, n. m.
Mammifère rongeur diffusant la chaleur par rayonnement.

RADIO, n. f.
Poste permettant d'écouter la FM grâce à l'utilisation des rayons X.

RASOIR, n. m.
Outil tranchant qui coupe l'herbe sous le pied du poil.

RAYURES, n. pl.
Ancêtre du code-barres.

Ça s'est passé

Le 14 septembre 1822

Jean-François Champollion déchiffre les hiéroglyphes grâce à la pierre de Rosette. Cette pierre porte un texte gravé de trois écritures : grecque, démotique et hiéroglyphique.

Rivières de France

L'Epte, rivière-frontière

Cet affluent rive droite de la Seine, qui court sur plus de 100 km en traversant quatre départements et trois régions, est riche d'un passé historique et artistique. D'abord picarde, l'Epte naît dans le département de l'Oise et constitue la limite entre la Haute-Normandie et l'Île-de-France. Puis, barrée de nombreux moulins, la rivière alterne rapides et calmes. La nature argileuse de son bassin amont lui donne son caractère impétueux et génère des crues soudaines et violentes. Certaines industries installées le long de son cours ont généré au XXe siècle des pollutions sévères, aujourd'hui éteintes. À l'amont, elle traverse Gisors, célèbre pour son château fort, et rejoint la Seine près de Giverny, dont les jardins et les plans d'eau garnis de nénuphars ont inspiré un certain Claude Monet…

À la Saint-Roland, il est temps de faire des plans.

HEUREUX MARIAGES

Mariages laïques ?

Mariage d'équilibre ou mariage impossible, le 5 juin 1814 à Saint-Sauveur-de-Meilhan (Lot-et-Garonne), Jean Lacampagne épouse Marie Laville et deux siècles plus tard, le 28 avril 1934, René Ville s'unit avec Maria Duchamp à Labégude (Ardèche). Dans le même registre géographique, Antoine Laplaine s'est marié avec Madeleine Lamontagne le 23 juin 1835 à Châteaumeillant (Cher).

Généalogie

Souvent femme varie

Le 12 décembre 1823 comparurent devant notaire Étienne Doizon et Antoine Ducousset. Le fils du premier était sur le point d'épouser Anne Tabouret et leur contrat de mariage avait été rédigé le 9 juin de la même année. Mais c'était sans compter que la jeune fille change d'avis et préfère se marier avec le fils du second comparant. Doizon, fatigué de son inconstance, lui réclama les frais qu'avait occasionné l'union projetée avec son fils. Alors, pour éviter le procès, Ducousset a accepté de payer 155 francs pour couvrir le coût du contrat de mariage et les dépenses faites dans les auberges, indemnisant ainsi le préjudice du caprice de sa nouvelle bru ! Anne devint Madame Ducousset et eut beaucoup d'enfants et de descendants, dont le généalogiste qui a retrouvé cet acte notarié.

CHIFFRES ET EXPRESSIONS

Ne pas y aller par quatre chemins

Les quatre chemins dont il est question ici représentent les quatre points cardinaux et les quatre voies qui partent traditionnellement du centre d'un labyrinthe. Une seule permet d'atteindre la sortie alors que les trois autres égarent le promeneur et retardent son arrivée. Aussi, quand on veut aller directement au but, il est recommandé de « ne pas y aller par quatre chemins ».

ÇA C'EST FAITS DIVERS

Zone à risque

Voici une anecdote pas banale racontée par les gendarmes de l'Aveyron début 2021. Alors qu'elle intervient sur une banale sortie de route du côté de Saint-Georges-de-Luzençon, à une dizaine de kilomètres de Millau, une patrouille de police s'aperçoit d'abord que le conducteur n'a pas le permis. Après un rapide contrôle, il s'avère que le véhicule est volé et que le conducteur se révèle légèrement alcoolisé et positif au cannabis. Bref, la totale. Les gendarmes appellent alors un dépanneur pour faire enlever la voiture accidentée, et voilà que le chauffeur de la dépanneuse fait preuve, lui aussi, d'une conduite dangereuse en approchant de la zone d'accident, au point de finir dans le fossé ! Contrôlé à son tour par les gendarmes, son taux d'alcoolémie atteint 1,74 g par litre de sang, soit plus trois fois le taux maximum autorisé !

CHIFFRES ET SYMBOLIQUES

Solution [p. 271]

P	T	L	U	A	H	A	M	E	I	A	B	E	L
E	R	Y	U	A	E	L	A	E	N	R	O	M	S
T	P	G	R	U	O	B	T	I	T	E	P	I	A
I	E	R	T	I	P	A	E	T	N	I	O	P	I
B	L	E	G	O	S	I	E	R	F	C	R	B	N
A	J	E	D	U	A	L	C	T	N	I	A	S	T
S	X	B	O	U	I	L	L	A	N	T	E	C	E
S	E	R	E	I	V	I	R	S	I	O	R	T	R
E	V	A	Y	O	G	F	U	P	T	Y	O	G	O
T	S	A	I	N	T	E	A	N	N	E	G	G	S
E	V	O	W	N	H	K	R	Z	E	C	A	Q	E
R	R	E	I	S	O	G	L	E	M	O	U	L	E
R	Y	A	P	E	T	I	T	C	A	N	A	L	U
E	S	E	M	Y	B	A	S	E	L	O	Z	Q	M

Soleil
lever : **7 h 28**
coucher : **20 h 01**

Vendredi **16 septembre**

Sainte Édith – On fête aussi les Cyprien, Ludmilla, Régnault

À la Sainte-Édith, les inconstants on évite

MORALITÉ
LE PETIT POUCET

On ne s'afflige point d'avoir beaucoup d'enfants,
Quand ils sont tous beaux, bien faits et bien grands,
Et d'un extérieur qui brille ;
Mais si l'un d'eux est faible ou ne dit mot,
On le méprise, on le raille, on le pille ;
Quelquefois cependant c'est ce petit marmot
Qui fera le bonheur de toute la famille.

Bien avant Antoine de Saint-Exupéry, Perrault clame ici haut et fort : « Si tu diffères de moi, mon frère, loin de me léser, tu m'enrichis. »

ENCORE DES APPELS MASQUÉS ?

Vélo

Unique

Quatre médailles olympiques (une en or), 26 mondiales (13 en or), 84 nationales (59 dorées), 38 records du monde dont celui de l'heure détenu depuis 24 ans : le palmarès de Jeannie Longo est aussi unique que sa longévité. En 1979, après avoir fait partie de l'équipe de France universitaire de ski, elle enfourche un vélo et décroche son premier titre. En 2020, à près de 62 ans, Jeannie Longo remporte le contre-la-montre de la région PACA devant Chloé Schoenenberger, de 40 ans sa cadette.

PROUESSES D'OISEAUX

LE PUFFIN FULIGINEUX

Il détient le record des plus longues migrations (avec la sterne arctique). Cet oiseau marin de taille modeste (50 cm de long et 1 m d'envergure pour un poids d'environ 800 g) nidifie durant l'été austral dans les îles du sud de l'Australie et de la Nouvelle-Zélande pour le Pacifique, et du sud du Chili pour l'Atlantique. Il passe dans l'hémisphère nord en mars-avril, gagnant les eaux froides de l'Arctique, puis se déplace vers l'est. Il revient dans le sud en octobre-novembre. Les distances parcourues varient avec les populations, mais certaines franchissent sans doute plus de 70 000 km par an, et jusqu'à 500 km en une seule journée. Ce puffin au plumage brun et au bec foncé se nourrit de krill et de poisson. En France, on peut l'observer en automne au large de la Normandie et de la pointe bretonne.

Faits divers biologiques

Indestructible

Nosoderma diabolicum est plus communément appelé coléoptère cuirassé. Il faut dire qu'à bien le regarder, il ressemble véritablement à un véhicule blindé. Et pour cause, son armure sombre dissimule d'incroyables propriétés de résistance, notamment des ailes antérieures, appelées élytres, qui ne lui permettent pas de voler mais lui servent à se protéger. Celles-ci utilisent deux systèmes : une jonction en fermeture Éclair et des pales qui s'emboîtent comme des pièces de puzzle et sont liées par une substance collante. Elles servent à répartir toute pression de manière optimale pour protéger les organes vitaux. L'animal peut ainsi résister à deux passages d'une voiture sur son dos !

Samedi 17 septembre

Saint Renaud – On fête aussi les Hildegarde, Ronald, Réginald

Soleil
lever : **7 h 30**
coucher : **19 h 59**

Un sourire coûte moins cher que l'électricité, mais donne autant de lumière. Abbé Pierre

Mots oubliés

Rapetassage

Le rapetassage, c'est l'art de réparer sommairement de vieux vêtements ou souliers. Mais bien avant l'heure des copier-coller, Voltaire emploie également ce mot pour parler d'un texte qui semble fait de morceaux épars rassemblés. « Il ne s'agit plus que de copier ces rapetassages », écrit-il dans une lettre au comte d'Argental à propos de *Rome sauvée* en 1751.

Pierres précieuses

Les œufs de Fabergé (II)

Chaque année à Pâques, de nouveaux œufs à surprises, tous plus raffinés les uns que les autres, venaient enrichir le trésor des Romanov. Ainsi, « L'Œuf au Transsibérien », gravé de la carte du chemin de fer de Sibérie, qui recèle une réplique en or du train et parcourt la table s'il est remonté. Ou « L'Œuf au paon » renfermant un petit paon qui déploie ses plumes. Malgré un processus de fabrication long et complexe, cette tradition a perduré jusqu'à la révolution de 1917. La maison Fabergé fut alors nationalisée par les Soviétiques, mais la famille du joaillier réussit à se réfugier en Suisse.

Brèves régions

Rhône/ Les ponts de Lyon

La capitale des Gaules ne compte pas moins de 34 ponts, dont une moitié enjambe le Rhône et l'autre permet de franchir la Saône. Certains sont suspendus comme la passerelle de l'île Barbe ou le pont Masaryk, d'autres sont à haubans comme la passerelle du Palais de Justice, d'autres encore sont des ponts à arc, comme la passerelle Raymond-Barre, ou des ponts métalliques comme celui de la Mulatière.

BIBLIOTHÈQUES MYTHIQUES

LE REAL GABINETE PORTUGUÊS DE LEITURA DE RIO DE JANEIRO (BRÉSIL)

Classée parmi les plus belles bibliothèques du monde par le magazine *Time*, le Cabinet royal portugais a été construit entre 1880 et 1887 selon les plans de l'architecte Rafael Da Silva e Castro. Modèle de style néomanuélin, courant architectural qui s'inspirait directement du gothique flamboyant de la Renaissance portugaise, l'institution fut un temps réservée aux seuls émigrés lusitaniens. Elle ouvrit plus largement ses portes

au public à partir de 1906. Conçue comme une célébration de la grandeur portugaise à l'époque des grandes découvertes, la façade sublime de l'édifice est ornée de gigantesques statues représentant les plus grands navigateurs portugais. À l'intérieur, la salle de lecture aux allures de cathédrale, possède un impressionnant dôme en vitrail. Tout autour, des galeries avec d'immenses étagères en bois ornées renferment la plus grande collection d'œuvres portugaises hors du Portugal, dont plusieurs centaines d'incunables et de textes rares apportés au Brésil par les conquistadors dans la première moitié du XVIe siècle.

Dimanche **18 septembre**

Sainte Nadège – On fête aussi les Ariana, Ariane, Nadine

Garde toujours dans ta main la main de l'enfant que tu as été. Cervantès

La gaffe de l'Histoire

Promesse de Gascon

Lors d'une intervention sur France 2 en pleine crise sanitaire, Emmanuel Macron a voulu conclure sur une note d'espérance en évoquant une « aide exceptionnelle » de 150 euros à chaque bénéficiaire des Aides Personnelles au Logement, complétée d'un chèque de 100 euros par enfant. Une malheureuse gaffe puisque le décret du 5 mai 2020 auquel il faisait référence ne concernait pas ce public.

PROBLÈMES DE MATHS DU CERTIFICAT D'ÉTUDES

Mélanie dessine le plan de sa nouvelle véranda. La longueur de la véranda est égale à 4,5 m et la largeur à 3,6 m. Sur son plan, la longueur est représentée par une ligne de 9 cm.

Question 1 : Quelle est l'échelle utilisée sur le plan ?
Question 2 : Quelle est la largeur de la véranda sur le plan ?
Question 3 : Mélanie va commander des dalles en vinyl pour couvrir le sol. Sachant que les dalles mesurent chacune 602,8 mm × 298 mm et qu'elles sont vendues par paquet de 11, combien de paquets de dalles devra-t-elle acheter ?
Question 4 : Mélanie représente les dalles sur son plan, de quelles longueur et largeur sont-elles ?

1) 450 ÷ 9 = 50, c'est-à-dire 1/50.
2) 360 ÷ 50 = 7,2 cm.
3) Aire de la véranda : 4,5 × 3,6 = 16,2 m². Superficie des dalles 0,6028 × 0,298 = 0,1796344 m². 16,2 ÷ 0,1796344 = 90,18 ou 91 dalles, soit 91 ÷ 11 = 8,27 donc 9 paquets.
4) Longueur : 60,28 ÷ 50 = 1,2 cm. Largeur : 29,8 ÷ 50 = 0,6 cm.

Charade de position

Je suis un prénom et un nom de dix lettres :

Mes **première**, **deuxième**, **huitième** et **neuvième** lettres donnent un légume de la famille des Brassicacées ;

Avec mes **troisième**, **cinquième** et **huitième** lettres, je suis un jeune homme tout court ;

Avec mes **troisième**, **quatrième**, **sixième** et **dixième** lettres je suis un libertaire tronqué ;

Sans mes **première**, **deuxième**, **troisième**, **quatrième** et **cinquième** lettres, je suis un sentiment souvent passionnel ;

Avec **toutes** mes lettres, je suis un fromage de lait de vache de Loire-Atlantique.

CHANDAMOUR – CHOU, ADO, ANAR, AMOUR

Animaux transparents

La fourmi pharaon

Pillait-elle le garde-manger de Ramsès II ? Peut-être. En tout cas, cette minuscule fourmi (2 mm), originaire d'Afrique de l'Ouest, est l'une des plus répandues sur la planète. C'est l'un des rares insectes à présenter une certaine transparence. Avec une tête allongée, son corps est jaune clair, l'extrémité de l'abdomen étant marron foncé. Sous une grosse loupe, on constate qu'il est translucide, et on le vérifie quand la fourmi absorbe une nourriture colorée : on la voit par transparence. Très discrète, la fourmi pharaon (*Monomorium pharaonis*), si elle ne pique pas, est armée pour coloniser le monde entier : ses nids contiennent plusieurs reines, ce qui lui permet d'essaimer rapidement. En outre, elle est polyphage. Dans nos maisons, elle apprécie particulièrement l'écuelle du chat ou du chien.

Lundi **19 septembre**

Sainte Émilie – On fête aussi les Emilia, Javier, Janvier

Soleil
lever : **7 h 33**
coucher : **19 h 54**

Les seuls beaux yeux sont ceux qui vous regardent avec tendresse. Colette

DEVINETTES

Les liquides y sont conservés, son cadavre est recyclé, certains bateaux en sont prisonniers, des messages lui sont confiés.

Qu'est-ce que c'est ?

Réponse : LA BOUTEILLE

DICO NOTTO

RÉCHAUFFEMENT CLIMATIQUE, n. m.
Sujet brûlant sur lequel les gouvernements ne sont pas chauds pour battre le fer.

RÉCIPIENT, n. m.
Ustensile creux utilisé pour contenir des substances. Il en existe plusieurs sortes.
Par exemple, le saladier pour la salade, ou le merdier pour la m…

RECULER, v.
Aller de l'avant en marche arrière.

REDIFFUSION, n. f.
La Petite Maison dans la prairie.

REFLUX GASTRO-ŒSOPHAGIEN, n. m.
Ça s'en va et ça revient…

Citations

Le meilleur gouvernement est celui où il y a le moins d'hommes inutiles.

Voltaire

Pour les intimes…

« J'aime vos vers de tout mon cœur, chère Miss Barrett […] dans cet acte de m'adresser à vous, à vous-même, mon sentiment s'élève pleinement. Oui, c'est un fait que j'aime vos vers de tout mon cœur, et aussi que je vous aime, vous. » C'est par ses mots écrits en janvier 1845 que commence l'une des plus célèbres correspondances amoureuses de l'histoire littéraire, celle de la poétesse Elizabeth Barrett et de l'homme qui deviendra par la suite son mari, le poète Robert Browning. Impressionné par les poèmes d'Elizabeth, Robert décide de lui envoyer cette première lettre. Touchée, la poétesse ne tarde pas à lui répondre et, peu à peu, leur correspondance se fait de plus en plus séductrice. Une première rencontre quelques mois plus tard confirme leur amour mutuel. Pendant vingt mois, ils échangent près de 600 lettres !

L'ACTU

Un plan trop fumeux

Six habitants de Langon, en Gironde, découvrent un jour l'existence d'une importante plantation de cannabis du côté d'Aillas, dans le sud du département. Ils se laissent tenter et volent plus de 300 pieds de cannabis. Leur larcin s'étant déroulé sans encombre, ils reviennent la nuit suivante. Mais cette fois, les « cannabiculteurs » sont là et les mettent en fuite. Pas découragés pour autant, les voleurs en herbe reviennent la nuit d'après et arrachent 1,4 ha de plants avant d'être de nouveau surpris par les exploitants. Un des malfaiteurs, muni d'un fusil de chasse, tire en l'air pour les intimider. Convaincus que les cultivateurs de cannabis, eux-mêmes dans l'illégalité (forcément !), ne porteront jamais plainte pour ce vol représentant plusieurs kilos d'herbe, les malfaiteurs s'installent dans un entrepôt désaffecté pour séparer les fleurs, qui contiennent les substances psychotropes, du reste des plants. Mais très vite, ils voient débarquer les gendarmes venus les interpeller après la plainte des cultivateurs. Car ces derniers produisent en réalité du chanvre industriel, autrement dit une variété de cannabis sans aucun effet psychoactif et 100 % légal !

Mardi **20 septembre**

Saint Davy – On fête aussi les Eustache, Egat, Gwenlaouen

Une femme qu'on aime est toute une famille. Victor Hugo

Notre langue fait des adeptes

Semafor *(roumain)*

Si notre nom français *sémaphore* est réservé aux contextes techniques de la marine (poste d'observation sur la côte pour communiquer avec les navires) ou des chemins de fer (signalisation lumineuse ou mécanique), le nom roumain *semafor*, directement emprunté au français, est d'un usage beaucoup plus courant puisqu'il désigne également les feux tricolores de la circulation routière. Il est à noter que *semafor* est parfois concurrencé par l'anglicisme (il n'y en a pas qu'en français !) *stoplight*.

CHIFFRES ET EXPRESSIONS

Ne pas gagner des mille et des cents

L'expression est née à une époque pas si lointaine où les ouvriers étaient payés à la journée ou à la semaine. Au XIXe siècle, par exemple, un menuisier était payé à hauteur de 3 F par jour et un journalier agricole ne pouvait espérer plus de 1,70 F… Le fait est que, même en cumulant sur un mois, ces classes laborieuses ne gagnaient pas « des mille et des cents ».

CHIFFRES ET SYMBOLIQUES

Rétro Vermot

Le client : En vérité, c'est la première fois qu'on me donne ici un beefsteak un peu tendre.
Le garçon : Bonté divine ! Ce doit être celui du patron !

La bonne blague

Ha! Ha! Ha! Ha! Ha! Ha! Ha! Ha! Ha!

Dans la rue, un homme voit un pingouin qui se promène tout seul. Interloqué, il s'approche du volatile et l'attrape. Au bout de quelques minutes, il aperçoit un policier. Il s'approche pour lui demander conseil.
« Excusez-moi, Monsieur l'agent, je viens de trouver ce pingouin qui se promenait seul dans la rue, que dois-je faire ?
Le policier lui répond :
– Le mieux serait de l'amener au zoo. »
Aussitôt dit, aussitôt fait, l'homme prend la direction du zoo avec le pingouin. Le lendemain, l'agent de police recroise l'homme avec le pingouin qui marchent ensemble dans la rue. Étonné, il lui demande :
« Je ne comprends pas… Pourquoi ne l'avez-vous pas emmené au zoo, finalement ?
Alors l'autre lui répond :
– Mais si, je l'ai emmené au zoo ! Il a adoré. Maintenant, je l'emmène au cinéma. »

Mercredi **21 septembre**

Saint Matthieu – On fête aussi les Mathé, Déborah

Soleil
lever : **7 h 35**
coucher : **19 h 50**

Pluie de septembre est bonne aux vignes et aux semailles. Proverbe français.

Ça s'est passé
Le 21 septembre 1522

Martin Luther publie sa traduction en allemand du Nouveau Testament à partir des textes originaux écrits en grec : *la Bible de Luther.*

L'humanité en chiffres
5 romans

Parmi les cinq romans les plus vendus au monde, trois ont été écrits par des Britanniques. Mais c'est un Espagnol qui est en tête du classement : *Don Quichotte* de Miguel de Cervantès, suivi de *Un conte de deux villes*, de Charles Dickens, puis *Le Seigneur des anneaux* de J. R. R. Tolkien. Le n° 4 du top 5 est français : *Le Petit Prince* d'Antoine de Saint-Exupéry. Enfin, *Harry Potter à l'école des sorciers*, de J. K. Rowling, arrive en cinquième position.

Cultures fruitières
L'amandier Princesse

Pourquoi pas un amandier dans votre jardin ? Son seul défaut est qu'il fleurit très tôt, ce qui le rend sensible aux gelées. Il existe toutefois des variétés pour le nord de la Loire. Ses atouts ? Au printemps, de belles fleurs blanc pur et parfumées et une abondance de délicieux fruits à coque en été. La variété princesse est ancienne. Elle a reçu ce nom, dit-on, parce que la coque est si tendre que même une élégante aux mains blanches et délicates peut la rompre entre ses doigts. On l'appelle aussi amandier pistache à cause de l'arôme particulier de son amandon, utilisé d'ailleurs pour les calissons d'Aix. Princesse est réputée autofertile, mais mieux vaut la cultiver à côté d'une autre variété, comme texas. Cet arbre peut atteindre 6 ou 7 m. Ses fruits, vert tendre, arrivent à maturité en juin.

Quand la réalité dépasse la fiction
Mulan

Le film d'animation Disney, sorti en 1998, est en partie inspiré de la légende de Mulan, jeune guerrière chinoise, qui se travestit en homme afin de partir à la guerre. Dans le film, Mulan rejette le carcan qui lui est imposé en tant que femme et prend en cachette la place de son père, malade, pour combattre les Huns. Dans la réalité, Mulan a été entraînée au combat dès son plus jeune âge par son père et elle lui a demandé sa permission pour partir à la guerre. En revanche, le fait qu'elle se soit fait passer pour un homme est véridique. Ses exploits lui ont même permis de devenir général sans que l'imposture n'ait été révélée. Après douze ans, Mulan quitte l'armée et l'empereur découvre sa véritable identité. Il décide alors d'en faire sa concubine ; Mulan refuse, mais les assauts sont répétés. Elle finira par se suicider à l'épée pour échapper à ce destin. En 2020, un film (non animé) raconte cette histoire, proposant une version plus proche, et donc plus sombre, de la légende.

Jeudi 22 septembre

Soleil
lever : **7 h 37**
coucher : **19 h 48**

Saint Maurice – On fête aussi les Gaïane, Laud, Emeran

Août mûrit les fruits, septembre les cueille. Proverbe français

EXPRESSIONS IMAGÉES

Se laisser manger la laine sur le dos

Née au début du XVIIe siècle, cette expression existe aussi avec le verbe « tondre » qui paraît plus logique. Pourtant il s'agit bien de « manger » qui fait allusion aux poils utilisés par les oiseaux pour construire leur nid. Même si la brebis est plutôt docile, elle ne les laisse pas se servir sur son dos, il leur faut ramasser ceux qu'elle a perdus.

BANQUE EUROPÉENNE DU CLIMAT

LES ÉMISSIONS RADIO MYTHIQUES

Radioscopie

Créée par Jacques Chancel le 5 octobre 1968, Radioscopie est une émission culturelle mythique qui a été diffusée tous les jours sur France Inter de 17 h à 18 h jusqu'en 1982, puis de nouveau entre 1988 et 1990. Ce rendez-vous était le plus souvent consacré à un invité unique. Au fil des années, plus de 3 500 personnalités se sont ainsi succédé au micro de Jacques Chancel. Avec sa voix chaude, ce virtuose de la conversation a réinventé l'art de l'entretien radiophonique par la qualité de son écoute, sa curiosité et la justesse de ses questions. De très nombreux artistes, écrivains, intellectuels et politiques, rarement entendus sur les ondes, se sont ainsi prêtés à son jeu de vérité. Parmi eux, citons Michèle Morgan, Jacques Brel, Romain Gary, Georges Brassens, l'abbé Pierre, François Truffaut, Marguerite Yourcenar ou encore Roland Barthes. L'inoubliable générique de Radioscopie *s'intitule* La Grande Valse *et a été composé par Georges Delerue, qui l'avait initialement créé pour le film* Le Cerveau *de Gérard Oury.*

ANIMAUX DE BD

PIF LE CHIEN

Créé par José Carbero Arnal, Pif le chien apparaît dans *L'Humanité* en 1948 avant d'être repris par de nombreux dessinateurs. Pif est un chien de prolétaire et sa famille, composée de Tonton, Tata et Doudou, un môme avec un cheveu unique sur le crâne, éprouve la dureté des temps. Pif le chien a du mal à satisfaire un appétit exigeant. Il est bientôt rejoint par Hercule, chat noir et blanc passablement voyou, avec un pansement sur le museau. Complices et adversaires, tous deux se disputent souvent le bout de gras.

Brèves régions

Yonne/Musée des Arts naïfs et populaires

C'est à Noyers-sur-Serein que vous pouvez visiter le musée des Arts naïfs et populaires. Installé sur trois étages offrant 1 500 m² d'exposition, il a été fondé en 1876 et a connu une véritable renaissance en 1987 avec la donation de l'artiste Jacques Yankel, où de splendides anonymes côtoient les grands maîtres : Bombois, Bauchant, Nikifor, Vivin… En 2001, un dépôt du Fonds national d'art contemporain permet d'y découvrir une série d'œuvres antifascistes de Déchelette et, en 2005, le conseil général de l'Yonne y dépose 60 toiles d'art naïf de la collection de Jean-Marc Luce, ami de Yankel.

Vendredi **23 septembre**

Saint Constant – On fête aussi les Line, Constance

Soleil
lever : **7 h 38**
coucher : **19 h 46**

Automne malade et adoré, tu mourras quand l'ouragan soufflera dans les roseraies.
Guillaume Apollinaire

CHANSONS VOYAGEUSES

Sacré Joe Dassin

Le chanteur franco-américain s'est spécialisé dans l'adaptation en français de titres étrangers, notamment américains (*L'Amérique*) ou italiens (*Siffler sur la Colline*, *L'Été indien*, *Et si tu n'existais pas*, *Salut*). Son talent et la qualité des textes français ont donné envie à d'autres de reprendre ses propres versions. C'est le cas de *L'Été indien* sorti dans 25 pays, repris de nombreuses fois, traduit en italien, en anglais, en espagnol et même en polonais par la chanteuse Mandaryna qui en a fait une version techno.

Étymologie

Quinquet

Avant d'être employé comme synonyme familier de « œil », le nom « quinquet » désignait une lampe à huile perfectionnée. Il vient du nom du pharmacien Antoine Quinquet (1745-1803) qui s'intéressait entre autres à l'éclairage. En 1782, il perfectionna et commercialisa la lampe à huile créée par le physicien suisse Ami Argand deux ans auparavant. On parle alors de lampe à la Quinquet, puis de quinquet. Et c'est donc par métaphore que l'on ouvre (ou on allume) ses quinquets pour y voir plus clair.

VERMOT'ROSCOPE

BALANCE (23 septembre - 22 octobre)

Caractère

Pondéré, calme, émotif, sensible, esthète, artiste, séducteur, charmant, sentimental, doux, diplomate, curieux, communicatif, sociable, compréhensif, de bonne écoute, juste, droit, adaptable, sincère, honnête, aspirant à l'équilibre, mélancolique, influençable.

Le message des astres

Cette année, c'est Saturne qui veillera sur vous et qui vous permettra de consolider une situation ou de reprendre en main votre vie. 2022 sera parfaite pour mettre en place des projets sur le long terme ou pour vous refaire une santé.

Vie relationnelle

Le printemps et l'été seront particulièrement propices à l'amitié et aux échanges en tout genre. Les sorties et les rencontres rythmeront cette période pour votre plus grand plaisir. Épanoui et bien dans votre tête, vous rayonnerez et votre compagnie sera très recherchée.

Amour

En couple, de très beaux moments en perspective, notamment de mai à octobre. Plus proche de votre partenaire, vous parviendrez à mieux communiquer et à mieux vous comprendre. Certains pourraient même avoir envie d'officialiser leur relation, ou de renouveler leurs vœux.

Célibataire, les astres vous réservent de belles surprises. C'est une année empreinte de douceur et de fantaisie qui vous attend. Pour certains natifs, le printemps ou l'été pourrait bien être marqué par une superbe rencontre. À vous de lui donner une chance.

Famille

Vos échanges avec vos proches seront plus harmonieux et plus épanouissants. Vous saurez profiter de nombreux moments pour vous rapprocher de celles et de ceux que vous aimez. Durant une grande partie de 2022, la joie et la bonne humeur rythmeront vos relations.

Quotidien et vitalité

Ce sera une superbe année pour élargir votre champ d'activité et découvrir de nouveaux loisirs. Prenez le temps de vous initier à d'autres occupations. Misez sur la nouveauté et ouvrez-vous à des activités qui sauront vous captiver. 2022 vous trouvera en pleine forme. Solide, déterminé et vif, vous passerez haut la main les grandes échéances de l'année.

Budget

D'un bout à l'autre de 2022, vous ferez preuve d'une certaine forme de prudence et veillerez à ne pas vivre au-dessus de vos moyens. Certains privilégieront l'épargne ou cibleront mieux leurs dépenses.

Comment optimiser votre année ?

Cultivez l'optimisme. Faites preuve de créativité et d'inventivité. Multipliez les loisirs qui vous nourrissent et qui vous font du bien. Identifiez mieux vos besoins et vos aspirations. Donnez plus place à la joie et la bonne humeur.

Samedi 24 septembre

Saint Thècle – On fête aussi les Andoche

Pourquoi lave-t-on une injure alors qu'on essuie un affront ? Alphonse Allais

Dis papy c'est quoi ?? et ça c'est quoi ?

Pourquoi les orties piquent ?

La tige et la face supérieure des feuilles dentées de l'ortie sont couvertes de poils creux qui contiennent de l'histamine. Celle-ci, même en quantité infinitésimale, déclenche brûlures et démangeaisons. Lorsque l'ortie est mouillée, elle devient presque inoffensive. On peut la cueillir par la face inférieure ou lorsqu'elle est humide et la consommer ensuite en soupe.

mamie c'est quoi ??

Le Gros mot de l'histoire

« On n'a pas besoin à la tête de l'État de quelqu'un qui se fixe pour programme d'être le futur caniche du président des États-Unis. »

Laurent Fabius, 16 septembre 2006

Cette pique lancée par l'actuel président du Conseil constitutionnel vise Nicolas Sarkozy, alors ministre de l'Intérieur et, surtout, candidat déclaré de la droite à l'élection présidentielle de 2007. Prononcée lors d'un meeting électoral du parti socialiste à Lens (Nord), l'attaque verbale témoigne de l'animosité qui existe entre les deux hommes. Fabius reproche notamment à Sarkozy son manque de soutien à la construction européenne. Au cours de la même réunion, il n'hésite pas à qualifier son adversaire de « zélateur de Bush » ! Malgré les invectives du socialiste, Nicolas Sarkozy sera élu président de la République huit mois plus tard.

Randonnées

AUTOUR DE PORTO-VECCHIO, CORSE

Située au sud-est de l'île de Beauté, Porto-Vecchio est une jolie ville connue pour sa citadelle et ses plages paradisiaques. Une randonnée vers la pointe de la Chiappa, jusqu'au sémaphore, offre un point de vue superbe sur la Méditerranée et le golfe de Porto-Vecchio. En continuant vers le sud, on rencontre les magnifiques plages de Palombaggia et Tamaricciu, ourlées de sable blanc et bordées par des eaux turquoise. Ici, on trouvera de l'ombre, allongé sur les rochers sous les pins parasols.

L'ACTU

Blanche comme bouse

Une peinture bio, respectueuse de l'environnement, sans odeur, possédant des propriétés antibactériennes et antifongiques, c'est possible grâce… à la bouse de vache. Une entreprise indienne vient de mettre en vente une peinture fabriquée avec les excréments des bovins. Proposé à l'eau ou à l'huile, ce produit miracle a été homologué par les autorités : trois laboratoires indépendants ont été chargés d'en vérifier les principales propriétés (dilution, application, temps de séchage, finition…) et la peinture à la bouse de vache a brillamment passé tous les tests ! De plus, elle sèche en moins de 4 h et peut indifféremment être appliquée sur les murs intérieurs et extérieurs. Pour ceux qui s'interrogeraient sur l'aspect du produit, le fabricant assure que la peinture est parfaitement blanche, et qu'on peut la teinter, comme toute peinture acrylique, grâce à des colorants. En Inde, les vaches étant des animaux sacrés auxquels on prête de nombreuses vertus, leurs déchets organiques sont déjà employés depuis longtemps pour fabriquer des bâtons d'encens, par exemple, ou encore des produits ménagers.

Dimanche 25 septembre

Saint Hermann – On fête aussi les Solenne, Cléophas

Soleil
lever : **7 h 41**
coucher : **19 h 41**

Rien n'exprime avec plus de force la précarité de l'existence que Paris un dimanche après-midi d'automne. Frédéric Dard

Charade classique

Mon premier est une bande de tissu,

Mon deuxième peut être persan ou siamois,

Mon troisième est un bassin entouré de quais,

Mon tout est une série mettant en scène des êtres anthropomorphes à l'apparence d'oiseaux rondouillards, extrêmement méchants et idiots.

LES SHADOKS (LE – CHAT – DOCK)

RECETTE

Cake banane-chocolat

Pour 6 pers. — 15 min de préparation — 45 à 50 min de cuisson

- 2 œufs
- 50 g de sucre blanc
- 50 g de sucre de canne complet
- 3 bananes très mûres (+ 1 moins mûre pour la déco, facultatif)
- 100 g de beurre
- 200 g de farine
- 1 sachet de levure
- 100 g de pépites de chocolat

Préchauffez le four à 180 °C (th. 6). Blanchissez les œufs avec le sucre blanc et les sucres dans un grand cul-de-poule. Écrasez les bananes très mûres à la fourchette et incorporez-les aux œufs. Faites fondre le beurre et versez-le dans la préparation. Puis ajoutez la farine et la levure tamisées, les pépites de chocolat. Mélangez bien.

Versez la pâte dans un moule à cake beurré ou tapissé de papier sulfurisé et enfournez pour 45 à 50 min de cuisson.

Démoulez à la sortie du four et laissez tiédir sur une grille. Décorez de rondelles de banane si vous voulez.

Servez ce cake avec une boule de glace pour encore plus de gourmandise.
Si vous n'avez pas de pépites, taillez des copeaux de chocolat pâtissier à l'aide d'un économe.

Dico NOTTO

RÉGIME, n. m.
Divergence d'opinion entre votre appétit et votre silhouette.

REMARIAGE, n. m.
Refaire la même erreur que lors du précédent mariage mais avec quelqu'un d'autre.

RÉPONSE, n. f.
Question qui a fini de s'interroger.

RÉPRESSION, n. f.
C'est répondre à la pression… par une nouvelle tournée de bières à grandes pompes.

RÉSISTANCE, n. f.
Composant électrique qui s'est opposé à l'occupation allemande pendant la Seconde Guerre mondiale.

Bon anniversaire

Étienne Dolet

Le nom d'Étienne Dolet est aujourd'hui indissociable de celui de ses contemporains François Rabelais et Clément Marot. Tous les trois sont des humanistes éclairés, les deux derniers sont des auteurs et le premier leur éditeur ! Le courant progressiste qu'ils représentaient ensemble a maintes fois été qualifié d'hérétique à leur époque par leur entourage. Malgré sa notoriété, Étienne Dolet a été emprisonné en 1542 pour « athéisme » puis une seconde fois en 1544. Protégé par François Ier (que certains pensent être son père), il est finalement abandonné par le roi et supplicié. Le jour de ses 37 ans, le 3 août 1546, bien qu'il ait demandé publiquement pardon à Dieu, il est étranglé après avoir eu la langue coupée, puis son corps est brûlé avec ses livres sur la place Maubert à Paris.

Soleil
lever : **7 h 43**
coucher : **19 h 39**

Lundi **26 septembre**

Saint Côme et Saint Damien – On fête aussi les Damia, Cosima

En septembre, se coupe ce qui pend. Proverbe français

MOTS FLÉCHÉS

Dans cette grille, les mots déclencheurs sont des anagrammes.

TRACHEES / SAINTETE
ANIME / REVET
SIL / NOE
RESISTAT
REALES
LIRE / SERA
REDORE
AILE / LACEE
ECRIS / NOTES
CARREE / RIBOSE
RESORBA / PISTER
EVA / REA
ILOTES / MARIEZ
CARENE
SIERRA / ACHETE
EN / ECOSSA
EMPATEES
SERTIT / ECATIT
ARC / TRAINE
COR / RATIER
RE
BECHAS
ICARE / ENTAME-RAS
ITERA / RATERA
RASERA / TETS
IREZ / ATRE
ENTRAS / NIMES
EPILEUR
METIER / ELU
INUITS
ES / EN
SERIEL / LESSY
UN / SON
LUTTEE / UNO
UNE / USA
NYEMO / NEMS
NUI
ROSI / ENA
US / AR
USAIS / NA
RUNE / TE
ANNA
LI
ENLISA
EUT

SOLUTION PAGE 290

Saint Vincent de Paul – On fête aussi les Vincente, Hiltrude

Soleil
lever : **7 h 44**
coucher : **19 h 37**

Il y a toujours une perle dans ta bouche. Paul Éluard

Musique

Pièce de musée

Êtres nés à Versailles, ville-musée par excellence, a dû laisser des traces indélébiles sur les quatre membres de Phoenix. Pour l'enregistrement de leur nouvel album, le groupe pop a carrément investi pour plusieurs mois une pièce du musée des Arts décoratifs de Paris. Un lieu d'exception qui permet aux quatre musiciens de se retrouver enfin au même endroit, et pour cause, le chanteur vit à Los Angeles, le guitariste à Rome et les deux autres, régionaux de l'étape, à Paris.

Brèves régions

Morbihan/
La crème de salidou

La crème de salidou est une spécialité culinaire morbihannaise de la catégorie des desserts et douceurs. C'est une crème de caramel au beurre salé qui se prépare en faisant chauffer dans une casserole 200 g de sucre en poudre, une bonne pincée de sel et deux cuillères à soupe d'eau jusqu'à obtenir un beau caramel. Parallèlement, on fait tiédir 200 g de crème fraîche épaisse dans une autre casserole que l'on ajoute ensuite au caramel. Sans arrêtez de remuer pour conserver une parfaite homogénéité, il faut faire cuire à feu doux en ajoutant petit à petit 100 g de beurre demi-sel coupé en petits cubes. Une fois terminée, la crème de salidou se conserve en pot, comme une confiture.

Pêche

Le goujon à trousse-culottes

Les eaux de la rivière s'écoulent entre des bancs de sable. Enfants, adolescents, parents et grands-parents, de l'eau à mi-mollet, rient aux éclats quand les goujons viennent leur suçoter les orteils. Armés d'une canne courte (1,50 m) équipée d'une ligne simple qu'ils laissent glisser dans le nuage de sable soulevé par leurs pieds, ils cherchent les goujons à trousse-culottes. Un tronçon de petit ver de terre sert d'appât ou, mieux, un ver de vase. Le flotteur s'enfonce franchement, le goujon est piqué, sorti de l'eau, les prises s'accumulent. « Douze ! Je t'ai dépassé ! » La partie se termine le soir autour de la table. Heureux de cette journée, tous dégustent une friture dont le goût demeurera un souvenir ineffaçable.

FOOTBALL

FLAIR CANIN

À l'occasion de la Coupe du monde de 1966, le trophée Jules Rimet, du nom du Français qui a créé cet événement, est exposé au Westminster Central Hall. Le 20 mars, l'objet est dérobé et une rançon est demandée pour sa restitution. Si Scotland Yard parvient à arrêter le voleur quelques jours plus tard, le trophée, lui, reste introuvable. Le dimanche suivant, Pickles, un border collie de quatre ans, se promène avec son maître lorsqu'il est attiré par un morceau de papier. À l'intérieur se trouve le trophée. Pickles est récompensé et invité au banquet des célébrations suivant le sacre anglais. En 1970, le Brésil remporte la coupe pour la troisième fois et gagne le droit de la conserver. Elle est de nouveau volée en 1983, mais cette fois Pickles ne pourra rien y faire...

Mercredi **28 septembre**

Saint Venceslas – On fête aussi les Exupère, Eustochium, Konan

À la Saint-Venceslas, tout passe, tout casse, tout lasse.

Étymologie

Renard

C'est parce que le *Roman de Renart* a été un best-seller au Moyen Âge qu'aujourd'hui nous employons le nom commun renard. En effet, à l'origine, *Renart* est un nom propre : c'est le prénom (*Reinhart* en allemand) du rusé animal, héros de cette épopée, tout comme d'autres œuvres littéraires de l'époque. Renart le goupil était si célèbre que son prénom a évincé le nom commun *goupil* (que l'on trouvait aussi sous la forme *volpil*, du latin *vulpes*, « renard ») qui a désigné l'animal jusqu'au XVIIe siècle.

Meilleurs Ouvriers de France

Groupe XII, métiers de l'armurerie

Thierry Barbaud est tombé dans l'armurerie quand il était petit, passion que lui a transmis son père. Pour le concours, il a présenté le montage d'une crosse en bois de fusil à platines. La difficulté tenait principalement dans l'ajustage parfait et sans jour de toute la partie mécanique en fer et de celle en bois. Sachant qu'il y avait une cinquantaine de pièces métalliques (chien, gâchette, détente, ressors...), ce travail de précision l'a occupé près de 350 heures.

Les idées reçues

LES TAUREAUX S'ÉNERVENT EN VOYANT DU ROUGE

Chez les mammifères, à part quelques primates, écureuils et mangoustes, la plupart des espèces n'ont qu'une vision rudimentaire des couleurs. Selon certains spécialistes, c'est la nécessité de distinguer la couleur des baies comestibles ou non qui nous a amenés à mieux distinguer les nuances. Le taureau, comme tous les ruminants, n'a pas le même besoin car les herbes qu'il consomme sont toutes vertes. Ni l'habit flamboyant du toréro ni la couleur rouge de la muleta ne l'énervent particulièrement quand il est dans l'arène car il ne les distingue pas. Ce qui fait monter son excitation, c'est le bruit, le mouvement et l'agitation générale. Inutile donc de cacher vos rouges tabliers pour aller vous promener dans les champs !

LE MANQUE D'ENSEIGNANTS DANS LES CLASSES

LE CHIFFRE 127

C'est en kilos la quantité de vomi de baleine récupérée par des pêcheurs yéménites dans le golfe d'Aden il y a quelques mois. La dépouille de l'animal a été repérée flottant au large, et plus d'une trentaine de personnes ont été mobilisées pendant des heures pour extraire la sécrétion de l'estomac du cétacé. Plus connu sous le nom d'ambre gris, la concrétion intestinale de baleine est particulièrement rare et très recherchée par les professionnels de la parfumerie. « L'ambre gris est mou, cireux et si odorant et épicé qu'on l'utilise beaucoup en parfumerie, pour des pastilles, pour des bougies de luxe, pour des poudres à cheveux et des pommades » écrivait déjà Herman Melville dans *Moby Dick* en 1851. Plus près de nous, il y a dix ans, un bloc de 3 kg s'est vendu 150 000 euros lors d'une vente aux enchères. Les pêcheurs ont d'ailleurs immédiatement reçu des offres d'achat exceptionnelles des quatre coins du monde. Afin de protéger leur précieux vomi, ils ont été obligés d'engager des hommes armés.

Saint Michel – On fête aussi les Michèle, Michaëla

Soleil
lever : **7 h 47**
coucher : **19 h 33**

Septembre se nomme le mai de l'automne. Proverbe français

HEUREUX MARIAGES

Marie Louise Catherine Le Veau, en épousant Jean Vache le 3 février 1755 à Gouvernes (Seine-et-Marne) a fait comme Jean Michel Augustin Couvé lorsqu'il s'est unit avec Denise Ernestine Bathilde Cochon le 23 janvier 1874 à Le Favril (Eure-et-Loir). Sa cousine Marie Françoise Cochon a préféré quant à elle se marier avec Jean Rémi Dagneau le 25 janvier 1815 à Lappion (Aisne).

Bibliophiles

Histoire de Tom Jones, enfant trouvé, Henry Fielding (1749)

Avec ce gros roman satirique et facétieux (plus de mille pages), soirées palpitantes garanties ! C'est l'histoire d'un jeune homme pauvre, mais joli cœur et polisson, dont la naissance est entourée de mystère, que le destin et les malveillants s'acharnent à écarter de la vérité de ses origines… et de la fortune. Péripéties et suspense, bagarres, révélations et coups du sort rocambolesques vous feront traverser l'Angleterre du XVIIIe siècle et aller de surprise en surprise, la moindre n'étant pas les interventions de l'auteur lui-même, révélant comment il écrit son « épopée comique en prose ».

PARADIS D'ARTISTES

Saint-Tropez

Depuis un siècle, Saint-Tropez est un symbole de la célébrité et de la vie facile, du luxe et des mondanités. Pourtant, en 1888, lorsque Guy de Maupassant découvre le petit port varois, c'est la simplicité de l'endroit et sa beauté naturelle qui l'envoûtent. Dans son recueil de nouvelles *Sur l'eau* publié l'année suivante, l'écrivain décrit Saint-Tropez comme la délicieuse capitale d'un petit royaume assoupi, « une contrée invraisemblablement sauvage, sans routes, sans chemins, même sans sentiers, sans hameaux, sans maisons ». La lecture du texte de Maupassant exerce une influence déterminante sur Paul Signac qui s'installe dans un cabanon à flanc de colline en 1892. Mais le jeune peintre ne reste pas longtemps seul sur son petit bout de paradis, bientôt rejoint par de nombreux condisciples du néo-impressionnisme, puis du fauvisme. En 1914, excédé par les prémices d'un tourisme mondain qui découvre la presqu'île, Signac s'en va. « La charmante et simple fille de la mer » louée par Maupassant n'est déjà plus…

Solution mots fléchés [p. 287]

	H		M		L		T		A		L	
T	E	T	A	N	I	E	S		L	A	I	E
	C	R	I	E	S		A	C	E	R	E	R
S	T	E	N	O		B	R	A	S	E	R	O
	A	V	E		T	O	I	L	E	S		D
A	R	E		A	R	I	S	E	R		N	E
	E		T	R	I	S	T	E		C	A	R
E	S	T	A	M	P	E	E		R	O	C	
		A	C	I	E	R		T	I	A	R	E
B	A	C	H	E	S		A	R	A	S	E	R
	R	I	E	Z		T	R	A	N	S	E	
R	A	T	E		M	E	R	I	T	E		P
	S	E		L	I	S	E	R	E		N	U
N	E		L	U	E	T	T	E		N	U	E
	M	O	Y	E	N		A		S	O	I	R
M	E	N	S		S	U		A	U	S	S	I
	N	U	E	R		N	A	N	A		I	L
E	T		S	A	L	I	N	E		U	T	E

Vendredi 30 septembre

Saint Jérôme – On fête aussi les Géronima

À la Saint-Jérôme, c'est toi ma môme !

La gaffe de l'Histoire
Reine Davant

L'animatrice Sophie Davant assume d'être une impénitente gaffeuse. Elle raconte elle-même ses erreurs, comme le jour où elle a appelé Jean-Louis Borloo « Jean-Louis Bordeaux » ou encore cette soirée du Téléthon où elle a interviewé un technicien de l'émission à la place d'un élu béarnais qui avait monté un défi depuis un an et qui n'a finalement jamais été médiatisé…

L'ACTU

Il faut sauver la petite bête

En matière de protection de la nature, la popularité des uns nuit à la sauvegarde des autres. C'est la conclusion à laquelle est parvenue une équipe de chercheurs, dirigée par l'écologiste italien Stefano Mammola, après avoir analysé le programme *Life* de l'Union européenne, qui finance des actions pour l'environnement. Entre 1990 et 2020, les vertébrés ont reçu près de 500 fois plus de financements par espèce que les invertébrés. Les « stars » de la conservation en Europe que sont les ours, les loups, les butors et les lynx concentrent à eux seuls un niveau de subventions pratiquement équivalent à celui de tous les invertébrés réunis. Pour Stefano Mammola, « les programmes d'aide aux espèces semblent se fonder davantage sur le "charisme" des animaux plutôt que sur leur rôle dans l'écosystème et le degré de la menace qui pèse sur eux ». Pourtant, aux yeux des spécialistes, l'extinction des insectes, par exemple, qui est huit fois plus rapide que celle des oiseaux, des mammifères et des reptiles, est beaucoup plus inquiétante que celle des vertébrés.

BIÈRES

Brassin d'Hiver de la brasserie Pietra

Brassée à partir de malts spéciaux, orge de Corse et farine de châtaigne, cette bière corse est charpentée. Puissante et riche en goût, avec une très belle longueur en bouche, elle offre un cocktail doux amer d'écorce d'orange, de cannelle de Madagascar, de miel et de pain d'épices qui n'est pas sans rappeler certains bonbons de l'enfance. Une bière de caractère, récompensée au Brussels Beer Challenge (médaille d'or), à déguster bien fraîche et pas seulement en hiver, malgré son nom ! Alcool : 7 % vol.

Pierres précieuses

Les œufs de Fabergé (III)

Entre 1885 et 1917, 69 œufs de Fabergé ont été créés, dont 52 commandés par la famille Romanov. Huit d'entre eux ont disparu à la révolution de 1917. Dans les années 2000, un ferrailleur du Midwest américain a déboursé aux puces l'équivalent de 10 000 euros en échange d'un joli objet en forme d'œuf, dont il voulait récupérer l'or. Sans le savoir, il venait d'acquérir le troisième œuf réalisé par Fabergé et offert à Pâques en 1885 par le tsar Alexandre III à sa femme. Valeur estimée : 20 millions de livres (24 millions d'euros). L'œuf en question renfermait une luxueuse montre Vacheron Constantin…

Samedi 1er octobre

Sainte Thérèse de l'Enfant Jésus – On fête aussi les Arielle

Soleil
lever : **7 h 50**
coucher : **19 h 29**

Vendanges d'octobre... mais restons sobres !

Le Vermot

1er octobre 2022

1,20 €

LE DILEMME :
Halloween ou Samhain ?

Célébrées le 31 octobre, les deux fêtes ont les mêmes origines celtiques : Halloween serait l'héritière de Samhain, le Nouvel An celte célébré sous l'autorité des druides. La tradition du porte-à-porte est plus récente et date du XVIe siècle, quand les gens allaient de maison en maison dans un costume censé représenter les âmes des morts et récitaient des vers en échange de nourriture. Au XVIIIe siècle, l'Irlande et l'Écosse ont ajouté des farces à ces visites et, de là, le fameux *trick ou treat* (« un sort ou des bonbons ») est né.

Cette fête s'est ensuite exportée aux États-Unis et au Canada après l'arrivée massive d'émigrants irlandais et écossais à la fin du XIXe siècle et est devenue très populaire. C'est sur le nouveau continent que sont apparues les lanternes confectionnées à partir de citrouilles. Puis, par un habile tour de passe-passe (commercial), Halloween est revenue en Europe et a connu jusqu'à aujourd'hui un succès grandissant, fait de fêtes costumées, de potirons décorés, de blagues pour se faire peur et de distributions de bonbons.

Mais le nom celte de Samhain a aussi fait son retour pour prôner un moment plus spirituel et ésotérique de communion avec la nature et avec les ancêtres. Beaucoup préconisent de marcher dans la forêt et d'accomplir quelques rituels de sorcellerie : tirer les cartes, brûler de la sauge pour purifier sa maison, etc.
À vous de choisir la fête qui vous plaît le plus !

Pour manger orange

Pour s'amuser avec la thématique du mois et le légume de saison qu'est la courge, on peut la cuisiner en soupe ou en purée et même en tarte pour une version sucrée !

Et pour voir rouge ?

Le dernier week-end d'octobre, c'est aussi la fête du fameux piment dans le village basque qui lui a donné son nom : Espelette !

Fête des Grands-Pères

Dimanche 2 octobre

Soleil
lever : **7 h 51**
coucher : **19 h 27**

Saint Léger – On fête aussi les Bérégise, Ruth

À la Saint-Léger, où est la balance ?

Meilleurs Ouvriers de France

Groupe XII, horlogerie

Sylvain Pinaud, 42 ans, travaille à son compte. Pour le concours, il a conçu et fabriqué dans son atelier une pièce de haute horlogerie : une montre chronographe mécanique à remontage manuel. Si quelques rares éléments de cette montre ont été réalisés à l'aide d'une machine-outil à contrôle numérique, la très grande majorité d'entre eux l'ont été à la main avec des machines conventionnelles. Sylvain Pinaud a travaillé cette pièce unique pendant un an, et tous les ornements ont minutieusement été anglés et décorés à la main.

Mots oubliés

Rapin

L'artiste peintre, avant d'être en pleine maîtrise des techniques, est un rapin. Comme l'apprenti tailleur de pierre dégrossit la pierre brute avant de pouvoir la sculpter, comme l'apprenti maçon charrie les sacs de ciment et les seaux d'eau avant de construire l'édifice, dans les ateliers de peinture les rapins sont les jeunes élèves que l'on charge des travaux les plus basiques.

FOLLES RUMEURS

Marilyn a été assassinée

Dans la nuit du 4 au 5 août 1962, Marilyn Monroe est retrouvée morte à son domicile : à 3 h 50, un médecin constate le décès, à 4 h 25, la police arrive sur les lieux. Ce qui s'est passé dans l'intervalle va alimenter toutes les rumeurs, et notamment une : la scène aurait été nettoyée pour effacer les preuves d'un assassinat. Comme Marilyn fréquentait Robert et John Fitzgerald Kennedy, la théorie du complot a rapidement émergé. Puis le bruit a enflé en 1973 à la suite de la parution d'un livre à succès sur Marilyn écrit par Norman Mailer, qui attestait alors la thèse de l'assassinat. Plus tard, l'écrivain a avoué avoir tout inventé pour vendre plus de livres, ce qui n'a pas fait taire la rumeur pour autant…

La bonne blague

Le petit Toto a absolument besoin de 100 euros pour s'acheter un nouveau jeu de course pour sa console. Alors, comme Toto croit au Bon Dieu, il prie matin, midi et soir tous les jours en suppliant Dieu de lui apporter 100 euros. Hélas, malgré toutes ses prières, quinze jours passent et il n'obtient rien du tout. Toto décide alors de changer de méthode : il rédige une lettre à Dieu dans laquelle il lui demande 100 euros, indique l'adresse « Ciel » sur l'enveloppe, colle un timbre et la dépose dans une boîte aux lettres.

Les postiers qui récupèrent le courrier sont bien embêtés. À la différence des lettres au Père Noël, il n'existe aucun service qui traite ce genre de courrier. Après réflexion, le responsable du centre de tri décide de l'envoyer au chef du gouvernement. Le Premier ministre réceptionne la lettre de Toto et, ému par la requête du petit garçon, décide de faire un geste. Il demande à sa secrétaire d'envoyer un billet de 20 euros au petit Toto pour l'aider à acheter son jeu.

Quelques jours plus tard, Toto reçoit la lettre avec les 20 euros.

Très content d'avoir eu une réponse, il décide d'écrire à Dieu pour le remercier :

« Cher Dieu, merci beaucoup de m'avoir envoyé l'argent. Par contre, tu n'aurais pas dû demander au Premier ministre de poster ta réponse : il a volé 80 euros. »

Lundi 3 octobre

Saint Gérard – On fête aussi les Ewald, Bianca, Blanca, Candide

Soleil
lever : **7 h 53**
coucher : **19 h 25**

C'est la Saint-Gérard, la fête aux fêtards !

CHANSONS VOYAGEUSES

Brãi Jēkab

Frère Jacques est une chanson enfantine qui date du XVIIIe siècle. Parfois attribuée à Jean-Philippe Rameau (il y a une bataille d'historiens sur le sujet), elle a également inspiré le grand Gustav Mahler dans le troisième mouvement de sa première symphonie. Mais *Frère Jacques* est surtout chantée en famille et a été traduite dans plus de 50 langues, dont l'albanais, le khmer ou le kurde. Pour info, en letton, le titre devient *Brāli Jēkab*... si d'aventure vous vouliez vous mettre à cette langue balte.

LE CHIFFRE

503

C'est le nombre de nouvelles espèces répertoriées l'an passé par le musée d'Histoire naturelle de Londres. Parmi les petits nouveaux : un singe de Birmanie sur un volcan éteint, un ver parasite dans les excréments d'un crapaud, un lézard à crête de Bornéo, neuf espèces de serpents, des abeilles ou encore une algue « magnifiquement délicate » observée au large des îles Malouines. Selon les scientifiques de la vénérable institution britannique, il reste encore des millions d'espèces à découvrir sur notre planète. D'après leurs estimations, entre 2 % et 20 % seulement du monde vivant ont été inventoriés. Et plusieurs dizaines, voire des centaines de milliers d'espèces, vont probablement disparaître sans jamais avoir été découvertes.

Citations

La vieillesse, c'est quand on commence à se dire : « Jamais je ne me suis senti aussi jeune. »

Jules Renard

DICO NOTTO

RÉSEAUX SOCIAUX, n. pl.
Accès libre à la connerie pour tous et prête à être partager.

RÉSOLUTION, n. f.
Promesse sans lendemain.

RESTAURANT, n. m.
Endroit où l'on mange plus ou moins bien selon ses goûts et son budget.

RISQUE, n. m.
La vie au quotidien.

RÉUSSIR, v.
Atteindre un objectif.
Ex. : « J'ai réussi à me lever ce matin. »

Cultures Fruitières

Le noyer Franquette

Alors que l'on ferait mieux de casser ses noix, on casse du sucre sur le dos du noyer ! Arbre de sorcière, toxique, qui rend malades ceux qui s'endorment à son ombre… Ce qui est vrai, c'est que les feuilles contiennent une substance (le juglon) qui freine la croissance des végétaux concurrents et rebute certains insectes phytophages. Plutôt malin donc, le noyer. Mais c'est en automne qu'il se surpasse, avec sa pluie de boules vertes, les brous, d'où sortent les coques qui renferment les cerneaux que l'on croque avec délice et dont raffolait déjà notre ancêtre de Cro-Magnon. Et il peut se cultiver en buisson ou en demi-tige, si l'on manque de place. Franquette est une variété ancienne, originaire des Alpes et donnant de grosses noix goûteuses à coque fine.

Soleil
lever : **7 h 54**
coucher : **19 h 23**

Saint François d'Assise – On fête aussi les Francis, Paco, Oriane, Auriane

Ne t'accroche pas à celui qui ne s'accroche pas à toi. Proverbe arabe

BIÈRES

La Rousse de la Brasserie du Mont Blanc

C'est une bière ambrée de fermentation haute issue de l'assemblage de malts d'orge, de blé et d'avoine et de plusieurs houblons, dont le Strisselpalt d'Alsace aux notes florales très aromatiques. Son bouquet d'épices, tenu secret, donne une première bouche ample et bien maltée, suivie de notes de caramel et d'amandes grillées, pour finir sur un goût fruité. La Rousse a remporté trois médailles d'or : International Beer Challenge 2020, Concours général agricole de Paris 2018 et International Craft Beer Award 2014. Servez-la dans un verre révélateur d'arôme à 5 °C. Alcool : 6,5 % vol.

LE CHIFFRE

86

C'est, en France, le pourcentage d'élèves qui jugent leur établissement trop bruyant, selon un sondage Opinionway réalisé à l'occasion de la Semaine du Son. Parmi les espaces les plus bruyants figurent la cantine (89 %), les couloirs (83 %), le hall d'entrée (83 %) et le gymnase (79 %). Mais les espaces réservés à l'apprentissage ne sont pas épargnés : 34 % des élèves se plaignent des salles de cours et 18 % du CDI. Cette pollution sonore a évidemment des répercussions sur le travail et la santé des élèves : 74 % déclarent ne pas entendre clairement la voix du professeur, 75 % disent avoir du mal à se concentrer en cours et 2/3 des élèves déclarent avoir parfois mal à la tête, notamment à cause de la résonance dans les parties communes. Pour de nombreux médecins, ce phénomène produit un stress et une fatigue préjudiciables à l'ensemble de la communauté scolaire. Les enseignants comme les élèves sont obligés de parler plus fort pour se faire entendre, et le cercle vicieux s'installe…

Musique

Mauvais karma

Le succès du *Boléro* a ouvert les portes de l'Amérique à Maurice Ravel. Là-bas, il y rencontre le grand George Gershwin qui lui demande des conseils de composition. Quel honneur ! Et le Français de lui répondre : « Pourquoi seriez-vous un Ravel de seconde classe alors que vous pouvez devenir un Gershwin de première classe ? » Fin de la relation ? Pas tout à fait… Les deux compositeurs ont finalement été liés dans un même drame, celui de mourir prématurément la même année, en 1937.

BIBLIOTHÈQUES **MYTHIQUES**

LE CLEMENTINUM DE PRAGUE (RÉPUBLIQUE TCHÈQUE)

Selon la légende, les Jésuites ne possédaient qu'un seul livre lorsqu'ils ont commencé à construire cette bibliothèque en 1622. Lorsque l'édifice fut achevé quelques années plus tard, ils en avaient plus de 20000! À la suppression de l'ordre des Jésuites en 1773, l'impératrice Marie-Thérèse transforma la bibliothèque religieuse en bibliothèque impériale et universitaire. Le Clementinum est devenu la bibliothèque nationale

BIBLIOTHÈQUES MYTHIQUES

tchèque deux siècles plus tard. À l'intérieur de cet imposant bâtiment à l'apparence austère et doté d'une tour d'observation astronomique, l'incroyable bibliothèque de style baroque recèle aujourd'hui plus de 6 millions d'ouvrages. Au plafond, on peut admirer de sublimes fresques sur le thème des sciences et des arts, ainsi qu'une étonnante coupole en trompe-l'œil. La salle cernée par une élégante galerie avec balustrade en fer forgé abrite également une incroyable collection de globes terrestres anciens. Petit détail : certains volumes entreposés sur les étagères ont conservé leur étiquette d'origine, ajoutée par les Jésuites il y a tout juste 400 ans.

Mercredi **5 octobre**

Sainte Fleur – On fête aussi les Azalée, Cerise, Clémentine, Placide

Soleil
lever : **7 h 56**
coucher : **19 h 20**

Pour la Sainte-Fleur, faites une faveur

CHIFFRES ET EXPRESSIONS

Passer à deux doigts de la mort

Cette expression est basée sur les morts violentes, notamment autrefois où il était fréquent qu'une épée ou autre entre dans le corps et passe tout près d'un organe vital. À cette époque, les chirurgiens mesuraient les plaies en « travers de doigt », ce qui correspondait à environ 1 cm. Quand une blessure était « à deux doigts » du cœur, la victime était en réel danger de mort.

CHIFFRES ET SYMBOLIQUES

☠ # 💣 INJURES ANIMALIÈRES

Un beau maquereau !

Drôle de poisson que le maquereau, ou mac, ou macrotin (comme dit Verlaine) ! La comparaison avec l'animal à dos bleu colle à la peau – à défaut des écailles – des proxénètes et souteneurs. Et pourtant, dans ce sens d'entremetteur (rétribué), le mot vient d'un terme néerlandais qui signifie « courtier ». Mais les « proxos » de Montparnos et d'ailleurs évoquent décidément un poisson, peut-être par leur habileté à passer entre les mailles du filet. À tel point qu'on les appelle aussi les barbeaux. Et bien entendu, on a qualifié de groseilles à maquereau les prostituées travaillant pour ces messieurs…

On ne pourra «bientôt» plus faire le coup de la panne d'essence…

L'ACTU

Toute petite géante

Si l'on sait que le nanisme existe chez l'homme ainsi que chez des animaux domestiques comme les chiens, les vaches et les cochons, on l'observe très rarement dans la faune sauvage. Il y a quatre ans, des chercheurs ont reçu des photos d'une girafe de Nubie de très petite taille, prises par des employés du parc national Murchison Falls en Ouganda, et ont d'abord cru à une blague. D'ailleurs, le groupe de spécialistes des girafes et des okapis de l'Union internationale pour la conservation de la nature a publiquement fait savoir qu'il n'excluait pas un vulgaire montage photographique – un *fake* comme on dit de nos jours. Mais un an après, rebelote ! Et cette fois, on voit la girafe naine s'ébrouer dans une ferme d'élevage de Namibie. Après enquêtes et analyses, les chercheurs ont conclu que ces deux spécimens – baptisés Gimli et Nigel – étaient atteints de dysplasie squelettique, un trouble qui se caractérise par des anomalies de la croissance des os. En d'autres termes, Gimli et Nigel sont bien des girafes naines.

Soleil
lever : **7 h 57**
coucher : **19 h 18**

Jeudi **6 octobre**

Saint Bruno – On fête aussi les Arthaud, Brunehaut, Foy

À la Saint-Bruno, remplis ton tonneau.

RECETTE — Soufflé au chèvre

Pour 2 à 4 pers. 20 min de préparation 20 à 30 min de cuisson

- 3 œufs
- 100 g de yaourt nature crémeux
- 1 petit bouquet de coriandre
- 100 g de fromage de chèvre frais
- Beurre pour le moule
- Sel, poivre

Préchauffez le four à 180 °C (th. 6). Cassez les œufs en séparant les blancs des jaunes. Dans un cul-de-poule, mélangez à la fourchette le yaourt et les jaunes d'œufs. Ajoutez la coriandre ciselée et le chèvre émietté, puis mélangez jusqu'à obtenir une préparation homogène. Assaisonnez à votre convenance.

Salez légèrement les blancs d'œufs et montez-les en neige bien ferme. Incorporez-les ensuite au premier mélange en procédant très délicatement et en plusieurs fois.

Versez la préparation dans un moule à soufflé préalablement beurré et enfournez pour 25 min de cuisson. Si vous utilisez des ramequins individuels, réduisez le temps de cuisson entre 15 et 20 min.

Servez sans attendre, avec une salade verte par exemple.

Charade répétitive

Saint-Michel est **mon premier**,
Ida est **mon deuxième**,
Athos est **mon troisième**,
Saint Helens est **mon quatrième**,
Darwin est **mon cinquième**,
Blanc est **mon sixième**,
Mon tout est l'un des douze apôtres de Jésus-Christ.

SIMON (Six monts)

Le bon mot de l'histoire

« Avec ma machine, je vous fais sauter la tête en un clin d'œil, et vous ne souffrez point. »

Joseph Ignace Guillotin, 10 octobre 1789

En défense de son projet de réforme du droit pénal qu'il propose à l'Assemblée, le député et médecin Guillotin présente en ces termes son idée autour de la peine capitale. Par souci d'égalité et pour des raisons humanitaires, il souhaite que la décapitation devienne le seul moyen d'exécution et préconise l'utilisation d'un appareil mécanique. Malgré ses talents d'orateur, Guillotin mettra deux ans à faire accepter son idée. Le 10 octobre 1791, l'Assemblée décrète : « Tout condamné à mort aura la tête tranchée. » Le 25 avril 1792, la guillotine tranche sa première tête. Et jusqu'à sa mort en 1814, le médecin regrettera cette machine, « tache involontaire de sa vie ».

Rétro Vermot

Un sot raillait un homme d'esprit sur la longueur de ses oreilles. Il est vrai, dit la personne dont on se moquait : j'ai des oreilles trop grandes pour un homme, mais convenez que les vôtres sont trop petites pour un âne.

Vendredi 7 octobre

Saint Serge – On fête aussi les Gustave, Bacchus, Ke

Soleil
lever : **7 h 59**
coucher : **19 h 16**

La patience est un arbre dont la racine est amère et dont les fruits sont très doux. Proverbe persan

5 GRANDES INSTITUTIONS FRANÇAISES MÉCONNUES

2 HATVP – Haute Autorité pour la transparence de la vie publique

Les responsables publics, tels que les ministres ou les hauts fonctionnaires, ont un devoir d'exemplarité en matière fiscale. La Haute Autorité pour la transparence de la vie publique (HATVP) est l'organisme chargé de contrôler et publier leurs déclarations de patrimoine. Le cas échéant, la HATVP peut signaler les manquements aux obligations déclaratives. Créée en 2013 à la suite de la promulgation de la loi relative à la transparence de la vie publique, cette institution est une autorité administrative indépendante. Elle prend ses racines dans une première loi sur la transparence, datant de 1988. La multiplication des scandales financiers et des conflits d'intérêts dans le monde politique, comme l'affaire Cahuzac, pousse les gouvernements successifs à régulariser la situation. En 2016, la HATVP rend publiques pour la première fois les déclarations de patrimoine des candidats à l'élection présidentielle. Notons que l'action de la HATVP travaille également à prévenir les conflits d'intérêts entre dirigeants publics.

Citations

Voulez-vous qu'on croie du bien de vous ? N'en dites pas !

Pascal

BINERO CHIFFRÉ

Remplir les cases vides avec les chiffres 0 et 1, en respectant les règles suivantes :

- Il y a autant de 0 et de 1 sur chaque ligne et dans chaque colonne.
- Il n'y a pas plus de 2 chiffres identiques côte à côte,
- 2 lignes ou colonnes ne peuvent être identiques.

Notez que les chiffres en-dehors de la grille indiquent la somme des deux premiers chiffres directement en dessous, au-dessus, à la gauche ou à la droite d'eux.

	1	0	1	2	1	0	1	2	
0									2
1									1
1									1
0									2
2									0
1									1
1									1
2									0
	2	1	1	0	1	2	0	1	

Solution page 302

LE CHIFFRE 340

C'est le nombre de bouteilles de 1,5 litre remplies d'urine qui ont été trouvées dans un talus à Lorient (Morbihan). La découverte peu ragoûtante a eu lieu lors de l'opération de nettoyage annuel organisée par des bénévoles près de la station d'épuration de la ville. Outre des morceaux de ferraille, des vieux pneus, de multiples appareils électriques hors d'usage et une bonne centaine de kilos de déchets divers et variés, les membres de l'association locale à l'origine de ce grand nettoyage sont tombés sur ces 340 bouteilles. Appelés sur place, les gendarmes ont écarté l'hypothèse d'un acte de pure malveillance, arguant que les bouteilles étaient rangées dans des sacs soigneusement posés au sol. Certains n'ont pas manqué de faire le lien avec une découverte du même genre faite quelques mois plus tôt à Mériadec près de Vannes, toujours dans le Morbihan : près de 900 litres du liquide jaune mis en bouteille ont été trouvés au pied des conteneurs à verre. Le « serial pisseur » court toujours...

Citations

Il y a du plaisir à rencontrer les yeux de celui à qui l'on vient de donner.

Jean de La Bruyère

Samedi **8 octobre**

Sainte Pélagie – On fête aussi les Thaïs, Morgan

La terre n'est pas un don de nos parents. Ce sont nos enfants qui nous la prêtent. Proverbe indien

La gaffe de l'Histoire
SMS fatal

L'erreur de destinataire de SMS est à l'origine de nombreux quiproquos. C'est ainsi que François Fillon, en plein Conseil des ministres, a demandé à Nicolas Sarkozy d'aller chercher ses lunettes en pensant envoyer un message à son assistante. À l'inverse, Édouard Philippe, lorsqu'il était Premier ministre, a été surpris de recevoir un « Je t'aime » mal aiguillé du journaliste Cyril Viguier.

Bibliophiles

Histoire du fils, Marie-Hélène Lafon (Buchet-Chastel, 2020)

On lit ce roman comme on se rend sur une tombe à la Toussaint, pour se rappeler le passé et ses disparus, enterrer les regrets de ne pas les avoir assez connus. Marie-Hélène Lafon nous conte une chronique familiale fissurée par les non-dits et l'absence. Celle d'un père « inconnu » que l'on recherche, d'une mère trop souvent absente. Elle dit aussi l'amour du foyer d'accueil, le bruit des arbres et des torrents du Lot, l'âpreté et la lumière du Cantal, l'attrait capiteux de la capitale, le bonheur simple. C'est une rude besogne que de se réconcilier, un effort patient que de choisir l'avenir.

Brèves régions

Loiret/Orléans, révélateur de talent

C'est à Orléans que Marion Cotillard a remporté en 1994 le premier prix du Conservatoire d'art dramatique. Son talent d'actrice est très tôt reconnu et elle tourne son premier film à l'âge de 19 ans. César de la meilleure actrice dans un second rôle en 2005 pour le film *Un long dimanche de fiançailles* de Jean-Pierre Jeunet, elle obtient trois ans plus tard la récompense suprême : l'Oscar de la meilleure actrice pour *La Môme* d'Olivier Dahan.

L'ACTU

La position du goulot

Passionné par le yoga et la bière ? Pourquoi ne pas réunir les deux ? C'est le principe du « beer yoga », une discipline apparue il y a une dizaine d'années en Californie qui commence à essaimer en Europe (en Allemagne et en Angleterre notamment) et en Asie. Pratiqué dans des brasseries, des bars, en plein air et même dans certaines salles de yoga, le yoga bière, parfois nommé « Viking yoga », repose sur un principe simple : il s'agit de travailler sa souplesse avec une bouteille en levant, le coude, avec modération, pendant les poses. Salutations au soleil, postures d'équilibre et autres exercices corporels sont ainsi exécutés, accompagnés d'une bouteille de bière utilisée comme un accessoire. Le petit plus : on peut se rafraîchir d'une gorgée de cervoise quand le professeur l'autorise ! Décriée par les puristes de la discipline, l'association entre le houblon et le yoga aurait, selon ses adeptes, des effets complémentaires et leur permettrait même d'atteindre un niveau de conscience plus élevé. Après combien de gorgées ? Là est la question...

Dimanche 9 octobre

Saint Denis – On fête aussi les Sybille, Gunther, Sara

Soleil
lever : **8 h 02**
coucher : **19 h 12**

À la Saint-Denis, au bout de la nuit !

EXPRESSIONS IMAGÉES

Se parer des plumes du paon

Quand le paon veut séduire la paonne, il fait la roue, déployant ses immenses et belles plumes colorées. Le paon est considéré pour cette raison comme un peu vantard, à vouloir montrer que personne ne peut être plus beau que lui. De même que celui qui vante ses mérites et avantages pour séduire son entourage : il ne fait que « se parer des plumes du paon ».

PROBLÈMES DE MATHS DU CERTIFICAT D'ÉTUDES

Madame Murejus fait de la confiture de fraises pour la vendre à la kermesse du village. Selon sa recette, pour 1 kg de fraises elle a besoin de 750 g de sucre et du jus d'un citron, ce qui est assez pour remplir 4 bocaux. Les fraises coûtent 37,40 F/kg ; le sucre, en paquet de 500 g, 15,02 F ; les citrons, 64,32 F les 4. Elle a acheté les bocaux à 164,91 F par lot de 12.

Question 1 : Sachant qu'elle a utilisé 12 kg de fraises, quel est le coût de tous ses bocaux de confiture ?

Question 2 : À quel prix devra-t-elle vendre chaque pot de confiture pour faire un bénéfice de 15 % ?

1) Coût des fraises : 37,40 × 12 = 448,80 F. Coût du sucre : (15,02 × 2) × 9 = 270,36 F. Coût des citrons : (64,32 ÷ 4) × 12 = 192,96 F. Coût des bocaux : (164,91 ÷ 12) × (12 × 4) = 659,64 F. Coût de la confiture : 448,80 + 270,36 + 192,96 + 659,64 = 1 571,76 F.

2) (1 571,76 + ((1 571,76 ÷ 100) × 15)) ÷ 48 = 37,66 F.

DU YOGA POUR LA GROSSESSE ET L'ACCOUCHEMENT

L'humanité en chiffres

1,2 milliard

En 1976, le monde comptait environ 342 millions de véhicules à 4 roues ou plus et 1,4 milliard aujourd'hui, dont 1,2 milliard de voitures. Depuis 2017, la Chine est le pays qui en possède le plus. Environ 44,4 millions de véhicules roulent en France (chiffre Insee 2019), mais c'est en Finlande que le nombre de voiture par habitant est le plus élevé : 1,07. En voilà une belle source de pollution !

PARADIS D'ARTISTES

Céret

À l'est des Pyrénées, aux portes de la Catalogne, Céret fut le refuge créatif de quelques-uns des plus grands artistes de la première moitié du XXe siècle. Tout commence en 1910 quand le musicien Déodat de Séverac, le peintre Frank Burty Haviland et le sculpteur Manolo Hugué quittent Montmartre pour s'y installer, séduits par la douceur de son climat et la lumière dorée qui inonde toute la vallée du Tech, au pied du Canigou. Pablo Picasso et Georges Braque les rejoignent en 1911, bientôt suivis par le poète Max Jacob et le peintre espagnol Juan Gris. En quelques années, Céret devient la « Mecque du cubisme ». À partir de 1918, d'autres artistes s'y installent, comme Brune, Masson, Soutine, Chagall... Pendant la Seconde Guerre mondiale, une troisième vague d'artistes fuyant le nazisme trouvent refuge dans la petite cité médiévale, notamment Jean Dubuffet, Raoul Dufy, mais aussi l'écrivain Tristan Tzara et le génial touche-à-tout Jean Cocteau. Cet incroyable passé artistique est aujourd'hui célébré au musée d'Art moderne de cette petite ville de 7 500 habitants

Soleil
lever : **8 h 03**
coucher : **19 h 10**

Lundi **10 octobre**

Saint Ghislain – On fête aussi les Virgile, Loth, Clair

Je suis soumis au Chef du Signe de l'Automne / Partant j'aime les fruits je déteste les fleurs.
Guillaume Apollinaire

Dis papy c'est quoi ?? et ça c'est quoi ?

Pourquoi les mammouths n'existent que dans les livres ?

Si les derniers spécimens vivaient encore il y a 4 000 ans (au nord de la Sibérie, sur l'île de Wangler), les mammouths auraient progressivement disparu lors de la dernière grande déglaciation, il y a 10 000 ans environ. Certains chercheurs n'excluent pas la responsabilité des chasseurs du pléistocène. L'ivoire de leurs défenses réapparaît aujourd'hui avec la fonte du permafrost.

mamie c'est quoi ??

Pierres précieuses

Le « roi des pierres précieuses »

Nature minéralogique : corindon. Couleur : de rouge à rouge-pourpre. Origine géographique : Myanmar, Mozambique, Tanzanie, Thaïlande, Groenland, Sri Lanka. Le rubis fait partie du cercle restreint des pierres précieuses, que sont le diamant, le saphir et l'émeraude. Les autres pierres sont dites « fines » ou « semi-précieuses ». Le mot « rubis » vient du latin *ruber*, racine étymologique de « rouge ». Les Romains appelaient *carbuncolorum* toutes les pierres écarlates brillantes, autrement dit « petit charbon ardent ». Le rubis et le spinelle en faisaient partie.

LES SUPER-HÉROS

A	K	S	G	H	O	S	T	R	I	D	E	R	B
G	C	N	I	C	K	F	U	R	Y	Q	V	L	L
R	A	I	T	A	B	F	O	P	S	H	Z	E	A
O	L	A	R	I	Q	N	E	Z	E	W	V	D	C
B	B	Z	A	E	M	U	T	H	O	R	A	A	K
Y	U	S	C	A	M	B	A	N	A	R	M	A	P
C	N	P	N	S	L	A	D	M	E	C	R	A	A
A	A	I	I	A	O	E	N	D	A	A	Z	O	N
T	M	D	D	J	R	I	E	I	Z	N	F	A	T
W	U	E	A	W	A	V	M	O	A	L	M	K	H
O	A	R	O	T	I	K	R	U	A	T	L	U	E
M	Q	M	P	L	E	E	T	S	N	U	P	B	R
A	A	A	X	P	L	U	H	A	H	P	R	A	L
N	C	N	A	M	T	A	B	X	I	V	T	A	C

Solution page 306

Cherchez les super-héros dans la grille ci-dessus, vous les trouverez soit horizontalement, soit verticalement ou encore diagonalement, de droite à gauche, de gauche à droite, de haut en bas ou de bas en haut, dans les deux sens de lecture.

ANT-MAN
AQUAMAN
BATMAN
BLACK PANTHER
BLADE
CAPTAIN AMERICA
CAPTAIN MARVEL
CATWOMAN
CYBORG
DAREDEVIL
FLASH
GHOST RIDER
HULK
IRON MAN
KARA ZOR-EL
NICK FURY
SPIDER-MAN
STEEL
SUPERMAN
THOR
WONDER WOMAN
ZORRO

Les idées reçues

LES VITAMINES, ÇA NE FAIT JAMAIS DE MAL

Nommées pour la première fois en 1912, les vitamines sont des molécules dont l'équilibre maintient notre corps en bonne santé. Or cet équilibre est très fin et précis, il se joue parfois au millième, voire au millionième de gramme. Prendre des vitamines, quelles qu'elles soient, à haute dose et de manière permanente est une aberration et présente même un risque. Une trop forte dose de vitamine A provoque migraines et nausées, trop de vitamines B3 peut entraîner des bouffées de chaleur et des troubles du foie tandis qu'un excès de vitamines B6 peut susciter des réactions neurotoxiques comme celui de vitamine C peut causer des pierres au rein ou un excès de vitamine D engendrer des crampes et parfois des calculs. À bon entendeur…

Mardi **11 octobre**

Saint Firmin – On fête aussi les Agilbert, Firmiane, Firminie

Soleil
lever : **8 h 05**
coucher : **19 h 08**

Quand une porte est fermée, une autre est ouverte. Bob Marley

Solution [p. 298]

0	0	1	1	0	0	1	1
1	0	0	1	1	0	0	1
0	1	1	0	0	1	1	0
0	0	1	0	1	0	1	1
1	1	0	1	0	1	0	0
0	1	0	1	1	0	1	0
1	0	1	0	0	1	0	1
1	1	0	0	1	1	0	0

FOOTBALL

DUEL RECORD

En novembre 2005, Lionel Messi inscrit son premier but en Ligue des champions. Quelques mois plus tard, Cristiano Ronaldo lui emboîte le pas. Le duel est lancé, les deux hommes vont remporter onze des douze derniers Ballons d'or et mettre l'Europe à leurs pieds. Avec respectivement 134 et 117 buts inscrits dans la compétition majeure du football continental, ils dominent le classement historique. La performance est telle que, depuis 2005, près d'un but sur vingt inscrits dans l'épreuve est l'œuvre de l'un des deux joueurs et que, de 2007 à 2020, pas un seul titre de meilleur buteur ne leur a échappé. Robert Lewandowski est venu mettre fin à cette domination, mais le palmarès du brillant duo n'en reste pas moins époustouflant : ils ont remporté neuf des quinze dernières Ligues des champions !

L'humanité en chiffres

7 000

C'est le nombre approximatif de langues que l'humanité parle actuellement, sans compter les dialectes. En Europe, continent qui compte 47 pays en intégrant ceux du Caucase, on peut entendre parler 230 langues. L'Indonésie et la Papouasie-Nouvelle-Guinée sont les pays où l'on parle le plus de langues différentes, entre 700 et 840. Cela fait une richesse de mots inimaginable !

HEUREUX MARIAGES

Né en octobre 1847 à Wanze (Belgique), Jean-Denis Sapin savait-il que 22 ans plus tard, il rencontrerait la femme de sa vie et l'épouserait en décembre 1869 ? Elle se nommait Armantine-Aglaé Noël et était originaire d'Hirson, dans l'Aisne. C'est dans cette commune qu'ils se marièrent à l'approche des fêtes devant tous leurs proches, heureux de cette union bien naturelle.

Brèves régions

Meurthe-et-Moselle/ Les madeleines de Liverdun

C'est un heureux concours de circonstances qui a popularisé les madeleines de Liverdun. Au début du XXe siècle, la bourgeoisie de Nancy aimait à profiter des bords de la Moselle dès les premiers beaux jours. Pour agrémenter les déjeuners sur l'herbe ou proposer un petit goûter, le boulanger de la ville, Joseph Rouvenacht, aidé de son mitron Marcel Chenel, proposa ce biscuit raffiné et léger. Le succès fut immédiat et ils parvinrent en 1927 à une notoriété nationale grâce à la Journée gastronomique lorraine à Paris. Après la guerre, André et Pierre Chenel, fils de Marcel, ont continué de développer l'activité en distribuant leurs petites madeleines dans tout l'est de la France. Et aujourd'hui, la tradition perdure grâce à Vincent Ferry qui a repris l'entreprise et perpétue son savoir-faire.

Soleil
lever : **8 h 06**
coucher : **19 h 06**

Mercredi **12 octobre**

Saint Wilfried – On fête aussi les Edwin, Edwina, Eddy

Je vais bien. Et si tout le monde allait aussi bien que moi, j'irais beaucoup mieux. Guy Bedos

Bon anniversaire

Ingrid Bergman

Avec une carrière qui s'étale sur un demi-siècle, Ingrid Bergman a joué dans un nombre impressionnant de films, téléfilms et pièces de théâtre. Souvent considérée comme l'une des plus grandes actrices de l'histoire du cinéma, elle a été notamment consacrée par ses rôles dans les œuvres d'Alfred Hitchcock. Dans l'Amérique puritaine de la fin des années 1940, Ingrid Bergman a également fait scandale en quittant mari et enfant pour aller vivre avec le réalisateur Roberto Rossellini, ce qui lui vaudra un bannissement du cinéma étatsunien pendant sept ans. Elle continuera néanmoins de tourner en Europe, pour le plus grand bonheur de ses fans, et présidera même le Festival de Cannes en 1973. Le 29 août 1982, jour de son 77e anniversaire, Ingrid Bergman meurt à Londres des suites d'un cancer du sein.

Musique

Numéro 12

On connaît Denise Fabre, sa carrière de speakerine, ses fous rires légendaires et ses jolis yeux de chat. On en oublierait presque son soutien, éphémère mais efficace, à l'équipe de France de football. Habillée intégralement en joueuse de l'équipe, elle a chanté avec ferveur *Ollé la France* — jeu de mots en référence à l'Espagne où se déroulait la Coupe du monde de 1982. Cette chanson a peut-être porté bonheur car la France est allée en demi-finale (ce qui n'était pas arrivé depuis 1958 !).

Anecdotes de sportifs

Jeux fraternels

Jennison et John Heaton en skeleton en 1928, Phil et Steve Mahre en slalom en 1984, Doris et Angelika Neuner en luge en 1992, Philipp et Simon Schoch en géant parallèle snowboard en 2006 et Justine et Chloé Dufour-Lapointe en bosses en 2014. Ces cinq fratries ont en commun d'avoir signé le doublé or/argent aux Jeux d'hiver. Mais personne n'a jamais égalé les sœurs Christine et Marielle Goitschel qui, en 1964, s'offrent deux doublés, intervertissant leur position, lors de deux épreuves consécutives.

Pêche

La brème en automne

Dans les grandes rivières aux eaux calmes et les étangs anciens, les brèmes sont abondantes. L'apparition de petits bulles en surface signale leur présence. Quand on recherche les brèmes, il faut amorcer copieusement ; vivant en groupes, en appétit, elles nettoient le coup et ensuite, faute de nourriture, elles partent. L'amorce contient du pain essoré et un mélange pour gros poissons (du commerce). Les boules, de la taille d'une orange et alourdies par de la terre, sont lancées en bout de canne. Le flotteur est réglé de façon que l'appât (deux asticots) traîne franchement sur le fond. Le flotteur tressaute et remonte ? La brème a mordu. Ferrez et faites glisser le poisson en surface. Avant de relancer la ligne, jetez des asticots en pluie et deux ou trois boules d'amorce de manière à maintenir le banc en place.

Jeudi **13 octobre**

Saint Géraud – On fête aussi les Fauste, Guérande

Soleil
lever : **8 h 08**
coucher : **19 h 04**

C'est l'heure exquise et matinale que rougit un soleil soudain. À travers la brume automnale, tombent les feuilles du jardin. François Coppée

Dico NOTTO

RIVIÈRE, n. f.
Cours d'eau sans possibilité d'évolution de carrière, coincé entre le ruisseau et le fleuve.

RONFLEUR, n. m.
Personne qui ne manque pas d'air ! Surtout la nuit.

ROUFLAQUETTES, n. f. pl.
Bandes de moquette collées aux tempes.

SAGE-FEMME, n. f.
Tout le contraire d'un fou-homme.

SALAIRE, n. m.
Rémunération du travail mal répartie : les autres en ont souvent trop et moi pas assez.

FOOTBALL

SURVEILLANCE RAPPROCHÉE

Devenu célèbre dans la culture populaire, notamment grâce à sa marionnette dans *Les Guignols de l'info*, Guy Roux reste aussi connu comme étant un entraîneur paternaliste à la gestion rigoureuse. En effet, il surveillait de très près ses joueurs, allant jusqu'à contrôler le compteur kilométrique de leur voiture et même à recruter des informateurs parmi les agents de péages de la région. Autant dire que rien (ou presque) ne lui échappait ! Et il faut croire que cette méthode a porté ses fruits, car durant plus de quatre décennies, Guy Roux a transformé son AJ Auxerre en club à succès, décrochant un titre de champion de France et quatre Coupes de France (record en tant qu'entraîneur qu'il partage avec André Cheuva). Soit l'ensemble des titres glanés par le club durant toute son histoire.

DEVINETTES

Aussi drue qu'un paillasson,
Ou aussi douce que du coton, J'accompagne l'épi
Et manifeste l'ennui.
Que suis-je ?

Réponse : LA BARBE

Citations

Si vous êtes à une table de poker et que vous n'arrivez pas à savoir lequel de vos adversaires va être le pigeon de la soirée, c'est qu'il y a de bonnes chances que ce soit vous.

Paul Newman

L'ACTU

De la fourche à la fourchette

Après l'Australie, l'Autriche, la Russie ou encore la Suède, la France va-t-elle adopter le principe des abattoirs mobiles ? C'est le pari d'Émilie Jeannin, éleveuse de bovins en Bourgogne, qui vient de mettre en service un équarrissoir ambulant qui se déplace de ferme en ferme. Véritable petite usine sur roues, cet abattoir mobile est composé de trois camions qui tractent des remorques : l'une est dédiée à l'abattage à proprement dit, une autre est réfrigérée et sert à stocker les carcasses et les produits de la découpe, et la dernière est transformable en bureau et vestiaire pour le personnel. L'éleveuse a mis cinq ans et investi deux millions d'euros pour lancer cette expérience en France. Regroupés sous la marque Le Bœuf Éthique, une centaine de producteurs de viande y participent déjà. Le principe est d'abattre moins et de limiter la souffrance animale, le transport en bétaillère occasionnant un stress indéniable pour les animaux – ce qui nuit à la qualité de la viande. Ce système permet également des circuits de vente courts, plus directs, avec une traçabilité totale.

Soleil
lever : **8 h 09**
coucher : **19 h 02**

Vendredi **14 octobre**

Saint Juste – On fête aussi les Céleste, Gwenda, Calixte

Si un animal vous dit qu'il peut parler, il ment probablement. Proverbe africain

LES ÉMISSIONS RADIO
MYTHIQUES

Les Français parlent aux Français

En 1940, pour contrer la propagande collaborationniste distillée par Radio Paris, la BBC ouvre ses ondes aux premiers résistants. « Ici Londres ! Les Français parlent aux Français... » peut-on alors entendre dans cette émission animée par des Français mais diffusée depuis l'autre côté de la Manche. Au printemps 1944, 70 % des foyers équipés d'un poste de radio l'écoutent, et pas seulement pour avoir des nouvelles du front ! En effet, rompant avec le style pompeux de la radio vichyste, de jeunes chroniqueurs insufflent un ton nouveau, moderne et rapide à l'antenne. Jacques Duchesne, Jean Oberlé, Pierre Bourdon, Maurice Schumann et Pierre Dac adoptent un style à la fois libre et plein d'ironie. Sketches, chansons, blagues et publicités détournées accompagnent les messages personnels des soldats et ceux, codés, destinés aux maquis. La dernière des Français parlent aux Français *est diffusée le 31 août 1944. Le même jour, le gouvernement provisoire de la République française dirigé par le général de Gaulle s'installe à Paris.*

CHIFFRES ET EXPRESSIONS

Prendre son courage à deux mains

Étymologiquement, le « courage » c'est « l'action du cœur ». Il y a fort longtemps, on croyait en effet que l'organe qui bat dans notre poitrine était le siège de toutes les émotions, de l'amour à la haine en passant par le courage. Cette assimilation a rendu concret le sentiment : il devenait alors possible de le prendre « à deux mains », comme n'importe quelle chose.

CHIFFRES ET SYMBOLIQUES

Rétro Vermot

Le jeune Charles a entendu dire que les livres de classe pouvaient contenir certains microbes.
Alors, gentiment, pour rassurer son père :
– Sois tranquille !... Je ne les ouvre pas !

Notre langue fait des adeptes

Bijuteria (*portugais*)

Ne vous imaginez pas que vous allez impressionner votre future conquête lusophone en lui promettant une *bijuteria* (nom emprunté au français *bijouterie*). Vous risquez même le râteau, car *bijuteria*, en portugais, signifie « bijou d'imitation, de pacotille ». Si vous tenez à lui offrir la boutique, il faudra lui promettre une *joalharia*. *Bijouterie* a été emprunté avec son sens de « ensemble de bijoux » et non de « boutique de joaillier ». Il s'est chargé d'une connotation péjorative.

Samedi 15 octobre

Sainte Thérèse d'Avila – On fête aussi les Cannat, Conogan

Soleil
lever : **8 h 11**
coucher : **19 h 00**

Existe-t-il au monde un privilège plus totalement exorbitant que la beauté ? Pierre Desproges

Brèves régions

Haute-Corse/ Les mains d'or

Sur les hauteurs du Monte d'Oru, au cœur des montagnes corses, l'empreinte des mains du sculpteur Claudio Parmiggiani, ouvertes et tournées vers le ciel, accueille les randonneurs depuis 1999. Cette œuvre d'or et de fer est scellée dans la roche avec laquelle elle semble ne faire qu'un. C'est une récompense artistique offerte uniquement aux marcheurs expérimentés car le chemin est difficile et le site ne peut s'atteindre qu'après 2 h d'efforts.

Solution mots mêlés [p. 301]

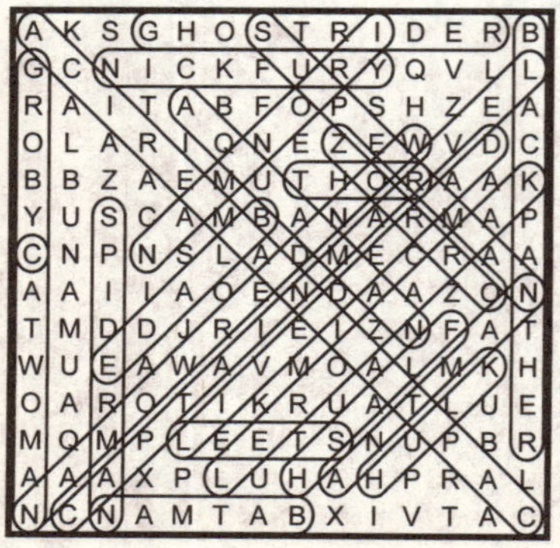

L'ACTU

Embrouille à la bibliothèque

Tutu et Wangbao ont failli en venir aux mains dans une salle de lecture de Nanchang, en Chine. Par chance, ces deux assistants bibliothécaires n'en ont pas. Tout comme ils ne possèdent d'ailleurs ni pied, ni cœur, ni cerveau. Car Tutu et Wangbao sont des robots, comme on en voit de plus en plus souvent dans les bibliothèques chinoises. Ces machines sont destinées à l'accompagnement du public : elles assistent les lecteurs dans leurs recherches, leur indiquent dans quel rayon se trouve tel ouvrage, donnent des informations pratiques, etc. Sollicités par un usager, les deux androïdes en question ont apporté chacun une réponse différente. L'un et l'autre refusant de changer d'avis, les deux robots se sont lancés dans une conversation de plus en plus animée, à la surprise des personnes présentes. Leur dispute a bientôt viré aux menaces et deux employés de chair et d'os ont dû intervenir pour les éloigner l'un de l'autre. Filmée, la scène a fait le tour du web chinois. Aurait-on programmé ces androïdes pour qu'ils puissent s'engueuler comme des humains ? Ou serait-ce les prémices d'une révolte de robots ?

Le Gros mot de l'histoire

« Soyez gentil de me laisser parler et de cesser d'intervenir incessamment, un peu comme le roquet. »

Jacques Chirac, 27 octobre 1985

Si Laurent Fabius a qualifié Nicolas Sarkozy de « caniche » en 2007 (voir texte du 24 septembre), c'est peut-être pour se venger du qualificatif canin que lui a adressé Jacques Chirac 20 ans plus tôt, lors d'un débat télévisé mémorable. Alors maire de Paris et leader incontestable de l'opposition au gouvernement dirigé par Laurent Fabius, Chirac, agacé d'être souvent interrompu par son adversaire, lâche sa formule qui provoque un effet immédiat : Fabius se crispe. En vieux renard de la politique, le chef du RPR ne cherchait pas autre chose. Cinq mois plus tard, Chirac remplace Fabius comme chef du gouvernement.

Soleil
lever : **8 h 12**
coucher : **18 h 58**

Dimanche **16 octobre**

Sainte Edwige – On fête aussi les Gall, Gaudry, Junien

Si octobre est chaud, février sera froid.

MOTS FLÉCHÉS

Absoudrai / Corrompt		Provençal / Redonne la forme		Ouvrage spirituel / Ne manque pas de punch		Présuma / Disons en toutes lettres		Xénon / A donc appris		On peut en mettre dans ses bottes		Remise en place
										Donne soif / Qui vient d'arriver		
Survécut / Harnais de tête									Rejète / Suivre la côte			
					Prend la relève / Berge							
Note / Prend un cachet			Mufle / Met à sec								Reste après la moisson	
				Possessif / Instruisent				Confession / Bugle				
Écossais / Ne perdent pas leur temps					Crédulité / Annonce une suite							
							Méprisable / Animer					Poivrée
Loch		Dépassé / Enguirlandée				Colins / Modèle de somme						
					Part ou ensemble / Entoure le gland				Roi d'Israël / Trou normand			
Tangente tronquée	N'avait donc pas prêté attention / Graminée									Article étranger / Avant somme		
			Longent / Renforcera								Protège l'identité	
Femme de Jacob / Estimation				Fait du beau travail / Mis au secret				Donne du tonus / Unité de temps				
						Rétrécissement de boyau / Auxiliaire						Être avec vous
Marteau ou enclume		Fera des alliances / Peut servir de doublure							Point de départ / Victoria ou Louise			
							Tombe du ciel / Vieilles habitudes					
Pèse / Dindes ou oies					Fit un détour					Article de couture		
								Enceinte				

SOLUTION PAGE 311

Lundi **17 octobre**

Saint Baudouin – On fête aussi les Austrude, Osée

Soleil
lever : **8 h 14**
coucher : **18 h 56**

En octobre, si tu es prudent, achète grains et vêtements

DICO NOTTO

SANG, n. m.
Liquide organique qui, quand il est bon, ne saurait mentir.

SAPIN DE NOËL, n. m.
L'arbre de la tentation… pour les chats !

SEMAINE, n. f.
Contrat à durée déterminée de sept jours automatiquement renouvelable dès son terme.

SEMELLE, v.
Verbe au caractère intrusif.
Ex. : « De quoi semelle-t-il celui-là ? »

SERRURE, n. f.
Sorte de prise femelle pour clé mâle.

Charade classique

Mon premier laisse une empreinte,
Mon deuxième est un gros bâton,
Mon troisième est une belle-fille,
Mon quatrième est une blonde anglaise,
Mon tout est un auteur-compositeur-interprète, acteur, producteur et joueur de poker français.

PATRICK BRUEL (PAS – TRIQUE – BRU – ALE)

L'ACTU

B.A. de luxe

Les habitants d'un luxueux immeuble de New York se sont cotisés pour louer un appartement pour Rosa, leur femme de ménage qui s'occupe de leurs logements depuis plus de vingt ans. Rencontrant des difficultés financières, Rosa avait épuisé toutes ses économies et risquait d'être expulsée de son modeste logement. Les copropriétaires, ayant eu vent de ses déboires, ont décidé de lui faire une sacrée surprise : ils ont fait croire à Rosa qu'ils lui confiaient le nettoyage d'un vaste appartement situé au dernier étage de leur immeuble. Mais une fois sur place, un agent immobilier a sorti un contrat de location du logement établi au nom de Rosa et dont les loyers étaient intégralement payés pour deux ans. Un cinq pièces luxueux de 250 m² avec terrasse et vue imprenable sur « la Grosse pomme »… En lui tendant les clés, l'agent a assuré à Rosa que beaucoup d'habitants de l'immeuble l'appréciaient énormément. Difficile d'en douter !

Énigmes

Quatre malfaiteurs qui viennent d'attaquer une bijouterie ont tous pris des véhicules différents pour prendre la fuite afin de confondre leurs poursuivants. Cependant, ils ont tous été identifiés et appréhendés. Malheureusement les notes de la police ont été mal transcrites et mélangées. Quoique toutes les données se trouvent dans la bonne colonne, une seule de celles-ci se trouve à la bonne place.
Grâce aux assertions suivantes, trouvez le nom, le véhicule de fuite et l'incident qui permis leur arrestation :

	Nom	Véhicule de fuite	Incident
1	Jean Bassoncoup	Camion	Crevaison
2	Evita Long	Voiture	Accident
3	Gaston Aplingaz	Moto	Panne d'essence
4	Axel Aire	Scooter	Panne

1. Evita Long se trouvait deux places au-dessus du scooter et immédiatement au-dessus d'Axel Aire.
2. La panne n'est pas en quatrième position.
3. L'accident se trouvait entre la voiture et Jean Bassoncoup, la voiture étant immédiatement au-dessus et Jean Bassoncoup immédiatement en dessous.
4. La crevaison se trouve quelque part au-dessus de Gaston Aplingaz ; celui-ci ne se trouve pas au-dessus de l'accident.

Solution : 1. Evita Long, moto, crevaison. 2. Axel Aire, voiture, panne. 3. Gaston Aplingaz, scooter, accident. 4. Jean Bassoncoup, camionnette, panne d'essence.

Mardi **18 octobre**

Saint Luc – On fête aussi les Lucas, Aimable, Gwen, Mabelle

Celui qui marche droit trouve toujours la route assez large. Proverbe breton

Vélo

Jeune centenaire

Robert Marchand n'est pas un coureur comme un autre. N'ayant pu devenir professionnel, après une vie loin du sport, ce n'est que sur le tard qu'il remonte sur un vélo et se fait un nom. En février 2012, puis en 2014, il fait tomber le record du monde de l'heure dans une catégorie créée pour lui, avant de repousser la limite en janvier 2017 en parcourant plus de 22 km en une heure. La particularité de Robert Marchand ? Né le 26 novembre 1911, il est aujourd'hui le doyen des recordmen du cyclisme mondial.

AU MUSÉE

Chaplin's World, Corsier-sur-Vevey, Suisse

Ouvert en 2016, sous l'égide du musée Grévin, ce site retrace la vie privée et publique du grand Charlie Chaplin. Les augustes murs du manoir de Ban, dernière demeure de l'artiste, ont été rénovés pour accueillir l'exposition racontant sa vie personnelle. Un second bâtiment lui a été ajouté, afin de représenter sa carrière cinématographique. Dans cet espace qu'on appelle le Studio, les décors de ses plus grands films y sont reconstitués et animés par des figures de cire – la touche « Grévin » des lieux. On y apprend de nombreux secrets de tournage, grâce aux témoignages documentaires et à la collection d'accessoires. Un vaste parc entoure la propriété, offrant une vue imprenable sur les Alpes et le lac Léman.

Mots oubliés

Ripopée

À l'origine, on appelait « ripopée » le mélange de tous les fonds de bouteilles que les cabaretiers rassemblaient dans un pot. Puis le sens s'est étendu à tous les assemblages hétéroclites, qu'ils soient concrets ou abstraits. On parle certes de ripopées alimentaires, mais aussi d'habillement ou même d'idées quand on veut évoquer le manque de cohérence entre les éléments assemblés.

Pour les intimes...

« Sans ta légèreté, sans ta force, je serais une loque et je me laisserais prendre par l'ankylose. Mais je n'ai qu'à "voir" ta figure, tes mèches, ta casquette, tes bottes pour chasser le diable et retrouver le cortège des anges. Mon Jeannot, je te bénis, je te remercie de m'aimer et de me transformer. Je t'embrasse du fond de l'âme. » Une déclaration signée Jean Cocteau à Jean Marais. Ensemble, ils ont formé l'un des couples d'artistes les plus mythiques de notre histoire, une passion à peine voilée mais invisible à une époque où l'homosexualité était interdite et réprimée. Ils se sont rencontrés en 1937, lors d'une audition pour la pièce Œdipe roi et ne se sont plus jamais quittés. Leur relation lumineuse a duré jusqu'à la mort de Cocteau le 10 octobre 1963.

Mercredi **19 octobre**

Saint René – On fête aussi les Laure, Laura, Cléopâtre, Yaël

Soleil
lever : **8 h 17**
coucher : **18 h 53**

À la Saint-René, le poids des années !

Dis papy c'est quoi ?? et ça c'est quoi ?

Pourquoi les bébés ont une grosse tête ?

Au risque de froisser les jeunes parents, leur bébé a effectivement la grosse tête : il affiche en moyenne 35 cm de périmètre crânien pour une taille de 50 cm. Le cerveau a besoin de place et le crâne grandira ensuite moins vite que le reste du corps : à 3 ans, la taille a doublé tandis que le périmètre crânien n'a évolué que de 40 % et ne grandira que très doucement par la suite.

mamie c'est quoi ??

GLACIERS DU MONDE

Glacier Drang-Drung, Inde

Situé dans la région du Ladakh, en Inde, le glacier Drang-Drung est un géant de glace, adossé à la montagne Pensi La. Haut de 4780m et long de 23km, c'est l'un des plus grands glaciers de la région. Il prend la forme d'une langue glacée, qui alimente la rivière Stod et celle de Doda. On y accède par la ville de Srinagar, en avion, puis par la route en traversant plusieurs petites villes. Il faut ensuite se lancer dans un trek de quelques jours, après avoir passé le col de Pensi La, pour découvrir ses rives glacées. Les expéditions régulières dans la zone permettent aux trekkeurs expérimentés de se faire accompagner de guides qualifiés.

RECETTE — **Salade portugaise**

Pour 4 pers. — 20 min de préparation — 20 min de cuisson

- 800 g de pommes de terre
- 4 œufs
- 1 oignon rouge
- 1 boîte de thon au naturel
- 300 g de pois chiches cuits en bocal
- 1 petit bouquet de persil
- Sel, poivre

Dans une grande casserole d'eau, faites cuire les pommes de terre 15 à 25 min selon leur taille (un couteau doit y pénétrer facilement).
Pendant ce temps, faites cuire les œufs 10 min dans une casserole d'eau bouillante puis sortez-les à l'aide d'une écumoire.
Laissez tiédir les pommes de terre et les œufs durs. Puis, écalez les œufs et coupez-les en quatre. Pelez les pommes de terre et coupez-les en dés ou en rondelles.
Pelez et émincez l'oignon et placez-le dans un saladier. Ajoutez le thon émietté, les pois chiches égouttés et les pommes de terre. Assaisonnez et mélangez délicatement, puis déposez les œufs harmonieusement dessus. Parsemez de persil ciselé et servez.

Pour une salade plus légère ou si vous n'aimez pas les pois chiches, troquez-les contre des haricots verts cuits.

Citations

Les hommes charmeurs font du charme à tout le monde, même à une porte.
Catherine Deneuve

RÉBUS
Chansons françaises

vagues
allongés

Allongés sous les vagues (Renaud)

Soleil
lever : **8 h 18**
coucher : **18 h 51**

Jeudi **20 octobre**

Sainte Adeline – On fête aussi les Aline, Adelin

Octobre en brumes, mois à rhumes.

BIÈRES

La Brune de la brasserie Bière du Vexin

La Brune est une bière de haute fermentation brassée avec l'orge récoltée à la ferme de la brasserie, dans le Val-d'Oise, et deux houblons. Sa mousse est persistante, son nez est léger et chocolaté. Et à la dégustation, on découvre de légères notes de céréales, de chocolat encore et d'éclair au café. Mais d'où vient cette subite envie de pâtisserie ? Elle a été récompensée d'une médaille d'or au Concours général agricole de Paris 2020, et d'une médaille de bronze aux World Beer Awards 2019. À déguster dans un verre calice entre 9 et 11 °C. Alcool : 6 % vol.

La dictée du mois Des voisines de table bien ennuyeuses

Gilbert se trouva placé entre la comtesse de Taillebourg et la barone Michel. Cela lui laissait entière liberté pour songer, l'essoufflement chronique de celle-ci enlevant toute vivacitée à son entretient, tandis que le ramage quelconque de celle-la est de ceux auxquels on s'associt de façon machinale, sans y rien mettre de soit. Ainsi seul avec son cœur, il regardait Mme Monclar. Autour de la table, les propos volaient, légers, mobiles, fugaces, se joignant puis se désaggrégeant, de nouveau rassemblés et dispersés de nouveau, pareil aux nuées blanches qui courent dans un ciel d'été. Gilbert disait son mot, mais sa pensée demeurait fixe.

Marie-Anne DE BOVET, Autour de l'étendard, *1904.*

baronne, vivacité, entretien, celle-là, s'associe, soi, désagrégeant, pareils

Citations

La fidélité est à la vie amoureuse ce que la logique est à la vie intellectuelle : un aveu d'échec.

Oscar Wilde

Solution mots fléchés [p. 307]

	P		M		A		S		X		F	
S	U	B	O	R	N	E	U	S	E		O	R
	R	E	C	H	A	P	P	A		N	I	E
L	I	C	O	U		E	P	I	G	O	N	E
	F	A		M	A	L	O	T	R	U		L
C	I	R	E		N	O	S		A	V	E	U
	E	R	S	E		N	A	I	V	E	T	E
P	R	E	S	T	E	S		V	I	L	E	
	A		O	U	T		M	E	R	L	U	S
F	I	O	R	D		L	O	T		E	L	A
		R	E	E	C	O	U	T	A		E	L
T	A	N		S	U	I	V	E	N	T		E
	L	E	A		P	R	O		D	O	P	E
A	P	E	R	C	U		I	L	E	U	S	
	I		M	E	L	E	R	A		T	E	E
O	S	S	E	L	E	T		P	L	E	U	T
	T	A	R	E		R	U	S	A		D	E
B	E	C	A	S	S	E	S		C	L	O	S

Faits divers biologiques

Mauvaise odeur

Avec son mètre de diamètre et un poids pouvant aller jusqu'à la dizaine de kilos, *Rafflesia arnoldii* est la plus grande plante vivant sur terre. Pourtant, celle-ci n'est pas douée de photosynthèse et ne possède ni feuilles, ni tige. C'est donc en parasite que cette géante survit, restant indétectable jusqu'à sa floraison, au bout d'un an ou deux de vie cachée. Elle peut alors grossir et développer ses cinq immenses pétales rouge et blanc. Mais ne cherchez pas à l'offrir à votre bien-aimé(e) : connue des enfants pour avoir inspiré le Pokémon du même nom, cette belle plante se distingue par une odeur de viande pourrie qui lui permet d'attirer les insectes alentour et ainsi d'assurer sa pollinisation.

Vendredi **21 octobre**

Sainte Céline – On fête aussi les Ursula, Celina, Viateur, Walfroy

Soleil
lever : **8 h 20**
coucher : **18 h 49**

À la Sainte-Céline, taquine et mutine.

AMÉRICAINS

CHANSONS VOYAGEUSES

La France, terre de nuances

Blowin'in the wind est le plus célèbre des *protest songs* (chants de révolte). Pourtant, Bob Dylan dit l'avoir écrit en 10 min. Son caractère politique ne l'a pas empêché de devenir l'une des chansons les plus reprises de l'histoire. Il est amusant de noter que le texte a été adapté trois fois en français, avec un titre et un texte légèrement différents à chaque fois : *Écoute dans le vent* chez Richard Anthony, *Dans le souffle du vent* chez Hugues Aufray et *Soufflé par le vent* par Graeme Allwright.

Rétro Vermot

« Mon fils dit une dame à une amie est un médecin extraordinaire ; tu devrais le consulter.
– Mais je ne suis pas malade…
– Oh ! Ne t'inquiète pas ! Il est si fort qu'il te trouvera bien quelque chose ! »

Question d'hygiène

Les premiers trieurs de déchets

Le métier de chiffonnier est vraisemblablement très ancien car, depuis toujours, les nécessiteux ont fouillé dans les déchets des plus fortunés. Au XIXe siècle, munis d'une hotte, d'un crochet et d'une lanterne, les chiffonniers arpentaient en nombre les rues de Paris, mais, bien qu'indispensables au nettoiement de la ville, on les rejetait en raison de leur contact permanent avec les immondices et du risque de contamination qu'ils représentaient. Ces infatigables « glaneurs d'ordures » étaient en fait les premiers recycleurs, puisqu'ils collectaient, transformaient et revendaient leurs trouvailles. Ce métier semble avoir disparu, remplacé par des méthodes hygiénistes. Mais nous, qui trions tout, ne sommes-nous pas tous un peu chiffonniers ?

La bonne blague

À la fin de la conquête de l'Ouest, deux cow-boys aperçoivent, au loin, un homme allongé au sol. Ils s'approchent et l'un d'eux s'écrie :
« Oh, regarde ! C'est un Indien !
Et en effet, un vieil Indien est aplati par terre, son oreille collée au sol.
– Eh bien ! C'est quelque chose qu'on ne voit plus très souvent désormais… Sais-tu que dans cette position un Indien est capable de repérer un cheval à des kilomètres ?
L'autre cow-boy, plutôt sceptique, s'approche du vieil Indien pour lui poser la question :
– Bonjour, mon brave, vous entendez quelque chose ?
– Un chariot avec deux chevaux, un homme, une femme et un enfant à une heure, dit l'Indien.
Impressionnés par cette précision, les deux cow-boys lui demandent comment il sait qu'il y a un homme, une femme et un enfant à bord du chariot. L'Indien leur répond naturellement :
– Leur chariot m'a roulé dessus il y a une heure ! »

Soleil
lever : **8 h 21**
coucher : **18 h 47**

Samedi **22 octobre**

Sainte Élodie – On fête aussi les Salomé, Alodie, Zulma

À toute choise, sa saison et son temps. Proverbe français

Dico NOTTO

SIGNATURE, n. f.
Trace écrite authentifiant son identité et le fait de ne pas savoir écrire lisiblement son nom.

SIESTE, n. f.
Moment où on laisse la flemme agir.

SOLDES, n. m. pl.
Moment de vérité où les étiquettes indiquent les prix réels.

SONDAGE, n. m.
Méthode statistique visant à évaluer, sur un échantillon de population, qui est d'accord avec moi.

SOMMEIL, n. m.
État de repos que l'on ne trouve pas quand on le cherche.

L'ACTU

Très loooongues ondes

À moins que vous ne viviez en Loire-Atlantique, il y a peu de chances pour que vous écoutiez Futuradios, une radio associative de Saint-Nazaire créée en 2005. Et pourtant, la trentaine de bénévoles, âgés de 16 à 60 ans, qui fait vivre cette antenne et ses émissions vient de décrocher un record national ! La radio en ligne a en effet produit le talk-show en équipe le plus long de toute l'histoire des ondes françaises. Même pendant la glorieuse période des radios libres osant tout et parfois n'importe quoi, aucun animateur n'avait jusqu'ici réussi à tenir l'antenne pendant plus de… 100 h. Ce marathon radiophonique de 4 jours était animé par deux (très) jeunes présentateurs de Futuradios, Maël et Maxence, à peine 40 ans à eux deux. S'autorisant 15 min. de repos toutes les 3 heures, ils ont pulvérisé l'ancien record qui datait de 2019. Ce dernier, établi à « seulement » 51h20, était détenu par une radio de la région Auvergne-Rhône-Alpes, RVR Radio Roanne.

La gaffe de l'Histoire
Timbale douce

Lors de la première représentation de l'œuvre de Johannes Brahms Un requiem allemand, le 1er décembre 1867 à Vienne, le troisième morceau déclencha une bordée de sifflets et de huées contre son compositeur. Il s'agissait en fait d'une gaffe du timbalier qui joua par erreur fortissimo toute la grande pédale de ré de la fugue finale, couvrant le chœur et l'orchestre !

Cultures fruitières

Plantez à racines nues

Pourquoi planter des arbres fruitiers à racines nues plutôt qu'en conteneur ? D'abord, ils coûtent (un peu) moins cher. Ensuite, ils repartent plus vite et plus vigoureusement. Ils sont vendus en pépinière d'octobre au 15 mars. Mieux vaut les acheter sur place plutôt que de les commander, afin de les planter rapidement. Les vieux jardiniers disaient qu'il ne faut pas que l'arbre s'aperçoive qu'il a changé de place. Rebouchez en partie le trou creusé à l'avance en ajoutant de la corne broyée. Posez dessus les racines, sans les déformer et de manière que le point de greffe soit au-dessus du sol. Rebouchez avec de la terre enrichie de compost, sans trop tasser, et ménagez une cuvette pour les arrosages. Arrosez en pluie juste après, puis régulièrement la première année, même en hiver si le temps est sec.

Dimanche 23 octobre

Saint Jean de Capistran – On fête aussi les Domice

Soleil
lever : **8 h 23**
coucher : **18 h 45**

La mer lave toutes les souillures des hommes. Euripide

MORALITÉ
LES FÉES

Les diamants et les pistoles,
Peuvent beaucoup sur les esprits ;
Cependant les douces paroles
Ont encor plus de force et sont d'un plus grand prix.

Apologie de la générosité du cœur, la moralité des *Fées* signifie que tout acte généreux trouve sa récompense. Selon Perrault, la fortune pécuniaire n'est rien face aux égards et au respect que l'on peut se porter les uns les autres.

Brèves régions

Yvelines/ Le parc Meissonier

Ancien parc du prieuré royal Saint-Louis, fondé en 1304 par le roi Philippe le Bel en l'honneur de son grand-père Saint-Louis, le parc Meissonier à Poissy porte le nom de cet artiste-peintre qui fut maire de la ville pendant deux ans, en 1878 et 1879. C'est aujourd'hui une roseraie et un poumon vert de 10 ha, où de nombreuses espèces végétales s'épanouissent (cyprès, platanes, cèdres, etc.), sans oublier la fontaine des Trois Grâces et le lac où vivent en toute quiétude canards et tortues. Une statue d'Ernest Meissonier, qui était conservée au Musée du Louvre, a été transférée ici en 1980.

VERMOT'ROSCOPE

SCORPION (23 octobre-22 novembre)

Caractère

Combatif, volontaire, mystérieux, intuitif, réceptif, intelligent, observateur, curieux, profond, adaptable, passionné, impliqué, émotif, hypersensible, piquant, ironique, possessif, endurant, angoissé, nerveux, colérique, jaloux, autoritaire, autodestructeur.

Le message des astres

Si cette année, Saturne joue encore avec vos nerfs, vous pourrez toutefois compter sur Jupiter pour garder la tête hors de l'eau, et ce, notamment de janvier à mai et d'octobre à décembre. Toujours grâce à Jupiter, le printemps et l'été vous verront plus optimiste et plus vif.

Vie relationnelle

Sur le premier trimestre, vous serez amené à faire le point sur votre cercle amical. La période sera au bilan. Cette période passée, vous aurez envie de donner un nouvel élan à votre vie relationnelle et certains favoriseront les nouvelles rencontres.

Amour

En couple, vous devriez trouver un bel équilibre ou préserver votre quotidien. Ainsi, 2022 sera une année assez agréable qui vous permettra de vous épanouir au contact de votre partenaire. Quoi que vous viviez, vous saurez cultiver la bonne humeur et la joie. Si vous êtes seul, vous devriez vous sentir assez préservé. Les astres vous donneront un coup de pouce qui vous permettra de faire de jolies rencontres. À défaut de vivre la grande histoire de vos rêves, vous pourriez avoir de vrais coups de cœur.

Famille

Ce sera le domaine le plus compliqué cette année. Attendez-vous à devoir faire face à des moments de frustrations et de tensions. 2022 vous obligera à travailler sur vos relations avec vos proches.

Quotidien et vitalité

Malgré un certain enthousiasme, vous manquerez parfois cruellement d'énergie pour avancer dans vos différents projets ou pour mener à bien vos activités. Vous n'aurez d'autres choix que de prendre sur vous et de puiser dans vos réserves d'énergie pour faire face à vos différentes obligations. Pour passer au mieux cette période, pensez à faire des pauses régulières.

Budget

Malgré une tendance assez bonne, pas question pour vous de mettre à mal votre situation financière. Vous veillerez à cibler toutes vos dépenses et ne ferez rien qui pourrait mettre en danger la stabilité de votre budget.

Comment optimiser votre année ?

Ne cédez pas à la morosité. Sachez voir les moments positifs là où ils sont. Prenez le temps d'identifier vos désirs ou vos besoins et répondez-y.

Lundi **24 octobre**

Saint Florentin – On fête aussi les Magloire, Gloria, Florestan

Si tu étais la plus belle, je me serais déjà lassé. Tandis que là, je ne m'y suis pas encore habitué.
Raymond Devos

INONDATIONS

PROUESSES D'OISEAUX

LE JARDINIER SATINÉ

Les oiseaux jardiniers sont des passereaux d'Australie et de Nouvelle-Guinée. On les nomme ainsi parce que les mâles, polygames, créent d'étonnantes mises en scène végétales pour séduire les femelles. Le jardinier satiné, en particulier, construit une véritable tonnelle nuptiale, un berceau de brindilles et d'herbes. Il crée ensuite, devant l'entrée, une allée d'apparat à l'aide d'objets colorés les plus divers : fleurs, baies, plumes, coquilles, scarabées, ailes de papillons, mais aussi morceaux de verre, de métal et de plastique. Puis, avec une peinture faite de baies et de charbon de bois broyés dans son bec, et à l'aide d'un fragment d'écorce, il peint en bleu le berceau et l'allée. Quand une femelle se présente, le mâle saisit dans son bec un objet bleu et se livre à une danse élaborée.

LES PLANS DE DÉPARTS VOLONTAIRES DANS LES COMPAGNIES AÉRIENNES

CHIFFRES ET EXPRESSIONS

Se mettre en quatre

Pour comprendre l'origine de l'expression, il faut rappeler qu'elle est née vers le milieu du XVIIe siècle, à une époque où nos ancêtres n'avaient que leurs bras et leurs jambes pour travailler. Quand ils se vouaient tout entier à une cause, ils mobilisaient tous leurs membres et on pouvait dire d'eux qu'ils « se mettaient en quatre » pour réussir à atteindre leur but.

CHIFFRES ET SYMBOLIQUES

Randonnées

LE PITON DE LA FOURNAISE, LA RÉUNION

Randonner sur de la lave est une expérience incroyable. En longeant la côte sud-est de la Réunion, de Saint-Philippe à Sainte-Rose, on peut découvrir plusieurs coulées de lave datant de différentes éruptions du Piton de la Fournaise. Plusieurs cratères sont visibles, ainsi que la magnifique Anse des Cascades et son petit port de pêche. En arrivant au village de Sainte-Rose, on verra l'église Notre-Dame-des-Laves, miraculeusement épargnée par la coulée de lave de 1977, qui ravagea tous les environs.

Quand la réalité dépasse la fiction

Erin Brockovich, seule contre tous

Le film raconte l'histoire vraie d'Erin Brockovich, une femme du peuple, divorcée, mère de trois enfants, sans aucun diplôme, reconvertie en enquêtrice, qui a mené un combat acharné contre une entreprise de distribution d'énergie en parvenant à monter l'une des premières *class actions* (recours collectifs devant les tribunaux) aux États-Unis. Lorsqu'elle a entendu parler de cette histoire incroyable, véritable incarnation du mythe de David contre Goliath, la productrice Carla Santos Shamberg a immédiatement imaginé l'héroïne de cinéma. Elle a contacté le réalisateur Steven Soderbergh et a proposé ce rôle flamboyant à Julia Roberts, connue pour sa spontanéité et son tempérament fougueux, traits de caractère qu'elle partage avec le personnage. La comédienne a d'ailleurs obtenu l'Oscar de la meilleure actrice en 2001, ainsi que le Golden Globe et le Bafta. Notons que la véritable Erin Brockovich apparaît dans le film, lors d'une séquence dans un restaurant.

Mardi 25 octobre

Saint Enguerran – On fête aussi les Crépin, Daria

Soleil
lever : **8 h 26**
coucher : **18 h 42**

L'automne est le printemps de l'hiver. Henri de Toulouse-Lautrec

Ça s'est passé Le 25 octobre 1722

Sacre de Louis XV à Reims à l'âge de 12 ans. Il est déclaré majeur le 22 février 1723, ce qui met fin à la Régence du duc d'Orléans.

FOOTBALL

POUR LES YEUX D'UNE FEMME

En 1924 et 1928, l'Uruguay surprend l'Europe en livrant deux démonstrations de sa supériorité lors des jeux Olympiques de Paris et d'Amsterdam. Dans les cages uruguayennes, Andrés Mazali est alors décrit comme l'un des meilleurs gardiens du monde et révolutionne son poste. Indiscutable dans les buts d'une sélection qui accueille la première Coupe du monde de l'histoire, il est destiné à être sacré en 1930. Mais il n'en sera rien. La faute à une discipline de fer mise en place par le sélectionneur qui interdit à ses joueurs de sortir du camp d'entraînement. Mazali, qui s'échappe pour aller voir sa future promise, est exclu d'une sélection qui décroche le titre. Il décide alors d'arrêter sa carrière pour se marier avec celle qui comptait plus que tout.

Animaux de BD – Bill

Attention, ne confondons pas : Boule c'est le petit garçon et Bill, c'est le chien, un cocker craquant qui communique avec les humains au moyen de ses oreilles, qu'il oriente à volonté. Dans la bande dessinée créée en 1959 par Jean Roba pour *Spirou*, il n'y a pas vraiment de personnage méchant. Si Bill a quelques ennemis, dont T-Rex le féroce pit-bull, il a surtout des amis, comme Caroline la tortue. Il vit dans une famille heureuse et les gags, même corsés, appellent toujours le sourire.

HAIE SÈCHE

On l'appelle aussi « haie morte ». C'est une clôture simple, facile à réaliser et gratuite qui constitue un brise-vent efficace, le filtrant sans le bloquer. Elle permet également de recycler le bois mort tombé ou provenant des tailles et élagages. En outre, elle sert de refuge à une faune riche : insectes, oiseaux, mammifères. Pour la construire, il suffit de planter deux rangées parallèles de poteaux, en les décalant en quinconce, et d'entasser au milieu du bois coupé, des branches et des rameaux, en les tassant bien. La largeur peut varier, en fonction de la place disponible, et la hauteur est en général de 1 m à 1,50 m. On peut aussi se passer des poteaux en entassant simplement le bois. Avec le temps, la haie sèche peut évoluer vers une haie vive car des arbustes y poussent spontanément.

PERMACULTURE

Mercredi **26 octobre**

Saint Dimitri – On fête aussi les Rustique, Démétrius

À la Saint-Dimitri, de bonne humeur pétri !

Étymologie

Scotch

Scotch, nom d'une marque déposée par la société américaine 3M, est entré dans l'usage courant pour désigner tout ruban adhésif transparent. L'histoire raconte qu'en 1925 un jeune ingénieur de 3M a mis au point un ruban adhésif conçu pour les peintres de carrosserie automobile. Mais seuls les bords extérieurs du ruban étaient adhésifs. Un peintre testeur aurait dit, en anglais bien sûr : « Rapportez ce ruban à vos patrons radins (*scotch*), et dites-leur de mettre davantage d'adhésif dessus ! » *Scotch*, « écossais », fait allusion au cliché d'avarice.

Citations

Le chou-fleur, ça pue quand tu l'achètes, ça pue quand tu le cuisines, ça pue quand tu le manges... À la limite, c'est quand tu le pètes que ça sent le moins !

Laurent Ruquier

HEUREUX MARIAGES

Né vers 1607, Michel Vivant mourut le 13 avril 1687 à Genouilly dans le Cher. Entre temps, il eut le temps de se marier deux fois dont notamment, sur la fin de sa vie, le 6 juillet 1676 avec Perette More. Non loin de là, à Anjouin, dans l'Indre, c'est le 27 janvier 1778 que Jacques Lemort épousa Marie Vivant, sans doute cousine de Michel car originaire de Genouilly également.

L'ACTU

Docteur ès glandouille

L'université des beaux-arts de Hambourg vient de débloquer trois « bourses d'oisiveté » ! Les heureux lauréats, qui ont empoché 1 600 euros chacun, se sont engagés à ne rien faire du tout pendant six mois. « Nous voulons mettre l'accent sur l'inactivité active. Si vous dites que vous n'allez pas bouger pendant une semaine, c'est impressionnant. Si vous proposez de cesser de bouger et de penser, c'est peut-être encore mieux », a expliqué aux médias allemands l'architecte Friedrich von Borries, à l'origine du projet. Car cette invitation à la glandouille rémunérée s'inscrit dans le cadre d'un programme de recherches sérieux, avec comme finalité une exposition autour de la notion d'inactivité. « Ne rien faire n'est pas si facile », résume Friedrich von Borries. D'ailleurs, les lauréats ont dû redoubler d'efforts pour convaincre le jury. Sans vouloir en dire davantage sur le projet des gagnants, leur directeur d'étude a seulement précisé que « les domaines et formes d'inactivité active qui ont été retenus sont particulièrement impressionnants et pertinents ».

CAMÉRA-PIÉTON ET LANCEUR DE BALLES...

Les idées reçues

NAPOLÉON ÉTAIT PETIT

Si Napoléon Ier semble de petite taille dans les tableaux ou sur les gravures qui le représentent, c'est uniquement parce qu'il était fréquemment entouré des membres de la garde impériale choisis parmi les plus grands et valeureux soldats. Le critère de la taille est en effet primordial dans le recrutement de l'armée. À l'époque, pour être grenadier à pied, par exemple, il fallait mesurer au moins 1,76 m. Ajoutez à cela un couvre-chef atteignant 40 cm et voilà une garde de géants. Un siècle plus tôt le roi de Prusse Frédéric-Guillaume Ier avait même fixé la taille minimale de ses grenadiers à 1,88 m ! Alors, non, l'empereur Napoléon Ier n'était pas si petit que ça, c'était surtout les autres qui étaient grands.

Jeudi **27 octobre**

Sainte Émeline – On fête aussi les Odran, Frumence, Évariste

Soleil
lever : **8 h 29**
coucher : **18 h 38**

L'automne est un deuxième ressort où chaque feuille est une fleur. Albert Camus

Ça s'est passé
Le 27 octobre 1922

Naissance de l'acteur Michel Galabru. Il a aussi été metteur en scène et directeur de théâtre. Il est décédé en 2016 à l'âge de 93 ans.

Pierres précieuses
Le rubis au Moyen Âge

Le Moyen Âge croyait aux dragons et aux chimères et attribuait de nombreux pouvoirs à cette pierre d'un rouge flamboyant, qu'il mettait en lien avec ces créatures fantastiques. Mais le rubis symbolisait également le sang du Christ et, par extension, la foi chrétienne. Il devint alors la pierre des rois : la bague de Saint Louis en était sertie, tout comme celle de Charles V ou d'autres trésors appartenant aux têtes couronnées de par le monde. Selon une légende, depuis l'empereur romain Auguste et jusqu'aux rois de France, un rubis avait parcouru les siècles…

Rivières de France
L'Hérault, des Cévennes au Languedoc

C'est sur le mont Aigoual, dans le Gard, que naît le fleuve Hérault (Erau en occitan). Le torrent aux eaux vives coule dans des gorges profondes, descendant de 1 000 m sur 10 km. À Pont-d'Hérault, ses eaux se calment, il lui reste 300 m à franchir en 140 km avant de rejoindre le Grau d'Adge. Le fleuve alterne, à l'image des cours d'eau cévenols, crues violentes et étiages sévères. Des ponts, dont certains très anciens, et de vieux villages typiques, chargés d'histoire, jalonnent son cours. L'Hérault passe aussi par Agde, « la perle noire de la Méditerranée » créée il y a 2 500 ans, surnommée ainsi pour ses maisons de basalte, et par Pézenas, la ville de Molière et de Boby Lapointe.

FOOTBALL

BONUS PERDANT

En 1973, l'assemblée générale du groupement des clubs professionnels décide de dynamiser le spectacle de sa première division. Elle a alors une idée, offrir un point de bonus offensif aux clubs qui inscrivent au moins trois buts dans un match, quel que soit leur résultat final. L'effet est immédiat : à l'issue de la première saison, on ne compte pas moins de 100 buts de plus que la saison précédente ! Malheureusement pour ses partisans, ce bonus disparaît au bout de trois saisons. Il aura cependant donné lieu à des fins épiques, comme lorsque, à l'issue de sa première saison, il permet à Monaco et Troyes, respectivement battus 8-4 à Reims et 4-3 à Sedan, de se sauver lors de l'ultime journée aux dépens de Nancy, dont le président, Claude Cuny, est l'un des initiateurs de ce bonus…

Vendredi **28 octobre**

Saint Simon et Saint Jude – On fête aussi les Simone, Faron

On tient le bœuf par les cornes, et l'homme par la parole. Proverbe estonien

Ça s'est passé

Le 28 octobre 1922

Marche sur Rome du fasciste Mussolini. Cette marche paramilitaire a pour but d'impressionner le gouvernement libéral et la classe politique italienne en général.

Meilleurs Ouvriers de France

Groupe XIII, émaillage

Dans cette catégorie, les épreuves du concours peuvent consister en la réalisation d'un sujet peint à main levée, ainsi que de toutes sortes d'ornements traditionnels comme la pose de paillons, une finition platine et/ou en or, ou encore la réalisation d'un émaillage sur une pièce en volume. L'artisan se doit de connaître les traditions culturelles, artistiques et historiques liées à son métier. Le dernier concours a récompensé deux lauréats : Sandrine Tessier, créatrice de haute joaillerie, et Paul Eliauri, émailleur de décoration nationale à la Monnaie de Paris.

Bon anniversaire Otto Kruger

Fait rare, Otto Kruger a deux étoiles à son nom sur Hollywood Boulevard, l'une pour le cinéma, l'autre pour la télévision. Pourtant il n'a pas été un « enfant star », comme beaucoup aux États-Unis, sa carrière ayant commencé seulement à l'âge de 29 ans. Il était un véritable boulimique de cinéma, un travailleur acharné, puisqu'il tournait plusieurs films par an jusqu'à sept à la fois comme en 1939 ! Né le 6 septembre 1885 dans l'Ohio, Otto Kruger fut présent sur le grand écran pendant un demi-siècle à travers près de cent films où il a incarné un type de personnage qu'il avait inventé : le « méchant-charmeur ». C'est à la maison de retraite du cinéma et de la télévision de Woodland Hills, près de Los Angeles, qu'il s'est éteint le 6 septembre 1974, jour de son 89e anniversaire.

De PORT en port MARITIME

Saint-Malo, contre vents et marées

Le port de commerce de Saint-Malo, comme d'ailleurs la ville elle-même, naquit puis se développa en défiant la nature. Ce n'était, au départ, qu'un monticule rocheux égaré dans une étendue qui, de marécageuse à mer basse, se couvrait à marée haute d'un petit volume d'eau. Compte tenu des dangers que représentaient les nombreux îlots et récifs éparpillés un peu partout, ainsi que de l'absence de fleuve proche pour chercher du fret au loin, c'était ce qu'on appellerait sans peur de se tromper un « mauvais havre de marée ». Et d'ailleurs, l'ermite qui lui donna son nom cherchait justement à se retrancher du monde ! D'autres ports mal servis par une nature hostile ont existé, bien sûr, mais ont fini par tomber en ruines. Saint-Malo, lui, a tenu bon, au point de devenir durant la seconde moitié du XVIIe siècle le premier port de l'Atlantique.

Samedi **29 octobre**

Saint Narcisse – On fête aussi les Emelinde

Soleil
lever : **8 h 32**
coucher : **18 h 35**

À la Saint-Narcisse, change de pelisse.

Brèves régions

Seine-Maritime/ Les Normands

« Les Normands sont un peuple généreux s'ils sont gouvernés avec justice et fermeté. Ils surmontent tous les obstacles, excellent sur tous les peuples ; ce sont eux qui déploient le plus de valeur dans les combats et montrent le plus d'ardeur pour la victoire. Soumis au contraire à une domination d'une autre nature, ils se déchirent entre eux et usent leurs forces dans des luttes intestines. La révolte et la sédition ont pour eux de l'attrait ; ils s'abandonnent à tous les excès. Ce peuple pour être tranquille et puissant a besoin d'être gouverné avec impartialité, avec justice, avec fermeté », aurait affirmé Guillaume le Conquérant sur son lit de mort en 1087.

L'histoire des dictionnaires

Dictionnaire de la langue française de Littré

Médecin, Émile Littré (1801-1881) se lance en 1841 dans la rédaction d'un dictionnaire étymologique. Puis le projet évolue pour y inclure des notions historiques, grammaticales et phonétiques ; il n'en commence alors réellement la rédaction qu'en 1859. La première parution s'échelonne en quatre volumes de 1863 à 1872, la seconde voit le jour entre 1873 et 1877. C'est le premier dictionnaire à donner autant d'informations linguistiques sur chaque mot, ce qui a valu le succès qu'il a connu jusqu'à la fin du XXe siècle.

Citations

Les gens qui comprennent à l'endroit sont des gens normaux. Ceux qui comprennent à l'envers sont des humoristes. À moins que ce soit l'inverse.

Jean Yanne

L'ACTU

Le joyau de la couronne

C'est au pied d'un arbre, au cœur de l'Angleterre, qu'un chasseur de trésor amateur a réalisé l'une des plus importantes découvertes archéologiques de ces dernières années. Alors qu'il passait le coin au détecteur de métaux, Kevin Duckett, 49 ans, a soudainement été alerté par un signal de son appareil. À peine avait-il commencé à creuser qu'il est tombé sur une figurine ancienne en or massif. Après quelques recherches, il a rapidement compris qu'il s'agissait d'une représentation d'Henry VI, roi d'Angleterre. Deux lettres « S. H. » gravées à la base de la statuette lui ont bientôt permis de remonter jusqu'à la couronne d'Henry VIII. En effet, durant son règne, le roi aux six épouses avait souhaité apposer sa marque sur la couronne d'Angleterre en ajoutant aux trois figurines d'origine (le Christ, Saint George et la Vierge) trois représentations de rois, dont celle d'Henry VI. La figurine qui a passé des siècles sous terre est bel et bien celle qui ornait la couronne d'Henry VIII ! Une trouvaille estimée à près de 2,5 millions d'euros et qui appartient désormais à... Kevin Duckett.

Soleil
lever : **8 h 34**
coucher : **18 h 33**

Dimanche **30 octobre**

Saint Bienvenue – On fête aussi les Maéva

À la saint Bienvenue, accueille tout nouveau-venu.

Dico Notto

SOUPE AU LAIT, exp.
Potage espagnol à l'humeur changeante.

SOUPIÈRE, n. f.
Gros plein de soupe.

SOURIRE, n. m.
Expression du visage qui met en valeur l'excellent travail de votre dentiste.

SPAM, n. m.
Pub électronique pour savoir comment « enlarger » son pénis.

STALACTITE, n. f.
Concrétion calcaire contre laquelle on se cogne la tête.

PROBLÈMES DE MATHS DU CERTIFICAT D'ÉTUDES

Un commerçant ambulant prépare les marchandises qu'il doit vendre au marché et les emballe dans des cartons de tailles différentes. Il emballe 76 paires de chaussures dans des cartons qui peuvent contenir 18 chaussures ; 90 paquets de trois paires de bas dans des cartons qui peuvent contenir 15 paquets ; 124 paires de gants dans des cartons qui peuvent contenir 27 paires ; 92 paquets de 6 mouchoirs dans des cartons qui peuvent contenir 45 mouchoirs. Les marchandises ne sont pas mélangées dans les cartons qui sont étiquetés selon leur contenu. Les paires ne peuvent pas être séparées et les paquets ne peuvent être divisés. **Combien de cartons va-t-il charger dans son véhicule ?**

Solution : Il ne pourra mettre que 9 (18 ÷ 2) paires de chaussures dans chaque carton, donc il lui faudra 76 ÷ 9 = 8,44 cartons pour les chaussures, soit 9 cartons.
Il lui faudra 90 ÷ 15 = 6 cartons pour les bas.
Il lui faudra 124 ÷ 27 = 4,6 cartons, soit 5 cartons pour les gants.
Chaque carton de mouchoirs contiendra 45 ÷ 6 = 7 paquets de 6 mouchoirs.
Pour les 92 paquets, il faudra 92 ÷ 7 = 13,14, soit 14 cartons.
Il chargera donc 9 + 6 + 5 + 14 = 34 cartons dans son véhicule.

Citations

Quand on ne peut revenir en arrière, on ne doit se préoccuper que de la meilleure façon d'aller de l'avant.

Paulo Coelho

Étymologie

Saxophone

Fils d'un facteur d'instruments belge très réputé, Adolphe Sax (1814-1894) embrasse la carrière de son père qui le forme. Il s'avère très doué (il fabrique à 15 ans une clarinette et deux flûtes) et très inventif : à partir de 1838, il dépose différents brevets visant à améliorer les instruments existants, la clarinette notamment. En 1841, il ouvre son propre atelier à Paris et se lance dans la création d'une famille d'instruments dont il obtient le brevet en 1846 : ainsi est né le saxophone.

Animaux transparents

L'ange de mer

Ange, escargot ou papillon ? Dans le premier cas, ce serait plutôt un angelot, puisqu'il ne dépasse pas 2,5 cm de long. Pour les zoologues, *Clione limacina* est un escargot, un gastéropode sans coquille, au corps parfaitement translucide : on voit ses organes internes, orangés ou rosés. Et il est doté de deux « ailes », qu'il agite vivement et gracieusement, ce qui lui vaut d'être appelé aussi « papillon de mer ». Grâce à ces nageoires, en fait le pied transformé du gastéropode, il se déplace à une vitesse surprenante pour capturer sa proie d'élection, un autre escargot de mer, qu'il saisit grâce à six cônes buccaux à l'aspect de tentacules, et qu'il extrait promptement de sa coquille pour le dévorer. Cette espèce vit dans l'Arctique et l'Atlantique Nord, depuis la surface jusqu'à une profondeur de 500 m.

Lundi 31 octobre

Saint Quentin – On fête aussi les Quincy

Soleil
lever : **7 h 36**
coucher : **17 h 31**

Si tu vois tout en gris, déplace l'éléphant. Proverbe indien

Mots oubliés

Roquentin

Faute de connaître toutes les subtilités de la langue française, on emploie parfois des périphrases alors qu'un mot exact existe. Par exemple, pour parler d'un don Juan sur le retour, plutôt que de le qualifier de « vieux beau », appelez-le plutôt « roquentin », comme Balzac dans *La Cousine Bette* : « Si je n'avais pas eu le malheur de rencontrer ce vieux roquentin, je posséderais encore Josépha. »

CHIFFRES ET EXPRESSIONS

Trois pelés et un tondu

Aujourd'hui, cette expression signifie qu'il y a peu de monde, mais autrefois elle était plus péjorative. C'est Rabelais qui l'emploie pour la première fois en 1532 sous la forme « trois teigneux et un pelé ». Teigneux, pelé, tondu : ces qualificatifs s'appliquent à des personnes qui avaient des poux, la teigne ou la pelade. L'endroit où elles se trouvaient n'était donc pas fréquentable pour les autres.

CHIFFRES ET SYMBOLIQUES

La bonne blague

Un ministre marocain, en voyage officiel en France, est invité à dîner chez son homologue français. En voyant la somptueuse maison de ce dernier, la piscine, les sculptures et les œuvres de maître, il lui demande comment il peut s'assurer un tel train de vie. le ministre français l'entraîne près de la fenêtre :

– Vous voyez l'autoroute là-bas ?

– Oui ?

– Elle a coûté 20 milliards, l'entreprise l'a facturée 24 et m'a versé la différence.

Trois ans plus tard, le ministre français est en voyage officiel au Maroc et rend visite à son homologue. Quand il arrive chez lui, il découvre un palais comme il n'en avait jamais vu. Stupéfait, il demande :

Mais je ne comprends pas ! Il y a 3 ans, vous trouviez que j'avais un train de vie royal, mais par rapport à vous…

– Vous voyez l'autoroute là-bas ?

– Non

– Eh bien voilà !

Bibliophiles

L'Homme-dé, Luke Rhinehart (Aux forges de Vulcain, 2019)

Avertissement : voici un livre assez subversif et un rien trash, mais désopilant ! Le héros est un psychiatre new-yorkais, trentenaire, marié, deux enfants. Parce qu'il s'ennuie, il décide de jouer sa vie aux dés, qui désormais gouverneront la moindre de ses actions. Mais se livrer ainsi au hasard revient à saper les fondements de tout monde policé. De fil en aiguille, il fait imploser son quotidien et finit par introduire le chaos dans la société américaine, jusqu'à devenir l'ennemi numéro un du FBI… Ce roman, publié aux États-Unis en 1971, est devenu ce que l'on appelle un livre culte.

Soleil
lever : **7 h 37**
coucher : **17 h 30**

Mardi **1er novembre**

Saint Harold – On fête aussi les Bénigne

Aujourd'hui, c'est la Toussaint, c'est la fête de tout l'essaim et j'en profite pour dire bonjour aux abeilles. Coluche

0,90 €

Le journal de novembre

1er novembre 2022

Par tous LES SAINTS !

Joie, le premier jour du mois est férié !

C'est la Toussaint, fête catholique, devenue surtout le jour où, traditionnellement, on se rend au cimetière déposer des chrysanthèmes pour commémorer les défunts. Mais ailleurs dans le monde, honorer les morts est bien plus vivant ! Au Mexique par exemple, el *Día de los Muertos*, le Jour des Morts, est une fête emblématique du pays. Dans la croyance locale, les âmes des disparus rendraient visite à leurs proches les deux premières nuits de novembre. Pour cette occasion, les familles érigent de somptueux autels sur les tombes et s'y réunissent en chantant et en dansant. Dans les rues, d'étonnants cortèges défilent, déguisés en squelettes joyeux. En Haïti, la fête des Guédés (esprits de la Mort) donne lieu à des cérémonies organisées par les prêtres vaudou. Poudrés, vêtus de noir et de violet, les participants dansent et boivent du rhum dans les allées des cimetières. Et en Chine, on célèbre les morts au printemps et on chasse les mauvais esprits à coup de pétards tonitruants.

Le saviez-vous ?

La Toussaint célèbre, comme son nom l'indique, tous les saints, canonisés ou non. Cette fête connut plusieurs dates de célébration, variant selon les époques et les lieux. Ce serait sous la papauté de Grégoire IV, vers l'an 835, que la date de la Toussaint aurait été fixée au 1er novembre et que l'empereur Louis le Pieux l'aurait imposée dans tout l'empire carolingien.

Attention, selon le proverbe… « Si le vent souffle à la Toussaint, le froid sévira neuf mois. »

Mercredi 2 novembre

Saint Malachie – On fête aussi les Marcien

Soleil
lever : **7 h 39**
coucher : **17 h 28**

Sur la bruyère longue infiniment, Voici le vent cornant novembre. Émile Verhaeren

DICO NOTTO

STYLO-PLUME, n. m.
Ancêtre analogique du traitement de texte numérique.

TABATIÈRE, n. f.
Objet potentiellement cancérigène.

TABLE DE POKER, n. f.
Endroit où l'on joue carte sur table tout en gardant quelques atouts dans sa manche.

TABLE RONDE, loc.
Table vendue moins chère car il manque les coins.

TACTILEMENT, adv.
Avec les doigts.
Ex. : « Il mange ses frites tactilement. »

LES JEUNES DES QUARTIERS INQUIETS

Meilleurs Ouvriers de France

Groupe XIV, graphisme

Vanessa Pereira travaille à la Maison Caffet chocolaterie-pâtisserie à Troyes. Pour le concours, elle a réalisé un dossier de communication globale d'une entreprise : nom, logotype, charte graphique, carte de visite, de correspondance, invitation pour la soirée de lancement, uniformes du personnel. Elle a aussi imaginé l'habillage des véhicules de la société et a acheté une réplique d'un camion qu'elle a fait personnaliser avec le logotype.

La dictée du mois Un passager plutôt gênant

Arsène Lupin parmis nous ! l'insaisissable cambrioleur dont on racontait les prouesses dans tous les journeaux depuis des mois ! l'énnigmatique personnage avec qui le vieux Ganimard, notre meilleur policier, avait engagé ce duel à mort dont les péripécies se déroulaient de façon si pittoresque ! Arsène Lupin, le fantaisiste gentleman qui n'opère que dans les châteaux et les salons, et qui, une nuit, où il avait pénétré chez le barron Schormann, en été parti les mains vides et avait laissé sa carte, ornée de cette formule : « Arsène Lupin, gentleman-cambrioleur, reviendra quand les meubles seront autentiques. » Arsène Lupin, l'homme aux mille déguisements.

Maurice LEBLANC, Arsène Lupin, gentleman-cambrioleur, *1907.*

parmi, journaux, énigmatique, péripéties, baron, était, authentiques, aux mille

Citations

C'est étrange : si vous vous levez à la bibliothèque et que vous criez « AAAARRRRGGH », tout le monde vous regarde, mais si vous faites la même chose dans un avion, tout le monde vous imite.

Tommy Cooper

Bon anniversaire

Robert Haillet

Fils d'un professeur de tennis palois et père lui-même d'un autre champion des courts, Robert Haillet est un des joueurs qui ont marqué l'histoire du tennis français. Numéro 1 à deux reprises, en 1956 et 1958, et champion de France en 1955, 1956 et 1958, il fut l'un des piliers de l'équipe de France de Coupe Davis, totalisant 23 sélections pour 43 matchs. Après sa carrière professionnelle, il a entraîné les équipes de Coupe Davis de France, d'Italie et d'Espagne et est devenu directeur commercial de la marque Adidas qui lui doit sa célèbre chaussure « Stan Smith ». Elle prit ce nom en 1970 après être née sous celui, moins vendeur, de « chaussure de tennis Robert Haillet ». Le champion est mort à Nice le 26 septembre 2011, le jour de ses 80 ans, des suites d'une opération chirurgicale.

Jeudi **3 novembre**

Saint Hubert – On fête aussi les Gwenaël, Gwenaëla, Papoul, Pirmin

À la Saint-Hubert, chasse pas sur mes terres.

Étymologie

Séquoia

Au début du XIXe siècle, le Cherokee Sequoyah comprend l'importance de doter sa langue, qui était uniquement parlée, d'un système d'écriture. Il se lance alors dans la création d'un syllabaire qu'il met près de vingt ans à finaliser. Il lui fallut tout autant de persévérance pour convaincre ses compatriotes de l'utiliser. C'est en hommage à cette ténacité que le botaniste Endlicher attribue en 1847 le nom de *séquoia* à cet arbre dont la détermination lui permet d'être l'arbre le plus haut du monde.

Citations

Il faudrait que la femme dise d'abord, qu'elle commence à dire et qu'elle ne se laisse pas dire qu'elle n'a rien à dire !

Hélène Cixous

HEUREUX MARIAGES

Nul doute que c'est en cherchant du réconfort que Michel Mordefroid rencontra Anne Chaud qu'il épousa le 7 juin 1858 à Charbonnières-les-Vieilles (Puy-de-Dôme), tout comme Guillaume Malfroi qui se maria le 30 mai 1775 à Arc-et-Senans (Doubs) avec Jeanne Tachaud. Et c'est aussi, peut-être, ce qui a amené Jean Gaudefrois à convoler avec Françoise Dubouchaud en 1772 dans la Vienne !

L'ACTU

Et de trois !

Charognard discret et prédateur opportuniste, le chacal doré (*Canis aureus*) présente une morphologie intermédiaire entre le renard roux et le loup gris (taille, silhouette, couleurs, empreintes…). Il peut peser de 7 à 17 kg avec une hauteur au garrot de 45 à 50 cm ; il est donc plus grand qu'un renard, mais avec une queue plus courte et moins touffue. Il chasse des petites proies et vit plutôt isolé, en couple avec ses petits. Historiquement présent en Asie, en Afrique du Nord et en Europe de l'Est, un individu a pourtant été observé en Haute-Savoie en 2017, puis un autre dans les Bouches-du-Rhône en 2020, et enfin un troisième récemment dans les Deux-Sèvres. D'après les spécialistes, l'animal ne peut représenter qu'exceptionnellement une menace pour des troupeaux, les moutons étant bien trop gros pour lui. Selon la directive européenne Habitat-Faune-Flore 1992, le chacal doré appartient au « patrimoine naturel européen ». En France, où il est désormais officiellement considéré comme une « espèce nouvelle », il est interdit de le piéger ou de le chasser.

LES URGENCES en GRÈVE…

Faits divers biologiques

Boxeur sentimental

Les lybias sont des petits crabes qui peuplent les fonds marins des océans Indien et Pacifique et qui possèdent deux surnoms : « crabe boxeur » et « pom-pom crabe ». Les lybias ont en effet la particularité de vivre une relation mutualiste avec des anémones de mer et se promènent avec une fleur dans chaque pince. S'ils les perdent, ils n'hésitent pas à aller se battre avec un congénère qui en a deux pour en récupérer une. Une fois le précieux trésor recouvré, les lybias réalisent eux-mêmes un clonage de façon à avoir un exemplaire d'anémone dans chaque pince. Comme quoi on peut être à la fois fleuriste, boxeur et généticien.

Vendredi 4 novembre

Saint Charles – On fête aussi les Charlène, Émeric, Jessica, Flour

Soleil
lever : **7 h 42**
coucher : **17 h 25**

À la Saint-Charles, si tu veux, on en reparle.

Ça s'est passé

Du 4 au 26 novembre 1922

Découverte par Howard Carter, égyptologue anglais, de Toutânkhamon et de ses trésors archéologiques datant de 1327 avant notre ère.

Cultures fruitières

La pomme Reinette

D'où vient ce nom ? De la grenouille, la rainette, à cause de l'aspect vert tacheté du fruit ? Ou de « reine », parce qu'il s'agirait de la reine des pommes ? Les étymologistes ne sont pas d'accord. Et il est impossible de préciser ce qu'est une reinette parce que plus d'une centaine de variétés, très diverses, portent ce nom. La plus ancienne est sans doute la reinette franche (ou blanche), mentionnée dès le XVIe siècle, jaune citron tachetée de brun, à chair teintée de jaune, assez ferme et bien parfumée. La bonne réputation de cette pomme a incité les obtenteurs à donner le nom à des variétés locales comme la reinette de Lunéville. L'une des meilleures est la reine des reinettes, obtenue en Hollande au XVIIIe siècle, acidulée et croquante, peu commercialisée mais chérie des amateurs.

Brèves régions

Charente/ Une fable bien connue

Saurez-vous reconnaître la célèbre fable, dont les premiers vers sont exprimés ici en patois charentais ?

Peyrouno pourtav' au marcha
Un toupi dé la sur so têto ;
Sur un piti couessi, lo l'ovio bien jucha,
Gueissa dit qu'au l'iêr-eytocha.
Billado coum un jour de fêto
Réveillado coum un en-sàu,
Légêro coum un parpoillau,
Pu lesto qu'un chat-eycurau,
No propo jupo de saumièro
Rétroussado dis so gotièro,
Cbaussad-én souilles plats, per ne pas tan riscas
Ni d'entorço, ni de faü pas.

Il s'agit bien sûr de *La Laitière et le pot au lait* écrite (en français) en 1678 par Jean de La Fontaine.

PROBLÈMES DE MATHS DU CERTIFICAT D'ÉTUDES

Une piste d'athlétisme d'une surface plane oblongue est composée de deux lignes droites et deux demi-cercles. Chaque ligne droite mesure 110 m ; la largeur de la piste mesure 58 m.

Question 1 : Des coureurs parcourent trois fois la piste, quelle distance en kilomètres ont-ils parcourue ?

Question 2 : Durant une autre course, 15 poteaux sont équidistants le long de la piste. Un des coureurs arrive au 10e poteau en 18 s. S'il continue à courir à la même vitesse, quel sera son temps total quand il atteindra le 15e poteau ?

1) Lors d'un tour, les coureurs vont parcourir deux fois la longueur de la piste puis les deux demi-cercles : $(110 \times 2) + (2 \times (58 \div 2) \times \pi) = 402,12$ m. En trois tours, ils auront parcouru : $402,12 \times 3 = 1\,206,36$ m ou 1,20636 km.
2) Du 1er au 15e poteau, il y a 14 longueurs, donc et du 1er au 10e poteau, il y en a 9, le parcours complet lui prendra : $(18 \div 9) \times 14 = 28$ s.

Soleil
lever : **7 h 44**
coucher : **17 h 23**

Samedi **5 novembre**

Sainte Sylvie – On fête aussi les Silvina, Zacharie, Géric

À la Sainte-Sylvie, chante la vie !

MOTS FLÉCHÉS

- Haut en couleur / Gonfle
- Longueur astronomique / Vieux loup
- Nuit / Homme de métier
- Proche
- Pouah / Brisant
- Prolonger / Prend l'air
- Promises
- Point faible / Soutien de vieille
- Verger / Dénaturer
- Peut être salée / Sortie d'égout
- Sénat de Rome / Hausse le ton
- Sensible
- Dénote une certaine maîtrise / Percer
- Sortons / Remontra
- Parti pour la vie / Tombe des nues
- Ivrogne grec
- Appellation d'huile / Espace vert
- Produit d'élimination / Très chère
- Tire sur le bleu / Appui matériel
- Restau / Formation
- Invalide
- Billet vert / État d'Afrique australe
- Peut être glacée / Vibrato
- Mène loin / Pièce de résistance
- Oignon / Rêvés
- A passé au tamis
- Diffusion / Ne porte qu'un petit
- Pli / Le sort a la sienne
- Oseille / Devenir sec
- Fleuve espagnol
- Changerai de décor / Ne manque pas de piquant
- Fret
- Porte de bois / Maintenant dans le passé
- On y va pour des prunes / Carte
- Ouvrier / Qui concernent les patrons
- Cheville tordue / Poids lourds
- Mois de Marie
- Goutte / Tête chaude
- Rigole / Les Parques
- Pris l'air
- Prends à la mamelle

SOLUTION PAGE 332

Saint Léonard – On fête aussi les Bertille

Soleil
lever : **7 h 45**
coucher : **17 h 22**

Il ne s'agit pas de beaucoup penser, mais de beaucoup aimer. Sainte Thérèse d'Avila

Pierres précieuses

Comment reconnaître un diamant ?

Pour vous assurer que la pierre montée sur votre bague ou sur votre collier est bien un diamant, regardez-la à la loupe : elle ne doit présenter ni éraflures ni abrasions. En revanche, des bords pointus sont un gage d'authenticité. Faites le test de la buée : après avoir éliminé la poussière et la graisse de votre pierre, soufflez dessus pour créer de la buée comme sur une vitre, le « nuage » doit disparaître aussitôt. La beauté du diamant étant son éclat, observez-le à la lumière du soleil, il doit renvoyer une puissante lumière blanche. Ou encore, plongez-le dans un verre d'eau : s'il est vrai, il va couler.

Citations

Un bon film, c'est celui qui vaut le prix du ticket, du restaurant et de la baby-sitter.

Orson Welles

Rétro Vermot

Madame inspecte la garde-robe de son mari et pose sur une chaise, un à un, les vêtements usés et défraîchis dont elle veut se débarrasser. Soudain, elle se ravise et raccroche le tout : « Il peut encore les mettre quand il sort sans moi. »

Question d'hygiène

Genèse de la conserve

La dysenterie et le scorbut ont fait des ravages par le passé, notamment pendant la campagne de Napoléon en Russie. Ayant compris qu'une armée affamée et malade n'était pas d'une grande utilité – il disait même qu'« une armée voyage sur le ventre » –, l'empereur a cherché un moyen d'assurer à ses troupes une nourriture suffisante et saine. C'est pourquoi, en 1795, il promit une grosse somme d'argent à quiconque découvrirait un procédé pour conserver les aliments. Et ce fut Nicolas Appert, confiseur et chef cuisinier champenois, qui remporta le défi. L'idée d'Appert : mettre de la nourriture dans des bocaux en verre renforcé, les sceller avec de la cire et les chauffer à 100 °C. Fruits, légumes, soupes, produits laitiers et viande ont ainsi pu être conservés avec succès.

L'ACTU

French loser

Selon un sondage international auquel ont répondu 37 000 personnes de 30 pays différents, l'accent britannique serait l'accent le plus sexy du monde – plus de 25 % des suffrages. Au Royaume-Uni, c'est l'accent irlandais qui est considéré comme le plus sexy. Pourtant préféré dans de nombreux pays, comme l'Australie, le Brésil, la Russie, la Turquie ainsi que chez nos voisins allemands et italiens, l'accent français arrive donc en 2e position du classement, avec un score de 16 %, talonné par l'accent italien qui a obtenu 15 % des voix. Les villes dont les habitants ont un accent particulièrement sexy seraient Londres, Paris, Rome, Édimbourg, Porto et Madrid. Sans vouloir contester la fiabilité de ce sondage, qui met un terme à plus d'un siècle de domination absolue du *French lover*, il faut tout de même souligner qu'il a été réalisé à la demande de *Time Out*, un hebdomadaire culturel basé à… Londres. Avant d'être définitivement validés, ces résultats devraient donc être confirmés par un sondage réalisé par et pour *Le Parisien*. Ou *Aujourd'hui en France*, à la rigueur…

Lundi **7 novembre**

Soleil
lever : **7 h 47**
coucher : **17 h 20**

Sainte Carine – On fête aussi les Ernest, Engelbert, Amaranthe

Brouillard en novembre, l'hiver sera tendre. Proverbe français

La gaffe de l'Histoire
Traître micro

Avec le développement des réunions en téléconférence, il fallait s'attendre à ce que naisse un nouveau type de gaffe, celle du « micro resté ouvert ». Ainsi, le ministre de la Santé du Pays de Galles, Vaughan Gething, s'est-il emporté un jour contre une de ses collègues du même parti, Jenny Rathbone : « C'est quoi son p... de problème ? » Il pensait son micro fermé...

Musique

Musiques d'outre-tombe

Rosemary Brown est une pianiste et une compositrice de musique classique. Soit. Mais pas que. L'Anglaise est également médium et a affirmé pendant des années entrer en communication avec Debussy, Chopin, Schubert ou encore Franz Liszt ; son travail se serait résumé à retranscrire les œuvres dictées par ces grands aînés, morts et enterrés depuis belle lurette. Folle, escroc, reine du pastiche ou véritable médium ? Le mystère reste entier, Rosemary Brown ayant emporté son secret dans la tombe en 2001.

Piège à soleil

Il s'agit d'un croissant végétal dense, associant de nombreuses espèces, que l'on place en général du côté nord de la maison. Ainsi, il ne fait pas d'ombre au jardin mais il l'abrite des vents froids, contribuant à créer un microclimat, diminuant du même coup les frais de chauffage ; en ville, il peut aussi faire office de protection contre la pollution. Il associe des arbres décidus et persistants, qui en constituent la structure (hêtres, aubépines, argousiers, charmes, houx, mélèzes). Devant, on plante des arbustes de hauteur diverses et des fruitiers (pommiers, noisetiers, groseilliers) tandis que la partie centrale accueille une diversité de vivaces ainsi que des plantes potagères. Le piège à soleil prend forme dans la durée et joue également le rôle d'abri et de réserve de nourriture pour la faune.

PERMACULTURE

Les idées reçues

ON NE VIVAIT PAS VIEUX AUTREFOIS

Bien sûr, les progrès de la médecine et l'amélioration des conditions de travail ont permis d'allonger l'espérance de vie au fil du temps, c'est indéniable. Mais il est faux de croire que tous nos ancêtres mouraient jeunes. Il ne faut pas, en effet, confondre la moyenne des âges au décès et l'espérance de vie. Autrefois, la mortalité infantile était très importante, plus des deux tiers des enfants décédaient en bas âge, tandis qu'une autre partie d'entre eux disparaissait dans l'enfance ou l'adolescence, ce qui fait tomber les moyennes globales. Mais sur le plan de l'espérance de vie, une étude anglaise montre qu'au Moyen Âge, un homme qui parvenait à ses 21 ans atteignait généralement les 65 ans.

Mardi **8 novembre**

Saint Geoffroy – On fête aussi les Scott, Willard

Soleil
lever : **7 h 48**
coucher : **17 h 19**

À la Saint-Geoffroy arrive le roi Froid !

ANIMAUX DE BD
JOLLY JUMPER

Blanc, avec des taches brunes et une crinière blonde, le cheval de Lucky Luke partage la dure vie de son *poor lonesome cow-boy* de maître, tout en aspirant au repos. Les Dalton peuvent bien faire les quatre cents coups, peu lui chaut. Il apparaît au début de la B.D. *créée* dans *Spirou* en 1946 par Morris. D'abord muet, il commence à parler, in petto, lorsque Goscinny collabore au scénario. Joueur d'échecs, funambule, philosophe, il est aussi très exigeant dans le choix de ses chaussures – pardon, de ses fers !

LES LACS DE FRANCE

A	I	G	U	Y	C	L	A	I	R	V	A	U	X
G	U	E	R	L	E	D	A	N	U	I	I	A	B
P	G	T	Y	E	R	F	P	F	G	T	L	O	K
W	I	R	S	P	P	S	W	U	F	L	U	D	F
G	P	E	A	A	Y	A	E	S	O	R	P	G	P
R	E	V	R	N	I	B	R	S	G	J	E	N	C
A	I	R	A	R	E	N	A	E	C	B	O	Y	J
N	N	M	A	L	E	L	T	R	L	L	J	E	N
D	E	N	E	R	A	C	E	P	L	O	N	R	A
L	I	T	E	G	D	M	H	I	O	A	U	C	N
I	T	D	O	C	O	M	T	A	N	I	R	P	T
E	G	U	E	R	Y	S	E	T	T	O	N	S	A
U	R	D	A	L	A	P	U	R	Y	E	W	T	U
N	E	Y	U	C	H	A	L	A	I	N	L	V	H

Solution page 335

Cherchez les lacs de France dans la grille ci-dessus. Vous les trouverez soit horizontalement, soit verticalement ou encore diagonalement, de droite à gauche, de gauche à droite, de haut en bas ou de bas en haut, dans les deux sens de lecture.

AIGUEBELETTE
ALLOS
ANNECY
BOURGET
CASTILLON
CHALAIN
CLAIRVAUX
DER
GÉRARDMER
GRAND-LIEU
GUERLÉDAN
GUÉRY
LAFFREY
LÉMAN
NANTUA
OÔ
PALADRU
PARELOUP
PAVIN
PIERRE-CHÂTEL
REMORAY
SAINT-POINT
SALAGOU
SETTONS
VERT

CHIFFRES ET EXPRESSIONS
Un homme averti en vaut deux

À l'origine, l'expression disait « un bon averti en vaut deux » pour indiquer que toute personne prévenue de tel ou tel danger devait rester vigilante et être prête à se battre contre les ennemis. C'est l'homophonie entre « bon » et « homme » qui a permis la mutation vers la formule actuelle. Celle-ci encourage à écouter les conseils de son entourage avant de prendre une décision.

CHIFFRES ET SYMBOLIQUES

GLACIERS DU MONDE
Glacier Lambert, Antarctique

C'est le plus grand glacier du monde. Large de 100 km et long de 400 km, il possède une épaisseur moyenne de 2 500 m. Ce monstre de glace s'étend sur la côte est de l'Antarctique et appartient au territoire australien – son nom fait d'ailleurs référence à Bruce P. Lambert, qui était directeur du Département cartographie en Australie en 1956, année de la découverte du glacier. De nombreuses recherches scientifiques liées au réchauffement climatique sont menées dans cette zone, car les glaces fondent dans l'océan Indien à raison de 500 m par an. L'Antarctique est un continent particulièrement surveillé par les scientifiques qui observent une accélération générale de la fonte de la calotte glaciaire pouvant provoquer, à terme, une hausse dramatique du niveau de l'océan.

Mercredi 9 novembre

Saint Théodore – On fête aussi les Mathurin

L'amour prend également sur la paille et sur le duvet. Proverbe danois

Brèves régions

Lozère/ Les États du Gévaudan

Le territoire de la Lozère, avant d'être érigé en département, correspondait parfaitement à l'ancienne province du Gévaudan. Il y existait des États particuliers qui, chaque année, se réunissaient alternativement dans la ville de Mende et dans celle de Marvejols. L'assemblée était composée de 7 représentants du clergé, 20 de la noblesse, 22 du tiers-état et l'évêque de Mende en était président, soit 50 membres au total. Bien qu'ils fussent les plus nombreux, les membres du tiers-état ne représentaient pas vraiment le peuple puisque on trouvait parmi eux les trois consuls de Mende ou de Marvejols suivant le lieu de la réunion, des baillis, des officiers royaux et seulement un député pour chacune des 16 villes ou communautés de la province.

RÉBUS
Chansons françaises

BALLADE

Ballade en blanc (Julien Clerc)

Ça s'est passé
Le 9 novembre 1922

Naissance de Raymond Devos, l'humoriste qui jouait avec les mots comme personne. Ce roi de la dérision et du non-sens était aussi jongleur, musicien, mime, magicien...

L'ACTU

Copie trop conforme ?

La chaîne câblée sud-coréenne MBN a mis en service depuis quelques mois une présentatrice virtuelle développée grâce à l'intelligence artificielle. Surnommée IA Kim – IA pour « intelligence artificielle » –, c'est la copie (presque) conforme de Kim Ju-ha, une présentatrice (bien réelle) du journal télévisé. D'après les spectateurs, l'illusion est bluffante ! Dans une vidéo mise en ligne par la chaîne, l'avatar explique : « J'ai été créée grâce à l'apprentissage profond de 10 h de vidéo de Kim Ju-ha, apprenant les détails de sa voix, la façon dont elle parle, les expressions faciales, la façon dont ses lèvres bougent et dont elle bouge son corps. Je suis capable de présenter les actualités exactement comme le ferait Kim Ju-ha. » Forcément un peu gênée par l'arrivée de son clone numérique, la principale intéressée a reconnu la justesse de son imitation, tout en remarquant néanmoins que ses émotions paraissaient souvent assez peu humaines (!). Une réserve balayée par la direction de MBN qui se réjouit de pouvoir utiliser IA Kim 24 h sur 24 et 7 jours sur 7…

Bibliophiles

Jour de courage, de Brigitte Giraud (Flammarion 2019)

En classe de terminale, la Seconde Guerre mondiale est au programme d'histoire. Livio présente un exposé sur le premier autodafé nazi, le 10 mai 1933. Bientôt, il évoque le pillage de la bibliothèque de Magnus Hirschfeld, médecin sexologue, pionnier de la liberté sexuelle et de la lutte contre l'homophobie… Dans ce texte court et généreux, Brigitte Giraud nous invite à nous glisser tour à tour dans la peau de Livio, de ses camarades de classe, de sa professeure, à éprouver leur stupeur, leur gêne, leur rejet, leur intranquillité : à avoir à nouveau 17 ans, qui, nous le savons, n'est pas le plus bel âge…

Jeudi **10 novembre**

Saint Léon – On fête aussi les Léonie, Léo, Eurydice, Noé

Soleil
lever : **7 h 51**
coucher : **17 h 16**

Je suis les liens que je tisse. Albert Jacquard

DICO NOTTO

TA GUEULE !, loc.
Message qui a le mérite d'être clair.

TALONNER, v.
Faire preuve d'une grande souplesse en touchant son nez avec son talon.

TAXI, n. m.
Voiture de location avec chauffeur.

TERRASSE, n. f.
Espace extérieur au soleil où le café est vendu plus cher.

TGV, n. m.
Train à Grande Vitesse sauf en cas de grève.

EXPRESSIONS IMAGÉES

Se serrer la ceinture

La formule originelle de l'expression a été tronquée au point qu'elle semble inverser cause et conséquence.

Il ne faut pas dire « il va falloir se serrer la ceinture » car c'est en mangeant moins qu'on maigrit et non l'inverse. Il faut préférer « on va pouvoir se serrer la ceinture », sous-entendu « quand on aura subi les conséquences d'une crise ».

Solution mots fléchés [p. 327]

	P		P		L		I		F		T	
D	I	L	A	T	E		C	R	I	A	R	D
	C	E	R	I	S	A	I	E		E	A	U
F	A	U	S	S	E	R		C	U	R	I	E
	R		E	S		E	D	I	T	O	N	S
P	E	R	C	E	P	T	I	F		N	E	
	S	E		U	R	E	E		P	E	R	S
S	Q	U	A	R	E		S	E	L	F		I
	U	S	D		C	R	E	M	E		A	L
L	E	S	O	T	H	O		B	U	L	B	E
		I	R	R	A	D	I	A	T	I	O	N
P	U	R	E	E		A	R	S		B	L	E
	N		E	M	I	G	R	E	R	A	I	
R	I	O		O	R	E	E		A	G	E	N
	P	R	O	L	O		E	S	S	E		O
P	A	T	R	O	N	A	L	E	S		M	L
	R	I	E		I	N	S	P	I	R	A	I
D	E	E	S	S	E	S		T	R	A	I	S

Pour les intimes...

« Tu es entrée dans ma vie, non comme on rend une visite, mais comme on arrive dans un royaume où toutes les rivières attendaient ton reflet et toutes les routes, tes pas. » Écrites entre 1923 et 1976, les lettres de Vladimir Nabokov à Véra sont le témoignage extraordinaire d'un amour ayant survécu à tout. Ils se sont rencontrés à Berlin, au cours d'un bal masqué pour émigrés russes. Elle a 21 ans, lui en a 26, le coup de foudre est immédiat. Ils se marient deux ans plus tard et ne se quitteront plus jamais. Aussi amoureuse qu'intransigeante, intelligente que discrète, Véra sera à la fois la muse et la dactylo du poète, son chauffeur et son agent littéraire, sa complice et son alter ego. Si on décernait un trophée de la parfaite femme d'écrivain, il lui reviendrait sans aucun doute !

VACCINS : ON NE SAIT PLUS QUOI EN FAIRE !

De PORT en port MARITIME

Une sardine a bouché le port de Marseille

Nous connaissons tous ce petit poisson de mer en forme de fuseau, qu'on peut manger frais ou en boîte et dont on loue aujourd'hui les bienfaits pour la santé. Comment croire qu'il a pu un jour bloquer l'entrée du Vieux-Port de Marseille et empêcher toute circulation des bateaux ? Pourtant, en 1799, une frégate nommée Sartine (comme Antoine de Sartine, le ministre de la Marine de Louis XVI) échoua dans le port de Marseille, empêchant tout accès. Cela fit beaucoup parler, et la rumeur naquit. Parallèlement, les archives départementales attestent de l'apparition dans les calanques, à certains intervalles, d'un très grand poisson de l'espèce *Sardina pilchardus*… Et si la rumeur était quand même vraie ?

Vendredi 11 novembre

Soleil
lever : **7 h 53**
coucher : **17 h 14**

Saint Martin – On fête aussi les Ménas, Véran

La guerre de 14, c'était pas des vacances ! Heureusement dans un sens, parce qu'il a pas fait beau.
Coluche

L'humanité en chiffres

10 000

C'est le nombre de religions créées par l'humanité depuis son apparition. Les cinq les plus représentées actuellement en ordre décroissant du nombre de pratiquants sont : l'islam sunnite, le christianisme catholique, l'hindouisme, le bouddhisme et le christianisme protestant. Parmi elles, l'hindouisme est la seule à être polythéiste et le bouddhisme la seule sans dieu créateur. On estime à 1,1 milliard le nombre de personnes se déclarant athées.

Charade piège

Mon premier patauge dans la mare,
Mon second bat les pavés avec la hie,
Mon troisième est un pays, grand consommateur de thé,
Mon quatrième forme un réseau,
Mon cinquième ne prend aucun plaisir à redonner,
Mon tout est une restauratrice française plus connue sous le nom de Maïté.

MARIE-THÉRÈSE ORDONEZ (MARE – HIE – THÉ – RÉSEAU – REDONNER)

AU MUSÉE

Marilyn Monroe – Hollywood Museum, Los Angeles, États-Unis

Situé au coin d'Hollywood Boulevard et de Highland Avenue à Los Angeles, Hollywood Museum est un incontournable pour les fans de cinéma, et notamment de la très belle et très sexy Norma Jeane Mortenson, alias Marilyn Monroe. Véritable légende, l'actrice compte parmi les personnalités les plus emblématiques des États-Unis, et même d'Occident. À travers une immense collection de costumes, de robes et d'accessoires, le parcours muséographique retrace l'histoire de la célébrissime blonde d'Hollywood. L'espace dédié ici à Marilyn est le plus complet du monde, les nombreuses expositions temporaires qui lui sont consacrées y puisent leur matière.

La bonne blague

Pour être certain qu'il ne puisse jamais témoigner contre lui, un chef de la mafia sicilienne a embauché un comptable sourd et muet. Mais un jour, il constate qu'il manque 1 million d'euros dans son coffre. Le mafieux décide d'interroger le comptable grâce à son avocat qui connaît la langue des signes :
« Demandez-lui où est mon argent !
L'avocat traduit aussitôt en langue des signes. Le comptable lui répond à son tour par signes et l'avocat traduit :
– Pardon, mais il dit qu'il ne sait pas de quoi vous voulez parler…
Le mafieux sort immédiatement un revolver, l'appuie sur le front de son comptable et dit à son avocat :
– Redemandez-lui et s'il répond à côté, je le tue.
L'avocat explique au comptable en langues des signes : « Si tu ne lui dis pas, il te tue. »
Alors, le comptable tout tremblant répond par signes : « D'accord ! D'accord ! J'ai volé l'argent, je l'ai mis dans une mallette qui est enterré au fond du jardin derrière la villa. »
Le mafieux demande à l'avocat de traduire. Celui-ci répond aussitôt : « Il dit que vous êtes un bouffon et que vous n'aurez jamais le cran d'appuyer sur la détente. »

Samedi 12 novembre

Saint Christian – On fête aussi les Astère, Josaphat, Cunibert

Soleil
lever : **7 h 55**
coucher : **17 h 13**

À la Saint-Christian, l'amour est patient…

SUDOKU

			8			4	7	
6	2					9		
			5					3
5						8	9	
		9					4	
	8	3		9	2			5
			6					
				1			3	
9		7		4	3			

Solution page 336

Le bon mot de l'histoire

« Messieurs, nous avons un maître : ce jeune homme fait tout, peut tout et veut tout. »

Abbé Sieyès, 9 novembre 1799

Précurseur de la Révolution avec son fameux *Qu'est-ce que le tiers-état ?* en 1789, l'abbé Sieyès en sera également son fossoyeur. Convaincu que la Constitution qui a instauré le Directoire n'est pas viable, Sieyès, pourtant directeur depuis mai 1799, se range à l'idée d'un coup d'État pour changer le régime. Le 18 brumaire an VIII, il encourage donc le putsch d'un jeune général ambitieux, auréolé de ses victoires en Italie : Napoléon Bonaparte. Si ces paroles sont souvent citées par les soutiens comme par les détracteurs de l'empereur, pendant et après son règne, Sieyès s'est toujours défendu de les avoir prononcées.

Racisme ordinaire dans la police…

CHANSONS VOYAGEUSES

La quiero a morir

Francis Cabrel a sûrement été surpris d'apprendre que la bimbo latine Shakira allait chanter son titre mythique *Je l'aime à mourir* ! Il est vrai que le chanteur lui-même en avait déjà fait une version espagnole interprétée de nombreuses fois par des artistes hispanophones. Pour ceux que la langue de Cervantès ne séduit guère, ils peuvent se rabattre sur la version anglaise de Roch Voisine, ou encore sur la version moins courante de la Tchèque Lenka Filipová *(Zamilovaná)*.

L'ACTU

Non de nom

Pendant au moins 1 000 ans, si l'on en croit les archives locales, le village de Fucking en Autriche a porté ce nom sans que cela pose le moindre problème. Après la Seconde Guerre mondiale, les habitants ont remarqué que des soldats américains de la base militaire voisine venaient de temps à autre se faire tirer le portrait devant les panneaux portant le nom du village. Puis, avec la diffusion de l'anglais dans le monde, et surtout l'arrivée d'Internet, le nom de la bourgade (qu'il est inutile de traduire) est véritablement devenu un sujet de railleries. Ces dernières années, le village d'une centaine d'âmes a ainsi vu débarquer des flots de touristes faisant spécialement le détour pour se prendre en photo à côté des panneaux d'entrée et surtout de sortie d'agglomération – celui où le nom est barré. Lassés de cette honteuse notoriété, les Fuckingers et leurs élus ont fini par modifier le nom de leur village en Fugging, qui se prononce exactement de la même manière que Fucking dans le dialecte de la région !

Dimanche **13 novembre**

Saint Brice – On fête aussi les Livia, Homobon, Maxellende

On a parfois de la chance dans son malheur. Moi, par exemple, je me suis blessé avec une boîte de sparadrap. Philippe Geluck

Solution mots mêlés **[p. 330]**

A	I	G	U	Y	C	L	A	I	R	V	A	U	X
G	U	E	R	L	E	D	A	N	U	I	I	A	B
P	G	T	Y	E	R	F	P	F	G	T	L	O	K
W	I	R	S	P	P	S	W	U	F	L	U	D	F
G	P	E	A	A	Y	A	E	S	O	R	P	G	P
R	E	V	R	N	I	B	R	S	G	J	E	N	C
A	I	R	A	R	E	N	A	E	C	B	O	Y	J
N	N	M	A	L	E	L	T	R	L	L	J	E	N
D	E	N	E	R	A	C	E	P	L	O	N	R	A
L	I	T	E	G	D	M	H	I	O	A	U	C	N
I	T	D	O	C	O	M	T	A	N	I	R	P	T
E	G	U	E	R	Y	S	E	T	T	O	N	S	A
U	R	D	A	L	A	P	U	R	Y	E	W	T	U
N	E	Y	U	C	H	A	L	A	I	N	L	V	H

Brèves régions

Vendée/ La Pointe des Corbeaux

La Pointe des Corbeaux est un site naturel de l'extrémité sud-est de l'île d'Yeu. C'est un des endroits de France où le vent souffle toujours très fort. Le phare qui se trouve sur cette pointe symbolise à lui seul la devise de l'île : « *In altum lumen et perfugium* », c'est-à-dire « Lumière et refuge de la haute mer ». Mis en service en 1868, il a été détruit en 1944 par les Allemands puis fut reconstruit en 1950. Haut de 19,5 m, il est doté d'une lumière halogène visible à 34 km.

RECETTE Colombo d'agneau facile

Pour 4 pers.

15 min de préparation 2 h minimum de marinade 1 h30 de cuisson environ

- 500 g de riz
- 1 kg d'épaule d'agneau
- 4 cuil. à soupe d'épices à colombo
- 2 oignons
- 2 gousses d'ail
- 1 bouquet garni bien ficelé (1 feuille de laurier + 1 branche de thym + 1 branche de romarin)
- 50 cl de fond de volaille (1 bouillon cube)
- Huile d'olive
- Sel, poivre

Coupez la viande en morceaux après avoir ôté l'os. Mettez-les dans un récipient, saupoudrez-les d'épices et versez un peu d'huile d'olive. Remuez bien et laissez mariner au frais pendant 2 h au moins.

Pelez les oignons et l'ail. Ciselez les oignons et hachez l'ail. Dans une sauteuse ou une cocotte, versez un peu d'huile d'olive et faites revenir les oignons et l'ail. Ajoutez la viande épicée et laissez dorer 10 min.

Ajoutez le bouquet garni, versez le fond de volaille, couvrez et laissez mijoter à feu doux pendant 1 h au moins.

Pendant ce temps, faites cuire le riz comme indiqué sur le paquet.

Servez le colombo bien chaud, accompagné de riz.

INJURES ANIMALIÈRES

Tas de cloportes !

Le capitaine Haddock aime les insultes qui claquent et, s'il puise modérément dans le monde animal, il a tout de même mis « cloporte » à son répertoire, un mot qui porte ! D'autant que ce minuscule animal, un crustacé terrestre – c'est rare ! –, vit dans les tas de détritus en putréfaction, sortant la nuit pour s'en gaver, ce qui est apparemment moins glorieux que de voleter comme un papillon. Il rend néanmoins un fier service à la nature et aux jardiniers. Un cloporte, c'est donc un individu insignifiant et abject. Et dans l'argot de grand-papa, c'est aussi un concierge… parce qu'il clôt la porte !

Lundi **14 novembre**

Saint Sidoine – On fête aussi les Balsamie, Devrig

Soleil
lever : **7 h 58**
coucher : **17 h 11**

Le bois seul ne peut allumer le feu. Proverbe tibétain

Mots oubliés
Salébreux

En latin, *salebrae* signifie « aspérités ». Dans son édition de 1876, *Le Littré* précise que l'adjectif s'applique aux chemins peu praticables. On imagine en effet que certains d'entre eux, mal entretenus, étaient remplis de cailloux rendant la circulation difficile. En 1714, dans une lettre à l'abbé de Beaumont, Fénelon évoque des « chemins salébreux ennemis des roues ».

Dis papy c'est quoi ?? et ça c'est quoi ?
Pourquoi a-t-on inventé l'argent ?

Lorsque les hommes se nourrissaient de chasse, de pêche et de cueillette, chacun se fournissait par lui-même. Puis, les tâches ont été réparties (trouver à manger, fabriquer des vêtements) et le troc est né. Les limites du troc (trouver le bon objet au bon moment) ont conduit à l'invention de l'argent, tout d'abord sous forme d'objets (coquillages, fèves) puis de pièces de métal.

mamie c'est quoi ??

Solution [p. 334]

3	9	5	8	2	1	4	7	6
6	2	8	3	7	4	9	5	1
4	7	1	5	6	9	2	8	3
5	4	2	1	3	6	8	9	7
1	6	9	7	8	5	3	4	2
7	8	3	4	9	2	6	1	5
8	3	4	6	5	7	1	2	9
2	5	6	9	1	8	7	3	4
9	1	7	2	4	3	5	6	8

Bibliophiles

Mémoire de fille, Annie Ernaux (Gallimard, 2016)

1958 : le monde était bien différent, les valeurs de l'époque aussi, n'est-ce pas ? Annie Ernaux n'a pas 18 ans. Elle trouve un premier job d'été : monitrice de colo. Rappelez-vous cet âge-là, la hâte d'entrer dans la vie adulte, l'envie de s'intégrer au groupe, la peur de ne pas être à la hauteur... Au cours d'une soirée, elle se laisse entraîner et connaît sa première expérience sexuelle. Aujourd'hui comme hier, l'événement n'est pas banal et peut être traumatisant, voire humiliant. La romancière renoue avec la jeune fille « facile » qu'elle devint aux yeux de tous dans un récit intimiste, douloureux. Superbe.

LE CHIFFRE

10 000

C'est, en euros, le montant réglé par le groupe de luxe LVMH à la ville de Vendôme, dans le Loir-et-Cher, pour pouvoir utiliser son nom dans la joaillerie. La décision approuvée par 29 des 33 conseillers municipaux a fait grincer bien des dents tant la somme paraît dérisoire comparée aux 45 milliards de chiffre d'affaires annuel réalisé par le n° 1 mondial du luxe et ses 70 marques de prestige. Cette cession de propriété intellectuelle ne prive évidemment pas les Vendômois du nom de leur ville ni de son usage. En revanche, elle permet à la commune de déléguer à LVMH les démarches judiciaires pour que l'utilisation de la marque Vendôme soit strictement encadrée et fortement limitée. À ce jour, on compte plus de 250 sociétés et produits à travers le monde qui profite du prestigieux toponyme sans reverser un euro à la ville. À l'inverse, le groupe LVMH y possède deux ateliers de maroquinerie, et donc, légalement désormais, un petit morceau du nom…

Mardi 15 novembre

Saint Albert – On fête aussi les Adalbert, Léopold, Arthur, Victoire

Le monde ne sera sauvé, s'il peut l'être, que par des insoumis. André Gide

Pêche

Carpeaux à la longue canne

Avec l'arrivée de l'automne, les eaux fraîchissent, la nourriture se raréfie et les appâts animaux sont bien appréciés par les carpeaux (on nomme ainsi des carpes d'environ 1 kg). Ces poissons peu sollicités sont d'autant moins méfiants qu'ils vivent en bandes. Leur pêche au coup, à la canne classique, apporte de belles émotions. Une amorce pour gros poissons à laquelle on ajoute des asticots est concentrée à l'aplomb de l'extrémité de la canne. Ne laissez jamais le coup vide de nourriture, sinon le banc de carpeaux va s'éloigner. La canne est longue (6 à 9 m), solide, et la ligne, plus forte que pour les autres poissons blancs, est montée sur un élastique amortisseur. Deux à quatre asticots cachent un hameçon bien solide. La touche est franche, la bagarre rude. À chaque prise, réamorcez toujours au même endroit.

BIÈRES

Volcelest Oatmeal Pale Ale, Brasserie de la Vallée de Chevreuse

Voici une bière bio d'avoine non malté de type American Pale Ale à la robe blond clair surmontée d'une mousse dense. Son amertume résineuse présente des notes fruitées d'agrumes, notamment de pamplemousse, que l'on doit à l'utilisation du houblon Nelson Sauvin. Brassée dans une vallée connue pour la qualité de son eau minérale, elle a été récompensée d'une médaille d'or au Brussels Beer Challenge (French Revelation). Idéale à l'apéro servie dans un verre calice entre 6 et 8 °C. Alcool : 6 % vol.

Rétro Vermot

La vieille dame : Comment s'appelle ton petit frère, Nicole ?
Nicole : Je ne sais pas encore. Il n'est là que depuis hier, et on ne comprend pas encore très bien ce qu'il dit.

PROBLÈMES DE MATHS DU CERTIFICAT D'ÉTUDES

Un robinet remplit une cuve en 8 h ; un autre robinet la remplit en 6 h. Si on ouvre les deux robinets ensemble, **en combien de temps la cuve se remplira-t-elle ?**

Solution : Le premier robinet remplit la cuve en 8 h donc il remplit 1/8e de la cuve en 1 h ; de même le second robinet la remplit en 1/6e d'1 h. Donc, nous avons : 1/8 + 1/6. Le PPCM de 8 et 6 est 24 donc : 1/8 + 1/6 = 3/24 + 4/24 = 7/24 ce qui signifie qu'en 1 h les deux robinets rempliront les 7/24e (0,29) de la cuve. Il leur faudra donc 1 ÷ 0,29 = 3,45 h, soit 3h27.

Mercredi **16 novembre**

Sainte Marguerite – On fête aussi les Gertrude

Soleil
lever : **8 h 01**
coucher : **17 h 09**

À la Sainte-Marguerite, reconnaissons nos mérites !

Randonnées

LA MANGROVE, GUADELOUPE

Sur la pointe nord de la Guadeloupe, entre Anse-Bertrand et Port-Louis, on découvre la mangrove, un écosystème où la faune et la flore sont étonnamment riches. Le marcheur suit un littoral de caille (massif corallien érodé par la mer) avant d'atteindre les premières plages de sable. De là, de longues passerelles filent vers l'horizon, permettant au randonneur d'enjamber la mangrove tout en s'imprégnant de l'atmosphère mystique de cette zone humide naturelle.

Citations

En vacances, on rêve de trouver un resto très bon et pas cher et on tombe sur un resto pas bon et très cher.

Anne Roumanoff

Étymologie

Sérendipité

Emprunté à l'anglais *serendipity*, le nom *sérendipité* connaît un certain succès depuis une dizaine d'années. Il désigne la faculté de faire par hasard une découverte fructueuse. C'est le Britannique Horace Walpole (1717-1797) qui créa le mot en 1754 : jeune, il avait lu le conte persan *Voyages et aventures des trois princes de Serendip* (*Serendip* étant l'ancien nom du Sri Lanka) dans lequel trois princes font des découvertes par accident et sagacité de choses qu'ils ne cherchent pas du tout.

PROUESSES D'OISEAUX

LE MANCHOT EMPEREUR

Des plongées à grande profondeur, des nageoires et un corps fuselé faits pour la nage, un régime alimentaire de carnivore marin… Le manchot empereur a tout d'un animal aquatique, mais c'est pourtant bel et bien un oiseau, avec un plumage – une belle livrée noir et blanc –, un bec et des poumons. Et ses « nageoires » sont en réalité des ailes puisqu'elles effectuent des mouvements d'ailes et non de nageoires de poisson. Cette star de l'Antarctique détient, chez les oiseaux, le record de plongée pour la profondeur (avec 535 m) et pour la durée (32 min en apnée), car ce manchot sait stocker l'oxygène dans ses poumons, son sang et ses muscles. Il pêche ainsi des morues et des calmars, qu'il repère, dans la quasi-obscurité des grandes profondeurs, grâce à ses rétines capables de capter une faible luminosité.

Quand la réalité dépasse la fiction

Jungle

Parti en expédition dans la forêt amazonienne avec trois autres acolytes, un jeune voyageur se perd et erre trois semaines, sans nourriture et sans équipement, dans ce milieu très hostile. Il réchappe presque miraculeusement aux nombreuses menaces qui règnent dans la jungle – jaguars, insectes venimeux, serpents et autres pluies torrentielles. Sauvé par l'un de ses compagnons d'aventure, Yossi Ghinsberg raconte son histoire incroyable dans un livre, *Jungle : A Harrowing True Story of Survival*. De cet ouvrage Greg McLean a tiré un film, sorti en 2017 et incarné par Daniel Radcliffe. Le long-métrage reprend très fidèlement l'épreuve de survie de Ghinsberg, mais ne développe pas la suite. Dans la réalité, après son sauvetage par Kevin Gale – l'un des quatre membres de l'expédition –, Ghinsberg apprend que ses deux autres compagnons ont disparu. On ne les retrouvera jamais.

Soleil
lever : **8 h 02**
coucher : **17 h 07**

Jeudi **17 novembre**

Sainte Élisabeth – On fête aussi les Élise, Hilda, Aignan

Et si on ne faisait rien ? Philippe Delerm

Brèves régions

Auvergne-Rhône-Alpes/Top 10

1. Les lacs de Rhône-Alpes sont les plus grandes étendues d'eau douce de France et la région possède 3 des 5 plus grands lacs de notre pays (Léman, Bourget et Annecy).
2. C'est ici que se trouvent les plus grands domaines skiables du monde (Les Portes du Soleil, Les Trois-Vallées, Paradiski ou encore l'Espace Killy) et les jeux Olympiques d'hiver s'y sont déroulés 3 fois.
3. Le mont Blanc, point culminant de la chaîne des Alpes, est le plus haut sommet d'Europe occidentale.
4. Les volcans d'Auvergne sont les plus anciens volcans d'Europe et parmi eux figure le plus grand volcan d'Europe continentale, le massif du Cantal.
5. La forêt de Tronçais (Allier) est une des plus grandes hautes futaies de chênes d'Europe (10 400 ha).
6. Lezoux (Puy-de-Dôme) était un des plus grands centres de production de poteries d'Europe à l'époque gallo-romaine.
7. Saint-Étienne est la deuxième plus grande ville d'altitude d'Europe, avec 750 m en moyenne.
8. Le maquis des Résistants d'Auvergne fut l'un des plus grands et des plus actifs de France.
9. Le Festival international du court métrage de Clermont-Ferrand est le plus grand festival de court métrage au monde.
10. La région compte 10 vignobles AOP, dont trois mondialement connus (Beaujolais, Côtes-du-Rhône et Savoie).

La gaffe de l'Histoire
Une voix trop bien masquée

Mask singer est un jeu télévisé où des stars sont cachées sous des costumes extravagants. Dans la première saison, procédant par élimination pour deviner qui elles sont, le jury est tombé unanimement d'accord sur le fait qu'un invité chantait trop mal pour être un professionnel de la voix. Malheureusement, il s'agissait de Lio…

L'ACTU

Joey est imbattable !

Tous celles et ceux qui s'intéressent aux « sports » pas vraiment olympiques connaissent cet immense champion américain. Depuis 2007 et son premier record du monde, Joey Chestnut est imbattable. Leader incontesté de sa discipline jusqu'en 2014, il a perdu son titre au profit de son compatriote Matthew Stonie l'année suivante avant de le reprendre en 2016. Depuis, il n'a jamais été battu. L'an passé, il a même pulvérisé ses propres performances ! Avec 75 hot-dogs ingurgités en 10 min, ce grand gaillard de 105 kg pour 1 m 90 vient, en effet, d'établir un nouveau record du monde chez les mangeurs de compétition. Histoire de dégoûter les autres définitivement… Chez les femmes, c'est l'Américaine Miki Sudo qui détient le record avec « seulement » 48,5 hot-dogs avalés en 10 minutes.

Vendredi **18 novembre**

Sainte Aude – On fête aussi les Odon, Maudez, Patrocle

Soleil
lever : **8 h 04**
coucher : **17 h 06**

À la Sainte-Aude, dans l'onde, dès l'aube.

Ça s'est passé
Le 18 novembre 1922

Mort de Marcel Proust, auteur de *À la recherche du temps perdu* (œuvre en 7 volumes), écrivain majeur du XXe siècle et prix Goncourt en 1919.

Anecdotes de sportifs
Créateur de tendance

Michael Jordan a sans aucun doute marqué à jamais l'histoire du basket, et peut-être davantage tant son influence est allée au-delà du terrain. En 1989, il demande à son équipementier d'allonger ses shorts. La raison ? Depuis ses débuts en NBA, Jordan cache sous son short celui qu'il portait à l'université à l'époque de ses premiers titres, ce que les shorts courts rendent difficile. L'équipementier s'exécute, et depuis, les basketteurs du monde entier jouent avec des shorts longs.

ECO-EMBALLAGE TOUS RESPONSABLES

Ha! Ha! Ha! La bonne blague Ha! Ha! Ha! Ha! Ha! Ha!

Un jeune père va coucher sa fille de cinq ans. Il lui raconte une histoire et écoute sa prière du soir qu'elle termine par : « Protège ma maman, protège mon papa, protège ma mamie et au revoir papy. »
Un peu étonné, le papa lui demande :
« Pourquoi dis-tu au revoir à grand-père ?
– Je ne sais pas, papa, mais c'était ce que je devais dire. »
Le lendemain, le grand-père décède. Le papa pense que c'est une étrange coïncidence. Quelque temps plus tard, au moment du coucher, le père écoute la prière de sa fille qui se termine par : « Protège ma maman, protège mon papa et au revoir mamie. » Le lendemain, la grand-mère meurt. Abasourdi, le père commence sérieusement à croire que sa fille est en contact avec l'au-delà. Six mois plus tard, alors qu'il vient de lui raconter une histoire, il écoute sa prière qui finit par : « Protège ma maman et au revoir papa. » Sous le choc, l'homme ne ferme pas l'œil de la nuit. Il part à l'aube à son travail. Toute la journée, il regarde sa montre avec angoisse. Il reste au bureau très tard, et comme passé minuit il est toujours en vie, il se décide, soulagé, à rentrer chez lui. Sa femme, étonnée de le voir rentrer si tard, lui dit :
« C'est bien la première fois que tu rentres à cette heure ! Tu as eu un problème ?
– J'ai passé la pire journée de ma vie, lui répond son mari. Mais c'est fini, n'en parlons plus…
Aussitôt, sa femme réagit :
– La pire journée de ta vie ? Que devrais-je dire, alors ! Figure-toi que ce matin, le facteur a sonné, j'ai ouvert et il est tombé raide mort devant notre porte ! »

PARADIS D'ARTISTES

Walden

Au milieu des années 1840, le jeune écrivain américain Henry David Thoreau souhaite se retirer au calme pour écrire. Son ami et mentor, le poète Ralph Waldo Emerson, lui propose de s'installer sur un terrain qui lui appartient, au bord de l'étang de Walden, dans le Massachusetts. Thoreau y construit une cabane et pendant deux ans mène une « expérience de simplicité » absolue. Au cours de ce séjour, il étudie la nature et tient un journal dans lequel il note ses pensées, ses observations et ses spéculations. Il décrit notamment comment, au contact de l'élément naturel, l'individu peut se métamorphoser. Lorsqu'en septembre 1847 il quitte sa retraite, il a le sentiment d'avoir renouvelé son existence. Publié quelques années plus tard sous le titre *Walden ou la vie dans les bois*, le récit de cette expérience est ignoré, voire rejeté, par ses contemporains. Redécouvert dans les années 1920, l'ouvrage apparaît enfin pour ce qu'il est : le texte fondateur d'un genre à part entière, le *nature writing*, et une œuvre majeure de la littérature américaine. Dans sa cabane en bois, sur les rives de l'étang de Walden, Thoreau a inventé la pensée écologiste moderne.

Samedi **19 novembre**

Saint Tanguy – On fête aussi les Eudeline, Eudes

Oui, dans ces jours d'automne où la nature expire, / À ses regards voilés, je trouve plus d'attraits…
Alphonse de Lamartine

HEUREUX MARIAGES

Personne ne fut choqué quand Louis Le Jeune épousa Marie Jeanne Angélique Vieux dans la Manche au début du XIXe siècle, ni même quand François Georges Vieillard convola avec Marie Jeune à la même époque dans le Territoire de Belfort. On est également resté respectueux quand Martin Le Jeune choisit pour femme Marie Élisabeth Vieillepeau en 1802 dans les Yvelines…

Citations

Le monde se divise en deux catégories de gens : ceux qui lisent des livres et ceux qui écoutent ceux qui ont lu des livres.

Bernard Werber

Notre langue fait des adeptes

Magazijn *(néerlandais)*

Dans un *magazijn* (nom emprunté au français *magasin*) des Pays-Bas, il n'y a rien à acheter, alors que dans un magasin de France, on peut se livrer à différentes emplettes. En effet, *magazijn* est l'équivalent néerlandais du français *entrepôt*. Si vous voulez faire vos courses à Amsterdam, il vous faudra aller dans un *winkel*. Le nom *magazijn* a gardé le premier sens qu'avait *magasin* : « lieu où sont déposées des marchandises ». Il est également utilisé pour désigner la partie d'une arme à feu qui reçoit les cartouches.

Animaux transparents

Le barreleye du Pacifique

Ce terme anglais, *barreleye* (œil en tonneau), concerne une famille de poissons, appelés parfois « revenants » en français, pour leur aspect fantomatique. L'espèce la plus étrange, *Micropinna microstoma*, ne dépasse pas 15 cm de long. C'est un poisson au corps assez banal, avec de grandes nageoires, mais sa grosse tête est extraordinaire. En effet, le crâne arrondi en forme de dôme est transparent et rempli d'une sorte de gel, également transparent, dans lequel se distinguent deux énormes yeux vert vif, mobiles, souvent dirigés vers le haut, mais qui s'orientent aussi à l'horizontal. Il vit dans les grandes profondeurs, entre 500 et 1 000 m, et sa vue hautement performante lui permet non seulement de distinguer ses proies sous la très faible lumière, mais aussi de repérer ses prédateurs.

LES STATISTIQUES DE PLUS EN PLUS PRÉSENTES DANS LE FOOTBALL

FOOTBALL

DÉCROCHER LES ÉTOILES

Ajouter une étoile à son maillot a un sens. Le système est parfois codifié, mais donne aussi lieu à des excentricités, l'apposition des étoiles n'étant pas une obligation. Elles peuvent ainsi représenter les joueurs, comme sur l'écusson des Uruguayens de Peñarol, un titre décroché, comme chez les Argentins de Boca Juniors – qui ont décidé de s'arrêter à 52 alors qu'ils comptent 69 titres. En France, deux équipes ont une étoile, Saint-Étienne et Marseille, dont le sens est différent. Pour Marseille, il s'agit de rappeler la victoire européenne donnant à l'étoile une couleur dorée. Pour Saint-Étienne, elle rappelle les 10 titres nationaux et prend une teinte bleu-blanc-rouge. Un type d'étoile que le Paris Saint-Germain et Marseille pourraient être autorisés à apposer dès leur prochain titre.

À la Saint-Edmond, rimons, rimons tous les deux, rimons, rimons si tu veux… Claude Nougaro

Charade classique

Mon premier est à moitié sénile,

Mon deuxième est un fromage à pâte molle,

On arrache une plume à **mon troisième**,

On se servait de **mon quatrième** pour couper les céréales,

Mon cinquième est sous mi,

Mon tout est un compositeur français, auteur du Requiem.

GABRIEL FAURÉ (GA – BRIE – AILE – FAUX – RÉ)

ÇA C'EST FAITS DIVERS

Vite fait, bien fait

Mai 2018. En pleine journée, des voleurs entrent dans le musée des Beaux-Arts de Nancy, découpent l'une des toiles exposées et repartent, ni vu ni connu. Le tableau en question, *Le Port de La Rochelle,* date de 1905. C'est une œuvre de Paul Signac, maître du pointillisme, estimée à plus de 1,5 million d'euros. Deux ans plus tard et à 2 000 km de là, elle est finalement retrouvée par hasard, en Ukraine. Alors qu'ils procèdent à l'interpellation d'un individu suspecté de meurtre et fouillent son domicile, les policiers ukrainiens tombent sur une toile enroulée au fond d'un placard. Rapidement, le malfrat reconnaît qu'il s'agit du chef-d'œuvre de Signac. Les enquêteurs découvrent par la suite qu'un proche de cet homme a été interpellé quelques mois auparavant en Autriche pour le vol d'un Renoir. Cerveau présumé d'une bande de malfaiteurs spécialisés dans la soustraction de tableaux de maîtres, celui-ci est féru d'art et capable de découper une toile avec le plus grand soin et en toute discrétion. Sa spécialité : laisser le cadre vide sur place. Et son signe particulier ? Sosie de Woody Allen !

Brèves régions — Bourgogne-Franche-Comté/Top 10

1. Le Territoire de Belfort est le plus petit département de France (609 km²).
2. Le lac de Saint-Point (Doubs) est l'un des plus grands lacs naturels de France.
3. La ville de Mouthe (Jura) détient le record de froid en France avec -36,7 °C le 13 janvier 1968.
4. Le massif du Jura constitue la plus grande sapinière d'Europe.
5. L'abbaye de Saint-Claude (Jura) fut l'un des plus grands monastères d'Occident du Moyen Âge.
6. La Franche-Comté est, avec la Suisse limitrophe, le berceau de l'horlogerie européenne.
7. Le corton, vin de la côte de Beaune (Côte-d'Or), serait le seul grand cru existant depuis plus d'un millénaire.
8. Le seul vin ayant voyagé sur la lune fut un Nuits-Saint-Georges (Côte-d'Or), répandu sur le sol par l'astronaute Neil Armstrong lors de la mission Apollo 11.
9. Le vin le plus cher au monde vient de Bourgogne, c'est une bouteille de romanée-conti vendue 482 000 euros en 2018.
10. Le plus célèbre écrivain français, Victor Hugo, est né à Besançon (Doubs).

Lundi **21 novembre**

Présentation de Marie – On fête aussi les Gélase, Rufus

À la Sainte-Cécile, jouant mon cœur à face ou pile… Claude Nougaro

Musique

Le Lavoisier de la chanson

Lors d'une émission de télévision, Patrick Fiori a révélé une anecdote pour le moins originale de sa vie privée. Le chanteur corse s'est aperçu qu'il lui arrivait, dans son sommeil, d'imaginer des mélodies qu'il chantait en dormant. D'où l'idée de mettre en place un système d'enregistrement nocturne, histoire d'être sûr de ne pas manquer ce qui pourrait peut-être devenir un prochain tube. Chez Patrick Fiori, rien ne se perd, rien ne se crée et tout se transforme.

La gaffe de l'Histoire
Vieille et laide

À la suite d'une représentation de Zaïre, un invité de Voltaire complimentait la nièce de celui-ci sur la manière dont elle avait interprété le rôle. « Oh ! Monsieur, répondit-elle, un peu ridicule mais excellente, il faut être jeune et belle pour bien jouer Zaïre ! » Et le courtisan, s'emmêlant les pieds dans son compliment, de conclure : « Vous êtes bien la preuve du contraire… »

Vacances à la neige demain ?

FOLLES RUMEURS
Beyoncé est sataniste

Avec Beyoncé, les gros succès appellent les grosses rumeurs. À celles presque habituelles de mentir sur son âge ou de ne pas être la mère de son premier enfant (on dit qu'elle aurait porté un faux ventre et fait appel à une mère porteuse) se sont ajoutés des ragots nettement plus originaux. Ainsi Beyoncé serait italienne et membre d'une secte sataniste : la preuve irréfutable serait sa chanson Formation où, dans un message codé (et difficilement compréhensible pour le non-initié), elle ferait l'aveu de son allégeance au culte du malin. Cette rumeur a été lancée par un candidat républicain au Congrès américain, sans doute en recherche de voix, mais elle ne lui a pas permis de gagner.

Rivières de France
L'Isle à l'accent du Périgord

Limousine à sa naissance, l'Isle suit d'abord un cours encaissé au milieu de hautes falaises peu accessibles, puis file vers le Sud-Ouest et la Dordogne. De nombreux affluents grossissent la rivière qui, ensuite, s'attarde dans le Périgord et serpente au milieu de prairies bocagères en se frottant à quelques éperons rocheux. L'Isle connaît des crues importantes et des étiages sévères. Sur son parcours, elle arrose Périgueux, l'ancienne Vesunna, construite par les Pétrocores (Gaulois). Puis la rivière continue sa course lente, entre dans le département de la Gironde et rejoint la Dordogne à Libourne après un voyage de 235 km. La navigation des gabares, autrefois active entre Périgueux et Libourne grâce à 40 écluses, a aujourd'hui cessé.

Mardi **22 novembre**

Christ Roi – On fête aussi les Cécile, Shirley, Sheila, Philémon

Soleil
lever : **8 h 10**
coucher : **17 h 02**

Face au monde qui change, il vaut mieux penser le changement que changer le pansement.
Francis Blanche

Dico NOTTO

TIRELIRE, n. f.
Bas de laine sans intérêts.

TIROIR, n. m.
Sert aussi à l'occasion de « coince-doigt ».

TIROIR-CAISSE, n. m.
Objet en voie de disparition à l'heure du paiement sans contact.

TOMATE, n. f.
Agent double en mission d'infiltration.
C'est un fruit qui se consomme comme un légume.

TOURISME DE MASSE, n. m.
Nouvelle forme de colonisation.

FOOTBALL

FRENCH TOUCH

En matière de football, il est un adage qui dit que les Anglais ont inventé le jeu et les Français l'ont organisé. Il faut dire qu'il est difficile de le nier : Jules Rimet est le créateur de la Coupe du monde (dont le trophée portera d'abord le nom), Henri Delaunay, lui, est à l'origine du championnat d'Europe des nations (et dont le trophée porte aussi le nom), et Gabriel Hanot a créé la Coupe d'Europe des clubs champions européens et le trophée du Ballon d'or avec Jacques Ferran. Si l'équipe de France est parvenue à rendre hommage aux deux premiers en décrochant deux Coupes du monde et deux championnats d'Europe, du côté des clubs seul l'Olympique de Marseille a décroché la grande Coupe d'Europe. À croire que les créateurs ne sont pas toujours récompensés.

Brèves régions

Bretagne/Top 10

1. La pointe de Corsen (Finistère) est le point le plus à l'ouest de la France métropolitaine continentale.
2. L'hôtel de la monnaie de Rennes (Ille-et-Vilaine) a été le premier de France.
3. La Bretagne représente la plus grande longueur de côtes de France avec plus de 2 700 km, soit un tiers de notre littoral.
4. C'est en Bretagne que s'étend le premier champ d'algues européen et le dixième le plus important au monde.
5. La région de Carnac (Morbihan) réunit la plus forte concentration de mégalithes du monde.
6. Le plus grand menhir du monde est situé à Locmariaquer (Morbihan). Il est malheureusement couché suite à un tremblement de terre mais mesurait 18,5 m de hauteur lorsqu'il était dressé, pour 3 m de largeur et sa masse est estimée à 280 tonnes.
7. Le phare de l'île Vierge (Finistère) est le plus haut au monde (82,5 m).
8. La plus grande crêpe du monde, réalisée selon les règles de l'art, soit avec 50 cl de pâte seulement, a été fabriquée à Gourin (Finistère) en 2005. Elle mesurait 96 cm de diamètre.
9. Le plus grand papillon d'Europe, le Grand paon de nuit, a été observé à Sarzeau (Morbihan) en 2015. Il mesurait 15 cm d'envergure.
10. Le festival des Vieilles Charrues, créé en 1992 en Centre Bretagne, est l'un des plus grands festivals musicaux français.

Mercredi **23 novembre**

Saint Clément – On fête aussi les Colomban, Bassim, Rachilde

Rêver, rire, passer, être seul, être libre, avoir l'œil qui regarde bien, la voix qiu vibre...
Edmond Rostand

Mots oubliés
Tortille

Le mot est explicite même s'il n'a plus cours : la tortille c'est une petite allée, étroite et sinueuse. Dans un parc, elle offre de l'ombre aux promeneurs et aussi des recoins aux amoureux. Dans un bois, la tortille slalome entre les arbres et suit le relief du terrain, notamment pour descendre ou monter une côte. Certains ouvrages anciens parlent aussi de « tortillère ».

Citations

À Marseille, pour le conducteur d'une voiture, il n'y a pas de gauche ni de droite, il y a de l'ombre.

Fernandel

Rétro Vermot

– Ce costume vous va à ravir. Vous n'êtes plus le même homme.
– Vrai ? Eh bien ! Ne manquez pas d'envoyer la facture à l'autre.

VERMOT'ROSCOPE

SAGITTAIRE (23 novembre-21 décembre)

Caractère

Vif, entreprenant, enthousiaste, curieux, généreux, spontané, communicatif, disponible, pédagogue, avant-gardiste, ouvert sur le monde, bienveillant, optimiste, gai, bon vivant, gourmand, direct, franc, indépendant, aventureux, risque-tout, impulsif, pressé, hyperactif, enflammé, colérique.

Le message des astres

Prévoyez une année en plusieurs teintes : Saturne vous aidera à bien structurer votre vie amicale ou vos diverses démarches, Jupiter jouera davantage avec vous, vous donnant vigueur et énergie, mais vous incitant à agir avec empressement.

Vie relationnelle

Ce sera une bonne année pour revoir des amis de longue date ou pour consolider votre cercle relationnel. Un peu moins sociable qu'en 2021, vous ne ferez aucun effort dans vos échanges et vos interlocuteurs devront vous prendre comme vous êtes. Ainsi, en 2022, vous ne ferez aucune concession.

Amour

En couple, si les premiers mois de l'année vous trouvent moins disponible, voire distant, une fois mai arrivé vous serez plus présent et plus communicatif. Vous chercherez à passer plus de temps avec votre moitié. Les beaux jours vous verront faire preuve de plus de fantaisie.
Célibataire, votre année sera divisée en deux temps : avant mai, vous cultiverez l'indépendance, puis, passé ce mois, certains d'entre vous pourraient bien se laisser tenter par une gentille petite histoire, même si elle devait se conclure par une rupture sur la fin de l'année.

Famille

Certains auront tendance à se sentir étouffés par leurs obligations familiales. Le poids de leurs responsabilités, des habitudes ou d'une situation familiale pèsera notamment de janvier à mai et d'octobre à décembre. Vous pourrez néanmoins travailler sur vos relations avec vos proches pour que tout se passe au mieux.

Quotidien et vitalité

D'un bout à l'autre de 2022, vous pourrez compter sur une grande résistance et une détermination à toute épreuve. Vous parviendrez donc à faire face à toutes vos obligations et vous passerez haut la main les grandes échéances de l'année. Attention toutefois à ne pas être dans l'excès, et ce, quel que soit le domaine.

Budget

Vous vous efforcerez de gérer vos finances du mieux possible. Malgré quelques « folies », vous parviendrez à préserver l'équilibre de votre budget.

Comment optimiser votre année ?

Évitez de faire preuve d'un optimisme béat. Tempérez vos ardeurs et ne cédez pas à l'énervement. Ciblez vos actions et ne vous dispersez pas.

Jeudi **24 novembre**

Sainte Flora – On fête aussi les Bieuzy, Flore, Florette, Floride

Soleil
lever : **8 h 13**
coucher : **17 h 01**

À la Sainte-Flora, espoir, tu auras !

HEUREUX MARIAGES

Pour ne pas risquer de tomber de son arbre généalogique, François Darfeuille choisit d'épouser, le 16 janvier 1872 à Saint-Pardoux-Morterolles, dans la Creuse, Jeanne Branche et deux petits bourgeons poussèrent de cette union. Non loin de là, dans le même département, à Chénérailles, vivait sans doute un de ses cousins, un autre Darfeuille qui était marié à Eugénie Larbre.

Pour les intimes…

« Je l'ai sucée avec rage ; son corps était en sueur, elle était fatiguée d'avoir dansé, elle avait froid… (…) je pensais à mes nuits au bordel à Paris, à un tas de vieux souvenirs… Quant aux coups, ils ont été bons. Le troisième, surtout, a été féroce, et le dernier, sentimental. » Rédigée en mars 1850 lors de son long périple en Orient, cette lettre de Gustave Flaubert à son ami Louis Bouilhet témoigne de la fascination qu'exerce alors la prostitution sur l'écrivain en devenir. Ce voyage de deux années en compagnie de Maxime Du Camp est l'occasion pour les deux jeunes trentenaires de s'adonner à la luxure. Dans son carnet de voyage, Flaubert multiplie les descriptions scabreuses et érotiques, apparaissant obsédé et même toxique…

Vélo

Grands Tours

Ils ne sont que trois à pouvoir prétendre au rang de Grand Tour : le Tour de France (le doyen), le Tour d'Italie – Giro pour les intimes – et le Tour d'Espagne, ou Vuelta. De Jacques Anquetil, le premier, à Christopher Froome, dernier en date, ils ne sont que sept à avoir remporté ces trois grandes boucles. Le Français est aussi le recordman du nombre de podiums décrochés (16) alors qu'Eddy Merckx, le plus titré, est aussi celui qui a remporté le plus grand nombre d'étapes en cumulé : 64.

L'ACTU La chance sourit aux chanceux

Jérôme, un Bordelais d'une trentaine d'années, vient de réussir « une performance exceptionnelle jamais réalisée dans le monde des paris sportifs », selon Betclic, leader du pari en ligne en France. En misant sur les résultats des championnats de football français et allemand, il a empoché plus de 900 000 euros ! Il a, pour cela, enchaîné une sacrée série de coups de poker et coups de chance. Premier pari très lucratif : la victoire de Troyes, pourtant peu vraisemblable, contre Sochaux, en Ligue 2. Gagné. Il avait misé 400 euros qui lui rapportent plus du double. Il réinvestit directement ses gains les jours suivants sur plusieurs rencontres et, au jeu des bons pronostics et du hasard payant, Jérôme est un champion : ses 800 euros lui en rapportent… 22 000 ! Le Bordelais tente alors un coup énorme : il engage ce gain sur une série de matchs nuls pour la 21e journée du championnat de football allemand. Un scénario plus qu'improbable. Et pourtant, bingo ! Six des sept rencontres jouées se soldent par un match nul !

Soleil
lever : **8 h 14**
coucher : **17 h 00**

Vendredi **25 novembre**

Sainte Catherine – On fête aussi les Cathy, Ketty, Mercure

À la Sainte-Catherine, je forge pour toi des rimes alexandrines.

DICO NOTTO

TROTSKISTE, n. m.
Sens 1 : Adepte du trot à ski.
Sens 2 : Espèce en voie d'extinction.

TUTOIEMENT, n. m.
Amical vouvoiement.

TUYAU, n. m.
Conseil de plombier.

UBIQUITÉ, n. f.
C'est être là et pas là en même temps.
Comme quand on n'écoute pas quelqu'un qui nous parle.

UKULÉLÉ, n. m.
Petite guitare qui n'a pas bien mangé sa soupe étant enfant.

LES ÉMISSIONS RADIO MYTHIQUES

Quitte ou double

Avec Le Jeu des mille francs, *c'est probablement le jeu radiophonique le plus célèbre des ondes. Lancé sur Radio-Luxembourg au début des années 1950,* Quitte ou double *a migré sur Radio Monte-Carlo dans les années 1970, avant d'être repris sur RTL de 2001 à 2006. Son principe est simplissime : un candidat doit répondre à une série de dix questions portant sur un thème choisi par celui-ci. Si le joueur répond juste, il peut tenter de doubler ses gains en passant à la question suivante, ou quitter la partie avec la somme obtenue, la difficulté augmentant de question en question. Plusieurs animateurs ont présenté* Quitte ou double, *notamment Zappy Max et Jean-Pierre Foucault. Ce programme populaire a permis à l'un de ses gagnants d'acquérir une notoriété – et une somme rondelette ! – qui seront mises au service des autres : l'abbé Pierre, vainqueur en 1952. Autre lauréat pour le moins inattendu : l'écrivain situationniste Guy Debord, connu pour son essai* La Société du spectacle.

MORALITÉ
LES SOUHAITS RIDICULES

Bien est donc vrai qu'aux hommes misérables,
Aveugles, imprudents, inquiets, variables,
Pas n'appartient de faire des souhaits,
Et que peu d'entre eux sont capables
De bien user des dons que le Ciel leur a faits.

La moralité du premier conte de Perrault écrit en vers rappelle que l'herbe n'est pas toujours plus verte dans le pré voisin et qu'il faut ouvrir les yeux sur ce que l'on a avant d'exprimer un vœu.

Bon anniversaire

Françoise Héritier

C'est au cours de ses études à la Sorbonne que Françoise Héritier découvre sa vocation pour l'ethnologie en écoutant Claude Lévi-Strauss. Ses travaux portent principalement sur les relations entre les hommes et les femmes à travers le prisme de ce qu'elle appelle la « valence différentielle des sexes ». Françoise Héritier devient également une militante féministe et même politique lorsqu'elle intègre l'équipe de campagne de Martine Aubry pour l'élection présidentielle de 2012, autour de la thématique « Femmes ». D'abord opposée à l'idée de mariage homosexuel et d'homoparentalité, elle soutient finalement la loi Taubira en 2013. Françoise Héritier meurt le 15 novembre 2017, jour de son 84e anniversaire, à Paris. Un jardin du XIVe arrondissement porte aujourd'hui son nom.

Sainte Delphine – On fête aussi les Conrad, Sirice

Soleil
lever : **8 h 16**
coucher : **16 h 59**

À la Sainte-Delphine, l'intuition est fine.

M. et Mme FLORENTIN
Pâtissiers
ont quatre enfants
Amandine, Madeleine,
Charlotte et Claire

RECETTE

Muffins chorizo & cheddar

Pour 6 à 8 pièces — 15 min de préparation — 20 à 25 min de cuisson

- 100 g de chorizo
- 150 g de farine
- 1 sachet de levure chimique
- 4 œufs
- 15 cl de lait
- 100 g de cheddar râpé
- Origan
- Beurre pour le moule
- Poivre du moulin

Préchauffez le four à 180 °C (th. 6). Beurrez les moules à muffins.
Coupez le chorizo en rondelles puis coupez chaque rondelle en quatre.
Tamisez la farine et la levure dans un cul-de-poule. Cassez les œufs, mélangez, versez le lait et mélangez encore jusqu'à obtenir une pâte homogène. Ajoutez le chorizo et le cheddar. Assaisonnez d'origan et de poivre.
Versez la pâte dans les moules et enfournez pour 20 à 25 min selon la taille de vos moules.

Cette recette varie à l'envi pour des apéros réussis : avec la même base (farine, levure, œufs et lait), remplacez le duo chorizo-cheddar par chèvre-thym, jambon-gruyère, lardons-champignons, poulet-cumin… Vous pouvez même tenter des trio (chèvre-poulet-cumin) !

Pierres précieuses

Le rubis de la Paix

Dureté, brillance, couleur : pendant des siècles, ses qualités exceptionnelles ont fait du rubis la pierre la plus précieuse entre toutes. Toutefois, tous les rubis ne sont pas exploitables en joaillerie. Le plus rare et le plus recherché est le rubis « sang de pigeon », provenant notamment de Myanmar (Birmanie), Thaïlande ou Ceylan. Le rubis de la Paix, aujourd'hui exposé au musée d'Histoire naturelle de New York, est un « sang de pigeon » de forme ronde, baptisé ainsi car découvert deux jours après la signature du traité de Versailles du 28 juin 1919, entre l'Allemagne et les Alliés.

Les idées reçues

UN LIT BIEN ORIENTÉ POUR UN SOMMEIL DE QUALITÉ

Pour certains, une mauvaise orientation du lit est responsable des insomnies. Oui mais voilà, entre ceux qui préconisent que la tête soit à l'est, là où le soleil se lève, et ceux qui préfèrent que les pieds soient au sud et la tête au nord pour respecter l'orientation des pôles… qui croire ? Et comment concilier cela avec le positionnement des portes et fenêtres de la chambre pour placer son lit ? À ce jour, aucune étude scientifique n'a pu démontrer que l'être humain était sensible au champ magnétique terrestre, lequel varie d'ailleurs régulièrement en orientation et puissance. Alors le plus simple est sans doute de choisir un lit rond et de le mettre au centre de la pièce.

Soleil
lever : **8 h 17**
coucher : **16 h 58**

Dimanche **27 novembre**

Saint Séverin – On fête aussi les Séverine, Virgile, Goustan

La neige ne brise jamais les branches du saule. Proverbe japonais

Dis papy c'est quoi ?? et ça c'est quoi ?

Comment font les bateaux pour flotter ?

Les bateaux flottent grâce à une force qui les pousse vers le haut et les maintient en surface : la poussée d'Archimède. Cette poussée est égale au poids du volume de liquide déplacé par l'objet qui flotte. Un navire de croisière aura beau être très lourd, il sera aussi très volumineux et le poids du volume d'eau qu'il déplace sera de fait supérieur à son propre poids.

mamie c'est quoi ??

Citations

Le meilleur moyen de convaincre un mari de faire quelque chose, c'est de lui laisser entendre qu'il est trop vieux pour le faire.

Shirley MacLaine

L'ACTU

Numéro un des terminus

Et de trois ! La gare de Metz vient de remporter pour la troisième année consécutive le concours de la plus belle gare de France. Et c'est amplement mérité ! Plus de 150 000 personnes ont participé à ce scrutin en ligne, organisé par SNCF Gares & Connexions, le gestionnaire des gares en France. Construit durant la première annexion allemande de l'Alsace et de la Moselle entre 1870 et 1918, le bâtiment de style néo-roman a été inauguré en présence de l'empereur Guillaume II. Longtemps décrié par les Messins, car d'inspiration trop germanique, l'édifice au parti esthétique certes bien affirmé, protégé au titre des monuments historiques depuis 1975, est aujourd'hui totalement réhabilité. Et même triplement plébiscité !

Brèves régions

Centre-Val de Loire/Top 10

1. Le Centre-Val de Loire est la première région céréalière d'Europe et la 6e région industrielle française.

2. La région est la première productrice de colza en France.

3. La cathédrale de Chartres (Eure-et-Loir) est l'une des plus grandes cathédrales de France, inscrite au patrimoine mondial de l'UNESCO depuis 1979.

4. La cathédrale d'Orléans (Loiret) est le plus grand édifice gothique érigé durant la période moderne.

5. Les châteaux de la Loire forment la plus grande concentration au monde de ce type de monument.

6. Le donjon de Loches (Indre-et-Loire), chef-d'œuvre de l'architecture militaire du Moyen Âge, est l'un des plus grands et des plus anciens donjons d'Europe aujourd'hui conservés.

7. Le Val de Loire compte 25 sites touristiques parmi les 15 000 lieux les plus photographiés dans le monde.

8. La région abrite la plus grande forêt domaniale de France, celle d'Orléans qui s'étend sur plus de 35 000 hectares.

9. Léonard de Vinci, un des artistes les plus célèbres au monde, est mort à Amboise (Indre-et-Loire) en 1519.

10. Le Festival de Loire, organisé à Orléans, est le plus grand rendez-vous européen de la marine fluviale.

Lundi 28 novembre

Saint Jacques de la Marche – On fête aussi les Sosthène

Soleil
lever : **8 h 18**
coucher : **16 h 58**

Il y a quelque chose du printemps dans l'automne, et les derniers parfums de l'année ressemblent parfois à ses premières émanations. Alexandre Dumas

Meilleurs Ouvriers de France

Groupe XV, instruments traditionnels

Claire Dugue, 46 ans, est installée à son compte dans le sud de l'Angleterre depuis vingt ans. Pour le concours, section « Lutherie traditionnelle », elle a réalisé la facture d'une vielle à roue, un instrument à cordes ancien, et a présenté une vielle soprane électro-acoustique au design moderne et personnel. Outre l'écriture du dossier qui présente l'évolution de sa facture instrumentale, la fabrication lui a pris environ 600 heures. Une œuvre au carrefour de la tradition et du modernisme.

CHIFFRES ET EXPRESSIONS

Un pour tous, tous pour un

En utilisant cette expression, on croit faire référence au roman d'Alexandre Dumas *Les Trois Mousquetaires* alors qu'il s'agit... de la devise de la Suisse ! En effet, dans l'œuvre littéraire les soldats du roi s'écrient « Tous pour un, un pour tous » et non l'inverse. Quoi qu'il en soit, l'expression renforce les liens d'une équipe en mettant en valeur la solidarité entre ses membres.

CHIFFRES ET SYMBOLIQUES

Cultures fruitières

Chasselas doré de Fontainebleau

Certaines variétés fruitières peuvent s'enorgueillir d'un passé prestigieux. L'origine du chasselas doré de Fontainebleau est ancienne : on sait qu'il était déjà cultivé au XVIIIe siècle. Il a connu son heure de gloire à la fin du XIXe siècle à Thomery, non loin de Fontainebleau, commune spécialisée dans la production d'un raisin de table haut de gamme, jaune ambré, conservé par un procédé particulier jusqu'en hiver, pour être vendu très cher à Noël. Un véritable caviar végétal ! Cette vigne de table, adaptée aux climats froids et pouvant être cultivée en tout sol suffisamment drainé, est idéale pour les treilles. À Thomery, elle était cultivée en espalier, sur murs bien exposé, et c'est toujours une bonne option, à la fois productive et décorative. Les grappes arrivent à maturité fin septembre.

UN MAGASIN FILMAIT CERTAINS DE SES EMPLOYÉS...

L'histoire des dictionnaires

Nouveau dictionnaire de la langue française de Larousse

C'est le premier dictionnaire écrit par Pierre Larousse (1817-1875), par ailleurs maître d'œuvre du *Grand dictionnaire universel du XIXe siècle* (17 volumes de 1866 à 1890, 20 000 pages, 89 collaborateurs). Ce *Nouveau dictionnaire de la langue française* comporte en fin d'ouvrage 14 pages intitulées *Dictionnaire des locutions latines...* Bien que la première édition de notre *Petit Larousse illustré* d'aujourd'hui date de 1905, on peut légitimement considérer que ce premier dictionnaire de Larousse en est l'ancêtre.

Soleil
lever : **8 h 20**
coucher : **16 h 57**

Mardi **29 novembre**

Saint Saturnin – On fête aussi les Sernin

À la Saint-Saturnin, froid de canard !

BIÈRES

Slash blonde de la Brasserie Licorne

Au nez, elle offre des épices et des céréales. Au regard, une mousse persistante et compacte, blanche à fines bulles, sur une belle robe de feu. D'un blond soutenu, limpide et brillant, cette bière mérite d'être servie dans un verre calice entre 7 et 13 °C pour exprimer son beau caractère. À la dégustation, on note la persistance de notes épicées et de céréales presque biscuitées. Puis, en fin de bouche, l'amertume du houblon surgit au galop… comme une licorne ! Récompenses : International Beer Challenge 2020 (or), World Beer Awards 2019 (or), European Beer Star 2018 (argent), World's Best Beer (bronze). International bitterness unit : 18. Alcool : 7,5 % vol.

Dico NOTTO

ULTIME, adj.
Le dernier verre. Promis.

UNIFORME, n. m.
C'est quand l'habit fait le moine.

UNIFORMISER, v.
Mettre le même uniforme à tout le monde.

UNISEXE, adj.
Faire l'amour. Mais juste une fois.

UNTEL, n.
Époux de madame Unetelle.

Énigmes

Quatre hommes, Antoine, Damien, Quentin et Florent, sont suspectés de vol à l'étalage. Suite à leur interrogatoire, les faits suivants sont établis :
1. Personne d'autre n'est suspecté.
2. Antoine est innocent.
3. Des trois autres, l'un d'eux est, sans l'ombre d'un doute, coupable.
4. Si Damien est coupable, il avait un seul complice.
5. Si Quentin est coupable, il avait deux complices.

Mais c'est surtout Florent qui intéresse l'inspecteur Finlimier car c'est un dangereux criminel. Les éléments précédents sont-ils suffisants pour déterminer sa culpabilité et l'inculper ?

Solution : Si Damien est coupable, Quentin ou Florent est aussi coupable, mais si Quentin est coupable, Damien et Florent seraient tous les deux coupables puisque Quentin avait deux complices, donc le complice de Damien est Florent. Si Quentin est coupable, Damien et Florent sont aussi coupables puisque Quentin avait deux complices. Florent est donc coupable dans les deux cas.

Le bon mot de l'histoire

« La vérité est en marche ; rien ne peut plus l'arrêter. »

Émile Zola, 25 novembre 1897

Accusé à tort d'avoir transmis des documents secrets à l'Allemagne, le capitaine Dreyfus est condamné fin 1894 pour haute trahison. Convaincu de l'innocence de son frère, Mathieu Dreyfus parvient à mobiliser la presse de gauche. La découverte par le colonel Picquart du vrai coupable qui, protégé par l'état-major, est finalement acquitté en conseil de guerre, déclenche véritablement « l'affaire Dreyfus ». Le 25 novembre 1897, Zola signe dans L'Aurore un premier article conclu par ce qui deviendra le leitmotiv des dreyfusards : « La vérité est en marche ; rien ne peut plus l'arrêter. » Suivra son fameux « J'accuse… ! », le 13 janvier 1898.

Mercredi **30 novembre**

Saint André – On fête aussi les Tugdual

Soleil
lever : **8 h 21**
coucher : **16 h 56**

À la Saint-André, fais le compte de ceux que tu peux encadrer.

L'humanité en chiffres
900 millions

C'est le nombre de personnes parlant le mandarin. Les langues maternelles les plus parlées sont ensuite, dans un ordre décroissant : l'espagnol, l'anglais, l'hindi et le bengali. En ajoutant langue maternelle et seconde langue, l'anglais prend la tête du classement, suivi du mandarin, de l'hindi, de l'espagnol, du français. Cocorico !

CHANSONS VOYAGEUSES

La bien nommée Internationale

La chanson française la plus traduite dans le monde n'est pas issue de la variété, ni même de notre répertoire classique, mais bel et bien du mouvement révolutionnaire. *L'Internationale*, puisque c'est d'elle qu'il s'agit, a été écrite en 1871 pendant la Commune de Paris. Depuis, elle est devenue l'hymne de la gauche dans le monde entier. On peut l'écouter dans plus de 30 langues et dans 40 versions différentes, certains pays comme la Chine ayant proposé plusieurs adaptations.

INJURES ANIMALIÈRES

C'est un ours !

Solitaire, mutique, bourru, impoli, mal embouché, l'ours, l'homme asocial, donne une image peu flatteuse du plantigrade. Celui-ci est cependant doté d'une belle intelligence. Il manipule des objets pour en faire des outils et entretient des relations sociales élaborées. D'ailleurs, dans le vieux conte intitulé Boucle d'Or et les trois ours, *ce ne sont pas ces derniers qui se montrent mal élevés, mais bel et bien la petite fille, qui mange dans leurs bols, casse leurs chaises et dort dans leurs lits. Papa ours, maman ours et le petit ourson sont ensuite obligés de réparer les dégâts.*

MANIF À MÉTÉOFRANCE

BIBLIOTHÈQUES MYTHIQUES

LA BIBLIOTECA JOANINA DE COIMBRA (PORTUGAL)

Située à mi-chemin entre Lisbonne et Porto, l'université de Coimbra abrite l'une des bibliothèques les plus spectaculaires du monde. Construite au XVIIIe siècle sous le règne du roi Jean V, elle jouit de décorations somptueuses financées, pour la plupart, par les richesses ramenées du Brésil par les Portugais. Elle compte trois vastes salles disposées en enfilade dont le mobilier en bois précieux est rehaussé d'ornements baroques, de dorures et de motifs chinois laqués de cou-

leur verte, rouge ou or selon la salle. Tous les plafonds ont été peints en trompe-l'œil. On accède aux rayons supérieurs par des escaliers encastrés dans les piliers. Des livres de droit, de philosophie ou de théologie datant de plusieurs siècles occupent les étagères et sont protégés des insectes xylophages par une colonie de chauves-souris spécialement hébergée pour cela ! Chaque soir, les tables de lecture et les chaises en bois précieux sont recouvertes de couvertures les protégeant des déjections des chauves-souris et, chaque matin, le personnel doit nettoyer le sol de la bibliothèque. Un peu fastidieux, mais 100 % naturel !

0,90 €

Le journal de décembre

1er décembre 2022

Pour se mettre dans l'ambiance

Une sélection de 4 films pour se plonger dans l'esprit de Noël !

La vie est belle,

réalisé par Frank Capra en 1946, raconte la rencontre de George Bailey (qui pense à se suicider en ce soir de Noël où sa situation financière est désastreuse) et un ange de seconde classe, Clarence, envoyé par les autorités célestes pour aider le désespéré. Un classique inoubliable.

Love Actually

est LE film romantique de Noël par excellence, avec la petite dose d'humour british qui fait la différence et une brochette d'acteurs épatants tels que Hugh Grant ou encore Rowan Atkinson (alias Mister Been).

Le Père Noël est une ordure !

On ne compte plus les rediffusions télé de cette comédie culte, mais il faut bien avouer que retrouver la permanence de SOS Détresse Amitié (tenue par Anémone et Thierry Lhermitte) est toujours un plaisir.

L'Étrange Noël de Monsieur Jack

est un film d'animation écrit par Tim Burton aussi familial que poétique. À ne pas manquer !

Pour se mettre en appétit

Et si on s'inspirait de la coutume des 13 desserts provençaux, pour changer de la traditionnelle bûche, et même du trop convenu calendrier de l'Avent et de ses chocolats ? Pas de liste précise (tout dépend des régions) mais il y a tout de même les incontournables : les 4 mendiants (noix ou noisettes, figues sèches, amandes et raisins secs), les nougats et la fougasse. On peut aussi se délecter de calissons, comme à Aix, ou de navettes, comme à Marseille.

Pour garder son âme d'enfant

La croyance populaire veut que le Père Noël vienne d'un village de Laponie au nord de la Finlande. Pourquoi pas ? D'ailleurs, on peut aller visiter son bureau et rencontrer rennes et lutins à Rovaniemi, le village créé en 1992 dans cette région du cercle polaire.

Vendredi **2 décembre**

Sainte Viviane – On fête aussi les Bibiane

Soleil
lever : **8 h 24**
coucher : **16 h 55**

À la Sainte-Viviane, l'automne se fane.

HEUREUX MARIAGES

Quand Jean Couteau épousa Louise Couteau le 12 juillet 1836 à Crécy-la-Chapelle (Seine-et-Marne) ils n'eurent heureusement pas peur de couper leur lignée et plusieurs enfants naquirent du couple. Parmi ceux-ci, leur fils Adrien Couteau se maria le 23 avril 1863 à May-en-Multien (Seine-et-Marne) avec Adeline Tranchant qui exerçait le beau métier de… ménagère !

LE CHIFFRE

5

C'est le nombre d'années supplémentaires pendant lesquelles un homme est resté en prison alors qu'il aurait dû être libéré ! Aux Samoa, un certain Sio Agafili avait été condamné en 2008 à 7 ans de prison après un cambriolage. Dans un autre jugement, il avait également été condamné à une peine de prison de 5 ans. Ces peines ne devaient pas s'ajouter l'une à l'autre et Sio Agafili aurait donc dû être libéré dès 2015. Sauf que personne ne lui a indiqué qu'il avait effectué sa peine. C'est un juge de la Cour suprême des Samoa qui s'est aperçu de « l'erreur » alors que notre homme comparaissait pour… une tentative d'évasion de la prison où il se trouvait. Le magistrat a logiquement conclu qu'il ne pouvait être condamné pour avoir voulu s'échapper puisqu'il ne devait déjà plus être enfermé. Libéré sur-le-champ, le détenu a annoncé qu'il allait porter plainte contre le système judiciaire pour cette sanction beaucoup trop longue.

Randonnées

LA PRESQU'ÎLE DE LA CARAVELLE, MARTINIQUE

Sur le flanc est de l'île de la Martinique s'étire la presqu'île de la Caravelle, au milieu de la mer des Caraïbes. Le magnifique sentier de la Pointe Rouge part de la racine de la presqu'île et file jusqu'au bout de cette langue de terre, pour rejoindre le phare de la Caravelle. En chemin, on découvre les splendides baies du Galion et du Trésor, et le village de Tartane planté dans un décor de roches ocres et encerclé par la mangrove.

Pierres précieuses

L'émeraude de Moctezuma

Découvrant le trésor de Moctezuma, à Axayácatl, Hernán Cortés aurait gardé pour lui cinq émeraudes parmi les plus belles. Tout le monde les lui enviait, mais il ne voulait pas s'en séparer. La première avait la forme d'une rose ; la seconde représentait un poisson ; la troisième ressemblait à une cloche dont une fine perle constituait le battant ; la quatrième avait la forme d'une petite tasse pourvue de quatre chaînettes et d'un bec en or, et la cinquième était taillée en forme de cornet. Cortés les perdit lors d'une tempête en mer, laissant ainsi les pierres retourner à leur état originel, dans les sables marins.

Soleil
lever : **8 h 25**
coucher : **16 h 55**

Samedi **3 décembre**

Saint François-Xavier – On fête aussi les Birin

À la Saint-Xavier, de vous j'ai rêvé !

Brèves régions — Corse/Top 10

1. La Corse est la plus grande et la plus peuplée des îles françaises si on exclut les DOM.
2. La distance la plus courte entre la France continentale et la Corse est de 164 km entre le cap Martin (Alpes-Maritimes) et la pointe de la Revellata (près de Calvi).
3. La Corse est la plus développée des régions françaises en énergies renouvelables.
4. Le GR 20, qui traverse la Corse du nord au sud, est le plus célèbre chemin de randonnée d'Europe et l'un des plus difficiles.
5. Dans le cadre d'un programme communautaire méditerranéen dont le but est d'aménager des sites propices à la reproduction des espèces protégées, le plus grand radeau de nidification d'Europe, d'une surface de 200 m², a été installé sur l'étang d'Urbino (Haute-Corse).
6. Le meilleur chocolat du monde est fabriqué en Corse si on en croit cette médaille d'or remportée en 2018 par un artisan de Peri aux International Chocolate Awards.
7. Si l'Écosse reste le premier pays producteur mondial de whisky avec un demi-milliard de bouteilles par an, la France produit le cinquième meilleur whisky du monde, fabriqué à Aléria.
8. Avec 11 300 morts, la Corse est l'un des départements qui a payé le plus lourd tribut en vies humaines durant la Première Guerre mondiale, proportionnellement à sa population.
9. La Corse a été le premier territoire français libéré à la fin de la Seconde Guerre mondiale, le 8 octobre 1943.
10. La langue corse est l'une des plus proches du bas-latin tel qu'il fut parlé à l'aube du Moyen Âge.

Mots oubliés

Ultramontain

On sait que ce qui concerne les outremers est « ultramarin ». Alors pourquoi a-t-on oublié que ce qui se passe de l'autre côté d'une montagne est « ultramontain » ? Mystère. Ce mot qui est à la fois substantif et adjectif, prend parfois une connotation spécifique pour désigner ceux qui sont au-delà des Alpes, les Italiens, et plus particulièrement les Romains ou la papauté.

Cultures fruitières

Le mûrier Emmanuelle

Attention, ne confondez pas la mûre et la mûre ! Enfin, ne confondez pas le fruit de la ronce (*Rubus fructicosus*) avec celui du mûrier (*Morus*), un arbre véritable, dépassant souvent 10 m, à feuilles caduques. Les deux se ressemblent mais n'ont pas le même goût. Il existe diverses espèces, le mûrier blanc étant aussi cultivé pour l'élevage du ver à soie. En tant que fruitier, le mûrier est trop méconnu facile à cultiver, ne demandant pratiquement aucun entretien, il est rustique et, en plein soleil, il donne en été une belle abondance de fruits particulièrement sucrés et doux, pendant plus de six semaines. On cultive le mûrier noir, aux fruits un peu acidulés, et le mûrier blanc, aux mûres plus sucrées. Emmanuelle est une variété généreuse, à fruits violet clair, allongés (3 cm), très parfumés.

Dimanche **4 décembre**

Soleil
lever : **8 h 26**
coucher : **16 h 55**

Sainte Barbara – On fête aussi les Adnette, Cyran, Barbe

À la Sainte-Barbara, ne fais pas d'embarras !

Rétro Vermot

Deux amis se rencontrent après une longue séparation.
– Vous rappelez-vous, dit l'un, Mademoiselle Chapoteau, avec qui nous dansions si souvent ?
– Parfaitement, elle était assez jolie, mais fantasque en diable, et souvent je me disais : « Celui qui l'épousera sera joliment à plaindre ! »
– Ah ! Eh bien ! Elle est ma femme depuis trois ans.

Citations

Le sex-appeal, c'est pour 50 % ce que vous avez, et pour 50 % ce que les gens pensent que vous avez.

Sophia Loren

CHANSONS VOYAGEUSES

Histoire d'une injustice

En 1975, sortent à quelques mois d'intervalle *Feelings*, interprété par le Brésilien Morris Albert, et *Dis-lui*, sa version française chantée par Mike Brant. Le succès est énorme, la chanson compte d'ailleurs plus de 1 200 reprises (par Julio Iglesias et Frank Sinatra, entre autres). Le hic, c'est que Morris Albert a plagié (*sic*) un titre existant qui n'avait pas eu de succès à sa sortie : *Pour lui*, chanté par Dario Moreno en 1957. L'occasion ici de rendre à Dario ce qui est à Dario.

Quand la réalité dépasse la fiction

The Spacewalker

Ce film russe, réalisé par Dmitri Kisseliov et sorti en 2017, raconte la mission spatiale Voskhod 2. Nous sommes en 1965, en pleine guerre froide, les États-Unis et l'URSS sont à couteaux tirés, et chaque puissance cherche à être la première à poser son empreinte dans l'espace… Voskhod 2, initiée dans ce but par les Russes, est menée par Alexeï Leonov et Pavel Beliaïev, et doit permettre de réaliser la première sortie extravéhiculaire dans l'espace. La caméra suit tout particulièrement le point de vue de Leonov (incarné par Evgueni Mironov) et Beliaïev (Constantin Khabenski), lancés en première ligne dans cette course contre la montre. Alexeï Leonov, devenu depuis un héros national russe, a été consultant sur le film.

LANGUES ET PARLERS DE LA FRANCE MÉTROPOLITAINE DE A À J

T	A	N	G	R	E	V	U	A	B	I	D	N	S
C	N	O	S	Y	J	I	L	R	P	A	I	I	S
A	O	C	O	I	U	W	E	P	U	V	O	I	N
J	N	S	A	K	A	T	T	P	E	N	O	B	E
N	G	A	L	L	O	N	H	G	E	T	C	E	I
E	I	G	P	N	S	I	N	P	M	A	N	R	S
I	U	W	X	O	N	A	M	O	T	L	P	R	S
Z	G	Q	N	O	S	A	C	A	B	K	N	I	A
E	R	I	I	S	H	C	L	I	H	R	A	C	R
R	U	S	E	C	N	A	K	E	E	C	U	H	U
O	O	R	O	A	N	L	L	S	N	N	A	O	J
F	B	R	R	F	L	A	M	A	N	D	V	N	B
Q	S	F	W	P	B	U	R	G	O	N	D	A	N
E	U	Q	S	A	B	F	S	F	C	A	N	W	N

Solution page 359

Cherchez les langues et parlers de la France métropolitaine cachés dans la grille ci-dessus. Vous les trouverez soit horizontalement, soit verticalement ou encore diagonalement, de droite à gauche, de gauche à droite, de haut en bas ou de bas en haut, dans les deux sens de lecture.

ALSACIEN
ANGEVIN
AUVERGNAT
BASQUE
BERRICHON
BOURBONNAIS
BOURGUIGNON
BRESSAN
BRETON
BURGONDAN
CATALAN
CHAMPENOIS
CORSE
DAUPHINOIS
FLAMAND
FORÉZIEN
FRANÇAIS
FRANC-COMTOIS
FRANCIQUE
GALLO
GASCON
JURASSIEN

Décembre trop beau, été dans l'eau. Proverbe français

BIÈRES

Bellerose blonde de la Brasserie des Sources

Brassée dans le Nord avec trois houblons, sa robe est jaune paille avec des reflets dorés, son nez est frais et floral, et son goût tend vers le fruité sucré du litchi et de l'orange légèrement amère. Sa recette s'inspire de celles des années 1950, quand les bières étaient désaltérantes et plus houblonnées. Que l'on est heureux de retrouver ces saveurs ! International bitterness unit : 33. Trois fois médaille d'or à l'International Beer Challenge (2020, 2016 et 2011), et médaille d'argent au Concours général agricole de Paris 2017. Alcool : 6,5 % vol.

L'histoire des dictionnaires

Dictionnaire alphabétique et analogique de la langue française de Robert

Juriste à l'origine, Paul Robert (1910-1980) se lance, en 1945, dans la rédaction d'un nouveau dictionnaire dont le premier tome verra le jour en 1953. Pour mener à bien son entreprise, il s'entoure de collaborateurs qui deviendront les piliers de la maison d'édition Dictionnaires Le Robert. La particularité de ce dictionnaire analogique tient au fait qu'à partir d'un mot connu, on peut trouver un mot inconnu : ainsi, à l'article *siffler*, l'exemple Respiration qui *siffle* renvoie à l'adjectif sibilant.

CHIFFRES ET EXPRESSIONS

Vingt fois sur le métier, remettez votre ouvrage

Le nombre 20 est à la fois une base de calcul (le système « vicésimal » basé sur le nombre de doigts d'un être humain) et une garantie de valeur : une excellente vue se mesurait hier à 20 pieds de distance, un étudiant brillant mérite un 20 sur 20… C'est sans doute cet objectif de perfection qui a fait choisir le nombre 20 à Nicolas Boileau pour sa maxime écrite en 1674.

CHIFFRES ET SYMBOLIQUES

L'ACTU

Pas trop catholique

Il organise des cérémonies religieuses, porte les habits, prononce les paroles et suit les codes d'un curé. Pourtant, le « père Laurent » n'en est pas un. Et dans le diocèse de Fréjus-Toulon, les offices de ce prêtre pas vraiment catholique commencent à agacer les autorités ecclésiales. Car celui qui se présente, vêtu des habits de circonstance, comme « évêque président », n'a jamais reçu le moindre sacrement ! En théorie, il lui est donc interdit de célébrer les offices de l'Église catholique. Mais « Monseigneur Laurent Lenne » semble s'affranchir de ce détail et poursuit son parcours pour le moins original. Chanteur dans les années 1980, ce faux prêtre est passé par la politique en 1992 (en s'engageant derrière Bernard Tapie pour la campagne des régionales en PACA), puis en 2008, il a participé à l'émission de téléréalité *Secret Story*. Quatre ans plus tard, ce touche-à-tout était candidat à l'élection présidentielle, et depuis 2015, il travaillerait sur un spectacle d'imitation… On comprend que tout ça ne plaise pas à l'Église !

Mardi **6 décembre**

Saint Nicolas – On fête aussi les Nikolaï, Colas, Nicole

Soleil
lever : **8 h 28**
coucher : **16 h 54**

À la Saint-Nicolas, l'automne est raplapla, hiver, halte-là !

Dico Notto

UPPERCUT, n. m.
Rencontre frappante.

URGENT, adj.
Qualité du dossier qui est mis au-dessus de la pile.

URINOIR, n. m.
Installation sanitaire qui porte mal son nom.
« Uriblanc » conviendrait mieux.

URNE, n. f.
Boîte où se jouent la démocratie et les carrières politiques.

VAUTOUR, n. m.
Oiseau carnivore qui passe et qui rapace dans le ciel.

En période d'engraissement, le porc absorbe un kilo de nourriture par jour.

RECETTE

Pavé de saumon aux poireaux en papillote

Pour 4 pers. | 20 min de préparation | 25 min de cuisson environ

- 4 pavés de saumon
- 4 blancs de poireaux
- 120 g de crème fraîche
- 2 cuil. à soupe de moutarde
- 1 citron (le jus)
- 1 botte d'aneth
- Beurre
- Sel et poivre du moulin

Préchauffez le four à 180 °C (th. 6). Lavez et émincez les blancs de poireaux. Faites-les revenir dans une sauteuse avec du beurre durant quelques minutes.
Sur 4 feuilles de papier sulfurisé, déposez les pavés de saumon et vérifiez qu'il ne reste aucune arête. Répartissez les blancs de poireaux autour du poisson.
Dans un bol, mélangez la crème, la moutarde et le jus de citron. Versez un peu de ce mélange sur chaque poisson et fermez hermétiquement. Enfournez pour 20 min (voir conseils).
Lavez et ciselez l'aneth. Au terme de la cuisson, ouvrez les papillotes, parsemez d'aneth ciselé et servez.

Conseils : la cuisson en papillote préserve toutes les saveurs mais le pliage doit être vraiment hermétique. Le saumon se déguste plus ou moins cuit selon les goûts, adaptez la cuisson au vôtre.

Brèves régions

Grand Est/Top 10

1. Le Grand Est est la région de France qui a le plus grand nombre de pays étrangers comme voisins immédiats.
2. La forêt de la Hardt (Alsace) constitue la plus grande charmaie naturelle d'Europe et abrite des pelouses steppiques très rares en Europe occidentale.
3. La nappe phréatique rhénane, dans la plaine d'Alsace, constitue la plus grande réserve d'eau douce d'Europe.
4. Le Der est le plus grand lac artificiel d'Europe (en excluant les lacs de barrage), véritable mer intérieure de 4 800 ha.
5. Nancy (Meurthe-et-Moselle) est, depuis 2020, la plus grande commune thermale de France.
6. Le plus grand château fort d'Europe est celui de Sedan (Ardennes), transformé en hôtel 4 étoiles.
7. La région Grand Est compte deux des plus grands vignobles français : Champagne (34 500 ha) et Alsace (15 527 ha).
8. La plus grande gare de triage de France se trouve à Woippy (Moselle).
9. Mulhouse (Haut-Rhin) détient un double record muséal : sa Cité de l'Automobile est le plus grand musée automobile du monde et sa Cité du Train est le plus grand musée européen du chemin de fer.
10. L'université de Strasbourg est la plus importante de France en nombre d'étudiants.

Soleil
lever : **8 h 29**
coucher : **16 h 54**

Mercredi **7 décembre**

Saint Ambroise – On fête aussi les Ambroisie, Azenor

À la Saint-Ambroise, nous sommes en phase.

Ça s'est passé

Le 7 décembre 1922

Division de l'Irlande. La veille, l'Irlande devient indépendante, mais le 7 la partie nord quitte le nouvel État libre pour rester dans le Royaume-Uni.

Meilleurs Ouvriers de France

Groupe XVI, bourrellerie - sellerie harnachement

Charly Palmieri, 29 ans, travaille chez Hermès. Pour le concours, il a réalisé à la main un ensemble de dressage (selle, bride, sangle et étrivières) en intégrant le plus grand nombre de techniques différentes : des coutures anciennes pour la selle et la sangle, un cousu rond pour la bride et des coutures encastrées, un grattage de cuir pour les étrivières. Et pour présenter son ouvrage, le jeune artisan n'a pas hésité à fabriquer un cheval avec des tubes d'acier inoxydables. 1300 heures de travail et un résultat luxueux !

Solution mots mêlés [p. 356]

T	A	N	G	R	E	V	U	A	B	I	D	N	S
C	N	O	S	Y	J	I	L	R	P	A	I	L	S
A	O	C	O	I	U	W	E	P	U	V	O	I	N
J	N	S	A	K	A	T	T	P	E	N	O	B	E
N	G	A	L	L	O	N	H	G	E	T	C	E	I
E	I	G	P	N	S	I	N	P	M	A	N	R	S
I	U	W	X	O	N	A	M	O	T	L	P	R	S
Z	G	Q	N	O	S	A	C	A	B	K	N	I	A
E	R	I	I	S	H	C	L	I	H	R	A	C	R
R	U	S	E	C	N	A	K	E	E	C	U	H	U
O	O	R	O	A	N	L	L	S	N	N	A	O	J
F	B	R	R	F	L	A	M	A	N	D	V	N	B
Q	S	F	W	P	B	U	R	G	O	N	D	A	N
E	U	Q	S	A	B	F	S	F	C	A	N	W	N

Bon anniversaire Léon Zitrone

Qui ne connaît pas « Big Léon », animateur de télévision incontournable des années 1960 à 1980 ? Présentateur du journal télévisé de 1959 à 1975, il était souvent considéré à cette époque comme trop « docile » alors qu'un ministre de l'Information contrôlait le contenu de chaque journal télévisé. Commentateur hippique, coanimateur avec Guy Lux du jeu télévisé Intervilles. il a également présenté le concours Eurovision jusqu'en 1991. De Gaulle a dit de lui : « Léon Zitrone est peut-être plus connu que moi. » Il était né le 25 novembre 1914 à Saint-Pétersbourg et est décédé exactement 81 ans plus tard à Paris, le 25 novembre 1995, à l'hôpital du Val-de-Grâce où il était hospitalisé depuis quelques jours à la suite d'une hémorragie cérébrale. Il repose au cimetière de Levallois-Perret.

Énigmes

Un collectionneur d'art contemple quatre œuvres disposées devant lui : un tableau, une céramique, un ancien manuscrit et une statuette. Chaque œuvre a une provenance différente : Italie, France, Angleterre et Espagne. En vous servant des assertions suivantes, pouvez-vous déterminer l'ordre des œuvres (de gauche à droite) se trouvant devant le collectionneur et leur provenance :

1. L'objet art en provenance d'Italie est à côté et à droite de la statuette.
2. La céramique vient d'Angleterre.
3. L'œuvre en provenance de France se trouve à côté et à gauche du manuscrit.
4. La céramique ne provient pas d'Espagne.
5. L'œuvre en provenance d'Espagne se trouve à côté et à gauche de celle qui provient de France.
6. L'œuvre en provenance d'Espagne ne se trouve ni en deuxième ni en troisième position.

Solution : Tableau d'Espagne ; statuette de France ; manuscrit d'Italie et céramique d'Angleterre.

Jeudi 8 décembre

Saint Elfried – On fête aussi les Eucher

Soleil
lever : **8 h 30**
coucher : **16 h 54**

Un éléphant mort ne peut se défendre contre les mouches. Proverbe gabonais

Dico Notto

VENTILATION, n. f.
Système de soufflerie transportant les flatulences des gens de l'extérieur à ceux de l'intérieur d'un bâtiment.

VÉRIFIER, v.
Regarder trois fois si la porte est bien fermée et partir en oubliant les clés dessus.

VERROU, n. m.
Système de fermeture qui questionne : vers où faut-il tourner pour ouvrir ? Et pour fermer ?

VERT, adj.
Couleur du Schtroumpf qui a la jaunisse.

VIE, n. f.
Mort à rebours.

Charade répétitive

Mon premier n'est pas loin,
Mon deuxième est à côté,
Mon troisième est dans le voisinage,
Mon quatrième est à deux pas,
Mon cinquième est à une petite distance,
Mon sixième est à proximité,
Mon tout est un conifère d'ornement.

CYPRÈS (Six près)

Pêche

Les pêcheurs et les poissons

« Les pêcheurs ont tout pris, il n'y a plus rien dans la rivière ! » Enlevez-vous cette idée de la tête, les prélèvements des pêcheurs aux lignes demeurent faibles. Une carpe de 1 kg pond 200 000 œufs qui éclosent à 99 %. Or, quatre ans plus tard, le couple sera remplacé par un autre, ce qui signifie que 199 998 individus auront disparu ! Les alevins longs de 3 ou 4 mm finissent souvent dans le ventre d'un autre poisson (gardon, carpe, perche, etc.). Ensuite, ils sont victimes d'autres prédateurs, poissons mais aussi grèbes, cormorans, hérons... D'autres meurent de leur belle mort. Quant aux pêcheurs, ils disposent d'une dizaine de prises potentielles. Admettons qu'ils en prélèvent huit : il reste alors les deux reproducteurs qui vont maintenir la population en équilibre.

Pour les intimes...

« Mon petit que j'adore, à tes pieds que j'aime, je suis à toi, tout à toi. Mon souffle est lié au tien. Je suis tout ce que tu veux, ton esclave, ta servante, ta maîtresse et surtout celle qui t'aime. » La liaison entre Édith Piaf et Marcel Cerdan compose une histoire d'amour à la fois unique et intemporelle, intense et tragique. Entamée en 1947 après une rencontre à New York, l'idylle entre « la môme » et « le bombardier marocain » va s'épanouir pendant à peine deux ans à chacune de leurs escapades, lors de leurs retrouvailles, dans tous les mots qu'ils s'échangent. Fauchée en plein vol, leur passion se termine dramatiquement le 27 octobre 1949 : alors que le boxeur part rejoindre la chanteuse à New York, son avion s'abîme dans l'archipel des Açores. Anéantie, Piaf ne s'en remettra jamais.

Vendredi **9 décembre**

Saint Pierre Fourier – On fête aussi les Léocadie

Un jardinier qui sabote une pelouse est un assassin en herbe. Raymond Devos

Étymologie

Silhouette

Étienne de Silhouette (1709-1767) devient contrôleur des finances sous Louis XV en mars 1759. Voulant imposer les plus riches, il se rend rapidement impopulaire et est renvoyé en novembre de la même année. Dès lors, les nobles se moquent de lui et utilisent son nom par dérision pour nommer ce qui est fait de façon « économique », ce qui est exécuté sommairement. On dit aussi qu'Étienne de Silhouette aimait tracer des lignes autour d'une ombre de visage pour en voir le profil.

La gaffe de l'Histoire

Zizou le chanteur ?

Lors d'un journal télévisé de 20 h en 2002, Johnny Hallyday était l'invité de Claire Chazal. L'actualité du moment était la Coupe du monde de football et, pour sortir du champ de la musique, la journaliste demanda à l'artiste s'il connaissait les joueurs de l'équipe de France. Réponse de notre Johnny national : « J'en connais quelques-uns, oui, bien sûr. Je connais Zazie, hein, je l'adore. »

LES ÉMISSIONS RADIO MYTHIQUES

Les histoires de Pierre Bellemare

Plus qu'une émission de radio, c'est un concept décliné sous divers titres pendant six décennies qui achève notre série : Les Dossiers extraordinaires, Histoires vraies, Suspense, Histoires extraordinaires, De mémoire d'homme, Les assassins sont parmi nous *ou encore* Les Incroyables Histoires. *Avec plus de 5 000 récits à son actif, l'incomparable conteur Pierre Bellemare a tenu en haleine des générations d'auditeurs, sur Europe 1, RTL et France Bleu de 1955 à… 2017 ! Puisées dans le patrimoine mondial des faits divers souvent les plus invraisemblables, les histoires racontées par cette voix unique, chaleureuse et rassurante, usant de mots toujours si justes, devenaient encore plus mystérieuses et captivantes. Disparu en 2018, Pierre Bellemare expliquait qu'il cherchait pour tous ses récits à « être chacun des personnages pour que leurs dialogues sonnent vrai ». Véritable pionnier de la radio et de la télévision, il a également importé des États-Unis l'usage du prompteur dès 1957, puis le concept du télé-achat sur TF1 trente ans plus tard.*

Faits divers biologiques

Peter Pan

L'axolotl est une espèce de salamandre vivant au Mexique et possédant des capacités extraordinaires. Connu pour ses branchies en forme de fougère, il peut passer toute sa vie à l'état larvaire, et même se reproduire, ou se métamorphoser pour passer à l'âge adulte (en cas de stress), abandonnant alors ses branchies pour développer des poumons. Son état larvaire lui permet d'allonger sa durée de vie (jusqu'à une vingtaine d'années !), celle-ci étant fortement réduite une fois l'axolotl devenu adulte. Mais son principal superpouvoir réside en sa capacité de régénération. L'axolotl est en effet capable de régénérer des organes endommagés ou détruits, pouvant ainsi reconstituer un œil manquant et même recréer certaines parties de son cerveau.

Samedi **10 décembre**

Saint Romaric – On fête aussi les Eulalie, Koulizh

Soleil
lever : **8 h 33**
coucher : **16 h 53**

Une chose facile à avoir en décembre, c'est du sang-froid. Alphonse Allais

☠ # 💣 INJURES ANIMALIÈRES

Espèce de chien !

Une injure inattendue puisque cet animal est le compagnon immémorial de l'homme dans toutes les civilisations et, de nos jours, l'animal de compagnie numéro un. On l'aggrave d'ailleurs en l'étendant à la famille et aux ancêtres de l'outragé : « fils de chien/de chienne » sous-entend des relations zoophiles, ou plus précisément canidophiles. Côté chiens, on ne sera pas étonné d'apprendre que c'est le très avisé Milou qui donne la bonne réplique : lorsque le cheik Patrash Pasha lance à Tintin « espèce de chien », il rétorque du tac au tac : « Et vous, espèce d'homme ! »

L'ACTU

Hommage musical macabre

Il fallait oser ! En Floride, un homme a récupéré le squelette de son oncle pour fabriquer… une guitare. Le défunt s'appelait Filip. Il est mort en Grèce il y a 25 ans dans un accident de moto. À l'époque, sa famille avait choisi de donner son corps à une université locale. Mais, après avoir entreposé le squelette dans une salle de classe pendant près d'un quart de siècle, l'établissement a voulu s'en séparer. La Grèce refusant la crémation, un neveu a décidé de rapatrier les ossements aux États-Unis. Après les avoir exhibés pendant quelque temps à ses amis, l'homme, fan de musique hard rock et heavy metal, a pris la décision de les assembler en guitare. Une manière, selon lui, de rendre hommage à celui qui l'avait initié à la musique, juste avant son décès. S'il n'a pas le droit de vendre sa « création », le neveu peut jouer ses morceaux préférés comme bon lui semble sur son instrument macabre baptisé « Filip Skelecaster ».

Brèves régions

Hauts-de-France/Top 10

1. Les Hauts-de-France constituent avec l'Île-de-France la région la plus jeune de France métropolitaine.
2. Jusqu'à la Révolution, c'est à Lille que se trouvait la plus grande manufacture de céramique d'Europe.
3. La bataille de la Somme fut l'une des plus sanglantes de la Première Guerre mondiale.
4. Les caps Gris-Nez et Blanc-Nez (Pas-de-Calais) sont deux ensembles de falaises qui constituent les points du littoral français les plus proches de l'Angleterre.
5. La cathédrale Saint-Pierre de Beauvais est la plus haute construction gothique de France et celle de Senlis, une des plus petites. Toutes deux sont situées dans l'Oise.
6. C'est à Boulogne-sur-Mer (Pas-de-Calais) que se trouve le plus grand aquarium d'Europe : Nausicaá qui regroupe plus de 1 600 espèces.
7. Le plus grand musée de la mine se visite à Lewarde, petite ville du Nord.
8. La braderie de Lille (Nord) est la plus grande d'Europe avec 10 000 exposants étalés sur 100 km de trottoirs et accueillant 2 millions de chineurs en moyenne chaque année.
9. Un restaurant de Villeneuve-d'Ascq (Nord) a remporté en 2009 le record de la plus grande frite du monde, grâce à une énorme pomme de terre qui a permis de fabriquer une frite de 24,5 cm.
10. La brasserie de Blaringhem (Pas-de-Calais) produit la meilleure bière de garde du monde, l'Anosteké Saison, selon les World Beer Awards.

Soleil
lever : **8 h 34**
coucher : **16 h 53**

Dimanche **11 décembre**

Saint Daniel – On fête aussi les Gentien, Sabin

En décembre, fais du bois et endors-toi. Proverbe français

CHIFFRES ET EXPRESSIONS

Être haut comme trois pommes

Chaque pays a ses propres références en matière de taille : trois pommes empilées, cela ne fait pas bien grand, mais peut-être un peu plus que « le fromage acheté avec un centime » comme chez les Italiens (Essere alto come un soldo di cacio), ou qu'« être un têtard » pour les Espagnols (Ser un renacuajo) ou encore « arriver au genou d'une sauterelle » pour les Anglais (To be knee-high to a grasshopper).

LES IDÉES REÇUES

UN NEURONE N'EST JAMAIS REMPLACÉ

C'est vérifié, à partir de l'âge de 20 ans, nous perdons chaque jour une infime partie de notre masse cérébrale dont environ 9 000 neurones par jour. Sachant qu'au total on en compte environ 86 milliards, il faudrait plus de 26 000 ans pour n'en avoir plus aucun, ce qui laisse de la marge… D'autant plus que, contrairement à ce que la rumeur propage, il naît des neurones chaque jour. Certes, aucun de ceux qui disparaissent n'est « remplacé » au sens strict du terme mais de nombreux autres viennent compenser les départs. C'est pourquoi il y a de l'espoir après des accidents, y compris de graves AVC, pour que les uns et les autres retrouvent de l'autonomie grâce à de nouveaux neurones, quel que soit l'âge de la personne.

Musique

11 langues

Avec son éternelle coiffure casque, Mireille Mathieu est une des grandes ambassadrices de la chanson française, ce qui lui a valu de recevoir en 2005 un disque de rubis honorifique pour ses 122 millions de disques vendus. Mais Mireille a surtout la particularité de chanter dans les langues suivantes (prenez votre respiration) : français, allemand, anglais, espagnol, italien, russe, finnois, japonais, chinois, catalan et occitan. Pas mal pour quelqu'un qui a quitté l'école à 14 ans pour aller travailler en usine !

BIBLIOTHÈQUES MYTHIQUES

BIBLIOTHÈQUE MUNICIPALE DE STUTTGART (ALLEMAGNE)

Haut de 40 m et dominant la place Milan de Stuttgart, ce monolithe blanc est l'œuvre de l'architecte coréen Eun Young Yi. Construite en 2011, la bibliothèque de Stuttgart est sans aucun doute l'une des plus belles du monde. Conçue comme un cube dont chacune des faces vire du gris au bleu selon la lumière du jour, la Stadtbibliothek ressemble un peu à un presse-papiers géant. Pourtant, malgré ce look un brin hermétique, le bâti-

ment joue la carte de l'ouverture, avec en son cœur un puits central de 14 m de haut, éclairé par la lumière provenant de la verrière zénithale. De cet ensemble se dégagent une ambiance immaculée et une incroyable impression de pureté. La combinaison de lignes épurées et de surfaces blanches du sol au plafond, y compris les étagères, permet aux milliers de livres de remplir l'espace de couleur. Cette bibliothèque abrite près de 500 000 ouvrages sur neuf étages qui se rejoignent grâce à un escalier en colimaçon étonnant puisqu'il est… carré !

Lundi **12 décembre**

Saint Corentin – On fête aussi les Coralie, Lupita

Soleil
lever : **8 h 34**
coucher : **16 h 53**

À la Saint-Corentin, le cœur enfantin !

LES GENS S'ENNUIENT !

FOOTBALL

RECORDS DE FRANCE

Avec 70 saisons passées dans l'élite, l'Olympique de Marseille est le club qui a disputé le plus grand nombre de saisons de première division. Mais il n'en est pas le plus titré. Au sommet du classement, on trouve l'AS Saint-Étienne et ses dix trophées, soit une unité de plus que le club olympien rejoint depuis peu par son grand rival, le Paris Saint-Germain, seule équipe à ne jamais avoir connu la relégation à l'échelon inférieur. Si 19 clubs ont connu les joies d'un titre national, certains ont ajouté ce détail qui les fait entrer dans l'histoire. Ainsi, on peut citer le FC Nantes, champion 1994/95 avec une seule défaite au compteur, ou encore le trio Girondins de Bordeaux 1950/51 – AS Saint-Étienne 1963/64 et AS Monaco 1977/78, sacré champion de France l'année de son retour dans l'élite.

Citations

Les cotes d'amour sont à la politique ce que les cours de la Bourse sont à l'économie : des indications de tendances contredisant les mouvements de la veille et incapables de laisser prévoir les fluctuations du lendemain.

Philippe Bouvard

ESSAIS NUCLÉAIRES FRANÇAIS EN POLYNÉSIE... LES VIEUX DOSSIERS RESSORTENT !

ANIMAUX DE BD

RANTANPLAN

Il a été créé en 1963 par Morris, dans la B.D. *Lucky Luke*, comme une parodie de Rintintin, le chien surdoué du cinéma des années 1950. Et il pousse loin le bouchon au point d'être l'animal le plus stupide de l'Ouest ! C'est le gardien de la prison du Texas où sont enfermés les Dalton, qu'il adore et qu'il suit quand ils s'évadent, mais sans jamais être utile à Lucky Luke. Avec ses oreilles en pointe, son long museau et sa grosse truffe noire, il arbore un sourire niais à souhait qui ne peut qu'attendrir.

PERMACULTURE

LES GUILDES

Ce sont des associations équilibrées de plantes diverses, des ensembles plus ou moins vastes d'espèces qui se complètent ou s'entraident. Ainsi, une guilde de partage des ressources peut associer des espèces à racines profondes et superficielles et des plantes s'épanouissant à différentes périodes de l'année. On constitue aussi des guildes de plantes ayant les mêmes besoins (ombre ou plein soleil), ou les mêmes fonctions (aromatiques ou favorables aux insectes pollinisateurs). Un exemple classique de guilde est l'association de trois plantes par les Amérindiens, la courge (couvre-sol), le haricot et le maïs (qui lui sert de tuteur) : c'est la guilde « des trois sœurs ». Une guilde potagère peut associer la tomate, l'épinard (couvre-sol) et l'œillet d'Inde (qui éloigne les parasites).

À la Sainte-Lucie, te fais pas de soucis !

HEUREUX MARIAGES

Quand Jean Positif se rendit à la mairie de Blussangeaux (Doubs) pour déclarer la naissance de son fils le 9 janvier 1863, il n'eut aucune honte à l'appeler Paul Positif. Mais peut-être n'avait-il pas eu vent de l'invention de l'électricité 40 ans plus tôt… Et quoi qu'il en soit, sa femme ne lui fit aucun reproche en rentrant à la maison car elle s'appelait… Suzanne Pardonnet !

Bibliophiles

Yougoslave, de Thierry Beinstingel (Fayard 2020)

Dans un roman qui avance au rythme majestueux du Danube, Thierry Beinstingel raconte l'histoire de sa famille : comment en six générations elle a parcouru l'Europe, de l'empire austro-hongrois à la France du général De Gaulle, en passant par Sarajevo (où sa grand-mère habitait à cinq cents mètres de l'endroit où François-Ferdinand fut assassiné en juin 1914) et par le Berlin en ruines de 1945. Malmenées par la grande histoire, les petites gens de son arbre généalogique trouvent leurs lettres de noblesse dans leur aptitude à lutter pour survivre et à reconstruire sans cesse. De vrais héros romanesques.

DE PLUS EN PLUS DE CONTRÔLES DANS LES RESTAURANTS

Dis papy c'est quoi ?? et ça c'est quoi ?

Pourquoi le ciel devient rouge au coucher du soleil ?

La lumière est composée de couleurs qui sont des ondes de différentes longueurs. Les couleurs que nous percevons du Soleil dépendent de la distance parcourue par sa lumière à travers l'atmosphère pour nous atteindre. À l'horizon, sa lumière doit traverser une couche plus dense qui arrête une partie des couleurs (le vert puis le jaune) et ne laisse finalement passer que le rouge.

mamie c'est quoi ??

LE CHIFFRE

2 430

C'est le nombre d'espèces sauvages qui sont menacées d'extinction en France, selon le dernier décompte. Cette liste rouge nationale a été établie par plus de 500 experts de l'Union internationale pour la conservation de la nature, du Muséum national d'histoire naturelle et du CNRS, en partenariat avec une trentaine d'associations partenaires, comme la Ligue pour la protection des oiseaux. Cela représente 17,6 % des 14 000 plantes, animaux et insectes recensés par ces organisations au cours des dix dernières années. Ce pourcentage est encore plus important chez les oiseaux nicheurs (32 %), les crustacés d'eau douce (28 %) et les amphibiens (23 %). D'après les experts, les mesures de préservation sont largement insuffisantes et la disparition d'espèces sauvages ne cesse de s'accélérer. Pour certaines d'entre elles, il est d'ailleurs trop tard. Au moins 187 espèces présentes sur le territoire français ont disparu depuis les années 1970. Parmi elles, le phoque moine de Méditerranée, le bouquetin des Pyrénées, ou encore le dindon sauvage.

Mercredi **14 décembre**

Sainte Odile – On fête aussi les Nicaise, Folquin

Soleil
lever : **8 h 36**
coucher : **16 h 53**

À la Sainte-Odile, une soirée tranquille.

SUDOKU MATHS

Il faut remplir une grille en utilisant les chiffres de 1 à 9 une seule fois dans chaque ligne, colonne et carré de 3 x 3. Le sudoku est divisé en sections délimitées par des pointillés, dans lesquelles est indiquée la somme des chiffres contenus dans cette section.

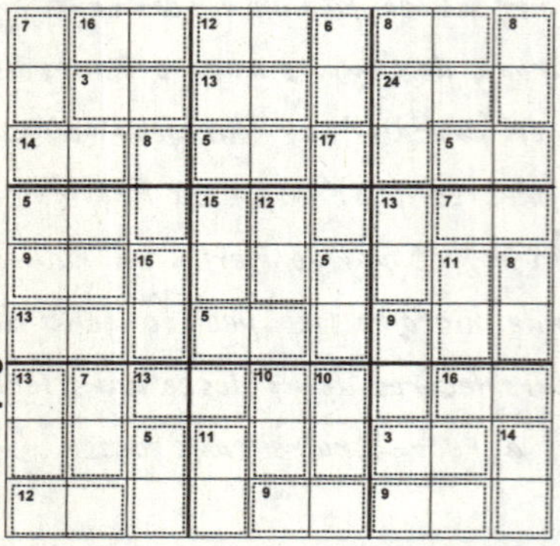

Solution page 371

L'ACTU

Voleur écoresponsable

Il y a quelques mois à Fenton, une ville du Staffordshire au centre de l'Angleterre, la propriétaire d'une maison a découvert dans sa cuisine un cambrioleur qui venait rapporter ce qu'il avait dérobé quelques jours plus tôt. Âgé d'une trentaine d'années, l'individu avait visité la maison inoccupée, car en pleine rénovation, emportant quelques objets avec lui. Mais, en voulant écouler la marchandise, le voleur s'était rapidement aperçu que la plupart des objets volés ne valaient presque rien. Alors, plutôt que de les jeter, il a décidé de les rapporter. Insolite, mais écoresponsable ! Pas de chance, la propriétaire était justement de passage dans sa maison ce jour-là et l'a surpris… en train de vider son sac. L'individu a d'abord tenté d'expliquer qu'il avait trouvé les objets juste derrière la maison, mais cela n'a pas vraiment convaincu la propriétaire, ni la police d'ailleurs… Excès de zèle ne profite jamais.

Les droits des femmes, c'est aussi pouvoir dire ça.

Leçon de solfège

DICO NOTTO

VIEUX, adj.
Neuf passé de mode.

VIS-À-VIS, prép.
Face-à-face de têtes plates.

VIOLET, n. m.
Quand le bleu et le rouge font des infidélités à leurs conjoints.

VOYAGE, n. m.
Une envie d'ailleurs quand on est coincé chez soi.

WAGON, n. m.
Véhicule sur rails.
Il en existe deux types :
- le wagon-lit
- le wagon-analphabète

PROBLÈMES DE MATHS DU CERTIFICAT D'ÉTUDES

Un grand parc d'attractions ouvert tous les jours de l'année a besoin d'attirer 65 000 visiteurs par jour pour atteindre son seuil de la rentabilité. La semaine dernière, le parc a reçu 250 000 visiteurs.

Question 1 : Quel est le nombre de visiteurs requis cette semaine pour que le parc d'attractions rentre dans ses frais ?

Question 2 : Le billet pour adulte coûte 439 F et le billet pour enfant, 387 F. À la fin d'une journée, 54 000 personnes ont visité le parc et la recette du jour est de 22 695 120 F. Combien d'adultes et d'enfants ont visité le parc ce jour-là ?

1) Nombre de visiteurs requis pendant deux semaines : (65 000 × 7) × 2 = 910 000.
Nombre de visiteurs requis cette semaine : 910 000 – 250 000 = 660 000.
2) Soit x = nombre d'adultes et y = nombre d'enfants :
x + y = 54 000 ou x = 54 000 - y
439x + 387y = 22 695 120 F ou 439 (54 000 – y) + 387y = 22 695 120 F ou
y = 19 440
x = 54 000 – 19 440 = 34 560

Jeudi **15 décembre**

Sainte Ninon – On fête aussi les Nina, Mesmin

Neige de décembre est engrais pour la terre. Proverbe français

Rétro Vermot

Sur la plage, on s'extasie sur le calme de la mer.
– C'est un vrai miroir, dit le papa de Lucien… Une mer d'huile.
Lucien, qui a quatre ans, de s'écrier :
– Ce sont les sardines qui doivent être contentes !

L'humanité en chiffres

300

C'est l'estimation en millions, du nombre, de francophones dans le monde, soit 3,8 % de la population mondiale. Ce nombre devrait approcher les 700 millions en 2050 soit 8 % de la population mondiale, en raison de la croissance démographique en Afrique. L'Organisation internationale de la francophonie regroupe 88 états ou gouvernements.

PARADIS D'ARTISTES

Paris

Pendant la première moitié du xxe siècle, Paris n'a cessé d'accueillir des artistes du monde entier, persécutés dans leurs pays ou simplement en quête de liberté créative. Parmi les nombreux étrangers qui ont choisi de s'y installer, ceux issus de la communauté afro-américaine occupent une place à part, rarement évoquée. Victimes de la ségrégation raciale dans leur pays d'origine, certains sont devenus de véritables « enfants de Paris », à l'instar de l'icône Joséphine Baker, arrivée dans la capitale en 1925. Mais d'autres artistes, notamment des peintres, s'y sont révélés et ont trouvé la reconnaissance et le succès. Parmi eux, on peut citer Palmer Hayden, Archibald Motley, William H. Johnson ou encore Hale Woodruff ainsi que les sculptrices Nancy Elizabeth Prophet et Augusta Savage. Figure majeure du renouveau de la culture afro-américaine dans l'entre-deux-guerres, la peintre Lois Mailou Jones, décédée en 1998, déclarait que lors de son long séjour parisien, elle s'était sentie pour la première fois totalement acceptée en tant que personne et en tant qu'artiste.

Notre langue fait des adeptes

Kafe (japonais)

Impossible de boire un *kafe* (カフェ) au Japon, car le nom *kafe*, emprunté au français, désigne exclusivement l'établissement dans lequel on sert cette boisson. Là, on pourra boire un bon *kōhī* (コーヒー). Pourtant, l'alcaloïde contenu dans les grains de café s'appelle bien, lui, *kafein* (カフェイン) et pour commander un café au lait, on emploiera le nom kafeore (カフェオレ) et non un *kōhīore*. Alors, petit conseil pour éviter toute confusion : n'hésitez pas à vous délecter d'un excellent thé : *cha* (茶).

Vendredi **16 décembre**

Sainte Alice – On fête aussi les Adélaïde, Aïda, Alizée

Soleil
lever : **8 h 38**
coucher : **16 h 54**

À la Sainte-Alice, tu fais mes délices.

RÉBUS
Chansons françaises

```
  C    C    C    C
R  UR  UR  UR  U
  I    I    I    I
```

Quatre boules de cuir (Claude Nougaro)

Anecdotes de sportifs

En solitaire

Louis Rosier a participé aux 24 heures du Mans à huit reprises et a même été coéquipier de Juan Manuel Fangio en 1951. S'il a abandonné à sept reprises, il a remporté la seule édition qu'il a pu terminer. Mieux, en ce jour victorieux du 25 juin 1950, Louis Rosier a quasiment bouclé l'épreuve à lui seul, ne cédant le volant que pour deux tours à son fils Jean-Louis après avoir percuté un hibou. C'est donc en solitaire que Louis a remporté l'épreuve, conduisant sa Talbot pendant 23 h 10.

Rivières de France

L'Orne, le Normand

Né à Aunou près de Sées, dans le département auquel il a donné son nom, l'Orne est le fleuve normand le plus important après la Seine. Long de 170 km, il débouche en mer à Ouistreham après avoir tracé son cours entre les monts de granites et de schistes de la Suisse normande, au milieu de gorges pittoresques surmontées de rochers qui donnent un aspect sauvage à la vallée. En aval du barrage hydroélectrique de Rabodanges édifié en 1960, l'Orne reprend son cours chaotique vers Thury-Harcourt avant d'atteindre la plaine de Caen, chef-lieu du Calvados, reconstruite après la bataille de Normandie à l'été 1944. Aujourd'hui, l'électronique a remplacé la métallurgie autrefois florissante et le port Caen-Ouistreham est l'un des plus importants de l'Hexagone en matière de commerce et de tourisme.

Brèves régions

Île-de-France/Top 10

1. L'Île-de-France est la région la plus peuplée et la plus dense de notre pays (12,21 millions), bien qu'elle soit l'une des plus petites régions françaises.
2. Avec plus de 2 millions de personnes âgées de 60 ans et plus, c'est la région qui compte le plus d'aînés.
3. Paris est la ville la mieux desservie au monde en transports en commun selon l'étude de l'Institute for Transportation and Development Policy.
4. L'Île-de-France est la première région économique européenne par son PIB, équivalent à celui des Pays-Bas et supérieur à celui de la Suisse.
5. Avec 3 600 entreprises et 180 000 salariés, le quartier de La Défense (Hauts-de-Seine) est le premier quartier d'affaires européen.
6. L'Île-de-France est la première région française de production de farine (15 % de la production nationale).
7. Paris est la première destination mondiale de tourisme et la première ville mondiale de congrès.
8. À Élancourt (Yvelines) se trouve France Miniature, le plus grand parc de miniatures d'Europe.
9. L'Île-de-France est la première région d'Europe pour les tournages cinématographiques.
10. En 2019, pour son 50e anniversaire, le marché de gros de Rungis a battu le record du monde de la plus grande tablée avec 2 000 couverts et 400 m de victuailles.

Samedi **17 décembre**

Saint Judicaël et Saint Gaël – On fête aussi les Brian, Wivine

Au milieu de l'hiver, j'apprenais enfin qu'il y avait en moi un été invincible été. Albert Camus

Mots oubliés
Zinzolin

C'est de la teinture issue de la graine de sésame que vient ce nom et adjectif de couleur invariable qui qualifie un violet rougeâtre. Il n'est pas surprenant que le mot soit aujourd'hui désuet puisque déjà en 1650, Scarron en parlait comme d'une « couleur de longtemps passée de mode ». En italien, on dit *zuzzulino* et en arabe *djoudjolân* qui a donné le synonyme « gingeolin ».

MORALITÉ
PEAU D'ÂNE

Il n'est pas malaisé de voir
Que le but de ce conte est qu'un enfant apprenne
Qu'il vaut mieux s'exposer à la plus rude peine
Que de manquer à son devoir.

Après avoir renoncé à son statut de princesse en fuyant son père incestueux et mené sa vie tête haute, la fausse souillon finira par épouser un prince, preuve que la vertu est toujours récompensée même si elle est difficile à vivre.

BIÈRES

Bière de Noël bio de la Brasserie de Vézelay

De couleur ambrée et brillante, cette bière pur malt brassée dans le département de l'Yonne présente des arômes de gâteau aux fruits, ainsi que des notes de mandarine. Son arrière-goût sucré réchauffe et comble les papilles, laissant en fin de bouche une délicate amertume houblonnée. International bitterness unit : 17. Un goût unique pour cette bière qui porte bien son nom et qui a été récompensée aux World Beer Awards 2020. À boire dans un verre calice.
Alcool : 6 % vol.

Pour les intimes…

« Dis-moi toutes tes pensées, dis-moi tout ce que tu fais, mets-moi de moitié dans tout ce qui t'arrive. » C'est Rose de Lalande de Luc qui écrit à son cousin Pierre Basile de Canut, lieutenant d'infanterie. Deux illustres inconnus dont les lettres découvertes récemment sont codées et ont été écrites à la hâte entre 1783 et 1786, dans la région de Bayonne. Elles racontent une passion ardente mais interdite, une idylle magnifique et tragique. Si la jeune femme y exprime parfois son désir charnel (« J'ai encore l'impression de tes caresses qui m'ont si bien pénétrée »), elle souffre aussi de cet amour fou autant contrarié par son père que par les agissements de son amoureux, parfois violent et s'adonnant à la boisson. En septembre 1786, celui-ci meurt au cours d'un duel. Les 66 lettres de Rose sont alors saisies par la police et sommeilleront dans un carton d'archives pendant plus de deux siècles.

PROUESSES D'OISEAUX

LE FOU DE BASSAN

Sa technique de pêche est aussi efficace que spectaculaire. Il vole à 20, 30 ou même 40 m au-dessus de la surface de l'eau, à la recherche d'un banc de poissons qu'il peut repérer jusqu'à une profondeur de 15 m. Alors, d'un seul coup, il se met en piqué. À l'approche de la surface, il replie ses ailes et prend l'aspect d'un véritable missile. Le choc sur l'eau est violent. Il se produit à une vitesse de près de 100 km/h, mais le corps de l'oiseau est protégé par des poches d'air. Il fond sur sa proie et l'avale immédiatement. Il ressort donc de l'eau le bec vide, et c'est pourquoi les pêcheurs l'ont qualifié de « fou ». Avec un plumage blanc et le bout des ailes noir, le fou de Bassan, d'une longueur de 1 m et d'une envergure de près de 2 m, est le plus grand oiseau de mer d'Europe.

Dimanche 18 décembre

Saint Gatien – On fête aussi les Gatienne

Soleil
lever : **8 h 39**
coucher : **16 h 54**

Un mot d'amour peut réchauffer trois mois d'hiver. Proverbe japonais

MOTS FLÉCHÉS

Les mots déclencheurs en majuscules sont des anagrammes. Les mots en minuscules sont des définitions.

VAHINÉ Explicatif		VISE Lanière de cuir		PAT CORNES		Parle mal PERS		RETARDS		DÉCRI EUT		Faille
Subsistez MIRAN								DRUE Mamelon				
					PARTENT MURA							
EH Habiller			SCIERA							TÉ AISE		
						SÈTE ROUE					DRONE	
RABE	GRIBANE		EUS ÉROS				RATS NIVÉAL					RANGE
				MUEL PESA					INO GIRL			
SODA Paresseux					ER Bout de cigarette			ANGE LÉGALE				
		Bout en Russie TOUPIE								GD AIRAIT		
A la taille fine TON						LAITÉE Autour d'un bouton de rose						
			ALLIAGE CARNET								On a donc cessé de compter	
NÉO TRÉPANE				Se glisse dans la Manche NICÉE					C'est-à-dire RATER			Descendants
							GRAIN Papa					
Voie routière	Pas ailleurs Consonne grecque				REPOSAI Lieu de repos							
								SIRE NI				
TORTUÉ		Usine								Propulsé		
						STERNE						

SOLUTION PAGE 375

Soleil
lever : **8 h 40**
coucher : **16 h 55**

Lundi **19 décembre**

Saint Urbain – On fête aussi les Samantha

Habitue-toi à être attentif à ce qu'un autre dit, et autant que possible entre dans l'âme de celui qui parle. Marc Aurèle

Citations

Le seul moment de sa vie où une femme parvient à changer un homme, c'est quand il est bébé.

Natalie Wood

L'histoire des dictionnaires

Wiktionnaire

C'est la version française du projet lexicographique de la fondation Wikimedia. Ce projet de dictionnaire en ligne a vu le jour en 2002 dans une version anglaise et en 2004 dans sa version française. Double particularité du projet : chaque internaute peut y contribuer et, à terme, les mots de toutes les langues devraient être définis dans toutes les langues (en français pour le *Wiktionnaire*). À l'origine, *Wiktionnaire* s'est appuyé sur la 8e édition du *Dictionnaire de l'Académie française* (1935).

L'humanité en chiffres

De 10 à 15

C'est le pourcentage de gauchers, ceux qui utilisent notamment leur main gauche pour écrire. Mais certaines personnes droitières sont gauchères des pieds ou des yeux (pour regarder dans un viseur, par exemple). Coïncidence amusante, depuis 1974 la plupart des présidents des États-Unis sont gauchers : Georges Ford, Ronald Reagan (gaucher contrarié), George Bush père, Bill Clinton et Barack Obama.

Le bon mot de l'histoire

« Il est plus grand mort que vivant. »

Henri III, 23 décembre 1588

Ces paroles ont été prononcées par le roi de France, au château de Blois, la veille de Noël, en pleines guerres de Religion. Chassé de Paris par la Ligue catholique, Henri III convoque les états généraux pour tenter de reprendre le pouvoir. Mais la majorité des délégués qui sont réunis est favorable à son rival, le duc de Guise, chef de la Ligue. Le roi choisit alors d'employer la manière forte : il convoque le duc pour un entretien de conciliation mais, dès son arrivée, le fait poignarder par des hommes de sa garde. C'est en contemplant la dépouille de son ennemi que Henri III aurait prononcé cette sentence pleine de mépris. Il est néanmoins probable que ce ne soit qu'une rumeur propagée par ses opposants désireux de ruiner sa réputation déjà lourdement entachée. Sept mois plus tard, le monarque est assassiné à son tour par un moine ligueur.

Solution [p. 366]

3	9	7	4	8	1	2	6	5
4	1	2	7	6	5	8	9	3
8	6	5	2	3	9	7	1	4
1	4	3	6	7	8	9	5	2
2	7	6	9	5	3	4	8	1
5	8	9	1	4	2	6	3	7
6	2	8	5	1	4	3	7	9
7	5	4	3	9	6	1	2	8
9	3	1	8	2	7	5	4	6

Mardi **20 décembre**

Saint Théophile – On fête aussi les Zéphyrin, Isaac

Soleil
lever : **8 h 40**
coucher : **16 h 55**

Celui qui regarde du dehors à travers une fenêtre ouverte ne voit jamais autant de choses que celui qui regarde une fenêtre fermée. Charles Baudelaire

EXPRESSIONS IMAGÉES

Tondre la banquise

Que pourrait-on tondre là où rien ne pousse ? Évidemment il n'y a pas d'herbe sur la glace, pas de terrain de sport à entretenir en Arctique ni de jardin à nettoyer en Antarctique. C'est pourquoi « tondre la banquise » équivaut à poursuivre un objectif vain, à effectuer un travail inutile. L'expression peut également qualifier un emploi fictif… aux pôles ou ailleurs.

La dictée du mois — Une rencontre

L'inocente et farouche écuyère arrivait juste à ce moment où Jules portait sur elle, dans sa pensée, un jugement qui l'eût consterné, si elle avait put en connaître les termes et les comprendre. Elle approchait de la Porte-Dauphine, en longeant le trottoir de droite, au lieue de suivre l'allée cavalière, à gauche, — toujours dans le même désir d'échapper aux interrogations des habitués des Poteaux, qui la connaissait. Maligny, lui, se tenait dans cette allée. Il passait, entre eux deux, tant de voitures et tant d'automobiles, dans cette avenue, la plus fréquenté de Paris à onze heures du matin, au printemps, que miss Campbell ne vit pas son sauveur, déjà transformer, de par les tristes loies de la brutalité masculine, en un suborneur.

Paul BOURGET, L'Écuyère, 1921.

innocente, consternée, pu, lieu, connaissaient, fréquentée, transformé, lois

DICO NOTTO

WEBCAM, n. f.
Objet ayant aboli les frontières de l'intimité.

WEEK-END, n. m.
Horizon lointain du lundi matin.

WHISKY, n. m.
Boisson alcoolisée dont l'abus fait perdre le bon sens.
Et une fois le bon sens perdu, c'est trop tard pour se demander : « Whisky l'est passé ? »

WIKIPÉDIA, n. inv.
Encyclopédie universelle participative en ligne où chacun s'arrange son portrait.

XÉNOPHOBIE, n. f.
L'art d'élever une peur irrationnelle au rang de parti politique.

Citations

Vous savez ce que c'est, la connerie ? Imaginez une plage, le soleil, un whisky avec des glaçons, des nanas autour de vous… Vous y êtes ? Eh bien, tout le reste, c'est de la connerie.

Coluche

Le bon mot de l'histoire

« Je n'ai point succédé à Louis XVI, mais à Charlemagne. »

Napoléon Ier, 2 décembre 1804

Paroles probablement apocryphes adressées par le futur empereur au pape Pie VII, le matin de son sacre à Notre-Dame de Paris. Le journaliste Jean-Charles-Dominique de Lacretelle, l'un des premiers historiens de la Révolution française, mentionne cette phrase dans un autre contexte. En 1811, devant une délégation de commerçants se plaignant des effets désastreux de sa politique belliqueuse, Napoléon aurait déclaré : « Louis XIV et Louis XV auraient dû faire la paix depuis longtemps. Je devrais la faire aussi, si je ne gouvernais que l'ancienne France ; mais je n'ai pas succédé aux anciens rois de France ; j'ai succédé à Charlemagne ; c'est une suite de l'empire français. »

Soleil
lever : **8 h 41**
coucher : **16 h 56**

Mercredi **21 décembre**

Saint Pierre Canisius – On fête aussi les Thémistocle

Dans la nuit de l'hiver galope un grand homme blanc / C'est un bonhomme de neige avec une pipe en bois / Un grand bonhomme de neige poursuivi par le froid. Jacques Prévert

Charade
classique

Mon premier est la lisière d'un bois,
Mon second unit plusieurs personnes,
Mon troisième est un débit de boissons,
On ne va pas dans **mon troisième** pour boire **mon quatrième**,
Mon tout est un astrophysicien français.

AURÉLIEN BARRAU (ORÉE – LIEN – BAR – EAU)

Vélo
Formule 1

Si les professionnels du Tour de France peuvent parfois atteindre les 100 km/h en descente dans les Alpes ou les Pyrénées, ils ne sont pourtant pas les pilotes les plus rapides du monde. En 2018, accrochée à l'arrière d'un dragster de 1000 CV, l'Américaine Denise Mueller-Korenek a profité de l'aspiration de celui-ci pour atteindre une vitesse de pointe de 296 km/h, pulvérisant ainsi un record vieux de 23 ans. Une performance qui fait d'elle, hommes et femmes confondus, la cycliste la plus rapide du monde.

AU MUSÉE

Judy Garland Museum, Grand Rapids, États-Unis

Ouvert en 1975, ce musée dédié à une célébrité du cinéma est l'un des tous premiers du genre. C'est dire le statut d'icône de Judy Garland. Célèbre pour son rôle dans *Le Magicien d'Oz* et pour sa carrière de chanteuse, la jeune femme à la voix d'ange fascine l'Amérique. Photos, objets et costumes sont réunis dans la maison de son enfance, à Grand Rapids. Entre les murs de cette modeste demeure du XIXe siècle, on découvre la plus grande collection de souvenirs et objets liés au film qui a rendu célèbre la chanteuse. On pourra aussi approcher certains de ses costumes, admirer des sérigraphies d'Andy Warhol dédiées à l'actrice et se plonger dans les nombreuses archives vidéo et audio.

L'ACTU

Nourriture très alternative

Alors qu'il travaillait sur les nouveaux types de déchets qui pouvaient être recyclés, Sorawut Kittibanthorn, chercheur thaïlandais, a eu l'idée de s'intéresser aux millions de tonnes de plumes de poulet qui sont jetées chaque année. Les résultats préliminaires de son étude viennent d'être publiés et ils sont aussi surprenants que prometteurs : une partie considérable des plumes de poulet, riches en protéines, pourrait selon lui être transformée en nourriture. D'après Sorawut, le plumage recyclé a même toutes les qualités pour devenir un aliment de base dans le futur. Afin d'être comestibles, les plumes doivent d'abord être réduites en poudre qui, elle-même, est ensuite transformée en steak ou en nugget. Avis aux amateurs : ce substitut à la viande ne pourra pas être classé comme végétarien. Quel dommage…

Jeudi 22 décembre

Sainte Françoise-Xavière – On fête aussi les Gratien, Deved

Soleil
lever : **8 h 41**
coucher : **16 h 56**

On peut fendre un rocher, on ne peut pas toujours attendrir un cœur. Proverbe indien

UN (vieux) BRUIT QUI COURT

Citations

Faites toujours quand vous êtes sobre ce que vous prétendiez pouvoir faire saoul, ça vous apprendra à la fermer.

Ernest Hemingway

Rétro Vermot

Deux malandrins comparaissent devant la cour d'assises.
– Où avez-vous fait la connaissance de votre complice ? demande le président au plus jeune.
– Une nuit, dans un petit café. Il m'a énuméré toutes ses condamnations. Alors, vous comprenez, monsieur le président, ça m'a donné confiance.

VERMOT'ROSCOPE

CAPRICORNE (22 décembre-20 janvier)

Caractère

Réservé, timide, calme, méfiant, posé, maîtrisé, concentré, franc, respectueux, travailleur, observateur, solide, résistant, déterminé, ambitieux, sincère, fiable, hypersensible, critique, cérébral, intransigeant, matérialiste, buté, entier, solitaire.

Le message des astres

Pour vous aussi, 2022 sera en deux temps ou ambivalente. Si Saturne vous donne la possibilité de structurer les grands secteurs de votre vie, Jupiter viendra vous titiller ou mettra à rude épreuve vos relations avec vos proches. Heureusement pour vous, Uranus sera toujours votre alliée. Cette planète vous permettra de fuir les habitudes et l'ennui.

Vie relationnelle

De janvier à mai et de septembre à fin octobre, votre vie sociale ou amicale sera source d'épanouissement et de bien-être. Vous aurez l'occasion de rencontrer des personnes hautes en couleur qui viendront pimenter votre quotidien.

Amour

En couple, vous communiquerez plus facilement avec votre moitié. Plus à l'écoute, vous saurez préserver votre relation. Pour certains, le printemps vous permettra de vous repositionner dans votre vie conjugale afin d'en améliorer les contours. L'été et l'automne seront aussi d'excellentes saisons pour vous épanouir et vous rapprocher de votre partenaire.
Célibataire, pas de rencontre évidente cette année. Si vous le cherchez, le « grand amour » ne pointera pas le bout de son nez cette année. D'un bout à l'autre de 2022, vous devrez vous reconcentrer sur votre vie amicale. Ainsi, les amis seront votre bouffée d'oxygène.

Famille

De mai à fin décembre, vous aurez du mal à trouver votre place auprès de vos proches. Par conséquent, vos relations familiales seront plus compliquées, plus tendues et moins évidentes qu'auparavant. Vous devrez faire des efforts si vous voulez que tout se passe au mieux.

Quotidien et vitalité

Ce sera une belle année pour découvrir de nouveaux loisirs ou pour vous lancer dans de nouvelles activités qui sauront vous faire du bien au moral et au corps. Les premiers et les derniers mois de 2022 seront propices aux déplacements et aux projets en tout genre. Évitez tout excès du printemps à l'été.

Budget

Cette année, vous aurez mille et une occasions de vous faire plaisir. Ainsi, un peu moins regardant sur l'état de vos comptes, vous vous octroierez le droit de faire des dépenses parfois jugées hasardeuses.

Comment optimiser votre année ?

Cultivez votre jardin intérieur. Misez sur la pensée positive pour trouver plus d'harmonie dans votre vie. Ne réagissez pas à chaud dans les situations tendues.

Vendredi 23 décembre

Soleil
lever : **8 h 42**
coucher : **16 h 57**

Saint Armand – On fête aussi les Dagobert

À la Saint-Armand, la vérité si je mens.

Musique

Affaire de grenouille

Qu'est-ce qui est le plus remarquable dans la carrière de Charles Aznavour ? Qu'elle ait duré près de 70 ans ? Qu'il ait écrit plus de mille chansons, chantées en neuf langues et vendues à plus de 180 millions d'exemplaires ? Évidemment, tout ça ! Mais plus encore, le grand Charles a été le seul artiste français invité dans l'émission comique du *Muppet Show*, rejoignant dans la liste Liza Minnelli, Sylvester Stallone ou Elton John. La petite histoire ne dit pas si Kermit a eu peur de recevoir un « mangeur de grenouilles ».

Bernard Pivot

FOOTBALL

PLUIE DE BUTS

En octobre 2002, pour la dernière journée du championnat de Madagascar, le SO de l'Emyrne (SOE) accueille l'AS Adema qui vient d'être sacrée championne lors de la journée précédente. Ce titre, et la manière dont il a été décroché, a mis en fureur l'entraîneur du SOE qui décide alors de se venger en ordonnant à ses joueurs de marquer contre leur camp. Le score final est spectaculaire : le SOE s'incline 149 à 0. Un record du monde qui efface le 36-0 d'Arbroath face à Bon Accord en Coupe d'Écosse en 1885. À l'échelle internationale, la meilleure performance à ce jour est celle de l'Australie en éliminatoires pour la Coupe du monde 2002 lors d'une victoire 31-0 face aux Samoa américaines. Ce jour-là, l'attaquant Archie Thompson inscrit 13 buts, établissant un autre record du monde.

Solution mots fléchés [p. 370]

	E		S		A		Z		D		C	
I	N	T	E	R	P	R	E	T	A	T	I	F
	V	I	V	O	T	E	Z		R	U	D	E
M	A	R	I	N		P	A	T	T	E	R	N
	H	E		C	A	S	I	E	R		E	T
N	I	P	P	E	R		E	T	E	S		E
		I		S	U	E		T	S	A	R	
A	B	E	R		M	U	L	E		I	O	N
	A	D	O	S		R	E		G	E	N	A
A	I		S	A	M	O	V	A	R		D	G
	G	U	E	P	E		A	L	I	T	E	E
O	N	T		E	G	A	I	L	L	A		R
	E	O	N		O	R	N	E		I	E	
A	R	P	E	N	T	E		G	A	R	N	I
		I	C	I		O	P	E	R	A	I	S
B	R	E	T	E	L	L	E		R	I	E	S
	H		A	C	I	E	R	I	E		M	U
T	O	U	R	E	T		E	N	T	R	E	S

Cultures fruitières

Le néflier royal

Si la nèfle n'a pas une excellente réputation (« des nèfles ! »), elle révèle pourtant un joli parfum et une délicate saveur, un peu vineuse, agréablement acidulée, à ceux qui ont la patience d'attendre l'hiver. Il faut en effet la cueillir après les gelées et la conserver quelques semaines sur de la paille. Quand elle est blette, sa chair, un peu sucrée (mais sans saccharose) révèle ses bons arômes. Le néflier, à belle floraison blanche, originaire d'Iran et de Turquie, est très rustique. Il est apprécié en permaculture parce qu'il favorise la biodiversité : on le cultive en compagnie du pommier, du poirier et du noisetier. Le néflier royal est une variété ancienne, qui vient d'Angleterre. C'est un petit arbre compact, haut de 3 ou 4 m, autofertile, donnant des nèfles de 3 ou 4 cm de diamètre.

Samedi **24 décembre**

Sainte Adèle – On fête aussi les Adélice, Adélie, Tarsille

Soleil
lever : **8 h 42**
coucher : **16 h 57**

À la Sainte-Adèle, demain c'est Noël !

Étymologie

Turquoise

La pierre précieuse « turquoise » a été introduite en Occident par les Turcs qui la faisaient venir d'une région de Perse, de nos jours en Iran. En ancien français, l'adjectif dérivé de *Turquie* était *turquois, turquoise* (attesté sous la forme *turqueis, turqueise* au début du XIIIe siècle). Et l'on parlait ainsi de *pierre turquoise,* puis par ellipse de *turquoise.* L'adjectif *turc / turque* qui a fini par évincer *turquois,* est arrivé beaucoup plus tard, alors que le nom féminin *turquoise* était déjà bien implanté.

RECETTE

Brownie de Noël

Pour 6 pers. 15 min de préparation 25 min de cuisson

- 200 g de chocolat dessert noir
- 120 g de beurre demi-sel
- 3 œufs
- 120 g de sucre
- 10 cl de crème fraîche
- 50 g de farine
- 50 g de poudre d'amandes
- 160 g de noix de pécan

Préchauffez le four à 180 °C (th. 6). Faites fondre le chocolat au bain-marie avec le beurre. Mélangez soigneusement pour obtenir une préparation homogène.

Fouettez les œufs avec le sucre. Versez le chocolat fondu sur les œufs, ainsi que la crème, puis incorporez la farine et les amandes en poudre. Mélangez et ajoutez les noix au dernier moment.

Beurrez un moule carré ou rectangulaire et versez la pâte dedans. Elle doit avoir une certaine épaisseur (autour de 3 cm).

Enfournez pour 25 min de cuisson environ.

Le chocolat doit fondre au bain-marie pour préserver toute sa saveur. Si vous optez pour le micro-ondes, faites fondre très doucement et vérifiez toutes les 30 s qu'il ne brûle pas (il deviendrait pâteux voire grumeleux). Vous pouvez faire griller les noix dans une poêle à feu vif, elles seront plus croustillantes !

Cher Père Noël

1,6 million, c'est environ le nombre de lettres écrites au Père Noël que reçoit la Poste française entre le 31 octobre et le 15 décembre. Face à cet afflux massif, un bureau de poste spécial a été créé à Libourne, en Gironde. Ce bureau unique au monde fête ses 60 ans en 2022 puisqu'il a été créé en 1962 par le ministre des Postes et Télécommunications de l'époque, Jacques Marette, qui n'est autre que le frère de la célèbre psychanalyste Françoise Dolto... la mère du chanteur Carlos. Aujourd'hui, les salariés (50 lutins postiers) traitent quotidiennement 700 lettres envoyées. C'est gratuit, pas besoin de timbrer et toutes les adresses sont acceptées pourvu que le nom de « Père Noël » figure comme destinataire. N'oubliez pas de préciser votre propre adresse dans la lettre... pour obtenir une réponse. Il existe même des modèles de lettres à télécharger sur Internet. Et vous pouvez aussi joindre le père Noël en visio et sur les réseaux sociaux !

Dimanche 25 décembre

Soleil
lever : **8 h 43**
coucher : **16 h 58**

Saint Emmanuel – On fête aussi les Jésus, Jacopone

J'avais mis mes souliers devant la cheminée, le père Noël m'a apporté des pieds. Philippe Geluck

Citations

Quand on a bonne conscience, c'est Noël en permanence.

Benjamin Franklin

Noël

Le prénom Noël est né d'une évolution de langage. À l'origine, il s'agissait du prénom Natalis, signifiant « naissance », en référence à la naissance du Christ. Noël s'est imposé à partir du XVIIIe siècle. Selon la tradition, les enfants qui naissaient le 25 décembre étaient automatiquement prénommés ainsi. Cette coutume ne se pratiquant plus, Noël ne rencontre plus le même succès aujourd'hui.

Citations

Le plus grand mensonge des parents à leurs enfants ne porte pas sur l'existence du père Noël mais sur la promesse tacite que ses cadeaux les rendront heureux.

Laurent Gounelle,
L'homme qui voulait être heureux

Petites douceurs à laisser au père Noël

Vous imaginez bien que le père Noël a besoin de reprendre des forces au fur et à mesure de sa tournée dans les « chaumières ». Alors, voici quelques idées de collations à lui laisser sur la table, venues de France et d'ailleurs.

Une assiette de biscuits de Noël, avec un verre de lait. Vous pouvez aussi lui préparer les brownies de Noë , dont nous vous avons donné la recette page précédente. S'il est au régime… (suivez mon regard…), quelques clémentines feront l'affaire.

En Irlande et en Australie, une chope de bière est appréciée (et avec le choix que l'on vous propose dans le Vermot cette année, ce ne sera pas difficile de trouver la bonne !). En Angleterre, ce sera un petit verre de sherry avec quelques tartelettes aux fruits secs et aux épices (mince pies). Mais nous vous laissons imaginer toute autre sorte de remontant (attention, l'abus d'alcool… !).

Si vous avez une passion pour la mode nordique, préparez un bol de risengrod danois, du riz au lait à la cannelle (attention au cholestérol, car le beurre ne manque pas dans cette recette). Sachez qu'au Danemark, il existe moult petits elfes polissons qu'il faut amadouer la nuit de Noël en leur offrant ce joli dessert. Votre père Noël ne demande sans doute qu'à être amadoué lui aussi !

L'ACTU

La poule d'Indes de Noël

Présente à la table de nombreuses familles, la dinde est devenue au fil du temps l'un des symboles de Noël. En fait, il a toujours été coutume de manger un plat de volaille le jour de Noël, autrefois l'oie, qui représentait l'oiseau garant de la protection solaire. Au XVIe siècle, des colons espagnols rapportèrent d'Amérique un nouveau volatil méconnu en Europe. Croyant revenir des Indes, ces derniers le nommèrent « poule d'Indes ». Du fait de sa rareté et de son exotisme, la dinde remplaça progressivement l'oie à l'occasion des grandes fêtes. Mais ce n'est qu'au XVIIIe siècle que Charles VII du Saint Empire inaugura la tradition de manger une dinde le jour de Noël.

À la Saint-Étienne, à la bonne tienne !

Notto

XYLOPHAGE, adj.
Qui se nourrit de bois.
Ex. : une cheminée ou une scierie.

YAOURT BRASSÉ, n. m.
Champion de natation en nage papillon.

YAOURTIÈRE, n. f.
Élevage en batterie de ferments lactiques.

YODEL, n. m.
Traditionnelle technique de combat des montagnes suisses basée sur l'utilisation du chant comme arme de destruction massive des tympans.

ZÈBRE, n. m.
Cheval blanc d'Afrique qui s'est fait tatouer.

ZÉBU, n. m.
Animal qui n'a plus soif.

Pierres précieuses

Le collier de la Liberté

Connaissez-vous l'histoire de ce somptueux collier qui devint célèbre grâce à son lien avec la guerre d'indépendance des États-Unis ? En 1777, lors d'un bal masqué à Paris, une comtesse polonaise s'affole en apprenant le danger que court son amant parti rejoindre les insurgents américains. Elle se précipite chez Benjamin Franklin, alors ambassadeur des États-Unis dans la capitale française. Celui-ci la rassure tant et si bien qu'en le quittant la comtesse lui offre « au nom de la liberté » son collier d'émeraudes : 13 émeraudes carrées et 13 autres en forme de poire, soit une de chaque pour les 13 colonies américaines.

Animaux transparents

La casside dorée

Elle a un peu l'aspect d'un insecte conservé dans une inclusion de résine. En effet, si son corps, qui a la forme d'une coccinelle, est brillamment coloré, il semble recouvert d'une carapace transparente, caractéristique que l'on retrouve d'ailleurs chez d'autres cassides. C'est en fait le bord des élytres qui est transparent et qui donne l'impression d'un bijou d'orfèvrerie inséré dans une perle. Longue de 6 ou 7 mm, cette espèce (*Charidotella sexpunctata bicolor*), originaire d'Amérique du Nord (est des États-Unis et sud-est du Canada), se distingue aussi en jouant les caméléons : elle change de couleur, passant du doré brillant au rouge-brun quand elle est dérangée, ou au moment de la reproduction, ou encore avec la température, ce qui lui vaut d'être dénommée « casside thermomètre » au Québec.

Bon anniversaire

Daniel Lagache

C'est au cours de ses études à l'École normale supérieure (Normale Sup') que Daniel Lagache rencontre Raymond Aron, Paul Nizan et Jean-Paul Sartre, trois figures de la littérature française. Pourtant, Lagache ne suivra pas la même voie après son agrégation de philosophie obtenue en 1928, et préfèrera enchaîner avec des études de médecine, puis une spécialisation en psychiatrie pour devenir l'un des plus grands psychanalystes français. En 1953, il participe avec Jacques Lacan à la fondation de la Société française de psychanalyse et publie deux ans plus tard La *Psychanalyse*, qui est toujours considéré aujourd'hui comme un ouvrage de référence sur le sujet. Né le 3 décembre 1903 à Paris, Daniel Lagache meurt dans la même ville le jour de ses 69 ans, le 3 décembre 1972.

Mardi 27 décembre

Saint Jean l'Évangéliste – On fête aussi les Fabiola, Hans

Les fleurs tombées ne retournent pas à leurs branches. Proverbes japonais

5 GRANDES INSTITUTIONS FRANÇAISES MÉCONNUES

Défenseur des droits

Lorsqu'un citoyen rencontre une forme de discrimination, ou qu'il est en conflit avec un représentant de l'ordre public ou un service public (type CAF, Pôle emploi), il peut faire appel au Défenseur des droits. Instaurée en 2011, cette institution indépendante de l'État rassemble quatre entités : le Médiateur de la République, le Défenseur des enfants, la Haute Autorité de lutte contre les discriminations et pour l'égalité (HALDE) et la Commission nationale de déontologie de la sécurité (CNDS). Elle a pour but de « défendre les personnes dont les droits ne sont pas respectés » et de « permettre l'égalité de tous et toutes dans l'accès aux droits ». En plus de son activité de défense, l'institution publie des informations de prévention, par exemple sur le harcèlement sexuel au travail. Le Défenseur des droits est inscrit dans la Constitution française et s'appuie, pour son fonctionnement, sur plusieurs lois constitutionnelles. En 2020, Claire Hédon, ancienne journaliste et présidente d'ATD Quart Monde, a été nommée à la tête de l'institution en tant que Défenseure des droits. Son mandat court sur six ans.

Ça s'est passé

Le 27 décembre 1822

Naissance de Louis Pasteur. Il démontre que la levure agit comme un être vivant et non comme une matière en décomposition. Plus tard, il met au point le vaccin contre la rage.

Meilleurs Ouvriers de France

Groupe XVII, gouvernant-gouvernante des services hôteliers

Julie Bonnot, 30 ans, travaille à l'Hôtel & Spa du Castellet, dans le Var. Pour le concours, elle a passé une épreuve écrite de deux heures sur l'étude d'un projet de service gouvernante aux normes ISO26000 (respect des droits humains, de l'environnement, loyautés des pratiques, etc.). Puis elle a ensuite présenté à l'oral un projet d'hôtel rentable doté de 24 éco-lodges presque autonomes en énergie et tourné vers le bien-être des employés : horaires adaptés, solutions digitales et robotiques pour faciliter certaines tâches physiques comme le ménage des chambres...

Question d'hygiène

Vaccins et chevaux donneurs de sang

Vous connaissez l'utilisation des rats ou des lapins comme animaux de laboratoire, mais savez-vous que les chevaux servent également à produire des médicaments ? Néanmoins, il ne s'agit pas véritablement d'expérimentation sur l'animal, comme dans le cas des rats. On immunise les équidés qui fabriquent ensuite des anticorps ; ces derniers servent à élaborer des sérums contre la rage, le tétanos, la diphtérie, etc. Ces produits biologiques sont alors injectés aux patients. Un sérum équin a été ainsi utilisé en 1894 contre la toxine diphtérique, responsable de la mortalité infantile en Europe au XIXe siècle. Pendant la Première Guerre mondiale, les Poilus avaient été protégés de la même manière contre le tétanos.

Mercredi **28 décembre**

Sts Innocents – On fête aussi les Gaspard

Soleil
lever : **8 h 43**
coucher : **17 h 00**

Attachez votre char à une étoile. Emerson

Brèves régions

Nouvelle Aquitaine/Top 10

1. La Nouvelle-Aquitaine est la plus vaste région de France : avec douze départements qui s'étendent sur 84 036 km^2, elle est plus grande que l'Autriche.

2. Sur le plan démographique, la Nouvelle-Aquitaine est un des espaces les plus attractifs du territoire français, devant l'Île-de-France et Provence-Alpes-Côte d'Azur, même si elle reste celle dont la densité de population est la plus faible.

3. L'estuaire de la Gironde est le plus grand estuaire sauvage d'Europe.

4. La dune du Pilat (Gironde) est la plus haute dune d'Europe.

5. La forêt des Landes est la plus grande forêt d'Europe occidentale.

6. L'étonnante gare de Limoges-Bénédictins (Haute-Vienne) est considérée comme la plus belle gare du monde.

7. Saint-Genis-de-Saintonge (Charente-Maritime) a développé la plus grande unité de production de pop-corn française : 70 % de la production nationale sort de ses ateliers.

8. La Nouvelle-Aquitaine est la première région européenne de production de foie gras (plus de la moitié de la production française).

9. La région abrite quelques-uns des plus prestigieux vignobles français, de celui de Bordeaux à celui des coteaux pyrénéens en passant par le cognac, l'armagnac et le pineau des Charentes.

10. Le zoo de La Palmyre (Charente-Maritime) est le plus grand parc zoologique privé d'Europe.

De PORT en port MARITIME

Venise, grande cité portuaire

Monument emblématique de Venise, le chantier naval de l'Arsenal a vu le jour au début du XIIe siècle. Plusieurs fois agrandi par la suite, il a fière allure avec ses quatre majestueux lions qui siègent à l'entrée. Leur origine remonte à la 5e guerre austro-turque (1683-1699). Venise faisait alors partie de la coalition anti-ottomane (la Sainte-Ligue). Débarqués la nuit du 26 septembre 1687 au port du Pirée, Francesco Morosini, futur doge de Venise, et son armée attaquèrent l'Acropole où les Turcs s'étaient retranchés. Un obus tiré par les Vénitiens fit exploser le sanctuaire d'Athéna, et l'ennemi se rendit. En guise de souvenir, Morosini – que la destruction du Parthénon laissait donc indifférent – rapporta les fameux lions à Venise…

Jeudi **29 décembre**

Saint David – On fête aussi les Abigaël

À la Saint-David, on lâche la bride !

Mots oubliés

Zoïle

Zoïle était un grammairien grec du IVe siècle avant J.-C. qui avait eu l'audace de critiquer Homère en dénonçant ses contradictions et absurdités. Son acharnement, son injustice et surtout son amertume sont restés dans l'histoire depuis deux millénaires, à tel point que son nom s'est fixé dans le langage courant pour qualifier un critique d'art envieux, amer, partial et méchant.

Citations

La vie est assez facile à définir dans son ensemble : une interminable addition de soustractions.

Jacques Sternberg

CHANSONS VOYAGEUSES

Un Noël européen

Mon beau sapin est un chant de Noël si connu en France qu'on en oublierait presque son origine allemande sous le nom *O Tannenbaum*. Et cela ne date pas d'hier, la première version connue datant de 1550 ! La chanson s'est depuis exportée et les versions sont aussi nombreuses qu'une forêt de conifères : toutes les langues européennes se sont appropriées le texte initial, de l'italien au roumain en passant par le norvégien et le russe, jusqu'à une version estonienne *(Oh kuusepuu)*.

La bonne blague

Un homme rentre chez lui, complètement ivre. Très en colère, sa femme le réprimande :
« T'étais où encore, espèce d'ivrogne ? !
Son mari lui répond en bafouillant :
– Tu te souviens de la bijouterie où tu avais vu cette très jolie bague ?
– Oui ! répond-elle sans décolérer.
– Cette bague qui te plaisait énormément, tu t'en souviens ?
– Oui, se radoucit la femme qui commence à avoir le sourire.
– Tu te rappelles aussi que dans cette bijouterie, je t'ai dit : Chérie, un jour, cette bague sera à toi ?
Cette fois, la femme éclate littéralement de joie :
– Oh oui, mon chéri ! Oui !
– Eh ben, j'étais dans le bar juste en face de cette bijouterie ! »

L'ACTU

Bisons très futés

Face à la liste sans cesse plus longue des espèces menacées, voire condamnées, la réimplantation réussie de l'une d'entre elles est forcément une bonne nouvelle. Ainsi, au Mexique, le gouvernement fédéral se félicite de la réintroduction du bison dans le nord-est du pays. Un troupeau composé de 19 individus paissant en toute liberté dans des plaines de l'État de Coahuila, à la frontière avec le Texas américain, a été observé. C'est peu si l'on considère que pendant des millénaires le plus gros mammifère terrestre du continent américain a tranquillement prospéré au Mexique, aux États-Unis et au Canada. Mais à partir des années 1850, les troupeaux, parfois composés de plusieurs dizaines de milliers de bêtes, ont été décimés par une chasse quasi industrielle sur tout le continent. En à peine 30 ans, l'espèce a été pratiquement éradiquée ! Le retour, même modeste, d'une population de bisons dans leur habitat originel n'a rien du folklore écologiste : c'est le moyen de restaurer tout l'écosystème des prairies de la région.

Vendredi 30 décembre

Saint Roger – On fête aussi les Anysia, Tirid

Soleil
lever : **8 h 44**
coucher : **17 h 02**

« Nous avons inventé le bonheur », diront les derniers hommes et ils cligneront de l'œil.
Friedrich Nietzsche

Ça s'est passé

Le 30 décembre 1922

Naissance de l'URSS. Cet état transcontinental communiste a regroupé 15 républiques fédérées jusqu'à sa dissolution le 26 décembre 1991.

PROBLÈMES DE MATHS DU CERTIFICAT D'ÉTUDES

Un train parti de Villephare à 12 h 30 est arrivé à Villeverte à 18 h 17. La distance entre ces deux villes est de 694 km. Ce train, long de 36 m, traverse un tunnel d'une longueur de 11,135 km.

Question 1 : En combien de temps le train va-t-il traverser complètement le tunnel depuis le moment où la locomotive s'engage dans le tunnel jusqu'au moment où le wagon de queue sort du tunnel ?

Question 2 : Miville se trouve à 165 km de Villeverte. À quelle heure le train est-il passé à Miville ?

1) Temps du trajet : 18,28 – 12,50 = 5,78h ou 5h47.
Vitesse du train = distance parcourue ÷ temps ou 694 ÷ 5,78 = 120km/h.
Distance parcourue pour traverser le tunnel : 11,135 + 0,036 = 11,171 km
Temps mis pour traverser le tunnel : distance ÷ vitesse = 11,171 ÷ 120
= 0,093 h, soit 5 min et 35 s.
2) Distance de Villephare à Miville : 694 – 165 = 529km. Le train est passé à Miville à 529 ÷ 120 = 4,408 h ou 4h24 et 30 s.

INJURES ANIMALIÈRES

Ah le vieux renard !

Rusé, malin, finaud, roublard… Le renard jouit d'une réputation éloquente qui ne date pas d'hier. En effet, elle remonte au temps où l'animal s'appelait goupil, et dont le Roman de Renart *raconte les malices, notamment à l'encontre du loup Ysengrin. Et si le jeune renard est déjà difficile à berner, le vieux, dont le pelage roux commence à grisonner, connaît toutes les ficelles pour vous avoir. Au championnat du plus finaud, le vieux renard a un concurrent, c'est le vieux crabe, qui ne se laisse pas aisément farcir. Lui aussi connaît toutes les astuces, et sur le bout des pinces !*

De PORT en port MARITIME

Une intuition de 2 000 ans : le port du Pirée

Il y aurait beaucoup à raconter sur le mythique port d'Athènes, aménagé par Hippias, fils aîné de Pisistrate et tyran de la ville de 527 à 510 avant J.-C., puis fortifié par Thémistocle. Ce dernier avait fait également construire 200 trières (483 avant J.-C.) afin de repousser les Perses lors des guerres médiques. La célèbre victoire des alliés grecs à Salamine, île située en face du Pirée, était due à sa stratégie et au développement de la puissance maritime d'Athènes. De nos jours, le Pirée reste le principal port de la ville moderne et un des plus importants du monde pour le transport de voyageurs. Récemment, une équipe de scientifiques français et grecs a confirmé une vieille intuition : au Ier siècle avant J.-C., le géographe Strabon avait formulé l'idée que le célèbre port avait été à l'origine une île. Et il avait raison !

Samedi **31 décembre**

Saint Sylvestre – On fête aussi les Colombine, Yona, Colombe

Pour l'année nouvelle, faisons des étincelles !

MORALITÉ

RIQUET À LA HOUPPE

Ce que l'on voit dans cet écrit,
Est moins un conte en l'air que la vérité même ;
Tout est beau dans ce que l'on aime,
Tout ce qu'on aime a de l'esprit.

Le conte tout entier repose sur l'opposition en beauté intérieure et beauté extérieure. Il faut donc se méfier de notre premier jugement qui peut s'avérer totalement erroné. Comme dit le proverbe, « les apparences sont parfois trompeuses ».

FOOTBALL

TIRS AU BUT À RALLONGE

Une séance de tirs au but suscite toujours des émotions. Impossible d'oublier celles des Bleus, face à l'Allemagne lors de la Coupe du monde 1982, face au Brésil en 1986, puis contre l'Italie en 1998 et 2006. Parfois, ces émotions durent très longtemps. En 1992, la finale de la Coupe d'Afrique des nations est remportée par la Côte d'Ivoire face au Ghana au terme d'une séance conclue sur le score de 11 à 10 et 24 tirs effectués. Mais le record officiel a eu lieu en Namibie où le premier tour de la coupe 2005 a vu KK Palace éliminer The Civics sur le score de 17 à 16 pour un total de 48 tentatives ! Certains ont préféré ne pas s'éterniser… En 1987 au Brésil, Sport et Guarani ont opté pour une autre solution en décidant de mettre fin à leur séance sur le score de 11 à 11, les deux équipes célébrant ensemble le titre de l'unique finale conclue sur une égalité.

Bibliophiles

Le Cœur synthétique, de Chloé Delaume (Seuil 2020)

À 46 ans, Adélaïde se retrouve célibataire et découvre qu'elle va avoir beaucoup, beaucoup de mal à retrouver l'amour et la sécurité d'un foyer conjugal. Tout en se reprochant, à l'heure de #metoo, de ne pas avoir un objectif très féministe… Chloé Delaume nous offre un Journal de Bridget Jones à la française, en nous racontant les affres d'une Parisienne partagée entre son travail prenant, ses échecs amoureux et ses copines en pleine crise existentielle. Prête à tout pour trouver l'homme idéal, elle enchaîne les soirées ratées, les tirages de carte et même les rituels de sorcellerie. Un joli cocktail d'humour, de vivacité et… de conseils pour célibataires !

GLACIERS DU MONDE

Glacier du Baltoro, Pakistan

Situé au Pakistan, dans la région du Karakoram, le glacier du Baltoro est l'un des plus grands glaciers du monde. Long de 62 km, il est relativement bien connu puisqu'il constitue une voie d'accès classique pour les expéditions d'alpinistes s'engageant dans l'ascension du K2. Depuis le début du XXe siècle, des centaines d'aventuriers, notamment italiens et anglais, sont passés sur ses langues glacées, rendant le site emblématique. Le Baltoro, ainsi que son voisin le Concordia, servent encore aujourd'hui de camps de base et d'acclimatation. Ainsi, arrivés à quelque 4 000 m d'altitude, les trekkeurs se reposent avant d'entreprendre la seconde partie de l'ascension vers le prestigieux sommet himalayen, deuxième plus haut sommet du monde (8 611 m).

Bonne année 2023